HAIMIAN CHENGSHI DIYINGXIANG KAIFA JISHU YU SHIJIAN

海绵城市
低影响开发技术与实践

贾海峰　主编

化学工业出版社

·北京·

本书的主要内容择选于《2016年国际城市低影响开发学术大会》中可以反映我国海绵城市建设实践的中文学术论文以及部分作者近几年的工作积累。主要涵盖以下内容：城市水文与水系统研究；降雨径流模拟分析与径流控制技术；城市绿色-灰色基础设施耦合研究；海绵城市与园林景观研究；海绵城市规划方法研究；各种海绵型城市土地单元的研究和实践；海绵城市建设和管理策略。

　　本书可供从事与海绵城市建设和管理相关的城市规划、给水排水、园林景观、环境工程、水利工程等行业的技术和管理人员参考，也可供高等学校相关专业师生参考。

图书在版编目（CIP）数据

　　海绵城市低影响开发技术与实践/贾海峰主编. —北京：
化学工业出版社，2018.1
　　ISBN 978-7-122-30654-8

　　Ⅰ.①海…　Ⅱ.①贾…　Ⅲ.①城市建设-中国-文集
Ⅳ.①F299.2-53

　　中国版本图书馆CIP数据核字（2017）第232068号

责任编辑：刘兴春　卢萌萌　　　　　　文字编辑：汲永臻
责任校对：王素芹　　　　　　　　　　装帧设计：王晓宇

出版发行：化学工业出版社（北京市东城区青年湖南街13号　邮政编码100011）
印　　装：大厂聚鑫印刷有限责任公司
787mm×1092mm　1/16　印张31½　彩插12　字数789千字　2018年3月北京第1版第1次印刷

购书咨询：010-64518888（传真：010-64519686）　　售后服务：010-64518899
网　　址：http://www.cip.com.cn
凡购买本书，如有缺损质量问题，本社销售中心负责调换。

定　　价：198.00元

《海绵城市低影响开发技术与实践》
编 委 会

主　编：贾海峰

副主编：徐洪磊　马洪涛

编　委：（按姓氏笔画排序）

丁文清	卫　超	马洪涛	王　帅	王　强
王卫红	王训迪	王思思	毛　羽	毛　坤
孔　锋	左剑恶	卢金锁	吕　恒	吕晓芳
刘　妩	刘　晖	刘小钏	刘小梅	孙海兰
杜鹏飞	李　菁	李莉华	杨一夫	杨青娟
杨富程	吴　丹	辛　涛	汪　诚文	张玉虎
张　晋	张军飞	张迎霞	陈　凌洁	陈燕飞
易　洋	周　文	郑晓莉	胡　洁	骆天庆
贾海峰	徐　慧	徐丽贤	徐洪磊	郭茹丹
唐博雅	黄光华	黄炳彬	崔荣兵	康　琪
梁尧钦	程　哲	裘鸿菲	蔡欣远	谭
戴　忱				

在数十年我国快速城市化进程中，人们在享受城市化带来的带动区域经济发展、创造就业机会、提高生产效率、推进科技进步等红利的同时，也深刻认识到传统的城市化模式带来的负面效应。城市内涝、城市水环境污染、热岛、生态退化等已成为世界各国政府、专家和社会民众普遍关注的热点问题。

针对这些城市问题，国内外学者在反思城市化和传统排水系统发展的基础上，着眼于生态城市、低碳城市的建设，提出了城市低影响开发（low impact development，LID）的理念、理论和技术方法，指明了城市开发系统革命化变革的方向，已成为国际研究的热点。其他国家也提出并开展了一些理念相似的实践，例如英国的可持续城市排水系统（sustainable urban drainage systems）、加拿大的水平衡方法（water balance methodology）、澳大利亚的水敏感城市设计（water sensitive urban design）等。

我国从 2013 年年底开始实施建设海绵城市的国家战略，其核心内涵就是要践行城市低影响开发（LID）策略，特别要求要从源头控制雨水径流，强化雨水的自然积存、自然渗透和自然净化，提升水源涵养能力，缓解雨洪内涝压力，促进水资源循环利用，减少城市开发建设对自然生态环境的影响。我国还从 2015 年开始，考虑我国东、中、西的差异，南、北方的不同，先后分两批选择了 30 个城市作为海绵城市建设试点，涵盖了大、中、小不同规模的城市，试点面积近 900 平方千米，以期通过试点示范，形成可推广可复制的经验，推动我国海绵城市建设的健康有序发展，也为世界其他各国贡献中国城市建设与管理的模式和案例。

当前我国在 LID 理论、技术、产品、应用等方面的研究和实践热火朝天。在这种背景下，为借鉴国际经验，总结国内成果和经验教训，在相关政府部门的支持下，中国土木工程学会水工业分会（CCES CWIS）与美国土木工程学会环境与水资源分会（ASCE EWRI）联合众多本领域机构于 2016 年在中国北京国家会议中心举办了《2016 国际城市低影响开发学术大会》。大会有逾千名 LID 学者、专家、政府官员和从业者参会，总共接收到中英文投稿 800 余篇（中国学者论文 362 篇，国际专家论文 440 篇），安排了 248 个口头专题演讲。作为大会的成果之一，在大会期间，国内外学者通过多次讨论和修改，大会还发布了

《城市低影响开发雨水管理——北京共识》（附后），可为推动世界城市的可持续降雨管理，以及促进我国海绵城市建设发挥重要作用。

本书的主要内容即为从本次学术大会的中文论文中筛选出了代表性成果，能够反映我国近年来海绵城市建设在各个方面的建设和管理实践，可以供国内外海绵城市建设和管理相关的专家、领导以及技术、管理人员学习和参考！

在此衷心感谢 2016 国际城市低影响开发（LID）学术大会的主办方、承办方、协办单位以及赞助单位的支持！感谢担任大会指导委员会、学术委员会、组织委员会主席和委员的各位前辈和同仁的大力支持与密切合作。

在本书编写过程中，虽已尽最大努力，但不足及疏漏之处仍难以避免，敬请专家、学者和有关部门同志批评指正。

编者

2017 年 6 月

第五篇　海绵城市规划方法研究 / 259

第六篇　各种海绵型城市土地单元的研究和实践 / 303

第七篇　海绵城市建设和管理策略 / 423

第一篇
城市水文与水系统研究

1

基于国内外案例分析的快速城镇化与城市暴雨关联研究

摘要：极端降水事件导致的严重灾害已经引起越来越多的关注，气候变化与极端降水之间的关系成为广泛关注的科学前沿问题之一。本文通过对比美国、欧洲、中国、巴西和印度的年际和年代际的暴雨雨量、雨日和雨强，来分析在不同城镇化发展速度国家的暴雨变化情况。结果表明，暴雨雨量、雨日和雨强在这五个国家和地区都呈现增加趋势，并且整体上在中国、巴西和印度的增加显著高于美国和欧洲。基于目前已有研究成果表明大气海洋等气候因子不能完全解释暴雨在这五个地区的增加趋势，因此，本文引入国民生产总值（GDP）、城市化率（UR）和黑炭气溶胶光学厚度（AOD）作为快速城镇化的表征因子，与五个国家和地区的暴雨雨量、雨日和雨强做相关和散点图，结果表明，在 GDP、UR 和 AOD 增长速率较快的中国、巴西和印度，暴雨雨量、雨日和雨强与 GDP、UR、AOD 的相关性明显高于美国和欧洲。因此，城镇化速率越快，越有可能触发暴雨的显著增加。

1.1 引言

全球气候变化背景下频发的极端强降水事件，给经济社会发展、生命安全和生态系统等诸多方面造成了巨大的危害，给受灾区域可持续发展带来深远影响，已经成为全球和区域灾害与环境风险的重要因素，越来越受到学术与社会各界的关注[1~3]。

从全球和区域来看，现有观测研究结果认为，全球变暖使得地表蒸发加剧，导致大气保水能力增加，全球和区域水循环加快，势必造成部分地区降水增多[4,5]，其中对流性降水的增多大于层状降水[6]。自 1950 年以来的观测证据表明，在全球尺度上，极端强降水事件数量显著增加的区域可能多于显著减少的区域[7]。IPCC 第五次报告中指出，当温室气体 CO_2 加倍时，极端强降水显著增加，其幅度远大于平均强度的降水[8]。气候模式输出的结果证明，人为气候强迫可能已导致全球极端降水的加强（高信度）[4,9]，且温带地区的增加具有一致性，而热带地区年际变异较大[10]。观测和模拟均发现温室气体的排放，使得北半球 2/3 的陆地区域暴雨强度增强[11]。利用全球气候模式和区域气候模式的模拟结果均发现欧洲的极端强降水在当前和未来均呈现增加趋势，且未来极端降水增加的比例更大[12]。利用 WRF 模式模拟发现，在化石燃料密集排放的情况下，美国东部地区的年极端强降水要比目前状况严重得多，相比正常情况下大约增加了 107.3mm[13]。区域大气模式模拟表明，澳洲悉尼盆地地表植被的减少，影响大气水分和能量收支平衡，从而对暴雨增加起了作用[14]。需要特别指出强调的是，在对比模式结果与观测结果后，发现气候变暖背景下暴雨的实际增加量大于模式结果[11,15]。

从中国来看，全国尺度上的总降水量变化趋势不明显，但暴雨强度在增强[16~18]，遭受异常强降水事件的地区也在增加[19,20]。长江流域降水增加主要是由降水强度加大且极端强降水事件增多导致的[21,22]；华南近年来暴雨雨量与雨日均呈显著升高趋势[23,24]。利用不同气候模式在不同情景下预估的结果均一致表明，未来中国极端强降水的强度和频次都存在显著增加的趋势。东南沿海地区、长江流域和中国北方河流中下游的地区预计将比现在经历更多的极端强降水[25]。在严重污染的情况下，湿润地区夏季云厚度可比低污染时高出 1 倍，进而导致雷暴天气显著增加，强降水事件增强[26]。从人类贡献的认识上来看，在观测方面，人类贡献造成全球陆地强降水总量、频率和强度增加，具有中等信度（中等证据，中等一致性）。在模式模拟方面，相比 CMIP3 模式，CMIP5 模式在模拟极端天气事件方面有了明显改善。虽然目前 CMIP5 中的地球系统模式对极端天气事件有一定的模拟能力，但一般模拟效果较差，尤其是对极端强降水的模拟效果更不理想。且模拟结果表明：21 世纪前期全球许多陆地强降水总量、频率和强度可能增加（66%~100%）；21 世纪后期绝大部分中纬度陆地区域和潮湿热带地区很可能增加（90%~100%）。整体而言，由于证据有限，地球系统模式的一致性低，加之缺乏物理认识，因此，在人类对气候变化贡献认识方面具有低信度。

综上所述，区域年际和年代际暴雨的变化，既与温度的变暖不一致，也不能用大气和海洋主导的气候因子合理解释，且模式模拟极端降雨能力还很有限。因此，本文针对美国、欧洲、中国、印度和巴西五个国家和地区的暴雨分别进行统计分析，并加以对比，以此分析以快速城市化为标志的人类活动对区域暴雨变化的可能影响，从而为暴雨导致的城市内涝风险管理提供参考。

1.2 数据和方法

1.2.1 研究区介绍

本文的研究区选取了不同 GDP 增长速率、不同城镇化发展速率和不同排放的五个国家和地区，包括欧洲、美国（不包括阿拉斯加地区）、中国、印度和巴西。这五个地区是世界上发达国家和发展中国家的典型代表，并且国土面积大，分布范围广，人口众多，也是世界经济发展最快速的地区，具有十分重要的研究意义。

1.2.2 数据来源

本文所用降水数据来自 1981~2010 年欧洲中期天气预报中心（ECMWF）提供的 ERA-Interim 6h 再分析网格数据；GDP 数据来自世界银行的世界发展指标（World Development Indicators）(http://data.worldbank.org/indicator/NY.GDP.MKTP.CD)，单位为亿美元；城镇化率数据来自联合国的《世界城市化展望》（http://esa.un.org/Unpd/Wup/），单位为 1%；黑炭气溶胶光学厚度（AOD）数据来自美国航空航天局哥达德太空飞行中心（NASA Goddard Space Flight Center）的模式数据，单位为无量纲的正值。

1.2.3 计算方法

降水数据的处理过程如下：首先，将 6h 再分析网格数据处理成日值数据；其次，根据国际上通用的 95% 分位数的方法计算各格点的阈值，超过阈值即为一个暴雨雨日；分别计算了 1981～2010 年逐年的和 1981～1990 年、1991～2000 年、2001～2010 年 3 个年代内的每个格点的暴雨雨量（HRA$_i$）和暴雨雨日（HRD$_i$）的总和以及平均暴雨雨强（HRI$_i$），年代暴雨具体按式(1-1-1)～式(1-1-3) 分别计算。

$$HRA_i = \sum_{j=1}^{10} hra_{1980+10i+j} \tag{1-1-1}$$

$$HRD_i = \sum_{j=1}^{10} hrd_{1980+10i+j} \tag{1-1-2}$$

$$HRI_i = \sum_{j=1}^{10} hra_{1980+10i+j} \Big/ \sum_{j=1}^{10} hrd_{1980+10i+j} \tag{1-1-3}$$

式中，HRA$_i$ 为某格点研究时段内的第 i 个年代中的暴雨雨量总和；hra$_{1980+10i+j}$ 为某格点研究时段内的第 i 个年代中第 j 年的暴雨雨量总和；HRD$_i$ 为某格点研究时段内的第 i 个十年内的暴雨雨日总和；hrd$_{1980+10i+j}$ 为某格点研究时段内的第 i 个年代中第 j 年的暴雨雨日总和；HRI$_i$ 为某格点研究时段内的第 i 个十年内的暴雨雨强；i 为研究时段内的年代数（i＝1，2，3）；j 为研究时段内的年序（j＝1,2,3,…,10）。

1.3　结果与分析

1.3.1　年际和年代际暴雨变化

在暴雨雨量方面，美国、欧洲、中国、巴西、印度的年际和年代际暴雨雨量呈现持续增加的趋势［书后彩图 1-1-1(a)、（d)]。从年际变化来看，1981～2010 年，美国、欧洲、中国、巴西和印度的暴雨雨量年均增长分别为 815mm、2449mm、4229mm、6353mm 和 30798mm；年均增长率分别为 0.47％、1.53％、2.46％、2.57％和 5.57％。从年代际变化来看，从 1981～1990 年到 2001～2010 年，美国、欧洲、中国、巴西和印度的暴雨雨量年代平均增长分别为 1.08×10^5 mm、2.11×10^5 mm、2.65×10^5 mm、5.75×10^5 mm 和 22.11×10^5 mm；年代平均增长率分别为 6.59％、13.92％、17.48％、25.55％和 54.27％（表 1-1-1)。在暴雨雨日方面，美国、欧洲、中国、巴西和印度的年际和年代际暴雨雨日呈现持续增加的趋势［书后彩图 1-1-1(b)、（e)]。从年际变化来看，1981～2010 年，美国、欧洲、中国、巴西和印度的暴雨雨日年均增长分别为 10d、13d、11d、87d 和 346d；年均增长率分别为 0.40％、0.57％、0.46％、2.24％和 4.70％。从年代际变化来看，从 1981～1990 年到 2001～2010 年，美国、欧洲、中国、巴西和印度的暴雨雨日年代平均增长分别为 1.27×10^3 d、2.30×10^3 d、0.92×10^3 d、7.52×10^3 d 和 24.59×10^3 d；年代平均增长率分别为 5.25％、9.48％、4.13％、20.99％和 43.01％（表 1-1-1)。在暴雨雨强方面，美国、欧洲、中国、巴西和印度的年际和年代际暴雨雨强呈现持续增加的趋势［书后彩图 1-1-1(c)、（f)]。从年际变化来看，1981～2010 年，美国、欧洲、中国、巴西和印度的暴雨雨强年均增长分别为 0.04mm/d、0.27mm/d、1.47mm/d、0.20mm/d 和 0.61mm/d；年均增长率分别为 0.06％、0.43％、1.99％、0.32％和 0.83％。从年代际变化来看，从 1981～1990 年到 2001～2010 年，美国、欧洲、中国、巴西和印度的暴雨雨强年代平均增长分别为 0.86mm/d、3.18mm/d、8.65mm/d、2.34mm/d 和 5.40mm/d；年代平均增长率分别为 1.26％、5.11％、12.76％、3.73％和 7.65％（表 1-1-1)。

表1-1-1 美国、欧洲、中国、巴西、印度年际和年代际暴雨

年份地区暴雨		1981	2010	1981~1990	2001~2010
暴雨雨量/mm	美国	1.64×10^5	1.88×10^5	1.60×10^6	1.81×10^6
	欧洲	1.29×10^5	1.99×10^5	1.42×10^6	1.84×10^6
	中国	1.20×10^5	2.42×10^5	1.40×10^6	1.93×10^6
	巴西	1.70×10^5	3.54×10^5	2.00×10^6	3.15×10^6
	印度	2.34×10^5	11.27×10^5	3.20×10^6	7.63×10^6
暴雨雨日/d	美国	2.43×10^3	2.73×10^3	2.37×10^4	2.62×10^4
	欧洲	2.16×10^3	2.55×10^3	2.31×10^4	2.77×10^4
	中国	2.17×10^3	2.48×10^3	2.19×10^4	2.37×10^4
	巴西	2.80×10^3	5.33×10^3	3.24×10^4	4.75×10^4
	印度	3.60×10^3	13.65×10^3	4.70×10^4	9.62×10^4
暴雨雨强/(mm/d)	美国	67.56	68.78	67.44	66.97
	欧洲	59.59	67.53	60.61	66.97
	中国	55.20	97.77	63.76	81.07
	巴西	60.52	66.40	61.55	66.23
	印度	64.98	82.57	67.92	78.72

1.3.2 暴雨与城镇化因子相关性

暴雨不仅受到诸多大气和海洋因子的影响，剧烈的人类活动也越来越显著地影响着降雨，尤其是极端降水过程。对此我们选取了国民生产总值（GDP）、城市化率（UR）和黑炭气溶胶光学厚度（AOD）来作为城镇化的因子。在 GDP 增长速率方面，美国、欧洲、中国、巴西和印度的 GDP 由 1981 年的 31.04×10^3 亿美元、33.62×10^3 亿美元、1.95×10^3 亿美元、2.64×10^3 亿美元和 1.97×10^3 亿美元增加到 2010 年的 144.47×10^3 亿美元、161.49×10^3 亿美元、59.31×10^3 亿美元、21.43×10^3 亿美元和 16.84×10^3 亿美元；1981~2010 年 GDP 的年均增长率分别为 5.45%、5.56%、12.51%、7.49% 和 7.68%。可见，中国、巴西、印度的 GDP 年均增长率显著高于美国和欧洲。在 UR 增长速率方面，美国、欧洲、中国、巴西和印度的 UR 由 1981 年的 73.86%、88.04%、20.53%、68.18% 和 23.34% 增加到 2010 年的 82.30%、90.10%、49.87%、86.50% 和 30.10%；1981~2010 年 UR 的年均增长分别为 0.29%、0.07%、1.01%、0.63% 和 0.23%；年均增长率分别为 0.37%、0.08%、3.11%、0.82% 和 0.88%。可见，中国、巴西、印度的 UR 年均增长率显著高于美国和欧洲。在 AOD 增长速率方面，美国、欧洲、中国、巴西和印度的 AOD 由 1981 年的 1.51%、0.26%、8.97%、3.43% 和 7.55% 增加到 2010 年的 2.03%、0.43%、14.23%、6.35% 和 12.29%；1981~2010 年 AOD 的年均增长分别为 0.02%、0.01%、0.18%、0.10% 和 0.16%；年均增长率分别为 1.02%、1.71%、1.60%、2.14% 和 1.69%。综上可见，总体上城镇化因子的增长速率在中国、巴西、印度要高于美国和欧洲。

为了验证快速城镇化因子与暴雨的关系，用 1981~2010 年逐年的 GDP、UR、AOD 与暴雨雨量、暴雨雨日和暴雨雨强分别做相关（表 1-1-2）和散点图（书后彩图 1-1-2）。从表 1-1-2 可以看出，在上述城市化因子增长速率较快的中国、巴西和印度的相关系数要显著高于美国和欧洲。并且中国、巴西、印度的相关系数均通过了 0.01 的显著性水平检验。从图 1-1-2（不同的颜色代表不同的年代，不同的形状代表不同的国家）可以看出，中国、巴西

和印度相比美国和欧洲的散点图在不同年代呈现显著线性关系。可见在 GDP、UR、AOD 增长速率较快的中国、巴西和印度，城镇化因子与暴雨的关系要优于美国和欧洲。

表1-1-2 美国、欧洲、中国、印度、巴西年际暴雨与 GDP、UR、AOD 的相关系数($n = 30$)

城镇化因子 \ 地区	暴雨雨量					暴雨雨日					暴雨雨强				
	美国	欧洲	中国	巴西	印度	美国	欧洲	中国	巴西	印度	美国	欧洲	中国	巴西	印度
GDP	0.39[1]	0.46[1]	0.88[2]	0.76[2]	0.96[2]	0.33	0.46[1]	0.91[2]	0.75[2]	0.95[2]	0.45[1]	0.46[1]	0.83[2]	0.63[2]	0.89[2]
UR	0.43[1]	0.38[1]	0.93[2]	0.81[2]	0.92[2]	0.36[1]	0.47[1]	0.97[2]	0.78[2]	0.93[2]	0.46[1]	0.42[1]	0.89[2]	0.72[2]	0.97[2]
AOD	0.46[1]	0.39[1]	0.94[2]	0.83[2]	0.91[2]	0.42[1]	0.43[1]	0.94[2]	0.81[2]	0.91[2]	0.34	0.45[1]	0.92[2]	0.73[2]	0.96[2]

① 表示通过 0.05 显著性水平。

② 表示通过 0.01 显著性水平。

1.4 结论和讨论

1.4.1 结论

① 在美国和欧洲，暴雨雨量年均增长率分别为 0.47％、1.53％，年代平均增长率分别为 6.59％、13.92％。而中国、巴西和印度暴雨雨量年均增长率分别为 2.46％、2.57％ 和 5.57％，年代平均增长率分别为 17.48％、25.55％ 和 54.27％。暴雨雨日、雨强与暴雨雨量类似，在美国、欧洲、中国、巴西和印度均呈现增加趋势；并且整体上暴雨雨量和雨强在中国、巴西和印度的增加显著高于美国和欧洲。

② 根据 IPCC AR5 和目前已有研究，大气和海洋主导的气候因子不能完全合理地解释暴雨增加的原因。因为暴雨增加除了受到海气因子的作用外，人类活动也极可能是重要的触发因素。基于此，我们分析了 GDP、UR、AOD 为代表的快速城镇化因子与暴雨的相关性。结果表明，在城镇化因子发展速率较快的中国、巴西和印度，暴雨雨量、雨日、雨强与 GDP、UR、AOD 的相关性明显高于美国和欧洲，说明城镇化速率越快，越有可能触发暴雨的显著增加。

1.4.2 讨论

1981 年以来，随着全球总人口的不断增长，城镇人口数量也迅速增加，城市化率不断提高。城镇人口的增加使得对三大产业的需求增加，极大地改变了下垫面的土地利用格局；同时，随着城镇人口的增加，城镇人口居住与活动也会增加污染物的排放。污染物的大量排放和下垫面性质的改变均与人类的社会经济活动密切相关。污染物作为凝结核，是成云致雨的必要条件；下垫面性质的改变会导致地气交互作用的变化。因此，污染物的大量排放和下垫面性质的改变，极有可能与全球和区域的年际和年代际暴雨的变化具有密切的相关性。因此，本文选取了 GDP、UR 和 AOD 作为快速城镇化的表征因子。此外，为了进一步证实快速城镇化触发了大面积暴雨的显著增加，深化区域与全球暴雨增加归因的研究是迫切需要的。

1）模式模拟验证　在对区域大气可降水量、水汽通量及其他诸多大气、海洋等气候因子诊断分析的基础上，进一步通过高精度的区域气候模式模拟验证人文因子的作用，以进一步揭示暴雨显著增加机理和时空变化特征。一方面在给定观测的自然和人为强迫因子的条件下，合理再现和确认大尺度区域暴雨年际或年代变化的稳健信号；另一方面，通过模拟加深对人类活动影响暴雨的热力、动力、云物理等过程的科学理解。

2) 大尺度区域对比　年际和年代际暴雨的增加是区域性现象，还是全球性现象？我们的研究初步表明，虽然全球暴雨的增加是一个普遍现象，如在城市化发展速度较慢的欧洲和美国暴雨也在增加，但是在城市化发展速度较快的中国、巴西和印度，暴雨的显著增加幅度远比欧美大。那么全球其他地区的暴雨增加具体表现如何？2015 年全球已有 54% 的人口居住在城镇，预计到 2020 年，非洲和亚洲将分别有 56% 和 64% 的人口居住在城镇。这些地区暴雨变化的区域差异是否也是人类社会经济活动因素与自然气候因素共同作用所造成的，是以人文因素为主，还是以自然因子为主？这仍然需要从全球和区域尺度上开展更深入的观测诊断分析和模拟研究，并需要从机理上进一步探讨。

参 考 文 献

[1] Alexander L V，Zhang X，Peterson T C，et al. Global observed changes in daily climate extremes of temperature and precipitation [J]. Journal of Geophysical Research：Atmospheres，2006，111（D5）.

[2] Beniston M，Stephenson D B，Christensen O B，et al. Future extreme events in European climate：an exploration of regional climate model projections [J]. Climatic change，2007，81（1）：71-95.

[3] Brown P J，Bradley R S，Keimig F T. Changes in extreme climate indices for the Northeastern United States，1870-2005 [J]. Journal of Climate，2010，23（24）：6555-6572.

[4] Managing the risks of extreme events and disasters to advance climate change adaptation：special report of the intergovernmental panel on climate change [M]. Cambridge University Press，2012.

[5] Benestad R E，Nychka D，Mearns L O. Spatially and temporally consistent prediction of heavy precipitation from mean values [J]. Nature Climate Change，2012，2（7）：544-547.

[6] Berg P，Moseley C，Haerter J O. Strong increase in convective precipitation in response to higher temperatures [J]. Nature Geoscience，2013，6（3）：181-185.

[7] Easterling D R，Evans J L，Groisman P Y，et al. Observed variability and trends in extreme climate events：a brief review [J]. Bulletin of the American Meteorological Society，2000，81（3）：417.

[8] IPCC AR5. Intergovernmental Panel on Climate Change Climate Change Fifth Assessment Report（AR5）[R]. Cambridge：Cambridge University Press，UK. 2013.

[9] Allen M R，Ingram W J. Constraints on future changes in climate and the hydrologic cycle [J]. Nature，2002，419（6903）：224-232.

[10] O'Gorman P A. Sensitivity of tropical precipitation extremes to climate change [J]. Nature Geoscience，2012，5（10）：697-700.

[11] Min S K，Zhang X，Zwiers F W，et al. Human contribution to more-intense precipitation extremes [J]. Nature，2011，470（7334）：378-381.

[12] Durman C F，Gregory J M，Hassell D C，et al. A comparison of extreme European daily precipitation simulated by a global and a regional climate model for present and future climates [J]. Quarterly Journal of the Royal Meteorological Society，2001，127（573）：1005-1015.

[13] Gao Y，Fu J S，Drake J B，et al. Projected changes of extreme weather events in the eastern United States based on a high resolution climate modeling system [J]. Environmental Research Letters，2012，7（4）：044025.

[14] Gero A F，Pitman A J，Narisma G T，et al. The impact of land cover change on storms in the Sydney Basin，Australia [J]. Global and Planetary Change，2006，54（1）：57-78.

[15] Allan R P，Soden B J. Atmospheric warming and the amplification of precipitation extremes [J]. Science，2008，321（5895）：1481-1484.

[16] Zhai P，Sun A，Ren F，et al. Changes of climate extremes in China ［M］//Weather and Climate Extremes. Springer Netherlands，1999：203-218.

[17] Zhai P，Zhang X，Wan H，et al. Trends in total precipitation and frequency of daily precipitation extremes over China ［J］. Journal of climate，2005，18（7）：1096-1108.

[18] Qian W，Fu J，Zhang W，et al. Changes in mean climate and extreme climate in China during the last 40 years ［J］. Advances in Earth Science，2007，7：006.

[19] Zhang X，Zwiers F W，Hegerl G C，et al. Detection of human influence on twentieth-century precipitation trends ［J］. Nature，2007，448（7152）：461-465.

[20] Guo J，Deng M，Fan J，et al. Precipitation and air pollution at mountain and plain stations in northern China：Insights gained from observations and modeling ［J］. Journal of Geophysical Research：Atmospheres，2014，119（8）：4793-4807.

[21] Li T，Luo J J. Projection of future precipitation change over China with a high-resolution global atmospheric model ［J］. Advances in Atmospheric Sciences，2011，28（2）：464-476.

[22] Fu G，Yu J，Yu X，et al. Temporal variation of extreme rainfall events in China，1961-2009 ［J］. Journal of Hydrology，2013，487：48-59.

[23] Wang Y，Zhou L. Observed trends in extreme precipitation events in China during 1961-2001 and the associated changes in large-scale circulation ［J］. Geophysical Research Letters，2005，32（9）.

[24] Yu R，Li J. Hourly rainfall changes in response to surface air temperature over eastern contiguous China ［J］. Journal of Climate，2012，25（19）：6851-6861.

[25] Zhang Y，Xu Y，Dong W，et al. A future climate scenario of regional changes in extreme climate events over China using the PRECIS climate model ［J］. Geophysical Research Letters，2006，33（24）.

[26] Li Z，Niu F，Fan J，et al. Long-term impacts of aerosols on the vertical development of clouds and precipitation ［J］. Nature Geoscience，2011，4（12）：888-894.

⊙ 作者介绍

孔锋[1,2,3]*，方建[4]，吕丽莉[1]

1. 中国气象局发展中心，E-mail：kongfeng0824@qq.com
2. 北京师范大学地表过程与资源生态国家重点实验室
3. 民政部/教育部减灾与应急管理研究院
4. 武汉大学资源与环境科学学院

2

1951～2014年北京城区降水变化分析

摘要： 城市降水变化规律分析是城市暴雨控制及防洪排涝的前期基础性工作。利用1951～2014年北京城区代表性站点逐日降水观测资料，基于降水距平、降水指数，通过线性倾向估计、Mann-Kendall检验、滑动t检验、小波分析等方法，探讨降水指数对降水特别是极端降水的指示作用，并分析北京城区降水变化趋势。结果表明：a. 年降水量、夏季降水量与降雨日数、极端降水量、降水强度等指数有较好相关性，年降水量与降雨日数指数的相关性好于夏季降水量，夏季降水量与极端降水量指数的相关系数高于年降水量，极端降水量指数间存在显著相关性（高于0.7），R99p、RX1day与R100显著相关，对极端降水具有较强的表征能力；b. 1951年有气象记录以来，北京城区降水量发生显著下降（35.64mm/10a），夏季尤为明显（36.52mm/10a），年降水量于1997年发生突变；c. 1951～2014年，所有降水指数都呈现"降—升—降"的总体下降趋势，1950s、2000s分别为高值期、低值期，多数降水指数于1990s中后期突变，2010s有回升迹象，降雨日数指数中R1降低最为明显（1.32d/10a），其次是R25（0.47d/10a），R95p减幅大于R99p，RX5day减幅大于RX1day，非夏季RX1day，RX5day异常值有时高于夏季。

2.1　前言

随着气候变化持续和城市化快速推进，城市内涝频繁发生，影响范围不断扩大[1,2]。北京、上海、广州、武汉、西安等大城市内涝尤为突出[3]。城市内涝是自然因素和社会因素共同作用的结果。社会因素比较复杂，包括城市地表下垫面的人为改造、城市地下排水管网等设施不配套等。同时，自然因素如降水变化规律分析不清，降水强度、频数等前期基础研究缺乏，使得现有防涝排水设施建设标准难以适应降水变化，导致城市内涝多发[4,5]，亟需进行内涝发生直接原因——降水的变化及与降水相关的城市防涝排水配套控制标准制订完善[6]，甚至基于预测降水制订有关标准的研究[7,8]。目前关于降水方面的研究多聚焦于人尺度的如全球、洲际、国家及流域、区域尺度[7,8]，针对城市尺度的研究相对较少[9]；已有文献也缺乏系统分析城市降水结构、分布、突变等特征[10,11]；或者研究时间尺度短，未能反映城市降水变化趋势[12]。基于此，本研究以中国首都北京城为例，利用中国有气象记录以来（1951～2014年）北京城区代表性气象站点日降水观测资料，利用降水距平、降水指数，通过线性倾向估计、Mann-Kendall检验、滑动t检验、小波分析等方法，探讨基于多种降水指数的降水变化规律，以期为后续城市开展暴雨控制规划设计提供科学参考依据。

2.2 研究方法

降水指数可表征降水的强度、频数、持续性、范围等[13]，是降水研究的有效工具。本文选取了 12 个代表性降水指数，其中第 1～7 个是降雨日数指数，第 8～11 个是极端降水量指数，第 12 个是降水强度指数（表 1-2-1）。

表1-2-1 降水指数及其定义

序号	指数名称	英文缩写	定义
1	降水日数/d	R1	年内日降水量≥1mm 日数
2	中雨日数/d	R10	年内日降水量≥10mm 日数
3	大中雨日数/d	R20	年内日降水量连续≥20mm 日数
4	大雨日数/d	R25	年内日降水量≥25mm 日数
5	暴雨日数/d	R50	年内日降水量≥50mm 日数
6	大暴雨日数/d	R100	年内日降水量≥100mm 日数
7	连续降水日数/d	CWD	年内日降水量连续≥1mm 日数最大值
8	异常降水量/mm	R95p	年内日降水量高于 95% 分位值（阈值）降水量之和
9	极端降水量/mm	R99p	年内日降水量高于 99% 分位值（阈值）降水量之和
10	1 日最大降水量/mm	RX1day	月/年内最大 1 日降水量
11	5 日最大降水量/mm	RX5day	月/年内最大 5 日降水量
12	平均日降水强度/(mm/d)	SDII	年降水量与日降水量≥1mm 日数之比

线性倾向估计可用一元一次直线方程或一元二次曲线方程表示。采用一元一次直线方程定量描述，即用 y_i 表示样本量为 n 的降水变量，用 t 表示 y 所对应的时间，建立 y 与 t 之间的一元回归：

$$y = a + bt \tag{1-2-1}$$

式中，y 为分析对象；t 为时间因子；a、b 为回归系数。待定系数可用最小二乘法或经验正交多项式来确定[14]。一般将 $10b$ 称作气候倾向率，单位为 mm/10a[15,16]。回归系数 b 的正负号表示降水变量 x 的变化趋势及程度倾向趋势，$b>0$ 时，y 呈上升趋势；$b<0$ 时，y 呈现下降趋势；b 绝对值越大，变化程度越显著。用因变量 y 与时间 t 的相关系数来检验趋势值的显著性，即相关系数达到统计显著性水平 0.05 时，便可认为该线性趋势值是显著的[17]。

Mann-Kendall 秩次相关检验法（M-K 检验）[18,19]是世界气象组织（WMO）推荐的一种分析气温、降水、径流等气象水文变量序列要素随时间序列变化趋势的非参数趋势检验法，又称无分布检验，适用范围广，计算简便，检测样本不必遵从一定的分布，且不受少数异常值的干扰，能揭示时间序列的趋势变化。选定显著性水平 0.05（相应的阈值为 ±1.96），即以 M-K 值是否大于 1.96 或小于−1.96，判别降水时序变化趋势是否显著[20]。M-K 检验也可以用于检测降水的突变[21]，降水的正、反序列趋势检验曲线交叉点为极端降水序列变化过程中的可能突变点[22]。

滑动 t 检验[18,23]通过降水序列中两段子序列均值有无显著差异来检验突变。如果两自降水序列均值差异超过一定的显著性水平，判定发生突变。

小波分析采用正交、复正交变换对连续的时间序列进行分析[24]。选用 Morlet 小波作为母小波。小波系数实部的变化趋势与信号起伏一致，等值线中心表示时间序列的周期特征。小波方差用来确定时间序列中各种尺度扰动的相对强度，峰值表示降水序列主周期[14]。

2.3 结果分析

2.3.1 降水指数的降水表征能力

采用降水指数表征降水，首先需要探讨降水量与降水指数的相关性，是否能有效表征降水。降水量与降水指数的相关性检验表明（表1-2-2），年度和夏季降水量与降水指数的相关性好于春季、秋季、冬季。春季、秋季降水量与降雨日数指数的相关性好于冬季，春季与R10、R20和R25相关，秋季与R1、R10、R20和R25相关，但相关系数较小（0.4 及其以下）。春季、秋季、冬季降水量与极端降水量指数、降水强度指数的相关性不明显，仅秋季降水量与R95p有一定的相关性（0.26），表明极端降水也对秋季降水量有明显贡献。年降水量、夏季降水量与降雨日数、极端降水量、降水强度等降水指数都有较好的相关性，相关系数介于0.49～0.85，且多在0.7 以上。年降水量与降雨日数指数的相关性好于夏季降水量，但夏季降水量与极端降水量指数的相关系数高于年降水量，表明极端降水量指数对年降水量尤其是夏季降水量有较大影响，是主要的城市内涝风险源。总体而言，多数降水指数对降水量具有较好的指示作用。

表1-2-2 1951～2014年北京城区降水量与降水指数的相关性

相关系数	R1	R10	R20	R25	R50	R100	CWD	R95p	R99p	RX1day	RX5day	SDII
年度	0.79[1]	0.81[1]	0.80[1]	0.80[1]	0.76[1]	0.57[1]	0.49[1]	0.84[1]	0.66[1]	0.63[1]	0.70[1]	0.85[1]
春季	0.23[3]	0.35[1]	0.34[1]	0.30[2]	0.16	−0.06	−0.06	0.06	−0.03	−0.08	0.03	0.20
夏季	0.70[1]	0.73[1]	0.72[1]	0.74[1]	0.75[1]	0.60[1]	0.51[1]	0.84[1]	0.70[1]	0.69[1]	0.72[1]	0.83[1]
秋季	0.40[1]	0.35[1]	0.35[1]	0.29[2]	0.22[3]	0.12	0.17	0.26[2]	0.12	0.08	0.17	0.25[2]
冬季	0.27[3]	0.12	0.20	0.21	0.13	0.23[3]	0.10	0.19	0.21	0.16	0.14	0.08

① 指置信水平为0.01。
② 指置信水平为0.05。
③ 指置信水平为0.10。

各降水指数表征降水的侧重不同，决定各降水指数具有相关性和差异性（表1-2-3）。从降雨日数指数看，R1与R10、R25、R50都有较高的相关性，且与R10的相关性最高，但与R10、R100、CWD的相关性不显著。R10除与R50、R100的相关性不显著外，与各种降水日数指数都有较好的相关性，与R20的相关系数尤其高。R20与R10、R25的相关性较高（相关系数为0.8）。R25与各降雨日数指数皆有明显的相关性，R50与R10、R20、CDW的相关性不明显，R100与R50的相关性较高，表明极端降水时间较集中。CDW与R10、R20的相关性优于其他降雨日数指数。采用的所有极端降水量指数间存在显著相关性，相关系数皆高于0.7。RX1day与RX5day的相关性（0.87）好于R95p与R99p的相关性（0.77），RX1day与R99p的相关性（0.88）好于RX1day与R95p的相关性（0.79），RX5day与R95p的相关性（0.80）好于RX5day与R99p的相关性（0.77）。除CWD外，降水强度SDII与各降水指数都明显相关，与降水日数指数的相关性总体好于极端降水量指数，降水日数中与R25的相关性最高（0.75）。SDII与极端降水量指数的相关系数为0.62～0.80，与 R95p 的相关性最高（0.80），表明极端降水特别是 R95p 对 SDII 有深刻影响。降雨日数指数与极端降水量指数的相关性差异较大。除 R1 外，R95p 与各降雨日数指数的相关性显著，与 R50 的相关性最高（0.90）。R99p、RX1day 与 R50、R100 都有明显相关性，与 R100 的相关性尤为明显，相关系数分别为 0.94、0.85；RX5day 与 R100 没有明显相关性，但与 R50、R25、R1 明显相关，表明 R100、R99p、RX1day 对极端降水具有较强的表征能力（表 1-2-3）。

表1-2-3 1951~2014 年北京城区各降水指数相关性

相关系数	R1	R10	R20	R25	R50	R100	CWD	R95p	R99p	RX1day	RX5day	SDII
R1	1											
R10	0.68[①]	1										
R20	0.17	0.81[①]	1									
R25	0.57[①]	0.77[①]	0.90[①]	1								
R50	0.56[①]	0.11	0.10	0.50[①]	1							
R100	0.20	0.17	0.03	0.22[③]	0.42[①]	1						
CWD	0.19	0.32[①]	0.36[①]	0.26[②]	0.18	0.26[②]	1					
R95p	0.03	0.46[①]	0.45[①]	0.51[①]	0.90[①]	0.68[①]	0.46[①]	1				
R99p	0.39[①]	0.24[③]	0.02	−0.03	0.51[①]	0.94[①]	0.40[①]	0.77[①]	1			
RX1day	0.25[②]	0.22[③]	0.06	0.25[②]	0.59[①]	0.85[①]	0.39[①]	0.79[①]	0.88[①]	1		
RX5day	0.46[①]	0.31[②]	0.14	0.42[①]	0.64[①]	0.07	0.48[①]	0.80[①]	0.77[①]	0.87[①]	1	
SDII	0.37[①]	0.68[①]	0.69[①]	0.75[①]	0.70[①]	0.52[①]	0.07	0.80[①]	0.61[①]	0.62[①]	0.69[①]	1

① 指置信水平为 0.01。

② 指置信水平为 0.05。

③ 指置信水平为 0.10。

2.3.2 降水变化特征趋势分析

20 世纪 50 年代以来，北京城区气候要素发生明显变化，其中降水显著下降，趋向干旱化[25]，年降水量减少约 35.64mm/10a，降水强度（SDII）减少 0.37（mm/d）/10a。1950s 为丰雨期，但 1960s、2000s 明显减少。1951 年以来年降水量呈增加趋势，但季节降水变化差异较大，夏季降水下降最明显（36.52mm/10a），冬季降水略显下降（2.03mm/10a），春季、秋季降水呈微弱增长，分别增长 1.04mm/10a、0.01mm/10a（图 1-2-1）。

北京城区降水总量不足广州的 1/2，但降水极为集中，夏季集中了全年降水的 71%，且主要集中于 7 月、8 月，占全年降水的 50% 以上（59%），城市内涝风险高。相比春季、秋季、冬季降水与年降水的相关性（相关系数分别为 0.22、0.40、0.23，春季、冬季置信水平为 0.1，秋季置信水平为 0.01），1951~2014 年夏季降水量与年降水量显著相关（0.01 置信水平下相关系数为 0.95），高显著相关性也体现在夏季降水距平与年降水距平之间（0.01 置信水平下相关系数为 0.95）。夏季降水集中度与年降水量的相关系数在 0.01 置信水平下也达到 0.33（图 1-2-2），表明夏季降水是年降水的主要贡献者，决定了年降水的总量、变化趋势、分布和结构，是北京城市内涝致灾风险应考虑的首要自然因素。

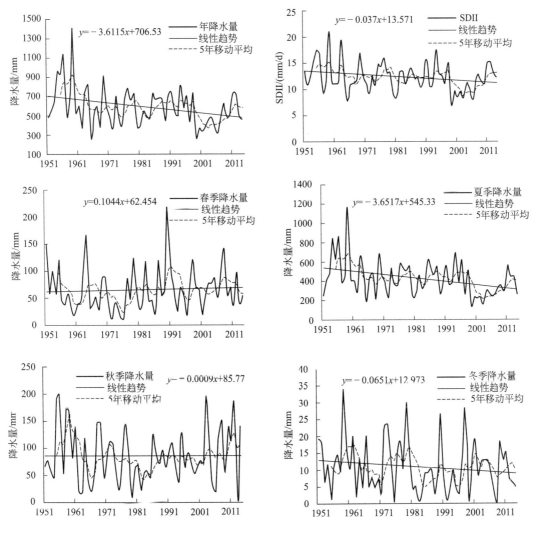

图 1-2-1　1951~2014 年北京城区降水变化趋势

　　1951 年以来，北京城区降水发生明显变化。1950s（指 1950~1959 年，以下依次类推）降水增加明显，出现 64 年中最大年降水量；1990s 末以来，降水明显减少，出现 64 年中最小年降水量。虽然夏季降水集中度有下降趋势，但 1970s 末以来夏季累计降水距平高于年累计降水距平，夏季降水距平百分率波动剧烈程度也大于年降水距平百分率，成为降水变化的活跃因素（图 1-2-3）。

　　月季尺度上，降水波动变化也是明显的。以 6~8 月降水量波动最为剧烈，8 月降水最多时达575mm，是最少时（34mm）的 16 倍；7 月最多时为 511mm，是最少时（27mm）的 19 倍；6 月差异更大，最多时（252mm）是最少时（4mm）的 63 倍。夏季降水最多时为 1170mm，是最少时（140.6mm）的 8 倍多，秋季、冬季、春季虽然降水远远小于夏季，但相对波动更为明显。降水量特别是夏季降水量的剧烈波动，增加了城市内涝的风险性。年尺度上，年降水量最多时仅是最少时的 5.37 倍（最多时为 1406mm，最少时为 262mm）。年代尺度上，年降水量和夏季降水量的波动也较显著，1950s、1960s、1990s 降水波动较大，1950s 降水明显比其他各年代偏多，2000s 则降水偏少，且波动幅度最小；但 2010s（指 2010~2015 年）出现回升趋势，短历时极端降水增加，

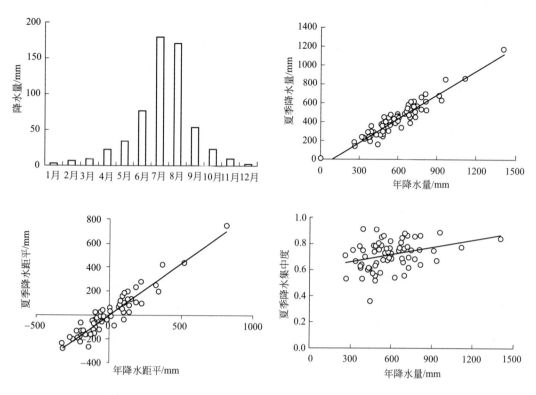

图 1-2-2　1951~ 2014 年北京城区年降水量与夏季降水量相关性

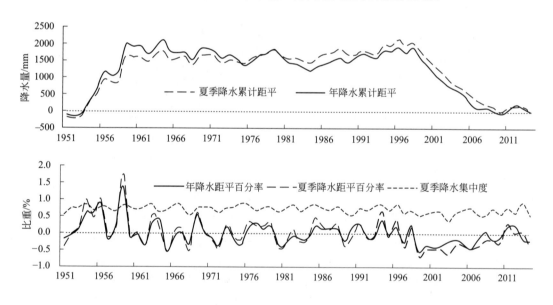

图 1-2-3　1951~ 2014 年北京城区降水距平（百分率）及夏季降水集中度

城市内涝风险加大，如 2012 年 7 月城区严重积水（图 1-2-4）。

　　通过小波分析，可以发现年降水和夏季降水存在明显周期，且都存在 5 年、10 年周期，更长周期虽然不相同，但年份接近。年降水量存在 15 年、20 年、27 年、30 年、36 年、43 年周期，而夏季降水量存在 16 年、21 年、26 年、33 年、37 年、44 年周期（图 1-2-5）。突变检验发现，年降水量在 1997 年发生突变（图 1-2-6）。

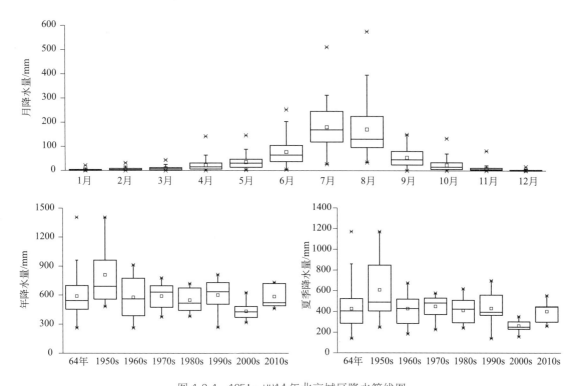

图 1-2-4　1951~2014 年北京城区降水箱线图

箱子上限为上四分位数，下限为下四分位数，箱子内部横线为中位数，箱子中的
小框为平均数，最靠近箱子两横线为上下边缘，最外侧的黑星为异常值（大于上
四分位数 1.5 倍四分位数差的值或小于下四分位数 1.5 倍四分位数差的值）；
下同。1950s 仅指 1951~1959 年，2010s 仅指 2010~2015 年；下同。

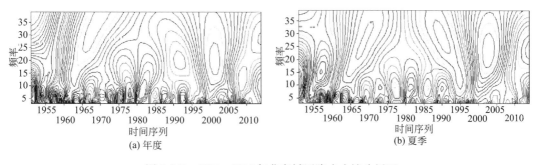

图 1-2-5　1951~2014 年北京城区降水小波分析图

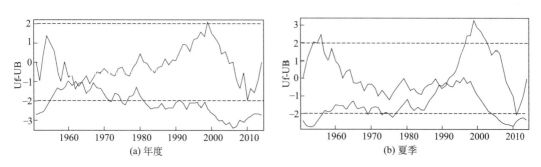

图 1-2-6　1951~2014 年北京城区降水量突变点

2.3.3　极端降水指数变化分析

1951～2014 年，降水日数、极端降水量和降水强度等降水指数都呈现下降趋势[26,27]（表 1-2-4、图 1-2-7）。降雨日数指数中，R1 下降趋势最为明显，减少 1.32d/10a；其次是 R25，减少 0.47d/10a；CWD 呈减少趋势[16]；R100 减少幅度最小。极端降水量指数中，R95p 和 R99p 减少明显，分别降低 30.14mm/10a 和 22.24mm/10a；RX5day 的减幅比 RX1day 大，分别减少 14.61mm/10a、8.00mm/10a。突变检验发现，R100、R99p、SDII 没有检验出突变点，其余降水指数除 CWD 突变点发生在 1965 年外，其他降水指数集中于 1990s 中后期发生突变[27]（表 1-2-4、图 1-2-7）。表明多数降水指数特别是极端降水量指数与降水变化具有一致性。

表1-2-4 1951～2014 年北京城区极端降水指数的变化趋势

指数	R1	R10	R20	R25	R50	R100	CWD	R95p	R99p	RX1day	RX5day	SDII
趋势	↓	↓	↓	↓	↓	↓	↓	↓	↓	↓	↓	↓
变化率	−1.32	−0.27	−0.30	−0.47	−0.29	−0.12	−0.24	−30.14	−22.24	−8.00	−14.61	−0.37
突变年	1997	1996	1997	1997	1998	—	1965	1998	—	1998	1997	—

注：突变点检验采用 $\alpha = 0.01$ 下的滑动 t 检验；变化率单位为 d/10a、 mm/10a 或（mm/d）/10a。

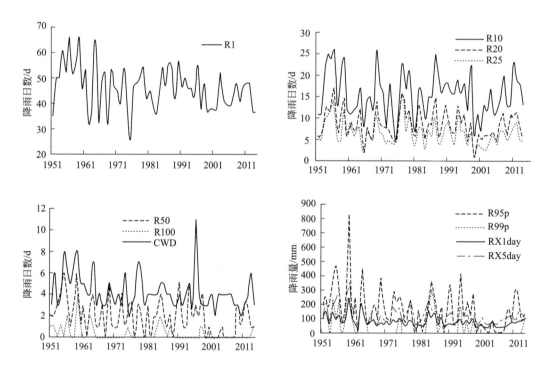

图 1-2-7　1951～2014 年北京城区极端降水指数逐年变化趋势

代际比较发现极端降水量指数变化与降水变化具有一致性（图 1-2-8）。1950s 是 R95p 最高时期，之后一直到 1980s 都呈下降趋势，1990s 短暂回升，2000s 急剧下降[27]，是 R95p 最低时期。R99p 也呈现出 "降—升—降" 的总体下降过程。RX1day 最高值出现在 1950s，随后下降，直至 1980s 显著回升且波动较大；1990s～2000s 持续下降，2000s 为 RX1day 最低值时期；2000s 以后，呈现回升态势。RX5day 在 1950s～2000s 持续下降，

1950s 是 RX5day 最高时期，也是波动最大时期；2000s 是 RX5day 最低时期，2000s 有回升迹象（图 1-2-8）。

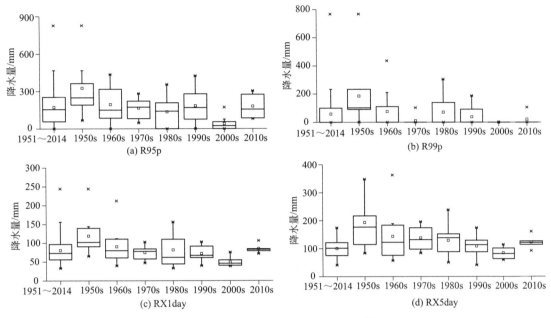

图 1-2-8　1951~2014 年北京城区极端降水指数代际变化趋势

月季尺度上，极端降水量指数与降水变化趋势一致（图 1-2-9）。RX1day 与 RX5day 的波动主要集中在夏季，7 月、8 月最为明显，其次是秋季。RX1day 最大值出现在 7 月，7 月

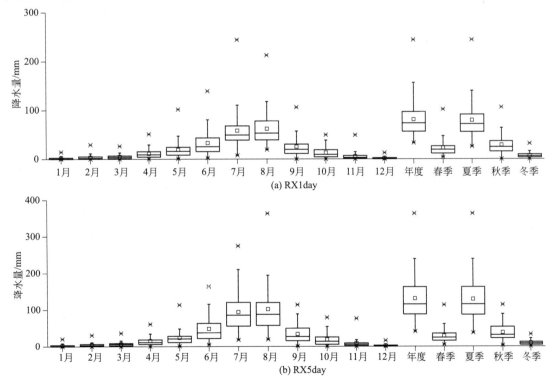

图 1-2-9　1951~2014 年北京城区 RX1day 和 RX5day 箱线图

也是波动幅度最大的月份。紧邻夏季的 5 月、9 月波动也较大，异常值甚至高于夏季平均值。年度和夏季 RX1day 对比发现，部分 RX1day 年度最高值并非出现在夏季而是在春季、秋季，应关注非夏季 RX1day 年最高值对城市内涝的影响。RX5day 最大值出现在 8 月，9 月是非夏季 RX5day 波动最大的月份。RX5day 年平均值高于夏季平均值，表明非夏季 RX5day 也可能成为年最大 RX5day（图 1-2-9）。

2.4　结论与讨论

利用 1951～2014 年北京城区代表性站点逐日降水观测资料，基于降水距平、降水指数，通过线性倾向估计、Mann-Kendall 检验、滑动 t 检验、小波分析等方法，探讨降水指数对降水特别是极端降水的指示作用，并分析北京城区降水变化趋势。初步得出如下结论。

① 相关性检验表明，多数降水指数与降水量具有较高的相关性，对降水具有指示作用。年降水量、夏季降水量与降雨日数、极端降水量、降水强度等指数都有较好的相关性，年降水量与降雨日数指数的相关性好于夏季降水量，夏季降水量与极端降水指数的相关系数高于年降水量。各降水指数间的相关性差异较大，相近的降雨日数指数具有较高的相关性，R25 与各降雨日数指数皆有明显相关性；极端降水量指数间存在显著相关性（高于 0.7）。R99p、RX1day 与 R100 存在显著相关性，对极端降水具有较强的表征能力。

② 20 世纪 50 年代以来，北京城区降水发生显著下降（35.64mm/10a），夏季尤为明显（36.52mm/10a），降水强度持续下降［0.37（mm/d）/10a］。1950s 降水呈现增长趋势，1990s 末以来降水出现明显减少趋势，1997 年突变下降，2010s 出现回升迹象。降水量波动剧烈，城市内涝风险大，年降水量最多时是最少时的 5.37 倍，1950s、1960s、1990s 降水波动较大，1950s 降水明显比其他各年代偏多，2000s 则降水偏少，且波动幅度小。夏季降水最多时是最少时的 8 倍，6 月、7 月、8 月最多时是最少时的 63 倍、19 倍、16 倍，秋季、冬季、春季相对波动更明显。年降水和夏季降水周期具有一致性，且都存在 5 年、10 年周期，更长周期基本接近。

③ 1951～2014 年，采用的所有降雨日数、极端降水量、降水强度等降水指数都呈现下降趋势。降雨日数指数中，R1 降低最为明显（1.32d/10a）；其次是 R25（0.47d/10a），CWD 持续下降；极端降水量指数中，R95p 和 R99p 减少明显，分别降低 30.14mm/10a 和 22.24mm/10a；RX5day 的减幅比 RX1day 大，分别减少 14.61mm/10a、8.00mm/10a。R100、R99p、SDII 没有明显突变，其余多数降水指数集中于 1990s 中后期突变。极端降水指数都有"降—升—降"的总体下降过程，1950s 为高值期，2000s 为低值期。RX1day、RX5day 夏季 7 月、8 月波动明显，紧邻夏季的 5 月、9 月异常值有时高于夏季的平均值，非夏季也存在城市内涝风险。

本研究分析了长时间序列降水变化趋势，有利于宏观掌握与了解城市降水趋势，可为城市开展暴雨控制规划设计提供科学参考依据。

致谢

孟现勇博士、蔡万园为数据处理提供了帮助，加拿大 Feng Yang 博士为降水指数处理提供了方便，谨致谢意。

参 考 文 献

[1] 张冬冬, 严登华, 王义成, 等. 城市内涝灾害风险评估及综合应对研究进展 [J]. 灾害学, 2014, (01): 144-149.

[2] 王发明. 基于水循环平衡的城市内涝根源探析——以南宁市为例 [J]. 城市问题, 2012, (07): 38-43.

[3] 孙喆. 北京中心城区内涝成因 [J]. 地理研究, 2014, (09): 1668-1679.

[4] 王伟武, 汪琴, 林晖, 等. 中国城市内涝研究综述及展望 [J]. 城市问题, 2015 (10): 24-28.

[5] Zhang Chen. Urban Waterlogging Prevention in China: from Theory to Establishment of Standard System [J]. Urban Roads, Bridges and Flood Control, 2014 (11): 2-4.

[6] Shaw R, Colley M, Connell R. Climate change adaptation by design: A guide for sustainable communities. London: Town and Country Planning Association [J], 2007.

[7] Arisz H, Burrell B C. Urban drainage infrastructure planning and design considering climate change [C] //2006 IEEE EIC Climate Change Conference. IEEE, 2006: 1-9.

[8] 王思思, 于迪, 车伍. 国际城市暴雨内涝脆弱性评估和适应性对策研究 [J]. 城市发展研究, 2015 (07): 23-26.

[9] 王萃萃, 翟盘茂. 中国大城市极端强降水事件变化的初步分析 [J]. 气候与环境研究, 2009 (05): 553-560.

[10] 罗明杰, 刘东. 基于Hilbert谱熵的城市降水序列复杂性分析 [J]. 中国农村水利水电, 2015 (02): 51-55.

[11] 卢金锁, 周晋梅. 西安市降雨模式变化及其对排水系统的影响 [J]. 给水排水, 2015 (05): 43-48.

[12] 王丛梅, 吴智杰, 刘瑾, 等. 城市短时强降雨中尺度观测特征分析 [J]. 气象科技, 2011 (06): 678-684.

[13] 陈栋, 黄荣辉, 陈际龙. 我国夏季暴雨气候学的研究进展与科学问题 [J]. 气候与环境研究, 2015 (04): 477-490.

[14] 王月华, 李占玲, 赵韦. 疏勒河流域极端降水特征分析 [J]. 水资源研究, 2015 (06): 537-545.

[15] 魏凤英. 现代气候统计诊断与预测技术 [M]. 北京: 气象出版社, 2008.

[16] 王刚, 严登华, 张冬冬, 等. 海河流域1961年-2010年极端气温与降水变化趋势分析 [J]. 南水北调与水利科技, 2014 (01): 1-6.

[17] 白路遥, 荣艳淑. 最近50年长江流域极端降水特征的再分析 [J]. 水资源研究, 2015 (01): 88-100.

[18] Liu L, Xu Z X. Regionalization of precipitation and the spatiotemporal distribution of extreme precipitation in southwestern China [J]. Natural Hazards, 2016, 80 (2): 1195-1211.

[19] Han L, Xu Y, Pan G, et al. Changing properties of precipitation extremes in the urban areas, Yangtze River Delta, China, during 1957-2013 [J]. Natural Hazards, 2015, 79 (1): 437-454.

[20] 曾小凡, 叶磊, 翟建青, 等. 嘉陵江流域极端降水变化及其对水文过程影响的初步研究 [J]. 长江流域资源与环境, 2014 (S1): 159-164.

[21] 王蒙, 殷淑燕. 近52a长江中下游地区极端降水的时空变化特征 [J]. 长江流域资源与环境, 2015 (07): 1221-1229.

[22] 丁文荣. 西南地区极端降水的时空变化特征 [J]. 长江流域资源与环境, 2014 (07): 1071-1079 (Ch).

[23] 黄俊利, 魏文寿, 杨青, 等. 塔克拉玛干沙漠南缘极端降水变化趋势与突变特征 [J]. 沙漠与绿洲气象, 2012 (02): 30-34.

[24] Duan W, He B, Takara K, et al. Changes of precipitation amounts and extremes over Japan between 1901 and 2012 and their connection to climate indices [J]. Climate Dynamics, 2015, 45 (7-8): 2273-2292.

[25] 李立新, 严登华, 秦天玲, 等. 海河流域1961～2010年干旱化特征及其变化趋势分析 [J]. 干旱区资源与环境, 2012 (11): 61-67.

[26] 尤焕苓, 刘伟东, 任国玉. 1981～2010年北京地区极端降水变化特征 [J]. 气候与环境研究, 2014 (01): 69-77.

[27] 杨艳娟, 李明财. 华北地区雨季极端降水量的非均匀性特征 [J]. 气象与环境学报, 2014 (04): 57-62.

⊙ 作者介绍

向柳[1], 张玉虎[1]*

[1] 首都师范大学资源环境与旅游学院, E-mail: zhang_yuhu@163.com

3

西北地区城市环境LID策略对绿地小气候影响初探

摘要： 西北地区城市生态环境脆弱，迫切需要通过人工干预来改善城市绿地的小气候，以满足公众对健康舒适户外空间的需求。植物种植设计是影响城市小气候变化的直接因素，植物可以通过蒸腾作用改善周围小气候，如乔灌木不同分层就会产生不同温度层次和湿度层次，因此，在调节小气候中起到关键作用。本文以基于LID策略建设的绿地为研究对象，以测定其在旱热和湿热条件下对小气候的影响为目标，提出通过现场实测与植物种植设计相结合的方法，探求LID设施与空气温度、湿度、风速、热辐射等小气候物理因子之间的关系。最后根据LID策略对城市绿地小气候的影响，分别探讨适宜用于不同LID设施的植物种类。

3.1 引言

近年来，西北地区城市的城市化发展迅猛，作为城市基础设施建设项目之一的园林绿化也步入了发展的快车轨。但是西北地区水资源缺乏，生态环境脆弱，城市化与城市生态环境之间的矛盾和胁迫作用尤为突出，严重限制和约束了西北地区城市生态建设的进程。与此同时，随着生态城市、宜居城市等概念的不断涌现，城市水环境作为城市生态系统中的关键要素，已得到越来越多的关注。因此，本文尝试将"低影响开发（LID）"策略应用到城市绿地建设中，并探索其与植物种植设计相结合对绿地小气候的影响，以期为在现代化城市中创建兼具生态服务功能和视觉审美功能的城市绿地提供多目标综合化的规划设计方法。

3.2 LID策略与小气候的关系

"低影响开发"（low impact development，LID），是美国环境保护署（US EPA，2007）提出的一项将城市暴雨水管理与城市景观规划设计统一在一起的多目标集合化战略[1]。由基于微观尺度景观控制的措施（最佳管理措施）发展而来，是基于模拟自然水文条件原理，以维持或者再恢复区域自然状态下的水文机制为目标，通过一系列的分布措施制造接近于自然状态下的水文和土地景观，实现对生态环境产生最低负面影响的设计策略[2]。目前该方法已被美国、瑞典、新西兰、加拿大等一些发达国家广泛采用。

LID典型措施有雨水花园（生物滞留池）、草地渠道、植被覆盖（绿色屋顶）、植被浅沟、透水路面、渗透设施、雨水湿地、多功能调蓄设施等。组合应用这些措施可实现削减径流系数，调蓄利用雨水资源，调节径流峰值，控制径流水质，降低合流制管道的溢流量和溢流频率，安全输送，河道保护，营造生态化景观等多种功能[3]。LID策略不仅为城市绿地建设提供了一种新的水资源管理视角，也蕴含着新的城市景观规划方法论。更为重要的是，LID策略的启发意义还体现在强调从单纯的"保护"水资源开始走向合理利用水资源，从而改善绿地小气候。

采用LID策略建设园林绿地，在一定程度上可以影响户外环境微小气候，在气候适应性设计中具有关键的作用。具体体现在调节户外环境的温度、湿度、风向风速、太阳辐射等，将植物种植设计与风、湿度、温度、日照等生态要素相结合。因此，基于LID策略进行风景园林规划设计是应对全球气候变化，改善城市户外环境的重要建设途径。

3.3 风景园林设计要素对小气候的影响

国外学者很早就意识到室外场地空间单元中的某些要素，如场地竖向、场地下垫面、场地植物、水体等会对场地的小气候产生影响。随着实验设备和理论模型的发展，场地的小气候的研究由定性研究向定量研究的方向发展。

T. R. Oke[4]研究发现场地竖向对风速和风向有明显的改变作用，并分别十坡顶和坡底形成最大风速和最小风速，场地内的风速和风向取决于场地长度与上凸/下凹高度的比值，比值越大则风越能引导进入场地。Cohen[5]等对地中海七个城市开放空间进行夏冬两季小气候实测实验，综合冬夏两季小气候研究结果，发现树木在夏季降温的优势更大，并且最好选择落叶树种，草坪在冬夏两季降温效果不明显。F. Góomez等[6]在西班牙公园、街道、广场进行的小气候实测实验中发现，水体对小气候有明显的降温作用，除了通过水蒸发降温以外，还通过其自身的低反射率降低周围的空气温度，浅色的硬质铺装材料由于其高辐射反射性容易在夏季引起热岛效应。Lenzholzer等[7]在这一领域进行了一系列研究，针对荷兰春、夏、秋三个季节的典型广场进行小气候实测实验，提出包括下垫面的类型颜色、植物类型等小气候改善策略，并根据具体的改善策略形成改善方案。Santamouris等[8]对雅典城市公园进行实测实验，研究发现冷型铺装材料对降低夏季公园温度有作用。刘滨谊等[9]研究得出：风景园林是改善城市小气候环境的直接因素。通过风景园林要素改善户外环境小气候，在气候适应性设计中具有关键的作用。

3.4 LID设计策略对城市绿地小气候的影响

本文将城市绿地作为基本空间单元进行研究，包括林地、草地、裸地和硬质铺装地四部分。主要探讨不同类型LID设施对不同群落结构绿地小气候的调节效果。

3.4.1 城市绿地中不同类型的LID设施

3.4.1.1 生物滞留设施

生物滞留设施是指利用较浅的低洼区域种植植物，通过植物、土壤的作用来对小汇水面（如停车场、小型广场、街道、宅院等）的雨水进行滞留、净化、渗透以及排放（图1-3-1）。

生物滞留设施包括雨水花园、下凹式绿地等类型。生物滞留设施中的水淹情况有所不同，一般可分为蓄水区、缓冲区和边缘区，三个分区的水淹状况依次递减，植物在这三个分区中的配植要充分考虑到不同植物的耐水、耐旱特性，另外还要考虑根系的发达程度以及净化能力。

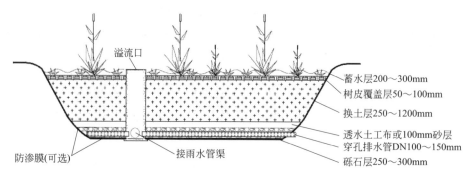

图 1-3-1　生物滞留池结构

3.4.1.2　植被浅沟

植被浅沟是指在地表沟渠中种植植被，利用重力流收集、输送雨水并通过植被截留和土壤过滤处理雨水径流（图 1-3-2）。植被浅沟一般用于城市道路的两侧、不透水地面的周边、大面积绿地内等。植被浅沟内一般要种植抗雨水冲刷的草本植物，要求根系发达且有较好的固土作用[5]。

3.4.1.3　嵌草砖

嵌草砖（图 1-3-3）是透水铺装的一种，多用于人行道、停车场及车流量少的道路及广场，是指带有各种形状空隙的混凝土砖，空隙中种植植物。嵌草砖可以有效促进雨水入渗，保证小雨时地面无积水；同时，空隙里的植物可以净化雨水径流、减缓径流流速、调节微气候及美化环境。

图 1-3-2　植草沟

3.4.1.4　雨水湿地、雨水塘

雨水湿地大多为人工湿地（图 1-3-4），用于控制雨水径流水质及峰流量，调蓄利用雨水以及改善场地景观。雨水湿地是一个水陆交接、复杂的生态系统，通过植物吸收、微生物降解等途径去除各种污染物，效果显著。根据不同的水环境条件，可以将雨水湿地分为深水区、浅水区、植被缓冲区、泛洪区、边缘区 5 个区。

雨水塘是指具有调蓄雨水及生态净化雨水功能的天然或人工水塘（图 1-3-5）。根据水环

图 1-3-3　嵌草砖

图 1-3-4　雨水湿地

图 1-3-5　雨水塘

境的不同，可以将雨水塘分为干塘和湿塘。干塘在雨季用于临时调蓄雨水径流，在非雨季是干的；与雨水花园等生物滞留设施相比，干塘的规模和雨水滞留深度均较大，植物需要抵御周期性的水淹并可以在长期干旱条件下良好生长。湿塘长期维持一定的水位，是非常好的一种生态水景观。

3.4.2　不同 LID 设施对小气候因子的影响

结合 LID 设计策略建设的城市绿地会对空气温度、相对湿度、风速、热辐射等小气候物理因子产生较大的影响。不同类型的 LID 设施对小气候所产生的影响也不尽相同[8]。

生物滞留设施与植被浅沟通常种植有较高的草本植物，植物叶片的蒸腾作用所产生的温湿效应会在一定程度上影响空气的温度、湿度，植物的疏密程度会影响近地面风速的大小。嵌草砖内一般种植低矮、耐践踏的地被植物，能够吸收一定的热辐射，从而降低下垫面的温度。雨水湿地、雨水塘、多功能调蓄设施内适合种植水生植物，因受植物和水体的共同作用，会对绿地水域范围和水陆交界带的空气湿度和温度产生较大影响。

LID 设施对绿地小气候所产生的影响，一方面，能够直接影响处于绿地环境中的人体感受机制，进而产生冷、暖、热的直观感受；另一方面，LID 设施对调节绿地的水分环境同样有着重要的作用，植物适宜生活在水分充足和温度适宜的环境之中，因此采用 LID 设施能够促进植物的生长。

3.4.3 不同 LID 设施中植物选择

由于不同 LID 设施的特点各异，因此，在植物种类选择上的差别也较大。生物滞留设施中适宜种植根系发达、净化能力强的植物，可供此类生物滞留设施选择的植物品种很多，目前城市园林绿化中应用较广泛的大多数草本植物、木本植物都可选用。另外，近年来被引入到园林绿化、抗性较强的观赏草也可以种植在生物滞留池中，可根据不同分区、不同景观要求进行选择与配植。

植被浅沟一般选择抗雨水冲刷的草本植物，植株高度在 75～150mm 之间，为了避免因雨水冲刷而引起植物倒伏，当草本植物生长过高时应及时修剪；要选择根系发达的植物，从而更利于稳固沟道土壤，净化水体。另外，考虑到场地内季节性降雨的不均，所选的植物既要能够抗旱，又要能够抗涝；植被浅沟中的植物种植密度应当大一些，具有一定厚度的植被对雨水径流可以起到明显的延缓作用。一般植被浅沟内的植物种类较为单一，常选用禾本科草本植物，有黑麦草、马尼拉草、高羊茅、细叶芒等[3]。

嵌草砖内一般种植低矮、耐践踏的地被植物；嵌草砖内的植物也需要承受周期性的雨涝及长时间的干旱。常用的植物种类有结缕草、野牛草、狗牙根等。

雨水湿地的深水区适宜种植沉水植物、浮水植物和部分挺水植物，如金鱼藻、狐尾藻、睡莲、凤眼莲、荇菜、荷花等；浅水区适合种植挺水植物，如香蒲、芦苇、水葱、菖蒲、慈菇、鸢尾等；植被缓冲区适合种植一些湿生植物以及水陆两栖植物，如千屈菜、黄菖蒲、莎草、柽柳和柳属植物等；泛洪区一般比较平坦，适合种植能够耐长期干旱以及短期水淹的植物；边缘区植物的选择一般不受雨水淹没的影响，可以根据当地条件及景观条件等来进行选择。

雨水塘的干塘适合选用水陆两栖类的植物如黄菖蒲、鸢尾、千屈菜以及一些耐湿观赏草等；湿塘中适宜种植的植物与雨水湿地中种植的植物一致。

3.5 结语

将 LID 策略与城市绿地建设相结合能够明显改善植被的生长状况，进而影响绿地的温度、湿度、风速、热辐射等小气候状况。基于 LID 策略对小气候的影响，能够指导科学合理的植物种植设计，选择适宜于运用到不同 LID 设施的植物种类，为人们提供更为舒适的绿地环境。

致谢

感谢国家自然科学基金重点项目"城市宜居环境风景园林小气候适应性设计理论和方法研究"（51338007）和陕西省教育厅专项科研计划项目"西安市城市绿地生境营造及植物群落种植设计方法研究"对本研究的资助。

参 考 文 献

[1] 曹磊，杨冬冬，黄津辉. 基于 LID 理念的人工湿地规划建设探讨［J］. 天津大学学报（社会科学版），2012，14（2）：144-149.

[2] 赵华，张峰，林文卓. 浅谈低影响开发在我国的发展现状及其局限性［J］. 建设科技，2013（16）：54-56.

[3] 郭晓华，张桐恺. 融入 LID 理念的城市边缘区干道绿地景观设计研究［J］. 长江大学学报（自然科学版），2014，11（17）：15-17.

[4] Oke T R. Boundary Layer Climates ［M］. Psychology Press，1987.

[5] Cohen P，Potchter O，Matzarakis A. Daily and seasonal climatic conditions of green urban open spaces in the Mediterranean climate and their impact on human comfort ［J］. Building and Environment，2012，51：285-295.

[6] Gómez F，Cueva A P，Valcuende M，et al. Research on ecological design to enhance comfort in open spaces of a city（Valencia，Spain）. Utility of the physiological equivalent temperature（PET） ［J］. Ecological Engineering，2013，57：27-39.

[7] Lenzholzer S，Koh J. Immersed in microclimatic space：Microclimate experience and perception of spatial configurations in Dutch squares ［J］. Landscape and Urban Planning，2010，95（1），1-15.

[8] Santamouris M，Gaitani N，Spanou A，et al. Using cool paving materials to improve microclimate of urban areas-design realization and results of the flisvos project ［J］. Building and Environment，2012，53：128-136.

[9] 刘滨谊，林俊. 城市滨水带环境小气候与空间断面关系研究——以上海苏州河滨水带为例［J］. 风景园林，2015（06）：46-54.

◉ 作者介绍

王晶懋[1]，刘晖[1]*，李仓拴[1]，梁闯[1]，王晓利[2]

[1]. 西安建筑科技大学建筑学院，E-mail：249600425@qq.com

[2]. 西北地景研究所，西安建筑科技大学

4

基于系统动力学和假设抽取法的天津市城市用水优化分析

摘要： 城市用水伴随着社会经济的快速发展、城市化速度的不断加快而不断增加，工业、农业、服务业等行业发展用水日益紧缺，同时，水环境质量和生态功能的问题日益严重，城市发展用水与水生态环境的矛盾日益突出，分析并协调二者的关系是城市与环境可持续发展的关键。本文将系统动力学模型和假设抽取法研究相结合，在建立一个包含经济、水环境、用水、人口子系统的系统动力学模型基础上，应用基于投入产出表的假设抽取法进一步分析城市产业用水关联关系，从而分析缓解城市用水矛盾以及用水与经济、环境间矛盾的有效措施和优化方案。同时，以天津市为案例，基于 2012 年天津市投入产出表分析天津市用水关联关系以及经济、环境系统响应关系，预测 2020 年相关指数，并分析得出天津市城市用水优化方案，从而为制定政策等提供理论依据。

4.1 引言

随着全世界各个国家和地区的社会经济不断发展、城市化速度不断加快，资源约束日益趋紧、环境污染日趋严重，面对生态系统退化、环境污染严重等一系列严峻形势，水资源作为基础自然资源，是生态环境和经济发展的要素资源。20 世纪 70 年代以来，全球用水量随着城市化速度的加快而迅速增长，水污染情况也日益严重。当今中国也正面临着各种各样的水危机：水资源短缺、水质污染、洪水、城市内涝、地下水水位下降、水生生物栖息地丧失等[1,2]。这一系列问题已成为制约我国社会经济发展的重要因素，受到国家和社会的高度关注。这些水问题的综合征带来的水危机并不只是水利部门或者某一部门管理下发生的问题，而是一个系统性、综合性的问题，因此，需要从系统整体的角度进行全面综合的分析。

系统动力学（system dynamics，SD）是一种用于研究复杂系统结构、功能与动态反馈行为机制的系统科学方法。该方法主要考虑系统的因果机制，分析系统的结构与动态行为，强调系统行为主要由系统内部的运行机制决定[3]。其反馈控制理论在水资源系统的动态变化及城市水系统运行的因果机制分析中有显著优势[4]。国内外应用系统动力学分析城市水系统的研究案例多集中于城市水环境污染、水资源短缺、水资源供需矛盾等问题[5~7]。

投入产出分析法主要是通过编制投入产出表及建立相应的数学模型，反映经济系统各个部门（产业）之间的相互关系。在水资源投入产出分析中，研究方法多采用在纵向集成测算法（vertically integrated measures）和假设抽取法（hypothetical extraction method，HEM）

基础上改进的产业用水关联分析方法。此方法改变了传统的用水系数判别方法，以纵向集成消耗形式，将部门用水关联影响效应分解为内部、复合、净前项、净后项 4 个组成因素，通过用水数量清晰测算了产业部门间的用水关联[8]。我国学者运用投入产出分析研究国民经济用水问题时，普遍采用汪献党[9]提出的分析方法，即通过各部门水的投入系数和产出系数来反映用水效率和用水效益，构建相对系数指标对各部门进行综合评价，为地区产业结构调整提供参考。

将资源环境与社会经济体系核算结合在一起，能够全面考虑资源环境与社会经济发展之间的相互作用和影响，应用系统动力学和基于投入产出表的假设抽取法研究城市水系统问题能够做到从系统整体的角度全面综合的分析城市用水问题。并通过设定不同的情景方案和预测相关的城市用水与经济、水生态环境质量情况，得出利于城市经济、环境与用水系统可持续的优化方案。

天津市当地水资源匮乏，外加海河上游来水锐减，有限的水资源要支持城市社会经济的高速发展必然会导致水资源供需不平衡、地下水超采等情况。另外，由于受传统先污染后治理思想的误导，天津市在努力发展经济、加快城市化建设的同时并未给予污水处理、水生态环境保护等环境因素以同样的重视，因此，天津市的城市用水与水生态环境之间呈恶性循环的状态。近几年来，常住人口增长较快，且经济发展迅速，全市生产总值、第三产业产值、工业产值和人均国民生产总值总体上均呈平稳上升趋势，其中全市生产总值的增速最快。虽然目前天津市的人均生活用水量以及万元 GDP 耗水量与我国其他城市比较时属于较高的水平，但在水资源的利用过程中还存在不同程度的浪费现象，如某些工业用水定额偏高、城市输水管网效率低等[10,11]。

本文以天津市为案例应用系统动力学模型和假设抽取法分析城市用水与水生态环境、社会经济的关联关系，并在此基础上进行情景分析，为城市用水优化政策提供理论支撑和合理建议。

4.2　研究方法与分析

4.2.1　城市用水与经济、环境系统模型

水生态环境与城市用水的可持续是密切相关的：城市用水不断从水环境获取原材料等物质要素和环境要素，同时又把各种废弃物排放到水环境中。当水环境接受的污染物或被开发的程度超过其自身承载力时，水生态环境就会受到破坏，如果没有得到及时的治理或是变本加厉的破坏，会对水生态环境造成不可恢复性的损害。此外，通过生物圈内的各种循环，水生态环境还会因为其他条件的改变而受到破坏，例如大气、土壤等。

4.2.1.1　系统分析

从系统角度分析，城市用水与水生态环境的相互作用系统可看作社会—经济—自然复合系统，划分为社会子系统、经济子系统、水环境子系统以及水资源子系统，其中水环境子系统为核心。当人口增加时，生产力相应就会增大，从而促进经济发展，经济的发展又进一步增强该区域或者城市对人口的吸引力，依此类推，即社会子系统和经济子系统之间存在正反馈关系；人口增加反馈于城市经济和城市化发展上，表现为社会经济的发展；伴随着城市人口的增加和经济的发展，城市用水量也会逐渐增加，用水需求不断增大，城市水资源负荷也

随之增大，当超出其自然补给平衡范围时，就会对水生态环境造成破坏，造成水质恶化；同时，伴随着社会经济发展、人口增加，工业、第三产业等产业源和城市生活垃圾等生活源的污染排放对城市水生态环境造成了破坏；但另一方面，随着城市化不断提高，人们对水资源的重要性认识的提高，对城市生态环境的治理也会加强，例如通过政策驱动和投资驱动来改善城市内部及周边地区的生态环境，从而对水生态环境形成正向影响；此外，水生态环境的破坏，水质的恶化会造成城市可利用水资源量的减少，同时影响依水而生的城市的经济社会等各方面发展，形成了负反馈；但只有充足的水资源才能保证必要的水环境容量，而良好的水生态环境也能够减缓外界对水资源的压力，即水环境子系统与水资源子系统之间的反馈关系为正。这两类正相关的子系统之间的关系却是负反馈关系：社会和经济子系统的过度、不合理开发会产生大量的污染物排放和大量的水资源消耗，进而引起水生态环境的恶化以及水资源的短缺和不足，这又反作用于社会和经济发展，形成制约（图1-4-1、图1-4-2）。

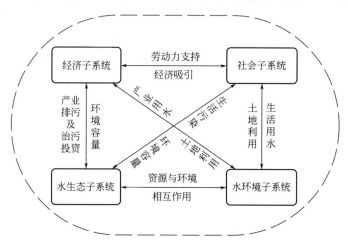

图 1-4-1　社会—经济—环境复合系统关联关系

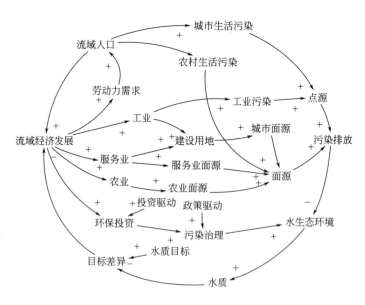

图 1-4-2　因果关系分析

因此，城市人口和经济增长是水生态环境遭到破坏的根本原因之一：城市生活用水产生城市生活污染，与工业生产和第三产业产生的污染以及其他产业构成城市点源污染的主要部分，它们经城市管网收集至污水处理厂进行处理，而后再排入城市内部或周边的河流、湖泊等。污水处理厂的尾水经进一步处理为中水可进行回用。由于点源污染控制难度小，而且近几年国内外对点源污染控制和治理力度加强，点源污染得到控制，但一部分点源污染不是直接排放而是储存在土壤等载体中形成隐含性面源污染。日前面源污染逐渐成为城市水污染的主要来源，其污染控制也越来越受到重视，典型做法即建立泵站进行雨水收集接入污水处理厂进行处理。地表径流进入受纳水体前经人工湿地进行面源污染的进一步削减。直接进入受纳水体的污染物除了陆地排入外，还有在水体内进行航运、渔业生产等生产的污染，污染物在水体内进行迁移转化，但最终仍会有部分沉积，还有部分随水流或者取水排出。除上述物质流外，系统内还存在信息流：子系统之间非直接的相互影响或者作用。

4.2.1.2 模型构建

历史资料和数据来源包括《天津市统计年鉴》、《中国城市建设统计年鉴》、《中国环境统计年鉴》、《中国环境年报》、《天津市水资源公报》、《工业污染源产排污系数手册》和《地表水环境质量标准》（GB 3838—2002）等。

（1）社会经济子系统

在城市社会经济发展中，人口的数量和质量直接影响经济发展的速度和规模，反过来，经济的增长也会增加该城市的就业吸纳力和吸引力，导致更多的人口。人口子系统与其他子系统的关系十分密切，因为在人的生产活动过程中创造了各行业产值，但同时也会产生污染物和资源的消耗[12]。而工业、农业等产业生产可以为城市带来经济效益，拉动就业，同时也会消耗大量资源，并排放相当数量的污染物。不同行业的发展除与本身的发展趋势有关外，还受到政府产业政策导向的调整，导致不同产业规模和结构的变化，进而导致污染排放的不同。污染物排放和产业用水造成的环境压力也会导致政府产业政策的调整；同时，经济发展可能导致污染治理投资的增加，也会对水生态环境起到改善作用（图1-4-3）。

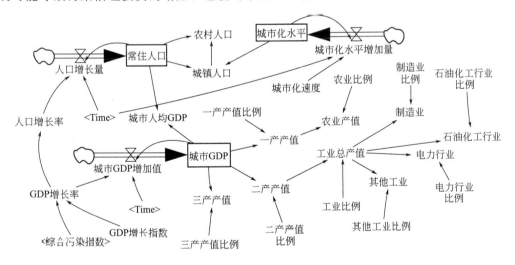

图 1-4-3 社会经济子系统流图

天津市作为直辖市，其定位是"渤海的经济中心，努力建成现代化港口城市和我国北方重要经济中心"。行政辖 15 个区、3 个县。2011 年常住人口 1354.58 万人，其中城市人口约为 80%。2004 年全年实现国民生产总值 2931.88 亿元，其中工业增加值 1436.73 亿元，第三产业增加值 1314 亿元，按照可比价格计算，分别比 2003 年增长 15.7％、21.5％和 11.7％。但天津市经济的增长一定程度上会受到海河流域水环境质量好坏的制约[13]。

（2）水资源子系统

水资源是人类生产生活的必需品和水生态环境污染的载体。人类生活、农业灌溉、工业生产以及自然环境本身等都需要充足并且洁净的水资源，而在使用过程中，一些污染物随废水的排放就会产生污水。水资源需求量和可供给水量之间的差额会造成水资源供需不平衡，水资源短缺在一定程度上会加速水质恶化和水生态环境破坏，进而成为制约城市社会进步和经济发展的因素。而由此引发的外流域调水工程和中水回用措施等也会显著改变城市水资源平衡状况。城市用水包括生产、生活和生态用水三方面，例如农业灌溉、工业耗水、第三产业用水都属于生产用水（图 1-4-4）。

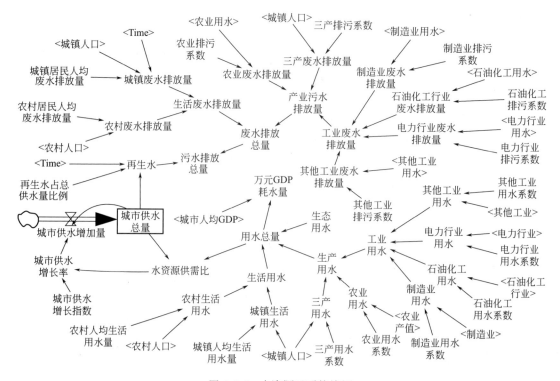

图 1-4-4　水资源子系统流图

天津市用水主要包括生活用水、工业和第三产业用水、畜禽及灌溉用水和生态用水。其中生活用水采用综合用水的人均用水量的考虑；工业用水污水排放量较大，但是有较高的回用率。污水方面，主要包括生活污水和产业污水，其中产业污水主要来自工业和第三产业排放。根据污染普查的污水数据，天津市畜禽养殖及农业灌溉的污水排放量较少，且有相应的小型污水处理设施，故未计入城市污水排放量。

（3）水环境子系统

水环境子系统是城市用水与水生态环境关联关系研究的核心要素。由于人类的生产生活和各种自然作用产生的污染负荷经处理后进入受纳水体，受纳水体的污染负荷的来源包括点源、面源以及内源。点源污染包括工业、污水处理厂、规模化养殖厂等；面源污染包括农业面源、无组织农业和农村生活污水污染面源、城市面源等；内源是指由底泥释放的污染物。根据城市水生态环境的污染现状，以及国家生态质量评估标准，一般选择水污染物的化学需氧量（即 COD）、氨氮（即 NH_3-N）来表征城市水生态环境的污染负荷。城市水污染源主要包括生活污染、产业排放、畜禽养殖等点源，农业面源、城市面源、大气沉降等面源，以及渔业和航运释放、内源释放等。

定义污染指数为某水质指标的超标倍数，如下：

$$E_i = C_i/C \tag{1-4-1}$$

$$E = \max(E_i) \tag{1-4-2}$$

式中，C_i 为某污染物的指标浓度，mg/L；C 为相应的水质标准，mg/L；E_i 为此指标的污染指数；E 为该水体污染的综合指数。

根据天津市排污情况以及国家水质指标体系，选择化学需氧量和氨氮作为水环境系统模拟的水污染指标。天津市对海河流域化学需氧量排放主要包括城镇生活源、农村生活源、工业源、农业源和第三产业排放，其中农村生活源和部分农业源属于面源污染，其余为点源。氨氮排放除了上述来源之外，还包括城市面源和农业面源。生活源的排放直接与人口相关，工业农业排放多与其产值相关联，由于目前天津市的第三产业主要以餐饮、住宿、旅游等服务行业为主，第三产业排放水平则与人口尤其是城市人口相关（图 1-4-5）。

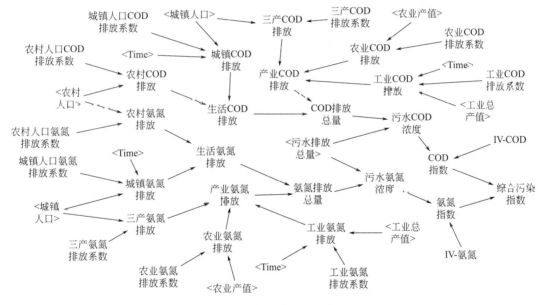

图 1-4-5　水环境子系统流图

4.2.1.3　关键影响因素识别与分析

由于模型中所涉及的参数很多，对每个参数一一进行分析十分烦琐，也没有必要。本研究选取不确定性大、代表政策行为、涉及变量间关系的 9 个参数进行分析（表 1-4-1）。

首先，定义 t 时刻某参数 x 对某变量 Q 的灵敏度为：

$$S_{(t)} = \frac{1}{n}\sum_{i=1}^{n} S_{P_i} \tag{1-4-3}$$

然后选取污水 COD 浓度、污水氨氮浓度、用水总量、污水排放量、综合污染指数来代表系统的行为，对每一变量 P_i（$i=1,2,\cdots,n$），定义在 t 时刻某参数对系统行为的灵敏度为：

$$S_Q = \left| \frac{\Delta Q_{(t)}/Q_{(t)}}{\Delta X_{(t)}/X_{(t)}} \right| \tag{1-4-4}$$

选择时间 $t=2020$，对每个参数改变同等比例输入（增加或减少 10%），计算灵敏度，每个参数分别对应各个变量，共有 5 个灵敏度值，取其平均值为该参数的灵敏度值。灵敏度分析结果如表 1-4-1 所示，大多数参数的灵敏度较小，模型有效，第二产业比例变动最大，是影响系统发展的关键因子。且根据所得变化结果数据可知，农业 COD 排放、工业占第二产业（或总产业）比例、制造业的用水量排污量对于污染综合指数的影响较大（表 1-4-1）。

表 1-4-1　灵敏度分析结果（2020 年）

2020 年	污水 COD 浓度	污水氨氮浓度	用水总量	污水排放总量	综合污染指数	均值
城市化水平	0.0742	0.0647	0.0334	0.0652	0.0647	0.0604
第二产业比例	0.7686	0.6778	0.8620	0.9100	0.6778	0.7792
再生水比例	0.0470	0.0469	0	0.4670	0.0471	0.1216
城市人均生活用水	0.0038	0.0038	0.0801	0.4670	0.0038	0.1117
工业用水系数	0.0404	0.0405	0.8620	0.4670	0.0405	0.2901
农业排污系数	0.0134	0.0134	0	0.4810	0.0134	0.1042
水资源供需比	0.0470	0.0470	0	0.4670	0.0470	0.1216
农业氨氮排放系数	0	0.7956	0	0.4670	0.7956	0.4116
农业 COD 排放系数	0.7953	0	0	0.4670	0.3216	0.3168

综上所述，第二产业所占产业比例为所模拟系统，即天津市城市用水与水生态环境复杂系统的关键影响因素。第二产业主要包括工业和建筑行业，其中工业占据了主要部分，而天津一直以来重视工业的发展，且一直以重化工行业为工业经济主导。虽然在 2006～2012 年其三次产业结构调整中，第一产业、第二产业的比重有所下降，第三产业的比重有所上升，产业结构在不断优化，但是第二产业在天津产业结构中的比重偏高，经济增长主要依靠第二产业[14]。因此，在天津市经济社会不断发展的过程中，工业和第二产业的比重因占其主要部分而不断增加，重化工行业又是污染和废水排放大户，因此排污量也不断增多，作为天津市主要污染排放受纳水体的海河流域，其水质和水生态环境也会遭到破坏。

4.2.2　产业用水关联计量模型

4.2.2.1　产业水资源消耗分析

投入产出模型是由变量、系数和函数关系组成的数学表达式，而基本系数是进行投入产出分析的基础。用水效用测度方法[15]就是根据投入产出基本系数建立的数学公式，排污系数和取水系数的计算方法一致，本文主要对直接取水和完全取水系数加以解释。直接用水系数、完全用水系数的计算公式分别为：

$$Q=W/X \tag{1-4-5}$$

式中，Q 为直接用水系数；W 为用水量；X 为总产出。直接用水系数能够反映各行业在生产本行业产品过程中的直接用水强度，具有直观、物理意义明确的特点。

$$D=Q(1-A)^{-1} \tag{1-4-6}$$

式中，D 为完全用水系数；Q 为直接用水系数；A 为直接消耗系数矩阵，$A=\{a_{ij}\}_{nn}$，$a_{ij}=x_{ij}/x_j$，x_j 为 j 行业总产出，x_{ij} 为 j 行业所需要的 i 行业的投入。

基于投入产出分析的改进的假设抽取法计算行业用水关联度是将部门直接用水系数引入产业关联公式中，以纵向集成消耗形式，将假设抽取法中的关联分解为各自独立的四部分，用来进行水资源产业关联度分析[16]：内部效应（IE）：$q_i(1-A_{i,i})^{-1}y_i$；复合效应

（ME）：$q_i[\Delta_{i,i}-(1-A_{i,i})^{-1}]y_i$；净后项关联（NBL）：$q_j\Delta_{j,i}y_i$；净前项关联（NFL）：$q_i\Delta_{ij}y_i$。其中，$q_i$、$q_j$ 分别是 i、j 行业单位产品的水资源投入向量（直接用水系数 Q 行向量），$(1-A)^{-1}=\begin{pmatrix}\Delta_{i,i} & \Delta_{i,j}\\ \Delta_{j,i} & \Delta_{j,j}\end{pmatrix}$。

产业部门间用水关联关系如图 1-4-4 所示，内部效应是假定产业群 i 产品的生产和交易在产业群的内部独自完成，不与其余产业群 j 发生联系时所发生的水资源消耗量，即水资源在本产业群的内部行业间的消耗量。复合效应是产业群 i 的一部分产品被其他产业群 j 购买作为中间投入，用来生产产业群 i 的产品，这些产品后又被产业群 i 购买回来作为中间投入，形成产业群 i 最终消费品所消耗的水资源，具有前项和后项关联双重特性。净后项关联是产业群 i 为满足最终需求对通过购买其余产业群 j 产品而直接和间接消耗其余产业群 j 的水资源，反映水真正的净"输入"。净前项关联是产业群 i 的产品被其余产业群 j 购买用来满足 j 最终需求 y_j 而直接和间接消耗的产业群 i 的水资源，且不会返回，是产业群 i 真正的水资源净"输出"[16]。纵向集成消耗是为满足产业群 i 的所需要的直接用水量和间接用水量之和，即纵向集成消耗＝内部效应＋复合效应＋净后项关联；直接消耗是该产业消耗的自然形态的水资源量，是对某一产业群总产出而言的用水量，即直接消耗＝内部效应＋复合效应＋净前项关联。通过比较某一产业群的净前项关联和净后项关联，二者的差值即用水净转移量：

$$NT=NFL-NBL \qquad (1-4-7)$$

若 NT 为正值，表示该产业群向经济系统输出水资源；若为负值，则为经济系统输入水资源。行业间用水转移计算同理。

4.2.2.2 产业用水关联度分析

选择 2012 年为基准年，数据分别来源于《天津市投入产出表》（2012）和《天津市水资源公报》（2012）。此外，因研究需要和数据资源有限，将分类细致的数据向分类粗的数据口径统一，最终合并为三大产业类型，见表 1-4-2。

表 1-4-2　行业分类

三大产业	42 部门
第一产业	农林牧渔产品及服务
第二产业	煤炭采选产品；石油和天然气开采产品；金属矿采选产品；非金属矿和其他矿采选产品；食品和烟草；纺织品；纺织服装鞋帽皮革羽绒及其制品；木材加工品和家具；造纸印刷和文教体育用品；石油、炼焦产品和核燃料加工品；化学产品；非金属矿物制品；金属冶炼和压延加工品；金属制品；通用设备；专用设备；交通运输设备；电气机械和器材；通用设备、计算机和其他电子设备；仪器仪表；其他制造产品；废品废料
第三产业	金属制品、机械和设备修理服务；电力、热力的生产和供应；燃气生产和供应；水的生产和供应；建筑；批发和零售；交通运输、仓储和邮政；住宿和餐饮；信息传输、软件和信息技术服务；金融；房地产；租赁和商务服务；科学研究和技术服务；水利、环境和公共设施管理；居民服务、修理和其他服务；教育；卫生和社会工作；文化、体育和娱乐；公共管理、社会保障和社会组织

按照表 1-4-2 合并后，天津市三种产业的用水量、总产出和最终需求见表 1-4-3。

经济系统中，行业最终需求的水资源纵向集成消耗总量与水资源直接消耗量均为 181720 万立方米（图 1-4-6），即所有行业直接消耗的水资源总量通过产业链的输送转移，等于所有行业为满足最终需求直接和间接消耗的水资源总量。其中，第二产业纵向集成消耗最多，为101548.3万立方米，占经济系统的55.9%，其次为第三产业（约占23.2%）、第一产业（约占20.9%）。但第一产业的水资源直接消耗总量最多（116939万立方米），约占生产用水的64.4%，第二产业、第三产业分别为29.5%和6.2%。

表1-4-3　产业用水量、总产出和最终需求

产业	总产出/万元	最终需求/万元	用水量/万立方米
第一产业	3756300	1172553.3	116939
第二产业	247700817	128464155	53599
第三产业	151707298	111423610	11182

第一产业纵向集成消耗仅为直接消耗的32.5%，而其内部效应占纵向集成消耗的99.4%，说明第一产业有水资源转移到经济系统的其他产业中，但同时对自身的行业用水依赖性极高。第一产业的净前项关联为79064.5万立方米，占其直接消耗的67.6%，而内部效应占其直接消耗的32.3%，即32.3%的直接消耗是转移到其他产业消耗且不发生返回的，这说明第一产业用水对经济体系用水有重要影响，其他产业的用水需求能否满足很大程度上依赖于第一产业的水资源转移。此外，第一产业的水资源净输出中，第二产业占69.3%，第三产业占30.7%，可见第二产业是第一产业水资源转移的主要对象。

第二产业的水资源纵向集成消耗是其直接消耗的1.9倍，而其净后项关联占其纵向集成消耗的55.0%，说明第二产业直接消耗的水资源无法完全满足其自身的最终需求而需要其他行业转移，即第二产业的水资源消耗对其他产业的依赖性很强，其中第一产业是其主要用水来源，水资源的转移量占第二产业净后项关联的98.1%。与第一产业不同，第二产业的水资源直接消耗中，83.5%是内部效应，净前项关联仅占14.8%，即第二产业直接消耗的水资源主要用于行业中而非转移到其他行业。

第三产业的水资源纵向集成消耗约为其直接消耗的3.8倍，内部效应为9926.3万立方米，占其直接消耗的88.8%；净后项关联为32084.9万立方米，占其纵向集成消耗的76.0%，即第三产业的直接消耗水资源主要用于自身产业，但不能完全满足自身的最终需求，而从经济系统中输入了大量的水资源，第一产业和第二产业分别向第三产业输入24253.1万立方米和7831.8万立方米水资源，其中第一产业是其水资源的主要供给者，占第三产业净后项关联的75.6%。

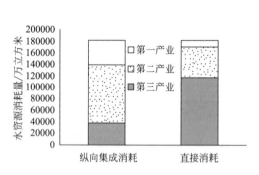

图1-4-6　产业水资源纵向集成消耗
总量和直接消耗总量

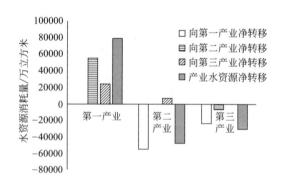

图1-4-7　各产业水资源净转移

此外，根据产业水资源净转移分析结果（见图1-4-7），第一产业为经济系统中水资源的

供给者，分别向第二产业、第三产业净转移水资源量为 54718.7 万立方米和 24244.5 万立方米，而第二产业和第三产业均为经济系统中水资源的接收者，净转移量分别为 47949.3 万立方米和 31013.9 万立方米。由此可见，经济系统内产业间的水资源净转移的方向是从位于上游的农林牧渔等第一产业和部分第二产业，通过中间投入的方式转移到产业链下游的其他行业；而部分第二产业以及第三产业通过中间投入的方式从上游行业净输入水资源来满足自身产业需求水资源量。在产业产品投入使用或交换的过程中，水资源也通过产品从产业链上游转移到了下游。

4.3   讨论

天津市一直以来以第二产业为主导的产业结构给城市用水系统和水生态环境带来一定影响，产业结构调整无疑是缓解天津市用水与水生态环境、经济发展与环境保护间矛盾的必要选择，但如何调整产业结构对能否有效解决该问题有重要作用[17,18]。调整产业最终需求规模会是实现城市水系统优化的有效选择。在进行产业结构调整过程中，不仅需要考虑经济、环境要素，还需要考虑不同产业、行业之间水资源的转移关系，例如将高耗水、高污染行业减少或迁出，仅是降低某一产业或区域的用水量，并没有降低所有产业或区域的用水总量。因此，要想使城市用水和经济、环境协调发展，需要从行业或产业的最终需求和产业间关系的角度出发，在调整高耗水、高污染行业的同时，调整其在产业链中的相关行业的用水量和污染排放，实现整个经济系统的最终需求水资源量的减少，才能从根本上解决城市用水系统的优化问题。

本文在应用系统动力学分析经济—环境—用水间响应关系的基础上进一步应用基于假设抽取法的产业用水关联关系模型，其计算结果是一种较为简单的行业环境污染和用水情况，一些客观存在的问题缺乏考虑，例如计算产业用水关联时没有考虑行业内部水资源循环利用以及不同行业对水质要求的差异问题等。

4.4   结语

天津是我国四大直辖市之一，海河为其母亲河；同时，天津是国际港口城市和生态城市。海河流域是全国七大流域之一，但社会经济发展和水土资源的大规模开发利用已引起较为严重的水生态环境问题。城市化进程脚步的不断加快导致区域的用水总量呈现不断上升的态势，这与天津市可用水资源总量的锐减形成了巨大的反差。同时，由于一般年份已无入境水量，水源短缺，粮食减产，地下水超采，生态环境恶化，这些都严重制约着当地经济的发展。因此，天津市的城市用水与水生态环境之间呈恶性循环的状态。本文首先分析了天津市的基本情况，在收集相关历史数据和资料的基础上，建立了天津市用水与水生态环境系统动力学模型并进行定量化分析。在模型检验的基础上进行灵敏度分析并识别出系统关键影响因素：第二产业产值占总产值的比例。分析所得的结论与天津一直作为工业城市发展的历史情况相符合：天津市经济社会不断发展的过程中，以工业为主导的第二产业的比重不断增加，水资源需求消耗量不断增多，污染排放也随之增多，作为天津市主要污染排放受纳水体的海河流域，其水生态环境也随之被破坏。因此，如果想改善目前天津市与海河流域水生态环境之间的矛盾，可以从产业结构方面着手，但通过基于天津市投入产出表的假设抽取法分析产业用水关联分析可以发现，单纯调整水资源直接消耗量大的产业或行业未必会影响经济系统的用水总量，水生态环境污染亦如此。调整产业最终需求规模而非单纯调整产业结构是缓解水资源供需以及水环境污染与经济发展矛盾的有效选择。因为行业的水资源消耗取决于自身的最终需求，如果最终需求不变，行业用水需求就不变，单纯调整高耗水或高污染行业未必会影响经济系统的用水总量，因为直接消耗水量会随着产业产品在经济系统内部随中间投入在行业间发生转移，即直接消耗的水资源的最终去向会随着产业链发生变化，但是水资源消耗总量并不一定发生改变。因此，解决城市用水可持续问题应从行业用水的最终需求量出发，同时考虑行业水环境污染的最终排放，而非单纯调整产业结构中的高耗水、高污染行业，才能从根本上解决城市用水需求和经济发展、环境保护的矛盾，同时，也应通过提高城市产业取水、输水和用水过程中各方面的效率，并且加强污水处理技术和提高再生水利用率，这样才能实现城市用水系统的优化。

参 考 文 献

[1] 俞孔坚，李迪华，袁弘，等. "海绵城市" 理论与实践 [J]. 城市规划，2015，39 (6)：26-36.

[2] 李雪松，伍新木. 我国水资源循环经济发展与创新体系构建 [J]. 长江流域资源与环境，2007，16 (3)：293-297.

[3] 王其藩. 系统动力学 [M]. 上海：上海财经大学出版社，2009.

[4] 朱洁，王烜，李春晖，等. 系统动力学方法在水资源系统中的研究进展述评 [J]. 水资源与水工程学报，2015，(2)：32-39.

[5] 郝光玲，王烜，李春晖，等. 基于系统动力学的南阳市水资源供需平衡分析 [J]. 水资源保护，2015 (4)：15-19.

[6] 荣绍辉，王莉，刘春晓. 系统动力学在水污染控制系统中的应用研究 [J]. 生态经济，2012 (4)：30-34.

[7] 何力，刘丹，黄薇. 基于系统动力学的水资源供需系统模拟分析 [J]. 人民长江，2010，41 (3)：38-41.

[8] 马忠，徐中民. 改进的假设抽取法在产业部门用水关联分析中的应用 [J]. 水利学报，2008，39 (2)：176-182.

[9] 汪党献，王浩，倪红珍，等. 国民经济行业用水特性分析与评价 [J]. 水利学报，2005，36 (2)：167-173.

[10] 刘思清. 对海河流域生态环境恶化基因的探讨 [J]. 海河水利，2003，(6)：29-31.

[11] 高相铎，季萍萍，张斌，等. 天津市产业结构与空间结构的互动机制与对策研究 [J]. 城市发展研究，2010，17 (9)：73-76.

[12] 王银平. 天津市水资源系统动力学模型的研究 [D]. 天津：天津大学，2007.

[13] 李颖. 天津市北水南调工程可调水量分析 [J]. 现代农业科技，2010 (16)：245-246.

[14] 景虹. 天津产业结构优化升级的障碍和对策建议 [J]. 天津经济，2010，(2)：40-43.

[15] Cella G. The Input-output Measurement of Interindustry Linkages：A Reply [J]. Oxford Bulletin of Economics & Statistics，1986，48 (4)：379-384.

[16] Duarte R，Sánchez-Chóliz J，Bielsa J. Water use in the Spanish economy：an input-output approach [J]. Ecological Economics，2002，43 (1)：71-85.

[17] 和夏冰，王媛，张宏伟，等. 我国行业水资源消耗的关联度分析 [J]. 中国环境科学，2012，32 (4)：762-768.

[18] 戴欣. 基于系统动力学的中国产业结构调整及碳排放模型研究 [D]. 天津：天津大学，2014.

⊙ 作者介绍

王帅[1]*，毛国柱[1]

[1]. 天津大学环境科学与工程学院，E-mail：wangs@tju.edu.cn

5

长春市伊通河水系统综合解决方案研究

摘要：随着城市的不断发展，城市水环境问题越来越突出。城市水环境问题是系统问题，水系统中的各个环节相互影响，城市水问题的解决应从系统角度进行分析，避免工程碎片化，应综合考虑"水安全、水资源、水环境、水生态、水文化"，提出"源头削减—过程控制—末端调蓄—内源治理—生态净化—系统构建—智慧管理"的城市水系统综合解决方案。以北方某流域城区段黑臭水体工程为例，简单介绍水资源布局优化、分流制区域海绵城市建设、合流制区域溢流污染控制、排口治理工程、生态净化措施布置、生态系统构建和智慧水务平台建设等工程内容。城市水系统综合解决方案的制订，涉及市政工程、海绵城市、生态工程、景观工程、平台构建等专业领域，因此，需要多专业的优势资源整合，实现系统解决问题。需要建立创新的平台模式，整合各专业团队资源，构建多领域的水系统工程，真正做到综合解决城市建设过程中带来的水系统问题。

5.1 背景情况

随着城市的不断发展，城市水环境问题越来越突出。水体黑臭方面，截至 2016 年 2 月 16 日，全国 295 座地级及以上城市中，有 218 座城市共排查出黑臭水体 1861 个，南方地区有 1197 个，占 64.3%，北方地区有 664 个，占 35.7%。富营养化方面，太湖、滇池、巢湖、东湖、海河等大部分水体多年受到富营养化、蓝藻爆发的困扰。雨水积涝方面，80%的城市发生过内涝，2016 年上半年，广州、福州、武汉、嘉兴等地相继发生大面积内涝现象[1]。国内大部分城市的管网渗漏率达到 30%～40%，部分区域超过 40%。水资源分配方面，16 个省（区、市）人均水资源量（不包括过境水）低于重度缺水线，有 6 个省、区（宁夏、河北、山东、河南、山西、江苏）人均水资源量低于 500m³，为极度缺水地区。城市水环境问题是系统问题，水系统中的各个环节相互影响，城市水问题的解决应从系统角度进行分析，避免工程碎片化，应综合考虑"水安全、水资源、水环境、水生态、水文化"，提出"源头削减—过程控制—末端调蓄—内源治理—生态净化—系统构建—智慧管理"的城市水系统综合解决方案[2]。

5.2 长春市伊通河水系统治理案例分析

5.2.1 污染情况分析

5.2.1.1 水资源分布情况分析

该流域基本上是被人类活动完全改变了自然属性的河流，天然径流小；同时，来自上游的补给水源少，当前补给水源多为城市污水厂出水，水体自净能力弱，缺乏清洁的补充水源。干流上游受水库截流控制，基本无生态基流下放，仅在个别时段集中放水冲洗置换城区段景观水体，2015 年，水库共放水约 $7.0 \times 10^6 \, \text{m}^3$。生态基流的匮乏使得水生态环境修复形势更加严峻，再生水资源的高效利用是该流域水资源补充的重要水源（图 1-5-1）。

图 1-5-1　该流域水资源情况

5.2.1.2　污染源分析

（1）点源污染

部分吐口截污不彻底：旱季仍有污水直排入河道，污染水体；直排吐口中鲶鱼沟吐口污染贡献率最高，日均污水量 $0.8 \times 10^4 \, \text{t/d}$。

吐口控制闸门不能满足污染控制需求：下雨时，为避免支管上游出现水浸现象，闸门开启，合流污水直排入河道；雨停后，闸门不及时关闭，截污干管尚为满流状态，支线污水不能有效截污，污水依旧排入河道，污染水体。

污水厂及泵站前溢流严重：现状污水干管输送能力大于污水处理能力，管道内合流污水于管道末端溢流入伊通河，对水体造成了严重的污染。

南南段输入污染：新立城水库大坝至南绕城段范围主要污染为农村点源及面源污染，基本无工业废水排入。通过多次实地取样监测发现，南南段水量变化大 $[(0.2 \sim 3) \times 10^4 \, \text{t/d}]$，COD $100 \sim 150 \text{mg/L}$。

（2）面源污染

伊通河中段尚未开展合流污染控制措施，随着降雨强度、降雨历时的增加，合流泵站前段、污水处理厂前段、沿线排口依次产生合流污水溢流。根据 30 年降雨统计资料分析计算，年溢流 30 多次。

（3）内源污染

伊通河中段已于 2015 年完成河道清淤，执行标准仅考虑保证河道水利行洪要求，未考虑河道生态恢复需求，部分河道内建筑垃圾、淤泥依旧较多，严重污染河道水质。

污染源分析见表 1-5-1。

5.2.1.3　水质状况分析

① 伊通河中段水体污染严重，COD、$NH_3\text{-}N$、TP 等指标远超过地表水 V 类限值标准（表 1-5-2），属黑臭水体。

② 生态基流严重不足，仅上游东南污水厂为其唯一稳定补水水源，现状补水量约为

$6.1 \times 10^4 t/d$，河道水动力差，且补水水质不能满足目标要求。

表1-5-1　污染源分析

污染物指标	COD	NH₃-N	TP
点源	10.2%	21.0%	16.9%
面源	84.8%	63.7%	69.2%
内源	5.0%	15.2%	13.9%

表1-5-2　伊通河中段监测水质情况

序号	位置	COD /（mg/L）	TP /（mg/L）	TN /（mg/L）	NH₃-N /（mg/L）
	Ⅴ类水标准	40	0.4	—	2.0
1	四化桥	93.7	1.7	30.68	3.82
2	东大桥	99.20	1.53	22.64	7.37
3	鲶鱼沟	220	6.36	28.10	20.13
4	卫星桥	25.60	0.93	14.78	4.48
5	东南厂上游	132.6	2.47	26.18	11.1

③ 水生态系统严重退化，水体基本丧失自净能力。

5.2.1.4　合流制溢流情况分析

管线雨污合流问题是该流域排水系统存在的一大难题，也是国内很多城市在排水管理中的共性问题。目前该流域合流管线最少的行政区合流管线量约为44%，但末端吐口为合流制排水；合流管线最多的行政区合流管线量约为98%，整体合流制区域约为90%。合流制区域的雨季溢流现象严重，为流域主要污染源（图1-5-2）。

图 1-5-2　雨季溢流污染情况

5.2.1.5　底泥污染情况分析

由于溢流污染及部分点源带来的污染不断沉积，该流域底泥污染非常严重（图1-5-3）。其中，部分河段去年年底水利部门进行了清淤工作，但属于水利清淤，而非环保疏浚。从图1-5-4、图1-5-5可以看出，以东南污水处理厂出水为上覆水，该流域底泥 TP、NH₃-N 释放效果非常明显，释放后的水体水质均为劣Ⅴ类。总体来说，底泥污染对水体水质的影响较大。

图 1-5-3　底泥污染情况

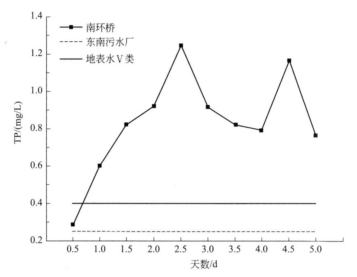

图 1-5-4　底泥 TP 释放效果

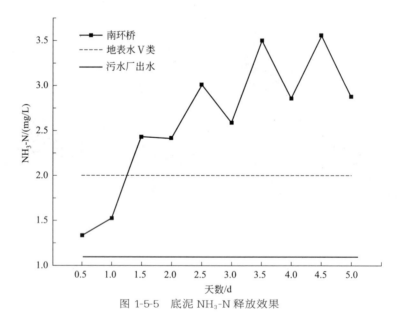

图 1-5-5　底泥 NH_3-N 释放效果

5.2.1.6　水生态系统情况分析

伊通河水环境恶化后，随即流域的生态系统也遭到破坏，植被面积减少，鱼种类减少甚至消失，河流上、下游阻隔，河流生态系统本性丧失，硬质河岸形态，自净能力很低，充氧困难，高水位河水顶托，管道流水不畅，河道水质恶劣，溶解氧浓度低，黑臭现象时有，表面景观风光和河流生态不健康（图1-5-6）。

图1-5-6 水生态系统退化

5.2.1.7 水环境情况分析

近些年来水环境治理力度的不断加大，在控制污染、改善水环境、提升城市品质等方面取得长足的发展，该流域经过多年整治，环境面貌大为改观。然而，由于没有系统的针对性提升改造水质，水环境状况依然形势严峻，水环境质量距离规划水质目标尚有差距，城市河道水质大多数为V类和劣V类，随着海绵城市全面推进建设工作的提出以及国家整治黑臭水体的要求，对河道水质提出了更高的要求，开展水环境整治的专项研究刻不容缓（图1-5-7）。

图1-5-7 该流域水环境情况

5.2.2 技术路线及工程内容

根据相关文件要求，以改善水环境质量为核心，按照"节水优先、空间均衡、系统治理、两手发力"原则的目标，掌握该流域相关政策文件及规划，梳理该流域的基础设施的建设情况，评价该流域的综合治理现状，分析流域综合整治的目标可达性，制订综合整治总体方案[3~4]。本项目包括水资源布局优化、分流制区域海绵城市建设、合流制区域溢流污染控制、排口治理工程、生态净化措施布置、生态系统构建和智慧水务平台建设等工程内容（图1-5-8）。

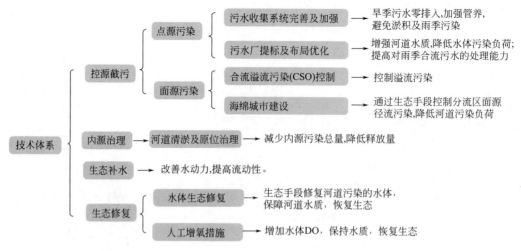

图 1-5-8 项目技术路线

5.2.3 项目效果评估

5.2.3.1 MIKE11 模型构建及验证

本项目工程措施治理效果评价，采用 MIKE11 模型（HD 模块、AD 模块、EcoLab 模块）对伊通河中段河道、拦河构筑物、支沟、排口、底泥污染等进行模型概化，并根据各河段入河水量、水质工况进行模拟分析；结合相关数据及经验，并考虑长春低温特点，经多次反复率定、验证模型，图 1-5-9 为 2013 年水力条件下四化闸断面 BOD_5、$NH_3\text{-}N$ 模拟结果

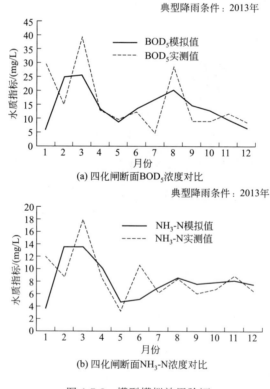

(a) 四化闸断面 BOD_5 浓度对比

(b) 四化闸断面 $NH_3\text{-}N$ 浓度对比

图 1-5-9 模型模拟效果验证

与实测值的对比分析，结果表明模型模拟结果与实测结果较为吻合。

5.2.3.2 综合治理效果评价

在模型中，对底泥清淤、补水措施、截污措施、生态措施等措施的效果进行模型概化，并在 2013 年、2015 年实际降雨条件下对措施的综合治理效果进行评价。图 1-5-10 为 2013 年、2015 年四化闸断面 NH₃-N 全年浓度变化，从图中可以看出：除了降雨后产生的超标现象外，其他时间段优于地表水 V 类标准，且全年 50％以上的时间优于地表水 IV 类标准，实现了伊通河治理目标（图 1-5-10）。

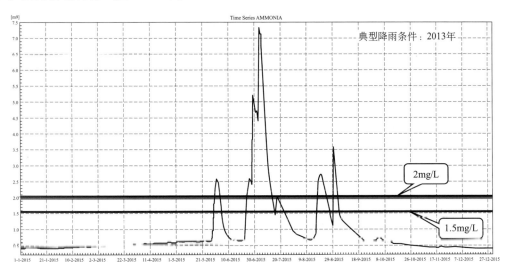

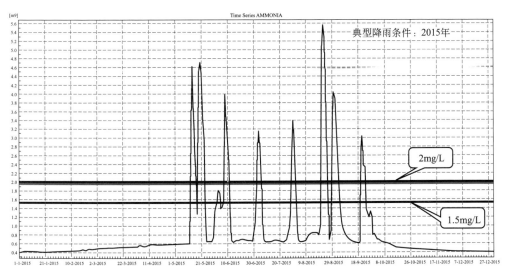

图 1-5-10　项目效果模拟

5.3　结论

综合治理方案中每个措施的控制作用具有互补性、时序性及针对性。调蓄池主要针对合流制溢流污染控制；旁侧循环接触氧化及人工湿地系统，全时段净化河道水质；底泥改良针对底泥污染总量控制和释放控制；排口针对超标雨水入河前的污染物和漂浮物控制；海绵城市建设针对分流制区域的初期雨水控制及雨水资源化利用。工程措施贡献率见表1-5-3。

城市水系统综合解决方案的制订，涉及市政工程、海绵城市、生态工程、景观工程、平台构建等专业领域，因此，需要多专业的优势资源整合，实现系统解决问题。需要建立创新的平台模式，整合各专业团队资源，构建多领域的水系统工程，真正做到综合解决城市建设过程中带来的水系问题。

表1-5-3 工程措施贡献率

序号	工程项目	贡献率/%		
		COD	NH_3-N	TP
1	调蓄池及调蓄管道	54.28	45.58	43.24
2	水生态构建	13.72	22.28	19.92
3	水生态净化	16.77	18.21	16.30
4	底泥改良工程	2.15	12.86	17.65
5	排口处理	2.98	0.18	1.80
6	海绵城市建设	10.11	0.92	1.09

参 考 文 献

[1] 于玉彬，黄勇. 城市河流黑臭原因及机理的研究进展 [J]. 环境科技，2010，23（A02）：111-114.

[2] 骆芳，秦雪娜，彭勃. 黑臭河流治理技术的研究进展 [J]. 科技信息，2011，(9)：348-349.

[3] 熊跃辉. 我国城市黑臭水体成因与防治技术政策 [N]. 中国环境报，2015-06-11.

[4] 胡洪营，席劲瑛，孙艳，等. 城市黑臭水体形成机制，评价方法和治理技术 [J]. 水工业市场，2015，(6)：17-21.

◉ 作者介绍

孔雪林[1]，高俊斌[2]，黄炳彬[3]*，杜成银[4]

[1]. 中关村海绵城市工程研究院有限公司，E-mail：gaojunbin@tidelion.com

[2]. 北京泰宁科创雨水利用技术股份有限公司

[3]. 北京市水科学技术研究院

[4]. 北京市市政工程设计研究总院有限公司

6

城市降雨径流控制LID BMPs及在中国的研究与实践

摘要：我国正处在高速城市化过程中，而高速的城市化对城市水环境也带来一些负面影响。特别是频发的城市洪涝灾害和城市水污染等已成为各级政府官员、学者和公众关注的焦点。为了创建可持续的城市水系统，国际上的一种策略就是对城市径流控制采取基于低影响开发的最佳管理措施（LID BMPs）。本文首先回顾了我国的城市排水策略，分析了快速城市化背景下传统排水系统的困境，进而对城市径流控制LID BMPs体系进行了介绍。在对不同 LID BMPs 技术归纳分析的基础上，调查和总结了我国在 LID BMPs 方面研究和实践的进展，最后也分析了在我国实施 LID BMPs 的问题，探讨了未来的发展方向。

6.1 引言

在过去 60 年中，快速城市化是世界趋势之一。特别是在中国，城市化发展迅猛，根据中国统计年鉴，中国的城市化率从 1953 年的 13.62% 快速增加到 2011 年的 50%。预计到 2020 年将达到 60%[1]。

在城市化过程中，由于人类活动的影响，土地利用状况发生了很大的改变，混凝土建筑、道路、停车场等不透水地面大量增加。而不透水面积的增加又引起了城市水文过程的很大变化，包括城市内蒸发、渗透、蓄洼量的减少，地表总降雨径流量和峰值量的大量增加；另一方面，随着城市人口密度的增加，人类各种生产、生活行为造成城市地表污染物的产生和累积。降雨后，产生的地面径流就冲刷和携带这些污染物进入城市下水道，进而再排放到城市河道、湖泊及河口，造成城市水环境污染。据美国环保署（USEPA）的研究，城市降雨径流已经成为城市地表水污染的主要原因之一[2]。而在中国，城区雨水径流污染占水体污染负荷的比例，据初步的保守估算，北京在 12% 以上，上海则为 20% 左右[3]。这种变化随着快速城市化的发展愈演愈烈，给城市防洪防涝、水环境保护、水资源利用带来了很大的负面影响。

为了减轻城市化对城市水文系统的负面影响，人们开始从不同的角度认识和研究降雨径流问题。许多国家对城市径流污染及控制开展了大量的研究和实践，制定了系统的法规、管理和技术体系，其中最具代表性的是美国的基于低影响开发的最佳管理实践技术（LID BMPs）[4]。除了 LID BMPs 体系外，其他一些发达国家也综合本国特点先后提出了类似的城市降雨径流控制技术和管理体系，如英国的"可持续城市排水系统"（sustainable urban discharge system，SUDS)[5]，澳大利亚的"水敏感性城市设计"（water sensitive urban de sign，WSUD)[6]。相似的理念还包括 USEPA 提倡的绿色基础设施（green infrastructure，GI）等。

我国对 LID BMPs 的研究和实践相对较晚，但是近年来相关研究和实践成为热点。2014 年 10 月，住建部组织发布了《海绵城市建设技术指南——低影响开发雨水系统构建（试行）》[7]，并将组织开展海绵城市建设试点示范工作，更进一步促进了国内 LID BMPs 方面的研究和实践。本文将系统梳理城市降雨径流控制 LID BMPs 的内涵及发展，并总结和分析我国在 LID BMPs 的研究实践。

6.2 传统的城市排水策略及困境

6.2.1 传统的城市排水策略

作为城市重要的基础设施，城市排水系统随着城市的出现而出现。传统排水系统的设计和建设理念是尽快将雨水或污水排到远离城市的下游，因此过去城市排水系统就被设计和建造成能够高效而快速地收集和输送雨水或污水。

随着城市的扩大，为了防止城市洪涝，保障居民生命和财产安全，排水系统也越来越大，通常包括长距离的排水管网和沟渠、大型排水泵站等。

6.2.2 快速城市化背景下传统排水系统的困境

城市建设通常是将原有透水地面变为不透水地面，这种变化带来了一系列负面影响和后果。

6.2.2.1 城市洪涝灾害

如图 1-6-1 所示，城市化和不透水面的增加将显著改变原有的水文过程[8]。如果下垫面从自然状态变为 75%～100%的不透水面情况，产生的径流量就会从 10%增加到 55%。相比于城市化之前，城区降雨径流过程的变化表现为洪峰流量的加大和洪峰时间的提前，以及总径流量的增加（见图 1-6-2）。根据研究，当一个 1km² 的自然流域完全城市化后，洪峰流量将增加 1.5～6 倍[9]。

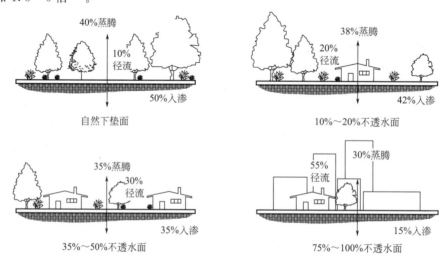

图 1-6-1　城市化带来的不透水面的变化及其水文效应

在这种情况下，为保障居民生命和财产安全，就需要采用更高的排水标准和建设更大规模的城市排水系统（例如管网、涵洞、排水泵站、渠化的河道等）以快速将城市内产生的降雨径流排到下游。建设和维护这样的大规模排水系统对地方政府来说是巨大的财政压力。同时，由于气候和城市发展的不确定性，也很难确定合适的排水标准和确保排水系统的安全。因而很多城市都频繁地发生洪涝灾害，据住建部 2010 年对我国 351 个城市的调查，大约 62％的城市在 2008～2010 年间发生了洪涝灾害；在这些城市中，63％的城市遭遇了多于 3 次的洪涝灾害[10]。以北京市为例，近年来洪涝积水点的变化如图 1-6-3 所示[11]。

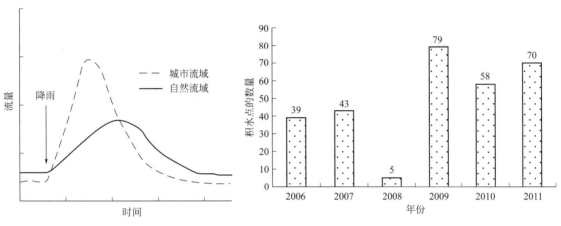

图 1-6-2　城市化流域和自然流域中降雨　　　　图 1-6-3　北京市洪涝积水点的变化
产生的水文过程线比较

6.2.2.2　水污染

在城市化过程中，很多森林、农田、水体等土地转变为不透水地面。在这些新建的不透水地面上，一方面，由于新材料和人工化学品的使用，增加了降雨径流的污染负荷，另一方面，由于原来具有污染物过滤和吸附等能力的自然植被和土壤改变成了混凝土、沥青等下垫面，污染物的去除能力大大降低。

大的不透水面积将带来源头更高的污染负荷，径流传输过程中更小的污染物去除能力，以及更大的降雨径流水量，而大的降雨径流水量又进一步造成更强的冲刷，加重了城市河流的水环境污染。据研究，城市降雨径流中含有大多数常规的污染物，包括悬浮物、营养物质、重金属等。此外，在城市径流中也发现很多有毒有害的污染物成分。比如铅、锌等重金属，机油、冷冻剂等，多环芳烃（PAHs），杀虫剂等。表 1-6-1 显示了城市不同土地利用类型下径流中典型污染物的多场降雨的次降雨径流平均浓度[12]。

表1-6-1　不同土地利用类型下径流中典型污染物浓度

污染物	不同土地利用情况下的多场降雨的次降雨径流平均浓度		
	居民区	混合区	商业区
COD/(mg/L)	73	65	57
总悬浮固体/(mg/L)	101	67	69
总凯氏氮/(mg/L)	1.90	1.29	1.18
硝酸盐氮和亚硝酸盐氮/(mg/L)	0.74	0.56	0.57
总磷/(mg/L)	0.38	0.26	0.20
铅/(mg/L)	0.14	0.11	0.10
锌/(mg/L)	0.13	0.15	0.23

在现有的城市建设和管理模式下，有些污染物的产生是不可避免的，但是如果我们的城市开发更多一些考虑径流控制问题，城市发展对水环境的负面影响是可以减弱的。

6.2.2.3 水生态退化

城市化会导致城市水文过程和水体水质的变化，进而影响水生生物的栖息地（见图 1-6-4）[13]。城市河流生态系统随着城市化的发展而退化这一现象是多环境因子共同作用的结果，因为水生态群落的变化与水文、水质和栖息地的变化程度都密切相关。

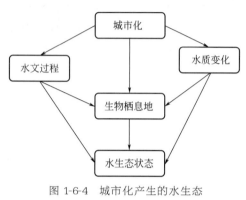

图 1-6-4 城市化产生的水生态系统退化的压力因子

城市化流域与自然流域相比，降雨后有更多的降雨径流流入城市河流，不过汇流时间变短，这会造成河水的泛滥和河床的冲刷。同时，由于流量历时过程短，河水入渗土壤和回补地下水的量会减少，又反过来减少了维持旱季基流的来源。这些流量和泥砂冲刷的变化，都会对水生生物栖息地造成影响。

此外，随着城市的发展，很多城市对城市河流的护岸、河床进行人工化的整治，将自然河流渠道化，这也严重破坏了水生生物的栖息地。

水质恶化是生态退化的另一个重要因素，大多污染物对水生生物是有毒性的，会对水生生物群落产生危害。

由于上述因素的影响，通常会造成藻类、无脊椎动物和鱼类等水生生物种群组成的变化[14,15]。通常会是高灵敏无脊椎动物的减少和种群向高耐污种转化。对于很多由森林转变为城市的流域，研究发现的一个共同响应是水生昆虫种群蜉蝣目、襀翅目和毛翅目的数目［通常把 Ephemeroptera（蜉蝣目）、Plecoptera（襀翅目）、Trichoptera（毛翅目）统称为 EPT］的减少。而 EPT 由于对环境变化比较敏感，在很多生物监测计划中将 EPT 数目作为常用的监测指标[14]。有些研究发现，当流域内城市化面积比例从低变高后，EPT 数目会减少 50％以上[13]。

相关研究也表明，当流域中不透水面积仅仅增加到几个百分点时，河流生态就开始发生变化。一旦不透水面积比例达到 10％～30％，水生生物栖息地和水质指标会明显恶化[15]。

城市化除了对水生生态系统造成影响外，陆地生态系统同样受到影响。将森林等自然下垫面改造为居住区或商业区，大多数植被将被破坏。即使在居住区或商业区中保留一些人工植被，其生态服务价值也大大衰减[16]。城市生态系统的退化，又进一步加剧了城市的热岛效应。

6.3 城市降雨径流控制 LID BMPs 体系

综上所述，传统的城市建设和排水系统模式给社会、经济和环境带来了负面影响，其中主要的原因来源于不透水面的增加。很多研究指出，流域内不透水面积比例与水生生态系统的退化程度之间紧密相关（图 1-6-5）[4]。

针对快速城市化背景下传统排水系统面临的两难的窘境，需要有全新的城市开发模式。城市降雨径流控制的 LID BMPs 被认为是一个全新的方法和工程技术体系。

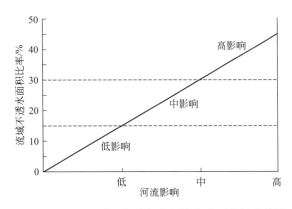

图 1-6-5　流域不透水面积比例与河流生态系统退化的关系

6.3.1　概念及其效益

低影响开发（Low Impact Development，LID）是 20 世纪 90 年代中期由美国马里兰州提出的面向可持续水管理的城市开发理念，它主要提倡模拟自然条件，通过在源头利用一些小型分散式生态处理技术尽可能降低区域开发对当地水文过程的影响。

降雨径流控制的最佳管理实践（Best Management Practices，BMPs）是用于在特定场地和条件下高效而低成本地管理降雨径流水量和水质的一套技术、措施和工程[17]。在降雨径流控制领域，BMPs 既包括控制降雨径流水量和水质的工程技术，也包括相应的管理手段和法规政策。

LID BMPs 代表所有 LID 理念下的城市降雨径流控制 BMPs 技术和措施。LID BMPs 设计的基本原则是在源头利用各种分散小型化的设施对城市降雨径流进行控制和管理。它作为一个城市降雨径流控制和管理的综合措施，目标是首先预防，然后削减。LID BMPs 的目标就是与城市开发的总体方案相协调，采用各种设计手段使开发后的场地水文过程尽可能接近开发前的场地水文过程。

与传统的城市排水系统设计不同，LID BMPs 在规划阶段更关注场地的设计，它充分利用场地的开敞空间、屋顶、道路、停车场、人行道等收集、滞蓄和净化降雨径流，达到城市降雨径流生态控制的目标。

将简单的 LID BMPs 设施融入场地设计可有效减少降雨径流的水量和污染物浓度。例如在美国佛罗里达的坦帕市，通过在佛罗里达水族馆的停车场设置透水铺装和草沟，降雨径流中各种污染物的年负荷显著减少：氨氮（80％～85％）、硝酸盐氮（66％～79％）、悬浮物（91％～92％）、铜（81％～94％）、铁（92％～94％）、铅（88％～93％）、锰（92％～93％）和锌（75％～89％）[12]。另外，通过 LID BMPs 技术，还可以补充地下水，减小雨水排出系统的规模和成本，降低能耗，改善空气质量，减小土地侵蚀，增加休闲和景观价值等[10]。

LID BMPs 技术既可以用在新城开发中，也可以用于老城改造中，已经在美国、欧洲、日本、澳大利亚等地广泛应用[18]。

6.3.2　LID BMPs 技术

LID BMPs 技术广义包括结构性 LID BMPs 以及非结构性 LID BMPs。其中，非结构性 LID BMPs 属于管理措施，如定期清扫、物业保洁等，在区域内进行保护意识宣传等。

结构性 LIDB MPs 为采用一定的工程手段和方法以滞蓄、净化降雨径流。在此主要针对结构性 LID BMPs 进行讨论。由于 LID BMPs 技术多种多样，其滞蓄和净化径流的机理也不尽相同，本文从主导控制机理角度将其归纳为以下类别。

（1）滞蓄型 LID BMPs

滞蓄型 LID BMPs 主要包括干式滞蓄池（dry pond）和湿式滞蓄池（wet pond）。干式滞蓄池没有永久性水面，池内通常有植被覆盖，仅在暴雨时临时滞蓄雨水径流。若针对普通干式滞蓄池的结构进行改进，将出水管管径改小或将出口高度提高，则可改良成为延时干式滞蓄池（extended dry pond），以增加降雨径流在池内的停留时间，也增加悬浮性污染物的去除效率。湿式滞蓄池中保持固定容积的水量，具有永久性水面。根据池体大小形状特征分为普通湿式滞蓄池、延时湿式滞蓄池（extended wet pond）。通常，滞蓄型 LID BMPs 的建设要依据当地的具体条件，与当地的排水规划结合。

（2）入渗型 LID BMPs

入渗型 LID BMPs 包括入渗沟（infiltration trench）、入渗池（infiltration Basin）、入渗干井（dry wells）、透水性铺面（porous pavement）等。入渗型 LID BMPs 对降雨径流的水量控制和水质净化都有效果。

（3）过滤型 LID BMPs

常用的过滤型 LID BMPs 包括地面砂滤系统（surface sand filters）、地下砂滤系统（underground filters）。地面砂滤系统是设于地面敞开空间的过滤设施，一般由处理前池与过滤室组成。地下砂滤系统在此基础上，增加一个溢流室，收集、排放超过设施容量的雨水径流，并在顶部设置人孔或者格栅，便于检修维护。处理前池通过截污、弃流、沉淀等方式对雨水径流进行预处理，之后进入过滤室由内置的砂床过滤降雨径流。滤床床体通常由砂滤基质、滤布、表土、植被层及底部排水管组成。常用的滤料有石英砂、无烟煤、纤维球等。

（4）植物型 LID BMPs

植物型 LID BMPs 主要包括植草沟（grassd swale）、植被过滤带（vegetated filter strip）、植生滞留系统（biorentention cell）和雨水湿地（stormwater wetland）等。植草沟是指在开放式沟渠中种有植被的一种工程性措施，以种植草类为主。植被过滤带也叫植被缓冲带，是设立在潜在污染源区与受纳水体之间的由林、草等不同植物覆盖的区域，通常呈带状。一般先将径流引进一水平分布槽（level spreader），槽内水满后会沿槽缘溢出，平均地流过过滤带，避免形成渠道流而减低缓冲带效率。过滤带长度宜大于 20m，纵向坡度以不大于 5％为宜，以保持较缓慢的流速，增加接触时间。植生滞留系统又称雨水花园（rain garden），其构成可包括表面雨水滞留层、植被层、覆盖层、种植土壤层、砂滤层、碎石层等部分。植生滞留系统的形状比较多样化，可以建于地表，也可以以植物绿化栏的形式高于地表设置。雨水湿地是以雨洪控制及水质处理为主要目标的人工湿地，它通常衬有不透水材料层，防渗层上填充土壤、砂砾等填料基质，并种有水生植物。

（5）建筑小区 LID BMPs

建筑小区 LID BMPs 是指在城市建筑小区内常用的 LID BMPs 设施，主要包括绿屋顶（green roof）、雨水罐（rain barrel）等。绿屋顶由多层材料构成，包括植被、种植土、过滤层、排水层及为了加强屋顶安全而设置的防水层、隔热层、支持结构等。种植土壤应选择孔隙率高、密度小、耐冲刷且适宜植物生长的天然或人工材料。简单的绿屋顶可以以种植一些易存活、维护需求低的植物为主，或者绿屋顶也可以种植更多样化、更具有欣赏价值的植物。雨水罐是可用于接收屋面径流雨水，将其储存、蓄积进而利用的设施。设施结构较为简单，包括罐盖、筛网、溢流管、人孔、放空管等。雨水罐体积可以根据当地雨水量以及设计暴雨强度定制，并可以置于地表或者地下，形状也可以基于当地景观特点，采用灵活多样的形式。

除了上述五类结构性 LID BMPs 外，还有很多其他的 LID BMPs，不过其他的也多是基于当地具体条件对上述 LID BMPs 的组合。在一些高密度的城区，受到空间的限制，也出现了一些商业化的紧凑型 LID BMPs 设备。

6.4 中国的研究和实践

随着我国的快速城市化，基于上述对传统城市排水系统困境的认识，如何建设一个可持续的城市排水系统已经成为专家、官员、公众等关注的关注点。在这种背景下，城市降雨径流控制 LID BMPs 体系进入中国，并很快成为研究和实践的热点，并影响着我国的城市建设和管理[19,20]。

6.4.1 城市降雨径流的特征识别

城市可持续降雨径流管理需要建立在对城市降雨径流特征的正确认识之上。针对城市降雨径流特征，在我国有很多研究，包括快速城市化带来的水环境效应[21]、不同区域不同下垫面的径流水文和常规污染物特征[22~25]、城市降雨径流的初期冲刷[24,25]、重金属[26]等。例如徐启新等（2003）以上海为例，研究了过去 20 年上海快速城市化对水环境的影响和压力[21]。认为城市化快速发展是造成河网水系锐减、地面沉降、水环境污染加重等问题的重要驱动力之一。

Ballo 等（2009）监测了上海中心城区 4 种不同下垫面（道路交通、居住、商业、工业）和四种屋顶（老的混凝土屋面、新混凝土屋面、老的瓦屋顶和新瓦屋顶）的降雨径流水质，计算了氨氮、硝酸盐氮和亚硝酸盐氮的降雨事件平均浓度（EMC），分析了总磷的时间变化[23]。侯培强等（2012）监测了北京市城市天然雨水与 3 个不同下垫面（屋面、单位内部道路和环路干道道路）的降雨径流水质指标，并采用灰色关联分析和主成分分析方法进行水质综合评价和污染物来源分析[22]。Li 等（2007）研究了武汉市一个城市流域降雨径流的初期冲刷污染特征[25]。

6.4.2 不同 LID BMPs 技术的效能研究

LID BMPs 技术众多，不同技术具有不同的处理机理（物理、化学和生物）、不同的结构、不同的场地适用性以及不同的维护需求。针对不同技术的效能，在国际上也已有了很多基础和应用研究成果[4,6,12,17]。

但是在我国，这类研究成果还不多，不过近年来已经有不少类似的研究，也有很多正在进行中的研究。其中的研究点包括：不同 LID BMPs 技术的结构、介质和植物种类的优化；不同 LID BMPs 技术的水量、水质控制的效果；LID BMPs 技术的生态价值；LID BMPs 的维护需求等。例如，Mei 等（2011）基于北京降雨径流的特征，设计建立了植生滞留系统试验系统，研究了植生滞留系统对径流中营养物的去除效率和对径流的滞蓄效果[27]。蒋玮（2008）研究了透水性沥青路面混合料配合比设计方法与路用性能，在对透水性路面材料选用与要求分析基础上，通过试验，对透水性沥青混合料的空隙率和关键筛孔的通过率关系进行了研究，改进了透水性沥青混合料配合比设计方法，并对透水性沥青混合料各项路用性能进行了分析和验证[28]。王书敏等（2011）从绿色屋顶削减暴雨径流、绿色屋顶径流水质、绿色屋顶构建方法等方面综述了绿色屋顶技术在控制城市面源污染中的应用研究进展[29]。魏艳萍（2010）研究了城市屋顶绿化对水、温环境的影响，结果显示，屋顶绿化植物通过光合作用和蒸腾作用及土壤水分蒸发，对空气湿度产生影响，使得屋顶绿化对屋面有降温增湿的作用。与普通屋顶相比，重型屋顶绿化平均降温效应为 17.6%，平均增湿效应为 49.5%[30]。

6.4.3 LID BMPs 的工程示范

在我国城市降雨径流控制中，LID BMPs 的大规模实际应用案例还不多。不过在相关地方政府或开发商的支持下，技术研究人员近年来在北京、深圳、佛山、苏州等城市建立了相应的 LID BMPs 示范工程。下面针对几个不同类型的典型示范工程进行介绍。

1）北京东方太阳城住宅区雨洪控制利用工程　该住宅区占地 234hm²，场地地势低洼，内涝压力大。项目利用多功能调蓄水体（景观湖）、雨水湿地、植草沟、雨水花园等 LID BMPs 设施进行径流雨水渗透、储存、转输与截污净化，实现径流总量减排、内涝防治、径流污染、雨水资源化利用等多重目标。该项目每年利用雨水资源近 7×10^5 m³，年径流总量控制率约 85%。并且改善水体景观效果，为水生植物、动物提供了良好的栖息地[31]。

2）北京奥林匹克公园雨洪利用系统　奥林匹克公园是北京市最大的城市公园，面积 680hm²，水面（包括龙形水系、湿地和河道）84hm²。在公园建设中，很多 LID BMPs 技术得到应用，包括总面积 50hm² 的七种透水铺装用于公园内的广场和道路；面积 4.15hm² 的用于净化再生水和降雨径流的人工湿地等。数据显示，奥林匹克公园的雨洪利用系统可以控制 50 年一遇的暴雨径流，每年可以收集和入渗 1.5×10^6 m³ 的雨水径流，使雨水的综合利用率达到 80%[32]。

3）深圳光明新区低影响开发示范区　该示范区于 2009 年启动建设，总面积约 150km²。示范工程包括区内的 23 条交通道路 LID 示范工程，采用的 LID BMPs 技术包括透水沥青、下凹式绿地、草沟和植生滞留系统等。在牛山科技公园内，建立了 5 个地下蓄水池，可以蓄积 1450m³ 的雨水，在牛山科技公园中，几乎没有使用传统的排水系统，而是根据公园的景观方案，使用草沟系统收集和排放雨水[33]。

4）广东省环境工程职业学院 LID BMPs 示范工程　在佛山市环保局的支持下，笔者负责建设的该示范工程位于佛山南海丹灶镇的广东省环境工程职业学院校园内，以校区中篮球场、网球场作为汇水区，采用的 LID BMPs 技术为串联的植被草沟、植生滞留槽、渗透洼地、雨水湿地和缓冲草带。通过 2012～2013 年连续两年的监测，发现串联的 LID BMPs 措施对降雨径流的水量和污染物起到了很好的控制效果。

5）佛山市南海垃圾焚烧发电二厂厂区径流控制 LID BMPs 示范工程　在佛山市环保局的支持下，笔者负责建设的该示范工程位于南海垃圾焚烧发电二厂厂区，示范工程主要包括 4 个砂滤槽和 2 个雨水湿地。由于厂区径流污染相对严重，示范工程主要考察砂滤槽的污染物去除效果。通过 2014 年 10 场暴雨的监测，发现砂滤槽对污染物的去除效果明显，TSS 的去除率为 72%，TP 的去除率为 75%，TN 的去除率为 68%。

6.4.4　LID BMPs 模拟模型的应用研究

为了定量评估城市径流过程和 LID BMPs 的贡献，国际上开发了不少城市径流模拟模型，也得到广泛的应用。比如 SWMM、LSPC、BMPDSS 和 SUSTAIN 等[34～37]。在我国，大多数研究人员普遍还是在参数率定的基础上，利用上述模型进行城市径流管理的情景模拟的应用研究。

王建龙等（2010）对基于 LID 的雨水管理模型的研究及进展进行了综述，并分别从模型的应用范围、时空分辨率、污染物的种类、用户界面等方面进行了比较分析[35]。王雯雯等（2012）以深圳市光明新区为研究区，开展了基于 SWMM 的低影响开发模式水文效应模拟评估[36]。鲁宇闻（2009）建立了 BMPDSS 与 SWMM 耦合模型，模拟了北京奥运村不同城市径流管理方案的效益[37]。唐颖（2010）利用 SUSTAIN 建立了城市降雨径流控制 LID BMPs 的模拟模型，对广东省环境保护职业学院校区 3 种 LID BMPs 方案进行了模拟和优化[34]。

6.4.5　LID BMPs 规划研究

科学的城市降雨径流控制 LID BMPs 的规划通常着眼于如何最小化 LID BMPs 的建设和维护成本，同时最大化 LID BMPs 的水质、水量控制等效益。而其中的关键规划支持技术包括如何根据当地的具体情况筛选合适的 LID BMPs 技术，以及如何优化 LID BMPs 的空间位置和规模。

LID BMPs 技术众多，其技术特征、经济特征、社会特征各不相同，有各自不同的优势和限制。笔者通过对国内外城市降雨径流控制 LID BMPs 技术的研究和实践的调研，对其经济技术特征进行归纳、分析和评价，进而从 LID BMPs 适用区域场地特征、LID BMPs 措施功效特征和成本投入特征三方面选取指标，建立了包括 12 个一级指标和 26 个二级指标的城市降雨径流 LID BMPs 多目标比选体系（multi-criteria selection index system，MCSI）。笔者还进一步以广东省环境保护职业学院校区为案例，进行了适用技术的筛选[38]。

BMPDSS 和 SUSTAIN 都是 USEPA 组织开发的 LID BMPs 规划支持系统，具有友好的图形化界面、模拟和优化功能，可以支持场地尺度的 LID BMPs 的空间选址、效果评估、规模优化等，也分别在北京奥运村[39]和佛山市[40]得到应用以支持场地尺度的规划。

对于城市径流控制 LID BMPs 规划，不同于传统的排水系统规划，它与每个地块都有关系，除需要与总体建设规划协调外，还要与很多专项规划集成，例如排水系统规划、河流整治规划、土地利用规划、景观建设规划等。这些相关规划的集成是 LID BMPs 能否成功实施的关键。在这种情况下，为填补我国 LID BMPs 规划方法的空白，笔者研究提出了城市降雨径流控制 LID BMPs 规划方法学，并将其应用到北京市奥运村[39]、佛山市广东省环境保护职业学院[40,41]以及苏州市桃花坞文化区[42]。

6.4.6　LID BMPs 相关法规和技术规范

从西方国家 LID BMPs 的实施的经验看[4]，阻碍 LID BMPs 在我国广泛实施的一个重要原因是我国还缺少相应的法规和规划设计技术规范。不过中国的专家、学者和规划设计师已经认识到这个关键问题。姚海蓉等（2013）从城市降雨径流控制法律法规的角度，以美国城市降雨径流管理为例，着重剖析其与降雨径流管理有关的各项法律法规的变迁，分析美国

《清洁水法》以及降雨径流排放计划的发展轨迹，施行过程中所遇到的问题以及阻碍等；也总结了我国城市降雨径流管理相关法律的现状，提出了借鉴国外的经验教训，完善我国城市降雨径流控制法律法规的必要性和方向[43]。

而在技术规范方面，国家层次上第一个涉及雨水利用的是 2006 年 9 月发布的《建筑与小区雨水利用工程技术规范》（GB 50400—2006）。该规范虽然没有提及 LID，但它对我国的城市雨水利用还是起到了巨大的作用。随着 LID 研究的深入，在 2011 年修订的《室外排水设计规范》（GB 50014—2006）中引入了 LID 的概念，不过并没有详细的 LID BMPs 技术；2014 年 10 月，住房城乡建设部发布了《海绵城市建设技术指南——低影响开发雨水系统构建（试行）》[7]，大大推动了海绵城市在我国的热度。不过现在还没有国家层面 LID 的规划设计技术规范和导则。在我国的一些城市，为了推动城市降雨径流的控制，颁布了一些相关的地方技术规范或导则。比如北京市地方标准《城市雨水利用工程技术规程》（DB11/T 685—2009），深圳地方标准《雨水利用工程技术规范》（SZDB/Z 49—2011）、《再生水、雨水利用水质规范》（SZJG 32—2010）等，并且根据目前掌握的信息，北京、上海、深圳、佛山等城市都在编制地方性的 LID BMPs 设计规范。

6.5 结论和展望

城市化是我国社会发展的基本战略之一，然而在传统的城市发展模式下，伴随着城市化的快速发展，出现了许多城市水问题，包括洪涝、水污染和生态退化等，影响了城市的可持续发展，而城市径流控制 LID BMPs 被视为一个革命性的解决方案。与欧盟西方国家相比，LID BMPs 技术对我国来说还是一个新事物，虽然已经有了一些技术积累，相关的研究和实践都还相对落后，包括不同 LID BMPs 技术的效能研究、LID BMPs 的工程示范、LID BMPs 模拟模型研究、LID BMPs 规划研究，以及 LID BMPs 相关法规和技术规范等。然而随着海绵城市建设的推进，对 LID BMPs 技术的需求很大，相关研究也越来越多。

然而仍然有不少障碍影响着 LID 理念的全面实施。虽然初步的研究说明了各个 LID BMPs 技术的效果，但是也有研究给出不一致的结论，出现了一些疑问，比如这些 LID BMPs 是否在任何地方都适用？是否存在对地下水的污染？冬季的效果如何及如果过冬？其持久性如何？其维护成本多少？在一些情况下，LID 理念还与现行的技术规范和导则不一致，甚至矛盾。为了解决上述问题，还需要持续而全面的研究和更多的案例。

参 考 文 献

[1] 魏后凯. 中国城市化转型与质量提升战略 [J]. 上海城市规划，2012，（4）：6-11.

[2] US EPA. National water quality inventory, 2000 report [C]. EPA-841-R-02-001. Washington DC：US Environmental Protection Agency，2002.

[3] 王兴钦，梁世军. 城市降雨径流污染及最佳治理方案探讨 [J]. 环境科学与管理，2007，32（3）：50-53.

[4] Department of Environmental Resources of Prince George County. Low Impact Development Design Strategies：An Integrated Design Approach [C]. Largo，MD：Department of Environmental Resources of Prince Georges County，1999.

[5] Woods-Ballard B，Kellagher K，Martin P，Jefferies C，Bray R，Shaffer P. The SUDS manual [R]. London：CIRIA，2007.

[6] Wong T H F. Urban Stormwater Management and Water Sensitive Urban Design in Australia [C] // Eric W S，Wayne C H. Global Solutions for Urban Drainage. Reston，VA：American Society of Civil Engineers，2002：1-14.

［7］ 住房城乡建设部. 海绵城市建设技术指南——低影响开发雨水系统构建（试行）（S）. 北京，2014.

［8］ Akan A O，Houghtalen R J. Urban Hydrology，Hydraulics，and Stormwater Quality - Engineering Applications and Computer Modeling ［J］. Hoboken NJ：John Wiley & Sons，2003.

［9］ 郝天文. 城市建设对水系的影响及可持续城市排水系统的应用 ［J］. 给水排水，2005，31（11）：39-42.

［10］ 许翠红. 城市排水管理体制改革研究 ——以吉林市为例 ［D］. 长春：吉林大学，2012.

［11］ 谢映霞. 从城市内涝灾害频发看排水规划的发展趋势 ［C］// 2012 中国城市规划年会论文集. 昆明：中国城市规划学会，2012.

［12］ Davis A P. Green engineering principles promote low-impact development ［J］. Environmental Science & Technology，2005，39（16）：338A-344A.

［13］ Cappiella K，Stack W P，Fraley-McNeal L，Lane C，McMahon G. Strategies for Managing the Effects of Urban Development on Streams ［J］. Circular 1378，Reston，VA：U. S. Geological Survey，2012.

［14］ Wang L Z，Kanehl P. Influences of watershed urbanization and instream habitat on macroinvertebrate in cold water streams ［J］. Journal of the American Water Resources Association，2003，39（5）：1181-1196.

［15］ Wang L Z，Lyons J，Kanehl P，Bannerman R. Impacts of urbanization on stream habitat and fish across multiple spatial scales ［J］. Environmental Management，2001，28（2）：255-266.

［16］ Costanza R，d' Arge R，de Groot R，Farber S，Grasso M，Hannon B，Limburg K，Naeem S，O' Neill R V，Paruelo J，Raskin R G，Sutton P，van den Belt M. The value of the world' s ecosystem services and natural capital ［J］. Nature，1997，387（6630）：253-260.

［17］ US EPA. The Use of Best Management Practices（BMPs）in Urban Watersheds ［R］. EPA/600/R-04/184，Washington，DC：US Environment Protection Agency，2004.

［18］ JIA Haifeng，YAO Hairong，YU Shawlei. Advances in LID BMPs research and practice for urban runoff control in China ［J］. Front Envir Sci Eng，2013，7（5）：709-720.

［19］ 邢薇，赵冬泉，陈吉宁，王浩正. 基于低影响开发（LID）的可持续城市雨水系统 ［J］. 中国给水排水，2011，27（20）：13-16.

［20］ 孙艳伟，魏晓妹，POMEROY C A. 低影响发展的雨洪资源调控措施研究现状与展望 ［J］. 水科学进展，2011，22（2）：287-293.

［21］ 徐启新，杨凯，许世远. 上海高速城市化进程对水环境的影响及对策探讨 ［J］. 世界地理研究，2003，12（1）：54-59.

［22］ 侯培强，任玉芬，王效科，欧阳志云，周小平. 北京市城市降雨径流水质评价研究 ［J］. 环境科学，2012，33（1）：71-75.

［23］ Ballo Siaka，Liu Min，Hou Lijun，Chang Jing. Pollutants in stormwater runoff in Shanghai（China）：implications for management of urban runoff pollution ［J］. Progress in Natural Science，2009，19（7）：873-880.

［24］ 董欣，杜鹏飞，李志一，喻峥嵘，王锐，黄金良. 城市降雨屋面、路面径流水文水质特征研究 ［J］. 环境科学，2008，29（3）：607-612.

［25］ Li Liqing，Yin Chengqing，He Qingcai，Kong Lingli. First flush of storm runoff pollution from an urban catchment in China ［J］. Journal of Environmental Sciences（China），2007，19（3）：295-299.

［26］ Li W，Shen Z Y，Tian T，Liu R M，Qiu J L. Temporal variations of heavy metal pollution in urban stormwater runoff ［J］. Frontiers of Environmental Science and Engineering，2012，6（5）：692-700.

［27］ Mei Ying，Yang Xiaohua. The effect of nutrients removal for bioretention system in rainwater runoff ［C］// Proceeding of 2011 International Conference on Remote Sensing，Environment and Transportation Engineering（RSETE），2011，2：1791-1794.

［28］ 蒋玮. 透水性沥青路面混合料配合比设计方法与路用性能研究 ［D］. 西安：长安大学，2008.

［29］ 王书敏，于慧，张彬，邵磊. 绿色屋顶技术控制城市面源污染应用研究进展. 重庆文理学院学报（自然科学版），2011，30（4）：59-64.

［30］ 魏艳萍. 城市屋顶绿化对水、温环境的影响 ［D］. 长沙：中南林业科技大学，2010.

［31］ 闫攀，车伍，赵杨，李俊奇，王思思. 绿色雨水基础设施构建城市良性水文循环 ［J］. 风景园林，2013，（2）：32-37.

［32］ 北京市水利规划设计研究院. 北京奥林匹克公园水系及雨洪利用系统研究、设计与示范 ［M］. 北京：中国水利水电出版社，2009.

［33］ 胡爱兵，丁年，任心欣. 低影响开发原理、应用和实例简介 ［C］//2012 中国城市规划年会论文集. 昆明：中国城市规划学会，2012.

［34］ 唐颖. SUSTAIN 支持下的城市降雨径流最佳管理 BMP 规划研究 ［D］. 北京：清华大学，2010.

［35］ 王建龙，车伍，易红星. 基于低影响开发的雨水管理模型研究及进展 ［J］. 中国给水排水，2010，26（18）：50-54.

［36］ 王雯雯，赵智杰，秦华鹏. 基于 SWMM 的低冲击开发模式水文效应模拟评估 ［J］. 北京大学学报（自然科学版），2012，48（2）：303-309.

［37］ 鲁宇闻. 城市降雨径流控制 BMP 规划及案例研究 ［D］. 北京：清华大学，2009.

［38］ Jia Haifeng，Yao Hairong，Tang Ying，Yu Shawlei，Zhen Jeny，Lu Yuwen. Development of a multi-criteria index ranking system for urban stormwater best management practices（BMPs）selection ［J］. Environmental Monitoring and Assessment，2013，185（9）：7915-7933.

［39］ Jia Haifeng，Lu Yuwen，Yu Shawlei. Planning of LID-BMPs for urban runoff control：The case of Beijing Olympic Village ［J］. Separation and Purification Technology，2012，84（SI）：112-119.

［40］ Jia Haifeng，Yao Hairong，Tang Ying，Yu Shaw L，Richard Field，Anthony N Tafuri. LID-BMPs planning for urban runoff control and the case study in China ［J］. Journal of Environmental Management，2015，149：65-76.

［41］ 贾海峰，姚海蓉，唐颖，YU ShawLei. 城市降雨径流控制 LID BMPs 规划方法及案例 ［J］. 水科学进展，2014，25（2）：260-267.

［42］ Jia Haifeng，Ma Hongtao，Sun Zhaoxia，Yu Shawlei，Ding Yongwei，Liang Yun. A closed urban scenic river system using stormwater treated with LID-BMP technology in a revitalized historical district in China ［J］. Ecological Engineering，2014，71：448-457.

［43］ 姚海蓉，鲁宇闻，贾海峰，Yu Shaw Lei. 美国城市降雨径流控制法律体系变迁及对我国的借鉴 ［J］. 给水排水，2013，39（s1）：214-218.

⊙ 作者介绍

贾海峰[1*]，姚海蓉[2]，YU Shaw-L[3]

[1]. 清华大学环境学院，E-mail：jhf@tsinghua.edu.cn

[2]. 中国农业大学工学院

[3]. University of Virginia

7

海绵城市建设中的气候变化适应关键问题分析

摘要： 海绵城市建设是我国应对日益严峻的城市水安全挑战的重大举措。当前的海绵城市建设仍处于起步阶段，偏重于工程实践，而对于气候变化影响及适应的考虑较为欠缺。对海绵城市建设中的气候变化适应问题进行探讨分析，有助于更好地协同促进我国城市气候变化适应工作和海绵城市建设。本文通过分析气候变化适应与海绵城市建设的内在关联，总结海绵城市建设中的气候变化适应工作特征，从科学目标、技术手段和不确定性等方面探讨海绵城市建设过程中的城市气候变化适应关键问题，并对我国未来海绵城市建设中的气候变化适应工作提出建议。

7.1 研究背景

世界经济论坛发布的《2016 年全球风险报告》指出，应对和解决气候变化问题不力是影响当今全球社会经济发展的主要风险，正在史无前例地加剧一系列风险的发生[1]。气候变化对水循环系统要素的影响必然导致流域水资源的时空变化[2]，而气候变化所带来的极端天气将会给城市造成严重的经济损失，影响城市的社会秩序和可持续发展[3,4]。从区域来看，气候变化使得我国"南涝北旱"趋势日益明显[5]。气候变化所造成的极端天气也对城市生命线构成了严重的威胁[6]。其中，气候变化对城市水安全问题的影响一直是城市管理者的关注焦点之一。

海绵城市是我国应对城市地区内涝频发、水资源流失、水生态恶化、水污染加剧等一系列挑战时所提出的重要概念[7,8]。2014 年 11 月，我国住建部印发的《海绵城市建设技术指南——低影响开发雨水系统构建（试用）》（以下简称《指南》）指出，海绵城市是指城市能够像海绵一样，在适应环境变化和应对自然灾害等方面具有良好的"弹性"。现阶段我国海绵城市建设试点较为初步，方兴未艾[9,10]。同时，现有海绵城市建设偏重于技术应用和工程实践，在基础理论和方法学体系方面的研究依然有待加强，尤其是针对海绵城市建设过程中城市水文循环系统受到的气候变化影响及如何有效适应气候变化等相关问题的研究。

7.2 城市气候变化适应与海绵城市建设的关联性分析

减缓和适应是人类社会应对气候变化挑战的两大核心手段。

由于气候变化的影响正在不断显现，适应问题更为现实和紧迫。一般来说，气候变化适应是指人类社会和自然系统对已经发生的和潜在的气候变化影响采取的趋利避害的调整过程，有效的人为干预可提升自然系统的适应效果[11,12]。2016年2月，国家发展改革委和住房城乡建设部联合发布了《城市适应气候变化行动方案》，提出了七项主要行动，即加强城市规划引领、提高城市基础设施设计和建设标准、提高城市建筑适应气候变化能力、发挥城市生态绿化功能、保障城市水安全、建立并完善城市灾害风险综合管理系统、夯实城市适应气候变化科技支撑能力等。其中，在"保障城市水安全"的行动之下，特别指出要"推进海绵城市建设"。可见，海绵城市建设可以理解为城市适应气候变化的一个重要举措，旨在降低气候变化带来的城市水系统风险，保障气候变化威胁下的城市水系统安全。

与此同时，海绵城市又可以被理解为一种新型的城市建设与发展理念，在外来冲击和内部作用的共同影响下，力图实现与自然和谐共处，其本质则是促进城镇化与资源环境的协调和谐发展，让城市"弹性适应"环境变化与自然灾害[13]。联合国政府间气候变化专家委员会（IPCC）最新发布的第五次评估报告再次强调气候变化是毋庸置疑的事实。因此，对气候变化因素的考虑必须被纳入到海绵城市的建设过程之中。现有的海绵城市建设核心举措之一是建立低影响开发雨水系统，即通过在场地开发过程中采用源头、分散式措施维持场地开发前的水文特征，包括径流总量、峰值流量、峰现时间等。由于气候变化引发的极端天气事件或局地气候特征改变将在不同程度上改变城市不同区域的水文过程与特征，因而将对低影响开发雨水系统的设计与实施过程产生多方面影响，包括对基础设施设计标准和建设标准的改进，极端天气事件条件下的海绵设施应急预案、海绵设施的气候风险实时监控与预警等。与此同时，合理的海绵城市建设还可能会有效缓解城市热岛效应，提升城市居民的生活环境品质。

从目标层面而言，海绵城市建设和城市气候变化适应具有内在的协同性。海绵城市建设的核心目标在于提升城市在水安全方面的气候变化适应性。因此，海绵城市建设是城市气候变化适应行动的重要组成部分。同时，城市对极端气候事件的积极主动适应也将进一步固化海绵城市建设的成效。从技术层面来看，海绵城市建设和气候变化适应工作都需要因地制宜的系统性技术集成，而不是单一的技术或设施的机械组合。海绵城市建设技术主要针对水的"渗滞蓄净用排"，而气候变化适应技术的相对范围较为宽泛。

总的来看，气候变化是城市出现内涝的重要诱因，传统的城镇化方式加剧了城市热岛效应，而因地制宜的海绵城市建设可以充分利用地域的自然特征和先进的海绵技术，控制地表径流总量、峰值流量、峰现时间，并缓解城市热岛效应，系统提升城市水系统的气候变化弹性。

7.3 海绵城市建设中的气候变化适应工作特征

7.3.1 关注水安全和热岛效应缓解

海绵城市建设的基本目标是保障城市水安全。因此，海绵城市建设中的气候变化适应工作的核心在于建设以水为核心的低影响开发和雨洪管理体系，实现不同气候和降雨条件下的海绵城市水系统管理相应目标，包括地表径流总量控制、峰值流量削减、峰现时间控制、水环境质量提升等。

其次，"热岛效应有缓解"也是海绵城市建设的重要目标之一，这也是城市气候变化弹性增强的表现之一。

7.3.2 因地制宜的分类管理

对于新建区、城市更新区等不同类型区域的海绵城市建设，应有针对性地进行相应的气候变化影响因素识别，提供因地制宜的城市气候变化适应行动方案。例如，对于城市更新区，海绵城市建设的外部约束条件增多，在土地资源有限、利益冲突严重等边界条件下，应尽可能利用既有建筑的集水排水功能，并全面评估海绵城市建设前后的气候变化适应性水平变化，在综合考虑成本效益的基础上，提出相应的气候变化适应行动方案。

7.3.3 多目标性

海绵城市建设应从规划设计阶段就充分论证气候变化的影响，综合考虑区域发展和旧居改造、公共空间品质、就业率、低碳发展等多个目标对于城市水安全的复杂影响，通过利益相关方的深度介入来促进多个目标之间的协同，围绕水、大气、固体废物、噪声、土壤、生态绿化、能源等不同要素来系统提高城市适应气候变化水平，同时，从设计和建设标准、配套机制体制、财政金融政策、科学技术支持、能力建设等多个方面予以保障相关政策与行动的落地，从而有效降低城市的气候变化脆弱性和风险。

7.4 海绵城市建设过程中的城市气候变化适应关键问题

海绵城市建设中的城市气候变化适应关键问题包括科学目标、技术手段和不确定性等。

7.4.1 科学目标

科学合理地确定海绵城市建设的相关目标是规避气候风险的前提，也是提高城市气候变化适应性水平的核心内容。应在考虑气候变化近期和中长期影响的基础上，合理确定径流控制、峰值控制、污染削减以及热岛效应环境的近中远期目标，合理预留空间。与此同时，应参考海绵城市建设要求，确定相应的具体目标。住建部《海绵城市建设绩效评价与考核指标（试行）》提出六类十八项指标，其中，城市热岛效应和城市暴雨内涝灾害防治与城市气候变化适应紧密相关。在城市热岛效应方面，要求"热岛强度得到缓解。海绵城市建设区域夏季（按6～9月）日平均气温不高于同期其他区域的日均气温，或与同区域历史同期（扣除自然气温变化影响）相比呈现下降趋势"。在城市暴雨内涝灾害防治方面，要求"历史积水点彻底消除或明显减少，或者在同等降雨条件下积水程度显著减轻。城市内涝得到有效防范，达到《室外排水设计规范》规定的标准"。据此，各地可根据城市气候特征和历史统计资料，进一步细化具体的指标范围。

7.4.2 技术手段

针对海绵城市建设中面临的不同气候问题挑战，气候变化适应工作的技术手段也是因地制宜的。例如，针对缺水型区域的海绵城市建设，气候变化适应的重点是节水、雨水收集利用和高温干旱条件下的应急响应，因此，节水技术、雨水收集利用技术和预警技术十分关键；针对暴雨频发区域的海绵城市建设，气候变化适应的重点技术路径是城市防洪排涝体系构建、极端天气预警信息体系建设等。同时，应适当调整海绵基础设施的设计和建设标准，例如针对极端天气气候事件，适当提高城市给排水系统的设计标准和防洪设施标准，修订相关规划设计中的排水标准，包括交通基础设施规划中的道路排水、绿化系统规划中的绿地小区排水、建筑设计中的排水等。通过优化组合的海绵技术及基础设施，提高海绵城市的气候变化适应弹性，在解决城市内涝问题的同时，实现热岛效应的缓解和环境质量的改善。

此外，监测评估是不断改进海绵城市建设成效和提升气候变化适应水平的技术基础。各级政府特别是地方政府，在制订和实施海绵城市建设中的气候变化适应规划方案时，应同步建立具体的考核评价指标体系，以及明确相应的监测技术标准。指标体系旨在明确海绵城市建设中气候变化适应工作的核心任务，可以是定量描述，也可以是定性描述。但评估考核政策的制定切忌"一刀切"，应当根据当地的实际情况，由各地政府部门分地区、分阶段地制定、实施。同时，应利用现代信息技术和大数据分析技术，提高对海绵城市建设的考核监管，尤其是海绵城市建设对局地暴雨径流和热岛效应的影响监测，以加强城市气候变化适应行动的针对性和有效性。

7.4.3 不确定性

尽管以低影响开发为主的海绵城市建设可以降低气候变化背景下未来不确定的天气状况所带来的负面影响[14]，但是海绵城市建设能否解决当今城市面临的困境仍然存在许多不确定性[15]。由于海绵城市建设与自然气候条件和社会经济水平都有诸多紧密联系，时空差异性巨大，因此，气候变化适应工作的对象、需要实现的适应目标和相应的适应成本效益都会有所不同。随着人民生活水平的不断提高，城市气候变化适应水平和能力也在改变；项目建设与技术应用的成本与收益也存在波动。因此，气候变化适应的目标、技术和配套政策并不是一成不变的。由于气候变化的复杂性和城市发展的异质性，海绵城市建设中气候变化适应工作依然存在较大的不确定性，需要更多的理论探讨与实证研究。

7.5 展望和建议

7.5.1 加强顶层设计

在气候变化背景下，海绵城市建设面对的挑战将更加复杂，不仅要考虑历史和当前状态下的城市水系统问题，还要考虑未来不确定气候影响下的水系统管理应急方案。应当通过加强顶层设计，完善海绵城市建设中的气候变化适应工作的机制体制；通过设立部门联动机制，进一步提高气候变化适应工作与海绵城市建设相关工作的协调性；细化海绵城市建设中的气候变化适应工作的具体目标，将气候变化适应指标纳入海绵城市建设具体标准，建立具体可操作的指标体系；通过自上而下的政策指导和自下而上的建设实践，因地制宜地开展海绵城市建设中的气候变化适应工作。

7.5.2 完善相关政策

针对海绵城市建设中气候变化适应工作需求，进一步完善相关配套政策，包括财政金融、技术标准、规划编制、法律法规、政府职责、考核办法等方面；编制海绵城市建设中的气候变化适应工作技术指南，进一步落实气候变化适应技术应用；提高地方政府自主决策和建设的能力，鼓励各级地方政府结合本地区海绵城市建设中的气候变化适应工作实际情况适时出台地方政策和规范，保持政策的连贯性和时效性。

7.5.3　科技能力建设

加强海绵城市建设中的气候变化适应基础理论研究，深入探索和完善有利于气候变化适应的海绵城市建设技术体系，设立专门基金或拨付专款，推动企业、高校和科研院所参与相关方面的研究工作，促进政产学研的联合开发模式；运用全生命周期等评估手段，加强海绵设施的碳排放与吸收评估工作；基于城市适应气候变化需要，进一步推进海绵设施的设计和建设标准提升；继续推动试点建设，对试点建设中的成功经验进行总结和推广。

7.5.4　健全保障体系

应在机构、资金、评估、监测、考核、信息公开等方面完善海绵城市建设中的气候变化适应行动保障体系建设。例如，针对海绵城市建设，成立以政府部门一把手牵头的气候变化适应行动办公室或小组，加强海绵城市建设与气候变化适应行动的协调沟通。继续探索以中央财政拨款＋地方财政支持撬动民间资本参与海绵城市建设和气候变化适应的模式，推动以PPP模式进行项目建设；明确地方政府建设海绵城市和适应气候变化的职责，将相关工作建设成果纳入地方官员的考评体系；加强建设指标监测技术开发，按时对相关建设成果进行监测；完善并落实建设成果考核办法，适时评估现有考评体系的科学性和有效性；完善信息公开制度，适时向公众如实公布相关建设的项目审批、项目进展、资金使用、技术应用等情况。

参 考 文 献

[1] World Economic Forum. Global Risks 2016 [R], 11th ed. Genava：World Economic Forum，2016.

[2] 宋晓猛，张建云，占车生，等. 气候变化和人类活动对水文循环影响研究进展 [J]. 水利学报，2013，(7)：779-790.

[3] 刘燕华，钱凤魁，王文涛，等. 应对气候变化的适应技术框架研究 [J]. 中国人口·资源与环境，2013，23 (5)：1-6.

[4] Birkmann J，Garschagen M，Kraas F，et al. Adaptive urban governance：new challenges for the second generation of urban adaptation strategies to climate change [J]. Sustainability Science，2010，5 (2)：185-206.

[5] 李维京，左金清，宋艳玲，等. 气候变暖背景下我国南方旱涝灾害时空格局变化 [J]. 气象，2015，41 (3)：261-271.

[6] 张质明，李俊奇. 气候变化对城市水安全的威胁与我国适应能力建设 [J]. 建设科技，2016，(15)：17-19.

[7] 王文亮，李俊奇，王二松，等. 海绵城市建设要点简析 [J]. 建设科技，2015，(1)：19-21.

[8] 吴丹洁，詹圣泽，李友华，涂满章，郑建阳，郭英远，彭海阳. 中国特色海绵城市的新兴趋势与实践研究 [J]. 中国软科学，2016，01：79-97.

[9] 凌子健，翟国方，何仲禹. 海绵城市理论与实践综述 [C] //中国城市规划学会，贵阳市人民政府. 新常态：传承与变革——2015 中国城市规划年会论文集 (01 城市安全与防灾规划). 中国城市规划学会，贵阳市人民政府，2015：10.

[10] 徐振强. 中国特色海绵城市的政策沿革与地方实践 [J]. 上海城市管理，2015，1：49-54.

[11] 居辉，秦晓晨，李翔翔，孙茹. 适应气候变化研究中的常见术语辨析. 气候变化研究进展 [J]，2016，12 (1)：68-73.

[12] 希尔达·布兰科，玛丽娜·阿尔贝蒂，袁晓辉，王旭，操毓颖，刘晓斌，王春丽. 通过城市规划建构适应气候变化的能力 [J]. 城市与区域规划研究，2010，2：1-22.

[13] 仇保兴. 海绵城市 (LID) 的内涵、途径与展望 [J]. 建设科技，2015，01：11-18.

[14] Zahra Zahmatkesh, Steven J Burian, Mohammad Karamouz, ASCE F, Hassan Tavakol-Davani, and Erfan Goharian.

Low-Impact Development Practices to Mitigate Climate Change Effects on Urban Stormwater Runoff：Case Study of New York City [J]. Journal of Irrigation and Drainage Engineering，2015，141（1）.

[15] 陈利顶. 城市雨洪管控需要生态智慧的引领 [J]. 生态学报，2016，16：4932-4934.

⊙ 作者介绍：

郭茹[1,2]*，刘林京[1,2]，徐晋[1,2]

1. 同济大学环境科学与工程学院，E-mail：ruguo@tongji.edu.cn

2. 长江水环境教育部重点实验室

第二篇
降雨径流模拟分析与径流控制技术

1

生态滞留池模拟方式的研究

摘要： 为研究不同模拟方式对生态滞留池模拟效果的影响，采用城市排水管网模拟系统（DigitalWater Simulation，DS）中概化模拟和精细化模拟两种方式，对我国第一批海绵试点城市之一的某片区的生态滞留池进行模拟，比较不同降雨强度下在水量控制方面的差异。结果表明，不同模拟方式都可体现措施对水量的调控效果，但降雨强度改变，两种模拟方式所呈现的效果有所差异：在小降雨强度下，两种模拟方式所得结果相类似，精细化模拟方式可以更好地体现生态滞留池对峰值时间的推迟；随着降雨强度的增大，两种模拟方式所得结果差异增大，精细化模拟所体现出的对峰流量的削减程度明显弱于概化模拟。该研究成果有助于对模拟软件中低影响开发措施模拟方式有更全面的认识，为实际应用中模拟方式的选择提供依据，也可根据所采用的模拟方式对结果进行分析与调整。

1.1 引言

随着我国城市化进程的加快，城市雨洪管理问题日益受到关注，基于相关研究成果，我国提出了建设海绵城市。对于海绵城市的建设，各类低影响开发措施（Low Impact Development，LID）的应用是核心内容之一。

生态滞留池作为新兴的一种 LID 措施，不仅可以对城市雨洪进行有效控制，同时兼具景观功能，可改善城市环境[1]，是海绵城市建设中常用的 LID 措施之一。目前的相关研究中，对生态滞留池的研究方式主要包括：利用数学公式进行理论设计与计算[2]，在实验室条件下搭建实验装置进行检测[3,4]，对实地使用的生态滞留池进行监测评估[5~7]，以及利用相关模型软件进行模拟[8]。在我国，由于海绵城市建设提出时间较短，对于生态滞留池等 LID 措施的应用刚刚兴起，相对而言，可供实地监测的生态滞留池较少。在海绵城市建设中，各地自然气候条件有所差异，相似而可供直接参考的实例有限，无论是在措施的规划设计阶段还是建成后的运行维护阶段及对控制效果的评价阶段，都需要利用专业排水模型进行措施的模拟。利用城市排水管网模拟系统（Digital Water Simulation，DS）对生态滞留池等 LID 措施进行模拟的方式大致可分为两种，在目前的相关研究中都有所应用，但未对两种模拟方式进行对比与分析。只有充分了解两种模拟方式对生态滞留池控制效果的模拟情况及特点，才能对生态滞留池的控制效果有更为全面的掌握，也才能针对实际情况选择合适的模拟方式，支持海绵城市的建设。

本文利用 DS 对我国第一批试点城市之一的某小片区的生态滞留池进行模拟，在不同降雨强度下，利用不同模拟方式模拟生态滞留池，对水量方面的控制效果进行对比分析。

1.2　生态滞留池概述

典型的生态滞留池由草地缓冲带、蓄水层、有机覆盖层、植物生长介质层、植被、排泄层和砂砾卵石层组成[8]，通常系统还涉及进水和溢流等附属设施[4]。生态滞留池利用植物、微生物和土壤的化学、生物及物理特性，来对径流水量及水质进行调控[5]，通过将雨水暂时储存而后慢慢渗入周围土壤来削减地表洪峰流量，同时通过填料的过滤、吸附及植物根系的吸收作用来净化雨水。由于生态滞留池中涉及了植物及景观设计，成为我国海绵城市建设中非常重要的一类 LID 措施，在控制城市雨洪的同时对美化城市环境也起到了一定的作用。

1.3　城市排水管网模拟系统的应用

1.3.1　城市排水管网模拟系统简介

城市排水管网模拟系统（digital water simulation，DS）是基于 SWMM 和 GIS 技术的可视化建模与动态模拟评估工具，由北京清控人居环境研究院有限公司与清华大学环境学院在多年研究基础上自主研发，支持一维管网与二维地表的动态耦合模拟计算，完整反映排水管网整体运行负荷变化规律和城市内涝风险。

DS 中对 LID 措施的模拟方式可分为两种：一种是根据子目标区域施用的 LID 措施类型及规模改变相应了汇水区的关键参数，本文称之为概化模拟方式；另一种则是增设相应的 LID 措施，并设置具体的参数，本文称之为精细化模拟方式。

1.3.2　模型的建立

1.3.2.1　区域概化

对我国第一批海绵城市试点城市之一的某小片区建立模型，用地示意如图 2-1-1 所示，区域面积为 6167.9m²，其中绿地面积 2037.7m²，占 33%，结合区域实际排水情况，对目标区域进行划分，共计子汇水区 26 个，排水口 1 个。

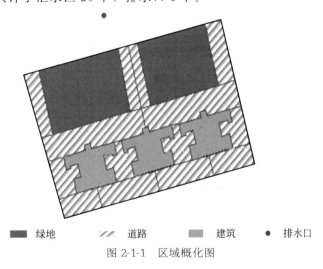

■ 绿地　　▨ 道路　　■ 建筑　　● 排水口

图 2-1-1　区域概化图

1.3.2.2 模型参数的确定

在该目标区域内，主要涉及的土地利用类型为绿地、道路和建筑屋面，在 DS 中建立模型，采用 Horton 入渗模型模拟降雨入渗过程，汇流采用非线性水库模型，水力模型选用动力波模型。参考 SWMM 模型中的典型值和相关文献[9,10]对主要参数取值进行设置，如表 2-1-1 所列。

表2-1-1 土地利用类型及参数设置

土地利用类型	绿地	道路	屋面
不渗透百分比/%	50	100	100
不透水地表糙率	0.011	0.011	0.011
透水地表糙率	0.15	0.15	0.15
透水地表洼蓄量/mm	12	12	12
不透水地表洼蓄量/mm	2	2	2
渗透模型	Horton	Horton	Horton
最大入渗率/(mm/h)	76	76	76
最小入渗率/(mm/h)	18	18	18
衰减系数/h^{-1}	4	4	4

1.3.2.3 模型参数的确定

设计雨型选用芝加哥模型，降雨历时为 120min，雨峰相对位置为 0.4，重现期设为 2 年、5 年和 10 年。采用该试点城市所在省的省会城市雨强计算公式：

$$q = \frac{1386(1+0.69\lg P)}{(t+1.4)^{0.64}}$$

式中，P 为重现期；t 为降雨历时，min。

设计总降雨量分别为 55.86mm、68.56mm 和 78.16mm，平均雨强分别为 27.94mm/h、34.28mm/h 和 39.08mm/h。

1.4 模拟结果与分析

1.4.1 两种模拟方式

对目标区域进行 LID 措施改造，将生态滞留池用于现有绿地。

参考相关研究[11,12]，对使用了生态滞留池的子汇水区进行参数调整，将不透水百分比从 50% 下调为 10%，透水地表蓄洼量由 12mm 设为 30mm，模拟生态滞留池对区域径流的控制，此模拟方式为概化模拟。

除改变子汇水区参数外，可利用 DS 中 LID 编辑模块，增设生态滞留池，并对相关参数进行设置，如表 2-1-2 所列，此模拟方式为精细化模拟。

表2-1-2 生态滞留池设计参数[13]

表面		土壤		蓄水		暗渠	
蓄水深度	100mm	厚度	900mm	高度	300mm	排水系数	0
植被覆盖	0.15	孔隙率	0.5	孔隙比	0.75	排水指数	0
表面粗糙系数	0	产水能力	0.2	导水率	10mm/h	偏移高度	0

表面		土壤		蓄水		暗渠
表面坡度	0	枯萎点	0.1	堵塞因子	0	
蓄水深度	100mm	导水率	2.52mm/h			
		导水率坡度	40			
		吸水头	35mm			

1.4.2　降雨强度 P=2a 的模拟结果

对于 LID 措施在水量控制方面效果的衡量，可从对降雨径流总量控制、峰值流量削减及峰值时间推迟三个方面米衡量。将降雨强度重现期设为 2 年，属于较小强度降雨，利用 DS 对目标区域进行模拟。

降雨总量的控制，可通过径流系数来衡量。经过模型模拟后，对无 LID、概化模拟和精细化模拟结果进行对比，以无 LID 的情况作为背景参考值，计算两种模拟方式下，生态滞留池对径流的削减率，如表 2-1-3 所列。

表2-1-3　$P=2a$ 降雨强度下生态滞留池对径流总量的控制

降雨重现期		无 LID	概化模拟	精细化模拟
$P=2a$	总降雨量/mm	57.098	57.098	57.098
	径流量/mm	26.005	6.212	6.004
	径流系数	0.440	0.109	0.105
	径流削减率/%	—	75.2	76.1

从表 2-1-3 中可以看出，对于重现期为 2 年的小型降雨，两种模拟方式下，生态滞留池对径流总量都有较为明显的削减作用，且削减率相近。

对排水口进行过程流量曲线的绘制如图 2-1-2 所示。

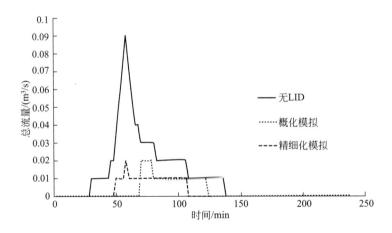

图 2-1-2　排水口流量曲线（P= 2a）

通过曲线图，可以确定无 LID 情境和两种模拟方式下对应的径流峰值及峰值时间，具体数值如表 2-1-4 所列。

表2-1-4 径流峰值及峰值时间对比

降雨重现期		无 LID	概化模拟	精细化模拟
$P = 2a$	径流峰值/（m³/s）	0.09	0.02	0.02
	峰值时间/min	58	58	70
	峰值削减率/%	—	77.8	77.8
	峰值推迟时间/min	—	—	12

从表中可以看出，两种模拟方式都体现了生态滞留池对径流峰值有大幅度的削减，且削减程度相类似；但对峰值时间的推迟上有所差异，在概化模拟方式下，生态滞留池几乎对径流峰值时间没有推迟，而精细化的模拟方式却可推迟 12min。

1.4.3 增大降雨强度后模拟结果

增大降雨强度，将降雨重现期设为 5 年和 10 年，利用两种模拟方式对区域内生态滞留池进行模拟，在径流总量控制方面的效果如表 2-1-5 所列。

表2-1-5 $P = 5a$ 和 10a 降雨强度下生态滞留池对径流总量的控制

降雨重现期		无 LID	概化模拟	精细化模拟
$P = 5a$	总降雨量/mm	70.082	70.082	70.082
	径流量/mm	32.957	10.461	11.588
	径流系数	0.470	0.149	0.165
	径流削减率/%	—	68.3	64.9
$P = 10a$	总降雨量/mm	79.902	79.902	79.902
	径流量/mm	38.996	14.419	16.854
	径流系数	0.488	0.180	0.211
	径流削减率/%	—	63.0	56.8

从表中数据可以看出，增大降雨强度后，两种模拟方式下，生态滞留池对径流总量都还有明显的削减作用，但削减比例有所下降，这与许多研究中，生态滞留池等 LID 措施主要针对控制小型降雨的结论相一致[14,15]。

对排水口进行过程流量曲线图的绘制，如图 2-1-3 和图 2-1-4 所示。

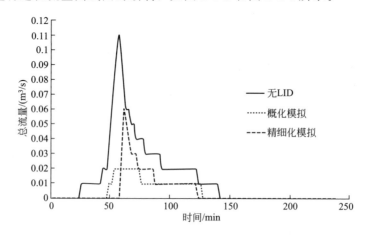

图 2-1-3 排水口流量曲线（P= 5a）

从图 2-1-3 和图 2-1-4 可以看出，两种模拟方式下，排水口的过程流量曲线有着非常明显的差异，峰值流量和峰值时间的具体数值如表 2-1-6 所列。

1.4.4 讨论与分析

1.4.4.1 不同降雨强度下两种模拟方式对比

不同降雨强度下两种模拟方式对径流总量削减率的对比如图 2-1-5 所示。

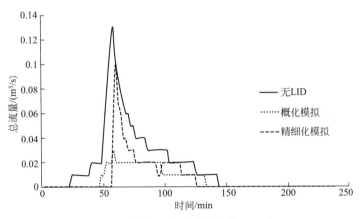

图 2-1-4 排水口流量曲线（$P = 10a$）

表2-1-6 降雨强度增大后径流峰值及峰值时间对比

降雨重现期		无 LID	概化模拟	精细化模拟
$P=5a$	径流峰值/（m^3/s）	0.11	0.02	0.06
	峰值时间/min	58	54	62
	峰值削减率/%	—	81.8	45.5
	峰值推迟时间/min	—	—	4
$P=10a$	径流峰值/（m^3/s）	0.13	0.03	0.1
	峰值时间/min	58	58	60
	峰值削减率/%	—	76.9	23.1
	峰值推迟时间/min	—	—	2

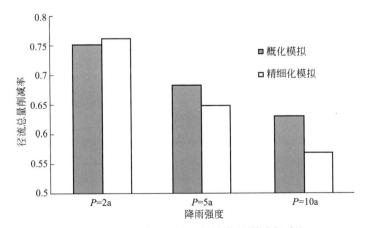

图 2-1-5 不同降雨强度下径流总量削减率对比

从图中可以看出，虽然两种模拟方式所呈现出的整体趋势一致，但在径流总量控制效果方面表现出了一定的差异，在重现期为 2 年的小降雨强度下，两种模拟方式对径流总量的控制程度相近，精细化模拟效果甚至略好于概化模拟；随着降雨强度的增大，概化模拟体现的控制效果反优于精细化模拟，且当降雨强度进一步增大时，概化模拟在总量控制效果方面所体现出的优势更为明显。

两种模拟方式对径流峰值削减率的对比如图 2-1-6 所示。

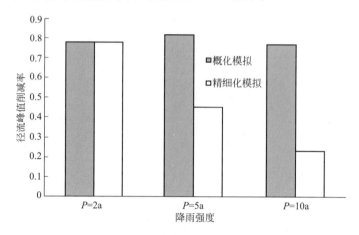

图 2-1-6　不同降雨强度下径流峰值削减率对比

从图中可以看出，在重现期为 2 年的小降雨强度下，两种模拟方式得到的生态滞留池对峰值的削减比例相当；随着降雨强度的增大，概化模拟方式下，生态滞留池对径流峰值仍有明显削减且比例较大，但在精细化的模拟方式下，生态滞留池对径流峰值的削减十分有限，低于 50%。

在径流峰值时间推迟方面，以无 LID 情境作为背景参考值，以概化模拟方式进行模拟，无论降雨强度如何，生态滞留池对径流峰值都没有体现出明显的推迟作用，而精细化模拟方式下，则有比较明显的推迟作用，但随着降雨强度的增大，推迟的程度有所减弱，重现期为 2 年、5 年和 10 年的降雨下，对应的推迟时间分别为 12min、4min 和 2min。

1.4.4.2　两种模拟方式特点分析

由于缺少实际监测数据，无法直接判断两种模拟方式得到的结果哪个与实际更相符，但可分析判断两种模拟方式对生态滞留池进行模拟的特点。

郭娉婷的学位论文中[15]，在实验室条件下进行了生态滞留池的模拟试验，同时在 SWMM 中利用本文所提到的精细化模拟方式进行了模拟，并将所得结果与实验情况进行对比。根据其研究结果，在较小的降雨强度下（$P=1a$ 和 $P=3a$），利用 SWMM 进行精细化模拟所得结果与实验监测结果较为接近，当重现期 $P \geqslant 5a$ 时，模拟得到的峰值较大且尖锐[15]。这与本文得到的结果相一致，说明利用精细化模拟方式对生态滞留池进行模拟，在降雨强度较大的情况下，会弱化生态滞留池对于径流峰值的削减作用。

相对而言，概化模拟方式则会弱化生态滞留池对峰值时间的推迟作用，会增强生态滞留池对峰值流量的削减，在降雨强度较大时体现得尤为明显。

1.4.4.3　两种模拟方式的应用分析

利用 DS 提供的两种模拟方式都可对生态滞留池进行模拟，但适用范围和情境存在差异：概化模拟本身不需要设置有关措施的具体参数，多用于初期的规划阶段；而精细化模拟应是在已知措施相关设计参数的情况下使用,可用于建成后的运行和评价阶段。

由于两种模拟方式本身对生态滞留池的模拟效果也存在一定的差异,在应用时除了根据实际情况选择恰当的模拟方式,还需要结合模拟方式本身的特点,对最终所得结果进行一定的分析。例如,在规划设计阶段,若利用概化模拟方式进行生态滞留池的模拟,在考虑峰值削减时,需适当增设峰值安全系数,以免设计结果无法达到控制要求。

LID措施针对的是小型降雨的控制,对于较大强度的降雨,可能无法起到理想的控制效果。在利用模型进行模拟时,常会针对较大型甚至极端降雨条件进行模拟,但对于生态滞留池等LID措施而言,所得结果可能与实际有较大偏差。

1.5 结论

① 在DS模型中,对LID措施可利用概化模拟和精细化模拟两种方式进行模拟,一定程度上都可体现出生态滞留池在水量控制方面的效果。

② 当降雨强度较小时,两种模拟方式得到的水量方面的控制效果比较相似,随着降雨强度的增大,两种模拟方式所得结果差异增大;概化模拟方式得到的在径流总量和峰值削减方面的效果好于精细化模拟;而精细化模拟则更能体现对峰值的推迟作用,但得到的峰值相对尖锐。

③ 利用模型进行LID措施的模拟对海绵城市的建设而言具有重要意义,但不同模拟方式的适用范围有所差异,需结合实际情况进行选择,并需要结合不同模拟方式的模拟特点对模拟结果进行分析处理。

致谢

本研究选题来自于第一批海绵试点城市规划设计的实际工作中,在数据及相关资料方面得到了北京清控人居环境研究院有限公司马洪涛的支持;进入研究阶段后,杜鹏飞及清控人居环境研究院有限公司赵冬泉在研究方向与思路上给予了很多建议与指导。在此对于他们给予的支持和指导表示衷心的感谢。

参 考 文 献

[1] 孙艳伟,魏晓妹,Pomeroy C A. 低影响发展的雨洪资源调控措施研究现状与展望 [J]. 水科学进展,2011,(02):287-293.

[2] 鲁南,董增川,牛玉国. 生物滞留槽土壤渗透与恢复过程模拟研究 [J]. 水电能源科学,2008,(03):110-112.

[3] 潘国艳,夏军,张翔,等. 生物滞留池水文效应的模拟试验研究 [J]. 水电能源科学,2012,(05):13-15.

[4] 胡爱兵,李子富,张书函,等. 模拟生物滞留池净化城市机动车道路雨水径流 [J]. 中国给水排水,2012,(13):75-79.

[5] Trowsdale S A,Simcock R. Urban stormwater treatment using bioretention [J]. Journal of Hydrology,2011,397(3):167-174.

[6] Davis A P,Shokouhian M,Sharma H,et al. Laboratory study of biological retention for urban stormwater management [J]. Water Environment Research,2001,73(1):5-14.

[7] Le Coustumer S,Fletcher T D,Deletic A,et al. Hydraulic performance of biofilter systems for stormwater management:influences of design and operation [J]. Journal of hydrology,2009,376(1):16-23.

[8] 孙艳伟,魏晓妹. 生物滞留池的水文效应分析 [J]. 灌溉排水学报,2011,(02):98-103.

［9］　邹安平，周救，张健君. 深圳特区面源污染研究. 西南给排水 ［J］，2006，（03）：13-15.

［10］　王文亮，李俊奇，宫永伟，等. 基于 SWMM 模型的低影响开发雨洪控制效果模拟 ［J］. 中国给水排水，2012，28（21）：42-44.

［11］　孟莹莹，王会肖，张书函，等. 基于生物滞留的城市道路雨水滞蓄净化效果试验研究 ［J］. 北京师范大学学报（自然科学版），2013，（Z1）：286-291.

［12］　张邢超，孟凡臣，张书函，等. 基于 SWMM 模型的香山地区降雨径流过程模拟研究. 北京水务，2014，（6）：5-9.

［13］　戚海军. 低影响开发雨水管理措施的设计及效能模拟研究 ［D］. 北京：北京建筑大学，2013.

［14］　李卓熹，秦华鹏，谢坤. 不同降雨条件下低冲击开发的水文效应分析 ［J］. 中国给水排水，2012，（21）：37-41.

［15］　郭娉婷. 生物滞留设施生态水文效应研究 ［D］. 北京：北京建筑大学，2015.

⊙ 作者介绍

郭效琛[1]，杜鹏飞[1*]，赵冬泉[2]，马洪涛[2]

[1]. 清华大学环境学院，E-mail：dupf@tsinghua.edu.cn

[2]. 清控人居环境研究院有限公司

2

基于SWMM模型的厦门海绵城市建设规划研究

摘要： 海绵城市应以城市为集水区，通过水系统的自我调节，最大限度地降低水资源消耗、减少对水环境的污染物排放，最大限度地满足居民的生产和生活、适应气候的变化、服务于生态平衡，这样的实现了水资源健康循环的城市才是海绵城市。通过源头控制系统、传统雨水管渠系统、超标雨水排放系统构建完善的海绵城市，实现径流总量、峰值流量、面源污染、雨水利用等多方面的目标。以福建省厦门市某片区为例，针对微排水、小排水、大排水系统进行规划，应用 SWMM 模型对海绵城市的规划方案进行模拟。结果表明，不同措施在不同设计降雨条件下对径流总量、洪峰流量、峰现时间、雨量综合径流系数的控制效果显著，为海绵城市的科学合理布局和经济技术可行推广提供了有力的技术支持。

2.1　研究区域概况

洋塘居住区是厦门市翔安新城海绵城市建设试点区的首期启动区。受季风、台风影响，雨量充沛，多年平均降雨量为 1197mm，年际变化较大，年内分布也不均匀。降雨主要集中在 3～7 月梅雨季节和 4～10 月台风雨季节，约占全年降雨量的 80%。

研究区域总面积为 60.9hm²，开发前以村庄、裸土、农田及池塘为主，目前经过高强度的开发，对原先自然渗透性良好的下垫面造成了较为严重的破坏。可以预见，若按这种传统、粗暴的模式进行开发建设，用地中"蓝线"、"绿块"将消失，自然生态环境将被破坏，排水防涝窘境将被人为造成。

庆幸的是，当地规划部门已经意识到这个问题，并通过翔安新城海绵城市建设实施方案、翔安区排水防涝规划、翔安区山水保护规划等一系列研究论证，保留了村庄东侧的水体及绿地，除提升洋塘居住区的生活品质外，更大程度上为控制雨洪提供了调蓄空间和行泄通道，减少了对天然水文循环的扰动。

按照海绵城市建设理念对片区空间布局进行优化，调整后研究区域不透水面积为 34.8hm²，占总面积的 57.2%，由居住用地、村庄建设用地、公建用地、教育用地的屋面及道路、停车场组成；透水面积为 24.2hm²，占总面积的 39.7%，由绿地（公园绿地及其他建设用地中的绿地）组成；其他为水域，面积为 1.9hm²，占总面积的 3.1%。研究区域用地现状及规划见图 2-2-1～图 2-2-3。

图 2-2-1　研究区域开发前地貌

图 2-2-2　研究区域开发建设现状

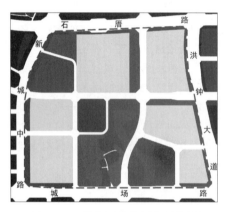

图 2-2-3　研究区域空间布局规划

2.2　SWMM 模型

SWMM 模型是由美国国家环保署开发，用于模拟场降雨或长期降雨系列的水量或水质动态的降雨-径流模型。SWMM5.0 可模拟生物滞留、透水铺装、雨桶、渗渠、植被浅沟等 5 种低影响开发措施，其他 LID 措施例如屋顶绿化、下凹式绿地均可通过调整参数进行模拟。结合模型中的水力模块、LID 模块，实现雨水滞留、蒸发、下渗等水文过程的模拟(图 2-2-4)。

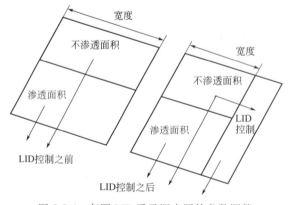

图 2-2-4　布置 LID 后子汇水区的参数调整

LID 在场地中的布置方式有以下两种。

1）场地层面　将 LID 措施设置为一个独立的子汇水区，用子汇水区的属性参数来表达 LID 措施，此方式使场地内雨水处置路径可视化，适用于小地块的 LID 集成技术效果模拟。

2）子汇水区层面　将一种或几种预先定义好的 LID 措施直接应用到子汇水区内。此方式无法明确指定 LID 措施的服务区域及处置路径，适合较大区域的 LID 模拟。应注意子汇水区的参数（如不透水率、特征宽度）在扣除 LID 措施面积后确定[1]。

2.3　模型应用

2.3.1　研究区域概化

基于 SWMM 模型的应用要求，结合排水防涝规划及海绵城市建设实施方案对研究区域排水系统进行概化，共划分子汇水区 12 个，雨水管 10 条，检查井 8 个，排出口 1 个，调蓄水体 1 个。研究区域概化见图 2-2-5。

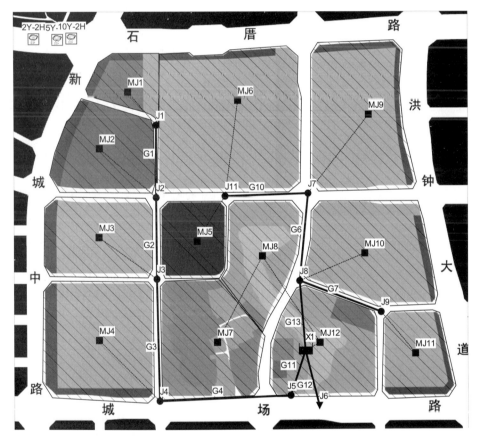

图 2-2-5　研究区域概化图

2.3.2　海绵城市建设规划

研究区域采用源头削减、中途转输、末端调蓄等多种手段，实现城市良性水文循环，提高对径流雨水的渗透、调蓄、净化、利用和排放能力，维持或恢复"海绵"功能。遵循海绵城市建设原则，提出以下 4 种海绵城市建设措施。

1）调蓄水体　调蓄水体虽不是传统 LID（狭义 LID）措施，但是属于海绵城市（广义 LID）范畴，对研究区域而言尤为重要，整个区域的雨水最终都是汇入该水体进行消纳和调蓄，对该片区防洪排涝起到关键的作用。

2）屋顶绿化　屋面硬化在研究区域内占有较大比例，通过屋顶绿化建设，不仅能够改善建筑性能、美化城市景观，还可有效减缓屋面雨水排入市政雨水管道的速度和流量，在削减城市雨水径流量和面源污染负荷方面作用明显。屋顶绿化率≥20%。

3）下凹式绿地　针对已建或待建建筑小区、道路、公园，将绿地建为下凹式绿地，调整路面、绿地、雨水口高程的关系，使绿地高程低于路面高程，则道路、建筑物等不透水区上的雨水径流会先流入下凹式绿地，下凹式绿地内水蓄满后流入雨水口。下凹式绿地率≥50%。

4）透水铺装　透水铺装是典型的通过降低城市不透水面积比例而对径流进行调控的 LID 措施，能使暴雨径流在很短的时间内入渗到更深层的土壤中。研究区域内人行道、步行街、广场、停车场等均建为透水铺装，透水铺装率≥70%。

根据研究区域的实际情况，针对各子汇水区 LID 措施提出了规划指标，见表 2-2-1。

表2-2-1　各子汇水区建设概况及 LID 措施规划指标表

子汇水面积	用地性质	总面积/hm²	屋顶绿化面积/hm²	所占比例/%	绿地下沉面积/hm²	所占比例/%	透水铺装面积/hm²	所占比例/%
MJ1	社区服务设施用地＋绿地	1.67	0.28	17	0.21	13	0.23	14
MJ2	教育用地＋绿地	3.77	0.68	18	0.57	15	0.26	7
MJ3	居住用地＋绿地	4.00	0.64	16	0.60	15	0.84	21
MJ4	居住用地＋绿地	6.16	0.99	16	0.92	15	1.29	21
MJ5	金融商业用地	2.35	0.00	0	0.24	10	0.33	14
MJ6	居住用地＋绿地	9.40	1.50	16	1.41	15	1.97	21
MJ7	城中村建设用地＋发展用地＋绿地	5.02	0.00	0	0.38	8	0.63	13
MJ8	公园绿地＋水域	3.45	0.00	0	0.86	25	0.52	15
MJ9	居住用地＋绿地	6.65	1.06	16	1.00	15	1.40	21
MJ10	居住用地＋绿地	5.60	0.90	16	0.84	15	1.18	21
MJ11	居住用地＋绿地	2.67	0.43	16	0.40	15	0.56	21
MJ12	公园绿地＋水域	4.82	0.00	0	1.33	28	0.72	15

2.3.3　参数选取

研究区域内子汇水区的面积、特征宽度、坡度、管径、管长、检查井底标高、区域不透水面积比例等均可由下垫面信息和管网信息获取。模型参数的取值主要结合当地实际情况并参考 SWMM 模型用户手册中的推荐值[2]及相关文献。降雨入渗模型采用 Horton 入渗模型，地表径流的汇流采用非线性水库模型，水力模型选用动态波模型。模型参数取值见表 2-2-2。

2.3.4　设计降雨

为了评估海绵城市建设对不同重现期暴雨的作用，分别求出 $P=2$ 年、5 年、10 年的降雨量分别为 61.78mm、73.95mm、83.16mm。选用芝加哥降雨过程线模型合成降雨情景，降雨历时 $t=2h$，雨峰系数 $r=0.4$，降雨时间间隔取 5min。其他参数参照厦门地区暴雨强度公式[3]：

$$q=1432.348(1+0.582\lg P)/(t+4.56)^{0.633}$$

式中，q 为设计暴雨强度，$L/(s \cdot hm^2)$；t 为降雨历时，min；P 为设计重现期，a。

表2-2-2　模型参数取值表

洼蓄量/mm		曼宁系数 n			horton 入渗	
不透水地表	透水地表	不透水地表	透水地表	管道	最大入渗速率 /(mm/h)	最小入渗速率 /(mm/h)
2	12	0.01	0.1	0.013	70	10

调蓄水体		屋顶绿化		下凹式绿地		透水铺装	
表面面积/m²	19000	表面蓄水深度/mm	50	表面蓄水深度/mm	100	表面蓄水深度/mm	2
最大深度/m	2	表面植被覆盖小数	0.1	表面植被覆盖小数	0.1	铺装厚度/mm	60
初始深度/m	0.2	种植土壤厚度/mm	100	种植土壤厚度/mm	200	铺装层透水率 /(mm/h)	250
		种植土壤孔隙率	0.18	种植土壤孔隙率	0.25		
		种植土壤田间持水率	0.1	种植土壤田间持水率	0.2	铺装层孔隙率	0.15
		蓄水层厚度/mm	50	蓄水层厚度/mm	100	蓄水层厚度/mm	250
		蓄水层孔隙率	0.4	蓄水层孔隙率	0.4	蓄水层孔隙率	0.4

2.3.5　模拟结果与分析

应用 SWMM 模型计算传统开发（无调蓄）、优化开发（有调蓄）及屋顶绿化、下凹式绿地、透水铺装单独布设和组合方案在 2 年一遇、5 年一遇、10 年一遇不同设计降雨条件下的径流总量、洪峰流量、峰现时间、雨量综合径流系数等。模拟总时长取 6h，结果步长取 5min。模拟结果见表 2-2-3。

表2-2-3　不同降雨条件下各布设场景的模拟结果

海绵城市建设方案	径流总量/10⁴m³			洪峰流量/（L/s）			峰现时间			雨量综合径流系数		
	$P=2$	$P=5$	$P=10$	$P=2$	$P=5$	$P=10$	$P=2$	$P=5$	$P=10$	$P=2$	$P=5$	$P=10$
传统开发（无调蓄）	2.1	2.7	3.2	7237	9542	9682	0:35	0:30	0:35	0.62	0.66	0.69
优化开发（有调蓄）	1.9	2.5	3.0	129	674	1145	2:40	2:20	2:15	0.55	0.61	0.65
屋顶绿化	1.5	2.1	2.6	0	272	735	—	2:35	2:20	0.43	0.5	0.55
下凹式绿地	1.2	1.8	2.2	0	58	423	—	3:05	2:25	0.36	0.43	0.48
透水铺装	1.4	2.1	2.4	0	145	488	—	2:45	2:25	0.42	0.48	0.52
组合方案	0.8	1.3	1.6	0	0	10	—	—	3:35	0.24	0.3	0.36

注：1. 屋顶绿化、下凹式绿地、透水铺装 LID 措施是在有调蓄水体的前提下。

2. 组合方案是指屋顶绿化＋下凹式绿地＋透水铺装＋调蓄水体。

3. 模拟场景为场降雨，有条件应根据多年降雨资料模拟年径流总量控制率。

由表 2-2-3 可以看出：a. 与传统开发相比，增设调蓄水体可大幅度削减洪峰流量，延后峰现时间；b. 各单项 LID 措施均有较好的降低径流总量、削减洪峰流量、减小径流系数的作用，其中下凹式绿地的作用相对明显；c. LID 措施单独或组合布设时，径流系数的减小幅度均随着设计降雨重现期的增大而减小，表明 LID 措施的雨水控制效果在低重现期下更为显著；d. 组合式海绵城市建设方案的雨水控制效果优于各 LID 措施单独布设。

综上可知，调蓄水体、屋顶绿化、下凹式绿地、透水铺装等海绵城市建设措施均能达到降低径流总量、削减洪峰流量、减小径流系数的目的，从而减轻雨水系统的运行压力，降低城市内涝风险，更可有效控制面源径流污染，增加雨水资源化利用量[4]。

2.4 结语

应用 SWMM 模型对洋塘居住区海绵城市建设的规划设计方案进行模拟，通过对不同措施在不同设计降雨条件下对径流总量、洪峰流量、峰现时间、雨量综合径流系数的控制效果的分析，为海绵城市建设技术在厦门的推广提供了有力的技术支持。应借此契机推进海绵城市建设工作，更好地控制雨水、利用雨水，恢复城市原有的"海绵"功能。

参 考 文 献

[1] Rossman L A. Storm water management model user's manual, version 5.0 [M]. Cincinnati, OH：National Risk Management Research Laboratory, Office of Research and Development, US Environmental Protection Agency, 2010.
[2] 王文亮，李俊奇，宫永伟，等. 基于 SWMM 模型的低影响开发雨洪控制效果模拟 [J]. 中国给水排水，2012，28（21）：43.
[3] 张中和. 给水排水设计手册（第 5 册）：城镇排水. 第 2 版 [M]. 北京：中国建筑工业出版社，2004.
[4] 何爽，刘俊，朱嘉祺. 基于 SWMM 模型的低影响开发模式雨洪控制利用效果模拟与评估 [J]. 水电能源科学，2013，31（12）：42-45.

⊙ 作者介绍
杨一夫[1]*，王泽阳[1]，吴连丰[1]
1. 厦门市城市规划设计研究院，E-mail：45098396@qq.com

3

多情景下北京西郊蓄滞洪区的综合效益评估

摘要： 在"海绵城市"雨洪管理理念指导下，城市蓄滞洪区可作为一项典型的绿色基础设施工程，充分发挥其多功能性。本研究旨在评价城市蓄滞洪区在洪水控制、地下水回补和水景观营造方面的综合利用表现。研究中建立了城市蓄滞洪区概念模型，用于模拟其水文过程；提出了一套定量评价方法，用于评价蓄滞洪区的多功能效益。选取北京西郊蓄滞洪区作为研究对象，分别设置了不同重现期的单场降雨情景和不同统计特征的连续降雨情景，分析其在多情境下的综合利用表现。结果表明，总降雨量增多和暴雨的发生均可以提升蓄滞洪区的总效益，维持蓄滞洪区的景观功能需要一定的维护费用，但可由防洪及地下水回补效益补偿。本研究可为绿色基础设施实践提供理论和案例支持。

3.1 引言

在城市化和气候变化的背景下，城市面临着洪涝灾害频发、水资源短缺、水环境恶化的多重威胁，越来越多的城市人口受到水问题的严重困扰[1~3]。世界各国都在积极推进城市雨洪管理的新理念和新实践，如美国的最佳管理措施（BMPs）、绿色基础设施（GI）、低影响开发（LID）、英国的可持续排水系统（SUDS）、澳大利亚的水敏感城市设计（WSUD）等[4~6]。近期，中国正式提出"海绵城市"理念（SC），指城市能够像海绵一样，在适应环境变化和应对自然灾害等方面具有良好的"弹性"[7]。其重要内涵之一是充分发挥雨洪管理措施的多功能性，维护城市健康水循环过程[8,9]。

城市蓄滞洪区是一项有效的雨洪控制与利用措施。传统上，城市蓄滞洪区属于城市防洪体系中的重要组成部分，是保障城市防洪安全，减轻灾害损失的有效措施。在现今"海绵城市"理念的要求下，城市蓄滞洪区经过良好的设计，还可以发挥降解水污染、补充地下水、营造水景观、调节局地微气候、保持生物多样性等多种功能[10,11]，转变为一项典型的绿色基础设施。

目前，城市蓄滞洪区的定量研究主要还是围绕其单一功能开展的。首要的防洪功能方面，学者们研究了蓄滞洪区[12]和蓄洪系统[13]的减洪效果，并且基于工程造价和洪水风险提出了城市蓄洪系统优化设计方法[14]。景观功能方面，Chen JY专门分析了城市蓄滞洪区对雨水水质的影响[15]，而 Elliott A H 关注了其对周围环境的影响[16]。尽管不少学者都关注到了城市蓄滞洪区的多功能性，如 Park D 在评价城市蓄滞洪区效益时考虑了蓄滞洪区作为日常休闲设施和停车场的用途[17]，但关于城市蓄滞洪区的多功能利用能力及效益的定量分析还很缺乏。

本研究旨在定量评价多情景下城市蓄滞洪区的综合利用表现，针对城市蓄滞洪区的 3 个典型功能——洪水控制、地下回补和景观营造，回答在不同的降雨条件下：a. 城市蓄滞洪区的防洪蓄滞水量、地下回补水量和景观营造水量分别是多少；b. 城市蓄滞洪区的防洪效益、回补效益和景观效益分别是多少。研究选取北京市西郊蓄滞洪区为研究对象，为今后其他城市蓄滞洪区的综合利用和绿色基础设施实践提供理论方法和案例支持。

3.2 研究方法

3.2.1 城市蓄滞洪区概念模型

城市蓄滞洪区在概念上可划分为净水区、景观区、回补区和退水区 4 个区域（见图 2-3-1）。

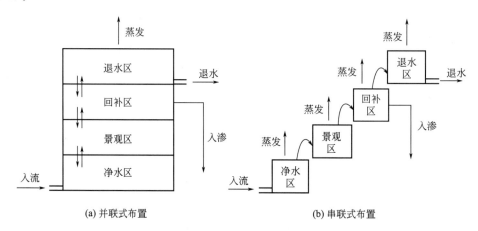

图 2-3-1 城市蓄滞洪区概念模型图

1）净水区 净水区位于城市蓄滞洪区的最前端，用于净化处理蓄滞洪区的入流，使水质满足景观功能和回补功能的需求。部分蓄滞洪区会通过在景观区中设置净水设施来代替净水区。

2）景观区 景观区承接净水区的出流，营造水景观效果。景观区为了维持水位，一般会做防渗处理；同时设置有最低蓄水位（对应景观区的最低需水量），在水量不足时需用其他水源予以补充。在汛期或洪水来临前，蓄滞洪区的理想水位应限制在景观区最低蓄水位，其他所有空间均可用来存蓄并利用雨洪水。

3）回补区 回补区承接景观区的出流，用于地下水回补。回补区的本质特征是可将存蓄的雨洪水下渗到土壤和地下中，通常采用的工程措施有大口井入渗、边坡沿程入渗等，其下渗能力与土壤参数、水头值等有关。

4）退水区 退水区承接回补区的出流，用于临时存蓄极端暴雨洪水。退水区底部设有退水渠道或退水暗涵，当洪水压力消退后，尽快将退水区腾空，以保证蓄滞洪区留有一定的库容迎接下一次洪水过程。

蓄滞洪区 4 个功能分区可以沿高程方向布置（并联式），也可沿水平方向布置（串联式），或可采用混合式。布置形式将影响各功能区能否自动补给上一功能区，以及水面是否暴露于空气中。暴露于空气中的水面要考虑水量的蒸发作用。

根据蓄滞洪区概念模型进行水量平衡计算，可得到任意时刻 t 各功能区的蓄水量及各项通量，对结果进行再分析即可得到任意时刻 t 的蓄滞洪区防洪蓄滞水量、地下回补水量和景观营造水量。

防洪蓄滞水量 $TV_{fc}(t)$：等于累积的蓄滞洪区入流量。

地下回补水量 $TV_{gr}(t)$：等于累积的回补区入渗量。

景观营造水量 $TV_{wc}(t)$：等于累积的景观区增加水量。

3.2.2 城市蓄滞洪区综合效益评价方法

基于城市蓄滞洪区概念模型的计算结果，可进一步计算任意时刻 t 的蓄滞洪区防洪效益、回补效益、景观效益和总效益。

（1）防洪效益 $TB_{fc}(t)$

防洪效益需要分场次进行计算。防洪蓄滞水量 $TV_{fc}(t)$ 可划分为 n 场洪水，即

$$TV_{fc}(t) = \sum_{i=1}^{n} TV_{fc(i)}(t) \tag{2-3-1}$$

假定每场的防洪效益 $TB_{fc(i)}(t)$ 可由当场防洪蓄滞水量 $TV_{fc(i)}(t)$ 的一个带阈值的二次函数进行计算，即

$$TB_{fc(i)}(t) = \begin{cases} 0 & ,TV_{fc(i)}(t) \leqslant b_{fc} \\ a_{fc}[TV_{fc(i)}(t) - b_{fc}]^2 & ,TV_{fc(i)}(t) > b_{fc} \end{cases} \tag{2-3-2}$$

式中，a_{fc} 为防洪效益系数；b_{fc} 为防洪效益阈值。这两个参数可根据城市蓄滞洪区防洪保护对象的洪水淹没损失估算结果拟合求得。函数的斜率可表征单方洪水所产生的经济损失，即在阈值范围内不产生经济损失，超过阈值后单方洪水经济损失随着总洪水量不断增大[18]。从理论上讲，当总洪水量大到可以淹没大部分甚至全部防洪保护对象的最大高度时，单方洪水经济损失又会随着总洪水量不断减少至 0。但考虑到实际案例中总洪水量难以大到如此程度，故本研究中采用的防洪效益函数仅刻画了单方洪水经济损失增大的过程。

于是，总防洪效益 $TB_{fc}(t)$ 等于各场洪水防洪效益的总和，即

$$TB_{fc}(t) = \sum_{i=1}^{n} TB_{fc(i)}(t) \tag{2-3-3}$$

（2）回补效益 $TB_{gr}(t)$

回补效益可根据地下回补水量 $TV_{gr}(t)$ 直接计算。本研究中假定每方回补水的效益值相等，于是有

$$TV_{gr}(t) = a_{gr} TV_{gr}(t) \tag{2-3-4}$$

式中，a_{gr} 为回补效益系数，表征单方水的回补效益，可由当地的水资源价代表。

（3）景观效益 $TB_{wc}(t)$

景观效益可看作一个状态变量。假定 t 时刻的景观效益 $B_{wc}(t)$ 由景观区蓄水量和景观区水质共同决定，即

$$B_{wc}(t) = a_{wc} V_w(t) \alpha_{wc}(t) \tag{2-3-5}$$

式中，a_{wc} 为景观效益系数，表征单方最佳水质水的景观效益，可由当地的景观用水水价代表；$V_w(t)$ 为景观区蓄水量；$\alpha_{wc}(t)$ 为水质因子，表征水质对景观效益的影响。定义

$\alpha_{wc}(t)$ 取值范围为 $[-1, 1]$，最大值 1 代表水质情况最佳，表征景观区所蓄水量的景观效益得以充分发挥；最小值 -1 代表水质情况最差，表征景观区更换全部所蓄水量需要承担的代价。

假定在无入流量时，景观区水质因子会随着时间线性衰减；有入流量时，新增加水量的水质为最佳，并立即与原有蓄水充分混合。于是有

$$\alpha_{wc}(t) = \text{Max}\{[V_w(t-1)[\alpha_{wc}(t-1) - b_{wc}] + \Delta V_{w(in)}(t)\alpha_{wc}(t)]/V_w(t), -1\}, \alpha_{wc}(0) = 1$$

(2-3-6)

式中，b_{wc} 为水质因子衰减系数，表征水体水质的自然衰减速率，受当地水分物质成分和气候条件共同影响；$\Delta V_{w(in)}(t)$ 为 t 时刻的景观区入流量。

于是，总景观效益 $TB_{wc}(t)$ 等于 t 时刻景观效益与初始景观效益的差值（初始景观效益不由蓄滞洪区的蓄水产生），即

$$TB_{wc}(t) = B_{wc}(t) - B_{wc}(0)$$

(2-3-7)

（4）总效益 $TB(t)$

总效益为防洪效益、回补效益和景观效益之和，即

$$TB(t) = TB_{fc}(t) + TB_{gr}(t) + TB_{wc}(t)$$

(2-3-8)

3.2.3 研究案例

3.2.3.1 北京西郊蓄滞洪区

北京西郊蓄滞洪区位于北京市中心城西部的山前平原区，用于蓄滞西部山区共计 27km² 的流域洪水。设计要求发生百年一遇的洪水时，蓄滞洪区可以控制全部洪水，保证洪水不向东下泄至北京市的中心区域，确保市中心区域的防洪安全。

3.2.3.2 案例数据

基于上文提出的城市蓄滞洪区概念模型对北京西郊蓄滞洪区进行概化。该蓄滞洪区将净水区的功能整合至景观区最前端，净水区库容可忽略不计；其他三个功能区采用混合式布置形式，景观区与回补区并联，再与退水区串联。蓄滞洪区总深度达 18.4m，景观区、回补区、退水区的深度分别为 3.0m、11.0m、4.4m。蓄滞洪区面积随深度线性增大（0.250～0.489km²），总库容为 680×10^4 m³，景观区、回补区、退水区的库容分别为 81.0×10^4 m³、396.5×10^4 m³、202.5×10^4 m³，景观区的最低需水量为 41.7×10^4 m³（参见图 2-3-2）。

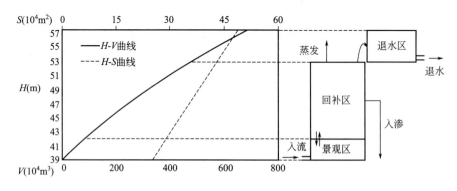

图 2-3-2 北京西郊蓄滞洪区概念模型及结构参数

北京西郊蓄滞洪区的水文计算参数和效益计算参数如表 2-3-1 所列。需要说明的是：蒸

发能力取北京市汛期日均蒸发能力 5mm/d，降雨期内蒸发量忽略不计；回补能力根据工程措施特点取为 $1.9 \sim 2.5 m^3/s$（随回补区水深线性增加）。

北京西郊蓄滞洪区水文计算参数和效益计算参数

水文计算参数		效益计算参数			
蒸发能力	5mm/d	防洪效益系数 a_{fc}	1.94 元/m^6	防洪效益阈值 b_{fc}	$135 \times 10^4 m^3$
回补能力	$1.9 \sim 2.5 m^3/s$	回补效益系数 a_{gr}	8.15 元/m^3		
退水能力	$10 m^3/s$	景观效益系数 a_{wc}	3.5 元/m^3	水质因子衰减系数 b_{wc}	1/7

3.2.3.3 降雨情景设置

为分析多情景下的城市蓄滞洪区综合利用表现，本研究中分别设置了单场设计降雨情景和连续随机降雨情景。

（1）单场设计降雨情景

根据工程设计资料，不同重现期 24h 设计降雨所对应的设计洪量在图 2-3-3 中给出，设计洪水过程线由倍比放大法求得。

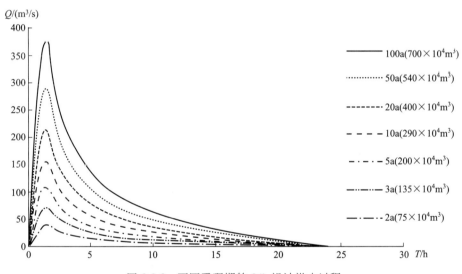

图 2-3-3 不同重现期的 24h 设计洪水过程

模拟中，蓄滞洪区的初始条件设置为景观区的最低蓄水位，不同重现期的设计洪水过程作为 0~24h 内的蓄滞洪区入流，此后蓄滞洪区入流量为 0。模拟分析 1 个月内（30d）的蓄滞洪区综合利用表现。

（2）连续随机降雨情景

采用应用广泛的随机降雨序列生成法，生成连续随机降雨情景。

降雨历时：设定为北京地区的汛期天数，即 107d（6 月 1 日~9 月 15 日）。

日降雨过程：服从参数 p 的泊松过程，参数 p 表示日降雨概率。

日降雨强度：服从参数 λ 的指数分布，参数 λ 表示日平均降雨强度。

日内降雨分布：服从均匀分布。

共设置 3 组随机降雨情景：第一组情景（S1）中参数采用实测降雨序列统计特征值（$p = 0.3757$，$\lambda = 11.6119$），第二组情景（S2）中日降雨强度增加了 20%（$p = 0.3757$，

$\lambda = 13.9343$），第三组情景（S3）中日降雨概率增加了 20%（$p = 0.4508$，$\lambda = 11.6119$）。每组情景分别生成 50 个样本，从而总共得到了 150 个连续随机降雨序列。

基于连续随机降雨序列，利用非线性水库模型计算 $27 km^2$ 流域的汛期径流过程，并对流量过程进行验证。需要说明的是，由于本研究中主要关注的是各功能区的水量值，且对日降雨已做了日内均化处理，因此，只对径流量的合理性进行了验证。

同样地，将蓄滞洪区的初始条件设置为景观区的最低蓄水位，汛期径流过程作为蓄滞洪区的入流。模拟分析整个汛期（107d）的蓄滞洪区综合利用表现。

3.3 研究结果

3.3.1 单场降雨情景

3.3.1.1 水量分析

单场降雨情景下城市蓄滞洪区的综合利用水量结果如表 2-3-2 所列。

表2-3-2 单场降雨情景下北京西郊蓄滞洪区的综合利用水量

重现期/年	洪水总量/$10^4 m^3$	防洪蓄滞量/$10^4 m^3$	地下回补量/$10^4 m^3$	景观营造量/$10^4 m^3$	蒸发量/$10^4 m^3$	退水量/$10^4 m^3$	弃水量/$10^4 m^3$
100	700	638.3	389.8	39.3	6.7	202.5	61.7
50	540	540	389.8	39.3	6.7	104.2	0
20	400	400	354.5	39.3	6.2	0	0
10	290	290	246.8	39.3	3.9	0	0
5	200	200	157.2	39.3	3.5	0	0
3	135	135	93.5	39.3	2.2	0	0
2	75	75	34.2	39.3	1.5	0	0

结果表明：蓄滞洪区可以完全蓄滞 50 年及以下重现期的洪水量；受总库容和最低蓄水量限制，百年一遇的洪水 91.2% 可被蓄滞。地下回补水量最大可达 $389.8 \times 10^4 m^3$，占回补区总库容的 98.3%，其余部分在回补期内蒸发至大气中。2 年及以上重现期的洪水过程都可以一次性充满景观区，使得景观营造水量达到单次最大值 $39.3 \times 10^4 m^3$。

3.3.1.2 效益分析

单场降雨情景下城市蓄滞洪区的综合利用效益结果如图 2-3-4 所示。

1）防洪效益方面 防洪效益集中产生于蓄滞洪区有入流的时期。入流过程的重现期越大，蓄滞洪区的防洪效益越大。对于 3 年一遇和 2 年一遇的洪水过程，由于总洪水量未超过防洪效益阈值 b_{fc}，意味着防洪保护对象有能力应对这一级别的洪水，不会产生经济损失，因此，蓄滞洪区的防洪效益为 0。

2）回补效益方面 回补效益随着回补区水量的不断入渗而增大。入流过程的重现期越大，回补入渗的时间越长，回补效益也越大。

3）景观效益方面 景观效益早期随着景观区水量的增多快速增加，然后因水质的不断衰减效益一直降低，直至景观区水质因子降至最低值 -1 后，景观效益变化不再明显。水质因子衰减系数 b_{wc} 决定这一过程的时长，约为 $2/b_{wc}$（14d）。由于所分析的情景均可使景观区一次性充满，所以各重现期入流过程的景观效益几乎相等。

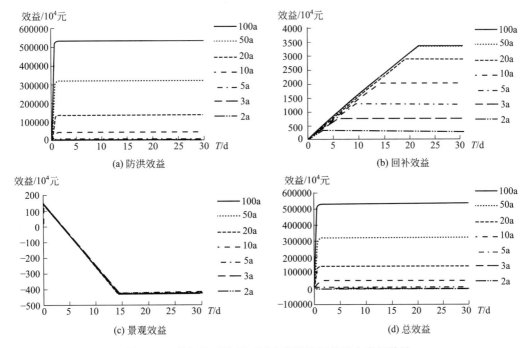

图 2-3-4　单场降雨情景下城市蓄滞洪区的综合利用效益

4）总效益方面　对于较大洪量的洪水过程，防洪效益的量级明显高于回补效益和景观效益，对总效益起决定性作用。值得注意的是，对于孤立的 3 年一遇和 2 年一遇的洪水过程，由于不产生防洪效益且回补效益与景观效益基本相当，因此，总效益接近于 0，甚至在蓄滞 2 年一遇洪水 11d 以后出现了负效益的情况。

3.3.2　连续降雨情景

3.3.2.1　水量分析

连续降雨情景下北京西郊蓄滞洪区的综合利用水量结果如表 2-3-3 所列，表中给出了每组情景的平均值、最小值和最大值。

表2-3-3　连续降雨情景下北京西郊蓄滞洪区的综合利用水量

情景	降雨天数 /d	降雨量 /mm	径流量 /$10^4 m^3$	防洪蓄滞 /$10^4 m^3$	地下回补 /$10^4 m^3$	景观营造 /$10^4 m^3$
S1	40.2 (24~53)	461.9 (251.7~718.8)	628.4 (341.8~975.5)	628.4 (341.8~975.5)	570.0 (287.7~908.3)	109.0 (85.1~143.1)
S2 ($\lambda+20\%$)	39.9 (27~52)	551.5 (331.6~903.3)	751.6 (452.2~1230.5)	751.6 (452.2~1230.5)	693.6 (398.0~1137.2)	98.1 (73.5~130.6)
S3 ($p+20\%$)	47.6 (35~62)	562.2 (301.3~777.2)	766.2 (406.7~1062.9)	766.2 (406.7~1062.9)	708.2 (351.9~1008.3)	110.1 (76.6~141.1)

计算结果指出，对所分析的 150 场降雨过程，城市蓄滞洪区可以消纳汛期全部的降雨径流量，不需弃流，蓄滞水量在数值上与百年一遇的设计洪水量相近。地下水回补量约占到防洪蓄滞水量的 92%，与降雨量的正相关性显著。景观营造量约占到防洪蓄滞水量的 15%，与降雨天数的正相关性大于与降雨量的正相关性。

需要说明的是，计算得出的流域综合径流系数平均为 0.497，符合工程设计资料中对该区域特点的描述。因此，认为非线性水库模型求出的径流过程可应用在本研究中。

3.3.2.2 效益分析

连续降雨情景下城市蓄滞洪区的综合利用效益结果如图 2-3-5 所示。

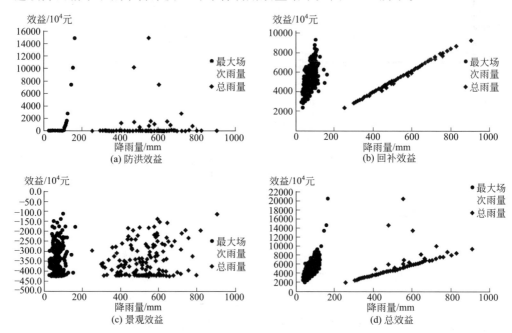

图 2-3-5　连续降雨情景下城市蓄滞洪区的综合利用效益

1）防洪效益方面　在所分析的 150 场降雨过程中，有 28 场（17%）产生了防洪效益，最大可达 14928 万元。防洪效益主要由最大场次降雨量决定，当最大场次降雨量超过一定阈值后，防洪效益随最大场次降雨量快速增加，二者的关系与计算防洪效益时采用的带阈值的二次函数形式十分吻合。

2）回补效益方面　回补效益的变化范围为 2345 万～9268 万元。回补效益与总降雨量的线性关系十分显著（$R^2=0.996$），这与计算回补效益时采用的线性函数形式十分吻合。

3）景观效益方面　景观效益的变化范围为 −429 万～−119 万元。可见为维护蓄滞洪区的景观功能需要一定的资金投入，但该资金投入可由潜在的回补效益与防洪效益补偿。

4）总效益方面　总效益受最大场次降雨量和总降雨量共同影响，总降雨量增大和暴雨的发生均可以提升蓄滞洪区的总效益。另外，蓄滞洪区的总效益始终为正数，意味着开展蓄滞洪区的综合利用不仅可以显著提升城市雨洪管理水平，还可以有效提高城市土地利用效率。

3.4　讨论

在以上研究结果的基础上，城市蓄滞洪区的研究还可以在以下 3 个方面继续深入。

① 进一步优化景观效益的评价方法。目前的景观效益内涵仅包括水体自身的价值，没有包括景观水体的外部性，即对周边生产生活环境所产生的影响，而后者与人们的生活关系很大，决定了城市蓄滞洪区的环境友好程度。实际中，为维护蓄滞洪区的景观效益很可能需

要更大的资金投入，还需要继续衡量这些投入与蓄滞洪区其他效益之间的关系。

② 分析蓄滞洪区运行调度规则和结构特点对综合利用表现的影响。本研究中假定蓄滞洪区均以最低景观蓄水位为初始条件，此后完全在自然入流的情况下运行。实际中，考虑到与城市其他雨洪利用措施的配合以及管理需求，城市蓄滞洪区需要对入流设置一定的调度规则。该规则和蓄滞洪区的内部结构都将对其综合利用表现产生明显影响。

③ 收集并整理其他城市蓄滞洪区案例，验证并改善研究方法的科学性，深化人们对城市蓄滞洪区综合利用的理解和认识。

3.5 结论

本研究提出了一种蓄滞洪区综合利用表现的评价方法。通过建立城市蓄滞洪区概念模型，可以模拟蓄滞洪区内部的水文过程，计算蓄滞洪区满足不同用途的水量；根据一套简单的定量经济评价方法，可对城市蓄滞洪区洪水控制、地下水回补和水景观营造三项主要功能进行效益评价。

研究选取了北京西郊蓄滞洪区作为研究对象，利用所提出的评价方法分析了其在多个单场降雨情景和连续降雨情景下的综合利用表现。结果表明，北京西郊蓄滞洪区可蓄滞绝大部分百年一遇的洪水，也具备蓄滞汛期全部雨洪水的能力。蓄滞汛期全部雨洪水后，其中约92％可用于回补地下，约15％可用于景观营造。蓄滞洪区的防洪效益主要取决于最大场次降雨量，而回补效益主要取决于总降雨量，暴雨的发生和总降雨增多均可以提升蓄滞洪区的总效益。维护蓄滞洪区的景观功能需要一定的资金投入，但该资金投入可由潜在的回补效益与防洪效益补偿。

研究结果说明，城市蓄滞洪区作为一项多功能的绿色基础设施工程，可以有效提高城市土地利用效率，满足"海绵城市"理念的要求。研究成果可为今后其他城市蓄滞洪区的综合利用评价及绿色基础设施实践提供理论方法和案例支持。

参 考 文 献

[1] Ntelekos A A，Smith J A，Krajewski W F. Climatological Analyses of Thunderstorms and Flash Floods in the Baltimore Metropolitan Region [J]. Journal of Hydrometeorology，2007，8 (1)：88-101.

[2] Smith B K，Smith J A，Baeck M L，et al. Spectrum of Storm Event Hydrologic Response in Urban Watersheds [J]. Water Resources Research，2013，49 (5)：2649-2663.

[3] Wright D B，Smith J A，Villarini G，et al. Hydroclimatology of Flash Flooding in Atlanta [J]. Water Resources Research，2012，48 (W04524).

[4] Fletcher T D，Shuster W，Hunt W F，et al. SUDS，LID，BMPs，WSUD and More - The Evolution and Application of Terminology Surrounding Urban Drainage [J]. Urban Water Journal，2015，12 (7)：525-542.

[5] 杨阳，林广思. 海绵城市概念与思想 [J]. 南方建筑，2015 (03)：59-64.

[6] 车伍，闫攀，赵杨，等. 国际现代雨洪管理体系的发展及剖析 [J]. 中国给水排水，2014 (18)：45-51.

[7] 中华人民共和国住房和城乡建设部. 海绵城市建设技术指南——低影响开发雨水系统构建 (试行) [Z]. 2014.

[8] 张书函. 基于城市雨洪资源综合利用的"海绵城市"建设 [J]. 建设科技，2015 (01)：26-28.

[9] 俞孔坚，李迪华，袁弘，等. "海绵城市"理论与实践 [J]. 城市规划，2015 (06)：26-36.

[10] 曹玥. 北京亦庄新城蓄滞洪区景观规划设计 [D]. 北京：清华大学，2014.

[11] 车伍，马震. 针对城市雨洪控制利用的不同目标合理设计调蓄设施 [J]. 中国给水排水，2009 (24)：5-10.

[12] Guo YP. Hydrologic Design of Urban Flood Control Detention Ponds [J]. Journal of Hydrologic Engineering，2001，

6 (6)：472-479.

[13] Smith B K，Smith J A，Baeck M L，et al. Exploring Storage and Runoff Generation Processes for Urban Flooding Through a Physically Based Watershed Model [J]. Water Resources Research，2015，51 (3)：1552-1569.

[14] Li F，Duan HF，Yan HX，et al. Multi-Objective Optimal Design of Detention Tanks in the Urban Stormwater Drainage System：Framework Development and Case Study [J]. Water Resources Management，2015，29 (7)：2125-2137.

[15] Chen JY，Adams B J. Urban stormwater quality Control Analysis with Detention Ponds [J]. Water Environment Research，2006，78 (7)：744-753.

[16] Elliott A H，Trowsdale S A. A Review of Models for Low Impact Urban Stormwater Drainage [J]. Environment Modelling & Software，2007，22 (3)：394-405.

[17] Park D，Kang H，Jung S H，et al. Reliability Analysis for Evaluation of Factors Affecting Pollutant Load Reduction in Urban Stormwater BMP Systems [J]. Environment Modelling & Software，2015，74：130-139.

[18] 陈敏建，周飞，马静，等. 水害损失函数与洪涝损失评估 [J]. 水利学报，2015 (08)：883-891.

⊙ 作者介绍

吕恒[1] *，倪广恒[1]，孙挺[1]

[1]. 清华大学水利水电工程系，水沙科学与水利水电工程国家重点实验室，E-mail：lvheng12@mails.tsinghua.edu.cn

4

城市径流控制LID BMPs规划方法及案例研究

摘要： 为推动城市的低影响开发（LID），城市降雨径流控制 LID BMPs 研究和实践成为国际上的研究热点。本文从系统的角度结合城市布局、土地利用、景观建设以及区域排水体系，提出城市降雨径流控制 LID BMPs 规划体系以及支撑 LID BMPs 筛选的城市降雨径流 LID BMPs 措施多目标比选体系，论述了支撑 LID BMPs 模拟和布局优化的城市降雨径流模拟与分析模型。论文最后分别以北京市奥运村居住区和广东环境保护工程职业学院校区为案例，对其城市降雨径流控制 LID BMPs 规划进行了剖析。

4.1 前言

低影响开发（Low Impact Development，LID）是 20 世纪 90 年代中期提出的面向可持续水管理的城市开发理念，它主要提倡模拟自然条件，通过在源头利用一些小型分散式生态处理技术尽可能降低区域开发对当地水文过程的影响[1]。降雨径流控制的最佳管理实践（best Management Practices，BMPs）是用于在特定场地和条件下高效而低成本地管理降雨径流水量和水质的一套技术、措施和工程[2]。在降雨径流控制领域，BMPs 既包括控制降雨径流水量和水质的工程技术，也包括相应的管理手段和法规政策。LID BMPs 代表所有 LID 理念下的城市降雨径流控制 BMPs 技术和措施[3]。

LID BMPs 规划的基本原则是在源头利用各种分散小型化的设施对城市降雨径流进行控制和管理。LID BMPs 的目标就是与城市开发的总体方案相协调，采用各种设计手段使开发后的场地水文过程尽可能接近开发前的场地水文过程。LID BMPs 技术种类多样，按其主导控制机理可分为滞蓄型、入渗型、过滤型、植物型等，它既可以用在新城开发中，也可以用于老城改造中，已经在美国、欧洲、日本、澳大利亚等地广泛应用[3,4]。

然而由于 LID BMPs 技术众多，其技术特征、经济特征、社会特征各不相同，需要从系统的角度结合城市布局、土地利用、景观建设以及区域排水体系，筛选适用的 LID BMPs 技术，并对其规模和数量进行布局优化。

4.2　城市降雨径流控制 LID BMPs 规划体系

4.2.1　LID BMPs 规划原则

城市降雨径流控制涉及区域开发建设的很多方面，影响因素众多，并且与拟建区域的各项条件密切相关，因此，应该在区域开发规划初始阶段便及时将降雨径流控制和管理规划的内容纳入区域的总体规划和景观设计规划，统筹并行，相互协同配合和补充完善，从而使整体布局更合理，视觉美感更强，避免将来不必要的改建以及重建，实现整体规划成本-效益的最优。结合可持续城市降雨径流管理的理念，城市降雨径流控制 LID BMPs 规划主要遵循以下几个规划原则。

1）保护区域原貌　无论是新区开发还是区域改造，都应按照尽可能保护区内原始格局的原则来规划场地布局，尽量最小化对土壤结构、地表覆被、自然水体等的改变，使拟建区域布置尽可能符合现有自然地形和近自然的排水形式，缓解开发项目带来的负面影响。

2）限制不透水区域　建设开发必然会导致不透水面积增加，进而带来各种降雨径流问题。应通过透水铺装、绿屋顶等 LID BMPs 措施尽可能减少不透水路面以及屋顶占整体区域面积的百分比，或者利用沿道路、广场周边铺设的植草沟、下凹式绿地、植被缓冲带等 LID BMPs 措施，在作为景观布置的同时，打断区域内部大片直接连接的不透水区域，削弱下垫面硬化带来的影响。

3）因地制宜　不同的降雨径流控制措施有不同的结构特点，对适用场地的特点也有不同的需求。在进行布置前，应先对拟建区域特征进行分析评价，识别对其进行 LID BMPs 管理的有利因素和限制因素，结合规划目标和实际区域的具体情况选择合适的降雨径流控制措施，以便最大程度地优化 LID BMPs 规划的实施效果。

4）整体布置　将降雨径流管理规划贯彻于开发区域整体布置规划、景观规划的设计、施工过程中，工程措施与非工程措施相结合，LID BMPs 控制手段与城市生态排水、雨水利用、水生态环境建设相结合，使城市降雨径流管理在规划层面上实现与区域总体规划最大程度的契合，在保证安全、高效排水的基础上兼顾生态效益、经济效益和社会效益。

4.2.2　LID BMPs 规划步骤

城市降雨径流控制 LID BMPs 规划体系如图 2-4-1 所示。主要步骤如下。

1）确定区域规划目标　遵循城市降雨径流最佳管理的规划原则，配合区域总体规划要求，确定区域进行降雨径流控制的目标，如水量控制、水质控制、生态景观建设等。

2）基础条件分析　收集、整理拟建区域的气象、水文、地形地貌、土地利用、现有排水系统、土壤、地下水，以及社会经济信息，为 LID BMPs 选型、布置、规划做好基础准备。

3）汇水区划分　配合区域总体规划平面布置、土地利用情况、下垫面特征等进行汇水区的划分，并分析、比较各个汇水区的特点，初步识别需要进行降雨径流管理的区域。

4）LID BMPs 措施初步比选　结合区域基础条件、总体规划、景观规划以及降雨径流控制规划的需求，采用城市降雨径流控制 LID BMPs 措施比选体系对可能适用的 LID BMPs 管理措施进行初步的比较和筛选。

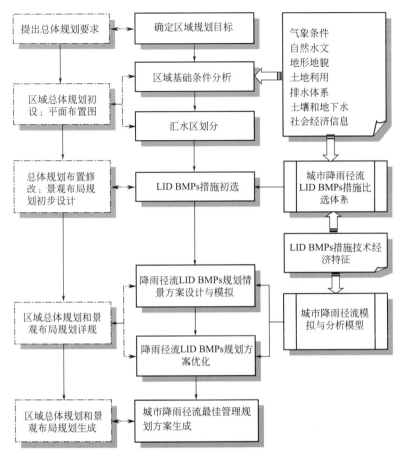

图 2-4-1　城市降雨径流最佳管理 LID BMPs 规划体系

5）降雨径流控制 LID BMPs 规划情景方案设计与模拟　根据 LID BMPs 措施初步选型结果，针对规划目标，并结合区域总体规划、景观规划等详规，设计不同的情景方案，通过城市降雨径流控制的模拟与分析集成系统对其进行模拟分析，比较效果，并及时将相关信息反馈给区域规划和景观规划。

6）降雨径流控制 LID BMPs 规划方案优化　对规划方案的关键参数进行计算和优化，优选出满足规划需求的最具成本-效益的规划方案，可根据需要生成多组优选方案，供决策者参考选用。

7）城市降雨径流控制 LID　BMP 规划方案最终生成，并与区域总体规划、景观规划同时提交。

4.3　城市降雨径流 LID BMPs 措施比选体系[5]

LID BMPs 措施的类型多样，各自具有不同的结构、技术经济特征，这就需要建立一套城市降雨径流 LID BMPs 措施比选体系，从各 LID BMPs 措施的适用区域特征、功效特征、成本效益等方面建立评估指标，同时以拟建区域的基础资料、区域规划方案和目标为边界条件，分析评价各类 LID BMPs 措施的适用性，在此基础上进行进一步的布局、设计和优化。

4.3.1 LID BMPs 措施比选体系建立

城市降雨径流 LID BMPs 措施比选体系的建立主要包括 4 步：a. 建立比选框架，确定比选的准则（criteria）；b. 识别比选指标（indicator），作为准则的细化，描述指标的主要属性、状态或条件；c. 建立指标评价基准（benchmark），可以是一个定性的限制条件，也可以是一个定量的限值；d. 比选体系的整合，运用归一化的方式将基于不同范围下的评价指标基准统一到一个范围内，最终得到一个综合的评价、比较结果。

建立的 LID BMPs 措施比选体系如图 2-4-2 所示，在总结、比较、提炼国内外各个城市降雨径流管理经验的基础上，确定以 LID BMPs 适用区域特征、LID BMPs 径流控制功效特征和 LID BMPs 成本投入为三个关键准则类别。适用区域特征包括区域的位置特点、土壤条件、地下水特征、地形地势、汇水区性质和空间需求；径流控制功效特征包括径流流量控制功效、径流水质控制功效和其他效益；成本投入则包括建设成本、运行维护等。

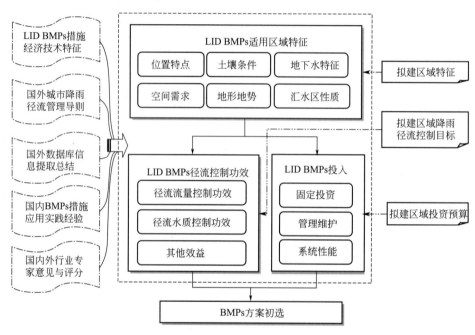

图 2-4-2 LID BMPs 措施比选体系建立

在开展降雨径流控制 LID BMPs 规划时，首先根据拟建区域的地质、水文、土壤、下垫面、用地类型等自然、社会特征，作为限制条件对比各类 LID BMPs 措施适用区域特征进行第一轮筛选，选择出适合在拟建区域内应用的 LID BMPs 措施。接着，根据拟建区域的降雨径流控制目标和投资预算，分别从 LID BMPs 径流控制功效和成本投入两方面的指标进行比较和评分，从中选择出一个或数个较为合适的 LID BMPs 初步方案，作为后续进行情景分析和模型优化的基础。

4.3.1.1 LID BMPs 适用区域特征

LID BMPs 适用区域特征是进行 LID BMPs 措施比选的第一关，也是直接决定 LID BMPs 措施是否适用的首要限制条件，具体包括 LID BMPs 所适用区域的位置特点、土壤条件、地下水特征、地形地势、汇水区性质和空间需求等 6 项一级指标，一级指标下又再细分为 11 项二级指标，如图 2-4-3 所示。

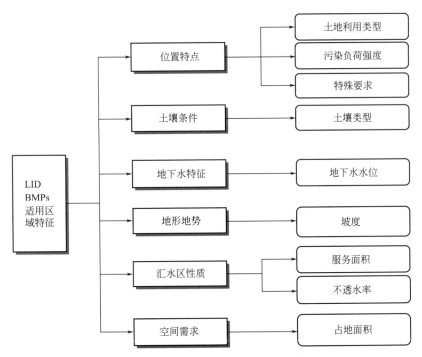

图 2-4-3 LID BMPs 适用区域特征指标

1）位置特点 包括土地利用类型、污染负荷强度和特殊要求三项二级指标。拟建区域土地利用类型以及开发用途是 LID BMPs 选型首先需要考虑的因素。根据城市用地类型的划分，LID BMPs 措施主要适用的用地类型包括住宅区、公用设施区（行政、商业、体育、文化娱乐、教育等）、工业区、对外交通（高速公路、公路）、道路广场（主干、次干道路，公共活动广场、公共停车场等）和绿地。污染负荷强度主要取决于土地开发使用的密集程度、人流或车流量的强度等，以高、中、低三个等级表示。高度城市化的区域、高密度的商业中心、车流量大的交通主干道等均属于高污染负荷强度区域，不同的 LID BMPs 措施因其技术、结构特点的不同，所能耐受的污染负荷强度也不同。第三项二级指标则是用来表征一些 LID BMPs 措施对于适用位置的特别需求，例如对建筑缓冲距离的要求、需要靠近水体、沿路边设置等。

2）土壤条件 由土壤类型这一项二级指标进行表征。LID BMPs 设施一般与土壤介质直接接触，一些 LID BMPs 措施更是主要利用土壤的渗透性能而起到控制效果，因此，土壤条件是应用 LID BMPs 措施的一项重要因素。土壤的类型直接决定了其渗透性能的高低，一般土壤的渗透性由高至低分别是砂、壤土质砂、砂质壤土、壤土、粉质壤土、砂质黏壤土、黏质壤土、粉质黏壤土、砂质黏土、粉质黏土、黏土。以渗透为主的 LID BMPs 设施一般要求透水性好的土壤，而注重滞留功能的设施则一般用于不透水性土壤，在选择过程中需要根据具体情况加以考虑。

3）地下水特征 主要由地下水水位这一项二级指标进行表征。拟建区域的地下水水位对结构性 LID BMPs 措施的应用有较大的影响。出于入渗率、地下水污染防护、水面保持等不同的考虑，侧重不同机制的 LID BMPs 措施对于地下水深度或者地下水水位离设施底部的距离也有不同的要求。一般来说，较高的地下水水位会限制以入渗和过滤等为主要机制的 LID BMPs 措施的使用。

4）地形地势　主要由坡度这一项二级指标进行表征。不同的 LID BMPs 措施对于降雨径流的停留时间、过流速度等有不同的要求，汇流区域的坡度是在其中起到直接作用的一个关键因素。一些 LID BMPs 措施为维持其污染削减效率，并不适用于坡度太陡的地区。

5）汇水区特征　包括所服务的汇水区域面积和汇水区下垫面不透水率两项二级指标。每种 LID BMPs 措施均有一定的服务范围，所选用的措施必须能够服务于整个汇水区域，若是汇水区过大，则对径流的控制效果就可能无法达到设计要求。服务面积并不是一项绝对性的限制性指标，而是一项重要的指示性指标，对于较大的汇水区域在采用相关 LID BMPs 控制措施时应当进行分割。下垫面不透水率则主要反映不同 LID BMPs 措施对于汇水区域内透水与不透水面积比例的要求。透水面主要指各类有植被覆盖的地面、自然土壤等，而不透水面通常包括传统材料的路面、屋顶、广场等人工硬质化的铺面，可通过对规划用地类型，建筑、道路的面积和布局，植被覆盖率等的调研和统计确定。

6）空间需求　主要由 LID BMPs 设施占地面积需求这一项二级指标进行表征。由于城市土地资源紧缺，LID BMPs 工程措施的空间需求成了一个重要的考虑因素，一些空间需求较大的措施在城市密度较高、用地紧张的区域（如城市中心区）往往会受到限制，因而这一指标也从一个方面反映了措施在高度城市化区域的适用性。

4.3.1.2　LID BMPs 径流控制功效特征

在初步选择出适合于拟建区域的 LID BMPs 措施之后，通过综合评价适用 LID BMPs 措施的径流控制功效和成本投入，结合建设开发的目标和需求，进一步筛选控制措施。评价 LID BMPs 措施的径流控制功效主要包括径流流量控制功效、径流水质控制功效和其他效益 3 项一级指标，并再细分为 12 项二级指标，指标结构如图 2-4-4 所示。

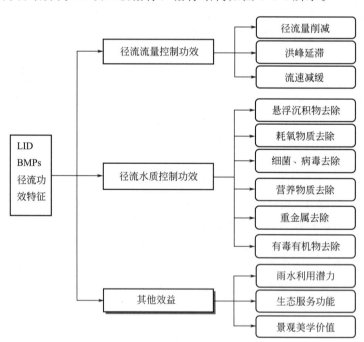

图 2-4-4　LID BMPs 径流控制功效特征指标

1）径流流量控制功效　主要包括径流量削减、洪峰延滞和流速减缓三项二级指标。削减城市降雨径流量和洪峰延后时间这两项指标针对城市开发使下垫面不透水比例大幅增加从而导致降雨径流量增大、洪峰提前这两个突出问题,表征不同 LID BMPs 措施对削弱这一负面影响的功效,通过开发前后径流量减小程度、洪峰出现时间的延后量来进行衡量。第三项指标则是从另一个角度反映 LID BMPs 措施对降雨径流过程的控制,并直接影响到对沿途和下游的水土保持和侵蚀控制。

2) 径流水质控制功效 根据城市降雨径流中所包含的污染物类别,这里列的二级指标包括悬浮沉积物去除、耗氧物质去除、细菌和病毒去除、营养物质去除、重金属去除以及有毒有机物去除。在应用时,可根据拟建区域特征,选择针对性的污染物种类。

3) 其他效益 包括雨水利用潜力、生态服务功能和景观美学价值三项二级指标。雨水利用表征了通过 LID BMPs 措施进行雨水收集回用的潜力。生态服务功能可体现为不同 LID BMPs 措施在提供生物栖息地、调节微气候、侵蚀控制等方面的表现。而景观美学则表征了 LID BMPs 措施在美观、休闲方面的价值。

4.3.1.3 LID BMPs 成本投入

LID BMPs 的成本投入是在选择 LID BMPs 时另一项重要的考虑因素,可通过固定投资、管理维护和系统性能 3 项一级指标进行评价。一级指标再细分为 5 项二级指标,指标结构如图 2-4-5 所示。

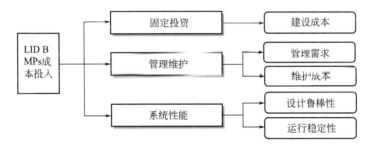

图 2-4-5　LID BMPs 成本投入指标

1) 固定投资 由建设成本这一项二级指标来表征,反映建造 LID BMPs 措施的一次性固定资产投资。

2) 管理维护 包括管理需求、维护成本两项二级指标。管理需求表征 LID BMPs 措施在维护管理上的要求,包括清淤、修剪、除草、收割及其频次等;维护成本则反映了管理维护的人力和资金投入。

3) 系统性能 主要由设计鲁棒性(robustness)和运行稳定性这两项二级指标进行表征。设计鲁棒性反映实际运行情况与设计的符合程度,高设计鲁棒性表示 LID BMPs 的实际运行情况有很大的可能与设计的相符,而低鲁棒性则表示 LID BMPs 在实际运行中是否能实现设计的功效存在着很大的不确定性。运行稳定性则是表征在正常维护管理的情况下,系统出现失效(failure)、故障等的风险,从另一个方面反映系统的整体可靠性。

4.3.2 LID BMPs 措施比选指标整合

由于 LID BMPs 措施径流控制功效特征和成本投入两方面的指标评价范围不尽相同,为了能在同一尺度下对不同 LID BMPs 措施进行综合的比选,对评价指标进行线性归一化,统一在 [0,1] 的尺度内对 LID BMPs 措施各方面的性能表现进行评价。对于某一项评价指标 j,采用公式:

$$r_{ij} = \frac{x_{ij} - \mathrm{Min}(x_{ij})}{\mathrm{Max}(x_{ij}) - \mathrm{Min}(x_{ij})}, i = 1, 2, \cdots, 12 \tag{2-4-1}$$

对各 LID BMPs 的评价指标进行线性归一。式中，x_{ij} 为第 i 种结构性 LID BMPs 措施在第 j 项指标上的原始值，r_{ij} 则是其归一化后的指标得分。对归一化后的指标进行加权求和：

$$I_i = \sum_{j=1}^{17} f_{ij} r_{ij}, i = 1, 2, \cdots, 12 \tag{2-4-2}$$

式中，I_i 为第 i 种结构性 LID BMPs 的比选指标加权总得分；f_{ij} 为权重系数，根据拟建区域实际需求通过专家打分得到。

各项 LID BMPs 措施径流控制功效特征和成本投入两类标准下 17 项二级指标归一化后可以得到得分大小。

4.4 城市降雨径流模拟与分析模型

为了定量评估城市径流过程和 LID BMPs 的贡献，国际上开发了不少城市径流模拟与分析模型，比如 SWMM、BMPDSS 和 SUSTAIN 等，由于 SWMM 在国内应用相对较多[6~8]，这里重点介绍一下专门针对 LID BMPs 模拟和优化的 BMPDSS[9] 和 SUSTAIN[10]。

4.4.1 BMPDSS 模型系统

4.4.1.1 概述

由 USEPA 和马里兰州 Prince George County 联合开发的 BMPDSS（BMP Decision Support System）就是用来解决拟建区域或者流域尺度下的城市降雨径流污染控制管理问题的一种决策支持系统[9]，它不仅可以模拟一片场地，也可以模拟更大的流域范围的区域。BMPDSS 包括雨水径流水力以及水质模拟分析、各种 LID BMP 模拟以及 LID BMPs 选型以及布局优化。

4.4.1.2 BMPDSS 的系统功能模块

（1）ArcGIS 平台

ArcGIS 是 BMPDSS 用户的主要界面，为用户提供阅读或编写空间数据，并与系统数据库组件连接的平台。在 GIS 界面下可以设置 LID BMP 空间位置及形状、划分汇水区域以及建立传输网络。

（2）BMP 模型模块

用于模拟 LID BMPs 污染物去除效能，模块需要以地表径流流量与水质时间序列为输入数据，该输入数据可以通过实际观测或其他模型生成。

在该系统中，包括了 9 种 LID BMPs 措施类型，有入渗沟（infiltration trench）、干塘（dry pond）、雨水罐（rain barrel）、雨水蓄水罐（cistern）、雨水湿塘/湿地（wet pond/wetland）、植草带（vegetative swale）、绿屋顶（green roof）以及透水铺面（porous pavement）。

（3）管道运输模块

用于模拟区域降雨径流进入排水管道后的输移过程，包括 LID BMPs 设施后出水和未流经 LID BMPs 措施的降雨径流。雨水以及污染物在排水管道中的模拟是通过 SWMM 的运输算法实现的。

（4）优化模块

基于用户定义的选择标准，利用元启发式算法中的遗传算法技术，对 LID BMPs 方案进行优化。用户需要定义作为评价点的出流节点、评价因子（流量和水质）。系统则以设定的水质、水量以及经济指标为目标，对 LID BMPs 的位置、结构以及尺寸进行优化。

（5）后处理模块

用于后续处理、分析以及检验 LID BMPs 的输出数据，包括两个部分，一个是在 ArcGIS 环境下显示各评估点的评价因子结果，另外一个是系统与 Excel 文件连接，在 Excel 中对模拟数据进行进一步的分析。

4.4.1.3　非点源模拟模型与 BMPDSS 系统联合

BMPDSS 系统的前端数据需求包括两部分：一是地形信息，其中包括拟建区域用地类型以及汇水区域；二是关于区域内部各用地类型的地表径流时间序列文件，空间为单位面积的各用地类型地块，时间为所需模拟时间。前者可以在 GIS 界面下输入，后者可以是现场监测数据，也可以通过非点源模型模拟而得。

BMPDSS 可以利用 HSPF、SWMM 等非点源模型的输出数据，不过模拟输出的文件格式和数据单位可能与 BMPDSS 的输入文件格式不一致，需要进行转换。

4.4.2　城市降雨径流控制的模拟与分析集成系统 SUSTAIN

4.4.2.1　概述

SUSTAIN 全称为城市降雨径流控制的模拟与分析集成系统（System for Urban Stormwater Treatment and Analysis INtegration），是美国 EPA 2009 年发布的一套用于城市开发区内进行 LID BMPs 选址、布局、模拟、优化的整合决策支持系统[10]。

4.4.2.2　功能模块及功能

SUSTAIN 同样采用 ArcGIS 作为基础平台，支持基本的数据管理、LID BMPs 选址、各个不同模块构件的连接，以及与外部模型数据的交互等。除了 ArcGIS 平台之外，SUSTAIN 系统还包括五大功能模块：用地产流模块、LID BMPs 模拟模块、径流输送模块、优化模块和后处理模块。用地产流模块采用 SWMM 模型，用于模拟不同土地利用地块的产流过程，作为 LID BMPs 模拟模块的前端输入；LID BMPs 模拟模块包含了十余种 LID BMPs 措施单体和集成式 LID BMPs 组件，可对不同 LID BMPs 措施对降雨径流和径流污染物的控制、处理进行模拟；径流输送模块则对不同地块之间、不同 LID BMPs 措施之间或两者之间径流和污染物传输的路径过程进行计算和模拟；优化模块基于给定的可变量和优化目标，通过分散搜索算法、遗传算法等优化算法对不同的情景方案进行比较分析，给出满足目标要求的最优方案；最后，通过后处理模块将优化的结果以降雨径流控制评价、LID BMPs 控制功效总结、优化方案成本-效益曲线等可视化的方式表现出来。

4.5　城市径流控制 LID BMPs 规划案例解析

4.5.1　北京奥运村降雨径流控制 LID BMPs 规划[11,12]

4.5.1.1　概况

奥运村是 2008 年北京夏季奥运会期间运动员、教练员的公寓，奥运会后将作为商业住宅区。它位于奥林匹克公园西北角，东南为奥运比赛主场馆，北部为森林公园，其区位如图 2-4-6 所示。

图 2-4-6 奥运村研究范围

奥运村建筑面积为 $3.6 \times 10^5 \mathrm{m}^2$，主要包括住宅、公寓及配套设施。小区共有住宅楼 42 栋，公共建筑 5 栋。奥运村内部绿化率达到 40%。

4.5.1.2 研究目标

奥运村作为北京市典型的"绿色小区"示范工程，已经配置了一套雨水管理系统，不过初始的建立主要从雨水存储以及景观效果两方面考虑，从系统角度对防涝效果考虑不多。因此，有必要针对奥运村现状雨水系统进行模拟并分析，并结合奥运会的改造，优化奥运村的降雨径流控制 LID BMPs 方案。

4.5.1.3 LID BMPs 规划情景设定及模拟分析

首先收集和分析奥运村所在区域的相关数据和资料，包括气象、水文、地形、土壤、排水系统等，在此基础上进行汇水区划分和 LID BMPs 设施筛选，设定 LID BMPs 规划情景，包括现状规划情景（情景 1）、景观改造情景（情景 2）、综合改造情景（情景 3）。现状规划情景下的 LID BMPs 布局见书后彩图 2-4-7。

同时建立基于 SWMM-BMPDSS 的径流模拟分析系统（图 2-4-8），用以模拟各 LID BMPs 布置方案的控制效果。

随后利用上述模拟分析系统以 2008 年为典型年对不同的情景进行了模拟，分析了不同情景对径流总量和洪峰流量的削减效果（图 2-4-9），结果显示情景 3 的排出的径流排出量和洪峰流量分别比情景 2 削减 27% 和 21%。

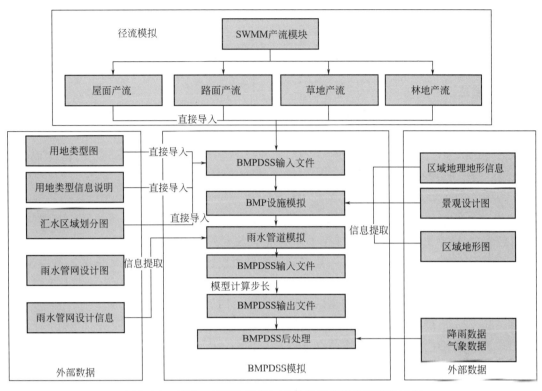

图 2-4-8 基于 SWMM-BMPDSS 的径流模拟分析系统结构

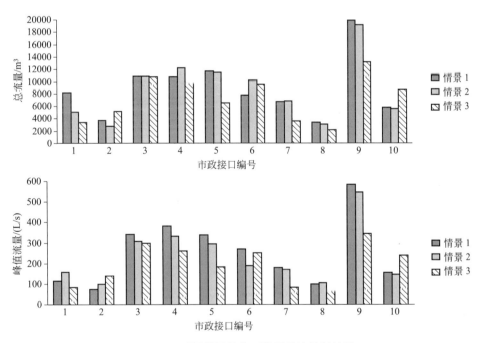

图 2-4-9 不同情景条件下降雨径流控制效果

4.5.1.4 LID BMPs 规划优化

针对情景 3 中各种 LID BMPs 的结构和大小尺寸，利用 BMPDSS 提供的优化模块，从效益最大化和成本最小化两个方面进行了优化，得到了表达流量削减和成本关系的成本-效益曲线，确定了优化的方案。其中效益最大化目标下的成本效益优化结果如书后彩图 2-4-10 所示。

4.5.2　广东环境保护工程职业学院校园 LID BMPs 规划[13~15]

4.5.2.1　概况

广东环境保护工程职业学院位于佛山市南海区丹灶镇，属于南亚热带季风气候。校园规划用地约 $3.0 \times 10^5 m^2$，建筑总面积 $1.92 \times 10^5 m^2$，建设分一期和二期。研究区土地利用状况见书后彩图 2-4-11。

4.5.2.2　LID BMPs 规划情景模拟

（1）LID BMPs 规划情景设计

设计了开发前情景、基础情景、经济适用型 LID BMPs 规划情景（情景 1）和功效最大化 LID BMPs 规划情景（情景 2）4 种不同的情景方案。其中开发前情景为假设没有进行开发，土地利用保持为开发前的农田；基础情景即采用校区现有的建设规划方案，不考虑 LID BMPs 措施；情景 1 设计的核心思想是简单、易行、经济，主要是结合南海校区的二期建设，将 LID BMPs 措施整合到二期建设规划中，对一期已建成的区域基本不进行改动，共布置四类 LID BMPs 措施：植物蓄留池、绿屋顶、植草沟和雨水罐；情景 2 是以降雨径流控制功效作为首要考虑，充分利用一切可以进行 LID BMPs 措施布置的资源，不但结合二期建设进行整合，对于一期已建成的区域也进行一定的改造，共布置六类 LID BMPs 措施：植物蓄留池、绿屋顶、植草沟、雨水罐、透水性铺面和湿式滞留池。情景方案 1 和 2 的布置如书后彩图 2-4-12 所示。

（2）情景模拟分析

采用 2008 年全年每小时的降雨量为典型水文年，建立了基于 SUSTAIN 的模型分析系统，对包括降雨径流量（总径流量，峰值流量）和径流水质（SS、COD、TN、TP）在内的指标进行模拟。

各情景的模拟结果表明两个 LID BMPs 规划情景方案均能有效地减少径流量和径流污染物的输出。情景 1 方案相比基础情景削减径流量 14.5%，削减最大峰值流量 13.7%；各径流污染物的负荷相比于基础情景有 17%～21% 的削减幅度。对于情景 2 方案，相比基础情景削减年径流总量 39.5%，削减最大峰值流量 46.7%；各径流污染物的负荷输出相比基础情景的削减幅度高达 46%～51%。

可以看到，城市开发带来的下垫面性质变化对降雨径流量的影响最大，几乎可以导致成倍的增长，并很难通过后期的措施将其降低到开发前的水平；对最大峰值流量和径流污染的影响则能通过采用 LID BMPs 控制和管理手段有效地减小到近似或低于开发前的状态。

4.5.2.3　LID BMPs 方案优化

选择合适的 LID BMPs 设施特征参数作为可变参数进行优化。在布置的 LID BMPs 措施中选取相对于基础情景的年径流量削减百分比作为优化目标，选择优化模块中的非支配排序遗传算法 NSGA-II，针对两个 LID BMPs 规划情景，对各 LID BMPs 措施的结构参数进行 1 万次的模拟计算，得到优化模拟结果见图 2-4-13。

图中的横坐标为不同方案的成本，单位为百万元，纵坐标为方案的效益，表现为相对基础情景年径流量的削减百分比。灰色点为所有可能的 BMPs 规划布置方案，红色点为其中具有一定成本-效益的规划方案，绿色高亮的点则为在本研究中最具成本-效益的规划情景方

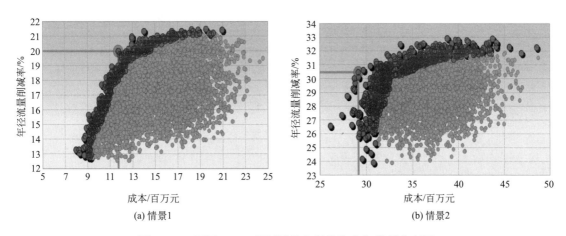

图 2-4-13　不同 BMPs 规划情景方案优化成本-效益分布图

案。可见，情景 1 和情景 2 的优化方案的年径流量削减率分别为 20％和 30.5％。

根据所识别的最具成本-效益的优化规划情景方案，整个研究区在情景 1 下，径流总量的削减率为 15.1％，比优化前的 14.5％进一步削减了 0.6％，总成本投入约为 1174 万元；情景 2 的径流总量削减 40.6％，相比于原方案的 39.5％又增加了 1.1％，总成本投入约为2913 万元。

4.6　结语

随着我国城市化的发展，城市降雨径流控制 LID BMPs 得到了广泛的重视，相关研究和示范工程越来越多，尤其是在国家推动海绵城市建设的背景下。然而目前针对降雨径流控制 LID BMPs 规划方法的系统研究还较少，本文在总结国内外城市降雨径流控制 LID BMPs 实践的基础上，提出了城市降雨径流控制 LID BMPs 规划体系，阐述了城市降雨径流 LID BMPs 措施比选体系、城市降雨径流模拟与分析模型两类规划支持工具，最后以北京奥运村降雨径流控制 LID BMPs 规划、广东环境保护工程职业学院 LID BMPs 规划为案例，对城市降雨径流控制 LID BMPs 规划方法体系进行了案例剖析。研究提出的城市降雨径流控制BMPs 规划方法可以为我国城市降雨径流控制提供支持，案例研究也可为其他城市开发的BMPs 规划和建设提供借鉴。

参 考 文 献

[1]　Davis A P. Green engineering principles promote low-impact development. [J]. Environmental Science & Technology，2005，39（16）：338A-344A.

[2]　US EPA. The Use of Best Management Practices（BMPs）in Urban Watersheds [R]. EPA/600/R-04/184. Washington，DC. 2004.

[3]　Jia Haifeng，Yao Hairong，Yu Shaw L. Advances in LID BMPs research and practice for urban runoff control in China [J]. Frontiers of Environmental Science & Engineering，2013，7（5）：709-720.

[4]　孙艳伟，魏晓妹，POMEROY C A. 低影响发展的雨洪资源调控措施研究现状与展望 [J]. 水科学进展，2011，22（2）：287-293.

[5]　Jia Haifeng，Yao Hairong，Tang Ying，et al. LID-BMPs planning for urban runoff control and the case study in China [J]. Journal of Environmental Management，2015，149：65-76.

[6]　王浩昌. 基于不确定性分析的 SWMM 参数识别方法研究及工具开发 [D]. 北京：清华大学，2009.

[7]　董欣. 城市地表径流水质水量特征分析与模拟 [D]. 北京：清华大学，2007.

[8]　Jia Haifeng, Ma Hongtao, Sun Zhaoxia, et al. A closed urban scenic river system using stormwater treated with LID-BMP technology in a revitalized historical district in China [J]. Ecological Engineering, 2014, 71: 448-457.

[9]　Prince George's Country Department of Environmental Resources. BMP/LID Decision Support System for Watershed Based Stormwater Management [R]. User's Guide. Department of Environmental Resources Programs and Planning Devision, Largo, MD, 2005.

[10]　US EPA. SUSTAIN-A Framework for Placement of Best Management Practices in Urban Watersheds to Protect Water Quality [R]. EPA/600/R-09/095. Office of Research and Development, Cincinnati, OH, 2009.

[11]　Jia Haifeng, Lu Yuwen, Yu Shaw L. Planning of LID-BMPs for urban runoff control: The case of Beijing Olympic Village [J]. Separation and Purification Technology, 2012, 84 (SI): 112-119.

[12]　鲁宇闻. 城市降雨径流控制 BMP 规划及案例研究 [D]. 北京：清华大学，2009.

[13]　唐颖. SUSTAIN 支持下的城市降雨径流最佳管理 BMP 规划研究 [D]. 硕士学位论文，北京：清华大学，2010.

[14]　Jia Haifeng, Yao Hairong, Tang Ying, et al. LID-BMPs planning for urban runoff control and the case study in China. [J]. Journal of Environmental Management, 2015, 149: 65-76.

[15]　贾海峰，姚海蓉，唐颖，等. 城市降雨径流控制 LID BMPs 规划方法及案例 [J]. 水科学进展，2014，25（2）：260-267.

⊙ 作者介绍

贾海峰[1]*，余啸雷[2]

[1]. 清华大学环境学院，E-mail：jhf@tsinghua.edu.cn

[2]. University of Virginia

第三篇
城市绿色-灰色基础设施耦合研究

1

基于软件模拟的城市建成区雨水管网与绿地系统协同优化设计研究

摘要： 雨水管网和城市绿地系统属于不同的学科和工程体系。在 LID 措施中，绿地成为可持续雨洪管理中必不可少的构成要素之一，也因此和城市雨水管网联系在了一起。目前我国很多城市都面临着不同程度的雨洪灾害，为了解决这个问题，对雨水管网的改造优化往往是常见的手段。在建设海绵城市的背景下，更经济、有效地实现可持续雨水资源管理，需要整合城市雨水系统和城市绿地两类基础设施进行研究和设计。研究分析雨水管网和绿地协同优化的相关要素，具体包括可持续雨水资源管理目标设定、绿地规划选址及措施设计、雨水管网优化设计等内容。结合成都腾飞大道片区改造设计实例，根据两个系统设计的相关因素，提出了雨水管网和城市绿地系统协同优化设计方案。相关理论与实例研究结果显示，在城市建成区的易淹易涝区域进行雨水管网和城市绿地的协同优化可以更好地实现可持续雨洪管理目标。

1.1 概述

雨水管网是重要的城市基础设施，和城市绿地系统属于不同的学科和工程体系，在过往的实践中彼此的联系并不紧密。在海绵城市建设中，绿地成为可持续雨洪管理中重要的物质空间构成要素之一，和城市雨水管网更紧密地联系在了一起。目前我国很多城市都面临着不同程度的雨洪灾害，为了解决这个问题，对雨水管网的改造优化往往是常见的手段。但单靠提高雨水管网设计标准缓解城市雨洪问题，投资大，改造工期长，实施难度大，并且缺乏应对气候变化的适应性。在建设海绵城市的背景下，更经济、有效地实现可持续雨水资源管理，需要整合城市雨水系统和城市绿地两类基础设施进行协调设计和优化。在城市已建成区，研究雨水管网和城市绿地现状，借助模拟软件，拟合两个系统的能力，可以更好地将两个系统进行整合设计。

1.2 雨水管网和绿地协同设计的要素分析

水文过程是雨水管网与绿地整合设计的基础。传统的市政设施，雨水经地面、屋面等不同下垫面的汇集后，直接排至雨水管网。而在海绵城市建设过程中，雨水在经屋面、地面等不透水地面汇集后，通过绿地中的可持续雨洪管理措施处理，再通过下渗或溢流等方式排至雨水管网。因此，结合雨水管网和绿地协同优化的关键是对雨水管网的排水能力、绿地的措施优化潜力进行拟合，并在此基础上提出设计方案，经过比较分析进行设计决策。这个过程可以分为雨水管网现状及排水能力分析、适宜绿地分析和可持续雨洪管理绿地设计 3 个主要部分。

1.2.1 雨水管网现状及排水能力分析

我国大部分城市在发展中不断完善基础设施建设。但因为建设速度快、规模大、不同区域情况复杂等因素，相当多的城市中存在雨洪内涝的高发区。其成因十分复杂，除去管网维护、城市建设带来不透水下垫面增加等因素外，非常重要的两个直接因素为雨水管网和城市标高。

1.2.1.1 雨水管网

雨水管网的问题主要体现在排水能力不足上。这种情况比较常见的原因是雨水管网设计标准偏低，排水能力不够，或者不同年限建设存在管网接口设计不合理的地方。特别是在一些老城区往往存在这样的历史遗存问题。另一种常见原因是城市建设发展的原因。雨水管网原本的设计标准符合要求，但在城市建设过程中新增管网不断接入，汇水面积增大，造成原有骨干排水管道不能满足排水需求，遇暴雨容易溢流积水。

1.2.1.2 城市竖向标高问题

城市竖向规划设计研究不足也是导致城市内涝的重要原因。这包括城市竖向规划设计存在对内涝风险评估不足的低洼区域，或在建设过程中形成的排水不畅区域。比如由于道路维护或更新建设，造成道路高于地块，使得地块成为洼地。地块原本可以通过管道和地表双排水，现在仅能通过管网排水，内涝风险加大。

这两个原因对应的可持续雨洪绿地措施建设在选址上应有不同的侧重。部分雨水管网存在的严重缺陷还是只有通过雨水管网的优化完成。在部分雨水管网排水能力基本保证，场地设计存在不足、有雨水回用需求和潜力、地表径流水质有待优化的区域，雨水管网和绿地系统的协同优化能更好地实现可持续雨洪管理目标。雨水管网问题需要在雨水管网对应的上游汇水区布置滞留错峰的措施，而城市竖向标高问题造成的场地积水，更需要直接在场地内布置措施解决内涝问题。

1.2.2 结合城市用地的适宜绿地分析

因为植物、水体、透水土壤等基本构成要素，绿地成为海绵城市重要的物质空间载体。但绿地究竟能发挥多大的雨洪管理能力和某些因素相关，主要包括区位与地形、自身规模、雨水管网、与水系的关系、周边用地情况和绿地的关系。

1.2.2.1 区位与地形

绿地功能兼顾可持续雨洪管理，对于位置的要求可以形象地概况成是否 "on the line"，意思就是说要在城市的水文过程线上。如果绿地是在山地或城市的高处，很显然其作用更多的是自身雨水径流的消减和净化，尽管也很有意义，但不可能对区域外的水流产生更多的优化作用。只有那些处于城市凹地存在内涝风险和排放水系靠近的区域，绿地才会发挥更大的雨洪管理功效。

1.2.2.2 自身规模

国外有研究探讨过结合绿地进行雨洪管理，提出了选择绿地进行雨洪管理需要考虑的几个条件，其中第一条就是面积规模，这和措施类型有关系。雨水花园、渗沟等措施面积规模比较灵活，但湿地等措施都需要相对较大的面积，否则措施的效果会非常有限。

1.2.2.3 雨水管网

雨水管网对城市的雨洪存在决定性影响。特别是在城市区域，水系是"街道+河道"的复合网络。雨洪管理绿地在很多情况下需要雨洪管网进行连接，形成网络和系统效果。特别是那些在特殊气象条件或设计缺陷情况下可能存在雨洪灾害的局部地段，雨水管网是确定绿地雨洪控制效率的重要影响因素。因此，雨水管网类型、上流汇流面情况（用地类型、规模）等信息是设计决策的重要依据。

1.2.2.4 与水系的关系

我国古代城市就已经积累了雨洪管理的智慧，其中一条经验就是利用城市的水系作为"容器"削减洪峰。因此，如果绿地靠近水系，可以通过联通绿地水体的方式积蓄雨洪，减少洪水发生的概率。这作用可以是两方面的：一方面是对外，当外水进入的时候，可以通过绿地水系进行洪峰调蓄，减少外水对城市的影响；另一方面是对内，将城市中积聚的雨水暂存起来，然后再逐渐排放到下游水系中，能有效地减缓城市地表径流迅速汇集、排放的速度，并延迟洪峰出现的时间。一般情况下，这种方式需要绿地及其中的水体有一定规模方才安全有效。

1.2.2.5 用地情况和绿地的关系

根据周边用地的情况和城市雨水管网，可持续雨洪管理措施可以通过地面坡度、生态渗沟、连接雨水排水管网等方式将周边相邻用地的地表径流引入处理链（treatment train），对雨水径流进行质与量的优化。

场地内的绿地能否或多大规模能参与可持续雨洪管理需要基于对以上相关要素的分析，科学、定量的分析方法是相关设计的重要保证。

1.2.3 可持续雨洪管理绿地设计

对城市汇水区进行可持续雨洪管理措施绿地设计一直是相关领域研究的重点。Ambroise Romnée 等提出了五步法[1]，提出根据地形情况对雨洪相关的景观绿地、城市地块和政府管理政策等一系列指标进行分析，根据道路系统和城市地块系统，归纳了不同的空间模式及其对应的绿地措施及措施链设计。Chelsea 等利用空间分析等方法帮助风景园林师、城市规划师明确 LID 措施的选址[2]。由于绿地规模、城市建设现状等问题，这些方法在我国直接运用难度很大。结合我国的实际情况，建立城市绿地和雨水管网结合的可持续雨洪管理措施选择和设计指导具有重要的实际意义。特别是对于有洪涝风险的城市建成区，地面竖向排水过程已形成，绿地设计与雨水管网及其汇水区划分紧密结合可以更好地发挥措施的有效性。具体方法可以分为基于城市用地分析的措施绿地可用公共绿地分析，雨水管网现状和排水能力分析，在此分析基础上基于雨洪管理目标确定选择管理措施并进行具体的规划与设计工作，具体流程见图 3-1-1。

在这个方法里面，城市绿地和雨水管网系统拟合的关键主要通过 2 个方面实现：a. 统一管网排水流域与绿地措施上流汇水区；b. 结合绿地措施水量控制目标和雨水管网排水能力。借助详细的管网和绿地等现状资料，建立精细模拟软件，可以比较准确的实现两个系统的衔接。本研究选取的模拟软件是 Xpswmm 和 Xpdrainage。这两款软件功能强大，前者主要可以用于雨水、分流或合流制污水管网以及河流系统的模拟，是全球应用广泛和运行稳定的模型软件之一；后者主要用于可持续雨洪管理措施的模拟，适合城市规划和风景园林等专业的运用。

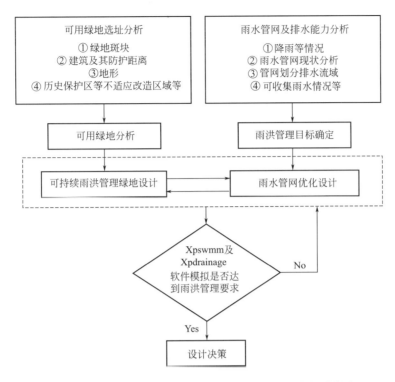

图 3-1-1 可持续雨洪管理绿地和雨水管网协同优化设计程序

1.3 基于软件模拟的雨水管网和绿地协同设计研究——以成都市腾飞片区为例

1.3.1 场地现状

成都腾飞片区位于成都西侧青羊区，是成都最近 20 年逐渐发展起来的区域，片区场地内除部分工业用地外，主要是居住用地，具体见图 3-1-2。由于地形和街头边坡的设计缺陷和发展过程中排水汇水面的逐渐增加，近年来该区域出现了暴雨内涝情况，当地政府和市政部门希望以该区域作为海绵城市研究典型案例。课题组经过现场踏勘、管网模型分析前期研究，认为在不断发展的过程中，原来的雨水管网已经不能满足要求，需要对城市公共绿地和雨水管网进行协同优化研究，才可能有效实现设计优化目标。

图 3-1-2 现状图（根据百度地图绘制）

1.3.2 管网排水现状分析

成都一直致力于城市基础设施的改

善，1980 年后经过逐步改进，现在已基本都采用了雨污分流制。其中雨水管网排放基本采用的是就近排入河流或防洪渠。场地内南侧的苏坡排洪渠就是成都中心区重要的 12 条排洪河渠之一。结合成都多年降雨数据和场地详细资料，经过 Xpswmm 软件模拟分析，其主要内涝情况如书后彩图 3-1-3 所示，部分区域在十年（蓝色区域）、二十年（绿色区域）重现期暴雨时有较大范围的地面积水。对管网的模拟结果可以看到由于建设时序的问题，目前管网铺设并不完善，雨洪风险高，主要沿道路集聚。研究进一步根据软件按地块情况划分了管网的排水流域（见图 3-1-4），这一排水流域划分分别运用在 Xpswmm 和 Xpdrainage 的模拟中。

图 3-1-4　研究区域汇水区划分

1.3.3　可持续雨洪管理措施适宜绿地分析

场地内大多数绿地条件非常好，公共绿地大多数沿着街道展开，但标高基本都高于周边道路及用地，对雨水控制和再利用贡献小。根据公共绿地范围，剔除建筑及其周边保护距离，通过 GIS 软件分析，可利用公共空间绿地分布具体见图 3-1-5。

因为本次研究主要关注的是城市公共绿地的优化。这是政府主导层面最容易实现的建设区域。因此，优化措施主要布局在城市道路两侧的公共绿地和街道广场等公共区域。同时，这一绿地的选择也符合 Xpswmm 对现状模拟的结果，即雨洪风险主要集中在道路两侧。

图例
边界
沿街绿化及公共空间

图 3-1-5　可利用公共空间绿地和街道公共空间分析

1.3.4　设计方案及软件模拟结果

根据以上所有信息分析，研究提出了 4 点设计目标：a. 消除场地内雨洪内涝风险；b. 采用积极措施收集存储雨水，提供绿地浇灌等用水需求；c. 改善地表径流水质；d. 综合优化绿道，改善未来城市的多功能绿色基础设施。在此 4 点设计目标的基础上，研究提出了 4 个设计策略，见书后彩图 3-1-6。

根据现有地型和管网分析，在联瑞西路增加雨水管网，并将范围内东北两片独立的排水区域联系起来。

在联瑞西路利用道路两侧公共绿地空间进行优化改造，设置雨水花园等措施，将公共绿地设计成城市排洪体系的一部分。

在成飞大道东侧利用现有空地建设雨水处理与滞留湿地，将区域内汇集的雨水在此处理后排入排洪渠。

以上 3 点为布置在公共区的主要措施，同时建议在场地内部通过雨水罐、小型雨水花园的方式进行雨水收集调蓄再利用、水质优化，进一步加强可持续雨水资源管理。

重点结合以上设计策略中涉及公共空间的前三项，研究提出了该区域的优化设计方案，主要利用街道公共空间绿地优化和雨水管网优化，改善城市内涝雨洪问题。课题组使用 Xp-drainage 进行了建模模拟。成都天府新区编制的《海绵城市设计技术导则》，根据成都

1974～2003 年 30 年间日降雨量统计资料和年径流总量控制率第 Ⅱ 分区的相关控制要求（成都属于第 Ⅱ 分区，80％≤a≤85％），根据 80％的控制率设计降雨量为 26.73mm[3]。以此降雨量和成都典型 3h 设计暴雨雨型作为模型降雨数据。场地内措施主要采用雨水花园（这是一种比较常见的、景观效果好、尺度相对灵活的措施）。为了比较优化效果，研究建立了 3 个模型，第一个方案、第二个方案是管网和可持续雨洪管理绿地一起优化，区别在于是否设置湿地，（方案 1 在瑞联西路和成飞大道交叉口西侧根据现状的绿地情况，设计了湿地作为区域级的雨洪管理措施），第三个方案仅增加瑞联西路的雨水管网，管径 1000，但未采用可持续雨洪管理措施。三个方案雨水管网优化的方案是一致的。方案 1 和方案 2 中雨水花园的设计结合可用绿地和公共空间分析、现状调研进行，其面积根据对应的上游汇水面估算。这个上游汇水面和雨水管网模拟的上游汇水面一致。各方案描述和重要参数、根据 26.73mm 的设计降雨量模拟结果见表 3-1-1。可以发现采用了雨洪管理措施的方案（方案 1 和方案 2）洪峰出现的时间较单纯优化管网的设计滞洪，并且峰值减少，具体见图 3-1-7。

表3-1-1　各方案描述和重要参数及根据 26.73mm 的设计降雨量模拟结果

方案编号	方案描述	雨水花园基本参数	湿地基本参数设置	滞留水量/m³	外排水量/m³
方案 1	管网优化＋沿道路雨水花园＋湿地，其中瑞联西路为主要的布置廊道	17949m³、蓄水深度 0.2m、土层深度 0.5m、土壤孔隙度 20％	4893m²、蓄水深度 1.15m、土层厚度 0.85m。其中覆盖层厚度 0.05m，孔隙率 30％，下渗速率 5m/h；种植土层 0.5m；渗透层 0.3m，孔隙率 20％	2696.5	8387.3
方案 2	管网优化＋沿道路雨水花园，其中瑞联西路为主要的布置廊道	17949m³、蓄水深度 0.2m、土层深度 0.5m、土壤孔隙度 20％	0	1852.1	10174.1
方案 3	仅设管网优化	0	0	—	13160.3

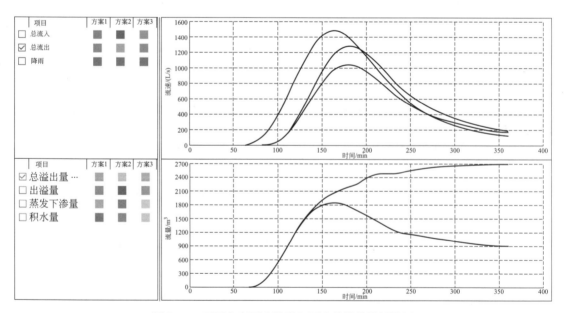

图 3-1-7　不同方案雨水滞留和雨水外排的模拟结果

当采用 2012 年 7 月 3 日特大降雨数据时（大概等于 75 年的重现期），前两个方案溢流口数量较仅优化雨水管网的方案数量有所减少。

1.4　结果分析及思考

以上模型模拟结果证明结合管网和可持续雨洪管理绿地的协同优化可以取得很好的雨洪管理效果，同时兼顾生态等其他城市绿地的多元功能。关于两种系统的协同优化方法值得进一步的深入研究。

1.4.1　优化绿地分析要素内容的筛选

本次研究地块因为并不存在污染高风险的区域、需要保护的历史场地等更复杂的城市建成区优化绿地选取的相关要素，因此，在通过 GIS 进行信息叠加分析时，相关分析要素和指标相对比较简单。实际上，在城市不同区位、不同尺度的区域进行优化可选取绿地分析时，需要更复杂的相关要素分析保证科学合理的选取绿地措施建设绿地。根据 1.2.2 的分析，具体还可能包括土壤类型、历史等特殊区域分析、高污染风险区域分析、基于措施内容的绿地规模等内容。

1.4.2　建成区的可持续雨洪管理目标设定

本研究提出了四点雨洪管理目标。从控制强度来说还是基于定性的分析。在后期进一步的研究中，有必要根据更多的数据分析，设定更深入的定量设计目标要求，从而可以更有效地指导海绵城市建设。具体的设计目标可以包括水质和水量两个方面。这需要进一步积累包括雨水径流污染情况等基础数据。同时，在水量方面，还可以进一步结合措施的选择、场地内非饮用水需求等信息，明确可以积蓄回用的雨水量。

1.4.3　雨水管网系统和城市绿地系统协同优化的关联要素分析

不同于新区建设，既有城区的可持续雨洪管理措施绿地应该和雨水管网的现状进行拟合。本研究探讨了基于同一管网排水流域的分析方法。根据管网排水流域可以明确分析管网排水能力和雨洪控制目标，同时，对排水流域对应的既有绿地进行有针对性分析后，通过绿地措施的选择在滞水、蓄洪方面可以直接与管网排水能力拟合。在技术设计层面，绿地措施还需要根据雨水管网具体管径、雨水口等信息进行详细的细部设计。

1.5　结论

由于雨洪管理绿地设计在我国仍然有待深入探索，同时，其后期维护也需要对示范案例等先期完成的项目进行追踪。除了这些外部因素外，绿地本身因为植物、季节变化等自然因素在雨洪管理有效性上值得持续关注。因此，在城市雨洪内涝高风险区进行雨水管网的优化具有更好的管理效率和稳定性。但是这种优化需要进行投资、生态等多方面的权衡，同时还需要应对气候变化下极端降雨等情况的挑战。可持续雨洪管理措施可以更好地改善城市应对这些问题的弹性已经成为社会的共识，但如何更紧密地整合相关工程系统，特别是雨水管网工程系统和城市绿地系统值得研究。

本研究借助模拟软件作为分析工具，分析了现有雨水管网的问题和既有公共绿地、空间等要素的现状，通过多方案比较探讨了雨水管网和城市公共绿地协同优化的方法。同时也探讨了软件模拟的方法，这些研究结果可以指导城市建成区进行基于可持续雨洪管理目的的优化和改善，有助于海绵城市建设。

致谢

感谢合作单位成都市市政工程设计研究院给予的帮助；感谢访学期间澳大利亚联合水敏设计研究中心 Tony Wong 和王健斌给予的指导；感谢李阳、李光晖对制图和模拟建模工作的贡献。

参 考 文 献

[1] Romnée A，Evrard A，Trachte S. Methodology for a stormwater sensitive urban watershed design [J]. Journal of Hydrology，2015，530：87-102.

[2] Martin-Mikle C J，de Beurs K M，Julian J P，et al. Identifying priority sites for low impact development (LID) in a mixed-use watershed [J]. Landscape and Urban Planning，2015，140：29-41.

[3] 成都市天府新区管委会. 成都天府新区海绵城市建设技术导则（试行）[Z]. 2015.

⊙ 作者介绍

杨青娟[1]*

1. 西南交通大学建筑与设计学院，E-mail：yqj@home.swjtu.edu.cn

2

城市浅山区雨洪管理景观基础设施建设案例研究

摘要： 排洪沟具有防洪泄洪作用，也是城市浅山区排洪的重要渠道。近几年的城市暴雨、内涝问题频发，北京作为受暴雨灾害的重要代表，城市雨水处理成为城市设计重点之一。探讨上游浅山区流域内的排洪冲沟设施选线处理，利用上游地形等条件，控制下游平原区积水问题，同时结合排洪沟景观化策略，通过数据分析验算，重新规划设计场地，以达到缓解北京城内局部积水涝灾的问题。研究将探讨出针对城市浅山区，考虑生态格局与防洪功能并行的冲沟雨洪管理方法。

2.1 研究背景

快速城市化产生的极端负面影响中，城市内涝频发、地下水位下降等自然水循环系统的崩溃是生活在城市中感受城市化弊端最具明显直接的现象之一。从平原向山区不断扩张的城市建设用地，阻隔了自然地表水下渗及补充地下水的通道，地表高高低低的楼房又阻隔了地表径流的流通通道，导致暴雨来临时，雨水不能很快速的下渗或者流向它原本该汇集的区域。因此，本文研究城市浅山区雨水流通的通道，利用自身流水通道打通其经脉，并学习古人的治水方法，通过疏导的方式在城市上游进行控制，减缓城市水涝问题。

城市浅山区是城市绿地、生态资源最丰富的区域，不同于平原建设区的地表，浅山区地表起伏多变，产生的城市建设形态多样，但同时多样的环境为城市建设带来了新挑战。冲沟是自然山地中的一种特殊地形，是间断性流水在地表冲刷形成的沟槽型地形，是自然地表径流通行的重要通道。目前山地中对冲沟的研究多集中在自然地理学角度，探讨冲沟自身结构的形成演变[1~3]，冲沟的形态结构[4]，以及自然冲沟与自然资源的结合开发等方面[5]；有少量文献研究探讨冲沟与城市规划建设的关系[6]。本文则希望通过对自然冲沟的研究，结合当今正热的"海绵城市"浪潮，探讨如何通过人工建设城市浅山区冲沟从而缓解浅山区流域内雨水内涝问题，同时结合景观化手段，打造复合型功能的冲沟雨洪管理措施。

2.2 香山地区排洪沟选线设计

香山位于北京市西北郊，西山风景名胜区，是皇家行宫御园，也是京西"三山五园"中的一山一园，始建于金代，以其山脉层峦叠嶂，湖泊罗列，泉水充沛，山水衬映，具有江南水乡的山水自然景观而著称。近几年起，该区域受到政府重视，打造绿色出行，正推行"三山五园"绿道建设，以绿色廊道连通该片区内的重要景点，如香山公园、颐和园、圆明园以及区域内各大高校，提供快捷便利的绿色出行空间，提升城市面貌。

而本文则基于该区域的绿道规划研究，利用绿道选线中的连续性绿地空间，研究"海绵城市"的雨水管理措施的应用，以"三山五园"中的香山区为重点研究区域，探究作为城市流域上游的山地区绿色基础设施的建设，从而缓解近期频发的城市内涝问题。

2.2.1 研究区现状背景

本文研究讨论的区域位于绿道总规划的最西端——香山地区，香山区节点作为"三山五园"绿道规划中最西端的一个重要连接点（见图3-2-1），其周边有香山公园、卧佛寺、北京植物园等系列经典景点，每年在不同时节均接待超额的游客量，客流量大的同时，在夏季旅游旺季期，所承受的暴雨隐患也随之加大。且该区域除了山地森林、公园绿地外，分布有大量三类居住用地，自身人口密度较大，属于典型的受城市化影响下的浅山区开发项目。

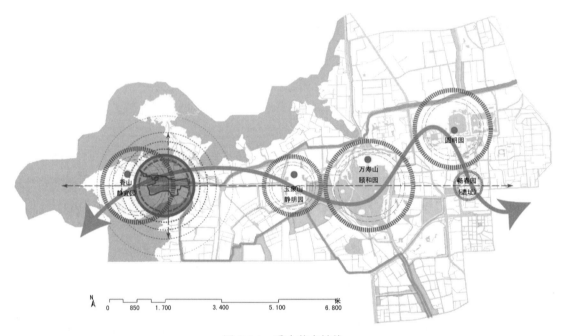

图 3-2-1　香山节点轴线

香山节点研究区位于该区域流域的上游地段，缺乏总体的雨水管控，暴雨时期对下游地区给水造成很大的隐患。总面积 42.5hm²，地势整体呈西高东低状，研究区内最高点海拔 120m，最低点海拔 95m，山谷方向平均坡度 4%，极其平缓，但目前呈现无控制开发状态，山谷内雨水通道路径被阻隔，径流方向被迫改变。由书后彩图 3-2-2 可见，首先，研究区内停车场、低层低质量、高密度建筑群严重阻隔了流水路径，以至于在暴雨来临时研究区下游局部建筑群遭受被淹的厄运；其次，在现状道路（煤厂街、买卖街）的促进下，路面雨水流速过快，同时也缩短了该区域下游香泉环岛的雨水汇集时间。

从现状用地类型上看（见书后彩图 3-2-3），该区域用地混杂，建设硬质铺砖面积大，而绿地面积零散且匮乏，不利于及时的自身雨水消耗。研究区现状建设用地面积 37.2hm²，荒地面积 1hm²，而绿地面积 4.4hm²，由于不同地面材质的径流系数不同，雨水下渗量的差异特别大，绿地径流系数为 0.15，而一般混凝土和沥青路面则为 0.9，根据现状用地面积的统计可看出，大量的建设用地是该区域雨天引起地表径流量大的一个重要的原因；同时，研究区过度的建设，一定程度上影响了下游地段，因此本文将选定该区域进行雨洪管理的规划设计。

2.2.2 研究区流域定位

从流域角度看，研究区位于西山东南面大流域上游的子流域上，因此，通过上游截流-滞留调控，可缓解下游洪涝灾害。结合现场调研及区域水文分析，由书后彩图 3-2-4 可看出，西山区域东南侧完整的流域面内（紫色区域是主要汇水线的完整流域范围），沿途包含了 7 个主要洪涝灾害点（以北京"721"统计为参考），而本次设计地块位于主要汇水线流域的上游位置，由上游流域分析图（见书后彩图 3-2-5）可看出，该地区汇水走向除了沿汇水线向下游香山南路汇流外，还沿硬化率极高的香山路汇向低处香泉环岛，而香泉环岛是几条汇水线的交汇区域，除承载了"直系"上游樱桃沟的雨水外，还需承纳香山公园区段沿香山路外排的雨水，积水压力非常大。

在流域范围考虑雨洪管理时，不同地段考虑的控水目标不同。流域的上游考虑雨水截留-滞留，减缓地表雨水流速，延长雨水汇集的时间，会对下游产生积极有利的影响。因此，研究区的定位为：通过地表覆被的改造、有意识的截流、有组织的排水等雨水管理控制措施，顺应地形地势，加强绿地滞留、蓄水能力，从而实现缓解地块下游雨水压力，缓解香泉环岛桥下积水压力，是目前规划研究的目标。

2.2.3 雨洪管理措施

根据研究区定位，结合古人对山地排水的经验，提出疏通流水路径，设计排水冲沟疏通，并结合台地分层式雨水管理模式。如研究区雨水管理概念图 3-2-6 所示，在研究区的完整小流域范围内，借鉴颐和园万寿山的排水经验，疏通香山上山道路混杂的用地，改建成中央绿地，并沿设计排洪冲沟向下游排水，以留出足够的通道给山上的雨水顺着地形下排，同时弱化原买卖街、煤厂街这两侧街道排水的能力，整理东西向排水路径，利用绿地、绿化带的衔接，加强各个街道与中央绿地直接的衔接，将原有顺道路外排的雨水汇入中央绿地中，让绿地吸收更多的雨水，减少地表径流。这一过程与"海绵城市"提倡的策略中的 BMPs（最佳管理措施），即通过源头、传输汇流和末端控制等多项措施来管理径流雨水，实现峰流

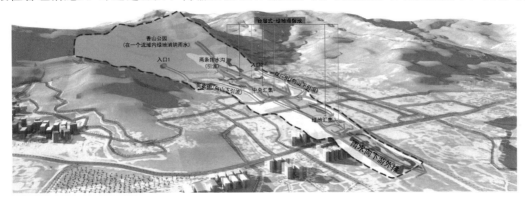

图 3-2-6 研究区雨水管理概念

量控制、径流体积控制和污染物控制相适应。

　　同时，我们希望借助自然自净能力，利用植被树冠截流能力，降低地表径流速率。如图 3-2-7 所示，从整个模式的剖面示意图上即可看出，通过植被的树冠截留雨水，不同的地表覆被降低径流流速的能力不同，减速是为了增加其下渗量，这样不仅可以缓解洪涝时间，同时还能弥补北京地下水不足这一问题。研究区内按地形，在不同高程设置了下凹式绿地治水区，与排洪冲沟相接，达到分层调控的目的。

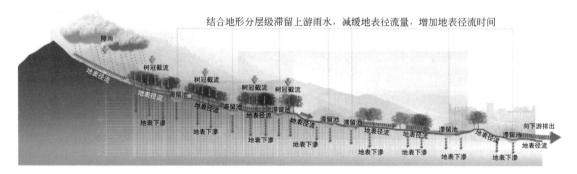

图 3-2-7　研究区雨水管理纵坡面

2.2.4　雨洪管理系统量化计算

　　排洪沟是暴雨时地表雨水快速行走的重要通道，该通道的选线直接引导流水走向，直接影响行洪效果；而滞水区是地表雨水暂时存放滞留的区域，能缓解地表水不断快速地冲刷地表而造成的威胁。因此，对香山地区的雨洪管理从冲沟及其配套的滞水区的选线选址进行研究。

2.2.4.1　冲沟滞水区的选定

　　通过研究区地理空间属性的分析，结合古人的治水经验，疏通雨水通道，衔接至滞水区，有效快速的引导地表径流，集中滞纳雨水，在研究区上游截留大量雨水，从而减少道路路面雨水冲刷，进而缓解下游雨水压力。通过 ArcGIS 对研究区空间属性（见图 3-2-8）地形地貌、汇水线、坡度等因素进行定量分析，提取区域内坡度大于 25% 的区域为排水沟区域，通过现场调研其周边现状建设条件，保留现状良好、功能完备的居住建筑等现状构筑物，并结合排洪冲沟的建设要求，最终选定了两条排水沟区域，在区域内起引流疏导的作用，保证周边地块暴雨时的安全。同时，根据选定区域内现状坡度方向，在少动土方的前提下，在不同高层条件下，选出适合地势平缓且雨水汇集的区域进行微地形改造，设置层层凹型绿地滞水池，作用与颐和园葫芦河相似，在起滞留雨水作用的同时还起层层净化雨水作用。

　　研究区通过引-滞-引的雨洪管理模式，集中处理研究区的雨水问题，提高雨水处理效率。通过冲沟的选线订制引流方案，通过滞水区的选址制订滞留截留方案，在香山地区有效结合引流与滞留两种雨水处理策略，是本文对香山地区雨水管理的一种解决方法。结合冲沟、煤厂街、买卖街等道路，线性通道作为排水通廊，同样梳理上山主路两侧居住区内南北方向侧沿小巷，使暴雨时雨水能顺畅的沿着次级道路向滞水区引入，是对山地雨水通道处理的第二个层面。综上分层分步沿山体自上而下方向引流，沿着等高线方向截留滞留，大大提高研究区对雨水的吸纳力，最大程度保证自身雨水少向下游排放，进而缓解保证下游的安全。

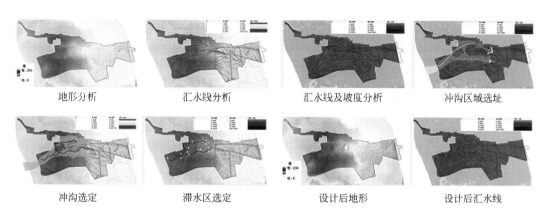

| 地形分析 | 汇水线分析 | 汇水线及坡度分析 | 冲沟区域选址 |

| 冲沟选定 | 滞水区选定 | 设计后地形 | 设计后汇水线 |

图 3-2-8　排洪沟选线分析

2.2.4.2　量化的区域暴雨时承载力

对研究区重新规划研究，通过雨水径流平衡原理进行验算研究，说明引-滞-引的策略可行性。根据雨水径流平衡原理输入量等于输出量，可见场地雨水输入量包括上游降雨量及地块内降雨量，而输出量则包括地表下渗量、蒸发量、调蓄量以及向外部溢满排出量，由于降雨时空气水分含量较大，此时地表的蒸发量可被忽略不计。根据公式通过增加研究区的下渗量及调蓄量，从而减少溢排量，达到缓解下游压力的效果。

$$输入量＝输出量$$

$$W_{总雨水径流(包括上游降雨量＋地块内降雨量)}＝W_{下渗}＋W_{蒸发}＋W_{调蓄}＋W_{溢排} \tag{3-2-1}$$

式中，输入量主要为 $W_{总雨水径流}$，输出量主要为 $W_{下渗}$、$W_{蒸发}$、$W_{调蓄}$ 与 $W_{溢排}$，其中 $W_{总雨水径流}$ 包括上游降雨量与场地内降雨量。根据统计，新增研究区绿地面积，减少铺装等建设面积，能有效减少外排雨水量。通过研究，新规划地块绿地面积从原有的 $4.4hm^2$ 增加到 $23.9hm^2$，而建设区面积从原有的 $37.2hm^2$ 减少到 $18.7hm^2$，再通过雨水计算公式：$W＝10\Psi_c H_y F$（W 为雨水设计径流总量；Ψ_c 为雨量径流系数；H_y 为设计降雨厚度；F 为汇水面积），计算不同重现期内地块上游、原有地块自身雨水流量及设计后地块自身雨水流量，结果如表 3-2-1 所列。

表3-2-1　地表径流量计算

地块上游雨水流量/（m³/h）	绿地面积：1429000m³；硬质铺装用地：927000m³					
持续时间/min	10			15		
重现期/年	绿地 Q	建设用地 Q	总量 Q	绿地 Q	建设用地 Q	总量 Q
1	19778	76979	96757	16614	64667	81281
5	30989	120616	151605	26033	101325	127357
10	35817	139409	175226	30089	117112	147201
50	47029	183046	230075	39507	153770	193276
100	51857	201839	253696	43563	169557	213120

研究以降雨历时 10min 为例，通过计算得到规划研究设计前后场地地表雨水量体积，对比表 3-2-2 和表 3-2-3，可得出如下结论。

① 通过引—滞—引雨水管理模式，新规划后场地产生的地表雨水流量减少。

② 新规划后场地中滞留雨水能力提升，蓄水体积为 $20660m^3$。

表3-2-2　原场地雨水量

重现期（历时 10min）	原场地总雨水量/m³	地表水体积/m³
1	128340	21390
5	201091	33515
10	232423	38737
50	305175	50862
100	336507	56084

表3-2-3　设计后场地雨水量

重现期（历时 10min）	设计后场地总雨水量/m³	地表水体积/m³
1	115593	19265
5	181118	30186
10	209339	34889
50	274865	45810
100	303085	50514

③ 新规划后场地雨水缓解能力在不同暴雨强度下均能发挥一定的作用：1 年一遇暴雨——地表雨水可全部消纳；5 年一遇暴雨——68％地表流水被滞留；10 年一遇暴雨——59％地表流水被滞留；50 年一遇暴雨——45％地表流水被滞留；100 年一遇暴雨——40％地表流水被滞留。

2.2.5　冲沟景观化策略

北京降雨集中，平日缺水，因此，雨洪管理措施的景观化极为重要。根据北京相关气象资料统计数据显示，北京的降雨主要集中在 7 月、8 月，暴雨也常出现在这期间，其余将近 10 个月，降雨量很少，因此，在研究区的雨水管理措施除了要考虑在暴雨时起关键雨水控制作用外，还需满足人群活动的需求，具有一定的休闲娱乐、游览科普等功能，因此，根据立地条件资源的不同，地形、植被及观赏视角，结合绿地景观功能，发挥排洪冲沟的最大功能效益。

利用冲沟选线纵断面的不同特性，对不同纵断面区段进行改造景观升级。如图 3-2-9、图 3-2-10 所示：深色线为原场地纵剖面，浅色线为设计排水沟的纵剖面，根据分析图中不同坡度段的地形特点，对排水沟进行不同策略的纵断面改造，达到雨水延时调节与滞留的作

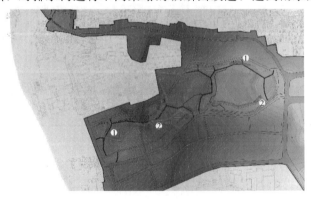

图 3-2-9　排沟位置

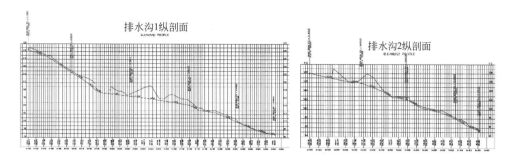

图 3-2-10　排沟 1、2 纵剖面线

用，同时具有游赏的绿地功能。具体分为以下 6 种排沟景观改造策略。

① 自然状态下的沿直沟排水，在林下进行地表雨水汇集。

② 陡坡区沟面台层式改造，增加地表径流面积，汇集雨水，同时使地表水减速，增加地表下渗量。

③ 缓坡区增加沟内挡板，起局部汇集雨水作用。

④ 缓坡区结合滞水池改造，排沟在缓坡区放大成为滞水区域，临时蓄存一定量的雨水。

⑤ 排水沟衔接滞水池，排水沟作为引水渠将雨水有组织的引入滞水区域，在滞水池溢满时，多余水可顺着排沟下排，进入下一区域滞水区，衔接不同高程的滞水区，分层配套。

⑥ 排水沟结合游步栈道，并标识有科普系统提示牌，增加游览性及科学性。

以上六个策略结合研究区纵坡面的规划布置如图 3-2-11、图 3-2-12 所示，沿冲沟线性空间，利用冲沟的线性分布，串联布置景观节点，打造功能复合型雨水系统。

图 3-2-11　六种排沟断面改造策略　　　　　图 3-2-12　改造策略平面布局

结合景观改造的复合型功能的雨水管理措施，使冲沟在北京这一雨季集中的地区在旱季也有实际功能。结合现状，研究区滞留区景观草地景观打造后，雨洪能蓄水防灾，通过香山原有道路及冲沟的设置合理组织雨水通行路径，同时合理组织人流，使人流与地表径流都有路可走、有景可观，朝着有序可控的方向共同发展。

2.3　总结与建议

城市浅山区作为城市建设的重要部分，无论是建设难度，还是建设条件都比平原区艰难。在雨洪管理方面，浅山区作为城市流域的上游，从源头做起，保持其自然雨水循环系统，加强人工冲沟的建设，以疏导-滞留-疏导的方式进行雨水管理，增强其自身雨水承纳力，降低对下游平原地区的雨涝灾害程度。本文通过对香山地区的具体规划研究，在引—滞—引的雨水管理模式下，结合香山地区现状建设得出以下建议总结。

① 保持香山地区原有自然生态系统，保护原有地表植被，增加绿地面积，减少地表径流。山地植被资源丰富，香山尤其以红叶种类著称，在保护原有植被资源下，在雨水通道区新增绿地，配置符合香山植物群落的树种，延续香山生态系统，有利于改善该区域雨水循环系统，加强大气—地表—地下不同环境的水循环联系，丰富的植被的蒸腾作用有利于促进水与大气的交换，同时，树冠的截留、植被的水土保持有利于减少地表径流量，上游控制雨水径流。

② 结合山地地形，通过地理空间分析，为人工冲沟选择合理线路，是引导雨水流动的重要手段。合理的冲沟选线，在少动地表土方的原则下，对山地地表的破坏度减少，有利于保护山地生态系统，同时，畅通的雨水路径，使地表径流与人活动路径空间上互相分离，提高雨季香山游览的安全性。

③ 结合山地地形，在不同高层面上建设雨水滞留区域，分层分布滞纳雨水。山地冲沟内的流水流速较大，需要通过滞水区凹型绿地减缓汇集雨水，山地海拔变化的特殊性，可利用不同高程和地表坡度，天然形成滞水区，增加临时汇水区面积，提高滞水的可能性，增强雨天冲沟-滞留区系统滞水的效率。

④ 完善冲沟雨水系统，提升其景观功能，打造复合型冲沟景观。单一功能的冲沟在北京集中的雨季条件下，同样是一种功能浪费，不符合可持续发展的理念，通过冲沟景观化措施，打造复合型功能的雨水景观设施，提倡游览-治水为一体的综合系统，是当今资源型社会发展的重要方法。

参 考 文 献

[1] 柴宗新，范建容，刘淑珍. 金沙江下游元谋盆地冲沟发育特征和过程分析 [J]. 地理科学，2001 (4)：339-343.

[2] 闫冬冬，吕胜华，赵洪壮，李有利. 六棱山北麓中段冲沟地貌发育的定量研究及其新构造意义 [J]. 地理科学，2011 (2)：244-250.

[3] 何福红，高丙舰，王焕芝，王瑞，赛莉莉. 基于 GIS 的侵蚀冲沟与地貌因子的关系 [J]. 地理研究，2013，10：1856-1864.

[4] 王小丹，钟祥浩，范建容，李辉霞. 金沙江干热河谷元谋盆地冲沟沟头形态学特征研究 [J]. 地理科学，2005 (1)：63-67.

[5] 王旭锋，张东升，张炜，许猛堂. 沙土质型冲沟发育区浅埋煤层长壁开采支护阻力的确定 [J]. 煤炭学报，2013 (2)：194-198.

[6] 顾红男，邓希怡. 边缘绿地：冲沟地形下的山地城市设计策略 [J]. 规划师，2014 (3)：32-37.

⊙ 作者介绍

王训迪[1]*

1. 北京林业大学，E-mail：dora_wxd@sina.com

3

基于低影响开发理念的花山生态新城水系布局优化

摘要： 海绵城市建设是国家建设战略，低影响开发是海绵城市建设的重要内容，在城市水系中落实低影响开发理念是海绵城市建设的重点和难点。本文以花山生态新城水系规划为例，介绍了基于低影响开发理念的水系布局优化思路和过程。首先对花山生态新城开展详细的现状基底调查，其次，提出基于低影响开发理念的水系布局优化思路，最后确定花山生态新城的水系布局规划方案。

3.1 引言

为解决城市内涝、水体污染、水资源短缺等各种水问题，住建部提出实施海绵城市建设的国家建设战略，其中，低影响开发（low impact development，LID）是海绵城市建设的重要内容[1,2]，也是海绵城市不同于既有城市建设模式的新要求。城市规划作为城市建设的龙头，在规划阶段融入 LID 理念对海绵城市建设目标的实现至关重要，水系是落实 LID 理念的重要载体，水系规划与 LID 理念的融合尤其重要。本文结合花山生态新城水系规划，探讨 LID 理念在城市规划阶段的应用研究，为海绵城市规划和建设提供参考。

3.2 LID 理念在城市规划中的应用研究

3.2.1 LID 理念及内涵

LID 是 20 世纪 90 年代美国马里兰州首先提出的一种基于 BMPs（最佳管理措施）创新的雨水控制利用的综合技术体系。其初始原理是通过分散的、小规模的源头控制机制和设计技术来达到对暴雨所产生的径流和污染的控制，从而使开发区域尽量接近于开发前的自然水文循环状态。

随着其理论的应用与深化，低影响开发模式的外延在不断拓展，已上升为城市与自然和谐相处的一种城市发展模式，对城市规划，尤其是水环境规划影响巨大。

3.2.2 LID 理念在城市规划中的应用研究

LID 的基本原则是减少对自然的干扰，恢复开发前的自然水文状态。在城市规划中的主要措施包括以下几点。

　　① 减少及尽量避免对现状植被的破坏和水域的侵占。

　　② 减少及尽量避免改变地区雨水排放路径和占用雨水调蓄空间。

　　③ 尽量利用开放式通道和空间排放径流。

　　④ 尽可能减少不透水面积占比，延长雨水在地面汇流路径和时间。

　　以上措施多与城市水系有关，是否应用 LID 理念对水系规划方案影响较大。

3.3　LID 理念在花山生态新城水系规划中的应用

3.3.1　区位及规划目标

　　花山生态新城地处武汉市东部，位于三大项目（武汉新港、大东湖水网、循环经济区）产业和空间重合的区域，为武汉市两型社会建设的示范项目。花山生态新城规划总用地面积为 66.4km²，陆地和水域面积分别为 50.4km² 和 16.0km²。其中，花山镇镇域面积 57.6km²，规划人口约 19 万人。

　　根据花山地区城市总体规划功能定位，花山生态新城是大东湖地区的生态建设区，东湖-九峰都市绿肺的组成部分，武汉东部地区的产业支撑服务中心，武汉城市圈武鄂黄城市带的中央游憩区，融居住、游憩、研发、商业为一体的生态新城。

3.3.2　新城现状基底研究

3.3.2.1　地势地貌

　　花山生态新城东西分别与严东湖、严西湖相邻，南北分别与白羊山系和九峰山系相邻。地区地势起伏较大，从南北走势看，南北高，中间低，从东西走势看，中间高，东西低。地势多在 19.6～35.0m 之间（见书后彩图 3-3-1）。

3.3.2.2　用地现状

　　花山生态新城现状用地除少量的村镇居住用地以外，多为林地、耕地、水域。建成区占比 10.4%（见书后彩图 3-3-2）。

3.3.2.3　山水资源现状

　　花山生态新城位于武汉市六大放射型生态绿楔之一——大东湖楔形绿地上，山水自然资源丰富。东北坐拥 8km 长江岸线，九峰山和白羊山两大山脉南北呼应环抱新城，严东湖（9.1km²）、严西湖（14.2km²）、竹子湖（0.7km²）、青潭湖（0.6km²）等湖泊和北湖港、北湖大港等数条明渠分布其中，除此之外，还有众多藕塘、水塘，沿地势高低错落分布，并在地势低洼处形成不规则的梯塘景观，山水特色突出（图 3-3-3、图 3-3-4）。

3.3.2.4　地区排水现状

　　花山生态新城现有雨水排放以地面漫流为主，循地势由山体向湖泊方向排放，途中经现状水塘逐级调蓄，超过水塘调蓄容量的雨水再通过明渠向下排放，最终进入严西湖和严东湖，超过湖泊调蓄容量的雨水和蓄后雨水排入长江。

3.3.2.5　水系布局现状问题分析

　　花山生态新城现状水系布局存在水力连通不足、水体分布散乱、水系品质同质化等问题，主要表现为以下 3 个方面。

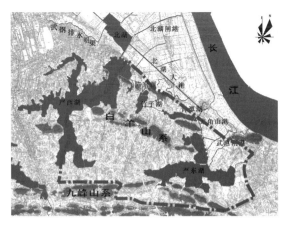

| 图 3-3-3　水系布局现状图 | 图 3-3-4　梯塘景观实景 |

① 花山生态新城两大湖泊——严东湖和严西湖被已建村镇分割，欠缺直接的水力联系。

② 该区有现状水塘上百个、明渠几十条，布局分散且杂乱，现状水塘和明渠的保留与新城开发之间存在较大矛盾。

③ 花山生态新城水系体量和品质与武汉其他水系相比，优势不明显，且存在同质化的问题。

3.3.3　水系规划布局思路

3.3.3.1　常规思路

按照武汉市城市湖泊保护条例和三线一路要求，将城市湖泊蓝线和绿线范围进行控制，现状排水明渠保留或改造为箱涵。其他区域按照地区城市开发要求进行建设。

3.3.3.2　基于 LID 思路的水系布局思路

基于 LID 理念，在加强现有水系保护的基础上，按照满足排水功能需求和打造特色的原则，提出花山生态新城水系布局思路如下。

首先进行城市生态风险分析，对水域蓝线和生态绿线范围进行划定和控制，并根据生态涵养和水质保护需求控制一定的生态缓冲区或保护范围。

其次，根据现状水系格局分析，保留主要排水通道和连通渠道，并根据需要加强或建立联系。

最后，利用梯塘资源，因地制宜打造具有地区特色的水系网络。

3.3.4　水系布局规划

3.3.4.1　划定现状湖泊蓝线、绿线，保护既有湖泊资源

结合花山生态新城用地利用现状，尤其是水体、林地、耕地和旱地的布局现状，开展地区水体污染和生态破坏的风险分析，进行地区开发建设的适宜性分析。

根据建设适宜性分析，完成花山生态新城空间管制分区，山体、林地和部分湖泊水域等生态保育区作为禁建区控制，湖水、鱼塘、湿地、基本农田纳入限建区，建成区作为已建区，其余区域全部作为适建区控制，占比分别为 61.86%、12.97%、10.41% 和 13.97%。

根据建设适宜性和管控分区，结合路网和用地布局，划定严西湖、严东湖、青潭湖和竹子湖的蓝线、绿线（见书后彩图 3-3-5、彩图 3-3-6）。

3.3.4.2 保留现状连通渠道，增设花山渠，加强湖泊水力联系

根据地区水系格局分析，为加强现状湖泊之间的生态水力联系，保留严西湖与竹子湖、竹子湖与青潭湖、青潭湖与严东湖之间的现状连通渠，同时，在严西湖和严东湖之间构建连通渠道，将现状湖泊连通成环，加强湖泊水力联系，优化水系格局。

3.3.4.3 梳理排水支渠，整合梯塘资源，打造地区特色

对花山生态新城现状排水港渠水系进行梳理和优化，结合排水需求，打造七条南北排水廊道，排水廊道主要由低洼处现状排水明渠和梯塘构成。

3.3.4.4 水系布局方案

花山生态新城水系根据体量和功能，分为两个层级。

第一层级是一环四湖四渠的水系骨架。

第二层级是沿花山河南北两侧布置的梯塘式多功能水系廊道网络（图3-3-7）。

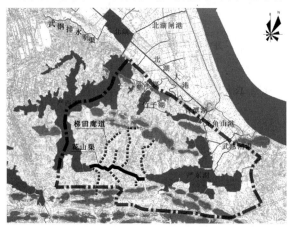

图 3-3-7 水系布局规划图

3.4 基于水系布局的城市格局规划

充分利用严西湖、严东湖岸线曲折的多样化水城关系，新增花山渠从新城中心区贯穿而过，打造水绕城、水穿城、水伴城的"水城相融"的独特城市形态（图3-3-8）。

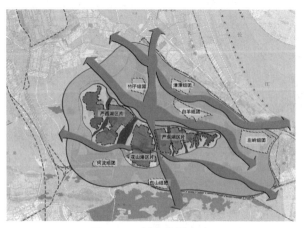

图 3-3-8 城市格局方案

3.5 小结

花山生态新城水系规划中严格践行 LID 理念，对现有水系布局进行优化，使得环境效益和城市品质得到提升。

① 兼顾现状水系保护和水系结构优化。按照低影响开发理念，保留花山生态新城中现状湖泊和主要排涝通道，维持原有水生态机理，同时又不拘泥于现状，增设花山渠加强水系之间的生态联系，塑造更合理的水系网络。

② 注重挖掘本地资源和打造地方特色。利用天然地势高差，因地制宜打造高低错落、层次丰富的廊道水系网络，同时满足地区排涝、生态连通、景观塑造等的要求。

③ 实现了生态保护和利用的双重获利。利用现状水系资源分布格局，合理优化，打造水城融合的生态新城，凸显独特的城市生态骨架，为城市景观和居住品质提升、休闲和旅游产业发展提供载体和空间，同时实现水资源保护和地区城市品质提升。

注：文中出现的所有分析和方案图仅用于本文的论证支持，花山地区的最终规划方案以官方批复为准。

参 考 文 献

[1] 国务院办公厅关于推进海绵城市建设的指导意见（国办发〔2015〕75 号）[EB/OL].
http：//www. gov. cn/zhengce/content/2015-10/16/content _ 10228. htm. 2015-10-16.
[2] 住房城乡建设部关于印发海绵城市建设技术指南——低影响开发雨水系统构建（试行）的通知 [EB/OL].
http：//www. mohurd. gov. cn/zcfg/jsbwj _ 0/jsbwjcsjs/201411/t20141102 _ 219465. html. 2014-10-22.

◉ 作者介绍
康丹[1]*，康宽[2]
1. 武汉市政工程设计研究院有限责任公司城市建设研究中心，E-mail：1980kd@sina.com
2. 武汉市规划设计有限公司

4

小城镇既有街区绿色水基础设施规划设计案例研究

摘要：我国西北地区城镇水基础设施建设长期滞后，随着城镇化进程的加快，既有街区的水环境问题尤为突出，现有的更换、扩充地上和地下排水管道等灰色基础设施建设方式并不适应于西北地区三季干旱、夏季暴雨集中的地域特征，反而使城镇水污染严重、水资源浪费、城市内涝频发等水环境问题更为突显。本研究通过对传统水系统治理方式和水基础设施建设的智慧进行挖掘与分析，在西北小城镇既有街区绿色水基础设施建设可行性分析判定结果的基础上，提出对西北小城镇现代绿色水基础设施建设具有启示的传统要义，从城市水系统修复、绿色排水系统的构建两方面提出既有街区水基础设施建设的规划设计策略，以促进本地区小城镇形成绿色的水基础设施规划设计方法。

4.1 引言

我国西北地区生态环境脆弱，逢雨即涝，逢干即旱，水环境问题频发，其中城镇既有街区的水环境问题更为严峻，一方面，城镇水基础设施建设长期滞后，既有街区水基础设施严重老化，伴随以雨污合流为主的排污方式致使水污染情况更为严重；另一方面，既有街区由于空间有限导致基础设施改造困难，其中一般的改造方式容易造成路面反复开挖及交通拥堵等城市问题。目前改善这些问题的一般做法是进行灰色水基础设施建设，即更换、扩充地上和地下排水管道，增加水泵系统，而这些做法并没有长远改善既有街区的水环境问题，表现在水污染严重、水资源浪费、城市内涝频发。总之，灰色水基础设施建设的一些规划设计方法并不适宜于西北地区的地域特征，需要探索低成本、可循环及弹性可控的可持续的水基础设施规划设计方法。

反观我国传统水治理的方式，包括传统水系统治理方式与传统水基础设施建造，结合当地地域特质与自然条件，充分利用自然水体的功能建立城市水系统，运用涝池、窖井等传统要义完善供水、排水系统。一方面具有绿色、低碳、可持续的生态效益；另一方面具有低投入、低技术、低影响的经济效益，同时具有极强的可操作性与美观性。

本研究立足于对传统水治理方式中的智慧挖掘与价值再认知，寻找传统智慧与现代绿色水基础设施建设的结合点，探索当代既有街区更新中适应当地地域特征与自然环境的绿色水基础设施规划设计方法，对于补充完善我国绿色水基础设施规划理论体系，指导西北地区小城镇绿色基础设施规划设计，以及提升西北小城镇既有街区人居生活质量具有重大意义。

4.2　现阶段传统智慧的挖掘、绿色水基础设施规划概述

4.2.1　传统水治理方式中传统智慧的挖掘与应用

　　水对于人的生产生活至关重要，世界各地的先民对于水系统的治理与利用都留下了许多宝贵经验。在古希腊和希腊化时期，城市设计规划采用的是一种新的模式——希波丹姆体系，随之给排水系统在处理项目的规模发展上也有所进步。而东方人自古崇尚自然，追求天人合一的境界，《管子》中所记载的"高毋近旱而水用足，下毋近水而沟防省"则诠释了东方先民的治水经验，同时体现了以顺应自然为主的治水观念，且在今天仍具有一定的先进性。

4.2.1.1　国外关于传统智慧的挖掘与应用

　　国外主要以有组织的管道排水形式为主，其中有学者对古希腊、古罗马的输水道与排水道建设与使用情况展开研究。在输水道建设方面，万·德曼（1934）年在其著作《罗马输水道的建设》中强调了修建输水道的技术问题；托马斯·阿士柏（1935）在其专著《古罗马的输水道》中比较详尽地论述了罗马输水道系统与路线；兰德斯（1978）写的《古代世界的工程技术》一书阐述了水道修建的技术问题。在排水道建设方面，保尔的《罗马的马克希姆排水道》总结了排水道修建技术[1]。随后，古希腊、古罗马文明中的输水道与排水道建设方法不断延续至今，为西方国家水治理奠定了很好的基础，推进了现代城市给排水系统的发展。总之，西方古代水治理原理与当今十分相似，其供水、排水管理系统在当时均具有先进性，体现了对自然改造的思想。

4.2.1.2　国内关于传统智慧的挖掘与应用

　　近年来国内关于传统智慧的研究逐渐增多，主要从古代水系统治理中传统智慧的挖掘与应用、古代水基础设施中传统智慧的挖掘与应用两个方面展开。在古代水系统治理方面，诸多学者相继对中国古代科学治水经验进行研究和总结，主要有顾浩主编的《中国治水史鉴》[2]，郑肇经先生在2007年出版的《中国水利史》[3]，卢嘉锡、周魁一在2002年出版的《中国科学技术史——水利卷》[4]；中国水利作协副主席靳怀堾（2005）针对古代城市与水系统的关系，提出水系是从古城选址到生产、生活、军事防御、社会发展密切相关的重要因素，具有维系城市生存与发展，提升环境质量，调节空气湿度与气温变化，保持水质与空气清洁等作用的结论[5]；华南理工大学吴庆洲教授（2012）从防洪角度对古代城市防洪系统进行系统的分析和总结，并致力于对城市与工程防洪减灾的相关基础问题进行探索[6]。在古代水基础设施方面，清华大学杜鹏飞教授（1999）对中国古代城市排水设施的特点与管理的经验进行总结，提出古代排水设施对现代城市规划的3点启示："a. 先规划，后建设，高度重视城市规划的作用；b. 科学合理的城址；c. 充分利用天然水体，建设完善的城市水系"[7]。国际水历史学会主席郑晓云（2014）对古代中国排水系统中的历史智慧和经验进行总结，得出"排水系统的战略设计和建设是中国古代城市发展的一个突出方面"，与现今排水系统对比得出"古代因人口和生计活动的有限性而主要考虑预防暴雨洪涝，并不特别重视废水处理，而现今的排水系统更多的关注废水处理，对城市暴雨排水、防洪反而重视不足"[8]。北京建筑工程学院车伍、李贞子（2015）从场地、道路交通规划等不同角度梳理出中国水基础设施中蕴含的传统智慧[9]。

4.2.1.3 传统智慧的现代应用

当前较为成功应用传统智慧进行现代水基础设施建设的实例是将原有硬质驳岸改造为具有不同安全等级的可淹没防洪梯田，提取先民开挖的台地式梯田所具有的防汛效果，利用高差消解防汛安全问题。此外，在日本、中国台湾等东方国家及地区中已有将传统智慧应用于农村生活污水处理方面，目前主要表现在对传统工艺进行改进或组合成的新型分散式处理系统进行农村生活污水处理。

4.2.2 绿色水基础设施相关理论、规划方法及实践

国内外有关绿色水基础设施相关研究与实践中，主要集中于绿色基础设施、绿色雨水基础设施、水生态基础设施 3 个方面。

4.2.2.1 绿色基础设施 (GI)

此概念于 1999 年，在美国保护基金会、农业部森林管理局的组织下，联合政府机构以及有关专家正式提出，指一个相互联系的绿色空间网络，由各种开敞空间和自然区域组成，包括绿道、湿地、雨水花园、森林、乡土植被等，这些要素组成一个相互联系、有机统一的网络系统。其理论在国外已较为成熟，近年来我国学者分别从其内涵与理论进展、规划原则与方法、实施与管理方面展开了研究。其中，同济大学吴伟、付喜娥（2009）对国外绿色基础设施的起源、内涵、相关理论进展、规划设计原则与方法进行了深入梳理，并指出 GI 理论对于我国城乡一体化土地利用关键时期的基础设施建设、土地生态利用规划等具有重要的借鉴意义[10]。南京大学周艳妮、尹海伟（2010）基于大量规划研究案例，总结了绿色基础设施规划的切入点和一般步骤，提出国外绿色基础设施规划发展至今，体系已逐渐成熟，其规划理论背景的科学性、思想内核的务实性及其规划系统的完整性有助于促进其成为一个融各类生态和保护规划的政策与实施框架[11]。北京大学裴丹（2012）通过对国内外绿色基础设施构建过程的总结，指出在中国快速发展背景下借鉴 GI 的重要性和难点，认为 GI 构建方法应向标准化、可评价、可验证、动态化的方向发展，应进行 GI 的适应性研究，并重视在不同区域背景下的实施与管理[12]。北京林业大学付彦荣（2012）总结了中国有关绿色基础设施的性质、功能、空间构架、构建技术和管理等理论研究成果和相关规划实践，并指出，中国关于绿色基础设施的研究不多，相关实践则更少。中国应开展有关绿色基础设施的系统性研究，出台关于绿色基础设施建设和管理的政策性文件[13]。

4.2.2.2 绿色雨水基础设施

最早出现于美国在 1987 年所提出的最佳管理措施（BMPs），是指对流域水文、土壤侵蚀、生态及养分循环等自然过程产生有益于环境，以及保护流域水环境免受农业生产活动导致的污染的一系列措施。到 1990 年，美国相继提出低影响开发技术（LID），指暴雨管理和面源污染处理技术，旨在通过分散的、小规模的源头控制来达到对暴雨所产生的径流和污染的控制，使开发地区尽量接近于自然的水文循环。对此，近年来诸多学者分别从其理论内涵与进展、应用意义与优势方面展开了研究。中国台湾学者廖朝轩（2008～2014）指出，美国的低影响开发技术（LID），是在最佳管理措施（BMPs）基础上发展起来的，更强调在降雨时尽可能通过贮存、渗透、蒸发、过滤、净化及滞留等多种雨水控制技术，将城市开发后的雨水排出状态恢复接近城市开发前的状态[14]；他同时提出日本在这方面的成就是在 2003 年提出了健全水循环体系，是通过在城市范围内储存雨水、渗透雨水和培养城市保水性功能等方式，提高水资源利用效率，采取推动水循环的措施，恢复、维持健全的水循环系统，以发

展健全的经济社会，提升国民生活的安定性[15]；而澳大利亚则进行了水敏性城市设计（WSUD）的尝试，是从城市规划与设施设计的角度来呈现雨水管理的重要性，并把城市水循环视为一个整体，将自来水、污水、雨水排放作为城市水循环的构成要素来综合考虑和管理[16]。此外，我国学者南京林业大学李维新（2010）将绿色雨水基础设施扩大到整个排水体系中展开研究，指出英国的可持续城市排水系统将环境与社会因素纳入城市排水体制及排水系统中，综合考虑水量、水质、污废水及回收再利用、小区参与、经济发展、自然生态保育、景观设计及生态价值，通过综合措施来改善城市整体水循环[17]。《中华建设》杂志社社长柯善北（2015）对美国的最佳管理措施（BMPs）展开研究，指出它是以涵盖雨洪控制、土壤冲蚀控制及非点源污染源的削减与控制等雨水综合管理决策体系为目标，更强调与自然生态结合的生态设计和非工程性管理措施[18]，对我国建立绿色基础设施及城市可持续发展具有重要意义。同济大学学者宋梦琪近年提出国内对于绿色雨水基础设施的相关理论与实践研究起步较晚，目前只有少数发达城市进行了 LID 技术的尝试，主要认为与传统排水机制技术成本高、占地面积大等不利条件相比，LID 技术将排水和景观合并，不仅节省了费用，并且节省了土地，这在寸土寸金的城市中发展优势很大[19]。

绿色雨水基础设施在发达国家已有广泛的工程应用，例如美国西雅图 High Point 住宅区综合使用了透水性铺装、雨水花园、植被浅沟等多种形式的绿色雨水基础设施。国内起步较晚，目前只有北京、上海、深圳等发达地区、大城市及城市新区开展并实施了一些绿色雨水基础设施工程，且均以小尺度应用为主，多用于城市公共空间中，例如深圳的光明新区规划综合使用了下凹式绿地、植被浅沟、透水性铺装等雨水渗入设施，利用自然水体来储存和调蓄雨水。

4.2.2.3 水生态基础设施

北京大学俞孔坚（2015）提出目前我国对于水生态基础设施的研究主要包括水生态基础设施空间边界（水生态红线）的划定方法、水生态基础设施的构建技术等，也有学者对此进行了讨论和验证。通过水生态基础设施的规划和建设，不仅可以为城市及居民提供可持续的、全面的生态系统服务，还可以在很大程度上避免灰色基础设施的高投入和高维护成本以及破坏水生态系统的弊端[20]。当前国内对于水生态基础设施构建相关研究主要有多尺度的生态基础设施规划和工程设计实践，并对生态基础设施构建的关键规划技术和建设技术要点有所阐明，提出建立水生态基础设施的必要性、可行性和实际效果[21]。

4.2.3 小结

综上，国外在构建绿色水基础设施方面的理论体系较为完善，目前已经形成了跨学科、多维度研究的格局；国内学者在其基础上也展开了适应国情的理论探索与规划实践，在研究方法、技术标准、手段支撑等方面为本研究提供一定的研究基础。然而也存在着一些缺憾：首先，对于传统智慧的研究缺乏将其与现代城镇建设中绿色水基础设施发展诉求结合；其次，研究多停留在理论与技术方法层面，缺少系统的、完整的指导适应不同地区特征的绿色水基础设施建设的可持续模式；最后，当前专家学者对于既有街区绿色水基础设施建设的系统性规划设计方法研究较少。因此，本研究立足于西北地区的自然特质、地域特色、现代诉求，通过深入挖掘水治理方式中的传统智慧，探寻适应于西北小城镇既有街区的系统的、完整的绿色水基础设施规划设计方法。

4.3 西北小城镇既有街区水基础设施现存问题

清水县，隶属于甘肃省东南部，天水市东北，陇山西南麓渭河北岸支流牛头河流域。东界陕西省陇县、宝鸡，南连麦积区，西接秦安县，北与张家川回族自治县毗邻，为较典型的西北地区小城镇。清水以"清泉四注"而得名，素有"陇上要冲，关中屏障"之称。本研究以清水县城建成区为例，对其既有街区水基础设施现存问题进行梳理。

4.3.1 水污染严重

受经济因素和现状条件制约，清水县建成区既有街区仍采用雨污合流的排水方式，大部分生活污水通过路面散排，造成路面污水横流，既有街区中的排水明沟大多数为土沟，雨后泥泞，旱季常会变成堆砌垃圾杂物的垃圾沟，生活环境较差，容易滋生蚊虫病菌；少部分居住区生活污水通过管道排入河道，造成街区中河道水质较差。根据国家《地表水质量标准》（GB 3838—2002）对清水县主要河流牛头河水质现状进行分析评价：牛头河上游段水质良好，中游县城以上段水质较好，中游县城以下段水质较差，属Ⅴ类水质，主要超标物质是氨氮、氟化物、化学需氧量、生物需氧量，总超标率均在32%左右，水污染严重（图3-4-1）。

图3-4-1　既有街区明沟排水（左）、排水土沟（中）、河道排污水（右）

4.3.2 水资源浪费

既有街区中现存多处泉井，河网分布较为密集，水资源丰富，加之降雨量较为充足，而现状水基础设施却未充分利用保留较好的传统蓄水设施泉井、充沛的降雨及河道交错等有利条件对雨水进行收集，并未将多种水元素有序合理地组织成系统，且地表径流控制率较低（图3-4-2）。

图3-4-2　既有街区传统泉井（左）、饮用泉水（中）、现状河道（右）

4.3.3 内涝灾害频发

清水县建成区多为不可渗透地表，加之地下排水管道承载力不足，受季节影响突发暴雨时不能短时间内减缓大雨对城市排水系统所产生的压力，引起内涝频发的水环境问题，为人民生活带来不便和困扰（图 3-4-3、图 3-4-4）。

图 3-4-3　既有街区内涝及暴雨灾害（来自网络）

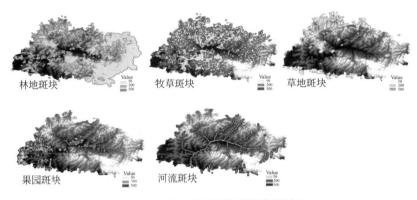

林地斑块　　牧草斑块　　草地斑块

果园斑块　　河流斑块

图 3-4-4　清水县暴雨灾害频发统计图

4.4　既有街区绿色水基础设施规划建设的可行性分析

4.4.1　水生态基地分析

通过 ArcGIS 技术应用地理信息云数据识别出清水县城对地表径流有重大影响的自然斑块、自然水系，呈现出清水县丰富的林地斑块、牧草斑块、草地斑块、果园斑块及河流斑块，可将其纳入对水资源产生重要影响的生态斑块。经分析，这些对水文影响最大的斑块是清水县城具有良好水生态基底的重要保障，需要严加识别和保护（图 3-4-5）。

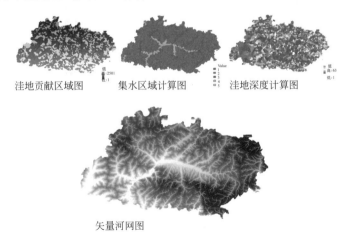

洼地贡献区域图　　集水区域计算图　　洼地深度计算图

矢量河网图

图 3-4-5　清水县对水资源产生重要影响的生态斑块

4.4.2　地表径流分析

清水县虽然水资源较为丰富，但地表水资源呈现时空分布不均的特征，通过 ArcGIS 技术分别对其水流方向、汇流积累量、流域分布、逆流与顺流中各水系水流长度进行云数据分析，得到地表水资源在空间上自东向西递减，年平均水资源总量为 $2.4969 \times 10^8 m^3$，$7 \sim 10$ 月自产地表水径流量占全年的 61.73%。清水县四大水系中，牛头河水系境内流域面积占全县境内总面积的 62.37%，境内 79km，年平均流速 $4.34m^3/s$（图 3-4-6）。

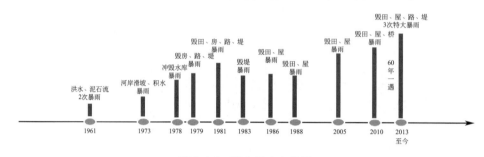

图 3-4-6　清水县水文分析

通过对洼地贡献区域及洼地深度的计算，进而通过 ArcGis 中水文分析工具分析出集水区域分布并最终得出矢量河网图。每个洼地贡献区域出水口的最低高程即洼地出水口高程，反映出真实的地表形态。可见清水县具有较好的控制地表径流的地域特质，且对地表径流产生重要影响的传统的、古老的自然水系格局保留较好，利于水生态环境的修复，为保护和修复自然吸水、滞水能力提供保障（图 3-4-7）。

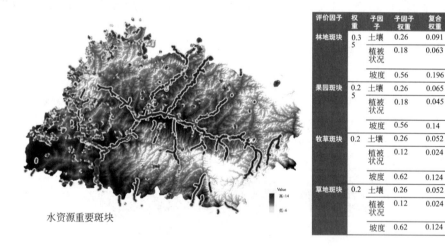

水资源重要斑块

评价因子	权重	子因子	子因子权重	复合权重
林地斑块	0.35	土壤	0.26	0.091
		植被状况	0.18	0.063
		坡度	0.56	0.196
果园斑块	0.25	土壤	0.26	0.065
		植被状况	0.18	0.045
		坡度	0.56	0.14
牧草斑块	0.2	土壤	0.26	0.052
		植被状况	0.12	0.024
		坡度	0.62	0.124
草地斑块	0.2	土壤	0.26	0.052
		植被状况	0.12	0.024
		坡度	0.62	0.124

图 3-4-7　清水县矢量河网生成

4.4.3　气候与降水分析

清水县深居内陆腹地，地处东南、西南季风交互影响的边缘地带，属温带大陆性季风气候。年平均气温 8.8℃，年降水量 583mm，日照时数 2012h，无霜期 170d。冬无严寒，夏无酷暑，四季分明，局部小气候又有所不同。经分析，半湿润气候、降水量充足为水生态系统的修复提供良好的自然环境（图 3-4-8）。

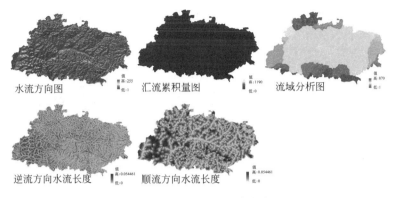

| 水流方向图 | 汇流累积量图 | 流域分析图 |
| 逆流方向水流长度 | 顺流方向水流长度 | |

图 3-4-8　清水县气候与降水分析

4.5　既有街区绿色水基础设施规划设计策略

4.5.1　尊重并修复城市传统水系统

4.5.1.1　恢复自然水安全格局

经分析，结合层次分析法（AHP），确定各斑块评价因子权重，对水资源产生影响的各自然斑块进行叠加，得到千百年来通过自然的方式传承下来的水资源重要斑块，是有利于进行绿色水基础设施建设的重要生态基础，需要对这些重要斑块严加保护。根据缓冲区等级的不同，划定自然水安全范围线，保护范围以内严禁有破坏自然水格局的开发建设行为，以期恢复传统的自然水安全格局（图 3-4-9）。

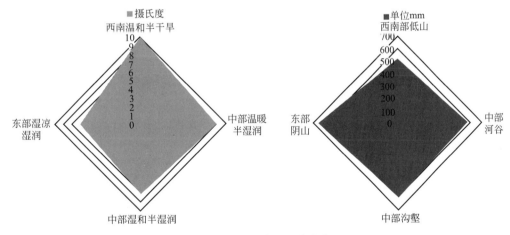

图 3-4-9　清水县自然水安全格局

4.5.1.2　修复原始生态廊道

结合自然水安全格局及自然矢量水网，恢复原始的生态绿廊，使分散的、破碎的斑块有机联系在一起，成为更具规模的水生态涵养区，并将市政基础设施与生态网络交叉重叠的地方作为水资源保护战略点，成为规划建设管理和规划设计需要特别关注的地方。在绿廊所在的既有街区地段上，结合 LID 技术净化原有的水体，构建人工湿地、生态砌岸和培育水生物种，形成滩、塘、沼、岛、林等生境（图 3-4-10、图 3-4-11）。

图 3-4-10　清水县生态绿廊

温泉	清泉八景-汤峪温泉，温泉诗碑，香胜华清	温泉度假村
清泉	清泉八景-清泉烟柳，3泉连贯，清水宫泉之一	小广场，城市景观节点
文泉	……	城中村内居民用水
义泉	泰庙神泉	村子居民用水
龙泉	……	村子居民用水，村子小节点
珠泉	清泉八景-霞洞悬殊，滴水崖	村子居民用水
白土泉	……	废弃
莲泉	……	泉眼消失，现为钓鱼池塘

图 3-4-11　清水县城建成区生态绿廊

4.5.2　构建基于传统智慧的绿色排水系统

4.5.2.1　绿色排雨水系统

清水县城建成区既有街区中现存多处泉井，大多数仍作为饮用水及生活用水水源使用，但少部分泉井已废弃。而既有街区中泉井的开凿及泉井类型本身是巧妙适应于当地地下水埋藏分布、含水层岩性结构的，由于承载力日渐不足而面临废弃，但其本身井深、井型均适应当地自然条件与地域特征，符合既有街区中的水环境特征，并且蕴含了古老的传统智慧，理应提取并予以传承。维护仍在使用中的泉井的功能，并赋予已经废弃的泉井新的使命。将废弃泉井作为雨水收集的终端储水池，在完善雨水收集系统的基础上兼具经济价值、文化价值与生态价值（见书后彩图 3-4-12、图 3-4-13）。

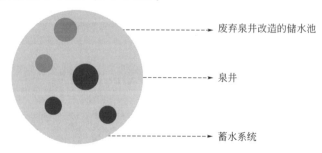

废弃泉井改造的储水池

泉井

蓄水系统

图 3-4-13　泉井再利用模式

既有街区中现存有较多地域特征明显的传统老旧宅院，老宅内保留有主人在需求导向下自发修建的边角菜园，巧妙结合宅院内场地竖向设计，将屋顶雨水、场地雨水通过地表径流收集到边角菜园，体现劳动人民的勤劳与智慧，而目前多数已荒废。本研究通过对传统老宅内的边角菜园传统要义的提取，进行生态化改造，强化其净化、收集雨水的功能，有效回收利用雨水资源，提升传统老宅内的生态价值与景观价值（图3-4-14）。

图3-4-14　既有街区老宅内边角菜园（左、中）、边角菜园再利用示意（右）

4.5.2.2　绿色排污水系统

清水县城建成区既有街区中仍保留有传统的明沟排水方式，但随着生活污水的污染物质不断具有复杂性，明沟排污水已再难以满足需求，而清水县城建成区内受河道交错的有利条件影响，明沟排水已成为贯通水系的一个组成部分，因此，本研究提出通过按照明沟的坡度、沟深、沟宽、汇水量进行加深改造，利用当地石料加设石头盖板，石缝间隙自由生产植物，每25～50m利用地形进行跌水充氧，强化明沟净化生活污水的能力，进而保留其遵循自然地形排水、贯通河网的传统要义，提升既有街区的人居环境（图3-4-15）。

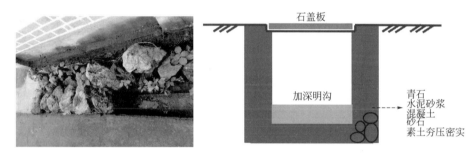

图3-4-15　明沟改造意向及示意

4.6　结语

西北小城镇既有街区绿色水基础设施规划关乎人民生活，关乎西北小城镇更进一步的发展，将传统水治理方式有机融入现代水基础设施规划设计中，既能应对当代发展诉求又能传承地方特色，是西北地区小城镇建设绿色水基础设施的重要途径。因此，本研究立足于对传统水治理方式中的智慧挖掘与价值再认知，寻找传统智慧与现代绿色水基础设施建设的结合点，探寻西北小城镇既有街区绿色水基础设施建设的规划设计方法，以期为西北其他类似小城镇提供借鉴。

参 考 文 献

[1]　靳怀堾. 中华文化与水. 武汉：长江出版社，2005.

[2]　顾浩. 中国治水史鉴［M］. 北京：中国水利水电出版社，1997.

［3］ 陈绍金. 中国水利史［M］. 北京：中国水利水电出版社，2007.

［4］ 周魁一，卢嘉锡. 中国科学技术史：水利卷［M］. 北京：科学出版社，2002.

［5］ 吴庆州. 古代经验对城市防涝的启示［J］. 灾害学，2012，27（3）：111-121.

［6］ 杜鹏飞，钱易. 中国古代的城市排水［J］. 自然科学史研究，1999，18（2）：136-146.

［7］ 郑晓云. 古代中国的排水：历史智慧与经验［J］. 云南社会科学，2014（6）：161-170.

［8］ 李贞子，车伍，赵杨. 我国古代城镇道路大排水系统分析及对现代的启示［J］. 中国给水排水，2015（10）：1-7.

［9］ 刘琳琳. 古罗马城输水道、排水道的建设及其对公共卫生的意义［D］. 长春：东北师范大学，2006.

［10］ 吴伟，付喜娥. 绿色基础设施概念及其研究进展综述［J］. 国际城市规划，2009，24（5）：67-71.

［11］ 周艳妮，尹海伟. 国外绿色基础设施规划的理论与实践［J］. 城市可持续发展，2010，17（8）：87-93.

［12］ 裴丹. 绿色基础设施构建方法研究述评［J］. 城市化规划，2012，36（5）：84-89.

［13］ 付彦荣. 中国的绿色基础设施//国际风景园林师联合会（IFLA）亚太区会议暨中国风景园林学会 2012 年会论文集. 2012：813-817.

［14］ 廖朝轩，詹丽梅，陈家梁，等. 城区水文循环机制与改善策略分析［J］. 水科学进展，2008，19（1）：49-53.

［15］ 廖朝轩，江育铨. 都市水环境与雨水利用计划［J］. 台湾环境与土地，2014，2（2）：50-59.

［16］ 廖朝轩，高爱国，黄恩浩. 国外雨水管理对我国海绵城市建设的启示［J］. 水资源保护，2016，32（1）：42-50.

［17］ Li W，Zhang Y，Liu Z，et al. Outline for establishment of the Taihu-Lake Basin early warning system［J］. Ecotoxicology，2009，18（6）：768-771.

［18］ 柯善北. 破解"城中看海"的良方——《海绵城市建设技术指南》解读［J］. 中华建设，2015（1）：22-25.

［19］ 宋梦琪. 城市雨水系统中低影响开发与绿色水基础设施及其实例［J］. 环境科学与管理，2013，38（3）：69-71.

［20］ 俞孔坚. 美丽中国的水生态基础设施：理论与实践［J］. 鄱阳湖学刊，2015（1）：5-18.

［21］ 俞孔坚. 水生态基础设施构建关键技术［J］. 中国水利，2015（22）：1-4.

◉ 作者介绍

吴丹[1*]，段德罡[1]

[1.] 西安建筑科技大学，E-mail：761147345@qq.com

5

长春空港示范区低影响开发(LID)设施规划研究

摘要: 将长春空港体育健康产业园区作为示范区,以海绵城市建设的水生态、水安全、水环境和水资源为目标,编制低影响开发(LID)设施、雨水管道、雨水调蓄区等排水(雨水)及防涝设施系统规划。通过模拟分析,重点对LID设施水安全保障方面的作用进行定量研究。

5.1 项目介绍

5.1.1 示范区简介

长春空港经济开发区是集航空物流、冰雪体育装备制造业、国际合作事务服务、国际教育合作、体育休闲旅游等现代服务功能以及清洁技术产业研发、生产、展示等于一体的功能区,其中体育健康产业园区是长春空港首先建设的区域,作为海绵城市建设的示范区。示范区位于空港核心区域(见图 3-5-1),规划范围西至饮马河堤防滨河东街,南至龙泽湖及虹桥路,东至西营城河支沟,北至长吉城际铁路,总面积约 2.63km²,如图 3-5-2 所示。整体地形为丘陵台地,中部高南北侧低,地面高程在 175~186m 之间,现状存在局部低洼地区,多年平均降雨约 600mm。

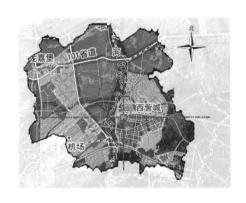

图 3-5-1 示范区位置

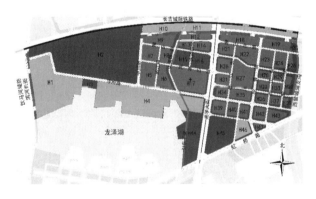

图 3-5-2 示范区规划范围

5.1.2 需求与目标

5.1.2.1 需求分析

规划以海绵城市建设对水生态、水安全、水环境和水资源的要求为导向，充分利用示范区场地块内绿地、透水铺装、调蓄或景观水系等生态绿色基础设施对雨水进行吸纳、蓄滞、缓释和净化，并结合雨水管道等灰色基础设施有效控制和利用雨水资源。

1）水生态需求　如按传统开发模式（即未考虑采用"渗、滞、蓄"LID设施），将会导致出现大量不透水面积。经计算，建设区径流控制率为33.6%，阻断了雨水的下渗通道，打破区域生态格局，同时，示范区属饮马河两侧水敏感区域，示范区开发建设会对饮马河生态基流的维持带来挑战。

2）水安全需求　示范区北侧长吉城际铁路与地面道路平交，本区域排水最终出路为其南侧规划龙泽湖，由于龙泽湖地下水位和汛期水位均较高，容易造成雨季排水管道排水不畅。另外，经核算该区域开发前综合径流系数为0.45，如按传统开发模式，建设区综合径流系数为0.65～0.68。这些会加剧该地区积水内涝风险。

3）水环境需求　示范区南侧的龙泽湖具备雨洪调蓄兼景观休闲功能，规划湖水水质为Ⅳ类。需严格控制示范区排入龙泽湖的雨水水质，规划在地块和道路源头采用分散的LID设施控制雨水污染，并在末端入湖前设置浅塘湿地来处理入湖的雨水。

4）水资源需求　通过"蓄、净、用"措施，尽量为本地区及南侧龙泽湖控制和利用雨水资源。

5.1.2.2 规划目标

根据需求分析，确定示范区雨水径流总量控制率为83%，雨水面源污染（以SS计）控制率不低于50%，城市内涝防治标准为50年一遇（道路积水深度大于15cm的时间控制在30min，建设区积水深度不超过50cm），全年雨水收集与利用率不小于10%。

5.1.3 工程规划

5.1.3.1 LID设施

低影响开发技术按主要功能一般可分为滞留、渗透、储存、调节、传输、截污净化等几类，设施可以单独使用，也可串联或并联使用，通过一种或多种设施的应用，可实现径流总量控制、径流峰值控制、径流污染控制、雨水资源化利用等多重目标[1]。根据示范区气候、水文、土壤、地形等特征，适用该地区的LID设施包括下凹式绿地、透水铺装、渗井、生态草沟、微型旱溪、生态树池、卵石渠、干塘/湿塘、雨水桶、蓄水池等[2]。对各建设地块进行了LID设施选择，并将总的控制指标分解为各地块的下沉式绿地率、透水铺装率、建筑雨水收集率、生态调蓄比例，如图3-5-3～图3-5-6所示，其中下沉式绿地率为下沉式绿地面积占绿地总面积的比率，此下沉式绿地泛指具有一定调蓄容积的可用于贮存、蓄渗径流雨水的绿地（下沉深度大于100mm，小于500mm），包括生物滞留设施、渗透塘、小型湿塘、小型雨水湿地等；透水铺装率是指公共停车场、人行道、步行道、自行车道和休闲广场、室外庭院等透水铺装面积占硬化总面积的比率；建筑雨水收集率是指区域内进行雨水收集的建筑占地面积占建筑总面积的比率；生态调蓄比率是指区域内旱溪、水景、坑塘等调蓄设施（下沉深度≥500mm）所占绿地总面积的比率。

汇总建设地块的各项LID设施工程量为：下沉式绿地率为55%～82%，总面积约

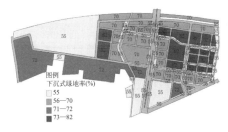

图 3-5-3　下沉式绿地率

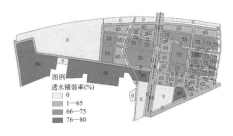

图 3-5-4　透水铺装率

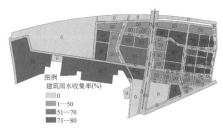

图 3-5-5　建筑雨水收集率

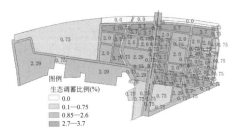

图 3-5-6　生态调蓄比例

83.35hm²；透水铺装率为 65%～80%，总面积约 45.90hm²；建筑雨水收集率为 50%～80%，生态调蓄比率为 0.75%～3.7%，调蓄容积为 4461.89m³。

另外，示范区市政道路总长度约 21.5km，面积约 64.32hm²，道路红线宽度有 20m、30m、40m、80m 等不同形式，规划建设下沉式绿地（植被浅沟、雨水花园、生物滞留设施等形式）总面积约 7.48hm²；透水铺装（主要针对人行道、自行车道）面积约 7.24hm²；生态调蓄设施（局部微型旱溪或生态设施底部蓄水模块等形式）容积约 6271.20m³。

经统计，规划在示范区建设地块和市政道路，共建设下沉式绿地约 90.83hm²，透水铺装约 53.14hm²，生态调蓄设施容积约 10733m³。各类用地的年径流总量控制率经面积加权平均，可得到示范区的年径流总量控制率达 83.7%，可以控制 23mm 降雨量。

5.1.3.2　雨水管道

按示范区地形、地势及道路布局规划分 5 个排水子系统，将最终排入其南侧龙泽湖。雨水降雨设计重现期为 5 年一遇，雨水管道规模为 φ600mm～2□3200×2000mm，总长约 13.6km，如图 3-5-7 所示。

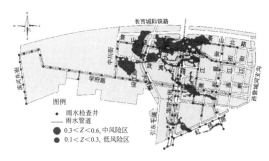

图 3-5-7　雨水管道规划及 50 年
一遇降雨内涝风险分析

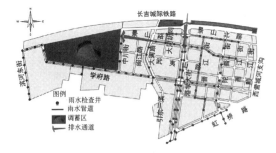

图 3-5-8　公共调蓄区规划布局

5.1.3.3　公共调蓄设施

通过雨水管道和 LID 设施模拟分析，当发生 50 年及以上降雨时，下游龙泽湖水位较高，会造成雨水管道排水不畅，示范区的局部低洼地区积水深度达 0.4m，如图 3-5-7 所示。规划在示范区北部和西部，结合城市绿地景观，建设干/湿塘、旱溪、微型湿地等生态调蓄设施，占地面积约 1458m²，调蓄容积约 729m³，并结合场地竖向规划，预留地面表层草沟或浅层盖板沟作为内涝水的行泄通道，如图 3-5-8 所示。

5.2 LID 设施效果分析

LID 设施已被广泛用于在建设区源头控制雨水径流，其设计的最初目的主要是对降雨初期径流污染进行控制。那么，LID 设计对暴雨径流水量控制，或对内涝缓解的作用如何，是本文重点研究的重点内容。

5.2.1 模型构建

示范区建模软件采用 Infowork ICM 6.5。本次构建的模型除常规雨水管道与下游河道（以边界条件形式设置）以外，还采用 Infowork ICM 6.5 软件中 SUDS 模块（源自美国 EPA 的 SWMM），利用水文学原理构建了 LID 设施模型[3]。通过将流域水文特征模拟和管道系统模拟相耦合，开展排水防涝效果分析。其中，SUDS 模块可以对生物滞留、雨水花园、绿色屋顶、渗渠、透水铺装、雨水桶、雨落管断接、生态草沟等 8 种 LID 设施模拟，如图 3-5-9 所示。各类 LID 设施涉及表面层、铺装层、土壤层、储蓄层、暗渠、排水垫层等

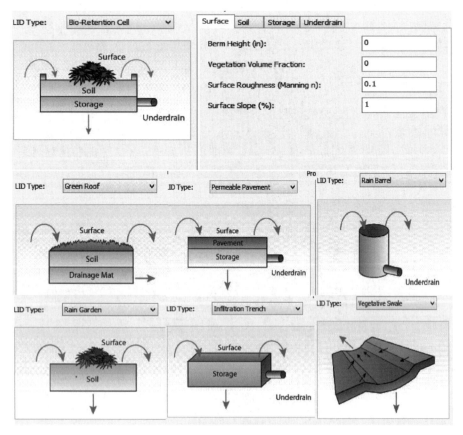

图 3-5-9　典型 LID 设施模拟原理及参数设置

多个参数。本案例相关模拟参数主要参考当地勘查测绘资料及国内外经验取值[4]，具体如下。

（1）透水铺装

透水铺装设施组成主要包括表面层、铺装层、土壤层、储存层和暗渠。其中，透水铺装表面层曼宁系数0.01，铺装层厚度100mm，空白比例0.15，渗透率为100mm/h，土壤层类型为粉质黏土，储蓄层厚度为150mm，渗漏率为10mm/h，砾石层厚度为150mm。

（2）下凹式绿地

下凹式绿地的设施类型为生物滞留设施，主要包含表面层、土壤层、储蓄层。其中，表面层厚度为200mm（即下凹深度取200mm）；因本试点采用的下凹式绿地为普通下凹式绿地，土壤层选择为黏土，厚度200mm，储蓄层厚度为200mm，空白比例为0。

（3）生态调蓄设施

生态调蓄设施只考虑其储蓄能力，以雨水桶替代，雨水桶主要属性为雨水桶高度及暗渠，生态调蓄高度通常大于0.5m，以生态调蓄面积最大考虑，雨水桶高度取0.5m，因仅考虑其储蓄能力，模型中设置排水系统及指数均为0。

另外，模拟所采用的降雨雨型是由长春市城乡规划设计研究院根据长春气象站1980～2012年降雨资料，推求的长春市3年、5年、10年、20年、50年、100年一遇间隔5min24h降雨雨型（其中50年一遇降雨雨型如图3-5-10所示），降雨雨型呈单峰形式，雨峰在约2/3位置（955min）。3年、5年、50年和100年一遇1h降雨强度分别为38mm、42mm、80mm和90mm，24h降雨总量分别为92mm、102mm、162mm和184mm。

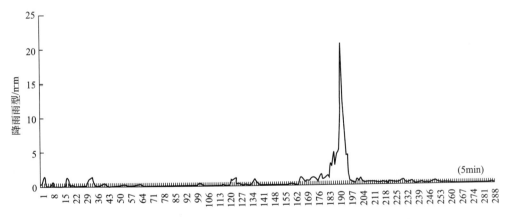

图 3-5-10　长春市 50 年一遇间隔 5min 长历时(24h)降雨雨型

5.2.2　水安全保障分析

（1）延缓和削峰

选择示范区其中一个排水子系统模拟结果进行分析。在不同降雨重现期情景下，低影响开发较传统开发模式对雨水径流有一定的滞缓和削峰作用，如表3-5-1所列。当发生3年、5年、10年、20年、50年及100年一遇降雨时，低影响开发较传统开发模式，雨水径流峰值延缓时间分别为8.5～1.2min，雨水径流峰值流量削减率分别为16.98%～4.73%。其中，发生3年和50年一遇降雨时，传统开发与低影响开发模式下径流过程线对比如图3-5-11和图3-5-12所示。

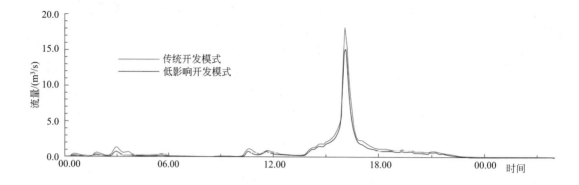

图 3-5-11 3 年一遇降雨传统开发与低影响开发模式径流过程线对比

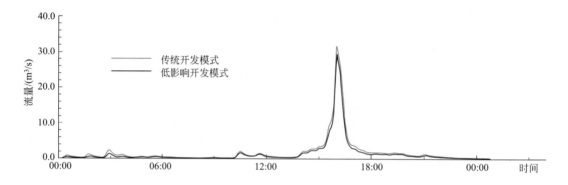

图 3-5-12 50 年一遇降雨传统开发与低影响开发模式径流过程线对比

表3-5-1 低影响开发与传统开发模式雨水径流峰值控制对比

降雨重现期	传统开发 峰值流量/(m³/s)	低影响开发		
		峰值流量/(m³/s)	峰值延缓时间/min	峰值流量削减率/%
3 年一遇	18.153	15.071	8.5	16.98
5 年一遇	20.218	16.850	8.1	16.66
10 年一遇	25.313	21.807	5.2	13.85
20 年一遇	28.582	25.308	3.1	11.45
50 年一遇	31.950	29.453	2.1	7.82
100 年一遇	33.420	31.838	1.2	4.73

从图 3-5-11、图 3-5-12 和表 3-5-1 可见，低影响开发（LID）设施对雨水径流峰值时间延缓和峰值流量削减程度随降雨重现期的增加呈减小的趋势，即降雨强度越大，LID 设施对雨水径流的控制作用越小，分析其原因在于 LID 设施规模是根据全年雨水径流控制率 83%的控制目标来确定的，而全年雨水径流控制率 83%所对应的绝大部分降雨为 1～5 年一遇小重现期降雨，即本项目 LID 设施主要是针对小重现期降雨径流控制而规划设计的，当然，它对于高重现期降雨，作用不明显。然而，如果考虑用 LID 设施来承担高重现期降雨的水安全问题，会存在较大的土地资源和财政经济投入。

（2）提高管道超载

示范区雨水管道规划设计标准为 3～5 年一遇。对雨水管道的排水能力进行模拟分析可知，如果采用传统开发模式，当发生 10 年一遇降雨时，有 1/3 的雨水管道属于重度超负荷状态，即检查井发生雨水溢流，如书后彩图 3-5-13（a）所示；如果采用低影响开发模式，当发生 10 年一遇降雨时，只有极少数雨水管道属于重度超负荷状态，即极少数检查井发生雨水溢流，如书后彩图 3-5-13（b）所示。通过 LID 设施建设，可以有效提高雨水管道的排水标准，这对于现状雨水管道的提标改造具有参考意义。

（3）内涝风险缓解

在雨水管道等排水系统正常运行的前提下，比较了传统开发模式与低影响开发模式对区域内涝积水风险的影响。

通过模拟发现，如果采用传统开发模式，在 50 年和 100 年一遇重现期 24h 降雨情景下，仅依靠雨水管道系统排水，示范区局部地区会发生较严重积水，如书后彩图 3-5-14 所示，部分道路最大积水深度为 0.3～0.5m，区域最大淹水面积达 45～64hm^2；如果采用低影响开发模式，积水深度和淹水面积会有一定程度的缓解，如书后彩图 3-5-15 所示，道路最大积水深度为 0.2～0.4m，区域最大淹水面积为 13～29hm^2，内涝风险有所缓解。然而，即使采用 LID 设施，示范区仍存在局部低洼地区积水的隐患。因此，对于 50 年一遇降雨及超标极端降雨，还需要通过设置公共调蓄区来应对区域洪涝灾害。

5.3　结语

基于海绵城市建设的水生态、水安全、水环境和水资源目标，编制了示范区低影响开发（LID）设施、雨水管道、雨水调蓄区等排水（雨水）及防涝设施系统规划。其中规划在示范区建设地块和市政道路内新建 LID 设施包括：下沉式绿地面积约 91hm^2，透水铺装面积约 53hm^2，生态调蓄设施容积 10733m^3，示范区年径流总量控制率达 83.7%，可以控制 23mm 降雨量；新建雨水管道规模为 ϕ600～2□3200×2000mm，总长 13.6km；结合城市绿地景观，规划建设公共生态调蓄设施，占地面积约 1458m^2，调蓄容积约 729m^3。

重点对 LID 设施进行模拟分析研究，有如下几点结论。

① 低影响开发（LID）设施是针对全年大部分场次降雨，即小重现期降雨的雨水径流控制进行规划设计的（主要控制作用体现在雨水污染控制方面）。经模拟分析，它对雨水径流峰值的延缓和削峰作用随降雨重现期的增加呈减弱趋势，即降雨强度越大，LID 设施对雨水径流的控制作用越小。如果要提高 LID 设施对大暴雨径流量的控制能力，需要增加较大的土地资源和财政经济投入，应在生态效益、社会效益和经济效益等多方案优化比较分析后再行决策。

② 低影响开发（LID）设施与雨水管道、公共调蓄区及下游受纳水体共同构成城市洪涝防治工程体系，共同发挥降低风险灾害的作用。经模拟分析，在水安全保障方面，尤其是在极端降雨或长历时降雨（即易产生城市内涝的降雨）情况下，低影响开发（LID）设施由于规模有限，发挥的作用较小；雨水管道、公共调蓄区、下游受纳水体是极端降雨或长历时降雨情况下洪涝防治的基础工程设施，发挥着重要的骨干作用，不容忽视，必须严格按高标准规划建设。

③ 低影响开发（LID）设施建设有利于城市雨水管道排水能力的提高。经模拟分析，通过建设 LID 设施，改变了建设区的硬化程度，在一定重现期降雨强度下（10 年一遇左右），LID 设施发挥较明显的滞蓄作用，有效地降低了场地径流系数，从雨水设计流量减小角度而言，提高了原有雨水管道的排水设计标准。这可以为城市建成区（尤其是老城区）雨水管道

升级改造提供借鉴。

致谢

本文在规划研究过程中得到长春高新技术产业开发区管理委员会和长春市城乡规划设计研究院相关部门与人员的大力支持与帮助，特此表示诚挚的感谢。

参 考 文 献

[1] 中华人民共和国住房与城乡建设部. 海绵城市建设技术指南——低影响开发雨水系统构建（试行）[Z]. 2014.

[2] 王文亮，李俊奇，车伍，等. 海绵城市建设指南解读之城市径流总量控制指标 [J]. 中国给水排水，2015，31（8）：18-23.

[3] England Innovyze Company. Info Works ICM HelpV6. 5 [Z]. 2015.

[4] 黄涛，王建龙，王明宇，等. 蓝色屋顶调节城市雨水径流的方法及可行性分析 [J]. 中国给水排水，2014，30（23）：149-153.

⊙ 作者介绍

王强[1]*，黄涛[2]

[1]. 北京市城市规划设计研究院，E-mail：wq2018@163.com

[2]. 北京市首都规划设计工程咨询开发公司

6

"灰色"与"绿色"雨水排放系统的技术经济比选案例研究

摘要： 为满足业主及海绵城市建设的要求，对徐州某机场航站区室外雨水工程分别设计了以"快排"为主的"灰色"传统雨水系统方案和以下渗、滞蓄、净化、回用为主的"绿色"低影响开发（LID）雨水系统方案。从技术、投资及经济评价三个方面进行比选和分析，提出了对我国在室外雨水排放设计中采用低影响开发（LID）雨水系统的建议。

6.1 引言

目前，我国室外雨水排水工程多采用雨水口、雨水管道、检查井等"灰色"排水设施，给排水专业与景观、总图等专业之间缺乏协调与沟通，场地的竖向设计以及传统的景观设计方案限制了绿地、水体调蓄雨水功能的发挥。

为缓解传统城市建设带来的城市内涝、硬化面积大量增加等一系列问题，海绵城市作为一种新型城市建设模式已得到了国家的高度重视并正在全面推进。而低影响开发雨水系统（LID）的构建正是海绵城市建设的重要组成部分，因此，在室外雨水排水工程的设计中应转变思路，从生态及低影响开发的角度思考优化传统的设计方案。

6.2 项目背景

项目为徐州某机场航站区二期室外扩建工程，建设地属暖温带半湿润季风气候，年平均气温14℃，年均降水量为808.3mm，雨季为7~10月份，雨季降水量占全年的56%。位于我国大陆地区年径流总量控制率分布图的Ⅳ区，其年径流总量控制率范围为70%~85%，对应的设计降雨量为23~41mm。

该项目占地面积约$2.4 \times 10^4 m^2$，其室外雨水系统初步设计采用以雨水管道、检查井等为主的传统雨水排放方案，即将开始进行施工图设计。为满足业主及海绵城市建设的要求，施工图阶段分别设计了以"快排"为主的"灰色"传统雨水系统方案和以下渗、滞蓄、净化、回用为主的"绿色"低影响开发（LID）雨水系统方案，并从技术、工程费用及经济评价三个方面进行比选和分析。

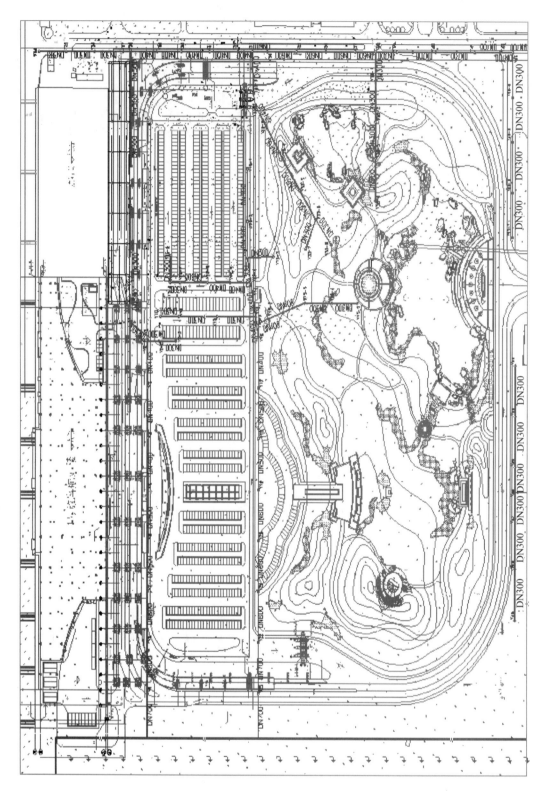

图3-6-1 徐州机场航站区二期扩建室外雨水排水平面图

6.3 方案比选——技术及工程费用

6.3.1 传统雨水系统排放设计方案

传统雨水系统将红线范围内的雨水经雨水口及管道收集后排入机场周边的雨水沟，最终排入附近的河道。徐州机场航站区二期扩建室外雨水排水平面如图3-6-1所示。

这种方式主要以排为主，存在多方面的缺憾，如未经处理的雨水排入河道后污染城市河湖水体、给市政管网增加排放压力、点式雨水口收集地表雨水必然产生积水、雨水资源浪费、雨水管渠系统投资巨大等。

6.3.2 LID"绿色"生态雨水设计方案

在对原场地及景观不造成较大影响的基础上，根据竖向设计因地适宜地设计一套适合的LID生态雨水排放系统，其工艺流程如下：航站楼及停车场雨水经地面汇入停车场内的下凹式绿地，部分下渗，部分溢流，溢流雨水经管道及植草沟汇集后进入前置塘，经初步处理后排入水体。公园内雨水先汇入下凹式绿地，超过其消纳能力的雨水沿地面经水体周围的植被缓冲带进入水体。在水体两处采用循环水泵将水送入雨水湿地，净化处理后排入水体。水体补水应优先采用雨水，雨水水量不足时采用中水补充，工艺流程如图3-6-2所示。LID生态雨水系统设计平面如图3-6-3所示。

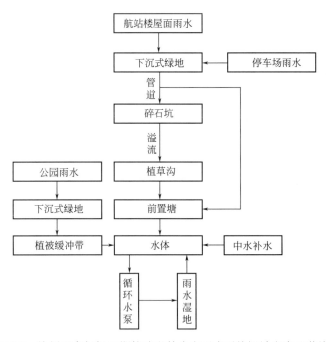

图 3-6-2 徐州观音机场二期扩建室外生态雨水系统设计方案工艺流程

6.3.3 工程费用对比分析

对以上两个方案进行估算，工程量及费用详见表3-6-1和表3-6-2，计算依据如下。
① 根据方案设计图纸计算得出的工程量。

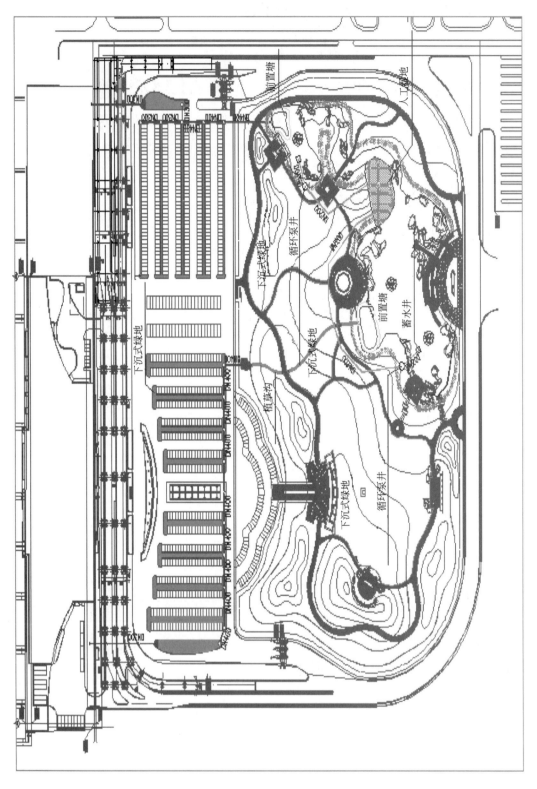

图3-6-3 徐州观音机场二期扩建室外生态雨水系统设计平面图

② 2014 年《江苏省建筑与装饰工程计价定额》、《江苏省安装工程计价定额》、《江苏省市政工程计价定额》、《江苏省建设工程费用定额》。

③ 徐州市 2015 年第 11 期市场价格信息及有关规定。

④ 部分生态设施（如前置塘、人工湿地等）单价来源于已实施项目。

表3-6-1　传统排水方案工程量及工程直接费用

名称	单位	工程量	综合单价/元	综合合价/元
HDPE 双壁缠绕排水管 DN200	m	300	220	66000
HDPE 双壁缠绕排水管 DN300	m	1600	360	576000
HDPE 双壁缠绕排水管 DN400	m	480	520	249600
HDPE 双壁缠绕排水管 DN500	m	650	720	468000
HDPE 双壁缠绕排水管 DN600	m	240	850	204000
钢筋混凝土管 DN700	m	150	660	99000
圆形混凝土污水检查井 D1500	座	73	7670	559910
雨水口 $h=0.5\text{m}, H=1.0\text{m}$	座	55	1000	55000
排水沟	m	100	3000	300000
工程费用合计				2577510

表3-6-2　生态排水方案工程量及工程直接费用

名称	单位	工程量	综合单价/元	综合合价/元
下凹式绿地	m^2	36070	—	—
挖方	m^3	10821	15	162313
HDPE 双壁缠绕排水管 DN400	m	290	520	150800
HDPE 双壁缠绕排水管 DN300	m	150	360	54000
钢骨架塑料复合管 DN200	m	350	470	164500
循环泵井 $D=3000\text{mm}$	个	2	16000	32000
循环泵 $Q=89.2\text{m}^3/\text{h}, H=15.9\text{m}, N=7.5\text{kW}$	台	4	16500	66000
前置塘	m^2	1320	100	132000
雨水湿地	m^2	1200	1000	1200000
塑料检查井 D630	个	15	5500	82500
生物浮岛	m^2	200	1000	200000
工程费用合计				2238113

注：下凹式绿地只需要改变原有景观绿地做法，费用计入原有景观部分投资。

由上表可以看出：传统方案设计工程费用为 258 万元，LID 生态排水方案设计工程费为 224 万元。生态排水方案比传统方案节省了 34 万元。因此，从工程直接费用角度分析，LID 生态排水设计方案较传统方案是有优势的。

6.4 LID 生态排水方案投资估算与国民经济评价

根据《雨水集蓄利用工程技术规范》、《水利建设项目经济评价规范》及《方法与参数第三版》确定该项目只需要做国民经济评价，可不做财务评价，可不计列流动资金，社会折现率为 7%，计算期为 10～20 年，取 20 年。根据项目的难易程度，建设期定为 1 年。下面对国民经济评价的运营维护费用与经济效益进行详细分析[1~4]。

6.4.1 运营维护费用

（1）动力费（C_1，元/a）

动力费一般只计算水泵电费，其费用可按式（3-6-1）进行估算：

$$C_1 = \frac{\rho V'ghd}{3.6\,\eta \times 10^6} \tag{3-6-1}$$

式中，ρ 为雨水密度，kg/m^3，为 $1.0 \times 10^3 kg/m^3$；V' 为泵提升的水量，m^3/a，5～9 月运转，按 $212143m^3/a$ 计；g 为 $9.81N/m$；h 为泵的扬程，m，按 2 台泵共 30m 计；d 为电费，元/($kW \cdot h$)，按 2014 年徐州市正常时段动力电价计算取 0.56 元/($kW \cdot h$)；η 为水泵和电机的效率，%，按 75% 计算。

（2）维护管理费（C_2，元/a）

包括日常养护、定期修护、检修费用及管理费等，可根据雨水继续利用工程的实际使用情况分析确定，一般为总投资的 2%～3%，此处取 3%。

（3）药剂费（C_3，元/a）

水体主要以雨水湿地及植物净化为主，为更好地保障水体水质，在水华高峰期仍需要投放药剂加强处理，按 6 万元/a 计算。

（4）其他运营费（C_4，元/a）

按经济效益的 10% 计取。

6.4.2 经济效益

（1）节约用水带来的费用

将收集的雨水用于生活杂用水，节省了自来水费用，有利于减轻城市供水压力，节省的自来水费用即为这部分产生的效益，可采用回用水量和自来水价进行计算。我国目前的水价仍是一种不完全水价，若要考虑水资源价值，按照水资源合理开发利用和最佳配置来考虑，则应使用影子水价来进行计算。通过模型模拟，我国水资源影子水价可取为 4.29 元/m^3。计算可得每年节约水费。

（2）回灌地下水带来的效益

通过渗透设施如下沉式绿地、植草沟、植被缓冲带等下渗雨水，增加地下水补给量，不仅能够补充土壤水供植物生长，还有利于缓解地下水位下降，缓解地面沉降，从而改善市区的水文地质环境。其增加的效益参照徐州地下水开采最低水价，按 0.5 元/m^3 计算，可得每年回灌地下水带来的效益。

（3）消除污染而减少的社会损失

据分析，为消除污染每投入 1 元可减少的环境资源损失是 3 元，即投入产出比为 1:3。

由于在本项目中采用了源头控制，以及自然净化和循环的处理措施，大大减少了污染雨水排入水体，也减少了因雨水的污染而带来的水体环境的污染。目前徐州市排污费 0.9 元/m³，则 0.9×3＝2.7 元/m³ 为每年因消除污染而投入的费用，可得每年因消除污染而减少的社会损失。

（4）减少市政管网运行费用的效益

对城市雨水径流的污染控制、利用或渗透处理，每年可减少向市政管网排放雨水，减轻市政管网的压力，也减少市政管网的建设维护费用。城市管网运行费按 0.08 元/m³ 计算，可得每年减少市政管网运行费用所带来的效益。

（5）节水可增加的国家财政收入

据了解，目前全国六百多个城市日平均缺水 1000 万立方米，造成国家财政收入年减少 200 亿元，相当于每缺水 1m³ 要损失 5.48 元，即节约 1m³ 水意味着创造了 5.48 元的收益，则可计算出每年节水能增加的国家财政收入。

国民经济计算表详见表 3-6-3～表 3-6-6。

表3-6-3　国民经济评价建设投资调整计算表　　　　　　　　　万元

序号	项目	财务评价				国民经济投资			
		合计	其中			合计	其中		
			外币	折合人民币	人民币		外币	折合人民币	人民币
1	建设投资	321.11				335.49			
1.1	建筑工程	217.81			217.81	239.59			239.59
1.2	设备	6.00			6.00	6.00			6.00
1.2.1	进口设备								
1.2.2	国内设备	6.00			6.00	6.00			6.00
1.3	安装工程	0.60			0.60	0.72			0.72
1.3.1	进口材料								
1.3.2	国内部分材料及费用	0.60			0.60	0.72			0.72
1.4	工程建设其他费用	64.88			64.88	64.88			64.88
	其中：土地费用								
1.5	基本预备费	20.25			20.25	24.30			24.30
1.6	建设期涨价预备费								
1.7	建设期借款利息	11.57			11.57				
2	合计	321.11				335.49			

计算可得国民经济内部收益率为 9.92%＞7%，经济净现值为 76 万元＞0，可见该项目从国民经济评价角度考虑是可行的。除此之外，本项目还能提高防洪标准，减少洪涝灾害产生的经济损失，改善城市水环境和生态环境，增加亲水环境，增进人民健康，减少医疗费用，增加旅游收入等[5-9]。

表3-6-4

国民经济运营维护费用调整计算表

万元

序号	项目 \ 年份	合计	建设期	投产期									达到设计能力期									
			1	2	3	4	5	6	7	8	9	10	11	12	13	14	15	16	17	18	19	20
1	人工费	25		1.3	1.3	1.3	1.3	1.3	1.3	1.3	1.3	1.3	1.3	1.3	1.3	1.3	1.3	1.3	1.3	1.3	1.3	1.3
2	动力费	191		10.1	10.1	10.1	10.1	10.1	10.1	10.1	10.1	10.1	10.1	10.1	10.1	10.1	10.1	10.1	10.1	10.1	10.1	10.1
3	修理费	114		6.0	6.0	6.0	6.0	6.0	6.0	6.0	6.0	6.0	6.0	6.0	6.0	6.0	6.0	6.0	6.0	6.0	6.0	6.0
4	其他运营费用	111		5.8	5.8	5.8	5.8	5.8	5.8	5.8	5.8	5.8	5.8	5.8	5.8	5.8	5.8	5.8	5.8	5.8	5.8	5.8
7	合计 (1＋2＋3＋4＋5＋6)	441		23.2	23.2	23.2	23.2	23.2	23.2	23.2	23.2	23.2	23.2	23.2	23.2	23.2	23.2	23.2	23.2	23.2	23.2	23.2

表3-6-5

固定资产折旧费、无形资产及递延资产摊销费估算表

万元

序号	项目 \ 年份	折旧摊销年限	合计	建设期	投产期								达到设计能力期									
				1	2	3	4	5	6	7	8	9	10	11	12	13	14	15	16	17	18	19	20
1	固定资产折旧																						
	原值																						
	折旧费		321.1		10.9	10.9	10.9	10.9	10.9	10.9	10.9	10.9	10.9	10.9	10.9	10.9	10.9	10.9	10.9	10.9	10.9	10.9	10.9
	净值				310.2	299.4	288.5	277.7	266.8	255.9	245.1	234.2	223.4	212.5	201.6	190.8	179.9	169.1	158.2	147.3	136.5	125.6	114.7
1.1	新增固定资产																						
1.1.1	房屋、建筑物	30																					
	原值																						
	折旧费		311.7		10.4	10.4	10.4	10.4	10.4	10.4	10.4	10.4	10.4	10.4	10.4	10.4	10.4	10.4	10.4	10.4	10.4	10.4	10.4
	净值				301.3	290.9	280.5	270.1	259.7	249.3	238.9	228.6	218.2	207.8	197.4	187.0	176.6	166.2	155.8	145.4	135.1	124.7	114.3
1.1.2	设备	20																					
	原值																						
	折旧费		9.4		0.5	0.5	0.5	0.5	0.5	0.5	0.5	0.5	0.5	0.5	0.5	0.5	0.5	0.5	0.5	0.5	0.5	0.5	0.5
	净值				9.0	8.5	8.0	7.6	7.1	6.6	6.1	5.7	5.2	4.7	4.2	3.8	3.3	2.8	2.4	1.9	1.4	0.9	0.5

表3-6-6 国民经济效益费用流量表

单位：万元

说明：年份1为建设期；年份2~9为投产期；年份10~20为达到设计能力期。

序号	项目＼年份	合计	1	2	3	4	5	6	7	8	9	10	11	12	13	14	15	16	17	18	19	20
1	效益流量 B	1223		58.4	58.3	58.3	58.3	58.3	58.3	58.3	58.3	58.3	58.3	58.3	58.3	58.3	58.3	58.3	58.3	58.3	58.3	58.3
1.1	节约自来水效益	163		8.6	8.6	8.6	8.6	8.6	8.6	8.6	8.6	8.6	8.6	8.6	8.6	8.6	8.6	8.6	8.6	8.6	8.6	8.6
1.2	回灌地下水效益	112		5.9	5.9	5.9	5.9	5.9	5.9	5.9	5.9	5.9	5.9	5.9	5.9	5.9	5.9	5.9	5.9	5.9	5.9	5.9
1.3	消除污染而减少的社会损失效益	606		31.9	31.9	31.9	31.9	31.9	31.9	31.9	31.9	31.9	31.9	31.9	31.9	31.9	31.9	31.9	31.9	31.9	31.9	31.9
1.4	减少市政管网运行费用效益	18		0.9	0.9	0.9	0.9	0.9	0.9	0.9	0.9	0.9	0.9	0.9	0.9	0.9	0.9	0.9	0.9	0.9	0.9	0.9
1.5	增加财政收入	208		11.0	11.0	11.0	11.0	11.0	11.0	11.0	11.0	11.0	11.0	11.0	11.0	11.0	11.0	11.0	11.0	11.0	11.0	11.0
1.6	回收固定资产余值	115																					114.7
2	费用流量 C	753	335	0.0	23.2	23.2	23.2	23.2	23.2	23.2	23.2	23.2	23.2	23.2	23.2	23.2	23.2	23.2	23.2	23.2	23.2	23.2
2.1	固定资产投资（含更新改造后投资）	335	335																				
2.2	年运行维护费	418			23.2	23.2	23.2	23.2	23.2	23.2	23.2	23.2	23.2	23.2	23.2	23.2	23.2	23.2	23.2	23.2	23.2	23.2
2.3	其他经济费用	0																					
3	净效益流量（$B-C$）	470	−335	58.4	35.1	35.1	35.1	35.1	35.1	35.1	35.1	35.1	35.1	35.1	35.1	35.1	35.1	35.1	35.1	35.1	35.1	149.9
4	累计净效益流量	470	−335	−277.1	−242.0	−206.9	−171.7	−136.6	−101.5	−66.1	−31.2	3.9	39.0	74.2	109.3	144.4	179.6	214.7	249.8	285.0	320.1	470.0

经济内部收益率/%：9.92%

经济内部财务净现值（ic＝7%）：￥76万元

6.5 结论

在技术可行的基础上，分析传统排水方案与生态排水方案的利弊，将二者的工程直接费进行计算比较，得出传统方案费用为 258 万元，生态排水方案费用为 224 万元，即生态排水方案比传统方案节省了 34 万元。因此，从该角度分析生态排水设计方案是可行的，可替代传统排水方案。同时，对生态排水方案进行总投资估算和国民经济评价，分析得出国民经济内部收益率为 9.92%＞7%，经济净现值为 76 万元＞0，即该项目从国民经济评价角度考虑可行。

参 考 文 献

[1] GB/T 50378—2014 绿色建筑评价标准 [S].
[2] 内蒙古自治区水利厅. 雨水集蓄利用工程技术规范. SL267-2001. [Z] 2001.
[3] 中华人民共和国水利部. 水利建设项目经济评价规范. SL72-94. [Z] 1994.
[4] 国家计划委员会, 建设部. 建设项目经济评价方法与参数 [M]. 北京: 中国计划出版社, 2006.
[5] 车武, 李俊奇. 城市雨水利用技术与管理 [M]. 北京: 中国建筑工业出版社, 2006.
[6] 张书函, 陈建刚, 丁跃元. 城市雨水利用的基本形式与效益分析方法 [J]. 水利学报, 2007, (10): 399-403.
[7] 李美娟. 城市雨水资源利用效益评价研究 [D]. 大连: 大连理工大学, 2010: 15-21.
[8] 左建兵, 刘昌明, 郑红星. 北京市城市雨水利用的成本效益分析 [J]. 资源科学, 2009, 31 (8): 1295-1302.
[9] 邹扬善. 北京市中水设施的成本效益分析 [J]. 给水排水, 1996, 22 (4): 31-33.

⊙ 作者介绍

毛坤[1]*

[1]. 北京建工建筑设计研究院，E-mail：maokun6424@126.com

7

雨水贮集系统运用在供水与雨洪削减之可行性研究

摘要：本研究先对台湾省常用的雨水贮集系统容量设计之仿真及计算方法进行比较，分别为台湾海洋大学、兰阳科技大学及建筑研究所绿建筑评估手册所开发的计算方法，透过台湾省高雨量、中雨量及低雨量地区之实际案例做模拟计算及验证，进而建立雨水贮集系统防洪操作模式。借由雨水储水槽增设滞洪口，将雨水储水槽内体积分为供水空间及滞洪空间，透过实际案例在雨季时进行防洪操作模拟，由供水可靠度及洪峰削减率之成效优选供水及滞洪空间之比例，使雨水贮集系统达到较高的供水及防洪效益。

7.1 前言

科技工业的不断进步，都市化现象增加，以致全球二氧化碳排放量剧增，不仅是由工厂、交通工具排放的废气，还包括建筑物与用水量增加造成的碳足迹消费，都深深地影响了这个地球，造成全球暖化日益严重，气候变迁连带影响到降雨，降雨的不定性也越来越明显；再加上现今都市的地表几乎是呈现完全不透水的状况，当降雨发生时雨水由大楼的屋顶或建筑物的立面汇流，由管道直接进入地下排水系统，还有街道因不透水面产生的径流，最终由末端直接流至河川中[1]，该过程无法由地面入渗或截流来减缓这湍急的雨水，因而产生了大量的雨水径流，常常造成淹水的情况。

由于气候变迁与地表不透水率增加的因素，我们以往在这雨水管理只靠着水库泄洪机制或末端滞洪池来缓冲，并未考虑将雨水贮集系统列入考虑范围，未来面对这种捉摸不定的气候与都市化的发展，我们必须再增设可有效控制雨洪的方法。传统处理都市雨洪的方法是以末端控管雨水，但是此方法会占据大量的土地与庞大的资金浪费，集水区内的雨水也较不易掌控，还有底部淤积的种种问题。目前比较提倡的雨水控管的方法，则是以源头控管雨水来取代传统的方法，雨水控管个在集水区的最末端，而是在一个小镇，或一个小区，亦或是一栋建筑物，这样不但减少土地与资金的浪费，维护方面比较容易，收集的雨水也利于管理，更能达到雨洪管理的理想目标[2]。雨水贮集是源头控管的方法之一，雨水贮集系统可将降雨在屋顶上及建筑物立面的雨水收集储存，有效地控制落在建筑物上的雨水，减少都市内的雨水径流，达到防洪的目的。低影响开发的理论中，提倡借由源头控管来管理雨水会比末端控制得到的效果佳。雨水贮集系统[3]可建置在每栋建筑物之上，可有效地控管建筑物所收集的雨水，达到源头控管的目的。

目前，国内外雨水贮集系统用来取代非饮用水供水的研究已经相当的完善，然而雨水储水槽容量设计[4,5]是研究当中的一个重要课题。假如雨水储水槽设计过大会造成雨水在储水槽内产生水质变化而影响水质，且造成不必要的资源及成本的浪费；设计过小则会增加自来水的补充量或其他水源补充，便失去了雨水贮集系统的原本的目的。另外，中国台湾建筑物的一贯供水方式，皆由地面水泵将水运送至屋顶的水塔，需要用水时才将自来水由水塔向下配水；但在许多研究中，雨水贮集容量设计都只考虑地面雨水储水槽的容量设计，却忽略了屋顶供水槽的考虑，故本研究将此运作机制在模式建构时并入考虑，较合乎真实情况。然而，国内在雨水贮集系统防洪操作方面的相关研究尚缺乏，为了达到雨水贮集系统防洪与供水的双重目的，本研究在进行雨水贮集系统防洪操作探讨之前，将会先参考前人雨水贮集系统供水的容量设计模式作为依据，来当作防洪操作模式的模板，并建置研究雨水贮集系统防洪操作机制，做供水与防洪之间的整合探讨。

雨水贮集系统进行防洪操作是在雨季时利用雨水储水槽的容量空间当作滞洪池[6]，在同一个容量体积之下，一部分的体积用来滞洪，另外的部分则同样维持原本的滞留供水。如果分配滞洪的体积不足，会无法削减暴雨形成的洪峰流量；而分配滞留的体积不足，便形成自来水补水量增加，有失雨水贮集系统的本意。所以，如何在这供水与防洪之间取得一个最佳平衡为本研究探讨的主要目标。

本研究旨在选择雨水贮集系统防洪操作之理想策略，必须先透过已建置雨水贮集系统之案例进行雨水贮集系统容量设计之模试验证，进而建置雨水贮集系统防洪操作仿真模式，并利用案例之既有雨水贮水槽在雨季时选择不同的操作策略模拟分析，其结果可作为未来雨水管理的一个重要参考（图 3-7-1）。

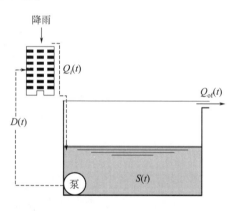

图 3-7-1　雨水贮水槽

7.2　研究方法

7.2.1　雨水贮集系统仿真与分析

仿真法是利用历史记录之入流量代入连续方程式仿真雨水贮集系统容量的连续变化，本研究参考 McMahon 和 Mein（1986）[7]的模拟方法，忽略储水量的蒸发损失，可将连续方程式表示如下：

$$S(t)=S(t-1)+Q_i(t)-D(t)-Q_{of}(t),0{\leqslant}S(t),S(t-1){\leqslant}S_{max} \qquad (3\text{-}7\text{-}1)$$

式中，$S(t)$ 为第 t 时刻的贮水量，m^3；$S(t-1)$ 为第 $t-1$ 时刻的贮水量，m^3；$Q_i(t)$ 为第 t 时刻的入流量，m^3；$D(t)$ 为第 t 时刻的需水量，m^3；$Q_{of}(t)$ 为第 t 时刻的溢流量，m^3；S_{max} 为贮水槽最大容量，m^3。

雨水贮集系统之供水绩效一般以可靠性说明[8]，它可被表达为实际的总雨水供给超过需求（供水可靠度 R_v）或需求完全被满足的部分时间（$R_e = 1 - n/N$）。供水可靠度 R_v 可用算式表达如下：

$$R_v = 实际的总雨水供给/需求的雨水 = \sum Y(t)/\sum D(t) \times 100\% \qquad (3\text{-}7\text{-}2)$$

式中，n 为当水需求大于贮存的时间单位数量；N 为降雨序列中的时间单位总数量；$D(t)$ 为第 t 时刻的需水量，m^3；$Y(t)$ 为在第 t 个时段期间的雨水供给量，m^3。然而，R_e 无法用在小贮存容量及高水量需求，以判定水供给的可靠性。相反地，R_v 在所有情况下都可利用，故本研究使用 R_v。

7.2.2 雨水贮集系统容量设计方法比较与模式建立

台湾海洋大学的设计模式[4,5]及兰阳技术学院史健军和高家伟的设计模式[9]系透过模拟法，利用实际雨量进行长期日雨量仿真进行雨水贮集系统容量设计；绿建筑评估手册[10]系透过经验公式，利用经验公式与日平均降雨配合查表计算。台湾海洋大学的设计模式与兰阳技术学院史健军 & 高家伟的设计模式容量设计方法仿真最大的差异在取水模式[11]和供水型式，台湾海洋大学的设计模式取水和供水分别以 YBS（yield before spill）由屋顶贮水槽供水，兰阳技术学院史健军和高家伟之设计模式则是以 YAS（yield after spill）由地面贮水槽直接供水。

为了选择较合理的模拟方法，本研究将对模式取水模式和供水型式做一个详细的探讨，建置四个雨水贮集系统模式，分别为 Model1——YBS 屋顶储水槽供水；Model 2——YAS 屋顶储水槽供水；Model 3——YBS 地面储水槽供水；Model 4——YAS 地面储水槽供水。如图 3-7-2 所示。

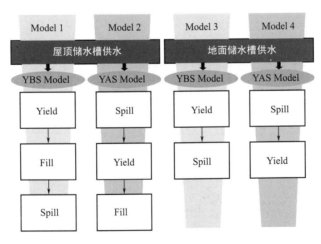

图 3-7-2 雨水贮集系统容量设计之仿真方法比较

7.2.3 雨水贮集系统防洪操作仿真与分析

兼具防洪操作功能的雨水贮水槽与传统供水的雨水槽设计上有所不同。此种雨水贮水槽在溢流口的下方再开一个小孔，作为滞洪孔，可将滞洪孔上方的雨水经由此孔进行排洪，而滞洪孔下方的雨水则是用来滞洪供水的，如图 3-7-3 所示。

由于本研究的防洪机制是利用既有案例的雨水贮水槽，原本槽内用来供水的空间在雨季时保留部分的体积用来滞洪，在滞洪空间以上的雨水将会由滞洪出流口以固定抽水的方式排出，研究中将设定雨水储水槽体积的 0、25%、50%、75%、100%作为滞洪空间，来比较防洪效果的差异性。

本研究探讨雨水贮集系统防洪操作绩效，系透过径流体积的洪峰削减程度作依据[5]，定义洪峰削减率计算方式如下：

$$P_r = \frac{Q_p - Q'_p}{Q_p} \tag{3-7-3}$$

式中，P_r 为洪峰削减率，%；Q_p 为未设置雨水贮集系统之洪峰流量，m^3；Q'_p 为设置雨水贮集系统之洪峰流量，m^3。

为了在雨水贮集系统雨季时供水与防洪间取得一平衡，将会在不同防洪策略下绘制洪峰削减率及供水可靠度的冲突目标关系曲线图[6]，探讨在不同降雨地区较合理的雨水贮集系统的防洪策略，示意如图 3-7-4 所示。

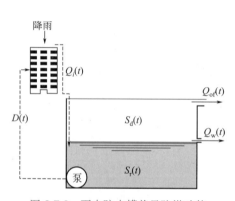

图 3-7-3　雨水贮水槽兼具防洪功能

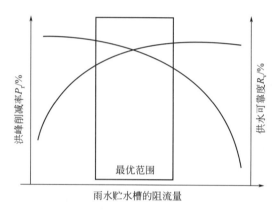

图 3-7-4　雨水贮集系统供水防洪双目标关系曲线

7.3 案例验证与防洪模式建立

7.3.1 案例背景资料

本研究透过 10 年度"绿建筑更新诊断与改造"计划的案例数据，并参考"绿建筑评估指针系统"及"建筑物雨水贮留设计技术规范"的雨量分区，选择高雨量、中雨量及低雨量的三个案例来进行雨水贮集系统容量设计比较与仿真既有雨水贮水槽之防洪操作，案例分别为 Case1——基隆港务局；Case2——行政院人事行政局地方行政研习中心；Case3——勤益科技大学。详细的案例资料如表 3-7-1 所列。

表3-7-1　案例资料整理表

项目	Case1	Case2	Case3
案例位置	基隆	南投	台中
雨量分区	高雨量	中雨量	低雨量

项目	Case1	Case2	Case3
模拟年份	2000～2009 年	2000～2009 年	2000～2009 年
建筑类型	办公类	办公类	学校建筑
集雨面积	240m²	1535m²	850m²
集雨材质	混凝土	混凝土	混凝土
单位人口	约 300 人(含游客)	约 600 人(含参训学员)	约 3000 人(含学生)
日需水量	1.68m³	3.96m³	7.2m³
用水目标	冲厕	冲厕	冲厕
实际容量	27m³	34m³	8m³

7.3.2 雨水贮集系统容量设计结果与实际容量比较

利用长期日降雨量模拟 4 个雨水贮水槽容量设计方法与实际案例设置的容量比较,在高雨量与中雨量案例中,实际设置的容量为长期仿真结果的 2～3 倍,但从供水可靠度的观点看来,实际设置的容量仅多出仿真结果约 10%。在低雨量案例中,实际设置容量约为 YBS 仿真结果的 2 倍,但雨水供水量仅多出 2%～3%;而以 YAS 模拟方法的结果较近似于实际设置的情况,但以同样的容量看来,YBS 仿真出来的结果雨水供水率较高。YBS 模拟方法操作雨水贮水槽得到的供水可靠度皆比 YAS 模拟方法还高;然而有考虑屋顶贮水槽供水者,得到的供水可靠度也会比只考虑地面贮水槽供水来得高。

绿建筑评估手册设计方法在高雨量案例中,出现特别低估于实际设置容量与长期仿真结果,然而在中雨量案例则是开始大于长期模拟结果并逼近实际的容量设置大小,在低雨量案例中则是容量设计大于实际与长期仿真的容量;此设计结果因雨量高低而异,研究认为建研所绿建筑评估手册的计算方法中,日降雨概率的参数为影响容量设计结果差异的一大因素。

7.3.3 雨水贮集系统模试验证

由于仿真出来的容量设计方法与实际案例设置的容量有所差异,故利用一年实际监测数据来比对四种仿真方法的供水可靠度,分析此四种模拟方法与实际状况是否符合。由于 Case1 的案例日监测仪器故障,故仅对 Case2 与 Case3 的实际监测数据进行比较。其模拟结果如图 3-7-5 所示。

图 3-7-5 的结果显示,利用 Model 1 的模拟方法与实际情况有所误差,但在累积量的趋势是相近的,尤其是监测初期的雨水供水与模拟的情形几乎是吻合的;南投行政院人事中心约在 2 月份过后的用水量就不像模拟计算出的需水量那么多,而台中勤益科技大学大约是在暑假期间用水量减少,造成累积曲线后半段的差异。如上述所叙,理想的模拟方法依序分别为 Model 1、Model 3、Model 2、Model 4。故本研究将利用 Model 1 的模拟方法,即台湾海洋大学廖朝轩老师研究室的模拟方法,作为本研究的雨水贮水槽水量模拟的一个范畴。

7.3.4 雨水贮集系统防洪操作之模式建立

本研究雨水贮集系统透过台湾海洋大学廖朝轩老师研究室的 YBS 考虑屋顶贮水槽供水

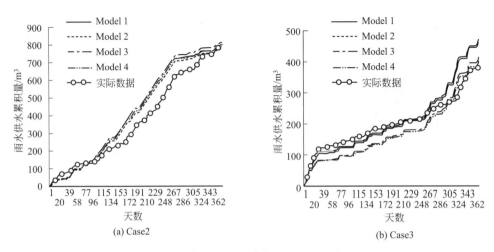

(a) Case2   (b) Case3

图 3-7-5　三案例之不同仿真法与实际数据雨水供水累积量比较图

的方法进行仿真设计，系统出流部分除了考虑溢流孔出流，还考虑滞洪出流，并设定不同滞洪体积参数，比较各防洪操作策略下的供水及防洪效益，其雨水贮集系统防洪操作模式的流程如图 3-7-6 所示。

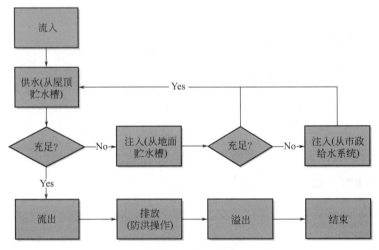

图 3-7-6　雨水贮集系统防洪操作概念流程

7.4　结果与分析探讨

7.4.1　洪峰削减率分析

本研究选择 2010 年雨季利用逐时降雨量进行防洪操作，由于案例为基隆港务局、行政院人事行政局地方行政研习中心及勤益科技大学，分别为台湾的基隆（基隆测站）、南投（日月潭测站）、台中（台中测站）地区。

为了准确地分析每场降雨的洪峰流量，故将雨季中的降雨序列做切割，根据行政院农业委员会水土保持局的降雨分类指标，在一降雨时间序列中以时雨量大于 4mm 处为本次降雨开始时刻，以后续时雨量连续 6h 均小于 4mm 处为该次降雨结束时刻，降雨开始时刻至降雨结束时刻为本次降雨延时，在此为一场降雨事件。基隆案例（9～11月）共分成26场降雨，南投案例（5～8月）分成42场降雨，而台中案例（5～8月）由于雨量过小，为了要与上述两案例相比较，故将台中案例切割依据降为3mm，共分成了36场降雨事件。分割降雨事件的结果与分析降雨的平均洪峰削减率结果整理如表3-7-2所列。

当降雨强度较小或距离前一场降雨间隔时间较长的情况下，较小的滞洪机制或不设定滞洪机制的雨水贮水槽会将雨水全部滞留，不会有出流量；反之，保留较大滞洪空间的操作机制会产生出流，会造成该场降雨事件的效益上设定滞洪空间较大的机制会比保留滞洪空间较小还差。

由每场降雨事件分析发现洪峰削减率会因前一场降雨事件间隔之延时所影响，当前一场降雨应滞洪排出的雨水尚未排空时，将会影响下一场降雨的滞洪效率；基隆地区降雨频繁且延时较长，往往影响到下一时刻的滞洪机制，尤其是设定较高滞洪空间的时候，因为保留滞洪空间越大，相对每小时需滞洪出流量也越大，故造成滞洪100%的洪峰削减量反而小于滞洪75%；另外，南投与台中案例的每场降雨延时较短，降雨间隔时间也较长，故呈现保留滞洪空间越大，洪峰削减率就越大的理想情况。

表3-7-2 三案例雨季平均洪峰削减率整理表

案例	平均洪峰削减率/%				
	滞洪 0	滞洪 25%	滞洪 50%	滞洪 75%	滞洪 100%
Case1：基隆港务局	60.63	79.71	80.13	75.26	65.60
Case2：行政院人事行政局地方行政研习中心	30.73	46.01	58.68	67.19	68.08
Case3：勤益科技大学	30.23	36.25	42.83	48.10	49.65

7.4.2 供水及防洪双目标分析

由于雨水储水槽保留滞洪体积越高，将会减少滞留供水的体积，导致原本的雨水供水率下降。以下将不同防洪操作策略的情况与上述之平均洪峰削减量结果做比较，结果如图3-7-7所示。

由图3-7-7可见，设置防洪操作滞洪体积越多，洪峰削减率越高，但经由前节讨论，明显观察到滞洪在大于50%后，洪峰削减率开始降低，故由防洪的角度看来滞洪50%将是比较理想的策略。Case1既有雨水贮水槽为27t，利用Model1模拟下，雨水利用率可达80%，但以容量设计仿真之下的得到的建议体积约小于实际的1/2，不过供水可靠度仍可达70%效益；由图3-7-7可得知，雨水贮水槽滞洪50%之供水可靠度与滞洪0%、滞洪25%相同，即雨水贮集系统设置过大，虽供水效益会有突出的表现，但会造成建置成本的浪费。供水可靠度在滞洪超过50%后就开始下降，故考虑防洪与供水双目标的情况下，雨季时滞洪50%将是未来Case1设置雨水贮水槽防洪操作的理想依据。

然而，Case2与Case3的结果，它们两案例的洪峰削减率趋势是比较接近理想的状况的，即设定滞洪空间越大，洪峰削减率就越小；因此，两案例平均降雨延时较短且降雨间隔较长，结果不会受滞洪抽水的影响。配合雨水利用率的比较下，Case2理想的操作策略为75%，Case3则为50%～75%之间较好。

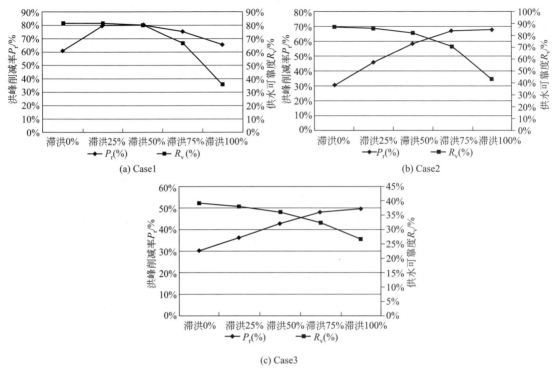

图 3-7-7　供水及防洪双目标分析

7.5　结论

绿建筑评估手册利用经验公式的计算方法、结果会因地区降雨量不同而有所误差，高雨量地区设计结果偏小，低雨量则偏大。台湾海洋大学与兰阳科技大学模拟方法计算结果差异不大，皆较实际设置体积低；台湾海洋大学容量设计结果之体积皆略低于兰阳科技大学，但是由于仿真型式不同，台湾海洋大学容量设计方法于低雨量地区供水可靠度会高于兰阳科技大学容量设计方法，即减少容量成本，但具较高效益。雨水供水累积量比较各种模拟方法与实际监测数据，结果显示各种仿真法之间差异性小，与实际监测情况相比，皆呈现初期雨水供水累积量较实际低，后期则较高；其中台湾海洋大学之设计模式（Model1）会最接近实际量测的情况，故以台湾海洋大学之设计模式作为防洪操作之模式基础。

雨季时雨水贮集系统进行防洪操作可有效降低洪峰流量，当滞洪体积越大，洪峰削减率就越大，但相对会造成雨水供水率降低，由研究结果得知 Case1 于滞洪 50% 会达到供水与防洪双目标理想效益，而 Case2 与 Case3 分别为滞洪 75% 与滞洪 50%～75% 为较佳的防洪操作策略，综合以上结果，雨季进行防洪操作最理想的策略为 50%～75%。现有案例考虑滞洪空间与未设置雨水贮集系统的情况相比，利用上述建议设置之滞洪体积，可得到平均洪峰削减率依序约为 80%、70%、50%；在高雨量地区（基隆）得到的洪峰削减率最高，低雨量地区（台中）较低，得知在降雨量越高的地区建置雨水贮集系统兼具防洪功能其效果较佳，可达到减缓洪涝的发生。

建筑物雨水贮集系统双目标的设计考虑下可有效控制降雨，达到供水与防洪的双重目的，使雨水贮集不只可用来替代非饮用水，更兼具都市防洪效益，未来可望成为都市雨洪管理的重要方法，并解决目前面临的水资源问题。

参 考 文 献

[1] Wong T S W，Li Y. Theoretical assessment of changes in design flood peak of an overland plane for two opposing urbanization sequences [J]. Hydrological Processes，1999，13（11）：1629-1647.

[2] Student J S. Water Supply and Stormwater Management Benefits of Residential Rainwater Harvesting in U. S. Cities [J]. Jawra Journal of the American Water Resources Association，2013，49（4）：810-824.

[3] 陈伸贤，等. 节约用水技术手册 [Z]. 经济部水利署，2004.

[4] Chao-Hsien L，Yao-Lung T. Optimum Storage Volume of Rooftop Rain Water Harvesting Systems for Domestic Use [J]. Jawra Journal of the American Water Resources Association，2004，40（4）：901-912.

[5] 蔡欣远. 应用雨水贮集系统作为雨洪削减之研究 [D]. 基隆：台湾海洋大学，2013.

[6] Van der Sterren M，Rahman A，Dennis G R. Implications to stormwater management as a result of lot scale rainwater tank systems：a case study in Western Sydney，Australia [J]. Water Science and Technology，2012，65（8）：1475-1482.

[7] McMahon T A，Mein R G. River and reservoir yield [M]. Littleton，Colorado，USA：Water Resources Publications，1986.

[8] Liaw C H，Chiang Y C. Dimensionless Analysis for Designing Domestic Rainwater Harvesting Systems at the Regional Level in Northern Taiwan [J]. Water，2014，6（12）：3913-3933.

[9] 史健军，高家伟. 兰阳地区住宅小型雨水回收系统雨水贮留槽容积探讨 [J]. 兰阳学报，2007（6）：8-17.

[10] 何明锦，等. 绿建筑评估手册 [Z]. 内政部建筑研究所，2012.

[11] Fewkes A. Modelling the performance of rainwater collection systems：towards a generalised approach [J]. Urban Water，2000，1（4）：323-333.

⊙ 作者介绍

廖朝轩[1]，蔡欣远[1*]，江育铨[2]

1. 台湾海洋大学河海工程学系，E-mail：r. one1023@gmail. com

2. 崇右技术学院

第四篇
海绵城市与园林景观研究

1

山水城市　梦想人居——中国城市可持续发展探索

摘要：随着中国新城开发的进程加速，其引发的城市内及其周边人工生态系统与自然生态系统之间的矛盾日益加剧，产生了诸如城市水质污染、雨洪压力季节性爆发、市域内水生态系统服务功能退化等一系列城市水环境问题。本文以钱学森先生提出的"山水城市"理念为指导，以城市人居环境的生态安全为目标，结合具体的景观规划设计项目实践，探讨如何在新城开发中既保护现有的自然生态系统又可为城市居民提供宜居环境的低影响开发的景观规划思路与方法。

1.1　引言

中国的城市化进程始于 20 世纪 80 年代初，随着城市化发展的大幅提速，城市内及其周边的人工生态系统与自然生态系统之间的矛盾逐渐加剧，产生了诸如城市水质污染、大气污染、雨洪压力等一系列"城市病"，且高速的城市化进程使得国内城市建设出现了严重的趋同现象，即"千城一面"现象，许多城市的地域性风貌消退，城市丧失了当地特有的景观特色。2013 年，习近平主席在中央城镇化工作会议上提出"城市建设水平是城市生命力所在。城镇建设要依托现有山水脉络等独特风光，让城市融入大自然，让居民望得见山、看得见水、记得住乡愁"，"山水城市"这一概念再次引起风景园林学科和行业的广泛讨论。

钱学森先生提出的"山水城市"理念主张因地制宜，尊重文化，融合中国传统历史文化文脉，能更好地展现城市的文化性、地域性特色，在保护自然和生态环境的基础上实现人类社会的发展要求，力求达到人与自然的和谐共荣，可为中国城市化的模式选择及重大问题决策提供更为可行的解决思路与方案。

1.2　中国古代城市与园林对现代城市建设的启示

中华文明的古代世界观中很早就思考了人与自然的关系，进而提出了"天人合一"的终极思想。同时受到自然地理因素的客观制约，以及人类生存发展需要的主观追求，共同组成了我国古代山水城市建设思想的原始成因。古代人类依山傍水而居，既具有客观的外在必然性，又具有主观的内在驱动力。《管子·乘马》记载"凡立国都，非于大山之下，必于广川之上，高毋近旱，而水用足，下毋近水，而沟防省"，讲到了城市建成选址和规划的基本原则。山水城市的追求在中国古代城市建设思想中一直处于主导地位。中国两千多年的城市建设史，从秦汉时期的咸阳、长安、洛阳，到历代名都杭州、南京、北京，无不印证着这一思想。

1.2.1　古代山水城市典范

中国历史文化名城杭州是举世闻名的山水城市，其数千年的城市发展与湖山密不可分，形成"一城山色半城湖"的独特风貌（见书后彩图4-1-1）。早在五代十国时期，杭州城市雏形初定时就形成了以湖山为中心的格局。之后南宋定都时期，将皇宫为主的城市中心放在东南山的东南侧，背靠西湖，南面钱塘江和大海，充分利用东南山坡极佳的风水环境，将最佳的杭州全景尽收眼底。杭州自然山水骨架与城市形态得到良好的融合，在满足城市功能需求的同时也拥有良好的生态功能，使得杭州成为我国迄今为止最美的、最佳的城市范例。

古都北京是另一种山水城市模型的范例。北京虽处于平原地区，但古代北京地区丰富的水资源为打造山水城市提供了便利的条件。在天人合一思想的指导下，元明清三代都非常重视人造山水的营建，在城市中心区形成前三海、后三海、琼华岛等山水结构，形成了那个时代实际意义上的中央公园。同时充分利用自然条件，在北京西北部构建三山五园的风景区，将其通过借景纳入大城市景观体系中来（图4-1-2）。

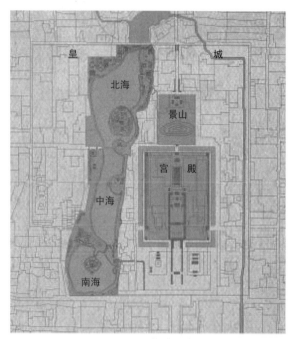

图 4-1-2　乾隆三海

1.2.2　古代山水园林范例

在山水文化思想的影响下，中国古典园林重视利用和模仿山水、山林等自然构景要素，注重对自然山水的审美和表现，使得山水园林成为中国园林的主流。在中国古典园林全盛时期，不管是皇家园林还是私家园林，均诞生了大量具有极高艺术水平的经典山水园。

静心斋原名镜清斋，是清代西苑（即三海）内别具特色的园中园。园内亭、榭、廊、轩、石桥、水池、叠石、假山、楼台、殿阁等建筑形式，既不失北方园林宏伟壮丽的气魄，又有江南园林小巧玲珑的情趣，是我国造园艺术的珍品。静心斋后院为主要园林空间，以自然山水为主景，为狭长形。东西长110m，南北长45m，假山的总趋势为西北高东南低，这样可屏障北面的闹市噪声和创造避风向阳的小气候。静心斋虽是封闭的园中园，也很重视借景处理，将园外景色引入园中。站在抱素书屋廊下，可透过园墙漏窗欣赏琼华岛及北海波光水影。在枕峦亭中，既可俯视园中山水景物，又可远眺北海、景山风光，这就是"小中见大"手法的体现（图4-1-3、图4-1-4）。

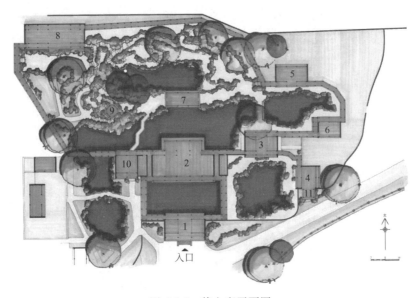

图 4-1-3　静心斋平面图

静心斋平面图：1—园门；2—静心斋；3—抱素书屋；4—韵琴斋；5—罨画轩；6—焙茶坞；

7—沁泉廊；8—叠翠楼；9—枕峦亭；10—画峰室；11—碧鲜亭

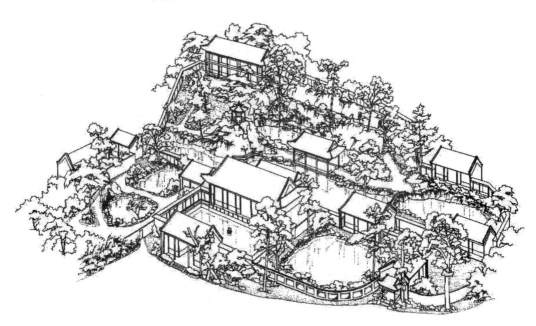

图 4-1-4　静心斋鸟瞰图

1.3　山水城市的概念和内涵

1.3.1　山水城市的概念和内涵

"山水城市"虽然是 1990 年钱学森先生首次提出的，但其思想可以溯源到中华文化诞生之初。这一思想源于中华文明自身的地域、伴随着中华文明的发展过程而形成，具有很强的生命力和鲜明的特色。对于"山水城市"这一概念，钱学森先生首次表述为："把中国的山水诗词、中国古典园林建筑和中国的山水画融合在一起，创立'山水城市'的概念。[1]"

在我们的实践中，我们提出"山水城市"是以良好的生态环境为物质基础，并将中国特有的山水文化与自然景观、城市建设结合而成的，有山水画般意境的城市。"山水城市"是自然景观与城市良好结合、融合的，整个人民大众能生活其间的"山水城市"，而不是只供个别人享受的"山水住区"，不是具体的"挖池堆山"。"山水城市"的建设要依靠现代科学技术，运用环境美学，营造能为人民带来身心愉悦的生活环境。鲍世行将山水城市的核心归纳为："尊重自然生态，尊重历史文化；重视现代科技，重视环境艺术，为了人民大众，面向未来发展[2]。"

1.3.2 最佳的"山水城市"模式

吴良镛院士总结了"山-水-城"三者相互起作用的关系[3]，提出了"山-水-城"三者和谐发展的模式，即"山得水而活"、"水得山而壮"、"城得水而灵"（图 4-1-5）。

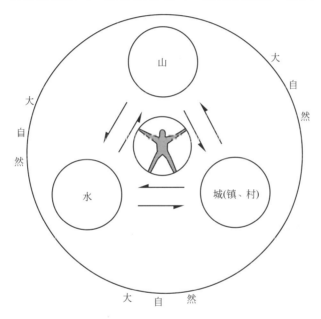

图 4-1-5　山-水-城模式

山-水-城是一种理想追求的境界。我们传承前人的思想并且勇于探索，在城市建设实践中，把自然、人、城市三者构筑成一个大空间体系，就如同太极图阴阳鱼的两半是相互和谐共荣的一样，由此形成了"山水城市"的模式。在这个模式中，自然不再是人类征服和改造的对象，而是成为与人类平等的一个要素。在"山水城市"模式下，人类不仅要考虑自身的需求，还要考虑自然的需求，以及如何将二者的需求结合起来，而不是矛盾地对立起来。

1.4 山水城市理论实践

1.4.1 北京奥林匹克森林公园规划设计

奥林匹克森林公园位于奥林匹克公园的北部，是北京市最大的公共公园，占地总面积为 $680hm^2$。它以"通往自然的轴线"为规划设计理念，取"仁者乐山，智者乐水"的意境，将传统帝王园林"一池三山"的思想和中国文人典型代表陶渊明《桃花源记》中的理想世界结合在一起，总体格局以"山水环抱、起伏连绵、负阴抱阳、左急右缓"的山水组合为特色，营造出兼具中国传统皇家和文人园林风格的中国自然式山水园（见书后彩图4-1-6～彩图4-1-8）。

公园建成后，不仅成为北京城环境和气候的可持续发展的重要生态地带，北京休闲娱乐最大的城市公园，还向全世界展示了中国古代山水诗、山水画、山水园与城市建设的完美结合，传统文化与现代文化的结合，科学与艺术的结合，体现了"山水城市"的理念。

1.4.2 铁岭凡河新城核心区风景园林规划设计

铁岭新城位于辽宁省铁岭市核心城区西南部的凡河冲积平原上，位于主城区西侧13km。规划设计采用生态优先策略，充分利用现有自然山水景观资源条件，将富于中国文化艺术底蕴的山水哲学理念运用到城市空间布局中，将城市绿色生态廊道建设与城市功能有机结合，构筑现代化生态型的山水园林城市。

具体手法是：治理凡河，将河水通过人工挖掘的渠道将天水河引入到北面的莲花湖湿地，作为湿地的补给水源；在凡河、天水河和东侧的高速公路两侧建绿化隔离带；在这两水一路的南侧交点处挖湖，命名为"如意湖"，湖中堆筑了"朱雀岛"；在北部莲花湖周围利用南部挖湖的土方围湖堆山，作为新城中轴线上的一个北高潮点，命名为"凤冠山"，不但起到藏风聚气的"靠山"作用，而且与老城的"龙首山"呼应，暗喻"龙凤呈祥"。这样就形成南朱雀（朱雀岛）、北玄武（凤冠山）、左青龙（天水河）、右白虎（凡河）的"龙首凤冠，两湖一轴正礼乐"的充满中国山水情调的理想山水格局和"两条碧水穿城过，十里湖山尽入城"的新城绿地格局（图4-1-9、图4-1-10）。

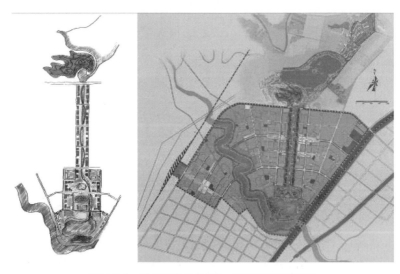

图 4-1-9 铁岭凡河新城核心区规划总平面图

1.4.3 唐山南湖生态城规划设计

唐山南湖生态城位于唐山市中心以南 1km，面积 6.3hm²，地下多为煤田，历经百余年开采形成大面积煤炭采空区，是对城市影响最大的一处区域。本规划在现状唐胥路以北的稳沉区安排居住、办公等多种功能；在南部仍在不断沉陷的区域采用"动态设计"的手法，以自然生态为主，实施植物造景，避免大的硬质景观和大型建筑建设；建筑以抗震的木结构为主；注重

图 4-1-10　铁岭凡河新城核心区如意湖景区

保留场地上原有植物，充分发挥原生植物改造城市环境的作用（图 4-1-11、图 4-1-12）。针对南湖这一典型的城市棕地，规划设计将场地内的自然生态、历史文化和现代文明相融合，以保留、恢复、重建原有景观要素——山体、水系、湿地为主，并与人为空间形成镶嵌性的空间组

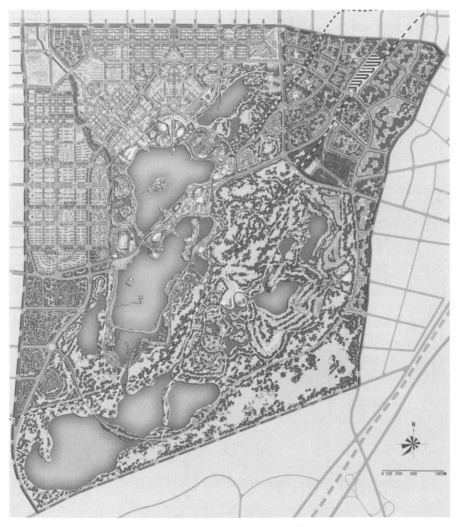

图 4-1-11　唐山南湖生态城核心区总平面图

合结构，打造融群众休闲、娱乐、健身和生态绿化为一体的滨水绿色长廊，使得这座凤凰城能焕发生机，从而唤起唐山人民的自豪感，重新塑造幸福感。

图 4-1-12　唐山南湖生态城中央公园

1.4.4　辽宁阜新玉龙新城段核心区景观规划设计

辽宁阜新是东北沈阳经济区的重要成员之一，其城市经济增长快速且历史文化悠久，其龙纹陶片把中华民族崇拜龙图腾的历史向前推进了 3000 年，被誉为"华夏第一龙"。本规划项目根据场地自身特征诠释"山水城市"理念，辽宁阜新玉龙新城段核心区景观规划设计结合自然山水构图、玉龙文化意象提炼、地方特征应借，以及尊重人类社会渴望健康与幸福感的需求，兼顾中国特色的"山水城市"的独特魅力，对场地进行人工梳理，巧借玉龙山景，充分利用现状树木及河道资源构建新的滨河系统，以行政商务区为核心组织景观空间实轴，以古老的"玉龙文化"意象元素提炼景观文化虚轴，以九营子河大型河流廊道为生态轴，连起阜新旧城和玉龙山脉，使得自然和人文的两条轴线相交汇。最终形成"玉龙新城，山环水抱"的"山水城市"景观，将城市与自然中的大山大水相联系，进

图 4-1-13　阜新玉龙新城段核心区总平面图

行新城总体格局把握，构建凸显地方山水特色的人类理想居住环境（图 4-1-13、图 4-1-14）。

1.4.5　葫芦岛龙湾中央商务区风景园林规划设计

葫芦岛市地处辽宁省西南部，是环渤海经济圈中的新增长点。本次规划研究的龙湾中央商务区位于龙湾区南部，规划总用地面积 157hm²。当地政府拟将此地块建设成为以商务、

图 4-1-14 阜新玉龙新城段核心区鸟瞰图

度假、居住为主要功能的滨海生态城，该区三面环山、面朝渤海，自然资源优越，山水格局优美，非常符合中国的理想风水格局，为建设有中国特色的山水城市打下良好的天然基础。在规划设计中，注重山体、河流、大海与城市之间的关系，以亲水、透绿、显山为目标，充分利用自然要素构筑绿地系统。月亮河自西向东贯穿基地全境，在龙湾汇入渤海，沿河植被生长良好，存在多片天然林地、湿地及入海口滩涂景观，设计前通过详细的现场湿地调研与测绘，将这些原始大地自然痕迹予以最大限度的保留。沿月亮河形成绿色轴线，上游为自然湿地公园，中游为以龙眼岛中央绿地为中心的城市开放公园，下游为潮汐湿地，最后汇入大海，形成贯通山、海、城的绿色链条（图 4-1-15、图 4-1-16）。

图 4-1-15 葫芦岛龙湾中央商务区总平面图

1.4.6 昆明草海北部片区绿化景观规划设计

草海片区位于滇池北端，昆明主城西南部，西临西山，是滇西进出昆明的必经之地。该区域历史悠久，拥有中外闻名的大观楼，自然景观资源丰富，山、水、城、林相融交汇，是昆明市打造山水城市的核心区域。本次规划范围包括草海水域面积，景观规划总面积约为 10km^2。

草海北区绿化景观设计的核心概念是在山水城市理论的指导下，将城市与生态、生态与文化有机融合。从岸线变化、水质净化、生物多样性等生态学角度，沿湖划定禁建区，给鸟

图 4-1-16　葫芦岛龙湾中央商务区整体鸟瞰图

类、鱼类、动植物提供安静的栖息地，恢复草海生境。从山水格局以及人文轴线，梳理确定功能及若干重要景观节点。从地域景观、民族文化中汲取灵感，使之上升到景观语言和设计手法，提出"山水昆明、七彩草海、人文大观"的规划理念，利用生境、画境、意境的结合，使草海片区成为名副其实的世界级的城市会客厅（图 4-1-17、图 4-1-18）。

图 4-1-17　昆明草海北部片区规划总平面图

图 4-1-18　昆明草海北部片区夜景鸟瞰图

在中国的城市化进程和新城开发建设中，高速城市化、千城一面以及城市病等问题已经对城市乃至社会的可持续发展形成了根本性的制约。在这种历史背景下，我们提出的"山水城市"理念可作为上述问题的一个完美的解决方案。它将城市建设活动的功能性需求、生态环境的自身需求及山水文化肌理提炼集于一体，为民众提供一个宜居、美观的良好环境氛围。"山水城市"理念中尊重自然生态、尊重历史文化、重视可持续发展的思想对中国经济社会高速发展背景下，具有中国特色的城市规划与景观设计具有重要的参考价值。

致谢

感谢北京清华同衡规划设计研究院风景园林中心及院内总规中心、详规中心、交通所、照明所、建筑分院、历史名城所等一系列兄弟单位对文中所列项目的协作与支持，感谢在"山水城市"理念实践项目中付诸辛苦与汗水的景观设计师们。

参 考 文 献

[1] 鲍世行，顾孟潮. 杰出科学家钱学森论山水城市与建筑科学 [M]. 北京：中国建筑工业出版社，1999.

[2] 鲍世行，顾孟潮. 钱学森建筑科学思想探微 [M]. 北京：中国建筑工业出版社，2009.

[3] 吴良镛. 人居环境科学导论 [M]. 北京：中国建筑工业出版社，2009.

◉ 作者介绍

胡洁[1]*

1. 北京清华同衡规划设计研究院有限公司，E-mail：hujie02467@126.com

2

中国古典园林"坐雨观泉"理法研究与解读

摘要：摘要："坐雨观泉"作为中国古典园林因雨成景的局部创造性理法，既体现了传统园林中雨水利用与瀑布水景营造相结合的经典设计手法，也在一定程度上体现了现代场地雨洪管理与景观化表达相结合的设计思路。通过文献与现存实例研究，明确"坐雨观泉"之简化定义，从水体来源、承水方式、主景营造三方面对其理法进行系统性解析，最后从山水意向、要素结合两方面对其进行引申思考，以期对当下的雨水景观设计研究与实践提供思路借鉴。

2.1 "坐雨观泉"之定义

"水"是中国古典园林中不可或缺之物，中国古典园林中的"理水"主要源自于对自然水体形态的模拟与抽象，在很大程度上影响着园林整体空间布局上的开合变化，同时也在局部创造出了多样化的水景景观，"坐雨观泉"便是其中利用雨水造景的特殊表现手法之一。雨水在古代又被称为"天泉"[1]，如以此称谓推之，"坐雨观泉"可被简单地解释为一种雨时欣赏雨景的审美活动，但这样的一种广义性解释并不能突出"坐雨观泉"在雨时成景中的特殊性。对于"坐雨观泉"的专门记述主要见于两册文献，一是明代计成所著《园冶》，二是明代文震亨所著《长物志》。《园冶·掇山·瀑布》记道："瀑布如峭壁山理也。先观有高楼檐水，可涧至墙顶作天沟，行壁山顶，留小坑，突出石口，泛漫而下，才如瀑布。不然，随流散漫不成，斯谓'坐雨观泉'之意。[2]"《长物志·水石·瀑布》记道："山居引泉，从高而下，为瀑布稍易，园林中欲作此，须截竹长短不一，尽承檐溜，暗接藏石罅中，以斧劈石叠高，下作小池承水，置石林立其下，雨中能令飞泉溅薄，潺湲有声，亦一奇也。尤宜竹间松下，青葱掩映，更自可观。亦有蓄水于山顶，客至去闸，水从空直注者，终不如雨中承溜为雅，盖总属人为，此尤近自然耳。[1]"从上述两者的记述中可以看到，《园冶》中明确给出了"坐雨观泉"的名词解释，指出了峭壁山、高楼檐水、天沟、小坑、石口等成景要素；相比之下，《长物志》中虽没有明确对此种理法进行定义，但也明确指出了"檐溜"、"截竹"、"置石"、"小池"、"雨中承溜"等关键要素，更加突出了对建筑屋面汇水的承接、引导与利用，相关描述更加完整，所以综合两者可得出"坐雨观泉"之简化定义：中国古典园林中在雨时通过（一定人工设施）汇集、承接屋面雨水至假山石景之上，雨水泛漫而下形成瀑布水景并最终汇于山石下水池的局部理法。

2.2 "坐雨观泉"之解析

从水景所形成的水体形态来看，"坐雨观泉"属于中国古典园林水景营造中的瀑布理法，其中涉及的"屋面雨水跌流入池"从某种程度上可被看作是园林理水中人工瀑布理法的滥觞。中国古典园林理水的瀑布理法种类多样，同其他理水类型一样，遵循"先天然、后人工"的理水思路，即优先利用地表天然水源与地形条件形成的天然瀑布结构，这一类型多见于城市之外的天然山水园，而在城市之中的人工山水园，若理瀑布则必须要解决水源及地形限制，"坐雨观泉"便是在城市人工山水园中营造瀑布水景的创造性理法。以下将结合相关文献与四处较合"坐雨观泉"之现存实例进行解析，分析"坐雨观泉"的构成要素及造景手法。

2.2.1 "坐雨观泉"之水体来源

从水体来源上来看，"坐雨观泉"的水源主要取自于建筑屋檐汇集雨水而形成的"檐溜"。雨水在古代是重要的农业灌溉及生活饮水的补给水源，古人很早便开始了对雨水的收集及利用，其中收集檐溜"烹煮香茶、饲养鱼花"成为常见的方法之一。唐代贾岛《郊居即事》中便有"叶书传野意，檐溜煮胡茶"的描述。在《扬州画舫录·城北录》中也曾有如下记载："（季）雪村有水癖，雨时引檐溜贮于四五石大缸中，有桃花、黄梅、伏水、雪水之别，风雨则覆盖，晴则露之使受日月星之气，用以烹茶，味极甘美。"而在对丁氏园描写中则提到："廊后构屋三间，……外以三脚几安长板，上置盆景，高下浅深，层折无算。下多大瓮，分波养鱼，分雨养花。[3]"在此基础上，由于古人对雨水独有的审美情节，檐溜作为雨水形态的另一载体也成为了雨时园林中重要的审美符号，而以"檐溜"比作"飞泉"是其中重要的描写手法之一。如唐代许浑在《奉和卢大夫新立假山》中就有着"砌尘凝积霭，檐溜挂飞泉"的描述，而白居易的《庐山草堂记》中还有在平时特意"引泉观檐溜"的描述："堂西倚北崖右趾，以剖竹架空，引崖上泉，脉分线悬，自檐注砌，累累如贯珠，霏微如雨露，滴沥飘洒，随风远去。[4]""坐雨观泉"对于檐溜的利用无疑是建立在上述实用性与审美性的基础之上的，具有极强的文人气息，所不同的是，檐溜在"坐雨观泉"中不再是主要审美对象，而是变成了营造雨时瀑布水景的水体来源并成为整体景观中的一部分。

2.2.2 "坐雨观泉"之承水方式

从承水方式来看，根据文献记载与现存实例，"坐雨观泉"的雨水承接方式可分为 4 种，分别为假山直接承溜、竹筒承溜、沟渠承溜和水柜承水。

2.2.2.1 假山直接承溜

假山直接承溜即屋面落水通过地表高差变化汇入假山瀑布水景石口或直接溅落于假山石景之上，落水循经而下形成瀑布水景，此种方法不受雨水承水设施的限制，属承水方式中最为简单和直接的一种，但要求屋面檐口与假山之间有相应的地表高差变化或直接形成高下对应的空间关系。苏州环秀山庄西北角的假山瀑布多被作为古典园林之中现存最合"坐雨观泉"之实例，其汇集雨水就部分来自于西侧边楼檐口的檐溜落水，落水沿西北角地势汇入假山瀑布；此外，在山庄东侧园墙与南侧平台交汇处亦有一处小型雨时瀑布水景设置，东侧墙体檐口及紧贴园墙的壁山山顶汇水沿北高南低的整体山体地形走势汇于下凹的假山石口小坑，水流顺山石而下注入池中，形成山庄中心水体的另一人造"泉源"（图 4-2-1、图 4-2-2）。与环秀山庄的实例相比，扬州片石山房大门内迎门照壁东北转角处设置有一处小型假山水景"石碧潭"，雨时假山可直接承接顶部屋檐檐溜形成"檐下滴泉"之景（图 4-2-3）。

图 4-2-1　环秀山庄东侧璧山汇水走势　　　　图 4-2-2　环秀山庄东侧璧山汇水水口

2.2.2.2　竹筒承溜

竹筒承溜是"坐雨观泉"记载中明确指出的承溜方式，《长物志》中提到"须截竹长短不一，尽承檐溜"，《园冶》中则提到"先观有高楼檐水，可涧至墙顶作天沟"，推断可知其中"涧至墙顶"所用亦为截竹而成之竹筒。竹筒引水之法古来有之，应用于园林之中则主要是为园林水景提供水源，起到"引水注池"、"引水成瀑"或上文中"引泉观檐溜"的作用，但多见于文字记载，几无留存实例，如宋代周必大《玉堂杂记》中便有"凿大池，续竹筒数里，引西湖水注之"[5]的记载。在此基础上，竹筒引水还伴随着对水声之美的赏析，如唐代李群玉《引水行》中记载的"十里暗流声不断"，清代张潮对雨水之声亦有"雨之为声有二，有梧叶荷叶上声，有承檐溜竹筒中声"[6]的记述。

2.2.2.3　沟渠承溜

除竹筒直接承溜之外，园林建筑中沟渠的设置在"坐雨观泉"中也起到了十分重要的承接与汇集檐溜的作用，即通过建筑檐下的地表排水明渠对建筑落水进行收集与疏导，沟渠与假山瀑布水景的水口相衔接。同样在苏州环秀山庄西北角假山瀑布实例中，园中补秋山房背面与北侧园墙之间设置有一条宽约 1.5m 的檐沟，雨时建筑屋面形成之檐溜汇水和东北角山体汇水皆通过此檐沟汇聚于西北角璧山之上，这也成为此处假山水景最主要的汇水通道（图4-2-4）。"坐雨观泉"中的竹筒或沟渠承接檐溜主要是起到汇水泄于山石之前的引导与汇聚作用，其目的主要是为了保证与形成"泉源"位置的对应衔接，从而与山石形成最佳瀑布水景效果，否则便会造成"随流散漫不成"的后果。

2.2.2.4　水柜承水

除上述三种直接承接檐溜的方式之外，《长物志》中还提到了另外一种十分常用的方式，那就是"水柜承水"。对于利用水柜承水形成瀑布的记载如《扬州画舫录·新城北录中》对"东园瀑布"的描写中记道："东园墙外东北角，置木柜于墙上，凿深池，驱水工开闸注水为

图 4-2-3　扬州片石山房"石碧潭"小景　　　　图 4-2-4　环秀山庄补秋山
房背面之汇水檐沟

瀑布。入俯鉴室，太湖石罅八九折，折处多为深潭。雪溅雷怒，破崖而下，委曲曼延，与石争道。[3]"宋代张淏《艮岳记》在对寿山之上景点描述中也记道："山阴置木柜，绝顶开深池，车驾临幸，则驱水工登其顶，开闸注水而为瀑布，曰紫石壁，又名瀑布屏。[7]"而在现存实例中，狮子林问梅阁屋顶便设置有水柜，雨时屋顶水柜可承接雨水，其下累石形成四叠瀑布[8]（图 4-2-10）。从上述记载中可以看到，水柜既可以承接雨水，也可以人为蓄水，在很大程度上解决了雨时才能形成瀑布的限制，但正如《长物志》中所写道"终不如雨中承溜为雅"，人为干预太过明显，反不如"雨中承溜"来的自然，这也进一步体现出了中国古典园林造景中的文人情节与审美情趣。

2.2.3　"坐雨观泉"之主景营造

从瀑布主景的营造来看，"坐雨观泉"主要涉及三组空间与视线关系，分别为"房-山关系"、"山-水关系"和"坐-观关系"。

2.2.3.1　房-山关系

"坐雨观泉"中的雨水成景主要是通过古典园林建筑屋面汇水流注于假山石景之上形成瀑布水景，所以建筑与山石之间必然要求形成一定的空间组合关系。中国古典园林之中的掇山历来强调其选址布局与园林建筑之间的相互关系，《园冶》之中对于掇山的分类便是主要参考建筑与山体之间的空间对应关系，尤其是阁山、书房山、峭壁山三者与建筑之间的关系尤为密切，而三者也成为"坐雨观泉"主景营造中最具代表性的三组房-山关系。从现存实例来看，环秀山庄西北角假山与东侧园墙处假山、扬州片石山房"石碧潭"假山都属于掇山理法中之峭壁山，同时，环秀山庄西北角假山东侧紧邻补秋山房，亦符合书房山体量小巧、悬崖陡壁的造景要求；狮子林问梅阁北侧假山位于建筑侧面，紧贴建筑，亦符合"阁皆四敞也，宜于山侧"[2]的描述，属于掇山理法中之阁山。

2.2.3.2　山-水关系

"坐雨观泉"中的山水关系主要体现在瀑布水景山水源流脉络的设计。瀑布营造虽属园林水景，但掇山理石是其形成基础，两者结合既要符合自然瀑布景观中的山-水空间关系，同时也要求在此基础上进行人为的艺术化加工。从环秀山庄西北角假山水景来看，瀑布水景出水口与补秋山房背面檐沟相接且略低于檐沟地面，处于整体假山中下部丘壑洞穴位置，源头设置"令水不旁泄，自然成渠"[9]，水路设置则故意曲其流水，似有"林深幽壑"之感，使其看似由意想不到之山岩间落下，符合张南垣"若似乎处大山之麓，截溪断谷"的建议[10]，亦符合古典园林理水"水欲远，尽出之则不远。掩映断其脉，则远矣"[11]的整体性思路（图 4-2-5）；相比之下，如狮子林问梅阁一般假山水景直接从山顶倾泻而下，水流呈直线依次传落池中，山-水关系就稍显简单。

图 4-2-5　环秀山庄西北角假山瀑布水景之水口、水路设计

2.2.3.3　坐-观关系

"坐雨观泉"中的坐-观关系强调的是一种观赏者与被观赏物体之间的互动性关系。"坐雨观泉"作为一种雨时造景方法，同时也是一种雨时观景活动，"坐"字要求的是观赏者观景之所需有平台坐卧之所，"观"字则要求观景之处需能视线开阔并与景物形成合适的对望关系，两者结合体现的实际是中国古典园林造景中经典的对景手法。在"坐雨观泉"现存实

图 4-2-6　问泉亭与西北假山
之间的坐-观关系

图 4-2-7　湖心亭与问梅阁假山
之间的坐-观关系

例中，这样的一种坐-观关系主要是通过与瀑布相对设置的观景亭来完成的。如在环秀山庄西北角假山瀑布南侧便设置有问泉亭，亭址位于山下水池中心，正对瀑布水口，由于瀑布水口位置较低，亭址与瀑布相距 5m 左右并通过游廊相连，可使观赏者尽观瀑布之形、尽闻瀑布之声（图 4-2-6）。而在狮子林问梅阁假山水景的东侧亦设置有湖心亭，亭址位于开阔水面之中，由于该处假山水景位置较高且整体园址较为开阔，湖心亭与瀑布水景相距 25m 左右，隔水相望可使观赏者尽揽山形水势（图 4-2-7）。相比之下，环秀山庄东南角假山汇水石口与片石山房入口照壁转角处的假山水景则缺少了这一层关系，逊色不少。

2.3 "坐雨观泉"之引申

"坐雨观泉"作为中国古典园林局部理水手法之一，与其他水景营造最大的不同之处在于对雨水的利用，而这样的一种利用区别于"芭蕉听雨"或者"檐溜飞泉"等的被动式欣赏模式，是对于雨水形态及径流模式的主动式改造，所以其在景观与审美表达的同时体现了一定的现代雨洪管理的相关模式与方法。从古典园林造景来看，"坐雨观泉"主要体现了雨水造景与传统山水审美意象、相关园林构园要素两方面的结合，这样的结合不但产生了丰富且立体的雨水景观效果，也从另一个侧面对现代雨洪管理场地尺度下的艺术性表达、雨洪设施与景观设施的融合等问题进行了一定的回应，可以在一定程度上为现代雨水景观设计提供一定思路上的借鉴。

2.3.1 "坐雨观泉"中雨水造景与山水审美意向的结合

中国古代造园的精髓在于对人与自然关系的辩证思考与空间场景的转化，不同于西方"阿卡迪亚"式的具象乡村自然图景再现，其思想源头根植于中国传统自然观中抽象的山水文化，因此，中国古典园林常被直接转译为"山水"或者"林泉"，在由抽象的自然山水观转变为具象的园林场景过程中，理水作为园林中反映山水文化的一极，自然深受其影响。"坐雨观泉"既可被理解为"观雨形成之泉"，也可被理解为"观雨形成之瀑"，突出的是水体的形态及声音之美，所以又有"注雨观瀑"一说。 "泉"、"瀑"由于其所处环境及地形条件，往往是相伴而生的，中国文人自古便有观此二景之传统，寻求的是一种在自然之中与水互动的直接性精神体验。"坐雨观泉"作为中国古典园林之中一种雨时造景手法，实际是将雨水在景观化表达过程中进行了形态与审美意向上的转化，借助建筑、承水设施、山石的组合，将雨、泉、瀑三种自然水体形态结合文人审美传统在城市园林之中进行了再现性的整合，这样的一种雨水造景手法依托于中国古典园林的山水造园理念与山水审美情结，与园林整体氛围很好地融合在一起，小中见大，体现了古典园林造景所追求的"以景会意、以意见景"的间接性体验和互动（图 4-2-8～图 4-2-10）。

2.3.2 "坐雨观泉"中雨水造景与相关构园要素的结合

中国古典园林理水中的"理"字，既强调"疏源之去留，察水之来历"，也强调"卜筑贵从水面"、"随曲合方"、"溪水因山成曲折，山蹊随地低平"，最终形成"疏水若为无尽"的空间效果，所以理水更加强调的是以水为媒配合建筑、山石、池塘等形成一种整体性构成关系。而对于理水中的"因雨成景"模式来说，"雨"作为文人审美及园林意境营造之中的"虚景"，必须要借助其他景观要素进行转化，这样的一种转化是雨水景观得以表达的关键。

图 4-2-8　文人山水画中的自然泉瀑水景（《明文徵明便面画选集》）

图 4-2-9　文人山水画中的"坐石品泉"活动
（北宋佚名《摹卢鸿草堂十志图卷》第九-云锦淙）

从景观形成的源头来看，"坐雨观泉"首先强调依托于建筑屋面汇水形成水源，体现了对屋面雨水的利用，同时还可结合"水柜"一类设施进行雨水收集，在此过程中"檐溜之形"、"落水之声"都成为景观审美对象；在确定水源基础上，场地竖向变化为地表径流提供了重力排水方向，竹制管道或者沟渠承接檐溜减少了雨水的无秩序漫流，起到的都是对汇集雨水运输渠道的控制，在此基础上假山石景作为屋面汇水运输过程的第二环节，类似于现代小型雨水花园中屋顶雨水槽与地面之间"雨水链"的设置，在此过程中"瀑布之跌落飞溅"又构成局部主景；在瀑布水景之后，"坐雨观泉"的雨水经过源头、运输过程直接进入假山石景之下的小池或者园林之中的主要水体，作为汇聚终点的人工水池又作为局部或者整体园林的景观中心（表 4-2-1）。"坐雨观泉"中的雨水造景以雨作为景观形成的时间背景，以建筑、山石、池水作为景观形成的空间背景，突出了雨水景观设计中的过程性和联系性，一"坐"

图 4-2-10　狮子林假山瀑布水景

一"观"又突出了景象与观赏者之间的互动性，虽不以雨洪管理为目的，但却在造景过程中体现了雨洪管理"源头—运输—汇聚"的层次性，其与构园要素的结合实际是一种现代雨洪管理景观化表达中雨水设施与景观设施相融合的体现，这样的一种融合既在雨时创造了丰富且立体的雨水景观，也在非雨时期保证了整体景观的完整性。

表4-2-1 环秀山庄、狮子林、片石山房"坐雨观泉"实例涉及要素分析

园林名称	园林建筑	承水方式	假山类型	水体要素	观景设施
环秀山庄	补秋山房/西侧边楼	沟渠承溜/假山直接承溜	璧山/书房山	瀑布-广池	问泉亭
	东侧园墙	假山直接承溜	璧山	瀑布-广池	
狮子林	问梅阁	水柜承水	阁山	瀑布-广池	湖心亭
片石山房		假山直接承溜	璧山	瀑布-石碧潭	

综上所述，"坐雨观泉"作为中国古典园林中利用雨水造景的局部创造性理法，体现了一种利用景观审美视角与景观设计方法解决相关场地雨水管理问题的思路。当下雨洪管理越来越强调通过"绿色雨水基础设施"替代传统的"灰色雨水基础设施"，这样的一种替代并不是将雨水灰色设施放入绿地之中，也不应该仅仅是将绿地改造为雨水汇聚的贮水洼地，而是应该更多地从两者的功能属性与涉及要素的结合入手，发挥景观设计场地与要素统筹、雨洪设计科学分析与指标量化的互补优势，促进相关设计思路与方法的相互借鉴。

注：文中图片除标注外均为作者拍摄。

参 考 文 献

[1] 文震亨，著. 陈植，校注. 长物志校注 [M]. 南京：江苏科学技术出版社，1984.

[2] 计成，著. 陈植，注释. 园冶注释 [M]. 北京：中国建筑工业出版社，1988.

[3] 李斗，著. 王军，评注. 扬州画舫录 [M]. 北京：中华书局，2007.

[4] 白居易. 草堂记//陈从周，蒋启霆，选编. 赵厚均，注释. 园综 [M]. 上海：同济大学出版社，2004.

[5] 周必大. 玉堂杂记.

[6] 张潮，著. 王峰，评注. 幽梦影 [M]. 北京：中华书局，2008.

[7] 祖秀. 华阳宫记//陈从周，蒋启霆，选编. 赵厚均，注释. 园综 [M]. 上海：同济大学出版社，2004.

[8] 刘敦桢. 苏州古典园林 [M]. 北京：中国建筑工业出版社，2005.

[9] 张十庆. 作庭记释注与研究 [M]. 天津：天津大学出版社，2004.

[10] 董豫赣. 理水两相 [J]. 建筑师，2015，(03)：82-95.

[11] 郭熙，著. 周远斌，点校. 林泉高致 [M]. 济南：山东画报出版社，2010.

⊙ 作者介绍

张晋[1]*

1. 北方工业大学，E-mail：zhjblack@126.com

3

艺术与技术的结合——浅谈雨水花园

摘要：雨水花园是实现海绵城市的一个重要技术与设计手段。它是自然形成的或人工挖掘的浅凹绿地，对雨水进行收集、净化和利用，是一种生态可持续的雨洪控制与雨水利用绿色基础设施，为重建城市基底的涵水功能提供新的突破口。本文就雨水花园的定义与源起、国内外雨水花园的实践与经验、雨水花园的设计与建造、雨水花园中的植物配置展开论述，着重从景观设计的角度讨论如何打造雨水花园，论述雨水花园的延伸意义，将艺术与技术完美统一。

3.1 引言

急剧的城市扩张，快速的城市化，使得大多数城市的原有绿色生态肌理被破坏，城市水循环系统遭到严重干扰，海绵城市的建设迫在眉睫。海绵城市是新一代城市雨洪管理概念，适应城市的环境变化，应对雨水给城市带来的自然灾害。海绵城市自身具有良好的"弹性"，也被称之为"水弹性城市"。

雨水花园是实现海绵城市的一个重要技术与设计手段。雨水花园是一种有效的雨水自然净化与处置技术，也是一种生物滞留设施。雨水花园的建设，一般选择在地势较低的区域，通过天然土壤或者是人工土以及植物配置，将初期小面积汇流的雨水进行下渗、滞留、消纳、净化与利用。雨水花园的建造成本低，运行及管理简单，虽由人工设计及建设，却是利用自然做工，与景观相结合，最终达到雨水的高效合理利用，为打造海绵城市助力。

3.2 雨水花园的定义与源起

雨水花园是自然形成的或人工挖掘的浅凹绿地，被用于汇聚并吸收来自屋顶或地面的雨水，通过植物、砂土的综合作用使雨水得到净化，并使之逐渐渗入土壤，涵养地下水，或使之补给景观用水、厕所用水等城市用水，是一种生态可持续的雨洪控制与雨水利用设施（图 4-3-1）。

早在我国古代古徽州的民居建筑中，就通过屋顶内侧坡将雨水从四面流入天井，进行收集利用，这种布局俗称"四水归堂"。在民居院落中布置有雨水收集池，是中国早期对雨水收集的典范，案例有宏村（图 4-3-2）。

真正意义上的雨水花园则形成于 20 世纪 90 年代。在美国马里兰州的乔治王子郡（Prince George's County），一名地产开发商在建住宅区的时候有了一个新的想法，就是希

图 4-3-1 宏村南湖书院的天井

图 4-3-2 宏村南湖书院的落雨池

望用一个生态滞留与吸收雨水的场地来代替传统的雨洪最佳管理系统（BMPs）。在该郡环境资源部的协助下，最终使雨水花园在萨默塞特地区被广泛地建造使用。该区每一栋住宅都配建有 $30\sim40m^2$ 的雨水花园。它的建造被证明是高效而又节约的。建成后对其进行了数年的追踪监测，结果显示雨水花园平均减少了 $75\%\sim80\%$ 的地面雨水径流量。此后，在世界各地都开始广泛地建造各种形式的雨水花园（图 4-3-3）[1]。

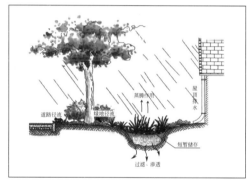

图 4-3-3 雨水花园实景照片与示意

3.3 国内外雨水花园的实践与经验

欧、美、澳等许多国家较早采用了雨水花园的实践与应用，有着丰富的经验。

3.3.1 美国波特兰雨水花园

波特兰位于美国的西北部，受季风气候影响，是一个多雨城市，解决过多的雨水问题就成了波特兰市的首要问题。由迈耶·瑞德景观建筑事务所设计的波特兰会议中心的"雨水园"，成功地解决了雨水排放和初步净化处理问题。设计师利用当地水池、植物根系、砂石以及土壤特性，将浑浊的雨水进行净化、沉淀，经过过滤干净清洁的水透过土壤被下渗到土地下，解决了雨水排放和过滤问题，同时还创造了美景。

波特兰的雨水园运用现代 LID 技术创造出了一种原野自然的生态空间，成功地平衡了自然生态与人工之间的对立，它曲折的造型、堆砌的粗犷玄武岩，不再是一种矫揉造作的

"装饰"，而是成了空间关系和个性象征，在人工和生态之间成功地实现了和谐统一[2]。

3.3.2　美国霍伊特公寓

花园的设计目标是对所有从屋顶流下的降水进行引导和暂时储存。工程设计巧妙而细致，能够收集、储存降水，并对其水质进行净化处理。

降水循环系统将降水从其路径引入到城市降水循环系统，并对降水进行调节和引导，突出了水令人愉悦的特点，所有这些景观都建造在停车场上方的混凝土地板上，由于受到项目的特点和位置所限，降水在这里能够短暂滞留而不能下渗。每次降水之后，降水可以在此停留30h左右，这段时间内，降水可以自然的沉淀和净化，三根铜质落水管把降水从屋顶引入预制的混凝土水道中，然后流入低浅的缓流池中，最后流进常储水池中。池中的花岗岩石块不仅提供了美观性，同时也增强了池水的安全性。降水短暂停留后，从两个特色的水堰表面流过，降水之后，水池中的水会流入区域降水循环系统。通过这些设计减少了区域内降水储存设施的面积。

3.3.3　澳大利亚墨尔本雨水公园

雨水公园位于爱丁堡内，能为周围的树木等植被和运动场所提供处理过的灌溉雨水，雨水公园的建设解决了当地饮用水和灌溉水的双重危机。公园里面有各种水晶景观和相应的措施，能收集、贮藏雨水，进行水体净化并通过分流管分流给需要的区域。水源经过过滤介质和各种植被的自然作用实现净化，公园里的四个平台方便游客欣赏美景，进行户外运动。

3.3.4　巴黎 Serge Gainbourg 花园

Serge Gainbourg 花园具有雨水收集的功能，植物按照路径布置，宽广平滑的线性人行道成为有效的流通路径，林荫大道直接通往花园中心，中心是一片开放区域，主要以低矮的草地植物为主。花园的池塘与地下的大型蓄水装置相同，为整个花园的水资源管理做出了生态有效的贡献，每个区域的树下都有着不同的功能，如游戏、阅读、园艺等。这些功能都被线性路径串联起来，适应着大家的各种需求。

3.4　雨水花园的设计与建造

（1）设计

跨学科合作是艺术与设计的基础，涉及生学态、工程学、景观学等跨学科的密切合作，设计思考主要围绕以下问题。

① 流经一个区域的雨洪水量有多少？

② 打造雨水花园的区域如何选择，哪些地块可以用于收集并处理雨水？

③ 雨水花园区域内，需要用于灌溉的需求量是多少？其中有多少能通过湿地雨水处理和收集系统供给？

④ 要满足开放公共空间的灌溉水质要求，雨水需进行哪些必要的处理流程？

⑤ 设计的处理流程和效果能否达到要求？

⑥ 该如何设计雨水处理流程使其满足公共开放空间的景观要求，如在美学、娱乐、选址和公共接受度等方面应有哪些考量？

设计过程本身就是不断地思考并解答以上这些问题[3]。

（2）雨水花园的建造

雨水花园主要由 5 部分组成，其中在填料层和砾石层之间可以铺设一层砂层或土工布。根据雨水花园与周边建筑物的距离和环境条件可以采用防渗或不防渗两种做法。当有回用要求或要排入水体时还可以在砾石层中埋置集水穿孔管。

（3）典型雨水花园结构

1）蓄水层　为暴雨提供暂时的储存空间，使部分沉淀物在此层沉淀，进而促使附着在沉淀物上的有机物和金属离子得以去除。其高度根据周边地形和当地降雨特性等因素而定。一般多为 100～250mm。

2）覆盖层　一般采用树皮进行覆盖，对雨水花园起着十分重要的作用，可以保持土壤的湿度，避免表层土壤板结而造成渗透性能降低。在树皮-土壤界面上营造了一个微生物环境，有利于微生物的生长和有机物的降解，同时还有助于减少径流雨水的侵蚀。其最大深度一般为 50～80mm。

3）植被及种植土层　种植土层为植物根系吸附以及微生物降解碳氢化合物、金属离子、营养物和其他污染物提供了一个很好的场所，有较好的过滤和吸附作用。一般选用渗透系数较大的砂质土壤，其主要成分中砂子含量为 60%～85%，有机成分含量为 5%～10%，黏土含量不超过 5%。种植土层厚度根据植物类型而定，当采用草本植物时一般厚度为 250mm 左右。种植在雨水花园的植物应是多年生的，可短时间耐水涝，如大花萱草、景天等。

4）人工填料层　多选用渗透性较强的天然或人工材料，其厚度应根据当地的降雨特性，雨水花园的服务面积等确定，多为 0.5～1.2m。当选用砂质土壤时，其主要成分与种植土层一致。当选用炉渣或砾石时，其渗透系数一般不小于 10～5m/s。

5）砾石层　由直径不超过 50mm 的砾石组成，厚度 200～300mm。在其中可埋置直径为 100mm 的穿孔管，经过渗滤的雨水由穿孔管收集进入邻近的河流或其他排放系统。通常在填料层和砾石层之间铺一层土工布是为了防止土壤等颗粒物进入砾石层，但是这样容易引起土工布的堵塞。也可在人工填料层和砾石层之间铺设一层 150mm 厚的砂层，防止土壤颗粒堵塞穿孔管，还能起到通风的作用[4]。

3.5　雨水花园中的植物配置

海绵城市建设中，除了考虑其景观效果外，更重要的是能适应海绵城市特殊的水湿环境，充分发挥其生态功能，因此，充分研究影响植物生长的因素是正确选择植物的关键。

3.5.1　污染物

一般的道路、屋面等场地，雨水径流中携带的氮、磷等营养物质是植物生长所必需的，可以促进植物的生长；但是对于城市道路等污染严重的地区，径流中的重金属污染会对植物产生毒害作用。

3.5.2　雨水淹没时间

很多植物经过长期的进化，都能适应短期的水淹，但是高频繁、长时间的淹没就会影响植物的正常生长；雨水花园、下凹式绿地、下渗塘等雨水滞留设施的设计渗透时间一般不大于48h，所以针对这些设施可以选择耐短期水淹的中生植物。

3.5.3 干旱

在部分地区，降雨发生在夏季，其他季节出现很长时间的干旱环境，在雨水花园中要考虑不同时期的植物的生长习性和景观效果的搭配，选择耐干旱和适应能力较强的种类，保证冬季能正常发挥花园的作用。

对于雨水花园的植物选择，要针对雨水的水流特征和污染物的特征，选择适用的湿生、水生植物种类，并兼具景观观赏性的独特植物配置方法。

首先，优先选择本土植物，更好地适应当地的气候、土壤条件以及周边环境。在人为建造的雨水花园中能发挥很好的去污能力，并且使得花园具有较强的地方特色。选择前期做植物的研究和选择，提高花园中物种的多样性，又能避免物种的入侵，适当搭配外来物种。

其次，选择根系发达、茎叶繁茂、净化能力强、耐污染的植物。植物对于雨水中污染物质的降解和去除机制主要有3个方面：a.通过光合作用，吸收利用氮、磷等物质；b.通过根系将氧气传输到基质中，在根系周边形成氧区和缺氧区穿插存在的微处理单元，使得好氧、缺氧和厌氧微生物各得其所，发挥相辅相成的降解作用；c.植物根系对污染物质，特别是重金属的拦截和吸附作用。因此，根系发达、生长快速、茎叶肥大的植物能发挥上述功能，是雨水花园植物选择的重要标准。再就是由于降雨期间对水流速度的抗击能力，要求植物拥有较深的根系。

再次，选择耐旱同时又耐短时水淹的中生植物。雨水花园中的水量与降雨息息相关，存在丰水期和枯水期的交替现象，因此，在对植物的要求上，既要适应水生环境又要具有抗旱的能力。在进行污染物去除的工作中，要求能够有较强的抗污、抗病虫、抗冻、抗热等功能，才能形成完善的雨水花园系统（图4-3-4）[5]。

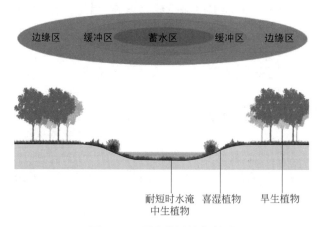

图4-3-4　雨水花园植物配置

最后，根据不同的水湿生境，选择与之相适应的植物，实现植物的栽培环境与植物的生态习性一致。不同的植物进行组合搭配，可以提高对水质的净化能力，将根系泌氧性强与泌氧性弱的植物混合栽种，构成复合型植物床，创造有氧区和缺氧区共存的环境，有利于总氮的降解，可将常绿草本植物与落叶草本植物混合种植，提高花园在冬季的净水能力。将草本植物与木本植物搭配种植，提高植物群落的结构层次性和观赏性[6]。

雨水花园作为一种分散式的雨洪控制与利用措施，具有建造及养护费用低、运行管理简单、生态环保、自然美观、易与场地环境结合等优点。雨水花园的多重效益，使其在多种场地类型中有应用的可能。除场地形态以外，雨水花园的设计还需要综合考虑气候、水文、地质、土壤、植物等多种因素。除了将雨水花园这种形式及理念运用到实际项目中外，还应与水文学、土壤学、植物学等专业人员相互协作配合，研究并建立起一套适合各地环境条件的雨水花园应用体系，为城市和周边居民提供多样化的自然环境。

具有景观艺术特性的雨水花园从形式的构成、材料的选择、植物的搭配等多个方面展开，既要达到雨水的综合收集利用，又要与人的行为、景观与艺术融合在一起。

致谢

感谢支持我事业的家人，感谢给我提供帮助的领导及同事。

参 考 文 献

［1］ Prince George's County. Design Manual for Use of Bioreteation in Stormwater Maragement ［M］ Prince George's County：MD Department of Enviroonmental Protection 1993：3-4.

［2］ 曾忠忠. 解析波特兰雨水花园 ［J］. 华中建筑，2007，（4）34-35.

［3］ 王向荣，林菁. 西方现代景观设计的理论与实践 ［M］. 北京：中国建筑工业出版社，2002.

［4］ 代红艳. 人工湿地植物的研究 ［J］. 太原大学学报，2007，（12）：129-131.

［5］ 王佳，舒新前. 人工湿地植物的作用和选择 ［J］. 环境与可持续发展，2007（4）. 62-64.

［6］ 车伍，李俊奇. 城市雨水利用技术与管理 北京：中国建筑工业出版社，2006.

⊙ 作者介绍

刘　妩[1*]

1. 北京景观园林设计有限公司，E-mail：liuwu77@hotmail.com

4

山地城市雨洪管理与精细化景观规划实践

摘要: 以典型山地城市重庆为背景,将"精细化"理念引入重庆科学城的规划设计,保护山体、河流自然山水格局,叠加生态要素、斑块廊道要素、安全限制要素分析评估,划定不可建区域,对可开发区域进行建设强度分级,科学规划空间布局。设计层面从水安全、水环境、水资源角度出发,通过汇水分区和模型模拟,科学布局下沉式绿地、生物滞留池等生态雨洪设施,从雨水收集、调蓄、净化利用等方面构建雨洪管理机制,探讨山地城市开发建设与生态景观相协调的实现途径。

4.1 引言

当前,我国城市发展正处于转型阶段,传统的粗放式城市管理方式已经不能满足快速发展的需求,城市管理逐渐走向精细化。针对当前城市生态脆弱、内涝多发的问题,精细化是一种最大限度的让自然做功、减少资源占用和降低管理成本的规划方式。《管子·乘马》"高毋近阜而水用足,下毋近水而沟防省,因天材,就地利……",便是对环境影响深刻认识基础上的科学布局。

为缓解城市化带来的雨洪问题,西方国家在多年实践中探索了不同的雨洪管理模式,包括最佳管理措施(BMPs)、低影响开发(LID)、可持续城市排水系统(SUDS)、水敏感性城市设计(WSUD)、绿色基础设施(GI)、水环境精明设计(WSD)等[1,2],取得了较好的实际应用效果。而实践中重要的不是某个理念或方法的刻意运用,而是立足场地条件和自然环境资源,因地制宜、适时适地综合运用相关理论与方法。

我国借鉴国外先进理念,在生态雨洪管理方面也进行了诸多有益尝试[3,4]。2014年,住房和城乡建设部发布《海绵城市建设技术指南》,指出"海绵城市"是城市像海绵一样,在适应环境变化和应对自然灾害等方面具有良好的"弹性",下雨时吸水、蓄水、渗水、净水,需要时将蓄存的水"释放"并加以利用[5],并要求以建设自然积存、自然渗透、自然净化的"海绵城市"为目标,将透水型城市发展理念融入规划全过程。

4.2 规划思路

重庆科学城位于重庆市渝北区,毗邻江北国际机场,规划研究范围10.7km²,场地西高东低，高差近 300m，北侧后河为嘉陵江支流，花石沟从场地中南部穿过。重庆常年降雨量在 1000mm 以上，主要集中在夏秋两季，加之地形地貌复杂，防洪排涝形势严峻。重庆市作为典型的山地城市，生态系统敏感脆弱且不易恢复，加上气候、水体、植被及人为因素的影响，仅靠地下管网无法保障城市雨洪安全，规划充分利用特殊的自然条件，改变"以排为主"的传统雨水处理思想，营造城市排水的"软性系统"，构建山地内涝防治及雨水利用系统。

本文将生态评价工作前置，识别基址内生态要素，提炼低影响主干格局，结合生态敏感性分析和安全限制要素，划定非建设区边界和建设强度分区，使规划结构服从外围生态基础设施结构，既从空间上保留河流、山体等绿色基底，更从功能上梳理出其对城市用水、防洪排涝的作用，进而将"精细化"理念引入规划布局，划定汇水分区，结合降雨情景模拟技术，科学布局生态雨洪设施，降低降雨过程中潜在的城市内涝、下游洪水、雨水污染等问题，并对雨水进行收集利用，构建"海绵城市"导向下的城市内涝防控系统。

4.3 低影响城市空间布局

基于"先保护后开发"的生态优先理念，甄别基址内山脊、河流等生态要素，尊重并理解自然过程，初识潜在绿化用地与建设用地，划定区域生态安全格局，结合生态敏感性评价和限制性要素布局，对建设强度进行分级，进而划定建设用地单元。

4.3.1 维护山水景观格局

保护基址内高品质的天然林地、草地、灌木丛、农田等，并融入绿色空间体系，强化山峰、河流等自然要素在规划中的作用，构建高品质、低维护的山水格局。

规划区内共识别出 5 条山脊线，山脊平均高度在 300～380m 之间，山脊长度均在 1700m 以上，建议保留山脊与山帽，维护山地植被群落，保护乔灌草垂直结构，促进群落自然演替、生境多样性维持和生态服务功能的提升。同时结合场地制高点和较高点，设置 7 处观景点，主要沿花石沟两侧山脊分布，观景点之间及观景点向整个场地均能形成良好的视线廊道（图 4-4-1）。

河流、湖泊、湿地、坑塘、沟渠等是典型的水生态敏感区，规划后河泄洪通道按两侧不小于 20m 防护距离进行控制，花石沟泄洪通道按两侧不小于 10m 防护距离进行控制，防护绿化带内预留污水干管走廊。保留场地重要汇水线，控制水系防护距离，保持水土涵养水源，是最有效的应对较强降雨的生态措施。

4.3.2 保护生态敏感区域

4.3.2.1 生态基础要素

地形因子是区域大的骨架和背景，在场地生态环境与景观质量中有着重要的影响，本节选取高程和坡度对地形进行评价（见书后彩图 4-4-2、彩图 4-4-3）。植被是生态环境中最重要、最敏感的自然要素，是保护生态系统、改善环境的重要因素，本文选取植被覆盖率指标，综合考虑生物多样性、群落复层结构等对植被进行评价。

用地类型亦对生态敏感性产生重要影响，林地、水体、农田、湖泊等具有生态调节功能的用地是城市重要的生态涵养地，本文提取林地、开放水体的分布对用地进行评价，最大限度地保护森林、农田、河流、湿地等生态用地，保护生态敏感性区域（见书后彩图 4-4-4、

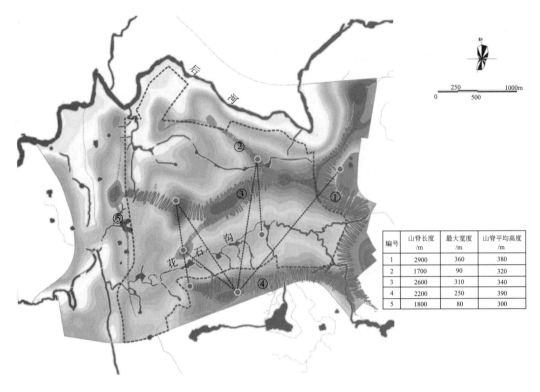

编号	山脊长度/m	最大宽度/m	山脊平均高度/m
1	2900	360	380
2	1700	90	320
3	2600	310	340
4	2200	250	390
5	1800	80	300

图 4-4-1　山水格局图

彩图 4-4-5）。

4.3.2.2　斑块廊道要素

　　景观生态格局反映了生态系统的空间结构特征，而斑块廊道是景观格局最普遍的形式。斑块形状和大小是评价斑块内部生境的重要指标，物种多样性随着斑块面积、边缘复杂程度的增加而增加（见书后彩图 4-4-6）。廊道形状和宽度是判定廊道质量的重要指标，廊道长度超过其宽度的 2 倍，能提供一个比内部生境比例更高的边缘生境条件，廊道宽度是控制生境、传导等功能的主要因素（见书后彩图 4-4-7）。生境连通性是影响生境传导、过滤、源和汇的重要因素，本文分别以林地、水体作为源，用高程、坡度、植被覆盖率确定阻力系数，建立累计最小阻力模型，评估生境之间的连通性，连通性越高，生态效益越好（见书后彩图 4-4-8、彩图 4-4-9）。

4.3.3　保障安全限制要素

　　结合重庆科学城现状，共识别出 5 类安全限制性要素，包括 25°以上不适宜建设区、地质灾害点、市政道路和地铁线路、已批已建用地、市政管线和高压走廊（图 4-4-10）。

　　其中市政道路包括已征地的悦港大道，以及秋成大道、椿萱大道、悦港北路对外连接主干路，地铁线路包括 5 号线、9 号线和 14 号线；已批建设用地包括公租房 33.74hm²，小学用地 4.02hm²；市政管线主要是燃气管线，包括 DN325 相两线、DN200 水两线，规划相两线线位局部调整，水两线线位整体迁改；高压走廊包括现状 220kV 思悦线、220kV 思礼线（规划为 500kV）、110kV 云空线，规划思礼线与云空线线位调整，东侧新增 220kV 思高线。以上均为规划应保障的安全限制要素。

<table>
<tr><td>图 4-4-10　限制性要素图</td><td>图 4-4-11　建设强度分级图</td></tr>
</table>

图 4-4-10　限制性要素图　　　　　　　　　图 4-4-11　建设强度分级图

基于对生态敏感性和斑块廊道要素的综合评估，通过层次分析法，在 GIS 平台上对各单要素进行加权叠加，结合限制性要素分析，得出建设强度分级图（图 4-4-11），指导重庆科学城空间规划布局。

4.4　精细化"海绵城市"构建

4.4.1　构建思路

在科学划定城市布局、合理控制开发强度的基础上，本文针对山地城市重庆的自然环境、降雨产流、水资源、水环境特征，从雨水渗透、收集调蓄、净化利用出发，因地制宜构建透水吸水、防洪排涝的"海绵城市"。"海绵城市"的核心思想是利用地形、植物、水体等构建近自然的雨水处理设施，相对于传统的排水模式，将排水系统划分为若干个汇水分区，并以小型、分散、低成本的生态方式进行水文单元的管理[6]，保证城市地面的自然呼吸，从而有效减少洪峰流量、降低地表径流系数、控制面源污染等，其主要是对中、小降雨事件进行雨洪管理，维持和保护场地或城市开发前后的自然水文条件不变。"海绵城市"构建技术路线见图 4-4-12。

重庆科学城规划总体目标即开发后的径流量接近于开发前的径流量，并提升悬浮物总量去除率。本文从 3 个方面出发。

① 水安全方面，通过削峰调蓄、控制径流实现雨水自然积存，优先应用"滞"、"蓄"等措施，针对重庆山地坡度较大，降雨汇流速度快等特点，通过下沉式绿地、生物滞留设施等滞蓄系统，延长降雨产流、汇流及转输的时间，削减洪峰流量。

② 水环境方面，通过削减城市面源污染，实现雨水自然净化，改善水质，综合应用"净"、"排"等措施，针对山地城市地形坡度大的特点，通过设置梯级植草沟、绿色屋顶等方式收集和排放道路径流，并承担地表污染径流的收集、净化和排放功能。

③ 水资源方面，通过恢复生态、自然循环实现雨水自然渗透，适当应用"渗"、"用"

等措施，为避免雨水入渗导致路基受损或建筑基础不均匀沉降等问题，渗透性铺装主要在人行道、广场、露天停车场等场地实施，规划区过境水量丰沛，雨水回用以小范围为主，重点在公共建筑设置蓄水池、雨水桶等。

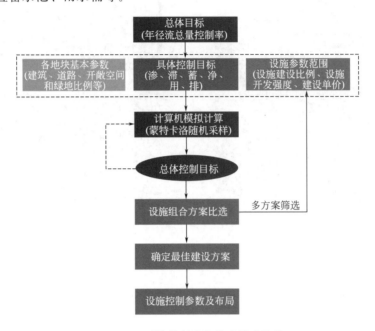

图 4-4-12　"海绵城市"构建技术路线

4.4.2　汇水分区

汇水单元是指基址地表水自然排放系统的地理单元，本文基于自然汇水单元和自然水循环过程，采用地形图、坡度图、汇水线等确定排水格局，结合城市人工湖、集蓄池、人工湿地、天然洼地、坑塘、河流和沟渠等，界定出基本规划管理单元。重庆科学城共划分为24个汇水单元，以汇水单元为基础，结合规划区现状下垫面分析组织土地利用（见书后彩图4-4-13、彩图4-4-14），能实现自然排水模式的有效保护以及建设单元里低环境影响的排水管理，是构建"海绵城市"的前置性条件。

4.4.3　模型模拟

重庆科学城现状下垫面共123个地块，其中居住用地25个，商业用地26个，绿地与广场18个，公共管理与公共服务13个，道路与交通设施地41个。利用 Digital Water Simulation 模型软件，基于汇水区地形和现状下垫面构建地表产汇流模型，模拟得出近3年规划区年径流控制率分别为78%、79%、81%。为确保开发后的径流量接近于开发前的径流量，规划区年径流总量控制率定为80%（对应设计日降雨量25.5mm），年悬浮物总量去除率定为40%。运用海绵城市规划系统，将年径流总量控制率分解到各个地块，确定各地块低影响开发措施控制参数及径流削减量，模拟结果如表4-4-1所列。

4.4.4　控制措施

根据模型模拟结果，建议在重庆科学城布局6类生态雨洪设施，以消减场地建设即运行

表4-4-1　模型模拟结果（部分）

雨水	地块控制容积			面积					
				下沉绿地	绿地屋顶	透水铺装	植草沟	雨桶控制	生物滞留池
土地利用类型	地块面积(公顷)	总控制容积(m³)	年径流总量控制率(%)	下沉式绿地控制面积(公顷)	绿色屋顶控制面积(公顷)	透水铺装控制面积(公顷)	植草沟控制面积(公顷)	雨桶控制容积(m³)	生物滞留设施控制面积(公顷)
道路与交通设施用	0.413361996	47.21	63.16	0.02	0	0.04	0.01	0.96	0
道路与交通设施用	0.42880699	48.94	63.13	0.02	0	0.04	0.02	0.96	0
道路与交通设施用	0.520878971	59.24	62.98	0.03	0	0.05	0.02	0.96	0
道路与交通设施用	1.825799942	207.14	62.87	0.11	0	0.18	0.07	2.87	0
道路与交通设施用	1.169800033	132.8	62.9	0.07	0	0.11	0.04	1.91	0
道路与交通设施用	0.305664003	34.19	62.25	0.02	0	0.03	0.01	0	0.41
居住用地	5.884900093	1357.59	91.15	0.6	0	0.32	0.15	17.84	0.15
居住用地	2.226069927	513.73	91.16	0.23	0	0.12	0.06	6.94	0.2
居住用地	2.970659971	685.22	91.15	0.3	0	0.16	0.07	8.92	0.16
居住用地	2.327780008	536.89	91.15	0.24	0	0.13	0.06	6.94	0.07
居住用地	1.054559946	243.05	91.14	0.11	0	0.06	0.03	2.97	0.11
居住用地	1.63883996	378.06	91.15	0.17	0	0.09	0.04	4.96	0.2
居住用地	2.925009966	674.83	91.15	0.3	0	0.16	0.07	8.92	0.37
居住用地	5.432769775	1252.69	91.14	0.55	0	0.3	0.14	15.86	0.36
居住用地	5.153749943	1188.17	91.14	0.53	0	0.28	0.13	14.86	0.08
居住用地	1.17434001	271.32	91.18	0.12	0	0.06	0.03	3.96	0.64
居住用地	9.217479706	2126.2	91.15	0.94	0	0.51	0.23	27.75	0.48
居住用地	6.864429932	1588.13	91.15	0.7	0	0.38	0.17	20.81	0
绿地与广场用地	0.86421299	229.45	95.06	0.19	0	0.04	0	0	0
绿地与广场用地	2.924459934	776.44	95.06	0.64	0	0.15	0	0	0
绿地与广场用地	1.248280048	331.42	95.06	0.27	0	0.06	0	0	0
绿地与广场用地	0.0845147	22.44	95.06	0.02	0	0	0	0	0
绿地与广场用地	0.960238993	254.94	95.06	0.21	0	0.05	0	0	0
绿地与广场用地	0.750009	199.13	95.06	0.16	0	0.04	0	0	0
绿地与广场用地	0.304737002	80.91	95.06	0.07	0	0.02	0	0	0
绿地与广场用地	1.064820051	282.71	95.06	0.23	0	0.05	0	0	0

过程中对自然水文条件的影响，其分布如书后彩图4-4-15所示。

"海绵城市"生态雨洪设施效益评价见表4-4-2。

表4-4-2　"海绵城市"生态雨洪设施效益评价

指标		指标值		
总体指标	年径流总量控制率	80%		
	城市防洪标准	20年一遇		
	悬浮物去除率	40%		
具体指标	设施类型	设施面积/hm²	雨水控制容积/m³	占总控制容积比例/%
	滞蓄　下沉式绿地	22.51	26204	52.4
	滞蓄　生物滞留池	13.06	13262	26.5
	净排　植草沟	6.12	6307	12.6
	净排　绿色屋顶	3.15	283	0.6
	渗用　透水铺装	28.57	2954	5.9
	渗用　雨水桶	937个	999	2.0

4.4.4.1　下沉式绿地

下沉式绿地又称低势绿地、下凹式绿地，其典型结构为绿地高程低于周围硬化地面高程5～25cm，雨水溢流口设在绿地中或绿地和硬化地面交界处，雨水口高程高于绿地高程且低于硬化地面高程。广义的下沉式绿地还包括洼地、雨水花园、雨水塘、雨水湿地等生态雨洪设施。本方案规划布局下沉式绿地22.51hm²，预计雨水控制容积26204m³，占总控制容积的52.4%，通过建设下凹式绿地，可收集调蓄周边场地径流雨水，不仅可以起到削减径流量、减轻城市洪涝灾害的作用，且下渗的雨水可补充大气水分和回补地下水，减少绿地浇灌用水量。

4.4.4.2　生物滞留池

生物滞留池是指在低洼区种有灌木、花草乃至树木的工程设施，主要通过填料的过滤与吸附作用，以及植物根系的吸收作用净化雨水，同时通过将雨水暂时储存而后慢慢渗入周围土壤来削减地表雨水洪峰流量。本方案规划布局生物滞留池 13.06hm²，预计雨水控制容积 13262m³，占总控制容积的 26.5%，可有效滞留雨洪，其投入维护成本较低，形成的雨水花园景观效果非常好。

4.4.4.3 植草沟

植草沟是指种植植被的景观性地表沟渠排水系统，经植草沟滞留、植物过滤和渗透作用，可以降低地表径流流速，减小径流流量，从而起到调蓄峰流量的作用，同时，雨水径流中的多数悬浮颗粒污染物和部分溶解态污染物可得到有效去除。本方案规划布局植草沟 6.12hm²，预计雨水控制容积 6307m³，占总控制容积的 12.6%，其造价相对低，设计变通性强，可适应各种环境。

4.4.4.4 绿色屋顶

绿色屋顶通过在屋顶种植绿色植物实现滞留雨水，同时实现降低室温等多种功能以节约能源，是低影响设计的主要措施之一。根据不同植物和介质层，绿色屋顶在夏天一般可滞留 70%～90% 的降雨量，冬季可滞留 25%～40% 的降雨量。本方案规划布局绿色屋顶 3.15hm²，预计雨水控制容积 283m³，占总控制容积的 0.6%，在土地紧张的城市中利用好这些屋顶，对雨水资源管理与利用有非常显著的效果。

4.4.4.5 透水铺装

透水铺装可有效降低不透水面积，增加雨水渗透，减少地表径流，同时对径流水质具有一定的处理。目前有各种产品可替代传统沥青、水泥铺设路面，如水泥孔砖或网格砖、塑料网格砖、透水沥青、透水水泥等。本方案规划透水铺装面积 28.57hm²，预计雨水控制容积 2954m³，占总控制容积的 5.9%，主要在停车场、便道等交通流量较低的区域使用。

4.4.4.6 雨水桶

雨水桶属小型雨水收集设施，收集的雨水经适当处理后，可作为杂用水冲厕、植栽、浇灌等。雨水桶的径流削减效果与其站点布设、有效容量、降雨强度等密切相关，特点是占地小，投资省，运行维护方便。本方案规划布局雨水桶 937 个，预计雨水控制容积 999m³，占总控制容积的 2.0%，主要用于单体建筑及小建筑群屋面等雨水水质较好的场所。

此外，规划区污水处理将采取"集中＋分散"的方式，沿后河及花石沟规划设置两条截污干管，集中收集污水后送往悦来污水厂，可满足大部分污水排放，另设置 4 处小型污水处理设施，解决片区排放，预计可产生再生水量 880m³/d，用于景观水体补水、绿化、浇洒、冲厕等。结合全区水域的调蓄和渗透补充地下水，方案实施后可节约水资源量 5.0×10⁴m³，雨水经绿地渗透和生态湿地等雨水利用设施净化，大大减轻了雨水中污染物对环境的污染。规划区雨水径流年控制率将达 80%，经测算可节省雨水管网造价 12%。

4.5 结论

精细化将是未来城市规划管理的趋势所在，重庆科学城规划实践中，该理念贯穿了用地选择、空间布局、场地设计全过程。用地选择的核心是保护高价值自然植被群落与基址地表排水模式，强化基址内自然要素的功用；空间布局的关键在于地尽其用，科学划定用地单元和开发强度，使用地功能与自然过程及资源特征相匹配；生态雨洪设施植入是场地设计阶段低影响开发的有效手段，在自然做功的过程中削减建设的环境影响，充分体现"海绵城市"构建思想。本文针对重庆科学城的场地特征，从生态保护和雨洪管理角度切入，探讨了城市开发建设与生态景观相协调的规划途径，后续将结合建成后评估，对精细化规划方法进行进一步完善和优化。

致谢

感谢北京清华同衡规划设计研究院有限公司杨军、程玺悦，北京清控人居环境研究院毛磊在项目中提供的支持与帮助。

参 考 文 献

[1] 高兆. 基于GI规划设计的山地城市雨洪管理研究——以重庆市北碚城区为例 [D]. 重庆：西南大学，2015.

[2] Beck T. Principles of Ecological Landscape Design [M]. Washington DC：Island Press，2013.

[3] 董淑秋，韩志刚. 基于"生态海绵城市"构建的雨水利用规划研究 [J]. 城市发展研究，2011，(12)：37-41.

[4] 张智，祖士卿. 山地城市内涝防治与雨水利用的思考 [J]. 给水排水动态，2011，(6)：15-16.

[5] 中华人民共和国住房和城乡建设部. 海绵城市建设技术指南 [R]. 北京：中华人民共和国住房和城乡建设部，2014.

[6] 邢忠，余俏，靳桥. 低环境影响规划设计技术方法研究 [J]. 中国园林，2015，(6)：51-56.

⊙ 作者介绍

梁尧钦[1]*，梅娟[1]，单琳娜[1]，熊锋[2]

1. 北京清华同衡规划设计研究院有限公司，E-mail：yaoqinliang@126.com

2. 北京清控人居环境研究院

5

海绵城市规划建设中的生态要素研究与应用探讨

摘要：为从生态学角度提高海绵城市规划建设的科学性和可持续性，本文探讨了生态理论研究及应用如何与海绵城市需求相结合的问题。通过对海绵城市建设 3 条路径相关生态要素和既有生态学研究体系的梳理，认为生态要素对于海绵城市建设具有重要的意义，应加强相关内容的研究和应用探索。文章分析了不同分类学范畴、不同组织层次和不同应用方向的生态学研究领域在海绵城市建设中可以进行延伸研究的内容，以及海绵城市建设不同阶段和不同技术措施中需要进行研究的生态要素，总结了海绵城市相关生态研究与应用的若干关键问题，并以植物选用为例，提出了海绵城市中生态要素研究与应用框架。

5.1　引言

　　海绵城市建设的本质是把城市雨洪管理由人工管渠系统部分交还给自然生态系统的过程，而后者作为复杂巨系统，具有构成因素的种类多、数量多、关系复杂等特点，定量分析困难，与传统排水规划设计的研究对象有着较大的差别。住房与城乡建设部印发的《海绵城市建设技术指南——低影响开发雨水系统构建（试行）》（以下简称《指南》）中提出的海绵城市建设的 3 条路径中，目前的研究和实践重点主要为低影响开发，对城市原有生态系统的保护以及生态恢复和修复两条路径的关注较少，同时，既有相关研究工作以规划和工程设计为主，而这些领域也缺少生态要素研究的介入。因此，有必要从生态学的角度出发，结合生态学既有研究体系，对于海绵城市中的生态要素进行系统性的梳理总结，并结合海绵城市建设相关要素的特征开展生态研究与应用探索，为更加合理的海绵城市建设提供科学支撑，以提升海绵城市建设的生态效益和可持续性。

5.2　海绵城市规划建设中的生态要素

　　《指南》确定生态优先为海绵城市建设的基本原则之一，提出城市原有生态系统的保护、生态恢复和修复以及低影响开发 3 条建设路径[1]，3 条路径中生态要素均发挥重要作用。

5.2.1　原有生态系统的保护

　　即最大限度地保护原有的河流、湖泊、湿地、坑塘、沟渠等水生态敏感区，留有足够涵养水源、应对较大强度降雨的林地、草地、湖泊、湿地，维持城市开发前的自然水文特征。该路径涉及城市及周边各类自然生态系统，特别是城市开发建设过程中保留的自然生态斑块，属于生态空间层面的建设路径。

5.2.2 生态修复

即对传统粗放式城市建设模式下已经受到破坏的水体和其他自然环境，运用生态的手段进行恢复和修复，并维持一定比例的生态空间。该路径主要涉及结构或功能受到损害的自然生态系统，属于生态功能层面（恢复）的建设路径。

5.2.3 低影响开发

即合理控制开发强度，在城市中保留足够的生态用地，控制城市不透水面积比例，最大限度地减少对城市原有水生态环境的破坏；同时，根据需求适当开挖河湖沟渠，增加水域面积，促进雨水的积存、渗透和净化。该路径包括植草沟、下沉式绿地等措施的应用，属于城市开发建设中，特别是建设用地中碎片化的生态理念运用，同时，水域空间的开挖涉及人工生态系统建设，同样属于生态功能层面（优化）的建设路径。

5.3 生态学理论研究与应用

5.3.1 生态学研究内容

生态学是研究生物及环境间相互关系的科学。其中生物包括动物、植物、微生物，而环境则指生物有机体以外所有的无机和有机因素。生态学研究涉及自然和社会经济的众多方面，以生物组织水平为例，由于生物是呈等级组织存在的，由生物大分子—基因—细胞—个体—种群—群落—生态系统—景观直到生物圈，因此，从分子尺度到生物圈尺度都是生态学的研究对象[2]。目前，生态学研究的主要成就集中在典型生态系统碳氮水通量特征、过程机制及时空格局研究，生物入侵与生物灾害控制、生态系统服务功能评价、生态恢复、生物多样性保护、人类生态与生态健康以及生态文明等诸多方面[3]。

5.3.2 生态学研究体系

生态学丰富的研究内容，形成了不同的分支学科，目前已建立了系统的理论研究体系。根据研究对象的组织水平、研究对象的分类学类群或者研究性质不同，可以分为数十种分支领域（表4-5-1）。

表4-5-1 生态学研究体系[2]

划分依据	研究分支领域	
研究对象的组织水平	分子生态、个体生态（或生理生态）、种群生态、群落生态、生态系统生态、景观生态和全球生态	
研究对象的分类学类群	植物生态、动物生态、微生物生态、陆地植物生态、昆虫生态、地衣生态等	
研究性质	理论生态	
	应用生态	用于各类农业资产管理：农业生态、森林生态、草地生态、湿地生态 应用于城市建设：城市生态 应用于环境保护与受损资源的恢复：保育生物、恢复生态、生态工程

5.3.3　生态学研究与应用需求的错位

生态学领域长期存在科学研究与应用需求错位的问题，在城市生态保护领域表现尤其突出。

一方面，城市规划建设中的生态学应用长期停留在基础概念的介绍以及简单使用层面，城乡规划建设从业者对于生态学理论的理解相对浅显，对于前沿问题把握不足，导致在城市规划建设工作中的生态学理论和技术的应用有较大的主观性和随意性，相关生态分析对于规划建设方案的科学支撑性不足。

另一方面，生态学特别是城市生态学研究长期受限于基础资料获取问题，政府部门数据的不公开导致研究者较难接触到城市规划建设从业者可以很方便获得的高精度的土地利用、环境监测、经济社会发展等方面的资料，同时，理论研究结论缺少实践验证的途径。

海绵城市的提出，从自然、生态的角度系统性地考虑城市规划与建设问题，将城市规划建设中的生态要素的重要性提高到一个新的高度，为生态学特别是城市生态学研究与应用的协同发展提供了新的契机。因此，有必要有机整合城乡规划设计单位和生态学科研单位各自的优势，结合海绵城市建设项目开展相关生态要素的研究和应用，实现科学研究与实践应用相互促进，促进科学的海绵城市规划建设。

5.4　海绵城市中的生态要素研究与应用

5.4.1　生态学研究的海绵城市延伸

生态学研究与应用需求的错位问题导致部分生态学领域，特别是与城市相关的生态学领域的研究进展缓慢。我国目前大力推进的海绵城市建设，是目前为止上升到国家层面重要性的城市生态问题的相对系统的思考和应对。海绵城市规划建设，可以为众多生态学研究领域提供新的延伸方向和系统平台。以针对三类分类学范畴研究对象——动物、植物和微生物，与海绵城市关系较大的生态学研究组织水平——种群、群落、生态系统和景观，以及最为主要的两个应用型生态学研究领域——城市生态学和恢复生态学为例，均可以有一定量的延伸研究内容（表4-5-2）。

表4-5-2　生态学研究领域的海绵城市延伸

研究领域		主要研究内容	海绵城市延伸内容
分类学范畴	动物生态	生存条件的变化对动物的生理结构、形态特征和行为方式的影响；一定的生存条件下各种动物种群的数量关系；种内和种间关系以及它们对动物进化的意义；动物种群和群落的形成、适应性和演化[4]	下沉式设施的防虫处理；兼顾生物多样性保护功能
	植物生态	植物个体对不同环境的适应性，及环境对植物个体的影响；植物种群和群落在不同环境中的形成及发展过程；以及在生态系统的能量流动、物质循环中植物的作用[5]	耐淹植物选择；淹水和污染胁迫下的植物生理；植被群落构建

研究领域		主要研究内容	海绵城市延伸内容
分类学范畴	微生物生态	微生物种类、分布及随环境条件的变化规律；极端环境中微生物的生命机理；微生物之间、微生物与动植物之间的相互关系；微生物代谢活动对自然界的影响；污染环境中的微生物学[6]	污染降解机理；土壤微生物配制
组织层次	种群生态	种群数量、分布、种群与栖息地中非生物因素和其他生物种群的相互作用[2]	植物种植；土壤微生物配比（建设与运营维护阶段）；下沉式设施的防虫处理
	群落生态	群落组成与结构、种间关系、群落演替与功能过程[2]	群落构建模式；植物群落演替（可持续管理）；冠层结构与雨水截留
	生态系统生态	生态系统结构与组成，食物网、营养级，调节反馈与生态平衡，能量流动与物质循环[2]	生物地球化学循环；生物多样性保护
	景观生态	景观结构、景观功能、景观动态[7]	海绵体系；径流过程；汇水分区
应用方向	城市生态	城市生态系统构成与功能；城市生态系统健康与生态安全；环境污染与环境保护；城市热岛效应；城市景观生态；生态文化、生态经济与生态产业[9]	水生态敏感区的保护；绿地生态系统构建；热岛效应和污染削减；生态系统健康
	生态恢复	生态系统退化机理与控制；种群和群落的生态恢复；陆域生态系统恢复；水域与湿地生态系统恢复[9]	生态系统保护；受损生态系统恢复

5.4.2　海绵城市规划建设中的生态研究延伸

海绵城市是将人工管渠系统功能部分交还给自然生态系统的雨洪管理应对措施，而绿地植被、土壤、河湖湿地等生态要素作为海绵城市中雨洪调蓄、污染削减等功能的主要承担者，对于海绵功能有效发挥具有至关重要的意义。海绵城市规划建设的全过程，以及各类工程技术措施中均涉及不同的生态要素和生态问题，可以进行一定的生态研究延伸（表 4-5-3）。

表4-5-3　海绵城市规划建设中的生态要素研究延伸

海绵城市建设要素		主要工作内容	生态研究延伸内容
海绵系统构建阶段	规划阶段	大海绵体系构建；建设总目标；分区目标（指标分解）	景观分区（汇水区划分）；景观格局（土地利用）；生态网络结构
	设计施工阶段	低影响系统构建	场地营建（非生物环境）、植物选择、群落构建、土壤配置
	运营维护	海绵设施透水、污染去除等功能的保持	植物生活周期（生长、凋落、分解）；植物群落演替；土壤性质变化；花粉和凋落物等影响
	效果评估	海绵体系的效益评价	生态环境效益；生物多样性保护

海绵城市建设要素		主要工作内容	生态研究延伸内容
海绵城市建设技术	透水铺装	嵌草砖 透水砖、透水混凝土、透水沥青	植草砖中嵌种植物选择；回填土配置；周边植物选择
	绿色屋顶	绿色屋顶	植物选择与配置；基质土壤配置
	下沉式绿地（广义）	下沉式绿地（狭义）	耐淹植物选择；植被群落构建；种植土配置
		生物滞留设施（雨水花园、生态树池等）	耐淹植物选择；植被群落构建；覆盖层土壤配置
		湿塘	水生植物选择；湿地植被群落构建；生态软驳岸建设
		雨水湿地	沼泽区植被选择；微生物群落构建
		渗透塘	—
		调节塘	—
	植草沟	植草沟	植物选择
	植被缓冲带	植被缓冲带	植物选择；植被群落构建
	其他	蓄水池、雨水罐、调节池、初期雨水弃流设施	—

5.4.3 海绵城市相关生态研究与应用的关键问题

根据海绵城市规划建设领域的研究和实践现状，结合海绵城市建设中对于各类生态要素的科学支撑需求，笔者认为海绵城市相关生态研究与应用主要有以下几个关键问题。

5.4.3.1 基于生态系统的大海绵体系建设

海绵城市的理想情景是将降雨径流恢复到场地开发之前的水文特征。相对于聚焦建成区的低影响开发，即将城市作为自然生态景观中的一部分，在市域层面（或更大的尺度）上的考虑具有更系统的意义，即所谓"大海绵"的建设。大海绵体系建设涉及既有生态城市建设中的生态空间管控、生态网络构建等内容，但以水生态功能提升为目的的研究相对较少，生态水系建设研究对于陆域上的过程关注不足，景观层面的区域产、汇流过程尚不清楚，需要作为重点进行研究。

5.4.3.2 径流污染削减机理及影响因素

地表径流中面源污染的削减，主要依靠土壤、植被根系和微生物等生态要素的附着、吸收和降解。但是削减的机理及影响因素等方面尚未有明确的研究结论。如何增强生态要素的污染削减能力，涉及土壤质地的设计、微生物群落的构建等内容。此外，降低污染对于植被根系和微生物的生理胁迫，保障污染削减能力的可持续性，同样需要作为重点进行研究。

5.4.3.3 复合生态功能要求的协调问题

作为城市中主要生态空间的绿地，也是海绵城市建设中多种低影响技术的应用载体。在海绵城市之前，城市建设领域已经对绿地提出了景观效果、乡土特色、生物多样性保护等各类功能要求，海绵城市增加了对于绿地系统的水文功能要求，预期会对前面的功能产生一定的影响，如下沉式绿地的景观效果较差、乡土且耐水淹植物选择相对困难，下沉式绿地对于生物生境构造的影响等。如何协调这些生态功能要求是亟需解决的问题。

5.4.4　海绵城市生态要素研究与应用框架——以植物选用为例

5.4.4.1　海绵植物应用研究现状与问题

由上文可知，海绵城市的提出，对于城市园林绿化植物的选择和应用提出了新的要求。实际上，植物选择是目前海绵城市相关生态要素研究中受到关注相对较多的领域，已有不少研究关注了绿色屋顶和下沉式绿地中的植物应用问题。其中屋顶绿化方面主要关注植物选择[10,11]、抗逆特性[12]以及生态效益研究[13]，下沉式绿地方面的关注焦点为植物选择与配置[14]、植物景观设计[15]以及施工与管理养护[16]。

但是，目前海绵城市建设中植物应用缺少系统性的研究，且对于某些方面的植物选择缺少考虑，如透水铺装周边的植物选择可能会对地面透水性能产生的不利影响在国内的既有研究中基本没有涉及。

5.4.4.2　海绵植物研究与应用框架体系

综合目前海绵植物应用研究现状和欠缺，从优化植物选择、提升综合生态效益的角度出发，按照植物应用区位的差异划分，根据不同应用区位的立地条件，分析各类区位所需植物的特性要求，判断尚需生态研究的主要内容，并预判可支撑应用的研究结论。设计海绵城市建设中植物选用的研究与应用框架如图 4-5-1 所示。

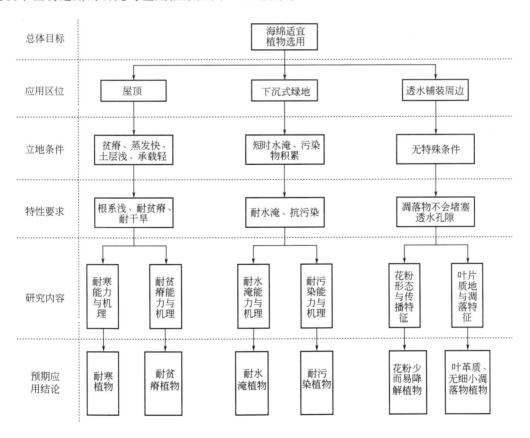

图 4-5-1　海绵植物选用研究与应用框架

5.5 结语

我国正在大力推进的海绵城市建设，是目前为止国家层面对于城市生态问题的相对系统的思考和应对。海绵城市规划建设中生态要素的研究与应用，可以实现生态学研究体系与海绵城市建设平台的有效对接。未来应当推进规划建设单位和生态学研究单位的研究合作，形成可以支撑海绵城市建设技术应用的研究成果，促进生态科学研究快速发展的同时，推动科学合理的海绵城市建设提高到新的水平。

参 考 文 献

[1] 中华人民共和国住房与城乡建设部. 海绵城市建设指南 [Z]. 2014：4-5.

[2] 李博，杨持，林鹏. 生态学 [M]. 北京：高等教育出版社，2000：4-10.

[3] 王让会. 生态科学研究的新进展 [J]. 南京信息工程大学学报，2012，4 (4)：301-306.

[4] 孙儒泳. 动物生态学原理 [M]. 北京：北京师范大学出版社，2001.

[5] 姜汉侨. 植物生态学 [M]. 北京：高等教育出版社，2004.

[6] 杨家新. 微生物生态学 [M]. 北京：化学工业出版社，2004：5-15.

[7] Forman，R T T. Gordon M. Landscape Ecology [M]. New York：John Wiley & Sons，1986.

[8] 宋永昌，由文辉，王祥荣. 城市生态学 [M]. 上海：华东师范大学出版社，2000.

[9] 董世魁，刘世超，邵新庆，黄晓霞. 恢复生态学 [M]. 北京：高等教育出版社，2009.

[10] 黄卫昌，秦俊，胡永红，赵玉婷. 屋顶绿化植物的选择——景天类植物在上海地区的应用 [J]. 安徽农业科学，2005，33 (6)：1041-1043.

[11] 赵玉婷，胡永红，张启翔. 屋顶绿化植物选择研究进展 [J]. 山东林业科技，2004，2：27-29.

[12] 任雪. 杭州市屋顶绿化植物的调查及抗逆特性研究 [D]. 临安：浙江农林大学，2012.

[13] 刘维东. 成都市屋顶绿化植物的选择及其生态效益研究 [D]. 雅安：四川农业大学，2006.

[14] 李玲璐，张德顺. 基于低影响开发的绿色基础设施的植物选择. 山东林业科技，2014，6：84-91.

[15] 秦璐，刘青林. 低影响为导向的园林植物景观设计 [J]. 现代园林，2015，12 (1)：66-70.

[16] 王贤标，东奇，陈杭. 低影响开发技术植物配置、施工与管理养护 [J]. 城市建筑，2014 (8)：269.

⊙ 作者介绍

周文[1]*，戴忱[1]，陈凌[1]

[1]. 江苏省城市规划设计研究院，E-mail：zhouwennju@126.com

6

基于LID理念的华中农业大学校园景观优化设计研究

摘要： 本文以华中农业大学校园景观优化设计为例，从 LID 理念出发，进行现场勘察，同时运用 Arcmap 软件分析总结出目前校园雨水径流的相关问题，并比选得到绿色屋顶、透水铺装、雨水花园、植草浅沟、植被缓冲带、下沉式绿地六类适用于校园景观的低影响开发设施，从建筑、道路与广场、水体等方面提出校园景观优化设计策略。基于 LID 理念的校园景观优化设计模式将为今后其他高校校园景观优化提供借鉴意义。

6.1 引言

高校作为社会中重要的一部分，是城市生态系统中的一个特殊子系统，具有汇水面积大、水质较好、开放性强等特点。合理开发利用校园的雨水资源，注重将雨水资源利用与景观工程相结合，不仅可以缓解校园供水压力，促进雨水向地下水供给，同时也能有效地改善校园生态环境，营造良好舒适的学习生活氛围[1]。低影响开发理念就是将雨水视为一种资源，强调采用小型、分散、低成本，且具有景观功能的雨水措施来控制径流总量和污染物水平，并注重源头控制，通过模拟自然生态环境，使开发区的水文特征尽量与开发前相一致[2]。本文就华中农业大学校园景观环境优化设计研究，探讨性地提出将景观设计基于一定的量化数据，借助软件的模拟计算，将 LID（low impact development，低影响开发）理念运用于实际的景观优化方案，从而解决高校校园的雨水资源利用问题。

6.2 相关理论概述

6.2.1 低影响开发理念

20 世纪 90 年代末，美国马里兰州首次提出从微观尺度景观控制雨水资源的 LID 理念。即主要采用生态化的"源头控制"技术，其基本原理是通过分散的、小规模的源头控制机制和相应的技术措施来达到对暴雨产生的径流及污染的控制，使区域开发建设后的水文状态尽量接近于开发建设前的水文状态。低影响开发理论强调将大部分雨水径流滞留在原地且尽可能不占用大面积的土地，在补充和涵养地下水的同时，实现水资源的可持续利用。低影响开发模式遵循两大原则：首先，尽量减少规划区域内的不透水面积；其次，尽量延长雨水径流的路径和汇流时间，利用土壤覆盖物和植被对径流进行过滤并促使地面雨水径流下渗，减轻开发建设对原有水文状态的冲击作用[3]。本节就华中农业大学现状自然地形为研究基础，通过利用景观规划设计手段解决校园雨水问题，从根本上贯彻低影响开发理念，通过具备景观功能的技术设施改变雨水在地表形成径流的过程，达到解决校园雨水问题的同时，并充分利用校园的雨水资源。

6.2.2 低影响开发设施概述

经过国内外长期的实践研究，LID理念逐步成熟地应用于景观设计过程中，并形成专业领域内不同的低影响开发设施类型。在景观规划设计领域，主要应用的设施包括生物滞留设施、绿色屋顶、透水铺装、人工湿地、植草沟等。按照主要功能特征，通常将其分为渗透滞留设施、雨水运输设施、调蓄净化设施三种类型。渗透滞留设施主要包括透水铺装、下沉式绿地、生物滞留设施（雨水花园）、绿色屋顶、植被缓冲带等；雨水运输设施主要包括植草沟、旱溪等；调蓄净化设施主要包括湿塘、人工湿地、多功能调蓄设施等。针对不同类型的LID设施从功能性、经济性、景观性、污染物（SS）去除率以及适用性方面进行综合分析，得到LID设施适建性分析一览表（见表4-6-1）。

表4-6-1 LID设施适建性分析一览表

设施名称		功能性					经济性		景观性	污染物去除率（参考SS）/%	综合适用性
		补给地下水	削减峰流	集蓄利用	净化雨水	传输	建设费用	维护费用			
渗透滞留设施	透水铺装	●	◎	○	○	○	低	低	◎	80~90	●
	下沉式绿地	●	●	○	◎	○	低	低	◎	—	◎
	生物滞留设施	●	●	○	●	○	中	低	●	70~95	●
	绿色屋顶	○	◎	○	◎	○	高	中	●	70~80	◎
	植被缓冲带	◎	●	○	●	○	低	低	◎	50~70	●
雨水运输设施	植草沟	◎	◎	○	◎	●	低	低	◎	35~90	●
	旱溪	◎	◎	○	◎	●	中	低	●	—	●
调蓄净化设施	湿塘	○	●	●	○	○	高	中	●	50~80	●
	人工湿地	○	●	●	●	○	高	中	●	—	◎
	多功能调蓄设施	○	●	●	○	●	低	低	●	—	●

注：1. ●—强；◎—较强；○—弱或很小；SS去除率数据来自美国流域保护中心（Center For Watershed Protection，CWP）的研究数据。

2. 改绘自2014年10月住建部试行的《海绵城市建设技术指南——低影响开发雨水系统构建（试行）》。

6.3 研究对象概述与问题分析

6.3.1 校园现状概述

本文研究的华中农业大学坐落于湖北省武汉市南湖狮子山山脚，隶属洪山区。校园北侧用地边界与南湖南路相交，东至南湖，南到野芷湖及武大铁路，西边珞狮南路穿界而过。学校占地面积约495hm²，其中建筑屋顶面积约103.68×10⁴m²，道路广场面积约63.7×10⁴m²，绿化面积约255.5×10⁴m²。校区地势北高南低，北面是高约50m的狮子山，东面紧临南湖。所在的武汉市地处北亚热带季风气候区，气温和降水的季节差异性较大。多年平均气温15.5～17.8℃，最冷月平均气温约3℃，最热月平均气温约29℃，年降水量为1150～1450mm，最大年降雨量达2106mm，平均年降雨量1247mm，且降水的分配具有明显的季节性，一般集中于每年的4～8月间，此间易发生暴雨和大暴雨，降水量约占全年降水量的65%，初夏梅雨特征明显，短时间内降水集中，梅雨期过后则易受西北太平洋副热带高压脊的影响，常会出现伏旱和秋旱现象[4]。

6.3.2　校园积水现状调查

对校园雨水现状展开实地调查得到华中农业大学校园路面积水情况（见图4-6-1）。首先，华中农业大学目前的雨水排水方式依旧是沿道路铺设雨水管网的传统排水方式，当遇强降雨或持续降雨，道路雨水就会得不到及时排放，加上部分周边绿地未及时消纳掉的雨水，漫流至地势较低的路面，对交通造成一定的影响，尤其是对以步行交通为主的在校师生，带来通行的不便；其次，虽然大面积的植被对雨水起到了一定的净化作用，相比城市其他用地类型的径流水质，校园路面形成的雨水径流污染较轻，但由于校园没有采取相应的净化处理措施，雨水降落地面后并没有得到深入净化，并通常会掺杂部分落叶、灰尘等杂质，使得校园地表雨水不能得到直接的收集利用；同时，校园绿地多数只注重了景观效果，对了雨水入渗问题并未加以深入考虑，校园硬质面积虽在总体面积比例中占据不大，但在绿地范围内，实验田和苗圃等科研用地占据了约50%的面积，这就使得在研究校园雨水利用方面要针对农业类院校下垫面情况进行更为细致的分类分析；最后，从华中农业大学的下垫面性质划分来看，校园范围内的几处湖泊水体之间并不存在联系，且面积相对来说较小，由于学校濒临南湖和野芷湖，所以校园雨水几乎是先排入校园雨水管网，再集中汇入湖体。而校园内的几处水体基本只发挥了部分容纳雨水径流的作用，主要则是以发挥水体的景观功能为主。

图4-6-1　华中农业大学校园路面积水调查

6.3.3 校园水文分析

基于调查结果,在 ArcMap 软件中分析华中农业大学高程(见书后彩图 4-6-2),可以清晰地了解到校园内北部的狮子山为全校的最高点,中部地势平坦,南部地势普遍偏低。同时,参照校园下垫面类型图(见书后彩图 4-6-3),可以看到,校园中部地势平坦地带主要是校园的教学科研区,校园的不透水面积也主要集中在这一地带。根据高程图和下垫面类型划分图可得到初步判断,华中农业大学校园雨水问题最可能出现在校园中部和南部低洼处,校园中部区域下垫面以建筑和道路等硬质铺装为主,绿地率相对较少;南部则地势相对较低,易在暴雨时期造成部分积水。

在初步对校园积水问题分析的基础上,运用 ArcMap 软件,对校园区域进行水文分析,主要包括流向分析、流量分析、流域分析,从而得到校园汇水线分布图(图 4-6-4)和汇水分区图(图 4-6-5)。从图中分析,雨水地表径流的形成分布基本符合初步预判。在无人为干扰的自然状态下,雨水的径流路径和汇水状态将为后期 LID 设施的布设提供重要依据。对于华中农业大学目前校园用地类型来说,屋顶、道路和绿地是其主要的下垫面。其中,绿地径流雨水以渗透为主,可收集量小,屋面和道路雨水径流量大,水质较为理想,尤其是屋面雨水,从水量和水质上来讲都具有较高的利用价值。参考国内外文献介绍并结合实际情况,目前校园雨水利用主要是满足杂用水需求,即主要包括绿地浇灌、路面喷洒、生活用水和景观补水[1]。因此,对于校园雨水资源,在充分解决传统排水方式带来的交通弊端的同时,也应考虑对其采取"蓄、净、用"的有效措施加以合理利用。

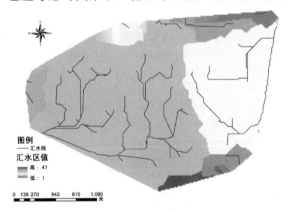

图 4-6-4 华中农业大学汇水线

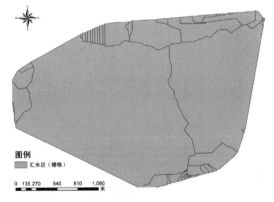

图 4-6-5 华中农业大学汇水分区

6.4 优化设计方案提出

6.4.1 景观优化设计思路

针对华中农业大学校园地表径流分析结果,结合低影响开发理念,提出集"渗、蓄、滞、净、用、排"等多种雨水处理手法于一体的雨水径流处理流程(见图 4-6-6)。主要从雨水的"蓄、滞、净、用"等四个方面着手,将"低影响开发"理念贯穿于方案始终,集合现状,对现有自然资源进行整理,从而形成较为完善的水资源循环利用系统。在对校园雨水利用问题进行充分分析的基础上,分别从校园建筑、道路及水体等方面提出校园景观优化设计策略。

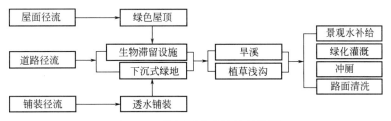

图 4-6-6　校园雨水径流处理流程

6.4.2　低影响开发设施的选取

根据对校园环境的调查分析，现选取适合校园环境景观优化设计的 6 种低影响并发设施，总结如表 4-6-2 所列。

表4-6-2　适用于校园环境的 LID 设施

序号	设施及概念	主要功能	典型结构示意图
1	绿色屋顶 （由绿色植物、栽培基质及屋顶防水结构覆盖的一种景观屋顶形式。其基本结构包括防水层、排水层、滤水毡垫、牛长介质或基质以及植物。）	可明显削减屋面雨水径流，相关数据显示，绿色屋顶的径流量仅是裸露沥青屋顶径流量的 50%～60%，而且绿色屋顶对污染物输出也有一定的拦截作用	植物 基质层 过滤层 排水层 保护层 防水层 排水口 排水管
2	透水铺装 （是一种多孔介质材料，具有较强的孔隙渗透能力。）	能有效控制地表雨水径流，发挥过滤净化雨水、存蓄滞留雨水、消纳周边雨水等生态功能。有研究表明，当透水铺装面积在整体硬化铺装中所占的比例大于 0.5 时，透水铺装能够较好地消纳自身及相邻不透水铺装产生的径流，并通过垫层收集系统回收入渗雨水	透水面60～80mm 透水找平层20～30mm 透水基层100～150mm 透水底层150～200mm 土基 PVC排水管DN50
3	雨水花园 （是指人工挖掘的浅凹绿地，是能够汇集并吸收来自屋顶和地面雨水的生态可持续雨水控制与利用设施。一般包括蓄水层、覆盖层、种植土、砂层、砾石层以及溢流导管。）	在源头滞留渗透雨水，减缓雨水径流。需要注意的是，雨水花园距离建筑不宜太近，以防地基渗水影响建筑安全，同时，雨水花园对土壤渗透性的要求较高，最好选用砂土或砂质壤土，并配以溢出结构，提高雨水渗透及排放效率，防止雨水过多时流入道路影响交通	溢流口 蓄水层200～300mm 树皮覆盖层50～100mm 换土层250～1200mm 透水土工布或100mm砂层 穿孔排水管DN100～150mm 砾石层250～300mm 防渗膜(可选) 接雨水管渠
4	植草浅沟 （一般是指覆有植被的水渠或带状的低洼地。）	在较小的汇水流域内，植草浅沟作为径流传输系统可以部分（甚至全部）替代雨水管网，同时达到雨水净化目的。一般将其设置在道路旁，在充分考虑集水区土壤渗透条件、坡度、植物耐淹情况等因素的前提下，可结合校园绿地实际地形进行布设	绿地 绿地 ≤1:3

序号	设施及概念	主要功能	典型结构示意图
5	下沉式绿地 （低于周边铺砌地面或道路在 200mm 以内的绿地或具有一定调蓄容积并且可净化雨水径流的绿地。）	起到补充地下水、调节径流和滞洪、消减径流污染物等生态作用。在设计时应综合考虑下沉深度、绿地植物耐水时间、下沉绿地面积等问题。据研究表明，下沉绿地占全部集水面积比例为 20% 时，可以减少外排径流雨水量 30%～90%，甚至实现无外排雨水	
6	植被缓冲带 （为坡度较缓的植被区，一般是连接不透水的路面和雨水受纳水体的缓冲地带。）	能够减缓地表径流流速，截留污染物，进行雨水运输及净化。植被过滤带坡度一般为 2%～6%，宽度不宜小于 2m	

注：参考 2014 年 10 月住建部试行的《海绵城市建设技术指南——低影响开发雨水系统构建（试行）》和 2015 年发布的《武汉市海绵城市规划设计导则（试行）》改绘。

6.4.3 不同类型景观优化设计策略

6.4.3.1 建筑的雨水利用景观优化

校园建筑层高普遍偏低，适合建设雨水收集利用设施。将校园建筑进行统一分类分析，并进行建筑顶层结构防水性和承重性预估，对满足要求的建筑进行屋顶绿化，而对大多数建筑均采取加建雨水链等屋顶雨水引流设施及雨水桶等蓄水设施（图 4-6-7）。

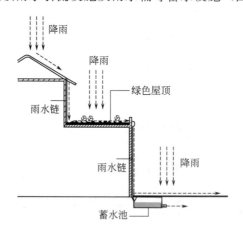

图 4-6-7 绿色建筑雨水收集系统

6.4.3.2 道路与广场的景观优化

从校园道路自身特征来看，由于其不透水率较大，面临暴雨或强降雨时就易产生积水。武汉市每年的 6～8 月份为暴雨集中期，此期间校园道路雨水就会得不到及时的排放，造成部分路段的短暂积水现象。但在水质方面，由于校园道路周围绿化率相对较高，车流量相对较少，地面径流污染问题并不严重，适当在道路绿地范围内布设 LID 设施，可就近滞留屋顶雨水并进行渗透净化，同时可以减少雨水在路面径流携带的各种污染物。

根据分析结果，将 LID 设施主要加设在狮子山广场主干道及荟园宿舍区的部分组团支路上，主要包括透水铺装、雨水花园、植草浅沟、下沉式绿地四种设施类型；华中农业大学校园内广场、道路及运动场占地面积较大，铺装种类多样，针对不同的功能作用，适当进行透水铺装处理（图 4-6-8）；华中农业大学绿地率相对较高，将部分绿地改造成雨水花园，对于校园环境及道路雨水净化都起着积极的作用；在华中农业大学校园环境实地调查的基础上，对校园内沿湖路旁的绿地增设部分植草浅沟，以利于雨水自然排入水体；而对于华中农业大学目前道路低于绿地的情况进行改造优化，对易产生积水的自强路部分路段改造其周围绿地，形成低于道路标高的下沉式绿地[5]。

图 4-6-8　不同类型的透水铺装

6.4.3.3　湖体景观优化

据调查，华中农业大学目前主要采用人工湖底淤泥清理的方式净化湖泊，在借鉴湿塘和湿地的雨水径流净化处理方式的基础上，改变传统净化方式，对校园湖泊水体建设生态型驳岸，主要应用植被过滤带等 LID 设施。经实地考察，校园水体周边基本有足够的绿地建设条件，因此，合理增设 LID 设施十分必要可行。华中农业大学属多雨型城市大学校园，校园内一定面积的景观水系可完全通过净化雨水进行用水补给。将植被过滤带设置在景观水系周围，形成自然式驳岸，使沿湖道路路面径流的雨水在流入湖泊过程中直接得到净化过滤。植被过滤带有纯草坡过滤带，也有多种植物组成的小型生态区域过滤带，由于纯草坡过滤带宽度较宽，占地面积大，所以校园内适宜设置生态区域植被过滤带。此类过滤带可种植大量植被，乔灌草结合，宽度 5m 以上，同时保持一定的坡度，保证雨水顺利汇入水体[6]。

6.4.3.4　其他类型景观优化

对于华中农业大学校园绿地景观，由于其本身不存在过多的雨水问题，所以，选择 LID 设施类型时没有过多的限制，可结合多功能调蓄设施达到调蓄暴雨峰流量的作用。对校园绿地的景观优化重在考虑植物的选择与配置，主要依据 3 个原则：a. 达到四季有景；b. 注重因地制宜；c. 考虑校园文化氛围的营造。

6.5　结语

本文运用 Arcmap 软件对华中农业大学校园进行水文分析，结合传统的现场调查法，总结校园雨水径流的现状问题，并基于低影响开发理念，从源头增设 LID 设施来调控雨水径流，以期将改造建设设计方案对校园自然环境的影响降到最低，从而寻求高效的雨水生态运行模式。但由于本文选取的研究角度重点在于解决校园雨水径流问题，优化设计策略基本满足自然状态下雨水处理的要求，对校园地下雨水管网与灰色基础设施部分并没有过多进行考虑，这也是本研究的不足之处，有待今后更为深入科学地补充和改善。

参 考 文 献

[1] 杜莹，王辉，金修宽. 河南农业大学校园雨水利用景观方案研究 [J]. 江西农业学报，2014，(4)：26-29.

[2] 车伍，李俊奇. 低影响开发与绿色雨水基础设施的多尺度应用 [J]. 给水排水动态，2011，(6)：17-18.

[3] 李园芳，刘志强，允爽，等. 低影响开发雨水概念在绿色校园中的运用 [J]. 价值工程，2011，(28)：168.

[4] 陈为铎. 武汉市城区雨水资源化利用潜力及其可行性分析 [D]. 武汉：华中师范大学，2014.

[5] 姚双龙. 基于 MIKE FLOOD 的城市排水系统模拟方法研究 [D]. 北京：北京工业大学，2012.

[6] 栾春凤，申潇潇. 基于低影响开发的郑州大学新校区雨水利用设施规划初探 [J]. 农业科技与信息（现代园林），2015（6）：483-487.

⊙ 作者介绍

马莹莹[1]，张嫣[1]，裘鸿菲[1]*

[1.] 华中农业大学，E-mail：Qiuhongfei@mail.hzau.edu.cn

7

基于LID的城市公园雨水利用案例研究

摘要：低影响开发作为一种雨水管理模式，强调场地的保护性开发，倡导雨水利用与风景园林有机结合。本文以潜江水杉公园改造项目为例，运用 LID 理念解决城市公园雨水问题。通过现场调研、文献查阅及数据分析等方法得出水杉公园现存的雨水利用问题主要有：a. 缺少完整的雨水收集、净化系统；b. 水体景观单一、使用率低且污染严重；c. 暴雨期积水导致植被生长不良。提出改造措施：雨水收集利用，渗透材料的使用，雨水景观营造，集水引水设施改造等工程措施；宣传教育、公众参与等管理措施。

7.1 引言

城市公园作为城市公共绿地系统的重要组成部分[1]，在水资源短缺日益严重的今天，收集储存雨水并运用到公园景观设计之中是建设可持续城市绿地景观的关键措施。通过案例学习，探讨 LID 理念在城市公园雨水利用项目上的重要性与可行性，将理论与实践相结合，为我国其他城市公园的雨水利用提供参考和借鉴。

7.2 城市公园雨水利用现状及问题

7.2.1 缺乏雨水利用意识

城市公园作为城市的绿色基础设施和主要开放空间，是城市居民的主要休闲游憩活动场所，也是文化传播的主要场所。在城市水环境问题日益严重的今天，城市公园需要承担更多的责任。但目前来看，公园在规划设计时往往缺乏全面的考虑，片面强调景观效果，忽视了景观与雨水利用的结合，并没有从公园景观元素中挖掘出雨水利用的有效措施，出现了例如大草坪、大水景、大广场等耗水严重的景观。雨水资源的利用还未受到足够的重视，就调查来看，很多城市公园并没有设置专门的雨水利用系统，而是直接将雨水排入市政排水管道，不仅白白浪费了大量的雨水资源，增加了排水设施建设费用，而且还加大了市政排水管道的压力，存在严重的洪涝灾害隐患。

7.2.2 忽视植物景观营造的价值

在植物的使用上也存在着严重的误区，重人工、轻自然的现象随处可见，忽视了节水耐旱性植物的作用，出现了既耗水又缺少特色的植物景观设计。另外，公园后期管理上，灌溉设施不合理、设备漏水严重、人工养护缺乏节水意识等问题随处可见，公园里冲厕用水、生活杂用水、浇灌用水等用的基本都还是自来水，造成大量优质水资源浪费。

如今，雨水利用的技术已经发展得比较成熟，只需要合理的运用，城市公园内完全可以通过雨水利用来解决公园内部大部分的用水，并实现雨水利用带来的生态效益、经济效益以及社会效益。笔者将以湖北省潜江市水杉公园的改造项目为例，探讨 LID 理念在城市公园景观设计方面的应用，为解决城市公园雨水利用问题提供借鉴。

7.3 LID 导读

低影响开发（low impact development，LID）指在场地开发过程中采用源头、分散式措施维持场地开发前的水文特征，也称为低影响设计（low impact design，LID）或低影响城市设计和开发（low impact urban design and development，LIUDD）。其核心是维持场地开发前后水文特征不变，包括径流总量、峰值流量、峰现时间等。从水文循环角度，要维持径流总量不变，就要采取渗透、储存等方式，实现开发后一定量的径流量不外排；要维持峰值流量不变，就要采取渗透、储存、调节等措施削减峰值，延缓峰值时间[2]。

低影响开发理念的提出，最初是强调从源头控制径流，但随着低影响开发理念及其技术的不断发展，加之我国城市发展和基础设施建设过程中面临的城市内涝、径流污染、水资源短缺、用地紧张等突出问题的复杂性，在我国，低影响开发的含义已延伸至源头、中途和末端不同尺度的控制措施[3]。

因此，广义来讲，低影响开发指在城市开发建设过程中采用源头削减、中途转输、末端调蓄等多种手段，通过渗、滞、蓄、净、用、排等多种技术，实现城市良性水文循环，提高对径流雨水的渗透、调蓄、净化、利用和排放能力，维持或恢复城市的"海绵"功能。

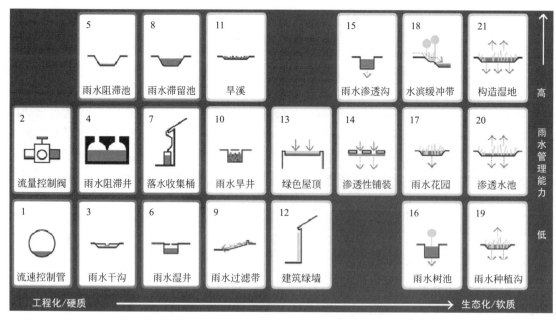

图 4-7-1 LID 设施

图片来源：《Low Impact Development：a design manual for urban areas》

LID技术设施有以下21种，图4-7-1中纵向表示蓄水能力的渐变，水平方向表示硬质软质程度。LID技术设施与海绵城市建设指南中的技术措施虽然名称有所不同，但是功能原理大同小异，可以适当根据其景观性、功能性等因素适当在公园内设置[4]。LID的源头控制原理在公园雨水利用中也相当受用。

7.4 实践运用

7.4.1 场地概况

潜江市为古云梦泽的一部分，境内地势低平，土地肥沃，气候温和，雨量充沛，年降水量约1110mm。项目地水杉公园位于潜江市西城区（江汉油田）广华街道办事处，是江汉平原以及湖北省最大的人工水杉林，面积约30.5hm^2。其中水杉林面积约20hm^2，植树1.5万株，属国家级人造水杉林。园内开设多种健身、娱乐项目，是综合性休闲娱乐场所。

7.4.2 改造现状分析

7.4.2.1 自然条件

公园整体地形平坦，排灌系统不健全，适逢雨季积水比较严重，干旱期间的浇灌也很不方便，影响植物的生长状况。植物品种丰富，其中乔木以水杉为主，另有栾树、合欢、香樟、桂花、垂柳、广玉兰、棕榈等，灌木有紫薇、女贞、紫荆、金银花、含笑和海棠等。但由于管理粗放，植物生长杂乱不堪，缺少层次，景观价值大大降低，同时缺少水生与湿生植物，水体景观贫乏。

7.4.2.2 人工景观

公园的主要水景观有两处：一是以口字形环绕在水杉林内部的水杉湖；另一处则是入口外鲤鱼广场的喷泉水池，没有发现雨水利用方面的景观措施。

7.4.2.3 公园年均用水量、用水方式及来源分析

由现场考察以及公园管理处的提供得到，公园服务、管理建筑、公厕的生活用水均以江汉油田自来水管网为水源，景观浇灌用水主要取自园内水杉湖，水质较好。

水杉公园内部设小型公厕两处，其用水量约80t/d；包括水杉林在内，绿化浇灌用水量在380～400t/d；考虑到鲤鱼广场每年开放喷泉池水的时间很短，在此将其用水量忽略不计。参照相关城市绿化浇灌标准、《城市公共厕所设计标准》粗略得出，水杉公园年用水量约12.5×10^{4}t。

雨水径流量：改造前公园的用地类型主要分为水体7.09%，绿地73.52%，园路及铺装17.81%，以及建筑1.58%，其中水体以口字形人工湖的形式环绕水杉林，驳岸形式为规则式硬质驳岸；园路及广场铺装以水泥、花岗岩及塑胶等材料为主，小部分场地以透水砖为铺装材料，约占1.35%。再结合潜江市的年降水量，可以计算出水杉公园的综合径流系数：

$$\Psi = 1 \times 7.09\% + 0.15 \times 73.52\% + 0.9 \times 1.58\% + 0.85 \times 17.81\% = 0.346785 \approx 0.35$$

$$(4-7-1)$$

公园的年均雨水径流量：

$$\omega = 0.35 \times 1.11 \times 30.47 \times 10^4 \approx 11.84 \times 10^4 \, \text{m}^3 \qquad (4-7-2)$$

折合季节折减系数（取值：武汉市0.882）得到公园的年均雨水集蓄利用量可以达到：

$$\omega = 0.35 \times 1.11 \times 30.47 \times 0.882 \times 10^4 \approx 10.44 \times 10^4 \, m^3 \qquad (4\text{-}7\text{-}3)$$

由此可以看出，依托雨水收集、净化、存储等措施，得到的雨水完全能满足公园日常非饮用水的需求，而且按照目前 3.72 元/t 的价格估算，雨水集蓄能为公园减少每年至少 30 万的费用。

7.4.2.4　小结

首先是积水的原因，主要有两个：一是园内的地势比园外低，积水不易排出；二是部分排水沟段堵塞，排水不畅。经过现场考察以及相关数据分析得出，水杉公园的主要汇水线有两条，一条位于主入口鲤鱼广场附近，另一条自北向南分布在水杉林内部，由于公园常年设备陈旧，管理不当，导致积水严重的区域也主要集中在入口鲤鱼广场周边地块、水杉林内靠近园路一侧的区域以及园区东部绿地等地块，后期问卷调查显示，绝大多数游客提出，园内的积水已经达到影响游玩质量的程度，有望改善。

其次，水杉公园作为已经免费开放的城市公园来说，每年的管理水费成为财政部门的一大支出，雨水资源的充分利用能够很好地解决这一问题，因此，LID 设施的实施有其经济上的必要性。

7.4.3　改造目标

城市公园的雨水浪费问题不仅需要在源头上解决雨水的流向，更要在传输过程和终端使用两方面将雨水充分可持续的利用起来[5]。水杉公园在改造过程中结合园内实际情况，将这三个方面紧密结合，源头上以调蓄和渗透为主，设计下沉式绿地、改变绿地地形坡度以及增加透水铺装面积等措施。收集起来的雨水在传输过程中经过旱溪和植草沟对雨水进行初级的净化和截污，最后用于景观水体以及浇灌用水。

此次改造是在坚持尊重现状、尊重自然的前提下，同时满足规划管理与游客需求的基础上，对公园景观进行的整体改造项目，其中低影响开发理念的应用以及各种 LID 设施的布设以节约雨水资源、丰富水体景观、改善植物生长条件、创造有特色的植物景观以及提高公众节水意识为目标。

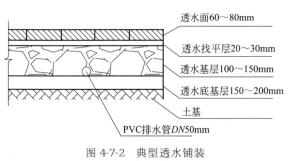

图 4-7-2　典型透水铺装
图片来源：《海绵城市建设技术指南
低影响开发雨水系统构建（试行）》

7.4.3.1　工程措施

透水铺装材料的使用以广场和二三级园路为主，考虑到消防通道对道路路基强度和稳定性的要求，主路及二级园路采取半透水铺装；广场及三级小路可采用典型透水铺装（见图 4-7-2）。园内原有的自行车停放处为水泥路面，不利于透水空间的充分利用，故而采用植草砖形式铺装，增加渗透面积（见图 4-7-3）。

关于比较热门的雨水花园，是指自然形成的或人工挖掘的浅凹绿地[6]，被用于汇聚并吸收来自屋顶或地面的雨水，通过植物、砂土的综合作用使雨水得到净化，并使之逐渐渗入土壤，涵养地下水，或使之补给景观用水、厕所用水等城市用水。

雨水花园中的雨水经过层层收集过滤后需要一个水池来贮存，如果采用常规的社区水池做法，处理后的雨水会再次变质，无法达到净化水体的目的。生态水池就是为解决这一难题

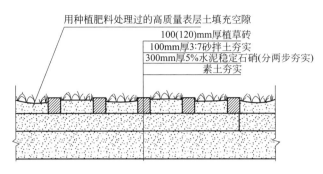

用种植肥料处理过的高质量表层土填充空隙
100(120)mm厚植草砖
100mm厚3:7砂拌土夯实
300mm厚5%水泥稳定石硝(分两步夯实)
素土夯实

图 4-7-3　植草砖铺装结构

图片来源:《海绵城市建设技术指南低影响开发雨水系统构建（试行）》

而提出来的[7]。其实质就是要求水景自身能形成一个生态平衡体系，达到自净，同时尽量采用雨水补水，达到节能的效果。其核心内容为：a. 新型的无能耗的水源补充；b. 水体自成一个生态链，达到自净。

但在水杉公园的改造中，考察、试验后得出结论，因无法保证清新水源的补充以及水体生态链的维持，雨水花园并没有实现的价值，因此决定采用旱溪的形式。

旱溪是一种仿自然溪流的形态，溪底铺设卵石床，它是一种非永久性水体，可以在雨季盛水，旱季保持干涸[8]。旱溪一般呈蜿蜒曲折的线性，在雨季可应对降水所引起的积水问题，引导雨水径流传输至特定区域。粗糙石块铺设在溪床底部，小卵石铺在溪床边缘以减缓径流流速以及冲刷侵蚀；溪床要曲折，入水口及转折点需加宽，用大石块减缓径流转弯时的冲刷；出水口处加宽溪床，铺设细卵石，增加沉淀作用；尽量在现状上进行布置，也可人工挖方构筑；选择能经受周期性水淹且在干旱条件下也可生存的本土草本植被。典型旱溪构造如图 4-7-4 所示。

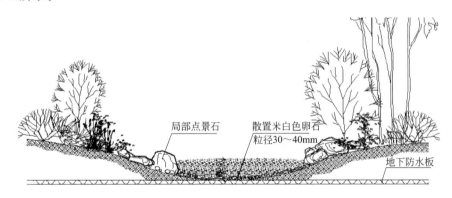

局部点景石　散置米白色卵石 粒径30～40mm

地下防水板

图 4-7-4　典型旱溪结构

旱溪由原有的水杉林内的排水沟渠改造而成，不仅满足排水需求，同时也美化了枯燥的排水沟形式。旱溪的设计包括形态设计、湿生植物景观营造两个方面。形态设计上，依照原排水沟的位置，将其改为自然式，增强集水能力；植物选择上，增种了菖蒲、鸢尾、美人蕉、宿根天人菊等植物，与高大的水杉林景观相映，富有自然野趣的气息。

最后，下沉式绿地则主要应用于广场周边、道路两侧的绿地中，狭义的下沉式绿地指低于周边路面 200mm 以内的绿地，广义的下沉式绿地泛指具有一定的调蓄容积、可用来调蓄与净化雨水径流的绿地。应用于此处属于狭义下沉式绿地，其主要功能：一是补充地下水，节约绿地灌溉用水；二是减少地表径流，降低污水对外界的影响；三是在暴雨洪涝时滞洪减灾[9]。如图 4-7-5 所示。

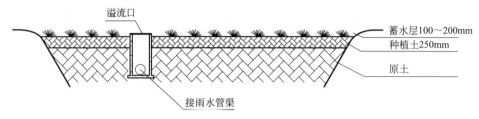

图 4-7-5　典型狭义下沉式绿地结构

7.4.3.2　非工程措施

主要以雨水收集知识的宣传教育，建议定期开设知识讲堂和相关趣味活动，增设雨水收集过程演示模型等，吸引公众参与，共同提高节约雨水，创造生态景观的意识。

7.5　总结

水杉公园作为个例并不能完全代表城市公园在雨水利用方面的建设，还有很多值得我们去探索的地方，海绵城市的建设需要政府、组织和个人的共同努力，积极引进先进技术，拓展知识层次，为我国的城市公园建设做出贡献。

参 考 文 献

[1]　曹敏. 城市公园景观的节水规划探讨 [D]. 重庆：西南大学，2011.
[2]　李凤仪，李雄. 城市雨水管理景观基础设施生态景观整合策略——海淀区西洼雨水公园设计 [A]. 中国风景园林学会 2013 年会论文集（上册）[C]. 2013.
[3]　李俊奇，车伍. 德国城市雨水利用技术考察分析 [J]. 城市环境与城市生态，2002，15（1）：47-49.
[4]　李涵. 基于雨水利用的武汉市综合公园设计研究 [D]. 武汉：华中农业大学，2015.
[5]　张剑飞，李晶晶. 基于 LID 理念的海绵城市公园绿地规划研究——以常德姚湖公园为例 [J]. 中外建筑，2015（07）.
[6]　黄民生，朱勇，谢冰，等. 下凹式绿地调蓄净化城市径流 [J]. 建设科技，2010（1）：65-67.
[7]　赖娜娜，袁承江. 北京中山公园雨水收集利用及下凹式绿地的建造 [A]. 中国公园协会 2011 年论文集 [C]. 2011.
[8]　牟芙蓉. 雨水利用在城市公园景观方面的应用 [J]. 现代园艺，2016（5）：98-99.
[9]　王文娟. 雨水利用在公园景观设计方面的应用 [J]. 广东土木与建筑，2011（10）：55-58.

⊙ 作者介绍
苏巾芳[1]，张嫣[1]，裘鸿菲[1]*
1. 华中农业大学，E-mail：Qiuhongfei@mail. hzau. edu. cn

8

三维海绵体——安徽省池州市护城河遗址公园景观设计

摘要： 池州市作为 2015 年安徽省首批唯一入选的 "国家海绵城市建设试点城市"，正陆续开展各项海绵城市建设工作。文章选取池州市内具有 1000 多年历史的护城河遗址公园景观设计作为这一系列建设中的一个落脚点，用三维海绵体的理念建立以海绵城市目标为指导的景观设计的三个维度：以水生态海绵体建设的第一维度、以文化生态海绵体建设的第二维度和以社会生态海绵体建设的第三维度，共同构成多维 "吸收" 和多维 "释放" 的特色海绵体景观设计，希望能够为将来的海绵城市建设向更多元综合的强大海绵体发展而提供参考。

8.1　引言

海绵城市（Sponge City）是智慧城市的重要组成部分，是我国城镇化和城市群发展过程中建设文明城市、卫生城市、生态城市、智慧城市的客观要求[1]，2014 年 11 月，中国提出了构建海绵城市体系——低影响开发雨水系统，由此国内开始了关于海绵城市相关的许多积极研究和实践，有从理论的角度[2]、特色海绵城市建设的角度[3]、雨水管理的角度[4~7]、政策技术与试点实践的角度[8,9]、不同地区建设的角度进行的各项研究[10~12]，还有从特定的场地进行的研究，如胡楠从城市绿地系统角度研究海绵城市体系的建立[13]，赵慧芳、陈蒙、陈宏亮、李硕等研究城市道路与雨水系统的利用[14~17]，苏义敬等从下沉式绿地的角度研究更优化的设计[18]，苏苃霄从深圳市口袋公园设计模式与海绵城市技术衔接角度的研究等等[19]。研究已经从宏观渐渐向中观或微观进展，但大多还是侧重于海绵城市技术角度进行的设计和实践，而未能从项目本身应具有的多功能和复杂性进行综合研究。因此，在 2015 年中国 16 个城市获得中央财政补贴作为 "国家海绵城市建设试点城市" 之后，在有积极政策和扶持推进下的大建设之中，如何能将海绵城市建设目标落实的更加完善，如何能因地制宜地拓展更丰富的海绵设计策略及理念，让 "一块海绵" 不只是 "一块海绵"，甚至让 "海绵" 不只是水的 "海绵"，则是从真正的景观设计实施角度需要我们继续挖掘的重要问题。

8.2　项目概况

8.2.1　城市概况

池州市位于安徽省西南部，是长江南岸重要的滨江港口城市，省级历史文化名城及安徽省"两山一湖"（黄山、九华山、太平湖）旅游区的重要组成部分。池州市属亚热带季风气候区，降雨丰沛集中，年际变化大。根据贵池区气象站 1952～2000 年资料统计，多年平均降雨量 1496mm，汛期降雨约占全年降雨量的 60%，现状城市用水水源以地表水为主，年径流总量控制率范围为 70%≤α≤80%，径流峰值控制目标为防治 30 年一遇内涝暴雨。市域江河湖水面积 348.4km²，占总面积的 4%，江河水系发达。

8.2.2 本底概况

① 城市自然山水格局——山环水绕间，自然底蕴强。池州东南部以九华山、牯牛降为主体构成南部山区骨架，中部为岗冲相间的丘陵区，境内有三大水系十条河流。

② 城市人文气息浓厚——千载诗人地，佛教文化浓。杜牧、陶渊明、白居易、苏轼、王安石、李清照等许多文人雅士也曾徜徉在池州山水之间，留下了数千首诗作。以地藏精神为内核的九华山佛教文化个性突出，地域性强。

③ 护城河遗址公园——古城墙残垣遗影，历史文化氛围佳。护城河遗址公园古城墙残垣虽然几近消失，很多年轻市民甚至对古城墙遗址浑然不知，但是城墙与护城河遗址作为城市历史记忆的载体，能够重新唤起场所记忆感及场所活力。

8.3 基地分析

8.3.1 周边用地及交通

遗址公园位于池州市老城区，现状周边用地构成为居住用地、商业金融用地、医疗用地及军事用地等，其中以居住用地为主。公园南侧为城市主干道秋浦路，东临秋浦巷，西接医院西侧路，地块相对完整，但是地块整体较狭长。

8.3.2 现状自然要素

8.3.2.1 水体概况

中心湖水体面积 18776m²，水面标高 12.54m，水深 0.95～2.54m。场地内地下水位标高值 12.705m，年变幅小于 1m。中心湖水体底部为淤泥，厚 0.45～0.55m，淤泥下部为渗透性差的黏土层。根据地形和排水走向划定排水分区，公园场地周边汇水面积为 5.2hm²。中心湖水体主要水资源来源为雨水以及地下水补给，另有周边小区污水排入。

表4-8-1　水量统计　　　　　　　　　单位：m³

月份	1	2	3	4	5	6	7	8	9	10	11	12	合计
降雨量	1132	1550	1628	2170	2325	3798	3100	2248	1628	930	1550	930	22987
汇水量	2467	3380	3549	4732	5070	8281	6760	4901	3549	2028	3380	2028	50125
蒸发量	310	310	465	775	1085	1550	1705	1395	1240	1085	465	388	10773
渗漏量	100	100	100	100	100	100	100	100	100	100	100	100	1200
绿地用水	445	445	445	445	1335	1335	1335	1335	1335	1335	445	445	10680
盈亏用水	2744	4075	4167	5582	4875	9094	6720	4319	2502	438	3920	2026	72004

由水量平衡计算得出，湖体可以通过降雨径流自然补给维持水量，年总水量盈余 72004m³，可以不进行人工补水（见表 4-8-1）。根据前期对中心湖水体取样检测结果：

pH6.9、COD$_{Cr}$28mg/L、氨氮0.8mg/L和总磷0.3mg/L，中心湖水体水质属V类，主要超标因子为总磷（见表4-8-2）。

表4-8-2 水体取样检测表

项目	检测指标				水质类别
	pH值	COD$_{Cr}$/(mg/L)	氨氮/(mg/L)	总磷/(mg/L)	
中心湖水体	6.9	28	0.8	0.3	V类
地表水环境质量标准	6～9	20	1	0.05（湖、库）	Ⅲ类
	6～9	30	1.5	0.1（湖、库）	Ⅳ类
	6～9	40	2	0.2（湖、库）	V类

区内地表土、淤泥主要指标符合《土壤环境质量标准》（GB 15618—1995）中二级、三级标准，Zn、As超出三级标准。

8.3.2.2 现状植被

基址范围内现存植物较多，但是长势良好且有保留意义的大乔木数量有限，主要有银杏、垂柳、水杉、女贞。其余长势较差的小乔木及丛生低矮灌木丛，沿水岸生长的水生植物几无保留价值。

8.3.3 现状人工遗存

8.3.3.1 现状挡墙

基址内有多处挡土墙，高差最大处可达6m，较低处也有近1m的高差，挡墙主要集中分布在场地东侧及南侧，竖向空间较丰富。

8.3.3.2 现状驳岸

公园基址河塘周边均为硬质驳岸，大部分为浆砌石驳岸，部分区段沿驳岸有泥土堆积，长有丛生灌木，硬质驳岸全长约640m。

8.3.4 水体研究

8.3.4.1 现状排水

建设西路、虎泉路和秋浦西路现状排水体系较为完善。建设西路与长江北路雨水排至东北方向，虎泉路与秋浦西路雨水排至秋浦西路以南的合流制箱涵。塘体水范围内除周边雨水自流入塘外，另有干休所供电局、新华书店宿舍、部队、工行家属院、劳动局家属院、自建房等合流制污水排入塘中。塘体通过预留管道进入城市排水管网。

8.3.4.2 点源污染

（1）生活污水

塘周边现状小区一直是雨污合流制直流式排放，合流制污水直接入塘。生活污水主要为生活中使用的各种洗涤剂和污水、垃圾、粪便等，多数为无毒的无机盐类，生活污水中含氮、磷、硫多，致病细菌多。

（2）餐饮废水

塘南侧有劲味面馆的餐饮废水直接排入塘中。餐饮废水主要来源于食品的准备、餐具洗涤、食物残余的渗沥液等。餐饮废水主要污染物为食物纤维、淀粉、脂肪、动植物油类，各种佐料、洗涤剂和蛋白质等有机物。

（3）医院电源污染

塘西侧为市第二人民医院，第二人民医院的废弃物品堆放点位于塘的西北角，废弃物中所含的消毒剂、有机溶剂、病原型微生物等会随地表径流部分进入塘体。

8.3.4.3　面源污染

参考北京市城市降雨径流水质，天然雨水、屋面径流、单位内部道路径流会携带污染物质进入水体，产生污染，主要污染物为 COD_{Cr}、氨氮。

8.3.4.4　内源污染

（1）养鱼污染　水塘现已开发利用为鱼苗养殖，对水质影响较大。

（2）底泥污染物释放　水体淤泥厚度为 $0.45\sim0.55m$，水质改善后，底泥中的污染物会持续释放，造成水体二次污染。

8.4　设计思路

8.4.1　机会与挑战

经久丰富的水系、自然生长的古树植被和千年来留下的人工痕迹，都为设计项目提出了特定的需求，也是形成设计独特性的机会。而如何协调公园城市雨水收集利用、河体水质净化而实现绿色自然的海绵体，是首要的技术挑战。如何提炼护城河遗址文化，让时间的文化凝固为空间的文化，让场地的文化流动出人的文化，是进一步延伸的构筑文化海绵体的挑战。如何让自然与人携手共生，形成一个更深厚范畴的"社会海绵体"，是当前建设至后期成长中最大的挑战。

8.4.2　构思应对

设计将"自然海绵＋文化遗址＋社会共建"作为项目构思的三个主要维度。以水生态基础设施建设的第一维度作为构建传统的海绵城市技术体系的 X 轴，如同构建"海绵体"的水系统基础建设。以文化生态系统建设的第二维度作为营造项目历史文化的 Y 轴，如同构建"海绵体"的地域文化特色。最后以社会生态系统建设的第三维度作为项目未来发展的 Z 轴，将社会人对基地的关注参与、政府和社会资本合作（public-private-partnership，PPP）的融资模式以及对生态文明的认知，作为由建设海绵城市升华而出的社会生态环境，构建海绵体的社会空间内涵。这是更具有可实施性、文化地域感和社会影响力的，能够吸收更多自然水体、文化遗存和社会力量，同时释放更丰富的自然资源、文化特色和社会效益的方案设计初衷。

8.5　水生态海绵体建设维度

8.5.1　目标与问题

8.5.1.1　总体目标

融合海绵城市设计理念，对面源污染进行控制，使雨水年径流总量控制率达 85%，水中悬浮物去除率达 50%。同时针对中心湖水体污染现状，对其内源污染进行清除，恢复水生植被，增强水体自净作用，水质保持地表水Ⅳ类标准，达到大部分水域水质清澈藻可控，30 年一遇。

8.5.1.2　指标分解

结合池州市近 30 年（1984～2013 年）日平均降水资料，扣除≤2mm 的降雨事件的降雨量，将日降雨量按雨量由小到大进行排序，经统计分析，池州市不同年径流总量控制率对应的设计降雨量见表 4-8-1，年径流总量控制率达 85%，相应的设计降雨量为 40mm。

8.5.2　点源污染控制方案

8.5.2.1　措施一：清理垃圾

对水塘沿岸的生活垃圾进行清扫，设垃圾桶，禁止乱扔垃圾。废弃原第二人民医院的废弃物品堆放点，远离塘体重新选择，如图 4-8-1 所示。

8.5.2.2　措施二：老旧小区雨污分流改造

原点源污染中自建房、劲味面馆、劳动局家属院等污染源随着公园拆迁建设将消失。通过对供电局干休所、新华书店宿舍、部队、工行家属院等污水排放点的排查，制订合理的雨污分流改造方案。利用公园对东侧秋浦巷改造及公园园路建设的契机，自北向南新建 $DN300mm$

图 4-8-1　点源污染控制方案

污水管道，将周边生活污水接入秋浦西路已建 $d800$ 合流制管道。雨水自流入塘。

8.5.3　内源污染控制方案

8.5.3.1　措施三：底泥清淤工程

根据现状取样调查，中心湖水体淤泥厚度为 0.45～0.55m，为避免淤泥中的污染物释放，工程针对表层淤泥进行清除。底泥疏浚区为整个中心湖，面积约 $1.88×10^4 m^2$。

8.5.3.2　措施四：边坡改造工程

根据现场调查及地勘图资料分析，中心湖沿岸基本为直立挡墙，不适宜水生植物生长，方案设计将疏挖处理后的底泥自然风干后用于构建水下湖岸边坡，营造适宜水生植物生长的空间。设计利用处理后的底泥在水下堆坡，坡比为（1：2）～（1：5），坡面覆盖 30cm 黏土，坡脚采用袋装土护角。底泥用量设计在坡面水深小于 0.5m 处种植挺水植物，大于 0.5m 处种植沉水植物。

8.5.4　面源污染控制方案

池州市护城河遗址公园低影响开发控制系统主要由透水铺装、植草沟、生物滞留设施和雨水花园构成，为减轻雨水径流造成的城市面源污染、解决城市雨水排放等生态环境问题以及增加地下径流等起到重要作用。如书后彩图 4-8-2 所示。

8.5.5　水质改善与生态系统构建方案

8.5.5.1　水下森林构建工程

在底泥清淤基底改造后，对基底土质进行改善，营造有利于沉水植被生长的土壤环境。运用水体生态系统修复技术原理，逐步恢复水生植物群落与水生动物群落，形成以浮游动物—沉水（挺水）植被—底栖生物—鱼类为主体的自然生态系统。

8.5.5.2 梯级湿地示范工程

根据分析，结合工程的要求（出水水质，环境质量要求较高、现状用地）及特点，设计在园区东南角建设潜流湿地。对中心湖体水质进行循环净化，利用水泵将湖水提升至湿地前端的快滤池进行预处理，然后进入潜流湿地进行净化，出水利用东侧新建景观排水渠将净化后的水引至湖北侧入湖。

8.5.6 水质保障系统构建

通过对上述措施的有效组织，公园内形成了由初期雨水净化系统与内湖水体循环系统构成的完整的水质保障体系。初期雨水净化系统以消减地表径流污染、蓄积雨水、延缓峰值为主，地面、屋面雨水径流均先通过生态草沟、高位植坛后汇入雨水花园，初步净化后流入净水模块进一步净化后汇入湖体。内湖水体循环系统以活化水体，改善水体自净能力为主要目标，通过公园南侧水泵提供动力，打水入景墙，湖水随重力自流流经快滤池、人工湿地、传输水渠后最终跌落入湖（见图 4-8-3）。

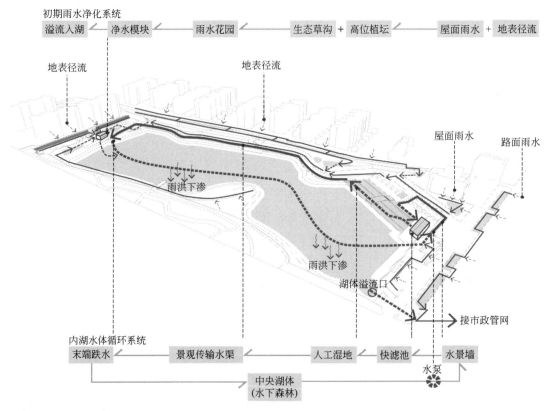

图 4-8-3　水质保障系统

8.5.7 监测方案

为更好地了解和保障中心湖水体水质状况，方案拟设计 4 个监测点进行水质监测，分别为中心湖的湿地出水口、北部雨水花园出水口以及湖中南、北中心点。监测主要指标为 COD_{Cr}、BOD_5、NH_3-N、TP、SS 五项，前期每一个月监测一次，根据水质状况可调节监测频率。水样可委托池州相关检测单位进行采样检测。

8.6 文化景观海绵体建设维度

公园分为五大文化景观区块，分别是遗址遗迹区、岁月回廊区、活动花园区、墙垣湖影区、康复花园区。

8.6.1 遗址遗迹区

遗址遗迹区位于公园南侧，既是公园的主入口区域，也是公园中体现护城河遗址精神的核心区域。秋浦西路原有树池改造为生物滞留池，滞蓄净化该段机动车道内的雨水，作为绿色街道文化示范的窗口。临秋浦西路区域作为公园的主要进入区，被打造成最佳观赏空间，并设置有观景平台。平台分为上下两层，上层视野开阔可一览公园全景，下层贴近水面可亲水嬉戏。上下因高差而围合形成的小空间被打造成休憩花园。通过对工行建筑雨落水管的断接改造，将建筑屋面雨水引入雨水花园（见图4-8-4）中，起到雨水消纳净化的作用。

此区作为回忆之路的起点，这里被打造成水与城交汇的一个场所。塘体的水通过水泵注入印有公园名称和古护城河平面图的LOGO景墙，随后流入静水水渠之中。水渠位于一段复建城墙侧（见图4-8-5），作为护城河表征，与城墙相伴，传递出古老护城河遗址的记忆。设置人力水车，通过市民的互动，水可从塘体进入湿地得以循环，使市民能参与到水体的净化过程，增加趣味性和归属感。

图4-8-4 雨水花园效果图

图4-8-5 复建城墙　　　　　　　　　　图4-8-6 活水亭

8.6.2 岁月回廊区

岁月回廊区位于公园东侧，与秋浦巷相邻，是古护城河河岸的一部分，设计通过建造仿旧墙基来解决此处的高差，墙基的另一侧为水渠，水城相伴相生，行走在回廊之上，仿佛行走在历史的记忆中，感受护城河公园遗址的岁月变迁。挡墙采用较为粗糙的石材，仿造荒废墙基的效果，体现出护城河城墙的历史感。墙的西侧则为传输沟渠，回忆之路，水城始终相伴。将秋浦巷东侧与挡墙衔接部分水泥面改造为高位植坛，使家属院小区内的雨水先流经植坛后再进入公园主水体，同时在秋浦巷上隔段设置排水沟，疏散超标雨水。

8.6.3　活动花园区

活动花园区位于公园北侧，紧邻新华书店宿舍，是原宿舍小区的后花园。设计仍将该处定位为周边居民活动休憩的场所，布置儿童活动平台、休息座椅、活水亭等设施，同时在场地北侧设置隔音竹林，以减少公园游憩活动对小区居住环境的干扰。花园内还设置有放置健身器械的木台、休憩的小亭，以及作为回忆之路结尾的跌水。利用植物与景观水渠进行水质过滤，在花园南部亲水区域设置活水亭（见图4-8-6），可供市民休憩与观看景观水渠净水口。花园活动空间与水相连，形成亲水空间。木栈桥的设置更是给湿地空间增添了更多的趣味性与互动性。

8.6.4　墙垣湖影区

墙垣湖影区位于场地西侧挡墙之下，是利用湖底淤泥堆砌成的新区域，这一区域主要以滨水体验为主，设置有湖心亭、湖中栈桥等内容。栈桥将原本单调的水面一分为二，湖心亭起到点景效果；临水游径布置有停留休憩的座椅，原有挡墙倒映在清澈的水面之上，一派悠然景象。从安全性的角度出发，设计未对公园西侧挡墙做拆建，而是在原有墙面上铺贴一层装饰面来改善景观效果，同时扩大了墙下的驳岸空间，设置一条临水观景小径，既贯通了公园的游赏路线，又丰富了公共的景观层次。

8.6.5　康复花园区

康复花园区为西侧邻近医院的区域，考虑到医院对景观环境的需求，设计利用草花地被、乔灌木等打造舒适活泼的游赏空间，并布置亭、座椅等休憩设施，为病人提供一个愉悦的康复疗养场所。该区域邻近医院，因此设计为康复花园。种植色彩丰富的植物，设计惬意灵巧的休憩空间，营造安逸轻松的氛围。

8.7　社会海绵体建设维度

由国家作为初始推动力的海绵城市建设，在全国范围内受到了各专业人士的高度重视和关注，并且已经有一部分先行者活跃在建设、研究和管理等各方面的第一线。同时，广泛的参与将带来更广泛的重视和关注，这是一个互为促进的循环生态发展方向。当然，参与过程中也一定会出现消极的、反复的甚至错误的过程，但这同样也是对建设、研究和管理各方面的反馈，以探索出更为符合国家国情、地方地情和社会群情的建设道路。因此，不管是宏观层面的规划、中观层面的控制还是微观层面的设计，吸引社会参与、吸收社会反馈以及吸纳社会力量，是在本次项目设计中提出的希望。

吸引社会参与方面，项目从政府各部门的广泛合作为起点，到政府与社会各类专业者的合作、各研究机构甚至高校的合作、各金融投资领域与建设者的合作、各社会群体与不同平台的合作等等，均在"试水"阶段向"下水"阶段磨合深入，方案希望介入更多的社会参与合作，来实现从方案设计到实施建设最后到运营使用这个全过程的优化途径。

吸收社会反馈方面，通过建立项目的社区资讯平台，纳入到社区管理甚至街道自我管理的长臂之内。而方案设计中每个景区的文化内涵融入，也是一场与社会的对话，其听到的是人与历史的对白，是人书写历史的长卷。特别是在挡土墙改造中，特意留下一段专供人留念留笔的区域，古人可以摩崖石刻，今人可以段墙涂鸦。反馈是声音，反馈是文字，反馈是进步，反馈是共建。

吸纳社会力量方面，包括国家立意决行的各种融资模式，甚至在建设的前期至运营管理的后期更有全程的社会力量的参与，大到政府不会完全不管不问，中到投资者不会完全不修不补，小到个人不会完全不喜不爱，每个角色都在建立更秩序化和保障化的制度，每个制度的建立都在吸纳更广泛的社会能量，则海绵城市建设即能向真正的社会海绵体探路。

8.8　结语

从生态基础建设到文化生态内涵的吸收，从有政府财政支持到尽快实现 PPP 融资合作模式的社会资源吸收，都是一种趋向于尊重自然的、传承文化的和启动社会群力的更优模式，就像 PPP 模式是社会资本方与政府的一段婚姻，而不仅是一场婚礼一样，它需要双方协同共进、风险共担、利益共享[20]，这个丰富饱满的三维海绵体在吸收生态资源、文化资源和社会资源的同时，才会释放出更大的能量和更可持续的智慧效益，人类与自然也会向更为相互和谐、共同呼吸的一个完整"海绵体"迈进。

致谢

感谢家人对我从事景观规划设计行业的无限支持和鼓励，感谢给予我能够将本次项目进行书写成文机会的卫超所长以及朱晗和金晶两位出色的设计师，同时感谢在论文编写过程中给予我诸多建议和帮助的汪兴毅、张云彬、管欣等老师，还包括我亲爱的学生林莹、汪慧婷和陈岳峰，最后感谢 2016 国际城市低影响开发（LID）学术大会给予的广阔平台，非常感谢！

参 考 文 献

[1]　仇保兴. 海绵城市（LID）的内涵、途径与展望 [J]. 建设科技，2015（01）：11-18.

[2]　吴丹洁，詹圣泽，等. 中国特色海绵城市的新兴趋势与实践研究. 中国软科学，2016（01）：80-95.

[3]　徐振强. 中国特色海绵城市的政策沿革与地方实践 [J]. 上海城市管理，2015，01.

[4]　戚海军. 低影响开发雨水管理措施的设计及效能模拟研究 [D]. 北京：北京建筑大学，2013.

[5]　宋代风. 可持续雨水管理导向下住区设计程序与做法研究 [D]. 杭州：浙江大学，2012.

[6]　张书函. 基于城市雨洪资源综合利用的"海绵城市"建设 [J]. 建设科技，2015，（1）：26-28.

[7]　雷霆. 基于雨洪管理模式的滨海城市"防灾型"社区规划研究 [D]. 天津：天津大学，2014.

[8]　俞孔坚. "海绵城市"理论与实践 [J]. 城市规划，2015，（6）.

[9]　车伍. 我国排水防涝及海绵城市建设中若干问题分析 [J]. 建设科技，2015，（1）.

[10]　危唯. 低影响开发技术在深圳某地区的应用研究 [D]. 长沙：湖南大学，2014.

[11]　邹宇，许乙青，邱灿红. 南方多雨地区海绵城市建设研究——以湖南省宁乡县为例 [J]. 经济地理，2015，（9）.

[12]　王宁. 厦门海绵城市建设方案编制实践与思考 [J]. 给水排水，2015，（6）.

[13]　胡楠，李雄，戈晓宇. 因水而变——从城市绿地系统视角谈对海绵城市体系的理性认知 [J]. 中国园林，2015，

(6)：21-25.

[14] 赵慧芳. 城市道路雨水就地利用技术研究 [D]. 北京：北京林业大学，2008.

[15] 陈蒙. 基于 LID 理念的城市道路雨水系统设计——以赣州市职教园区规划七路为例 [D]. 南昌：南昌大学，2015.

[16] 陈宏亮. 基于低影响开发的城市道路雨水系统衔接关系研究 [D]. 北京：北京建筑大学，2013.

[17] 李硕. 基于雨水利用的城市道路绿地景观设计研究 [D]. 哈尔滨：东北林业大学，2012.

[18] 苏义敬，王思思，车伍，魏一哲，董音. 基于"海绵城市"理念的下沉式绿地优化设计 [J]. 南方建筑，2014，(3).

[19] 苏荇霄. 基于海绵城市视角的深圳市口袋公园提升模式与方法研究 [D]. 哈尔滨：哈尔滨工业大学，2015.

[20] 涂先明，田乐. 六问海绵城市——"公共政策的力量："海绵城市'与行业趋势"沙龙纪实 [J]. 景观设计学，2015，(2)：22-31.

⊙ 作者介绍

丁文清[1]*，卫超[2]，朱晗[2]，金晶[2]，陈岳峰[1]

1. 安徽农业大学，E-mail：93143065@qq.com

2. 安徽省海绵城市建设研究中心

9

沣西新城海绵城市建设中场地与种植设计实验与应用研究

摘要：海绵城市雨水过程遵循"渗、滞、蓄、净、用、排"的六字方针，植物在雨水的渗透、滞留、净化、循环使用和排水等过程中扮演着重要的角色。本文的研究基于西安建筑科技大学生境花园园艺植物的适宜性实验、不同场地生境条件同种植物生长实验及乡土植物的引种实验，来探索沣西新城康定和园场地与种植设计的方法。首先对康定和园生境因子中的光照和水文生境因子进行分析，以此为基础将居住区场地的生境划分为阳生旱地、阴生旱地、阳生下凹式绿地和阴生下凹式绿地；其次，阐述了场地水文条件的规划与设计和土壤条件的改良与改善；最后，在生境划分和生境设计的基础之上探讨了场地四种生境植物及植物群落的设计。

9.1 前言

中国西北地区由自然地理条件下的景观特性、历史文化背景、行政界域划分以及经济发展进程所界定，是一种具有地域性的代表。其突出的干旱半干旱的水文条件、内陆性气候特点、物种群落演替规律等，使得西北地区在面对城市化过程中的绿地建设时，需要适宜的方法策略和技术途径。海绵城市建设改善了场地原有的水文过程[1]。对于水资源短缺的西北城市来说，海绵城市建设使得雨水得到更加充分的利用，也为植物提供了多样化的生境条件。西北地区海绵城市处于探索阶段，本文的研究基于海绵城市建设带来的场地生境条件的变化，并通过实验与实践相结合的方式探索西北城市海绵城市建设中的生境营造和植物群落设计方法。

9.2 西北地区不同生境条件种植设计的实验

9.2.1 园艺植物的适宜性试验

西安建筑科技大学南门花园（图 4-9-1）从园艺市场购买当地苗圃生产的主流园艺植物32 种，植物选择的原则主要参照现有知识以及苗圃工作人员对园艺植物所需生境的描述。主要目的在于用实践的办法选择出适宜和不适宜南门花园场地生境条件，包括土壤、水文、光照及小气候。实验采用就地种植和观测的办法，通过 2015 年 6～12 月间为期半年的观测，对园艺植物的生长情况包括生长势和死亡情况进行统计。

结果表明，迷迭香、过路黄、假龙头、火把莲、松果菊、细叶芒、垂盆草、海桐、千头菊、中叶麦冬、细叶麦冬、阔叶山麦冬、石竹、肾蕨、狼尾草、薄荷、八宝景天、碰碰香、太阳花、玉簪、黄菖蒲、香蒲、细叶针茅、荷兰菊、针叶天蓝绣球、千头菊在建筑垃圾土壤及西安城市的降雨条件下效果良好。

冬季季相是衡量北方地区植物景观的重要指标，面对北方地区冬季景观普遍萧条的情况，花园设计应该尽量选择在冬季仍然具有观赏价值的植被。对南门花园32种园艺植物冬季季相的调查表明，共有常绿植物9种（28%），地上部分枯而不倒11种（34%），地上部分枯萎倒地9种（28%）（图4-9-1）。尽管如此，南门花园冬季植物景观仍显萧条，主要原因是因为常绿植物和地上部分枯而不倒的植物数量太少所致。因此，除了增加具有冬季景观效果的植物种类以外，还应该增加它们的数量。

图4-9-1　西安建筑科技大学南门花园夏季和冬季季相

在南门花园的32种园艺植物中，过路黄、葱兰、中叶麦冬、细叶麦冬、阔叶山麦冬、肾蕨、迷迭香为常绿植物，冬季枯萎但不倒地的植物有薄荷、针叶天蓝绣球、假龙头、马鞭草、佛甲草、鼠尾草、松果菊、八宝景天、小水葱、千屈菜、菖蒲、香蒲、千头菊。北方地区冬季景观较为萧条，因此，在植物景观设计时尽量增加常绿植物以及冬季枯而不倒的植物。

9.2.2　不同场地生境条件同种植物生境实验

南门花园生境类型多样，按照光照可以划分为阳生区域和阴生区域。在种植设计时，有

14 种植物分别栽植于阳生区域和阴生区域两个生境，经过半年的观测，同种植物在不同生境的表现各异。通过将同种植物种植于不同生境，来观测植物对不同生境的适应性。

在 2015 年南门花园种植设计中，共有 13 种植物被种在了阳生和阴生两种不同的生境中。半年以后，植物的生长情况表现各异，在 12 月中旬，对该 13 种植物的生长势进行评价，并对生长情况进行了描述（表 4-9-1）。

表4-9-1 南门花园中 13 种植物在阳生、阴生区域生长情况统计

编号	名称	阳生区生长状况	阴生区生长状况	结论
1	八宝景天	☆☆☆	☆☆☆☆	阴生区生长势较好，但均正常
2	迷迭香	☆☆☆☆☆	☆☆☆☆	阳生区高度 60cm，阴生区高度 30cm，阳生区高度为阴生区两倍，但长势均好
3	细叶芒	☆☆☆☆	☆	阳生区生长势好，阴生区已枯死
4	垂盆草（乡土）	☆☆☆☆	☆☆☆☆	长势均好，但阳生区较阴生区略好
5	佛甲草	☆☆☆	☆☆☆	长势均好
6	荷兰菊	☆☆☆☆	☆	阳生区植物面积增大，阴生区基本都已枯死
7	过路黄	☆☆☆☆	☆	阳生区长势极好，阴生区植物面积缩小幅度大，且长势差
8	针叶天蓝绣球	☆☆☆	☆	阳生区高度已达到 15cm，长势良好，但阴生区高度只有 6cm，长势差
9	假龙头	☆☆☆	☆☆☆	阳生区阴生区高度基本相同，但阳生区长势略好
10	碰碰香	☆☆☆	☆☆☆	长势均好
11	海桐	☆☆☆☆	☆☆☆☆	长势均极好
12	鼠尾草	☆☆	☆	长势均不好，阴生区更差
13	柳叶马鞭草	☆☆☆	☆☆	长势均一般，阳生区略好

注：☆代表植物生长状况等级，☆越多，等级越高。

通过表 4-9-1 对 13 种植物的生长势评价，对于☆☆☆及以上的植物应该继续保留并观察（重点观察越冬情况），对于☆☆及以下的植物应该替换。发现 13 种园艺植物中，八宝景天、迷迭香、垂盆草（乡土）、佛甲草、假龙头、碰碰香、海桐在阳生区域和阴生区域均可以生长，细叶芒、荷兰菊、过路黄、针叶天蓝绣球只适宜在阳生区域生长，鼠尾草和马鞭草、碰碰香（无法露地越冬）不适宜在场地生长。

9.2.3 乡土植物引种实验

该实验旨在通过实地种植实验筛选出适宜南门花园场地生境条件的乡土植物。2015 年，南门花园共引种乡土植物 45 种。经过半年的观察，植物生长情况各异，生境组分别对南门花园植物的当前状态、栽种位置、生长状况及生长情况进行了描述。

经过持续半年的观测，南门花园 45 种引种植物中，有 4（9％）种植物未能适应南门花园的生境条件而死亡，另外，除了 5 种（11％）植物因进入冬天未能观察到是否成活以外，其余 36 种植物均引种成功，引种成功率高达 80％，这充分证明了乡土植物的适应能力。

研究得出有 25 种植物表现良好，建议在西安地区推广，包括垂盆草、聚合草、荷兰菊、费菜、车前草、常夏石竹、月见草、白花草木犀、马齿苋、合欢、地榆、龙牙草、通泉草、中叶麦冬、阔叶麦冬、牛繁缕、三棱草、黄精、宿根亚麻、乌头、贯众、肾蕨、宽叶苔草、

唐松草、风铃草。

9.3 康定和园 LID 设计与场地生境类型划分

康定和园（安置小区）项目在沣西新城东部，统一大道南侧，毗邻咸阳职业技术学院，紧邻沣西新城总部经济园二期，占据着西咸新区的重要地带，对外交通畅达，随着沣西新城的快速发展，区域价值将快速提升。项目规划总用地面积 299 亩（1 亩≈666.7m²，下同），总建筑面积 72.5×10⁴m²，建设约 5748 套安置房。

9.3.1 康定和园生境因子分析

在研究植物与环境的相互关系中，一般可分为光因子、温度因子、水因子、土壤因子、大气因子、生物因子等六大类生态因子，以及地形因子这一间接生态因子[2]。

（1）场地光照分析

夏至日太阳高度角大，阴影区面积是一年中最小的一天；冬至日太阳高度角小，阴影区面积是一年中最大的一天；春分和秋分日太阳高度角相同，阴影区面积是一年中较为平均的时间节点。

春分、秋分——合称"二分"，太阳直射地球赤道。表示昼夜长短相等。"分"即平分的意思。这两个节气一般在每年公历的 3 月 20～21 日和 9 月 23 日左右。

春分日后气温回升，农民开始春耕春种。秋分是收获的好时机。标志着大多数农作物种与收的时间节点。以一年为一个周期，用春分和秋分为代表节点进行划分。

康定和园光照的分析主要选择春分、夏至、秋分和冬至等四个节气每天 8:00、12:00 和 18:00 三个时间点的光影（图 4-9-2），叠加后形成全年阴影（图 4-9-3）。

春分3月21日	夏至6月21日	秋分9月23日	冬至12月22日

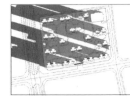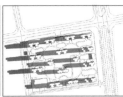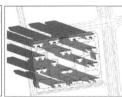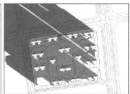

8:00am

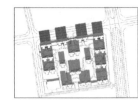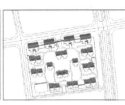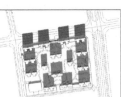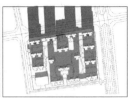

12:00am

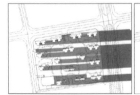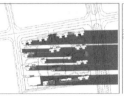

6:00am

图 4-9-2　康定和园春分、夏至、秋分和冬至的建筑日照分析

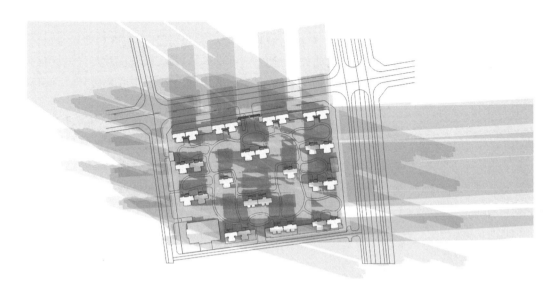

图 4-9-3　康定和园全年阴影叠加与适宜布置活动场地区域

（2）水文条件

康定和园水文条件的变化主要来自于场地内的雨水花园系统。因此，场地的雨水规划主要通过地形、道路、硬质地面及草沟来排水，雨水花园的主要角色是消纳、滞留、下渗和净化雨水。对于场地的水文生境来说，海绵城市中的地形和道路与传统的景观设计并无差别。因此，本研究对于场地水文条件的研究主要可以通过雨水花园系统来分析（见书后彩图 4-9-4）。康定和园的雨水花园系统可以划分为雨水花园和屋面雨水花园，其中屋面雨水花园 10 个，雨水花园 47 个。

9.3.2　康定和园场地生境类型划分

生境因子不同，对植物的影响程度也不同。部分因子的变化会影响其他因子的变化，这类因子为主导因子。气候因子中光照的变化会引起大气和土壤温度和湿度的改变。所以在风速较小的情况下多光照的绿地土壤偏旱，多在阴影区的绿地土壤偏湿，所以光因子是主导因子。

水对于西北地区来说是动植物生存的重要影响因子，人工的补水与否、空调水的补水和场地雨水的收集直接影响动植物的生存。

根据对场地生境主要因子光照和水文条件的分析，康定和园的生境类型主要可以划分为阳生旱地、阴生旱地、阳生下凹式绿地、阴生下凹式绿地四种。

9.4　康定和园的 LID 设计与生境设计

9.4.1　水文条件的规划与设计

针对海绵城市低影响开发控制性规划的指标要求，康定和园年径流总量必须控制在84.1%，下沉式绿地（雨水花园、生态草沟、渗井、水塘等）占总绿地比例控制在30.56%，通过 SWMM 模型计算，仅使用规划围墙内的用地无法消解基地内建筑、道路及场地的雨水，难以达到控制性规划的指标要求。

规划围墙内外用地均为绿地，雨时二者地表径流无法完全分割。在进行 LID 系统设计以及 SWMM 模型计算时，需要考虑围墙外绿地以及其与车行道道牙以上的人行道区域所产生的地表径流，因此，在进行汇水分区时，需要将计算范围划分到道路道牙边界。而具体的 LID 设施以及雨水管网的布置明确需要围墙外绿地用地进行消解。

雨水系统的规划及组织方面，屋面雨水一部分通过雨水立管导入就近的雨水花园，另一部分通过建筑排水管直接接入就近的调蓄池；路面雨水通过 1.5% 的单坡横坡排向就近的绿地中；屋面雨水花园下渗经屋面排水系统排走，下渗不及时进入溢流井排水管接入就近的雨水管网；雨水花园自然下渗，设置溢流井，部分需要设置盲管导流入就近的雨水花园；生态草沟自然下渗，设置溢流井，就近溢流进排水管进雨水管网；调蓄池下面设置净化设施，进行雨水净化，最终进入市政雨水管网。除此之外，透水铺装下设盲管，导流入最近的雨水花园。

9.4.2 通过介质对土壤条件的改良

除了充分利用场地的光照和水文条件以外，通过添加介质改良土壤是创造植物群落适宜生境的有效途径。

土壤应为疏松湿润、排水良好、酸碱度控制在 pH5.5～7.5、含有机质的肥沃土壤，对强酸碱、盐土、重黏土、砂土等要进行土壤改良，不含建筑和生活垃圾。种植层须与地下土层连接，无水泥板、沥青、石层等隔断，以保持土壤毛细管、液体、气体的上下贯通。

对草坪、花卉种植地应施基肥，翻耕 25～30cm，耧平耙细，去除杂物。在耕翻中，若发现土质不符合要求，必须换合格土。换土后应压实，使密度达 80% 以上，以免因沉降产生坑洼。设施顶面绿化乔木土层厚度 80cm 以上，灌木 45cm 以上，草坪花卉草本地被 15cm 以上。

施工时对各种花草树木均应施足基肥，以确保绿地土壤肥力适合植物生长，改良土壤，以使花草树木恢复生长后能尽快见效。按目前的园林施工要求，可用垃圾堆烧肥、堆沤蘑菇肥、塘泥、其他厩肥或有机肥。

9.5 不同生境条件的种植设计

基于光照条件、水文特征及土壤状况，可以将康定和园的生境条件划分为阳生旱地（主要包括宅间的坡地和平地）、阴生旱地（主要包括建筑北侧阴生区域的坡地和平地）、阳生下凹式绿地和阴生下凹式绿地（雨水花园）4 种（见图 4-9-5），本文依照生境条件的不同选择不同的植物及植物群落。

9.5.1 阳生旱地及阴生旱地的种植设计

康定和园的阳生旱地区域主要分为中心绿地和 6 个宅间绿地，其地形主要为平地和坡地。按照地形及 LID 功能的不同，将整个住区的种植划分为 7 个不同的主题，包括核心景观区、春季景观区、夏季景观区、秋季景观区、冬季景观区、黄花植物景观区及芳香植物景观区。

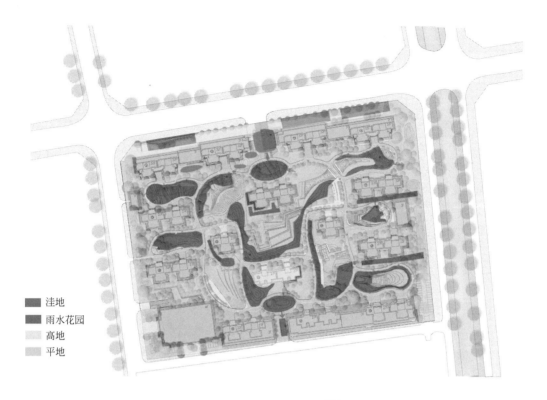

图 4.95 康定和园种植分区图

关中地区素来以椿、榆、楸、槐作为四大乡土植物，这四种乡土植物树冠浓密，庭荫效果突出。种植设计中以乡土植物国槐、七叶树、柿树作为植物设计的基调树种，以关中四大乡土植物中的臭椿、楸树作为点景树，这些乡土植物构成种植设计的主要结构。

中心区绿地地形丰富多变，植物的种植主要考虑与地形相呼应，在地形上点栽灌木以强调空间，同时，在地形等高处种植草本形成不同花期、花色的花带，可以成为植物的亮点区域。一方面可以欣赏优美的地形，同时，不同花期、不同花色、不同质感的地被植物构成具有野趣的台地花海，低成本维护的草本地被植物。中心区乔木层选择臭椿、广玉兰、紫荆，灌木层选择丰花月季、石榴和木槿，地被层选择红花酢浆草、马蔺、鸢尾、石竹、萱草和宿根鼠尾草。

春季是北方地区植物开花最多的季节，选择白、黄、紫、粉等花色类型多样的植物营造成春意盎然、春花烂漫的植物景观。入口处植物景观配置同时期开花的植物，主要营造绚丽的春季景观，选择白玉兰、樱花、连翘形成以白、粉、黄色为基调植物景观，下凹式绿地以自然式的草本植物群落为主，主要选择黄菖蒲、千屈菜、香蒲等。

景观区种植设计形成春夏秋冬不同的特色景观，现以秋季景观区为例。楼间节点是居民休闲和交流的主要区域，植物选择上注重遮阴效果，选择臭椿布置在广场及坐凳旁边，与三角枫、七叶树、银杏一起形成良好的庭荫效果，该节点主要表现北方地区秋色叶植物形成的绚丽的秋日景观。

宅旁植物种植主要考虑建筑与植物之间的关系，入口处景观注重层次，满足居民最基本的生活需求，选择树形茂密、干净整齐的乔木、灌木搭配成错落有致、动态变化的季相植物景观。其中，乔木层选择柿树、七叶树、合欢、紫薇、红枫，灌木层选择珍珠梅、黄刺玫、八角金盘。

9.5.2 阳生下凹式绿地的种植设计

根据雨水滞留时间的不同，康定和园的下凹式绿地区域可以分为旱生浅区和积水区域。雨水花园的植物种植分为园艺式种植和群落种植两种，园艺植物的种植形式为成片栽植，主要选择四季季相比较稳定的植物，如细叶芒、狼尾草、迷迭香、细叶针茅等植物（图4-9-6）。

根据植物群落生态学的层片结构理论，以及西安建筑科技大学生境花园的实验，西北城市适宜的植物群落为三层，因此，通过植物的高度及种间关系和美学特性，在阳生区域搭配了五种植物群落模式（表4-9-2）。雨水花园较深的区域由于积水时间较长，植物选择时应选择既能耐旱，又能耐积水的植物，基于这种生境特征，结合实验搭配了由千屈菜、香蒲、黄菖蒲、阔叶麦冬组成的植物群落。

图 4-9-6　康定和园雨水花园意向图

表4-9-2　阳生下凹式绿地植物群落模式

群落模式	一层植物及层高	二层植物及层高	三层植物及层高
群落模式一	细叶芒（60cm） 宿根鼠尾草（45cm）	迷迭香（30cm）	葱兰（15cm）
群落模式二	狼尾草（60cm）	萱草（40cm） 马蔺（35cm）	迷迭香（30cm）
群落模式三	萱草（50cm）	松果菊（30cm） 迷迭香（25cm）	石竹（15cm）
群落模式四	假龙头（40cm）	松果菊（25cm）	葱兰（15cm）
群落模式五	宿根鼠尾草（40cm）	石竹（15cm）	红花酢浆草（10cm）

9.5.3　阴生下凹式绿地种植设计

阴生下凹式绿地主要是分布在建筑北侧的屋面雨水花园以及小型雨水花园。在生境花园的实验中，适宜阴生区域的植物有玉簪、迷迭香、红花酢浆草、葱兰、八宝景天，因此，根据这几种植物的株高组合成不同的植物群落（表4-9-3）。植物按照自然式进行种植，在植物种植之后，植物的自由生长使得植物群落的种间关系更加融洽。下凹式绿地的较深区域选择黄菖蒲、玉簪、阔叶麦冬作为群落的一层、二层及三层。

表4-9-3　阴生下凹式绿地植物群落模式

群落模式	一层植物及层高	二层植物及层高	三层植物及层高
群落模式一	玉簪（40cm）	迷迭香（30cm）	红花酢浆草（10cm） 葱兰（15cm）
群落模式二	迷迭香（30cm）	八宝景天（25cm）	红花酢浆草（15cm）
群落模式三	八宝景天（25cm）	葱兰（15cm）	红花酢浆草（10cm）

9.6　结语

结合城市建成环境不同生境的植物种植实验，通过对场地光照和水文因子的分析，划分场地生境类型，再对场地的土壤条件进行改善，来达到生境营造的目的。针对海绵城市中不同的光照、土壤、水文条件来选择植物和构建适宜的植物群落是一种有效的生态设计途径。

致谢

感谢国家自然科学基金"西北地区大中城市绿地——生境营造模式及适应性设计方法研究"（51278410）和国家自然科学基金重点项目"城市宜居环境风景园林小气候适应性设计理论和方法研究"（51338007）对本研究的资助。

参 考 文 献

[1] 刘晖，徐鼎黄，李莉华，等. 西北大中城市绿色基础设施之生境营造途径 [J]. 中国园林，2013，(3)：11-15.
[2] 冷平生. 园林生态学 [M]. 北京：气象出版社，2001.

⊙ 作者介绍
李仓拴[1]，刘晖[1*]，王晶懋[1]，张元凯[1]，王晓利[2]
[1]. 西安建筑科技大学建筑学院，E-mail：249600425@qq.com
[2]. 西北地景研究所

10

LID技术在城市绿道景观规划设计中的案例应用研究

摘要：绿道集生态环保、运动、休闲、旅游等功能于一体，是能将保护生态、改善民生与发展经济完美结合的有效载体。随着城市化进程加速，生态问题日益显著，融合低影响开发理念的绿道景观在现代城市中显得尤为必要、恰当。本文以日常功能、生活需求结合生态、安全为导向，从LID角度出发提出了城市新区绿道景观设计方法，并结合内蒙古阿荣旗河西新区道路景观规划设计案例，利用现状生态格局来探讨通过多种景观生态措施，并讨论了一些通过植物设计来构建绿道的方法。这些设计措施作为城市绿道的初探，以期为城市新区生态绿道设计提供参考。

10.1 概念解析

10.1.1 LID

LID的原理是模拟雨水的自然水文过程，其核心是在土地开发利用过程中对场地原有的自然水文过程的影响降到最低或无，通过一系列小型、微型的场地设计还原雨水的自然水文过程。

LID场地设计策略是由BMPs发展而来的，更侧重于微观尺度的控制，是一种场地开发模式，应用在整个场地设计过程之中，通过渗透、过滤、截留等小尺度、分散的源头控制理念，对雨水实行收集、保护、净化、利用等生态景观处理技术，使当地水环境得到滋补净化、生态环境得到相应的改善，恢复水文、生态环境原始的自然状态，营造怡人舒适的环境，同时，也对城市雨洪管理起到巨大作用，减少、缓解旱涝等严重灾害的发生，降低城市排水管网的负担，正面影响雨洪过程，产生良好的生态效应，结合景观设计营造景观艺术效果。LID在城市新区建设或城市绿道中十分适合应用。

10.1.2 绿道

指狭长绿地中的线性空间，由可通行的线性路径及通道周边一定范围的绿色空间构成，能满足交通便利、生态联通及休闲运动的基本功能。如今的城市绿道建设逐渐要求融合生态、景观设计、水文、地理等多学科，旨在为人们提供优美的生活环境，提升生活质量。

10.2 绿道景观设计中 LID 设计方法探究

10.2.1 LID 绿道设计方法

根据相关概念、国内外研究以及项目实践经验总结得出以下在绿道景观设计中展开 LID 设计的方法[1~3]。

① 前期对原有现状的场地的水文、植物、生态环境等方面进行全方位的调研、筛选、统计，分析地块利弊、是否能支撑 LID 理念的实施与展开。如当地的交通等道路硬件设施条件可以满足绿道规划的展开，具备良好的透水土层，地下水位要低于建设深度，植物生境现状可以满足绿道基本的生态需求或维持绿道的长期发展等。

② 最大限度地保留原有地块的水文生态等自然状态，使开发后的城市绿道空间对周边环境有保育作用，对原有资源做到最大的传承与保护。

③ 合理地利用现有资源结合景观设计，将 LID 理念融入景观设计中。保护周边河流水系、森林植物等资源，尊重原有水文概况，将低影响开发生态理念与景观手法相结合。因地制宜地利用原有绿地、河湖水系、自然坑塘、废弃土地等用地及设施，结合城市景观进行规划设计。充分利用城市自然水体设计湿塘、雨水湿地等具有雨水调蓄与净化功能的低影响开发设施，湿塘、雨水湿地的布局、调蓄水位等应与城市上游雨水管渠系统、超标雨水径流排放系统及下游水系相衔接。根据水分条件、径流雨水水质等条件选择低影响开发设施内的植物，选择耐盐、耐淹、耐污等能力较强的乡土植物。

10.2.2 LID 技术处理过程

在雨水收集阶段的源头处理，道路和场地等大面积硬质铺装采用透水铺装，场地细节采用滞留池、边沟等小型处理手段来收集雨水。

在雨水传输阶段，道路边界或场地之间的隔离带可采用植草沟或雨水花园方式，既解决雨水运输和净化的功能，又减少铺装的造价，形成怡人的景观。

雨水排放的终端处理是绿道规划设计中重要的有机组成部分，通过湿地、人工河流干预等方式来完成对雨水的最终处理。

10.2.3 LID 绿道植物种植设计原则

10.2.3.1 植物种类多样性

在植物配置方面充分考虑植物的多样性的配置，考虑植物种类之间互相组合的适宜度把控，在现有植被条件下对现状植被进行小范围的梳理，形成乔灌草覆层稳定、美观的植物空间与生态小环境，改变原有单一而脆弱的植物群落。在形成稳定的植物组群基础上，可以根据不同的设计要求来适当增加不同需求的树种，在绿道较宽的地段选择多样的植物来形成稳定的生态斑块和丰富的景观空间，例如在文化区域可增加相应的色叶树种来丰富景观色彩与空间感受。

10.2.3.2 乡土树种优先，因地制宜的植物种类选择

在植物选种中应考虑当地的区域气候、土壤、水文等相关环境条件，以本土树种为主进行配置，形成稳定健康的植物生长大环境，选择固碳能力较强的树种，不可为追求景观效果

而一味地引进外来植物品种，以免对现有生境造成威胁和破坏。

10.2.3.3 植物的实用性配置

根据不同的场地功能、景观需求，合理地采用相应的植物种植设计方法。例如避免大量连续种植味道刺激、容易让人过敏、有刺或毒等对生理有伤害的植物，在道路与绿道边界种植效果良好的遮阴树、灌木、地被来进行分割，形成绿道缓冲区，也为游人提供良好的休息环境，在慢行步道、休息区等公共周边避免密植大量连续的灌木。

10.2.3.4 生态优先

在生态区根据不同区域的生态功能需求进行相应的植物种植设计。例如雨水花园的设计，因为除了雨季之外均为干旱状态，应采用耐水淹、耐干旱、净化效果良好的乡土植物，根据不同的净化等级布置不同种类、不同耐水程度的净化植物种类，每个等级配置多种不同种类的植物，达成一个稳定的生态小环境，同时考虑景观效果的营造，达到生态与景观美观的统一。在植草沟等生态处理地段采用生态功能良好的植物，例如湿生植物等完成有害物质的降解和净化，对土壤完成净化、修复过程。

10.2.3.5 现场原有植物利用

对现场植物种类做出调研、统计、分类、分析、定位，为进行植物种植设计提供基础资料。例如对于场地现有的生长良好、与规划设计不相违背的植物就地保留，如有与规划设计严重不合的植物要做出相应的方案调整，对植物做出保护措施，对于生长较差的植物加以生态保护，并设计生态认知、景观营造等景观处理方式。

10.2.4 分类种植设计

10.2.4.1 源头处理

源头处理设施如生物滞留设施，对植物选择、设计要求较高，植物需耐水淹、耐旱、净化能力强、耐水污染等，另外可以营造较好的景观效果。生物滞留设施分为蓄水区、缓冲区和边缘区。蓄水区应选择耐淹能力和抗污染能力、净化能力较强、耐旱的植物；缓冲区植物应具耐淹性、耐旱和抗雨水冲刷的能力；边缘区宜选用较耐旱的植物；在生物滞留设施的水流入口应该种植覆被型低矮禾本科类植物，以减弱水流对土壤的冲刷作用。

10.2.4.2 传输过程

LID中途雨水处理设施用于收集、输送和排放径流雨水（如植草沟）的环境条件简单，植物的选择与设计相对容易，可选择具有发达根系、覆盖度高、景观价值高、较低矮的植物，以丰富植草沟的植物种类，提高污染物去除能力。禾本科植物种类多、分布范围广、抗性强、景观价值高、根系发达，有助于污染物的净化及加固土壤，防止水土流失，如结缕草类、狗牙根类、芒类等，形成的草皮不仅能承受频繁的洪水冲刷，而且耐淹性较强。种植密度应稍大，对雨水径流的延缓程度较强。可适当增加植物种类或观赏价值较高的植物提升景观效果。

10.2.4.3 终端

雨水处理终端面积较大，承担雨洪调蓄净化、景观及休闲、娱乐等功能（如雨水塘作为LID末端调蓄设施）。沼泽区宜种植挺水、漂浮、沉水植物，如莲花、灯芯草、菖蒲、睡莲、慈菇等；深水区宜种植少量浮萍等漂浮植物；缓冲干湿交替区宜种植水陆两栖植物，如美人蕉、木绣球、垂柳等乔灌草搭配种植。

10.3 LID 理念在绿道规划设计的具体应用分析

10.3.1 项目简介

阿荣旗位于内蒙古自治区呼伦贝尔市东南部，大兴安岭南麓，西部与扎兰屯市隔河相望，东部与扎格敦山岭和莫力达瓦达斡尔族自治旗为邻，北部和鄂伦春旗相连，西北部与牙克石市接壤，南与黑龙江省毗邻。阿荣旗全境地貌呈中低山-丘陵漫岗地形，地势由西北向东南呈阶梯式下降。

绿道位于规划新区的西侧，长度约 6km，宽为 50m 左右，总面积约 $29 \times 10^4 m^2$，周边用地概况东北侧多为居住用地，北部尽头为公共绿地，西南侧为滨河大道和阿伦河。在设计中，与阿荣旗总体规划中提出的"建设具有独特田园风貌和人文景观融合的田园生态城市"的理念相呼应，西部山、城交界处设计一条绿道，实现由山到城的过渡，使自然风貌与人文景观更好地融合。在道路景观设计中也力求将山水田园引入城市，让人在城中犹如置身于大自然。低影响开发的雨水管理体系，通过规划将雨水径流先经过末端控制措施后再进入受纳水体，这样有利于削减洪峰值，保护下游河道。在新城区的东南三角地块增加一处雨水湿地，城市河道下游水系经过人工控制与自然处理净化后排入水体，同时也可以为市民创造一片优美的环境（图 4-10-1、图 4-10-2）。

图 4-10-1　总体规划

10.3.2 LID 植物种植设计存在的问题

植物选种以雨洪管理为目标，选择一些耐水湿的草本植物，导致多样性与生态稳定性差，景观效果一般。

设计者对于 LID 对植物造成的影响担忧而导致植物种植设计形成隐形的限制，使得景

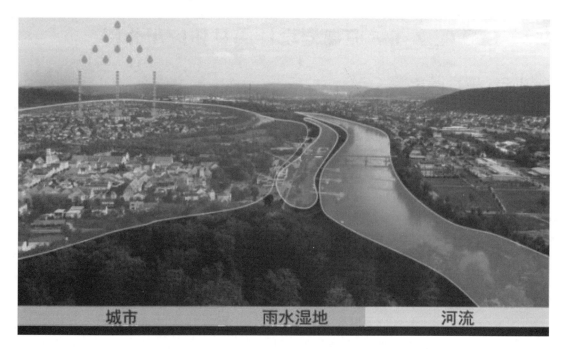

城市　　　　雨水湿地　　　　河流

图 4-10-2　雨洪管理概念规划

观质量较差。

对本土野生植物利用较少，缺乏完整的植物培育生产体系。

10.3.3　LID 规划设计方案

10.3.3.1　道路布置

在绿道中布置良好的城市步道来为人们提供休闲的游憩环境，将自行车道与人行步道用生态隔离带加以分离，起到景观装饰、生态绿化的功能作用。铺装采用透水混凝土、透水砖等铺装材料，边界布置植草沟对雨水进行初步净化。

10.3.3.2　场地布置

根据不同的区域位置及周边的服务对象类型，将场地加以合理的布置分布，包括休闲游乐场地、静谧有氧场地、生态认知场地、体育活动场地等等，合理分散地布局在绿道的各个区域位置，减少对生境的集中破坏，最大限度地保留原有现状。提供观景平台、无线服务设施、功能来提升对周边人群的便利性，将景观、生态、功能整合形成可持续发展演变的生态小环境（图 4-10-3、图 4-10-4）。

10.3.3.3　设立统一连续的雨水处理系统

通过雨水花园、渗透塘、植草沟、下沉式绿地等雨水处理设施，完成雨水的搜集、净化、渗透、利用，提高雨水在绿道环境中的生态功能。

10.3.3.4　驿站

绿道沿线为使用者设立的可供遮阴、避雨、休息和餐饮的场所，包括公共卫生间、自行车停车位、休息廊架，满足多样化的户外休闲需求，为市民提供便利，包括停车场、观景台、环境卫生、通讯等配套设施，使市民在短暂休息与补充能量的同时，还可以体验周围优

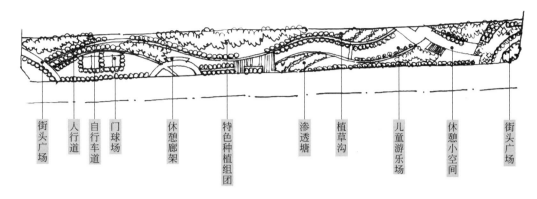

图 4-10-3　绿道标段设计

图 4-10-4　滨河绿道道路剖面

美的绿色景观。

10.3.4　LID生态设计方式

10.3.4.1　下沉式绿地

下沉式绿地具有一定的调蓄容积且可用于调蓄和净化径流雨水的，具体的下沉式绿地有生物滞留设施、渗透塘、湿塘、雨水湿地、调节塘等。

下沉式绿地的下凹深度应根据植物耐淹性能和土壤渗透性能确定，一般设置为100～200mm；下沉式绿地内一般应设置溢流口（如雨水口），保证暴雨时径流的溢流排放，溢流口顶部标高一般应高于绿地50～100mm（图4-10-5）。

图 4-10-5　下沉式绿地

10.3.4.2　渗透塘

渗透塘是一种用于雨水下渗补充地下水的洼地，具有一定的净化雨水和削减峰值流量的作用。

渗透塘前应设置沉砂池、前置塘等预处理设施，去除大颗粒的污染物并减缓流速；有降雪的城市，应采取弃流、排盐等措施防止融雪剂侵害植物；渗透塘边坡坡度（垂直：水平）一般不大于1:3，塘底至溢流水位一般不小于0.6m；渗透塘底部构造一般为200～300mm的种植土、透水土工布及300～500mm的过滤介质层；渗透塘排空时间不应大于24h；渗透塘应设溢流设施，并与城市雨水管渠系统和超标雨水径流排放系统衔接，渗透塘外围应设安全防护措施和警示牌（图 4-10-6）。

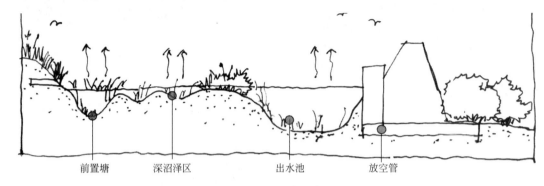

前置塘　　深沼泽区　　出水池　　放空管

图 4-10-6　渗透塘

10.3.4.3　雨水湿地

利用物理、水生植物及微生物等作用净化雨水，是一种高效的径流污染控制设施，雨水湿地与湿塘的构造相似，一般由进水口、前置塘、沼泽区、出水池、溢流出水口、护坡及驳岸、维护通道等构成。雨水湿地如图 4-10-7 所示。

① 进水口和溢流出水口应设置碎石、消能坎等消能设施，防止水流冲刷和侵蚀。

② 雨水湿地应设置前置塘，对径流雨水进行预处理。

③ 沼泽区包括浅沼泽区和深沼泽区，是雨水湿地主要的净化区，其中浅沼泽区水深范围一般为 0～0.3m，深沼泽区水深范围为一般为 0.3～0.5m，根据水深不同种植不同类型的水生植物。

④ 雨水湿地的调节容积应在 24h 内排空。

⑤ 出水池主要起防止沉淀物的再悬浮和降低温度的作用，水深一般为 0.8～1.2m，出水池容积约为总容积（不含调节容积）的 10%。

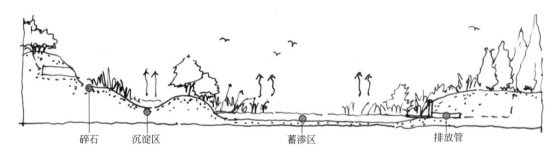

碎石　　沉淀区　　　　　蓄渗区　　　　排放管

图 4-10-7　雨水湿地

10.3.4.4　植被缓冲带

为坡度较缓的植被区，经植被拦截及土壤下渗作用减缓地表径流流速，并去除径流中的部分污染物，植被缓冲带坡度一般为 2%～6%，宽度不宜小于 2m。

植被缓冲带适用于道路等不透水面周边，可作为生物滞留设施等低影响开发设施的预处理设施，也可作为城市水系的滨水绿化带，但坡度较大（大于 6%）时其雨水净化效果较差。

植被缓冲带建设与维护费用低，依据场地空间大小、坡度等条件适地建造，可得到良好的径流控制效果（图 4-10-8）。

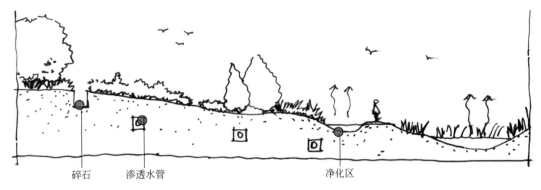

碎石　　　渗透水管　　　　　　　　　净化区

图 4-10-8　植被缓冲带

　　整个滨河绿道的结构布局形成了展开的东西向慢行体系、低影响开发雨水系统带，由绿道串联而成的沿线的健身场地、驿站等要素节点融合植草沟、雨水花园、下沉式绿地、绿地分隔带等 LID 措施，使得绿道在生态稳定性得到保证的前提下，营造出怡人、安全、健康、丰富多彩的城市绿道体系。

10.4　结语

　　LID 低影响开发理念是解决城市洪涝灾害、空气水体污染等问题的重要解决办法，通过 LID 的方法从源头、过程、排放三个阶段分别进行不同的设计、植物配置来达到绿道长期可持续发展的目标。城市绿道作为生态整体中连通生态斑块的重要组成部分，尊重自然水文过程的 LID 方法是保持水系统平衡、维护生态安全的关键，我们作为景观设计者，需要掌握 LID 的理念、景观规划设计方法、相应 LID 植物的种植方式，因地制宜地将 LID 理念应用于绿道建设中去，这将对人们生活水平的提升、城市繁荣、区域可持续发展起到重要作用。

参 考 文 献

[1]　雷凯元. 基于 LID 措施的城区绿道研究 [D]. 成都：西南交通大学，2015.

[2]　王思思，吴文洪. 低影响开发雨水设施的植物选择与设计 [J]. 园林，2015，（7）：16-20.

[3]　许大卫，毕燃. 浅析 LID 在景观规划设计中的应用途径 [J]. 林业科技情报，2013，45（4）：100-102.

⊙ 作者介绍

杨富程[1*]

1. 北京林业大学，E-mail：18734809323@163.com

11

基于LID的"绿色"城市道路规划断面研究与探讨

摘要：针对城市化对城市水系统生态环境产生的严重影响，反思传统管道排水模式，提出了将绿色雨洪利用理念及绿色交通理念融入道路设计中，利用低影响开发体系及道路市政工程综合等方面的措施使灰色道路变为绿色道路，将道路开发对周围自然环境的影响降低到最小。本次研究主要就城市道路绿色规划横断面展开调查和研究，在总结和归纳调研成果的基础上，分析总结城市道路雨洪利用的流程及低影响开发技术在绿色道路中的应用措施以及与之对应的"绿色"道路规划断面形式。为给雨洪利用设施提供更好的支撑与配合，保证绿色道路的顺利实施，结合道路市政管线综合对雨洪利用设施的作用与影响，进一步优化绿色道路断面，提出主干路、次干路、支路等不同等级道路的绿色规划横断面，并在理念、技术、政策法规等方面给出切实可行的意见及建议。

11.1 前言

低影响开发（low impact development，LID）是目前许多发达国家采取的较为进步的雨洪控制利用理念和措施。美国将低影响开发（LID）应用于道路雨洪控制利用中，提出了绿色道路（green streets）的理念并广泛推广。所谓"绿色道路"，就是将绿色雨水基础设施的理念及绿色交通的理念融入道路设计中，在道路景观中结合 LID 等控制措施，对雨水进行有效控制，减少雨水径流直接排入附近水体，在控制径流量与径流污染的同时也缓解城市水涝、热岛效应，改善道路景观和生态环境，提升空气质量，将道路开发对周围自然环境的影响降低到最小[1]；在满足与时代发展相适应的生活质量、生产水平和实际需要的基础上，实现"低碳"、"节能"、"环保"和"高效率"的交通理念。

11.2 绿色道路雨洪利用的应用案例

在道路设计中有推广低影响开发和绿色雨水基础设施理念的巨大潜力，可以根据城市道路空间条件、横断面形式以及道路纵横坡度等合理选择和布置一些 LID 措施，如植被浅沟、生物滞留设施、低势绿地、雨水塘/湿地等，在不影响道路交通功能和安全的前提下，有效滞留净化雨水，削减峰流量，提高汇水区域的综合排水能力。

经过一二十年的研究发展，LID 在美国、新西兰、澳大利亚、德国、日本等许多国家已经得到比较广泛的应用，在建筑、街道（道路）、公园、停车场、绿道、开放空间等不同功能区，无论是新区建设还是旧区改造，几乎所有的场地（功能区）都可不同程度地应用 LID 措施，图 4-11-1～图 4-11-4 是几个典型案例。

图 4-11-1　美国旧金山城市快速道路边的雨水湿地

图 4-11-2　西雅图住宅区的道路雨水花园

　　例如，美国俄勒冈州波特兰市的绿色道路项目和芝加哥市的绿色小巷（GreenAlley）项目，现均已成为道路雨洪控制利用的示范性工程[2]，波特兰绿色道路将雨水花园、植被浅沟等技术措施巧妙地融入道路的绿化和景观设计中，使整个道路的绿化、景观设施相互联系，形成一个集雨水收集、滞留、渗透和净化等多功能的综合系统[3]。芝加哥绿色小巷项目通过绿色的方法对芝加哥城市内超过 3500 英亩（1 英亩≈4047m² ）的小巷进行改造，将原来的硬地铺装改为透水沥青或透水混凝土等透水铺装，让雨水直接下渗，避免积水[4]。

　　近几年来，国内也开展了城市道路雨洪利用的研发和设计（图 4-11-5～图 4-11-8 是几个典型的实例），主要的是利用低影响开发（LID）技术进行规划设计，通过透水铺装、雨水渗蓄、绿化树池等方式进行雨水的资源化利用。

　　例如，2010 年，深圳市光明新区门户区新建 23 条市政道路，全部采用低影响开发（LID）技术进行设计，将道路红线范围内集雨面积的雨水优先汇集进入下凹式绿地进行过滤、滞蓄、渗透等处置，使大部分雨水径流能补充地下水[5]。昆明市海源南路通过对道路横断面的调整，将道路路面雨水汇入绿化树池或绿化带，达到雨水减排净化、绿化、补给地

图 4-11-3　新西兰市政道路雨水花园

图 4-11-4　美国道路及停车场生物滞留

图 4-11-5　金城坊南街道路雨水渗蓄系统

图 4-11-6　奥运中心区透水路面景观

图 4-11-7　长安街透水步道铺装及周边

图 4-11-8　中关村生命园东路透水路面工程

下等目的[6]。

　　因此，可以将绿色雨洪利用设施和道路规划设计结合起来，在一定程度上可解决道路排洪压力大、路面径流污染严重、雨水资源流失、生态环境破坏等诸多问题。

11.3　基于 LID 理念的规划要点

低影响开发（LID）是由美国乔治省马里兰州环境资源署提出的，主要以分散式小规模措施对雨水径流进行源头控制。LID 强调雨水是一种资源而不是一种"废物"，不能随项目的开发任意直接排放，要求在汇水面源头维持和保护场地自然水文功能，有效缓解大量不透水面积带来的不利影响，与利用管道（渠）排放的传统雨水系统不同，LID 不仅强调采用小型、分散、低成本且具有景观功能的雨水措施控制径流总量和污染物水平，还强调在规划设计阶段——项目实施阶段上的源头就要系统地考虑应用低影响开发的理念和措施，以实现维持场地原有水文条件的总体目标。与传统雨水管理方法相比，低影响开发不但可以提高开发项目的环境效益，而且还能降低项目开发的费用。因此，基于低影响开发的雨水控制利用应贯穿于整个场地规划设计过程之中。

基于 LID 理念的规划要点主要有以下几点。

① 根据道路类型、径流污染程度和周边可利用空间，因地制宜，通过合理布置各类雨水控制利用措施，最大限度地净化、滞蓄和利用雨水。

② 建议道路红线内绿地高程低于道路，并通过在绿化带内设置植被浅沟、雨水花园、雨水塘、雨水湿地等生物滞留设施净化、消纳雨水径流。

③ 需要采用管道排水的区域，应充分利用绿化带的净化作用，在道路路缘间隔设置豁口，通过竖向设计使道路雨水首先进入绿地内下渗截污，再由设置的溢流口进入雨水管网。

④ 在人口密度高、车流量大的区域，提高雨水径流污染控制标准。在雨水干管中途或末端受空间条件限制无法应用雨水塘/湿地等生态措施的区域，必须设置沉淀池、旋流分离器、初期弃流、截污滤网等处理设施。

⑤ 干道两侧自行车道、人行道以及其他非重型车辆通过路段，建议优先采用渗透性铺装材料。

⑥ 植被浅沟、雨水花园、雨水塘等措施的布置应与道路绿化和景观设计紧密结合，塑造水环境友好的城市道路景观。

⑦ 在道路雨水管道入河口处设置雨水塘/湿地，雨水管道出水经雨水塘/湿地处理后，通过溢流设施排入河道。

⑧ 道路中的交通环岛雨水控制利用规划措施应与相邻绿化带、雨水口位置综合考虑，尽可能利用绿化带净化削减径流。

11.4　绿色道路在规划、设计中的应用

① 规划设计中，使用更简洁的路线线形来缩短长度，减少工程量，达到降低不可再生资源的消耗、减少对生态环境的损害的目的。

② 对道路线位进行优化，减少对整体环境影响较大的景观区或植被覆盖区的占用。

③ 优化路网建设，合理配置各等级道路。城市的路网是由快速路、主干路、次干路和支路等共同组成的，它们之间有着合理的结构比例关系。各等级道路合理配置，可使快速路的车辆迅速有序分流。如果结构不合理，难以成网，会造成局部交通负荷过大，导致阻塞。

④ 合理的组织交通，减少不必要的绕行或拥堵、等待所造成的油耗浪费，减少汽车尾

气的污染。

⑤ 根据道路等级、使用功能，两侧用地性质的不同，设计不同的道路横断面。对于具有交通功能性质的道路，其路幅外侧设置的绿化带，不仅起绿化作用，也有减少交通噪声对周围影响的作用；对于具有生活居住区域性质的道路，其路幅外侧可设置较宽的绿化带，不仅有美化环境的作用，更应达到减少交通噪声的作用。

⑥ "排蓄"结合，把"不利的水"变为可利用的水。在道路横断面设计中，除保证道路的功能及稳定性外，多考虑拦蓄降水以灌溉路侧树木及绿地。方形树池改条形树池，增加留水面积；人行道透水铺装，横坡朝向树池倾斜，收集降水；停车场采用透水结构，以利于雨水渗透；改造绿地设计标高，使之低于路面；改造缘石结构形状（中间设泄水孔），使之便于雨水流入绿地；小区内部道路设计，不一定整个庭院全部设置雨水管线排水系统，庭院内部路面标高高出绿地、花池时，降水通过路面横坡直接排入绿地进行浇灌，渗入地下补充地下水；边沟的纵坡采用不发生沉积的最小纵坡，增加滞留时间，利于雨水渗透。

⑦ 合理设计道路纵断，减少不必要的坡度浪费及其使用过程中的油耗浪费。例如，对一些主干道上的多个路口，考虑做上跨式立交时，应与连续高架方案进行综合比较，不能仅以一次性投资多少作为方案选择的唯一依据。

11.5 管线综合对雨洪利用设施的支撑

管线综合设计是指确定道路横断面范围内各专业工程管线的布设位置及与道路平面布置和竖向高程相协调的工作。随着社会经济的发展及人民生活水平的提高，城市道路下的市政管线也日益复杂。为减少道路二次开挖现象，维护人们的正常生活，避免人力、物力的浪费，在专业管线设计前应当首先进行市政管线的综合设计。市政管线主要包括电力、电信（有线电视）、燃气、热力、给水、雨水、污水、中水八种管线。城市道路除承担交通功能外，还是各种市政工程管线的载体。目前国内绝大多数道路的综合管线仍然采用管道直埋或者部分共沟的方式。

雨水花园、植被浅沟等雨洪利用基础设施的应用是贯彻"绿色道路"理念的一种非常重要的技术手段，管线综合作为道路实施的一项必不可少的工作，其对于雨洪利用设施的支撑与配合成为实现"绿色道路"的重要课题。

需要了解的是，绿色道路中用到的这些雨洪利用基础设施在工程实施方面有着独特的要求。

① 工程措施选址。使用渗透设施的适宜地点为地下水最高水位或地下不透水岩层至少低于渗透表面 1.2m，土壤渗透率不小于 2×10^{-5} m/s，地面坡度不大于 15%，离房屋基础至少 3m 远。而对于雨水处理贮存设施而言，只要遵守相关规范，选址要求不是特别严格。雨水利用工程还需考虑表层及下层土壤结构、表面植被种类、土壤含水率、车辆及行人交通密度等一些必要因素。

② 维护管理。无论是雨水贮存设施还是雨水渗透设施，在经历一段时间后，其功能都会有所下降。因此，为延长其使用寿命以及保证其使用效率，必须进行维护管理，尽可能去除设施中的沉淀物、漂浮物以及各种易造成堵塞的杂质，并对渗透装置和沉淀池加强管理，定期清理。

③ 降雨初期的短时间内，雨水径流有相当的污染性。因此，为安全起见，对污染较重的

初期径流宜设置初期弃流装置及适当的净化措施。

④ 为保证雨洪利用工程的效率，最大限度利用雨水，在选择雨洪利用工程时往往将这些措施进行有机组合。

11.5.1 合理安排管线综合管线敷设顺序

进行市政管线综合规划时，应当将管线优先安排在道路两侧的绿化带、人行步道和非机动车道下，便于管线日后的维护，也有利于机动车的行车安全。在安排管线平面位置的时候，应当在道路人行步道、非机动车道优先安排管井间距小，日常巡线、维护、作业频率高的管线。一般将电力和信息管道布置在人行步道两侧，供水、中水、燃气和热力管线布置在非机动车道或者慢车道下。雨水管线虽然检查井间距较小，但是需要向道路两侧预留较多分支以承接雨水篦子汇集的路面雨水，考虑到单侧支管不宜过长，一般将雨水管道放置在道路中心位置。污水管道一般紧邻雨水管道布置，便于合槽施工。

11.5.2 处理好井盖与机动车道的关系

在机动车道下安排管线，需要结合车道线和车辆行驶特性进行统筹安排。以检查井直径 0.7m、车辆轮距 1.5m、车道宽 3.5m 为基础进行分析。对于单条车道来说，当检查井位于车道线上，车辆为避让检查井可以偏向另一侧行驶，此时车辆活动空间相对变为 3.15m，完全可以满足车辆正常驾驶，自由度和舒适度较好；当检查井位于车道中心线时，车辆为避免碾压井盖可沿车道中心线行驶，此时车辆的行驶受到一定束缚，但是对相邻车道的干扰最小；当检查井偏向车道一侧时，车辆避让井盖后的行驶空间较小，且容易对相邻车道产生干扰，行车安全度降低。综上可知，在机动车道下敷设市政管线时，优先考虑将检查井盖敷设在机动车道线上或者是机动车道中心线位置。由于在机动车道内的市政管线可能有很多种，所以在进行安排时还需要根据具体情况，结合相关规范对管线间距的要求进行统筹安排。

11.6 "绿色"道路规划横断面

11.6.1 绿色道路雨水控制流程

针对雨水控制，从源头、过程及终端等方面研究其控制流程及相应控制措施如图 4-11-9 所示。绿色道路的雨水需要通过人行步道、车行道、周边汇水面进行控制，源头上可以采用树箱渗透、微型湿地、低势绿地、雨水花园、植被浅沟等控制，中途可采用雨水口截污挂篮、雨水管、渗管、渗沟等控制，末端可通过入河口截污、雨水湿地、植被缓冲带进行控制。在设计道路规划横断面时，往往出现在平面布置上雨水管占用路由过多，使得其他专业管线难以布置，抑或是雨水管位于道路红线以外等问题，这对道路实施和路边建筑建设乃至绿色道路相应控制措施的实现会产生不利影响。绿色道路需要综合考虑道路断面，结合雨洪利用相关控制措施，在道路上安排相应的位置和附属设施，实现雨水的全寿命周期控制，有效地吸收、储存、排放城市地面的表径流水，加强城市对雨水的吸收能力，减少城市发展过程中的内涝现象，提高城市水力资源的利用能力，美化城市的绿化环境，最终保证城市建设过程中的整体水体循环性。

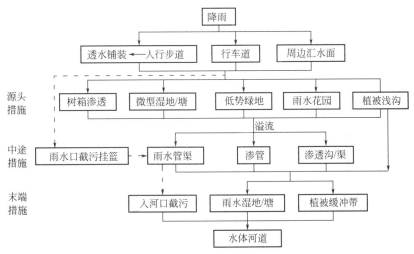

图例说明：——➤ 推荐控制流程； - -➤ 推荐流程无法实施时的替代措施

图 4-11-9　典型道路雨水控制流程

11.6.2　绿色道路横断面规划设计

在设计"绿色"道路规划横断面时，需要考虑绿色雨洪利用基础设施与市政管线的配合，如果不加考虑，往往会在规划设计上存在以下问题：a. 在平面布置上，雨水管占用路由过多，使得其他专业管线难以布置；b. 雨水管位于道路红线以外，这对道路实施和路边建筑建设会产生不利影响。

基于以上因素，并综合考虑雨洪利用工程实施的特殊要求，本研究提出的"绿色"道路规划横断面如图 4-11-10～图 4-11-13 所示。

图 4-11-10 显示了主干道的横断面。

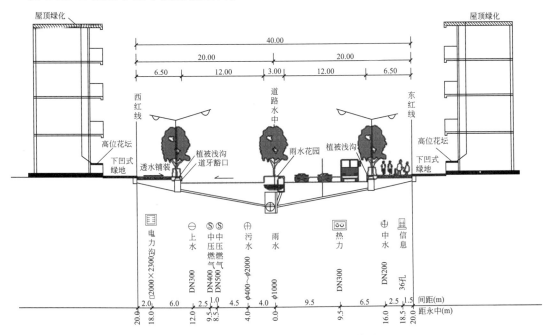

图 4-11-10　主干道（40m）道路规划横断面

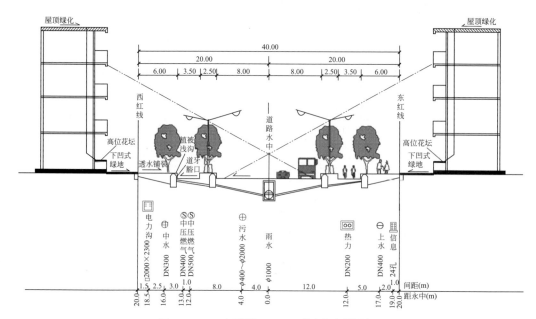

图 4-11-11　次干道（40m）道路规划横断面

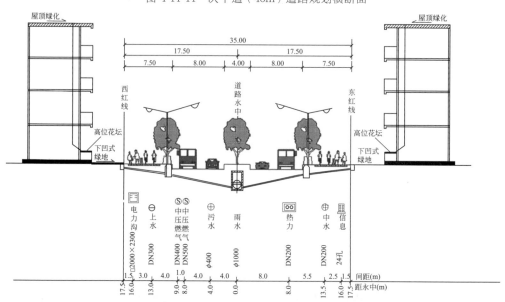

图 4-11-12　次干道（35m）道路规划横断面

主干道车流量较大，污染程度相对较高，同时，道路规划有绿地，可利用空间较大，因此，可结合道路红线内绿地布置生态沟渠、低势绿地等处理措施，对雨水进行净化、下渗和排放。此外，可在道路红线外的公共绿地中设置形式多样的措施组合，如分散式的雨水花园、低势绿地、植被浅沟，以及集中式的雨水湿地、雨水塘、多功能调蓄设施来对道路雨水进行处理与利用，减少道路径流污染无排入河道，同时增加雨水的下渗量，形成林水相依的道路景观。

图 4-11-11 和图 4-11-12 显示了次干道（40m 和 35m）的横断面。

次干道车流量较大，污染程度相对较高，可结合道路红线内绿地布置生态沟渠、低势绿地等处理措施，对雨水进行净化、下渗和排放。此外，可结合道路红线外的公共绿地及建筑后退红线内的绿地，设置形式多样的措施组合，如分散式的雨水花园、低势绿地、植被浅沟，以及集中式的雨水湿地、雨水塘、多功能调蓄设施来对道路雨水进行处理与利用，减少道路径流污染无排入河道，同时增加雨水的下渗量，形成林水相依的道路景观。

图 4-11-13 显示了支路（25m）的横断面。

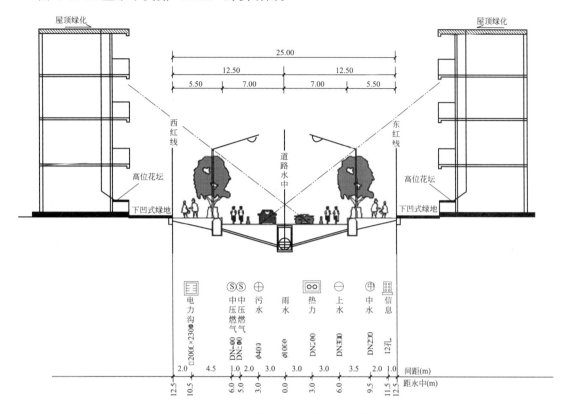

图 4-11-13 支路（25m）道路规划横断面

支路的车流量相对于主干道和次干道来说较少，污染程度相对较低，所以控制设计标准可以相对减小。对于红线宽度为 25m 以上的支路，结合道路绿地布置生态沟渠、雨水花园等雨水控制利用措施。对于红线宽度小于 25m 的道路，可在人行道采用透水铺装、渗透树池等，并尽可能结合建筑后退红线的空间进行布置。

11.6.3 绿色道路规划横断面研究意义

绿色道路规划横断面结合了绿色雨洪利用和绿色交通的理念，基于 LID 将道路、市政及雨洪利用措施工程结合在一张断面图里，既能实现资源的充分整合和利用，又能将三者之间的联系和作用关系一目了然，便于及时发现或优化问题，提出相应的解决方案。以图 4-11-11 主干路断面布置为例，绿色道路规划横断面的研究具备以下作用和优势。

① 该横断面解决了雨水管线占用路由过多、出红线的问题，将其安排在道路永中隔离带以下，既保证了雨水管线的实施，又给其他专业管线留出了充裕的位置。

② 该横断面采用了一系列绿色雨洪利用和绿色交通的基础设施。在路边建筑上采用绿色屋顶技术，能够适当减少溢流到路面的雨水，一定程度上削减雨水径流；在建筑与道路之间设置下凹式绿地，减少雨水径流，降低污染物浓度；在道路范围内设置雨水花园、植物浅沟等绿色基础设施，人行步道采用透水铺装，尽可能减少道路雨水径流，发挥雨洪控制利用的优势。

③ 该横断面还配合设置绿化带，合理种植灌木和乔木，不仅可以美观道路，还能有效降低交通噪声对路边建筑的影响。

11.7 总结及建议

11.7.1 总结

随着北京城市化进程的快速推进，传统的"灰色"道路断面规划及排水方法已经不适应城市的发展要求。水资源匮乏、水环境污染和生态环境的矛盾越来越突出，已经成为城市可持续发展的制约因素之一。可以预见，如果城市仍遵循传统开发建设模式，那么必然会导致开发后雨水径流量和污染物大幅度增加，雨水资源大量流失，雨水回补地下水量减少，以及水生态环境质量的恶化等后果。因此，如何有效削减雨水径流、防治城市内涝成灾，如何控制雨水径流污染、保护水环境质量，如何充分利用雨水资源、缓解水资源短缺危机，这些都是城市规划与建设的重要任务，直接关系到北京城市发展的规划理念能否最终落实。

"绿色道路"的理念包含了低影响开发（LID）和绿色雨水基础设施（GSI）等雨洪控制利用的先进理念，以及"低碳"、"节能"、"环保"和"高效率"的交通理念。美国及欧洲一些发达国家已经将这种理念付诸实践，成为绿色道路规划设计的范例，而国内类似的实例还比较少，但是相关的研究也在逐步升温，成为技术探讨的热点。"绿色道路"不仅可以控制径流量与径流污染，同时也缓解了城市水涝、热岛效应的不良影响，对于改善道路景观和生态环境、提升空气质量有重要作用，既能满足人们基本生活需要和社会需求，也将道路开发对周围自然环境的影响降低到最小。

本次研究主要就城市道路绿色规划横断面展开调查和研究，分析总结低影响开发技术在绿色道路中的规划要点、应用措施以及绿色道路雨洪利用的流程，优化绿色道路断面，提出主干路、次干路、支路等不同等级道路的绿色规划横断面，以期为规划设计工作以及海绵城市的建设提供一定的参考和借鉴。

11.7.2 建议

为进一步保证绿色城市道路以及规划断面等研究成果的实现，本研究从理念、政策法规及技术层面给出以下建议。

11.7.2.1 理念层面

① 必须转变仅依靠灰色基础设施、以"排"为主的传统道路排水思路，将"绿色道路"的理念融合到道路设计中，建立新型的综合性模式。

② 要在规划层面将"绿色道路"理念与实际工作紧密结合。例如，在方案综合阶段将绿色雨洪设施的位置及规模给予适当安排，在设计综合阶段进行具体高程和平面位置的编制。

③ 雨水控制利用专项规划要与道路规划、市政规划、绿地系统规划等相关规划设计协调衔接，使各个规划的实施达到整体优化状态。在进行场地开发、道路设计、制订雨洪控制利用方案时，市政、综合、交通等不同专业的设计人员要进行必要的沟通与合作，使新的理念和措施得以落实。对项目内各规划间的影响因素进行科学的分析，通过协调衔接实现优化组合，取得理想的整体效益。

11.7.2.2 政策法规层面

① 目前城市雨洪控制利用总体的法规与政策体系尚不健全，应尽快通过系统研究建立健

全相关政策与法规，将城市雨洪控制利用纳入我国城市建设与道路建设规划要求，对改建或扩建道路，若空间和竖向条件好、易于改造，应因地制宜地采用合适的雨洪控制利用措施。

② 城市雨洪利用管理体系的完善也应注意循序渐进，制定相关政策法规之前应进行充分的技术论证。可以考虑通过技术指南或导则的试行，到推荐性、地方性标准，条件成熟后再制定强制性标准，对于新建城市和新开发地区，首先考虑将雨水径流量和污染物减排纳入我国污染物总量控制和减排体系。

③ 以北京为例，对于 2014 年 2 月 1 日实施的北京市地方标准《雨水控制与利用工程设计规范》（DB 11/685—2013），要在实际工作中贯彻落实，发挥规范标准对于实际规划设计工作的约束和指导作用。

11.7.2.3 技术层面

① 针对不同道路等级和类型的城市道路，根据实际需求进行雨洪控制利用方案的合理化设计。主干道和次干道可利用空间较大，可在红线内布置生态沟渠、低势绿地等处理措施，在道路红线外的公共绿地中设置形式多样的措施组合，如分散式的雨水花园、低势绿地、植被浅沟，以及集中式的雨水湿地、雨水塘、多功能调蓄设施来对道路雨水进行处理与利用；支路车流量和污染较少，可布置生态沟渠、雨水花园等雨水控制利用措施或在人行道进行透水铺装、渗透树池等，并尽可能结合建筑后退红线的空间进行布置。

② 管线综合作为道路实施的一项必不可少的环节，应在"方案综合"和"设计综合"阶段分别做好对于"绿色"雨洪利用设施的支撑与配合工作。根据不同的雨洪设施类型及规模，在道路横断面的管线位置、管线标高等方面进行调整，优化空间布局，以保障"绿色道路"的顺利实施。

③ 优化路网建设、道路线位，合理设置绿地、绿化系统，集合技术资源进行道路建筑材料的回收再利用、道路材料改良、透水路面材料的研发设计，减少道路拥堵、尾气污染以及交通噪声污染，实现节能、环保的"绿色"交通。

④ 结合道路绿化、道路照明，营造安全、舒适的城市氛围，生态、美观的绿色道路体验。在不阻碍交通的前提下，结合新路建设和城市环境整治，增加道路的绿化面积，开辟行道树绿带和街头绿地，突出绿化功能，改善环境质量。针对高速路、干道、人车混行道、人行道等不同的道路条件，搭配不同的道路照明解决方案，实现节能高效的道路照明系统。

参 考 文 献

[1] Davis U C. Green Streets-An Innovative Street Design Approach [J/OL]. https：// extension. ucdavis. edu/sites/default/files/green_ streets. pdf. 2006-10-31.

[2] 张伟，车伍，王建龙等. 利用绿色基础设施控制城市雨水径流 [J]. 中国给水排水. 2011 (4)：22-27.

[3] 张善峰，王剑云. 让自然成功—融合"雨水管理"的绿色街道景观设计 [J]. 生态经济. 2011 (11)：182-189.

[4] Lukes，R.，& Kloss，C. Managing wet weather with green infrastructure，Municipal Handbook，Green Streets [M]. Low Impact Development Center (EPA-833-F-08-009). 2008.

[5] 唐邵杰，瞿艳云，容义平. 深圳市光明新区门户区—市政道路低冲击开发设计实践 [J]. 建设科技. 2010 (13)：47-55.

[6] 马敏杰，姚敏，李英豪等. 昆明市市政道路雨水资源化利用的研究 [J]. 林业建设. 2011 (5)：49-52.

⊙ 作者介绍

郑晓莉[1]*

1. 北京市城市规划设计研究院，E-mail：zhengxiaoli2010@126.com

第五篇
海绵城市规划方法研究

1

基于综合指标体系的低影响开发设计方案评价

摘要： 低影响开发（low impact development，LID）实施目的是通过分散、离散的、小规模的源头控制措施减少降雨产生的影响及污染，使城市开发尽量接近自然水循环。其技术实施效果评价是通过构建的综合指标体系，从而科学全面地评估 LID 方案的可行性与科学性。本文通过总结提炼，分别从降雨径流控制、面源污染削减、管网系统安全、费用效益以及雨水利用等多维度构建综合指标体系，并确定各项指标的意义、计算方法以及获取方式。并结合模拟计算，结果表明，随着 LID 改造强度增加，年溢流量削减、径流削减效果显著。

1.1 引言

随着城市化进程的日益加快，城市规模不断扩大，城市人工建筑物不断增加，越来越多的林地和草地被混凝土路面和房屋所取代，使得雨水下渗受阻，地下水流通不畅，洪涝风险显著提升。而近年来，随着极端天气事件频发，我国多省市遭受暴雨洪灾，给人民的生命财产安全带来了严重损害。在很多地区，城市"水荒"现象却愈演愈烈，水资源缺乏已成为影响当地经济社会发展的主要瓶颈，但雨季却有大量的雨水资源迅速排出城市区域。因此，如何摆脱城市降雨内涝及汛旱共存的局面，已成为城市建设与管理关注的焦点。而目前，我国的雨洪控制及资源利用原则仍然仅限于粗放的集中式处理，通过不断地提高市政建设来防止洪涝灾害发生[1]。这种方式不仅工程造价高，管网存在旱天闲置、雨天高负荷的资源未充分利用现象，并且控制效果更是有限。因此，近年来，海绵城市的理念逐渐地被政府以及国内的大量学者重视起来。海绵城市建设的核心内容是低影响开发（low impact development，LID），是基于自然的水文条件，采用源头控制理念实现雨水控制与利用的一种方法[2]，以扭转我国依赖"末端"处理的趋势。

方案评估作为 LID 设计的重要环节，以客观和系统的方式对规划方案的成效和影响进行分析，从而对规划设计具有系统和整体的把握。LID 综合评估与降雨径流控制、面源污染削减、雨水管网系统安全、费用效益以及雨水利用等多因素有关，因此，需要结合多维度的因素综合评估分析，从不同角度计算 LID 方案实施效果，从而得到科学的、准确的评价结果。

1.2 综合评估指标体系构建总体原则

1.2.1 设计总体原则

城市低影响开发雨水系统量化评价呈现多目标性和多层次性，因此，必须采用相应的结构来建立评价指标体系。该指标体系不仅可以应用各单项指标对现有的低影响开发措施的运行实效进行评价，而且还可以通过相应的权重体系及综合方法对未来采用某种低影响开发措施所产生的影响进行综合评价。

对城市低影响开发雨水系统这样的复杂系统，需要用多个指标组成一个有机的整体，通过建立指标体系来描述系统的发展状况。影响系统状况的因素很多，评价因子的选择是否合理对评价结果的正确性有极为重要的影响。而评价因子的选择不可能面面俱到，因此，要在众多的指标中筛选出最灵敏的、便于度量且内涵丰富的主导性指标作为评价指标。在设置城市低影响开发雨水系统评价指标体系时，必须遵循客观性、主导性、独立性、可操作性、系统性、动态性和层次性的基本原则。

1.2.2 指标体系构成

在整个评估的过程中，评估不仅仅要求指标本身内容正确，而且要求整个指标体系能够全面反映评价目的的特点和属性。本文参照层次分析原理[3]，构建了LID方案综合评价指标体系，参照层次分析法的基本原理，构建综合指标体系结构。如图5-1-1所示。

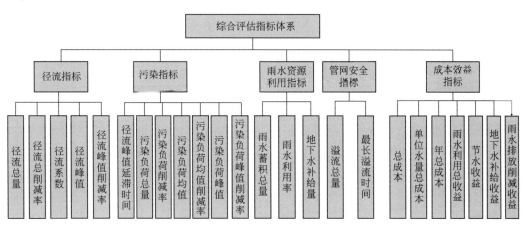

图 5-1-1 LID 方案评估综合指标体系

1.2.3 指标的获取和计算

城市低影响开发雨水系统的量化评价主要包括对管网系统、降雨径流、面源污染及雨水利用效益等方面的动态评价，其目的在于判别低影响开发规划设计方案各方面的实际成效，从而为低影响开发规划设计方案的甄选提供数据支持。

1.2.3.1 降雨径流控制指标

为了量化评估低影响开发对雨水径流的具体影响，将指标细化为径流总量、径流总量削减率、径流系数、峰值流量、峰值流量削减率、峰值延滞时间 6 个子指标来进行比较，具体指标计算方法如表 5-1-1 所列。

表5-1-1　降雨径流控制指标

符号	指标	指标意义	计算方法	说明
A1	降雨径流总量	评估点入流的降雨径流总量	$\int_0^T Q_s dt$	Q_s 为评估点入流的流量瞬时值
A2	降雨径流总削减率	某 LID 规划方案相对于其他 LID 规划方案（设计阈值、其他方案）的径流削减率	$\dfrac{Q_c}{Q_b}$	Q_b 为设计径流总量（LID 开发前降雨径流总量、设计阈值等），Q_c 为 LID 开发前降雨径流总量
A3	径流系数	径流量占总降雨量的比例	$\dfrac{Q_t}{Q_r}$	Q_t 为降雨径流总量，Q_r 为降雨总量
A4	降雨径流峰值	评估点入流的降雨径流峰值	模型读取	
A5	降雨径流峰值削减率	某 LID 规划方案相对于其他 LID 规划方案（设计阈值、其他方案）的径流峰值削减率	$\dfrac{Q_{cmax}}{Q_{bmax}}$	Q_{bmax} 为设计径流总量（LID 开发前降雨径流总量、设计阈值等），Q_{cmax} 为 LID 开发前降雨径流总量
A6	降雨径流峰值延滞时间	某 LID 规划方案相对于其他 LID 规划方案（设计阈值、其他方案）的径流峰值延滞时间	$T_b - T_1$	T_b 为某 LID 规划方案的降雨径流峰值时间，T_1 为其他 LID 规划方案的降雨径流峰值时间

1.2.3.2 污染削减评估指标

具体污染削减评估指标可细化为污染负荷总量、污染负荷削减率、污染负荷均值、污染负荷均值削减率、污染负荷峰值、污染负荷峰值削减率 6 个子指标，具体指标计算方法如表 5-1-2所列。

表5-1-2　污染削减指标

符号	指标	指标意义	计算方法	说明
B1	污染负荷总量	评估点入流的某污染物负荷总量	$\int_0^T C_s Q_s dt$	C_s 为评估点入流的污染物浓度瞬时值，Q_s 为评估点入流的流量瞬时值
B2	污染负荷削减率	某 LID 规划方案相对于其他 LID 规划方案（设计阈值、其他方案）的污染负荷削减率	$\dfrac{L_c}{L_b}$	L_c 为径流污染负荷总量削减量，L_b 为设计径流污染负荷总量（设计阈值、其他方案）
B3	污染负荷均值	评估点入流的某污染物负荷均值	$\dfrac{\int_0^T C(t)Q(t)dt}{\int_0^T Q(t)dt}$	C 为评估点入流的污染物浓度瞬时值，Q 为评估点入流的流量瞬时值
B4	污染负荷均值削减率	评估点入流的某污染物负荷均值总削减率	$\dfrac{\overline{L_1}}{\overline{L_b}}$	$\overline{L_b}$ 为设计径流污染负荷均值（设计阈值、其他方案），$\overline{L_1}$ 为某 LID 规划方案后的降雨径流污染负荷平均浓度
B5	污染负荷峰值	评估点入流的降雨径流污染峰值	模型读取	

符号	指标	指标意义	计算方法	说明
$B6$	污染负荷峰值削减率	评估点入流的某污染物负荷峰值总削减率	$\dfrac{L_{1,\max}}{L_{h,\sin A}}$	$L_{b,\max}$ 为设计径流污染负荷峰值（设计阈值、其他方案） $L_{1,\max}$ 为某 LID 规划方案后的径流污染峰值

1.2.3.3 雨水利用效益指标

LID 措施可以实现对雨水的蓄积及下渗，并提供给居民的日常生活使用。具体雨水利用效益评估指标如表 5-1-3 所列。

表5-1-3 雨水利用指标

符号	指标	指标意义	计算方法	说明
$C1$	雨水蓄积总量	某 LID 规划方案的总蓄水量	$\sum\limits_{n=1}^{N} Q_d$	选定区域内所有 LID 措施（只针对雨水桶、蓄水池）的总蓄水量
$C2$	降雨保蓄率（雨水利用率）	某 LID 规划方案的雨水利用率	$\dfrac{Q_d}{Q}$	某 LID 规划方案的蓄水量与降雨量之比
$C3$	雨水下渗总量（地下水补给量）	LID 规划方案的总下渗量	$\sum\limits_{n=1}^{N} Q_i$	选定区域内所有 LID 措施的总下渗量

1.2.3.4 管网系统安全评估指标

LID 措施将雨水收集利用以及入渗地下后，每年可减少向市政管网排放雨水量，从而降低管网系统负荷，减少管网溢流状况，降低溢流风险。具体指标可细化为溢流总量、最长溢流时间 2 个指标，具体计算方法如表 5-1-4 所列。

表5-1-4 管网系统安全指标

符号	指标	指标意义	计算方法	说明
$D1$	溢流总量	选中节点的总溢流量	$\sum\limits_{n=1}^{N} Q_d$	选定区域内所有节点的总溢流量
$D2$	最长溢流时间	选中节点的最大溢流时间	$\max(T_o)$	区域内所有发生溢流的节点中，最长的溢流时间

1.2.3.5 成本效益分析指标

1）雨水利用成本　包括低影响开发措施的建造、运行、维护等成本，实现低影响开发措施从直观经济投资上的比较。

2）雨水利用收益　主要涵盖节水收益、地下水补给收益与雨水排放削减收益。

3）节水收益　把低影响开发措施所收集的雨水用于生活用水，从而代替置换自来水，减少了自来水用水费用，节省的费用即为这部分效益，可依照自来水价格计算。

4）地下水补给收益　当通过低影响开发措施下渗补充地下水时，单位体积集水量效益按水资源影子价格考虑。

5）雨水排放削减收益　低影响开发措施将雨水收集利用以及入渗地下后，每年可减少向市政管网排放雨水量，如当采用收集设施回用雨水时，减少的外排雨水量即为雨水回用量；当采取渗透设施如草地、林地、透水路面等时，有大量雨水入渗地下，减少的外排量即下渗量。这部分收益可按每方水的管网运行费用乘以减少的外排雨水量计算。

具体量化评价指标分类及计算方式如表 5-1-5 所列。

表5-1-5 成本效益指标

符号	指标	指标意义	计算方法	说明
$E1$	总成本	某 LID 方案的总成本	$\sum_{i=1}^{n} P_i$	规划方案所有 LID 设施的总成本
$E2$	单位水量总成本	某 LID 方案的单位水量总成本	$\dfrac{\sum_{i=1}^{n} P_i}{Q_i}$	规划方案所有 LID 设施的单位水量总成本
$E3$	年总成本	某 LID 方案的年总成本	$\dfrac{\sum_{i=1}^{n} P_i}{y}$	规划方案所有 LID 设施的年总成本
$E4$	雨水利用总收益	某 LID 方案的雨水利用总收益	$E5+E6+E7$	节水收益、地下水补给收益、雨水排放削减收益的总和
$E5$	节水收益	某 LID 方案的节水收益	$P_{tap}V_d$	P_{tap} 是自来水水价,V_d 是蓄水总量
$E6$	地下水补给收益	某 LID 方案的地下水补给收益	$P_{gnd}V_i$	P_{gnd} 是地下水水价,V_i 是下渗总量
$E7$	雨水排放削减收益	某 LID 方案的雨水排放削减收益	$P_{cs}Q_i$	P_{cs} 是排污费,Q_i 是雨水排放削减量

1.3 案例分析

1.3.1 研究区概况

研究区流域面积 398.13km^2 ,干流河长 41.61km。降水丰沛,多年平均降雨量为 1606mm,降雨年际变化较大,最大年降雨量 2382mm,最小年降雨量 761mm。根据资料分析计算,流域多年平均径流量为 $3.4713 \times 10^8 \text{m}^3$,丰水年径流量为 $4.3817 \times 10^8 \text{m}^3$,枯水年径流量为 $2.199 \times 10^8 \text{m}^3$ 。

1.3.2 评估模型构建

在实际评估研究过程中,无需对上述每一个指标进行计算分析,可针对不同研究区的实际研究目的和意义,有的放矢地选择特征指标进行计算。亦可详细计算每个指标,并为不同的指标设计指标权重,全面综合地评估方案的可行性。本文的案例根据研究区的特点,选取径流控制指标作为特征指标进行计算。

利用北京清控人居环境研究院有限公司开发的 DigitalWater Simulation2.0 软件构建模拟模型[4],并根据高程数据划分汇水区,以及软件中指定出水口功能指定节点或者汇水区为子汇水区的出水口。研究区流域雨水系统共有 742 个节点,271 个管网出水口,696 条管道,总长度 237.3km。从图 5-1-2 中可以看出,大部分雨水管道各自汇入附近河流,并通过支流最终汇入主河道内。

图 5-1-2　研究区流域雨水系统"产-汇-流"模型

1.3.3　结果分析

针对某年全年降雨条件进行模拟，分别计算研究区改造前和 LID 改造后高、中、低不同改造强度下，研究区河流域的径流状况。改造前后 LID 实施强度如表 5-1-6 所列。

表5-1-6　示范区不同改造前后 LID 实施强度对比表

类别	改造前	低强度改造	中强度改造	高强度改造
LID 方案设施总用地/km²	0	6.2	9.7	13.4
改造比例/%	0	0.13	0.21	0.29

分别对示范区流域 LID 改造前后生成相应方案，对示范区总出水口指标进行计算。四种方案条件下，总出水口雨季总入流量（即出口总量中不计入河道流量本底值）如图 5-1-3 所示。不同方案下，削减率对比如表 5-1-7 所列。

表5-1-7　示范区流域 LID 改造前后年径流总量（不计入河道流量本底值）削减率

类别	改造前	改造后（低）	改造后（中）	改造后（高）
削减率/%	0	8.9	14.3	19.8

由表 5-1-7 可以看出，即使在最高 LID 改造强度下，研究区总出水口雨季总入流量削减率仅有 20%。进一步分析模型模拟结果发现，图 5-1-3 中的水量尚未包含全年溢流量和雨水

下渗量（蒸发量及最终地表蓄积量较少，不计入）。分别统计改造前后不同条件下上述两个值，如表 5-1-8 所列。

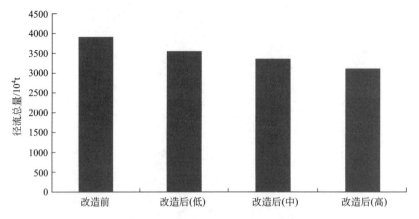

图 5-1-3　示范区流域雨季年总入流量

表5-1-8　示范区 LID 改造前后年溢流量　　　　　　　　　单位：$10^7\,t$

改造前			改造后（低）			改造后（中）			改造后（高）		
溢流总量	总降雨量	总雨水下渗量	溢流总量	总降雨量	总雨水下渗量	溢流总量	总降雨量	总雨水下渗量	溢流总量	总降雨量	总雨水下渗量
1.24	13.5	8.23	0.99	13.5	8.84	0.86	13.5	9.20	0.73	13.5	9.56

可以看到，随着 LID 改造强度增加，年溢流总量显著减少（LID 高改造条件下，溢流总量减少了 42%），总雨水下渗量增加。一般在实际应用中，应考虑系统对不同雨型的反应、管网系统可承受多大强度的降雨等相应的指标，从而综合评估实施效果。

1.4　结论

LID 规划方案评估需综合考虑规划区域现状条件，选择相应的特征评估指标，选择较为科学的指标计算方法，实现径流控制污染防治经济成本和景观建设的最优化组合，本研究综合论述了 LID 开发方案评估的指标体系构建设计的总体原则，论述了指标的计算方法和获取方式，可为 LID 规划设计完整性和科学性以及可应用性提供思路与依据，具有很好的借鉴意义与参考价值。

致谢

郑重感谢北京清控人居环境研究院的院长赵冬泉以及同事李萌在项目中以及文章撰写过程中对我的鼓励和帮助。

参 考 文 献

[1] 王祥，张行南，张文婷，等. 基于 SWMM 的城市雨水管网排水能力分析 [J]. 三峡大学学报：自然科学版，2011，33（1）：5-8.

[2]　谢为民，张芳，张敬东，等. 城市雨水径流污染物变化规律及处理方法研究 [J]. 环境科学与技术，2005，28 (6)：30-31，49.

[3]　许月霞，等. 供水管网漏损管理绩效评估体系的构建 [J]. 中国给水排水，2013，29 (19)：54.

[4]　赵冬泉，陈吉宁，佟庆远，等. 基于 GIS 构建 SWMM 城市排水管网模型 [J]. 中国给水排水，2008，24 (7)：88-91.

⊙ 作者介绍

唐博雅[1*]，李萌[1]，宋天宇[2]，赵冬泉[1]

[1]. 北京清控人居环境研究院有限公司，E-mail：267361512@qq.com

[2]. 国家林业局调查规划设计院

2

海绵城市理念在城市规划体系中的应用初探

摘要： 本文的研究目的是明确城市总体规划、详细规划以及各类专项规划在落实海绵城市理念中的要求、重点和主要内容等，以实现海绵城市建设要求与各层次规划现有内容体系的全面衔接，解决海绵城市建设在规划层面如何有效落实的问题。研究结果是提出海绵城市规划目标的制订和拆解方法，明确各类型、各层次规划中实现海绵城市建设所需要优化和新增的内容。研究结论为落实国家《海绵城市建设技术指南》以及江苏省《关于推进海绵城市建设的指导意见》提供具体的路径，也为未来海绵城市规划设计要点、导则的编制以及管理的标准化提供理论基础和技术支撑。

2.1 研究背景

2.1.1 传统城市开发建设模式的弊端逐渐显现

在传统的城市建设开发模式中，对原有水系和自然绿化地面的保护较为忽视，对于大量建筑物和硬化不透水地面取代山水林田后地表径流量急剧增加的问题，一味强调用纯工程的手段和快排的方式来加以解决，导致城市排水系统面临着巨大的压力。这类弊端发展的结果，不但导致近年来大小城市内涝频发，而且使地表面源污染随雨水径流直接进入自然水体，进一步加剧水环境污染。

2.1.2 海绵城市理念是解决传统城市开发建设模式弊端的有效手段之一

海绵城市作为一种对城市生态环境影响最低的开发建设理念，通过合理控制开发强度，在城市中保留足够的生态用地，控制城市不透水面积比例，实现雨水的自然积存、自然渗透和自然净化，为城市雨洪管理问题提供了理想的解决方案。海绵城市是实现城镇化和环境资源协调发展的重要体现，可以预见将成为我国城市开发建设新的趋势。

2.1.3 海绵城市也为传统规划建设思路的转变提供了新的抓手

传统开发建设模式对于城市与自然环境的关系考虑不足，已经引发了各类"城市病"。生态、绿色、低碳等新理念的陆续提出并被引入城乡规划建设领域，推动城乡规划建设思路不断转变，内容体系日趋合理。海绵城市作为一种全新的理念，是生态文明理念在城市开发建设中的有力贯彻，成为传统规划建设思路扭转新的契机。

2.1.4　海绵城市是城市规划体系改革的重要内容

2015 年 10 月，《国务院办公厅关于推进海绵城市建设的指导意见》（国办发［2015］75）明确了力争 2020 年和 2030 年城市建成区分别有 20％和 80％以上面积达到海绵城市建设目标要求，2016 年《国务院关于深入推进新型城镇化建设的若干意见》（国发［2016］8号）更提出全面推进海绵城市建设的要求。住建部 2016 年发布的《住房城乡建设部关于印发海绵城市专项规划编制暂行规定的通知》（建规［2016］50 号）要求各地按照《规定》要求，结合实际，抓紧编制海绵城市专项规划。根据以上推进海绵城市建设的迫切需求，必须在城市规划体系中全面系统地梳理海绵城市建设的相关内容，并做好协调和统筹。

2.2　国内研究与实践现状

住房和城乡建设部出台的《海绵城市建设技术指南——低影响开发雨水系统构建（试行）》（以下简称《指南》），在规划层面上初步提出基本要求、规划控制目标以及各个规划层次的规划内容，并初步构建了技术框架；但《指南》在原则、策略和要求方面提得较多，对具体的目标制订和指标分解落实方面考虑得不足，导致在实际执行中可实施性较差。镇江、嘉兴、武汉等城市出台的地方规划设计导则也未能完善地解决这一问题。因此，关于海绵城市建设与现有城市规划体系的结合方面，目前研究处于不完整、不系统、不具体、难对应、难评估、难实施的"三不三难"局面。如何在城市规划层面系统性推进海绵城市理念的落实，是全面推进"海绵城市"工作中亟待解决的问题[1]。

对我国各地方海绵城市建设研究的整理分析显示，相对深入的研究主要关注点为工程设计和建设等技术层面，规划层面的研究并没有突破《指南》的内容框架和深度，尚未有海绵城市建设如何与各个规划层次现有内容体系相融合，以及城市层面如何系统性推进海绵城市建设的研究成果。

海绵城市建设与各个规划层次现有内容体系的融合问题亟需解决，城市层面如何系统有效地推进海绵城市建设需要更具可操作性的依据，推动海绵城市建设从小范围的低影响开发试点示范工程向城市各个领域统筹推进转变，具有重要的研究意义和较为迫切的实践价值[2~10]。

2.3　研究方法

2.3.1　文献研究

针对国内外已有的低影响开发、雨洪管理等方面的文献及相关手册进行系统查阅、整理与比较，建立基本的理论基础，为研究提供理论支持与参考。

2.3.2　比较分析和综合归纳

比较现有城市规划内容体系与海绵城市建设要求之间的差距，归纳总结需要优化和增补的内容方法。

2.3.3 定量分析

利用遥感、GIS、SWMM 等工具和技术方法，以遥感影像资料为基础，GIS 技术为辅助，以 SWMM 为核心，为案例城市现状问题分析和规划方案的比选提供有力的科学支撑。

2.4 主要结论

2.4.1 海绵城市理念融入规划体系的要点

2.4.1.1 城市总体规划

从城市总体层面提出海绵城市建设要求和原则，明确制订海绵城市建设的主要目标需考虑的因素和方法，提出分类、分区规划指引。提出海绵城市理念指导下用地布局优化的方法和生态空间格局优化的重点。明确水系排涝、绿地系统、道路交通等专项规划与总体规划需要协调和落实的内容。

2.4.1.2 各类专项规划

水系排涝、绿地系统、道路交通等专项规划根据总体规划提出的目标，进行相关研究，以提供控制性详细规划和修建性详细规划层次上落实海绵城市建设目标需要的数据或技术支撑。在水系排涝专项规划重点解决明确骨干排水河道；划分汇水单元，确定各汇水单元的水面率和海绵城市建设综合控制容积（单位为立方米，包括入渗量、调蓄量等）等问题。

2.4.1.3 控制性详细规划

合理组织地表径流。综合考虑红线宽度、道路竖向等因素，确定海绵城市建设指标与设施布局。明确各地块海绵城市建设控制指标。以城市总体规划或专项规划提供的汇水单元分区图和海绵城市建设综合控制容积（单位为立方米，包括入渗量、调蓄量等）为依据，综合考虑地块竖向、土壤及周边水系等自然条件以及用地性质、开发强度（容积率、地下空间）、开发性质（新建、改造、建成）等规划要素，确定各地块的海绵城市建设综合指标。结合老旧小区、城中村、棚户区改造等城市环境综合整治项目以及旧城更新，统筹落实各类海绵城市建设设施。

2.4.1.4 修建性详细规划

结合当地的防洪排涝需要、水环境状况、雨水利用需求，以及规划范围内地块的具体特点，确定地块的控制重点。以城市总体规划或专项规划推荐的海绵城市建设技术库为依据，因地制宜选择，并根据控规确定的指标，结合水系、竖向、建筑布局、绿地系统、道路交通等方面，合理布局海绵城市建设设施并确定设施的规模。根据各地块的用地性质和开发时序，综合确定各地块的海绵城市建设模式（图 5-2-1）。

2.4.2 关键问题及解决思路

2.4.2.1 关键技术问题

（1）海绵城市建设目标如何制订和指标如何分解

不同区域的城市以及城市内部的不同片区自然条件、建设现状、开发强度、人口密度都会存在一定差异，如何合理制订海绵城市建设的总体目标并进行逐层分级最后落实到具体地块。

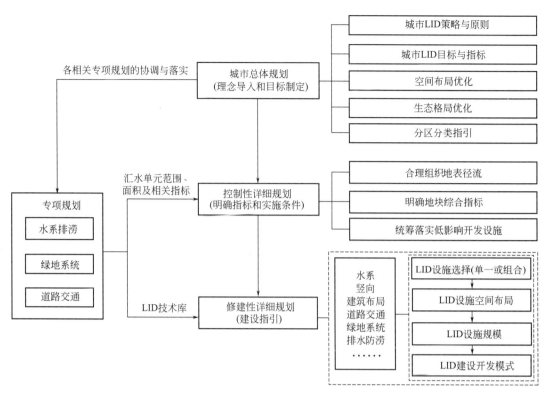

图 5-21　海绵城市理念融入规划体系

（2）修建性详细规划中海绵城市建设设施如何选择

各种海绵城市建设设施的投资、占地和效果均有较大区别，如何选择合适的海绵城市建设技术。

2.4.2.2　关键技术问题的解决思路

（1）海绵城市建设目标如何制订和指标如何分解

海绵城市建设总体目标的确定：总体目标应综合考虑相关因素后确定。径流总量控制目标需考虑降水量、地下水、土壤等因素；面源污染控制目标需考虑水环境容量、人口密度等因素；防洪排涝目标需考虑坡度、降水量、人口密度、人均 GDP 等因素；雨水资源利用目标需考虑水资源等因素；热岛效应控制目标需考虑年平均温度、人口密度等因素。

海绵城市建设目标的落实和拆解：通过编制水系排水专项规划确定主要排水河道，划分汇水单元，综合考虑地下水位、地表水质、地形地貌、水系绿地分布等自然因素，人口密度、开发强度（容积率、地下空间）、开发性质（新建、改造、建成）等城市建设因素，确定分区目标。

（2）修建性详细规划中海绵城市建设设施如何选择

充分考虑降雨、地下水位、土壤性质、坡度、绿地率、雨水利用要求、空间限制等因素，结合规划用地布局、建筑设计，从达到设计目标和经济性、景观性、维护管理角度选择合适的海绵城市建设技术。

2.5　结语和展望

本文在充分研究吸收国内外先进理论及实践成果的基础上，进一步拓宽思路，注重技术手段和理念创新，致力于研究具有可操作性的海绵城市建设模式在城市规划中的实际应用，探讨海绵城市理念下的城市规划编制的指导框架。未来在以下一些领域有进一步深化研究的空间和必要，规划目标的分解方法，构建系统、全面、可落地的海绵城市建设指标体系，明确各类型、各层次规划实现海绵城市建设需新增和优化的内容，从而形成对城乡规划落实海绵城市建设内容具有普遍适用性和实践指导意义的研究成果，为落实国家《海绵城市建设技术指南》以及《国务院办公厅关于推进海绵城市建设的指导意见》提供具体的路径，也为海绵城市专项规划设计要点、导则的编制以及管理的标准化提供理论基础和技术支撑。

参 考 文 献

[1] 海绵城市建设技术指南——低影响开发雨水系统构建 [Z]. 住房和城乡建设部，2014.

[2] 中华人民共和国城乡规划法 [Z]. 2007.

[3] 江苏省控制性详细规划编制导则（2012 年修订）[Z]. 江苏省住房和城乡建设厅，2012.

[4] 贵州省海绵城市建设技术导则（试行）[Z]. 贵州省住房和城乡建设厅，2015.

[5] 镇江市海绵城市建设试点城市实施方案 [Z]. 镇江市人民政府，2015.

[6] 深圳市光明新区建设项目低冲击开发雨水综合利用规划设计导则 [Z]. 2013.

[7] 南宁市海绵城市规划设计导则 [Z]. 2015.

[8] 武汉市海绵城市规划设计导则（试行）[Z]. 武汉市水务局，2015.

[9] 池州市海绵城市建设项目规划建设管理暂行办法 [Z]. 池州市人民政府，2015.

[10] 鹤壁市海绵城市建设试点城市实施方案 [Z]，鹤壁市人民政府，2015.

⊙ 作者介绍

戴忱[1*]，王晶[1]

[1.] 江苏省城市规划设计研究院，E-mail：jsup_daichen@126.com

3

基于低影响开发的山地城市规划探讨

摘要：山地城市的自然地理条件、社会经济背景、城市发展模式均与平原城市有很大的不同，在缓解水资源危机、减轻洪涝安全隐患、改善生态环境等方面有着更为迫切的要求。但另一方面，目前还没有针对山地城市的相关导则或标准，而山地城市本身受条件限制，相关基础资料和技术保障又较为欠缺，推广LID具有更大的难度。本文以某山地城市为例，探讨LID理念在山地城市总体规划和控制性详细规划中的贯彻落实，以资其他山地城市借鉴。

3.1 引言

"山地"包含地理学意义中的山地、高原以及丘陵，约占我国陆地总面积的69.2%[1]。山地城市，是指城市的选址和建设在山地地域上的城市，形成与平原城市迥然不同的空间形态和环境特征，其显著特点是城市用地的地形地貌复杂、起伏度与坡度明显、道路曲折迂回、城市空间布局因山就势[2]。这些特点决定了山地城市的低影响开发策略必然不同于平原城市。2014年11月发布的《海绵城市建设技术指南——低影响开发雨水系统构建》（以下简称《指南》）是目前低影响开发的主要参考依据，但是其主要是针对平原城市，并未针对山地城市的特点给出具体指导意见，因此，山地城市的低影响开发还需要在《指南》的基础上进行更多的探索和实践。

3.2 山地城市与低影响开发

3.2.1 地形

由于山地城市地面陡峻，切割程度大，沟系强发育，降水能迅速向沟壑、水溪汇流，且汇流时间短，易形成地表径流，如遇强降水易汇流成洪水。由于地表径流受降水影响人，河流尤其是沟渠、溪流等多为季节性水流，旱季河槽多为细流甚至干涸，雨季水流量较大，遇强降水则暴涨。快速城市化导致的大量城市建设中，由于一些建设项目照搬平原城市的经验，动辄大填大挖，造成植被破坏，易引发泥石流、山洪等灾害。

3.2.2 下垫面

城镇下垫面是低影响开发中最重要的因素。下垫面包括地形、地质、土壤和植被等，是影响雨水下渗、蓄积、流动等的重要因素之一。而山地城市在这些要素上的多元化，恰恰是低影响开发的契机和挑战。需要在低影响开发的理念指导下，保障城市安全，同时满足城市建设的需求。

3.2.3　空间利用方式

山地城市由于自然环境条件的特殊性，其布局结构与一般平原城市有较大不同，不是集中连片式的布局结构，而是有机松散、分片集中的布局形态。自然生态环境和山水格局的复杂性、差异性制约了城市空间的水平拓展；自然地形、城市基面使山地城市成为被动型的立体化城市。山地城市的这种布局模式，从城市特色、环境景观和城市结构的营造方面都具有有利条件，但同时也给低影响开发提出了更高的要求。

3.2.4　道路

山地城市地形起伏较大，道路选线时为降低纵坡，通常结合地形，依山傍水、蜿蜒曲折，或者延长道路长度以克服自然高差，道路弯曲无一定的几何图形。山地道路建设条件复杂，其形态布局和断面构成都与平原城市大为不同，一般具有线路盘曲迂回、断面非对称等特征。其排水方式、设置排水机构的方式也各有不同，需要根据现实条件进行灵活组合和变通。

3.2.5　管网敷设

山地城市地形、地质条件较为复杂，其管道敷设方式多种多样，埋地敷设排水管道中部分管道埋深很大；场地地质条件的差异对排水管道的纵向稳定相当不利，易发生不均匀沉降；城市道路纵向坡度较大，排水管道系统上、下游有很大落差。管线管理和维护角度也困难重重，下埋的管线系统在管道角度、泵站位置和动力需求等方面都远超预期，而这些设施的维护难度和周期又比平原城市更为耗费。

3.3　山地城市 LID 理念

3.3.1　"人适应水"而非"水适应人"

在以往的规划中，常常忽略了水与整个自然环境之间的有机联系，为了经济性或者"美观"，对河道进行人工化改造或是对河湖进行围垦；LID 重新树立人类活动与城市建设适应水系统的新的价值观，由"水适应人"转向"人适应水"，城市的空间组织、用地布局、建设方式等都必须遵从水系统乃至整个自然生态系统的规律。

3.3.2　不局限于工程技术

目前已有的许多研究多围绕以 LID 技术[3~8]、模型模拟计算[9~13]等展开，依旧未能摆脱对现有治水途径中"工程性措施"的依赖。但是低影响开发的现实意义远不止如此，它为在不同尺度上综合解决城市突出的水问题及相关生态环境问题提供了新的思路，包括雨洪管理、生态防洪、水质净化、地下水补充、生物栖息地营造、湿地公园营造，以及城市微气候调节等。

3.3.3 以综合生态理论为基础

LID虽然主要关注的是城市水文系统，但是水体是自然生态系统中的重要组成部分，水文系统运行的环节涉及土壤、植被、地形、气候等许多其他要素，只有以跨尺度的生态规划理论和方法体系为基础，才能真正实现接近自然的水文循环，最终综合解决城市生态问题。

3.4 规划实践

3.4.1 总体规划

在总体规划阶段，在依据《指南》"确定城市年径流总量控制率及其对应的设计降雨量目标，制定城市低影响开发雨水系统的实施策略、原则和重点实施区域"之前，还应当对整个水系统的健康运行进行空间上的保障，即在宏观层面科学构建水生态安全格局、中观层面合理布局空间结构。

3.4.1.1 构建宏观水生态安全格局

山区由于水气循环的影响比较大，成雨条件变化快，雨量往往很大，局地强降雨突发性很强，降雨高度集中。其次，由于山区地形特征表现为山高、坡陡、沟床比降大，从而导致汇流快、流速高、突发性强，洪水陡涨陡落，破坏性大。因此，需要从水系的空间格局与水生态系统服务的关系入手，通过水文过程分析和模拟，判别和保护具有较高生态系统服务功能的用地，恢复城市水系自然形态，建立河流生物廊道系统，从而构建起综合水安全格局，并最终通过与相应尺度的城市总体规划（或土地利用总体规划）相结合落实在土地上，构成禁止建设区和限制建设区的核心网络，成为引导城市空间有序扩展的刚性骨架。

河流、湖泊、水库、坑塘、低洼地等湿地系统在调洪蓄洪方面可以发挥重要的作用。根据地物图和地形高程数据，判别作为雨洪水汇集的源。在GIS技术支持下，通过非强制性溢出径流分析，模拟自然径流沿地形遇到低洼地的停止位置，可以为潜在调蓄洪水功能区域的确定提供参考。同时，依据防洪规划，将截洪沟、冲沟和疏散避难场地作为水安全格局的考虑因素之一。河流串联起现存的溪流、湿地和低洼地，形成一系列蓄水池和具有不同净化能力的湿地，构建了雨洪管理和生态净化系统。这一方法不仅最大限度地减少了城市雨涝灾害，而且在旱季也能有持续不断的水源。逐步拆除渠化河流的混凝土河堤，重建自然河岸的湿地系统，发挥河流的自净能力（见书后彩图5-3-1）。

水生态安全格局分为三个安全水平：底线安全格局、满意安全格局和理想安全格局。如果按照最理想化的安全格局来构建水生态基础设施，那么洪涝灾害频率将大大降低，因为水生态基础设施能消纳区域雨洪水，并有效回补地下水资源（表5-3-1，图5-3-2）。

表5-3-1 三种标准下的水生态安全格局规划导则[14]

安全水平	河道缓冲区范围/m	规划导则
低安全水平	50～80	严格禁止城市开发和村镇建设，保留自然湿地状态，满足洪水、生物等过程的需要；在已被人工化改造的关键位置，应退耕还湿，或采取生态化工程措施，恢复自然河道

安全水平	河道缓冲区 范围/m	规划导则
中安全水平	60～100	在已被人工化改造的关键位置，应退耕还湿，或采取生态化工程措施，恢复自然河道；在遵从自然过程的前提下满足社会、文化、审美需求，如建设湿地公园、养殖场
高安全水平	80～120	允许建设，但应提高相应建筑标高和设施的防洪安全标准；应限制布置大中型项目和有严重污染的企业，建设项目须达到相应的防洪标准

水生态安全格局

 高安全水平

 中安全水平

 低安全水平

图 5-3-2　水生态安全格局构建

3.4.1.2　对接城区内外水生态系统

在城市总体规划中，规划区、中心城区都有明确的规划范围，但是就水系统而言，并不能以人为的界线割断其与规划范围之外的联系，而应当着眼于完整的水生态系统，统筹规划范围内外的空间关系。

山地城市规划范围内外的水系统联系很大程度上受地形影响，可以结合地表高程数据运用 GIS 软件分析山脊、山谷和冲沟分布（见图 5-3-3）等，识别自然排水结构，提炼低影响主干格局。在此基础上梳理规划范围内的生态用地与外围非建设区的空间关系，使可建设区域与周边整体系统有机串联和对接，规划区结构服从外围生态基础设施结构，形成完整的空间格局。合理布局规划范围内的绿道、绿心和河流，使之与外围的山谷、冲沟相连接，这样既可以为城市提供生态用地保障，更从功能上梳理出这些空间对于山地城市应对雨洪威胁、维护生态系统健康等方面的作用（图 5-3-4）。

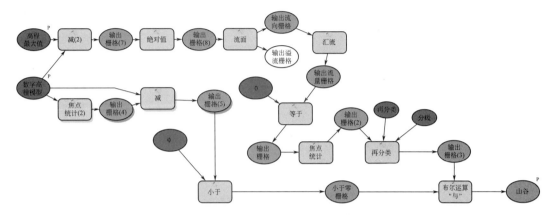

图 5-3-3　基于地形的径流分析模型

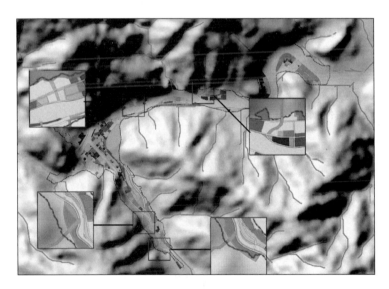

图 5-3-4　结合水文分析的用地布局

3.4.2　控制性详细规划

3.4.2.1　结合地形规划 LID 设施

根据《指南》，控制线详细规划需要"根据各地块低影响开发控制指标，合理确定地块内的低影响开发设施类型及其规模，做好不同地块之间低影响开发设施之间的衔接，合理布局规划区内占地面积较大的低影响开发设施"。山地城市地形较平原城市更为复杂，若不考虑地形进行低影响体系中雨水滞留和储存设施的规划，可能设施的运行效果将会受到影响，或是为了保证设施能真正发挥作用而增加设施建设的工程成本。因此，在具体工作中应当根据地形和汇水分区特点，协调地块内建筑道路的布局和竖向，合理确定雨水排水分区和排水出路，使得地块内地表径流有组织地汇入周边绿地系统和城市水系，同时，汇水区应与城市雨水管渠系统和超标雨水径流排放系统相衔接，保护和修复自然径流通道，延长汇流路径，优先采用雨水花园、湿塘、雨水湿地等低影响开发设施控制径流雨水；通过平面布局、地形控制、土壤改良等多种方式，将低影响开发设施融入绿地规划设计中，尽量满足周边雨水汇入绿地进行调蓄的要求（图 5-3-5）。

——— 径流模拟

● 主要汇水节点

图 5-3-5　结合水文分析的用地布局

3.4.2.2　结合汇水分区制订指标

在山地城市控制性详细规划层面，应根据地块的地质地貌、用地性质、竖向条件及给排水管网等划分汇水分区。通过对地块的开发强度评估，确定地块低影响开发策略、原则等，优化用地布局，细分用地性质，为地块配置市政、公共设施等。然后以汇水分区为单元确定地块的雨水控制目标和具体指标，确定地块的单位面积控制容积率、下沉式绿地率等。根据雨水控制要求确定地块的建设控制指标，如地块的容积率、绿地率、建筑密度以及低影响开

图 5-3-6　汇水分区及地块编号

发设施的规模和总体布局。最终提出地块的城市设计引导，对地块内的建筑体量、建筑围合空间及其附属硬化面积等做出相关规定（图 5-3-6，表 5-3-2）。

表5-3-2 地块控制指标

汇水单元	地块编号	用地代号	地块面积/hm²	容积率	建筑密度/%	建筑限高/m	绿地率/%	机动车停车位标准	地块年径流总量控制/%	LID 设施
I	A-01-01	B14	0.62	0.8	30	15	30	1.0	80	屋顶绿化
	A-01-02	B14	3.79	0.8	30	15	30	1.0		屋顶绿化
	A-01-03	B14	2.40	0.8	30	15	30	1.0		屋顶绿化
II	A-01-04	G1	7.49	0.1	—	6	80	—	65	雨水湿地、下凹式绿地、植草沟
III	A-02-01	S41	0.45	0.1	—	6	35	—	75	下沉式广场
	A-02-02	U1	0.52	—	—	—	—	—		屋顶绿化
	A-02-03	A2	0.40	—	—	—	—	—		屋顶绿化
IV	A-02-04	R2	18.32	1.0	30	12	35	0.8	80	屋顶绿化、透水铺装
	……									

3.5　结语

我国幅员辽阔，各地城市的地形地貌、气候、水文等情况差异巨大。国家应考虑各地的实际情况，避免政策制定和标准一刀切，让各地试点和探索能真正取得成效。笔者认为，在海绵城市的建设热潮中，重要的不是逐势催生更多的规划（如"海绵城市规划"），而是充分吸收低影响开发的理念和方法指导现有规划，尤其是法定规划，以更加科学而不是更加繁多的规划指导城市建设，改善人地关系。

参 考 文 献

[1] 中华人民共和国国家统计局. 中国统计年鉴 [Z]. 北京：中国统计出版社，2010.

[2] 黄光宇. 山地城市主义 [J]. 重庆建筑，2005，(1)：2-12.

[3] 赵芳. 绿色建筑与小区低影响开发雨水利用技术研究 [D]. 重庆：重庆大学，2012.

[4] 徐涛. 城市低影响开发技术及其效应研究 [D]. 西安：长安大学，2014.

[5] 李家科，刘增超，黄宁俊，等. 低影响开发（LID）生物滞留技术研究进展 [J]. 干旱区研究，2014 (3)：431-439.

[6] 危唯. 低影响开发技术在深圳某地区的应用研究 [D]. 长沙：湖南大学，2014.

[7] 刘文，陈卫平，彭驰. 城市雨洪管理低影响开发技术研究与利用进展 [J]. 应用生态学报，2015 (6)：1901-1912.

[8] 王红武，毛云峰，高原，等. 低影响开发（LID）的工程措施及其效果 [J]. 环境科学与技术，2012 (10)：99-103.

[9] 王文亮，边静，李俊奇，等. 基于模型分析的低影响开发提升城市雨水排水标准案例研究 [J]. 净水技术，2015 (4)：100-104.

[10] 王文亮，李俊奇，宫永伟，等. 基于 SWMM 模型的低影响开发雨洪控制效果模拟 [J]. 中国给水排水，2012，(21)：42-44.

[11] 王建龙，车伍，易红星. 基于低影响开发的雨水管理模型研究及进展 [J]. 中国给水排水，2010 (18)：50-54.

[12] 侯改娟. 绿色建筑与小区低影响开发雨水系统模型研究 [D]：重庆：重庆大学，2014.

[13] 何爽，刘俊，朱嘉祺. 基于 SWMM 模型的低影响开发模式雨洪控制利用效果模拟与评估 [J]. 水电能源科学，

2013 (12)：42-45.

[14] 俞孔坚，王思思，李迪华. 区域生态安全格局：北京案例 [M]. 北京：中国建筑工业出版社，2012.

⊙ 作者介绍

陈燕飞[1*]

[1.] 江苏省城市规划设计研究院，E-mail：yantel@163.com

4

以精细化为核心的中高强度山地城市低影响开发规划实践

摘要： 山地城市的空间结构如何在满足中高强度建设需求的同时适应山地生态环境特点，实现低影响开发一直是山地城市规划的热点问题。目前来看，山地城市低影响开发规划还存在两方面的不足：一是缺乏系统性解决方法，大多数规划实践都是单纯针对山地雨洪管理、场地竖向建设或者生态环境保护等一两个要素进行低影响开发策略的应用，并未建立一套完整的、体系性的解决方案；二是缺乏精细化方案设计，很多规划方法尚停留在经验判断、模式探讨层面，无法通过定量分析将具体措施落实到空间规划里。重庆前沿科技城规划以 Autodesk inforwork 三维数字平台为工具，通过精细化的规划现状预评估手段，参数化的山地规划设计方法，人性化的规划后评估指标构建，从山水景观、场地水文、生态环境、场地竖向、建设能耗、山地微环境等多个要素探讨如何通过多学科合作交融，全方位思考综合解决山地城市低影响开发规划问题。是一次对中高强度的山地城市低影响开发规划方法与技术集成创新的重要实践。

4.1 引言

我国是一个多山的国家，山地面积占国土面积的 2/3，山地城镇占全国城镇总数的 1/2 以上，山区人口占全国总人口的 1/2 左右，山区建设用地需求与日俱增。而传统削山平地的建设模式导致山水景观丧失、生态环境恶化、地质灾害频发。因此，加强中高强度山地城市低影响开发技术研究，促进山地城市的可持续发展规划，具有十分重要的意义[1~2]。

4.2 中高强度的山地城市开发特征

4.2.1 山地的自然特征

山地因其复杂的地形地貌拥有山水景观独特、生态系统敏感、地质构造复杂三大自然属性。

4.2.1.1 山水景观更具特色

在自然环境方面，山地地形变化多样，水系资源丰富，植被种类各异，与平原相比有着更加独特的空间景观体验，这在客观上决定了规划设计的基本对象不仅是山地，而且还应该包括与山相伴而生的水体、林地等空间要素。

4.2.1.2　生态系统更加敏感

在生态资源方面，独特的区位边际使山地成为不同类型生态资源的交汇地带，生态地理的边缘效应使其内部生物群落结构复杂，系统动态变化较强。一些中纬度山地存在着与高纬度平原地区的共生物种。因此，相对于平原，山地具有更高度的异质性和敏感度，极易由于人类的建设活动而遭到破坏。

4.2.1.3　地质构造更加复杂

在空间环境方面，山地作为建筑载体的地基，无论是自然属性的地质活动、降水和地表径流，还是人的行为活动，都易诱发城市基础的动摇和破坏，并引起山崩、滑坡、泥石流、山洪等灾害。这些增加了山地城市规划设计的复杂性。

4.2.2　中高强度山地城市开发特征

对于低强度的山地城市开发在国内外已经形成较为成熟的方法，其中不乏经典的成功案例，而对于中高强度的山地城市建设往往面临巨大挑战，实践异常艰难，主要体现在以下3个方面。

4.2.2.1　地形改造范围广

中高强度建设意味着对可建设用地规模的需求较高。山地地形地貌复杂，其坡度、坡向、地质灾害点等限制性要素较多，适宜建设的用地非常有限，而大幅度改造地形进行建设又极易破坏脆弱的生态景观资源。这要求山地城市建设必须结合景观、生态、地质等各类因素，对复杂地形进行精细化利用。

4.2.2.2　生态干扰程度大

中高强度建设意味着未来该区域将容纳较多的人口。而山地拥有着超乎寻常的生态敏感性，新增的人口无论是在此就业还是居住，其特殊的行为活动都会对原有的自然环境与生物系统产生干扰。这要求山地城市开发在规划前必须对现状生态条件进行预评估，在规划后对整体生态效益进行后评估。

4.2.2.3　能源需求强度高

中高强度的建设、较多的人口必然带来较高的能源供给需求。而山地城市片区由于其复杂的地形限制往往与城市大市政系统连接困难，连接工程难度大，能源传输损耗高。另外，能源的排放不当也容易对山地自然环境造成污染。这要求山地城市最好采用分散式的能源布局，并尽可能提高可再生能源的利用。

4.3　中高强度山地城市低影响开发的研究与实践现状

纵观以往的文献研究可以看出，关于山地城市建设的研究已经不是一个新领域，然而对于山地城市特别是中高强度建设的山地城市，如何实现低影响开发建设的规划研究仍处在探索阶段。

4.3.1　缺少对复杂地形资源的精细化利用

在规划中，应从生态、景观、水文、能源等多专业、多角度对用地承载力进行综合评价，将分析结果进行系统性叠加，并量化在空间图纸上，实现对规划方案的预评估分析底图，为合理的确定规划建设用地边界与开发强度提供依据。现有规划往往对各项因素考虑不全面，并且对各项因素缺乏精确的量化分析结果。

目前山地城市规划普遍采用的工具较为传统，大部分设计师仍基于平面地形图，凭借空间想象与经验判断完成规划设计。即便借助实体模型能够完成空间形态的推敲，但是对实际建设时产生的工程量、建设后生态效益保护情况等因素仍缺乏工具去精细测算，难以保证规划方案的可实施性。因此，山地城市规划急需引入新的技术工具，让设计师以数字化三维技术为平台，按照规划先期设定的各项参数目标，实现方案调整、成果指标即时互动，以及多专业的协同作业。

4.3.2　缺少系统性的低影响开发策略支撑

LID 理论诞生于美国的雨洪管理实践，近年来，随着该理论与传统城市规划的融合，其含义也逐渐扩展。美国住房和城市发展部给出了一个扩展定义："低影响开发是一种使用各种规划与设计技术来保护自然资源系统，并减少基础设施成本的土地开发方法"。

受传统 LID 研究的影响，目前山地城市低影响开发的研究范畴多局限在水文环境保护上，而山地城市作为一个复杂的相互作用的系统，其珍贵的自然资源还包括独特的山水景观、珍贵的生态循环系统、复杂的地形地貌，这些都应纳入低影响开发的研究范畴。因此，建立一整套针对中高强度山地城市低影响开发的系统性策略尤为重要，这需要多个专业高度协同，在低影响开发的前提下实现规划功能、交通、景观、生态、水文、能源、竖向等各个子系统的协调发展。

4.4　重庆前沿科技城项目的规划实践

4.4.1　项目背景

重庆前沿科技城位于重庆两江新区的核心区，总规划面积 21.01km²。规划建设以智能制造产业为特色、科技研发功能为核心的开放合作创新区（图 5-4-1）。

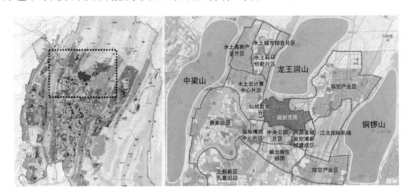

图 5-4-1　区位图

规划区属于典型的重庆丘陵山地地区，地形条件较为复杂，地势东南高西北低，山体间分布着数条冲沟水系。基地内坡度超过 25% 的用地占规划区总面积的 23%，高程最大高差超过 300m（图 5-4-2）。原有控规采用方格网的规划模式，规划建设用地 12.95km²，总建设量 $1.084×10^7 m^2$，建设用地的毛容积率约为 0.84，容积率接近平原地区建设强度，属于中高强度的山地建设区（图 5-4-3）。

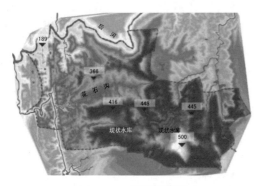

图 5-4-2　现状高程图

图 5-4-3　原有控规图

4.4.2　复杂地形的精细化利用

根据山地地形三大自然属性，本次规划确定了土地利用的核心目标：保护山水景观格局、保障生态循环系统、保证安全限制要素。

4.4.2.1　保护山水景观格局

规划区内陡峭地形主要集中在西北侧及东北侧，5 条山脊线自东南向西北呈指状延伸，平均高度约 300m，山势连绵，山形俊美。山间冲沟分布较多，水塘低洼密布，两条主要水系后河、花石沟横贯东西。

山体景观规划将山脊作为保护与控制的重点，保留山帽、制高点等原生地貌，完整的山脊线成为衬托建设区的天然背景。山脚区域禁止建设，作为洪涝与地址灾害的缓冲区。坡度较为平缓的山腰区域作为集中建设区，采用台地形式来承载较高强度的建设，整体形成大疏大密的空间格局（图 5-4-4）。

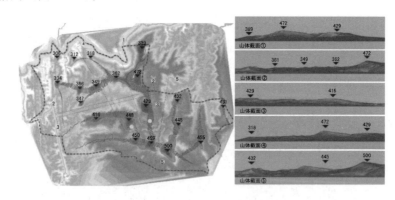

图 5-4-4　山体空间格局分析图

水体景观规划除了对河道、水库、泄洪通道等主要水体进行防护距离控制外，将山地的汇水系统也纳入了重点保护范围。利用 DigitalWater Simulation 模型软件对现状地形进行产汇流分析，按照汇水区面积大于 20hm² 的标准选择场地内主要汇水干线进行控制与保留。同时，在汇水点规划滞留池，按照各汇水分区 20 年重现期下的暴雨流量，1.5m 的水深，设计主要汇水点水面面积（图 5-4-5）。

将山体景观与水体景观分析叠加形成山水景观格局的控制底图（图 5-4-6）。

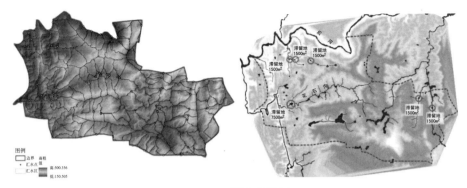

图 5-4-5 汇水分析图

4.4.2.2 保障生态循环系统

生态规划主要目标是保护场地的生态敏感性，维持场地内的生物多样性，完善场地的生态网络空间。

首先，对现状进行生态敏感性分析。运用麦克哈格的千层饼模式对景观生态的 5 个构成要素进行评价，包括生态林地、保护性资源、地表水资源、地质灾害敏感性及高程要素。根据各个要素的资源重要性和敏感度以及对人类生产活动影响程度的不

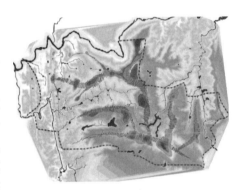

图 5-4-6 山水景观格局控制图

同，赋予相应的权重，通过叠加、运算、判断，最终形成生态敏感性的评判结果。通过"分位数"的分类方法将结果分为五级敏感区，不同区建设适宜性不同，对应不同的建设强度方案（见书后彩图 5-4-7、彩图 5-4-8）。

另外，从维护生物多样性的角度对现状进行整体生态效益分析。以景观生态学为理论依据，制订相关要素指标，包括生境优先级、生境类型多样性、生态敏感性、复层结构、植物物种组成、斑块要素、廊道要素、生境连接度、生境一致性、生境边界和边缘效应。通过这些基本单元的结构组合特征，对用地方案格局进行量化分析，获得生态保护控制区的空间边界，研究格局和过程之间的相互作用和影响，计算得出场地整体规划前后的生态效益结果（书后彩图 5-4-9）。

最后，根据景观生态学理论中"斑块—廊道—基质"构建生态景观空间网络格局，结合生态敏感性分析、整体生态效益控制、最小阻力模型分析、廊道定量分析等分析确定规划区内重要的生态廊道构型（见书后彩图 5-4-10、彩图 5-4-11）。

将以上分析要素叠加，最终形成整个山地建设生态安全格局的规划控制底图（见书后彩图 5-4-12）。

4.4.2.3 保证安全限制要素

规划区地形地质条件较为复杂，地震、泥石流等地质灾害时有发生。综合考虑其各种地质灾害情况，利用 GIS 对 DEM 进行坡度分析计算，得出研究范围坡度分布情况，并进行分级评价，得出地质灾害敏感性分析。另外，对上位规划及现状中已批已建项目、重大交通基础设施与市政基础设施等限制性要素进行叠加，最终形成完整的安全与建设限制要素的控制底图。

将山水景观格局、生态系统格局以及安全限制要素三大分析结果进行叠加，精确推导出可建设用地的边界范围，以及各个用地适宜的建设强度，指导土地利用的科学规划（见图 5-4-13、图 5-4-14）。

图 5-4-13　适宜建设用地分析图　　　　　　　　图 5-4-14　土地利用规划图

4.4.3　系统性的低影响开发支撑

4.4.3.1　数字化场地设计

场地设计是山地城市规划中非常重要的环节。好的场地设计不但能够形成依山就势、特色丰富的空间环境，更能够减少工程量，降低建设成本，减少对山地的破坏。

因此，本次规划利用 Autodesk inforwork 数字化三维设计为平台，该平台可以实现平面空间布局设计与道路路用地竖向设计同步进行，在推敲平面方案与竖向方案的过程中可即时生成土方工程量计算结果。通过多方案比较，选取经济、生态、安全、景观效益最优的方案。并对最终方案进行工程量测算评估，完善优化道路线型与局部地块边界。通过即时互动，量化度测的数字化精细设计，实现本方案在实施工程上的合理性（书后彩图 5-4-15、图 5-4-16）。

借助该软件，本次规划最终实现与原有控规相比土方工程量减少 $4.457 \times 10^7 \, m^2$，约 53%。

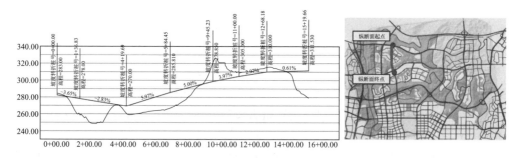

图 5-4-16　道路竖向土方分析图

4.4.3.2　低影响海绵城市

山地海绵城市规划包括雨水与污水两部分内容。

（1）雨水规划

规划区位于嘉陵江水系，大区域水环境敏感，水资源较为丰富。规划区内山体坡度大，地表径流速度快、破坏力强，易形成山洪灾害；另外，由于径流速度快，冲刷力强，水体面源极易受到污染；根据以上现状特点确定了本次雨水方案以"滞留""净化"为首要目标，通过下沉式绿地、绿色屋顶、透水铺装、植草沟、生物滞留设施等保证水安全与水环境。以"回用"为次要目标，通过雨水桶等措施提升再生水的使用[3]。

以开发后的径流量接近于开发前的径流量为规划目标。基于汇水区地形和现状下垫面构建地表产汇流模型，将规划区划分为129个子汇水区，利用DigitalWater Simulation模型软件，模拟得出近三年规划区年径流控制率，最终设定年径流总量控制率为80%（对应设计降雨量25.5mm）。

通过蒙特卡洛随机采样法，在用地方案的基础上，对规划方案中541个地块的各类低影响开发设施的建设比例、开发强度等因素进行综合计算评估，分析总体计算结果是否达到控制目标，并筛选出满足控制目标的有效方案集合。通过人工筛选比较，输出优选方案中各个地块的下沉式绿地率、绿色屋顶率、透水铺装率、植草沟率、雨水桶个数、生物滞留池率等措施控制参数，从而指导各个地块的建筑、景观、场地等空间规划（图5-4-17）。

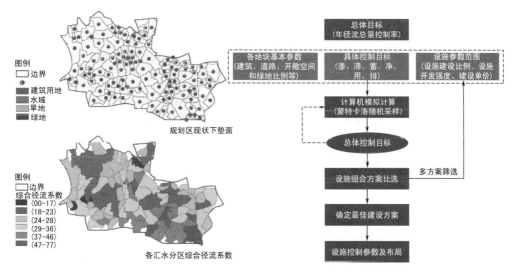

图5-4-17　雨洪管理规划图

（2）污水规划

规划区北侧与南侧均规划有污水干管，由于多条山脉横贯规划区，山脉间形成的谷地受到地形限制不便接入市政污水排放的大市政体系，因此，本次规划采取分散式排水与集中式排水结合的方式。在山谷内设置6处小型污水处理设施，以解决片区的污水处理难的问题（图5-4-18）。

图5-4-18　分散式污水系统规划

6座分散式污水处理设施处理污水的同时提供再生水，结合雨水回用量，非传统水源利用率约达到 23％，超过《国家节水型城市考核标准》关于节水型城市的非常规水资源利用率≥20％的要求。

4.4.3.3 低碳化能源供给

本次规划选取了更加符合自然条件的小型分散式再生能源供给方案。首先根据现状自然特征确定再生能源供给方式。规划区靠近水源，距离最近的水体后河小于 1km，河水流量大于 300～5000m³/h，因此，场地内靠近水源的区域适合采用水源热泵；另外，在场地内地形复杂的区域，建筑密度较低，场地空间充裕，适合选取对空地占地面积大的土壤源热泵。

根据规划方案不同的功能分区，结合具体地块建筑功能，计算能源需求（图 5-4-19）。由不同分区的区位特征与能源需求确定能源供给的组合方案。最终的能源规划方案与常规能源方案相比减少了将近 25％的 CO_2、SO_2、NO_x 的排放量。

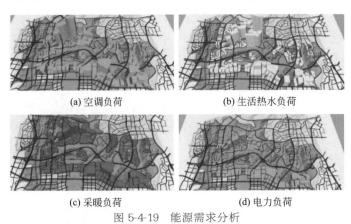

(a) 空调负荷　　　　　　　　　　(b) 生活热水负荷

(c) 采暖负荷　　　　　　　　　　(d) 电力负荷

图 5-4-19　能源需求分析

4.4.4　规划方法创新与技术集成创新

4.4.4.1 规划方法创新

对规划方法与思维方式也相应进行创新。将规划分为以下 3 个步骤。

1）精细化的规划预评估　在规划前，基于数据的地理信息化技术对场地环境、生态系统、水文地质环境等现状进行量化分析，对规划后现状各个要素所受的干扰程度进行模拟。在规划前对项目提出控制指标与建设边界。

2）参数化的规划设计方法　规划本身是一个非常复杂的工作，数字技术提供了广泛的应用可能性。本次规划尝试让数字化方法进入设计流程中，构建设计目标参数，以参数模型构建主导设计过程。如在海绵城市规划中我们通过产汇流分析，设定年径流总量控制率，根据该指标选取海绵城市规划的具体规划措施。在场地竖向上确定节约 50％的土方量，根据该指标通过数字化平台生成最终用地方案（见书后彩图 5-4-20）。

3）人性化的规划后评估　以往的规划实施评估多基于原有控规指标进行，评价偏重于规划的实施程度，而对于规划本身的好坏缺乏评价。本次规划从规划管理者与使用者的角度出发，以绿色友好、舒适健康、多元活力为目标，通过 KPI（关键计较指标）指标体系的构建为项目规划后评估建立操作依据。

4.4.4.2 多团队协作

本次规划由产业策划、城市规划、景观规划、生态规划、环境规划、能源规划、交通规划、市政规划、智慧城市等 10 多个专业的设计团队高效协同作战，运用城市信息模型 CIM（City Information Modeling）系统实现三维数字化技术集成创新。

4.4.4.3 数字化平台

本次规划尝试搭建 Autodesk Infraworks 数字化平台。该平台支持多种数据格式，通过导入多种类型数据建立基础模型，各专业通过传统地形图及设计文件即可在基础模型上作业，并使设计成果快速可视化，在模型上实现各个专业系统设计的即时互动与量化度测。

以 Autodesk Infraworks 为平台，前期使用 ArcGIS、Civil3D 进行多尺度基础现状分析。在基础模型上使用 ArcGIS（地理信息技术）、Fragstats（景观格局指数分析软件）分析场地整体生态效益结果；使用 DigitalWater Simulation 模型软件进行场地产汇流分析与雨洪管理规划测算；使用 Civil3D 进行土方工程量测算，优化道路场地竖向标高与平面线形；使用 Phoenics 进行微环境风环境模拟；使用 Skyline 进行山地空间景观视线优化分析。

数字化的平台搭建使方案的各项措施经过量化分析落到三维空间图纸上，大大提升了方案的精确程度。同时，对规划后的方案进行了各项指标评估，提升了规划的可事实性。

4.5 结语

重庆前沿科技城规划通过精细化的规划现状预评估，参数化的规划设计方法，人性化的规划后评估指标构建，以三维数字平台为工具，多专业团队协作多学科交融，实现规划方法与技术集成创新商务实践，对指导中高强度的山地城市低影响开发有着重要的意义。

致谢

特别感谢在本文写作过程中以及重庆前沿科技城规划项目中，清华同衡规划设计研究院袁昕、王晓东、恽爽、胡洁几位院长的大力帮助，以及总体规划中心、详细规划中心、风景园林中心、生态城市研究所、清控人居环境研究院、交通规划设计研究所、建筑环境与能源研究所、市政规划研究所、智慧城市所、战略发展与技术应用研究中心等各相关部所的大力支持！

参 考 文 献

[1] 李强. 低影响开发理论与方法述评 [J]. 低碳生态城，2013，06：30-35.
[2] 闫水玉，杨柳，邢忠. 山地城市之魂——黄光宇先生山地城市生态化规划学术追思 [J]，城市规划，2010，34：69-74.
[3] 卢武强. 低冲击开发模式在山地小城镇（市）生态规划中的应用研究 [J]. 北京论坛，2013：310-322.

⊙ 作者介绍
毛羽[1*]，杨军[1]，尹稚[2]
1. 北京清华同衡规划设计研究院有限公司详细规划中心三所，E-mail：maoyu@thupdi.com
2. 清华大学生态规划与绿色建筑教育部重点实验室

5

以陕西省西咸新区为例探讨LID导向下的城市新区规划与管控体系

摘要： 构建海绵城市规划与管控体系是推进海绵城市建设的核心内容。西咸新区是全国首批海绵城市试点，旨在建成西北地区海绵城市样板。文章在西咸新区规划编制和管控体系的基础上，一方面，将低影响开发的相关要求融入现有法定规划体系中，探讨不同层级规划编制中落实海绵城市建设的核心目标、规划重点和主要任务。另一方面，结合西咸新区"新区-新城"两级管理体制特征和"一书两证"等规划管理和审批手段，探讨新区落实海绵城市的规划管控体系。通过规划编制和规划建设的双向管控促进西咸新区海绵城市的快速建设，为其他城市新区的海绵城市建设提供借鉴和参考。

5.1 引言

2014 年 11 月，继习近平在中央城镇化工作会议上提出建设"海绵城市"之后，住建部出台了《海绵城市建设技术指南——低影响开发雨水系统构建（试行）》（以下简称《指南》）。2015 年 1 月，中国海绵城市建设（LID）技术创新联盟在西咸新区成立。同年 3 月，西咸新区成为西北首个"国家海绵城市建设试点"，肩负着示范引领西北地区及其他半干旱区域城市创新发展转型的重任。建设海绵城市成为西咸新区创新城市发展方式和建设现代田园城市的核心抓手[1~6]。

西咸新区是典型的西北城市，具有水资源短缺、夏季集中降雨容易形成涝灾、雨量利用率低、地质条件复杂等代表性特点。新区规划控制面积 882km²，其中仅有 1/3 的面积用于城市建设，2/3 划定为永久农田、生态用地等禁建区，生态保护空间占总面积的 70%。在建设"现代田园城市"和"西部特色生态城市"理念上具有得天独厚的自然生态本底。结合地域环境特色可以更好地发挥自身优势。探讨西北地区"低影响开发"导向下的海绵城市规划编制体系和规划管控体系，为新区建设海绵城市提供理论支撑和方法指导，促进实现"现代田园城市"的发展目标，同时形成具有典范意义的海绵城市规划与管控新思路和新方法，为国家其他城市新区建设海绵城市提供参考。同时，海绵城市的建设对践行国家新型城镇化、"一带一路"和生态文明等重大战略具有重要意义[7~10]。

5.2 西咸新区海绵城市建设现状与问题

5.2.1 现状条件

西咸新区属温带大陆性季风型半干旱、半湿润气候区，夏季炎热多雨，冬季寒冷干燥，四季干、湿、冷、暖分明。多年平均降水量 600mm，属于严重资源型缺水地区。夏季降雨量占全年降雨量的 55.3% 以上，冬季仅占全年降雨量的 5%～8%，且夏季降水多以暴雨形式出现，易造成洪、涝和水土流失等自然灾害，对排水防涝基础设施建设、雨洪调蓄和应急管理能力需求强烈。

5.2.2 建设概况

西咸新区拥有渭河、沣河、泾河等生态廊道、五陵塬都市森林、大遗址区、大面积基本农田等生态基质，生态资源丰富。全区 2/3 的面积划定为禁建区，并设定了文物"紫线"、生态"绿线"和水体"蓝线"，构建了层次清晰、架构分明、自然灵动的生态本底，为海绵城市建设提供了广阔的施展空间。

2015 年 4 月，西咸新区成为全国首批 16 个海绵城市建设试点之一。2015 年 2 月，西咸新区管委会出台《陕西省西咸新区关于加快推进海绵城市建设的若干意见》，编制完成《西咸新区海绵城市建设试点城市三年实施方案》。并以沣西新城核心区域为海绵城市试点建设区域。先后与西安理工大学、西安市政研究院开展《西咸新区雨水净化与利用技术研究与应用》研究，制定出台《西咸新区生态滤沟系统设计指南（试行）》和《西咸新区雨水花园系统设计指南（试行）》，开展构建三级雨水利用体系探索，在市政道路项目中研究实践双侧收集滞渗、单侧收集存蓄、分段收集净化三种道路收水方式。建设了中央绿廊雨水枢纽，同德佳苑保障房示范工程，尚业路、创业路、兴咸路、沣景路等示范道路低影响工程，并开展了雨水净化和利用的科研课题研究。

5.2.3 存在问题

西咸新区在海绵城市建设过程中积极创新工法，基于本地土壤和气候特性，开展了一系列示范工程，初步形成一套系统化的工艺流程。在"地域性雨水管理系统"和海绵城市建设中积累了大量经验。但是海绵城市建设在国内还是一个新生事物，还没有成熟的经验、模式和技术标准。西咸新区在探索海绵城市建设过程中还存在较多问题。一方面，由于海绵城市建设时间较短，规划体系尚不完善，急需完善建设海绵城市相关的规划编制体系，以突出规划引领作用。另一方面，海绵城市管控制度和政策配套措施缺乏，包括协同机制、管控机制和考核机制等制定不尽完善。

5.3 西咸新区海绵城市规划与管控体系构建

5.3.1 构建思路

从"城乡规划编制"和"城乡建设管控"两个方面构建海绵城市规划与管控体系。一方面，将低影响开发的相关要求融入现有法定规划体系中，探讨不同层级规划编制中落实海绵城市建设的核心目标、规划重点和主要任务。另一方面，结合西咸新区"新区-新城"两级管理体制特征和"一书二证"等规划管理和审批手段，探讨新区落实海绵城市的规划管控体系（图 5-5-1）。

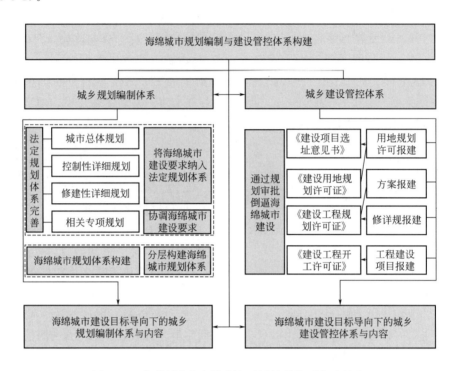

图 5-5-1　海绵城市规划编制与建设管控体系构建思路

5.3.2　法定规划编制体系的完善和补充

西咸新区采用"新区-新城"两级规划编制和管理体系，新区规划局负责新区总体规划和专项规划的编制和管理，新城规划局负责新城分区规划、新城专项规划、控制性详细规划、修建性详细规划的编制和管理。结合西咸新区规划编制体系和管理体系的特征，探讨新区和新城各自在法定规划体系内应该落实的海绵城市建设要求。

5.3.2.1　新区总体规划

新区总体规划是指导新区海绵城市建设的最高法定文件，在总体规划编制阶段需要结合海绵城市专题研究确定新区海绵城市建设目标，建设策略、原则和重点实施区域，并将有关要求和内容纳入相关专项（专业）规划（图 5-5-2）。

总体规划在常规编制内容的基础上，结合海绵城市专题研究，主要规划内容应包括：海绵城市现状分析、海绵城市建设的规划目标和指标体系、低影响开发策略和原则、城市用地布局优化、各相关专项（专业）规划的协调与落实和海绵城市建设分区及建设指引等内容。重点协调城市竖向规划、蓝线（水系）规划、给水系统专项规划、排水系统专项规划、防洪排涝综合规划、绿地系统规划、道路交通系统规划以及其他专项规划等内容。同时，对总体规划阶段的编制要求和实施计划做出合理安排，通过海绵城市建设保障措施确保海绵城市建设能够顺利进行。

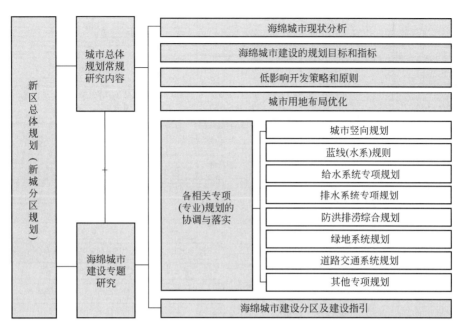

图 5-5-2　总体规划阶段海绵城市规划建设内容落实思路

5.3.2.2　分区规划

新城分区规划编制（修编）时，应在新区总体规划的基础上，承接新区总体规划海绵城市建设总体要求和控制目标，细化总体规划各系统海绵城市建设要求和内容。通过编制低影响开发或海绵城市的专题研究，确定新城的年径流总量控制率、生态保护面积比例、水面率、绿地率等控制目标，制订新城海绵城市建设的策略、原则并划定重点实施区域，并将有关要求和内容纳入新城的相关专项（专业）规划。

5.3.2.3　控制性详细规划

西咸新区各片区的控制性详细规划编制（修编）中，应细化落实新区总体规划（新城分区规划）确定的海绵城市建设目标，结合海绵城市分区，明确各分区海绵城市建设策略和重点解决问题。在用地功能和布局上，分地块落实总体规划确定的控制目标。分类制订具体的单位面积控制容积、下沉式绿地及相关要求等。重点落实总体规划阶段各相关专项（专业）规划的要求，包括落实蓝线，明确地表水体保护和控制界线；落实绿线，提升绿色开敞空间的生态品质；落实水资源、水环境质量、污水系统规划等内容，明确区域和地块水环境质量；结合排水防涝（雨水）规划，明确内涝风险地区；落实黄线，明确相关基础设施的控制要求及其他专项规划相关要求（图 5-5-3）。

5.3.2.4　修建性详细规划

修建性详细规划应以控制性详细规划为指导，落实与优化控制性详细规划确定的海绵城市控制指标，落实具体的设施及相关技术要求，将海绵城市的建设技术和方法体现在场地规划设计、工程规划设计、经济技术论证等方面，指导地块开发建设。主要在建设条件分析、场地的平面布局与设计、竖向设计、道路交通设计、绿地设计、给排水设计、低影响开发设施设计等方面，落实和细化控制性详细规划中海绵城市建设的开发控制指标以及相关设施的类型、布局等要求。同时，结合低影响开发设施建设内容进行初步投资估算，以引导工程设计等下阶段工作（图 5-5-4）。

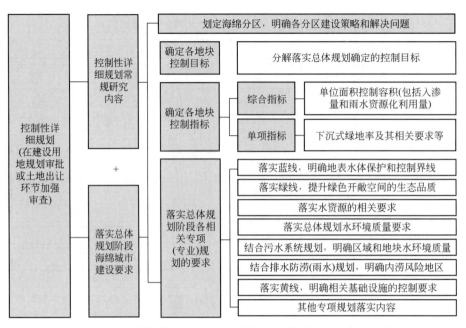

图 5-5-3　控制性详细规划阶段海绵城市规划建设内容落实思路

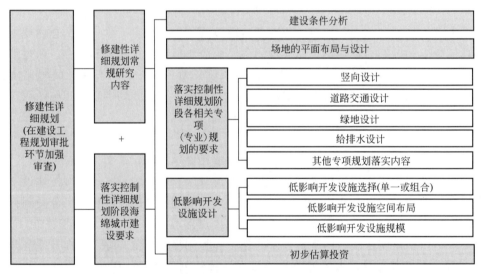

图 5-5-4　修建性详细规划阶段海绵城市规划建设内容落实思路

5.3.2.5　相关专项规划

与海绵城市建设相关的专项规划主要有城市排水、防涝、防洪规划、城市水系规划、城市绿地系统规划、城市道路交通专项规划等。相关专项规划要以总体规划（分区规划）为指导，分系统细化深化海绵城市建设要求和建设内容。

城市排水、防涝、防洪规划应在传统排水、防涝、防洪规划编制内容之外，强化低影响开发源头水量、水质控制系统的编制内容。明确低影响开发径流总量控制目标与指标，确定径流污染控制和雨水资源化利用目标及防治方式，与城市雨水管渠系统及超标雨水径流排放系统有效衔接并优化低影响开发设施的竖向与平面布局。城市水系规划需要确定城市各类水系的面积规模和保护范围，优化城市水系结构，明确水系周边绿地低影响开发的原则和控制指标。城市绿地系统规划应明确低影响开发控制目标，在满足绿地生态、景观、游憩和其他基本功能的前提下，合理地预留或创造条件，对绿地自身及周边硬化区域的径流进行渗透、调蓄、净化，并与城市雨水管渠系统、超标雨水径流排放系统相衔接。城市道路交通专项规划应落实低影响开发理念及控制目标，减少道路径流及污染物外排量，提出各等级道路低影响开发控制目标，协调道路红线内外用地空间布局与竖向。

5.3.3 海绵城市规划体系的构建和完善

海绵城市建设规划应结合国家城市建设要求，从新区发展现状和现代田园城市建设目标与社会经济发展水平等综合要素出发，分析现状存在问题和海绵城市建设需求。对接新区总体规划（分区规划），明确海绵城市建设定位，因地制宜，从水生态、水环境、水资源、水安全等方面提出海绵城市建设目标。进而构建海绵城市建设策略和指标体系，确定海绵城市建设分区，协调相关专项规划，合理安排海绵城市建设时序。

估算海绵城市建设投资，结合现状制订切实可行的实施保障措施如图 5-5-5 所示。

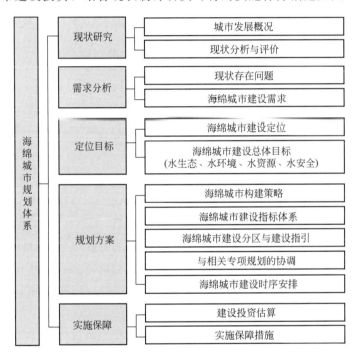

图 5-5-5　海绵城市规划体系构建与思路

5.3.4 建设管控体系

在西咸新区规划编制和管控体系的基础上，探讨从规划编制到规划建设的全周期海绵城市管控体系。分为规划编制和规划建设两条主线，一方面，通过总体规划—控制性详细规划—修建性详细规划的法定规划体系落实海绵城市建设要求和内容，并协调各专项规划，通过用地优化、竖向设计和设施建设落实海绵城市建设要求，形成海绵城市建设要求在法定规划编制体系内的落实。另一方面，结合西咸新区"新区-新城"两级管理体制特征和"一书两证"等规划管理和审批手段，形成规划建设管控体系。

通过规划编制与规划建设的双向管控落实西咸新区海绵城市建设内容（图 5-5-6）。

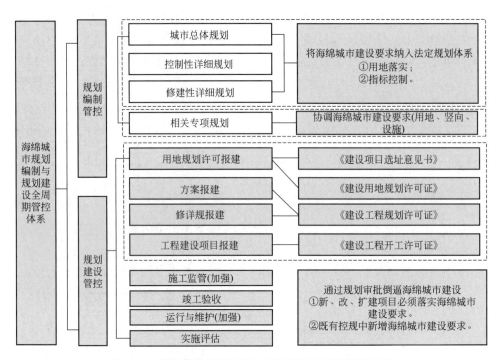

图 5-5-6　海绵城市规划编制与规划建设全周期管控体系

5.4　结语

生态文明建设和新型城镇化发展对西咸新区建设"西部生态海绵城市样板"提出了更高的要求。如何体现生态和绿色发展理念，落实"海绵城市"建设要求，并以此理念切实指导新区海绵城市建设，探讨从规划编制到规划建设的全周期海绵城市规划和管控体系。一方面，通过完善法定规划体系内对海绵城市建设要求的落实发挥规划的引领作用，从最开始的规划编制就纳入海绵城市建设要求，以期更好地指导海绵城市建设。另一方面，完善海绵城市建设管控体系，从规划管理和监督的角度倒逼海绵城市建设内容的落实，实现海绵城市建设从规划编制、建设实施到监督反馈的全周期管控体系。

研究以陕西省西咸新区为例，探讨我国新区在落实海绵城市建设过程中的实践经验，通过全周期规划建设管控更好地促进西咸新区海绵城市的快速建设，同时为我国其他城市新区的海绵城市建设提供参考和借鉴意义，也是新时期针对城市新区两级管理模式的"低影响开发"导向下的城市新区规划与管控体系的重要探索。

致谢

感谢陕西省城乡规划设计研究院副院长魏博和西安理工大学教授李怀恩对本文的悉心指导和认真修改！

参 考 文 献

[1]　陕西省城乡规划设计研究院. 西咸新区总体规划 [Z]. 2015.

［2］　陕西省西咸新区开发建设管理委员会，深圳市城市规划设计研究院. 西咸新区海绵城市建设总体规划［Z］. 2015.

［3］　仇保兴. 海绵城市（LID）的内涵、途径与展望［J］. 建设科技，2015，（1）.

［4］　张俊. 雨水利用与海绵型城市［J］. 地理教育，2014，（4）.

［5］　王建龙，车伍，易红星. 基于低影响开发的雨水管理模型研究及进展［J］. 中国给水排水，2010，26（18）：50-54.

［6］　住房和城乡建设部. 海绵城市建设技术指南——低影响开发雨水系统构建（试行）［S］.

［7］　王国荣，杨宇栋. 城市内涝地区改造对策研究——以常州为例［J］. 江苏城市规划，2014（2）：33-36.

［8］　张书函. 基于城市雨洪资源综合利用的"海绵城市"建设［J］. 建设科技，2015（1）.

［9］　安徽省海绵城市规划技术导则——低影响开发雨水系统构建（试行）. 安徽省地方标准［S］. 2015.

［10］　武汉市海绵城市规划设计导则（试行）. 武汉市地方标准［S］. 2015

⊙ 作者介绍

张军飞[1*]，耿楠森[1]，许雨[1]，熊泼[1]

[1.] 陕西省城乡规划设计研究院，E-mail：448240705@qq.com

6

基于主体功能区划的海绵城市规划设计研究

摘要：科学合理的国土空间开发与保护格局是解决城市突出的水问题和构建海绵城市的重要保障。海绵城市规划设计不应仅着眼于片区控制，也不应单纯就城市论城市，而是要从区域的高度进行统筹考虑，使整个国土成为一个绿色海绵系统。因此，基于资源环境承载能力、现有开发密度和发展潜力的主体功能区划应成为未来海绵城市规划设计的重要参考和依据。本文从主体功能区划中的相关可定量指标出发，通过划分优化开发、重点开发、限制开发和禁止开发四类主体功能区的方式，为海绵城市规划设计尤其是构建城市与区域尺度的宏观水生态基础设施提供新的思路。

6.1　引言

主体功能区划分主要是以自然生态系统的承载能力为基础，按照主体功能对国土资源进行科学规划，在空间格局上使经济布局、人口分布与资源环境相适应，协调社会经济系统与自然生态系统在时空上的耦合，是解决区域经济发展与生态环境退化的关键；主体功能区加强了区域分工与协调发展机制的建立，对生态环境脆弱地区、承载能力差的地区，以及重要的水源补给区、海岸红树林保护带、蓄滞洪地区、自然灾害频发地区和水资源严重匮乏地区要实行限制或禁止开发[1]。主体功能区划按照开发方式，主体功能区类型确定为优化开发区、重点开发区、限制开发区和禁止开发区。

海绵城市是指城市能够像海绵一样，在适应环境变化和应对自然灾害等方面具有良好的"弹性"，下雨时吸水、蓄水、渗水、净水，需要时将蓄存的水"释放"并加以利用。海绵城市建设应遵循生态优先等原则，将自然途径与人工措施相结合，在确保城市排水防涝安全的前提下，最大限度地实现雨水在城市区域的积存、渗透和净化，促进雨水资源的利用和生态环境保护[2]。海绵城市是一个跨学科的综合性的研究领域，并为不同尺度上综合解决中国城市中突出的水问题及相关环境问题开启了新的旅程，包括雨洪管理、生态防护、水质净化、地下水补给、棕地修复、生物栖息地的营造、公园绿地的营造及城市微气候调节等。海绵城市建设的基本原则是规划引领、生态优先、安全为重、因地制宜、统筹建设。

海绵城市规划设计不应仅着眼于片区控制，也不应单纯就城市论城市，而是要从区域的高度进行统筹考虑，使整个国土成为一个绿色海绵系统。因此，基于资源环境承载能力、现有开发密度和发展潜力的主体功能区划应成为未来海绵城市规划设计的重要参考和依据。

6.2 主体功能区与海绵城市的相关性分析

主体功能区划中9项可定量指标包括水资源、土地资源、生态重要性、生态脆弱性、环境容量、灾害危险性、经济发展水平、人口集聚度和交通优势度。其中，与海绵城市密切相关的指标有水资源、环境容量、生态重要性和自然灾害危害性等4项指标，具体指标如表5-6-1所列[3]。

表5-6-1 主体功能区功能评价指标体系（海绵城市相关）

指标项	作用	指标因子
可利用水资源	评价一个地区剩余或潜在可利用水资源对未来社会经济发展的支撑能力	水资源丰度、可利用数量及利用潜力
环境容量	评估一个地区在生态环境不受危害前提下可容纳污染物的能力	大气环境、水环境容量和综合环境容量
生态重要性	表征一个地区生态系统结构、功能重要程度的集成性指标	水源涵养重要性、水土保持重要性、防风固沙重要性、生物多样性、特殊生态系统重要性
自然灾害危险性	评估特定区域自然灾害发生的可能性和灾害损失的严重性的指标	洪水灾害危险性、地质灾害危险性、地震灾害危险性、热带风暴潮危险性

6.2.1 基于水资源约束和水灾害防治的主体功能区划分析

各主体功能区的资源环境承载状况体现出不同的特征。其中，优化开发区表现为国土开发强度已经较高，资源环境承载能力开始减弱，环境承载功能降低；重点开发区表现为环境承载力较强，经济和人口聚集条件较好，环境承载功能较好；限制开发区表现为资源环境承载能力较弱，大规模聚集经济和人口条件不够好，环境保护的重要性强或者不能承载高强度的开发；禁止开发区为存在需要重点保护的自然文化资源，因此不赋予经济开发的环境职能[4]。在海绵城市建设的视域下，可分别从水资源约束和水安全保障的角度对其进行研究分析。

在我国，水资源的区域差异很大，大体可根据降水量与蒸发量的情况分为湿润区、半湿润区、半干旱区和干旱区四类。在后三类地区中普遍存在不同程度的水资源短缺问题，其中重点缺水地区包括辽河中下游与辽东半岛、黄淮海平原、山东半岛等地区；而在湿润区，水资源约束主要体现在由于水污染造成的水质型缺水问题，情况较为突出的地区包括四川盆地、浙东与闽南等地区。在这些地区，水资源问题成为制约当地城市建设和土地开发的主要因素。一方面，水资源情况作为一种自然属性本身具有其特定的规律性，通过跨区域调水和海水净化等工程措施来扭转某一地方的水资源短缺问题不仅耗资巨大且伴有环境问题的隐患，并不具推广性，未来应将水资源可利用量、水环境容量作为今后产业发展、城市发展的刚性约束，根据地区的水资源状况合理调整当地的人口与产业结构，并在此基础上合理划分各主体功能区；另一方面，随着海绵城市建设的推进，雨水的有效控制利用不仅可弥补城市日常生产生活用水的不足，也可一定程度缓解北方部分地区的地下水超采问题和南方部分地区的水质型缺水问题，进而缓解优化开发区水资源承载力减弱的问题，同时进一步增强重点开发区水资源承载力的可持续性。

主体功能区划评价指标中的自然灾害危险性包含洪水灾害危险性和热带风暴潮危险性，这两项对城市建设和国土开发有着至关重要的影响。相当一部分洪水和风暴潮灾害高发地区被划入了禁止、限制开发区，但不可否认，也有部分地区在经济发展水平、交通优势度和人口聚集度较好的情况下并没有将自然灾害危险性放在突出位置，并试图通过加强包括堤坝和管网在内的工程性措施来抵消自然灾害的侵袭。参考英国环境署在制作洪水风险地图时忽略防洪工程的做法，我们不难看出，过度的工程性措施并不能保证该地区的长久安全，反而会带来更大的水灾害安全隐患[5]。因此，主体功能区规划和海绵城市规划都应该在采取工程性措施之前，从发展战略上引导区域和城市在洪水灾害危险性和热带风暴潮危险性较低的地区进行开发建设，进而从源头上解决城市水灾害问题。

6.2.2　水生态安全格局视角下的限制、禁止开发区

解决城市水问题的前提和关键是保护区域水循环过程，其解决方案应该是跨尺度的，不仅包括基于 LID 技术应用的微观场地雨水控制利用，也包括宏观层面的基于限制、禁止开发区控制的水生态安全格局。不同尺度的海绵城市技术措施相互协调、相互补充，共同构建了海绵城市的完整技术体系。

海绵城市在宏观尺度上主要研究水系统在区域或流域中的空间格局，通过垂直生态过程的叠加分析法和基于水平生态过程的空间分析法判别对水源保护、洪涝调蓄、水污染防控和地下水补给等功能具有重要意义的空间格局和景观要素，构建城市和区域尺度的水生态安全格局。具体途径包括：其一，根据水安全格局的分析结果确定流域水系统的关键要素及空间分布与配置，结合主体功能区相关评价指标和海绵城市建设要求设立禁止开发区来保护水系统中具有重要意义的关键空间格局，进而以保持水系统功能的完整性；其二，通过水安全格局在土地利用总体规划和城市总体规划中的落实，构建水生态基础设施，划定具有区域水生态保护价值的限制开发区，限制城市建设对水系统破坏并逐步进行生态恢复，并避免未来的城市建设与土地开发对水系统结构和功能的进一步破坏[6]。

需要特别指出的是，主体功能区中限制、禁止开发区的概念并不完全等同于"两规"（城市规划、土地利用规划）中禁限建区的概念，但在"多规合一"的背景下其概念的差异将逐渐缩小。主体功能区虽更多地应用于国家与省级层面，但关于市县等中微观层面也有涉及，本文考虑与海绵城市融合，在主体功能区中微观尺度结合了城市总体规划中空间管制分区（禁建区、限建区、适建区、已建区）的概念和内涵。

6.3　基于主体功能区规划及空间管制的海绵城市案例研究

6.3.1　研究区概括及问题分析

宜兴市位于太湖西岸，太湖流域下游地区，承接上游 4700km^2 的客水过境，是名副其实的"洪水走廊"。在宜兴上游地区的下游太湖水位顶托和上游客水的共同影响下，宜兴平原区河网经常出现持久高水位的现象，特别是西面圩区地势较低，洪涝问题较为突出。宜兴以东氿、西氿为界，市域北部为宽广的太滆平原，南部是由天目山余脉组成的宜溧低山丘陵。宜兴是一座典型的江南水城，河网纵横交错，星罗棋布。其河湖水系承担着防洪排涝、

农田灌溉、城乡供水保障和交通航运等多种重要功能。

宜兴市的海绵城市建设绝不能仅仅着眼于片区控制，也不能单纯的就城市论城市，而是要从区域的高度进行统筹考虑。造成宜兴洪涝问题严重的原因主要可归结为 3 点，即下游太湖水位顶托、上游客水过境量大以及城区内地势较低等，而这也将成为宜兴市未来发展不能忽视的刚性制约因素。通过横向比较我们不难发现，位于太湖东岸的苏州城市发展水平要明显高于位于太湖西岸的宜兴。究其原因，固然有历史上京杭大运河穿越和靠近长江三角洲核心区等诸多因素，但不能忽视的一点是科学的选址和规划让苏州千年来少有洪涝之灾，而这也是成就其城市繁荣不可或缺的因素。在与太湖的关系上，苏州城区与太湖之间有丘陵地带作为过渡，削减了太湖水位顶托和洪水的不利影响；在处理泄洪通道问题上，苏州城在选址之处就主动避开了太湖流域的泄洪通道，在不存在上游客水的情况下，其调蓄能力足以应对来自本地区的雨洪威胁；而在地势方面，与宜兴城区普遍地势低洼不同，苏州城区地势普遍较高，进而从根本上避免了洪涝灾害。因此，宜兴的城市水问题并不是一个孤立的问题，而是一个系统性、全局性并关乎城市发展的重要问题。

6.3.2　解决方案与途径

应结合海绵城市理念和城市现状特点，依照城市总体规划和城市主体功能区规划，科学确定城市未来发展方向。宜兴市地貌特征表现为市域北部为平原，南部为低山丘陵，中间为圩区；市区六条河穿城而过，江南水城特色明显，丁蜀北侧为蜀山、青龙山、黄龙山，南部为莲花荡和平原。在《宜兴市城市总体规划》中，明确宜兴市城市空间结构形态为"一心双城"，其中"一心"为龙背山，"双城"为宜城和丁蜀，同时将东部沿太湖一带列为生态保护区域。根据主体功能区和城市总体规划空间管制分区，宜兴海绵城市试点区可分为城市已建区与适建区、城市限建区与禁建区。已建区与适建区可分为 2003 年以前建成的旧城区、2003 年以后建成的新建城区和待建城区；城市限建区与禁建区包括三氿与城市河道、龙背山。各分区的面积、比例、现状综合径流系数情况见表 5-6-2。

表5-6-2　各区块面积及综合径流系数表

区块	城市已建区与适建区			城市限建区与禁建区	
	旧城区	新建城区	未建成区	三氿及城市河网	龙背山
面积/km²	11.26	5.26	2.9	12.9	3.5
占总用地比例	58.0%	27.1%	14.9%	78.7%	21.3%
现状综合径流系数	0.57	0.52	0.260	—	0.218

与此同时，在《无锡市主体功能区实施计划》中将宜兴市宜城街道列为优化提升区域（即国土开发密度已经较高，资源环境承载能力开始减弱的区域），将宜兴市丁蜀镇列为重点拓展区域（即资源环境承载能力较强，经济和人口集聚条件较好的区域）。综上所述，首先，要缓解太湖水位顶托问题，就要切实保护太湖沿岸的生态敏感区域，使城区与太湖之间形成自然过渡地带，减少太湖洪水对城区的影响；其次，为应对上游客水过境量大和城区地势较低的问题，应认识到作为目前中心城区的宜城资源环境承载力开始减弱，这一区域未来应以优化开发为主并适当降低建设密度，为城市预留更多的雨洪调蓄空间。同时考虑将开发重点转移到资源环境承载力较强和经济、人口聚集条件较好的南部丁蜀城区。

宜兴市中心城区在中下游地区，河流下蚀作用较弱，侧蚀作用较强，河流往往在凹岸侵蚀，在凸岸堆积形成水下堆积体而形成高程较低的河漫滩平原。由于特殊的地理环境，频发的洪涝灾害与人们不懈的生存实践活动相互作用，形成了宜兴市独特的适应性景观，主要可归纳为选择地势较高区域和在局部低洼地区利用堤防挡洪。但通过宜兴市中心地形图不难发现，高程较低区域（高程为 1.7～3.6m）所占比重较高，而随着城市的不断扩张，一些原本洪涝风险较高的洼地也被开发为城市建设用地。因此，为保证城区雨洪安全，在宜兴中心城区沿水系一带大都设置了堤坝。尽管沿水系设置堤坝能在一定程度上抵御洪水对城区的侵袭，但其不利因素也是显而易见的。堤坝的设置破坏了河流的自然形态，削弱了水体对于雨洪的调蓄能力，反而会增加洪水的破坏力。而快速排洪加剧了下游的防洪压力，将上游和本地块的雨洪压力继续转嫁到下游地区，盲目地将河漫滩化为建设用地不仅与生态理念相悖，更给人民的生命财产安全带来隐患，而这也都是不符合海绵城市设计理念的。

未来宜兴中心城区应把当前以堤坝为主的适应性景观转变为以自然调蓄的沿河湿地为主的适应性景观；不再一味通过围合堤坝来扩张城市建设用地，而是通过放开堤坝来构建休憩和生态功能的城市绿地。充分利用河湖水系沿岸和低洼地区地布置雨洪调蓄绿地，在开发建设中严格保护城区现有河网、湿地、湖泊。对已经或正在遭受破坏的城市水体和湿地，应结合城区改造，适当予以恢复。严禁对生态敏感的区域进行过度开发，在生态敏感区域适当增加城市生态绿地的比重并减少居住用地的比重。

参 考 文 献

[1] 王贵明，匡耀求. 基于资源承载力的主体功能区与产业生态经济 [J]. 改革与战略，2008，24（4）：109-111，147.

[2] 中华人民共和国住房和城乡建设部. 海绵城市建设技术指南——低影响开发雨水系统构建（试行）[M]. 北京：中国建筑工业出版社，2015.

[3] 樊杰. 中国主体功能区划方案 [J]. 地理学报，2015，70（2）：186-201.

[4] 刘年磊，蒋洪强，卢亚灵，等. 水污染物总量控制目标分配研究——考虑主体功能区环境约束 [J]. 中国人口·资源与环境，2014，24（5）：80-87.

[5] 李莎莎，翟国方，吴云清，等. 英国城市洪水风险管理的基本经验 [J]. 国际城市规划，2011，26（4）：32-36.

[6] 俞孔坚，李迪华，袁弘，等. "海绵城市"理论与实践 [J]. 城市规划，2015，39（6）：26-36.

⊙ 作者介绍

刘畅[1]，王思思[1]*

[1]. 北京建筑大学，E-mail：wangsisi@bucea.edu.cn

第六篇
各种海绵型城市土地单元的研究和实践

1

海绵型生态停车场的设计、施工及养护案例分析

摘要： 自首批 16 个海绵城市试点城市出炉以来，全国各地掀起海绵城市建设的热潮。一大批海绵型 LID 设施被不断建成。文章主要结合参与的实践项目——镇江市江二社区试点项目生态化排水工程，介绍了海绵型生态停车场的设计、施工、管理与养护等全过程建设养护技术，以期为业界同行们提供一点建议和指导。

1.1 引言

海绵型生态停车场能够像海绵一样，在适应环境变化和应对自然灾害等方面具有良好的"弹性"[1~2]。区别于传统的很难与空气进行热量、水分的交换的由混凝土或沥青铺筑的停车场。镇江市江二社区试点项目生态化排水工程包括透水铺装、雨水花园等工程。本工程于 2015 年 3 月开始施工，2015 年 5 月完成。工程中运用了海绵型生态停车场施工工法进行停车位和停车场改造。一方面减少了停车场地面径流量，减少城市排水管道和河道的压力，减少洪涝灾害，增加可利用水源，涵养地下水，为市民的游玩带来方便。另一方面实现了雨水的净化、收集和再利用，满足部分公共设施和景观用水需求，极大地改善了人们居住城市的生态环境，真正实现人与自然的和谐相处[3~4]。

1.2 海绵型生态停车场的设计

1.2.1 设计原理

海绵型生态停车场使降雨一部分依次经过透水铺装面层、多孔透水混凝土垫层及碎石疏水层的孔隙渗透净化，渗入透水盲管并汇入集水模块贮存回用。一部分来不及下渗的雨水汇入到设置的生态草沟，通过生态草沟进行净化下渗，进入集水池贮存回用。生态草沟中下渗不了的雨水通过溢流井的溢流孔排入城市雨水管道。

1.2.2 结构设计

海绵型生态停车场主要包括雨水净化下渗系统和雨水收集存储系统两大结构系统。详见

图 6-1-1、图 6-1-2。

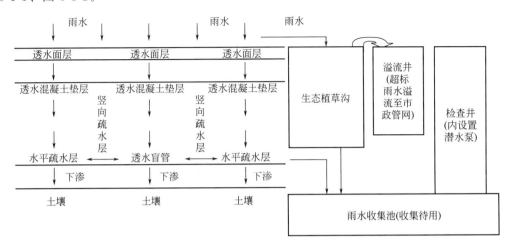

图 6-1-1　海绵型生态停车场雨水下渗、储存系统

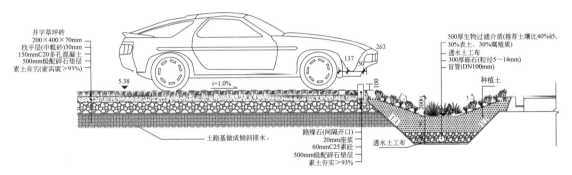

图 6-1-2　海绵型生态停车场典型断面 (镇江市规划设计院)

雨水净化下渗系统主要由透水面层、透水混凝土基层、碎石垫层和生态草沟等设施组成。下渗的雨水通过面层、垫层的多重过滤净化，能够有效去除大量的污染物，净化水质。透水铺装边缘设置的生态草沟能够净化和入渗部分雨水。面层、垫层还可以为存储和疏导雨水提供大量的地下空间和通道，延长其下渗时间，使其达到滞蓄雨水、缓慢入渗的效果，能够有效减缓地表径流的形成，推迟下游出口的洪峰时间并缩减洪量，对涵养本地水资源及提高防洪排水能力都具有十分重要的意义。

雨水收集存储系统主要由透水毛细管、透水盲管、生态草沟和雨水收集池等设施组成。从透水面层入渗到透水垫层中的雨水经过透水毛细管、透水盲管进行汇集到雨水收集池中。透水铺装边缘设置的生态草沟收集来不及下渗的地面径流，然后汇入雨水收集池中。存储在收集池内的雨水可通过回用泵与灌溉系统或水体补水系统相连，为绿地浇灌和水体补水提供水源，也可用来洗车。

各种雨水设施的规模和数量需结合当地降雨数据，参照雨洪软件模拟结果，进行计算。

1.2.3　适用范围

海绵型生态停车场可以应用到居住区、企事业单位、城市非机动道路、绿地、城市公园、园林广场内的停车场等雨期易大面积积水的地方。

1.3 海绵型生态停车场施工及养护管理措施

1.3.1 工艺流程

工艺流程如图 6-1-3 所示。

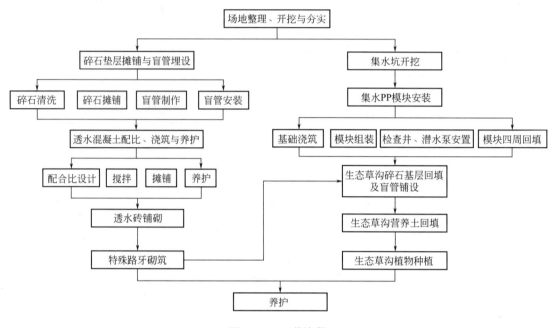

图 6-1-3 工艺流程

1.3.2 操作要点（见图 6-1-4、图 6-1-5）

（1）场地准备、开挖与夯实

1）原地面破除　原场地若为水泥、沥青、混凝土板等硬质铺装，要首先进行机械破除，并制订好建筑垃圾外运计划。

2）施工准备　包括场地的平整、放线和人员、材料、机械等相关的准备。

3）场地开挖　根据设计图纸及现场放样进行开挖。禁止超挖，随挖随测。

4）场地夯实　采用手扶式夯机进行夯实。最低压实度要达到 $90\%\sim95\%$，但是也不能过于密实，因为地基密实度会影响路面渗透性，地基越密实，渗透性越低。

（2）集水坑开挖

集水坑用来安置 PP（聚丙烯）集水模块。

1）测量放线　集水坑的选址采用就近原则，首先根据图纸要求的集水池位置进行测量放线，用白灰撒出基坑开口边线。

2）基坑开挖　根据集水坑开挖图，由基坑顶部根据开挖边线四面放坡，CAT320 反铲结合人工分层开挖，采用自卸汽车装运土。

3）施工平台　人工开挖直至底部形成适当的施工平台。

4）排水　对于开挖过程中可能出现的地下水渗出现象，要及时进行排水。

5）地基夯实　基坑基础面挖好后，采用手扶式夯机进行夯实。

6）基座浇筑　基底浇筑150mm混凝土作为PP集水模块基座，混凝土强度不小于C15。

（3）PP（聚丙烯）集水模块安装

PP集水模块通过模块组合可以实现快速建造不同大小雨水蓄水池的目的。模块结构在完成蓄水的同时形成稳定的独特结构空间，使其具有超强的承压能力，所以水池上面可以继续作为停车场、绿地等。相对混凝土水池具有施工周期短、安装方便、组合灵活、使用寿命更长的特点。雨水储存在腔体内，在需要用水的时候通过检查井中的水泵抽取储存在腔体内的雨水。抽上来的雨水可直接用于绿化用水（浇灌花草树木）、卫生用水、消防用水、景观用水（引入人工湖等）、其他用水（洗车、道路清洗、空调冷却水等）。经过处理的雨水则可作为居民饮用水。

1）不透水土工布包裹　根据设计的集水池大小拼接不透水土工布，土工布每一侧剥露出20cm塑料膜，采用接缝机进行搭接。土工布制作好后铺进集水坑。

2）PP模块拼装　集水坑基座要平整，没有杂物。单个PP模块拼装好后按从下到上、一层一层的顺序放入集水坑，各单体模块间用卡扣固定连接好。

3）检查井安装　所有模块安装完毕后安装配套的塑料检查井。检查井内安装潜水泵。

4）透水土工布覆盖　所有模块安装完毕后将不透水土工布包裹整个模块，模块上表面用透水土工布覆盖，使得上部的雨水能够渗入进集水池。

5）四周回填　包裹土工布的积水模块与集水坑之间的孔隙用粗砂回填。透水土工布上面回填10cm粗砂，预防上部土壤堵塞透水土工布。

（4）碎石垫层摊铺与盲管埋设

碎石垫层为300mm厚开级配碎石，内部铺设透水盲管。碎石垫层有双向排水的功能：一方面便于雨水下渗、收集和利用；另一方面，当地下水位上升时作为排水管，避免地下水顶托地面铺装。碎石层孔隙度控制在0.35～0.45，推荐0.4。

1）碎石清洗　碎石一定要冲洗干净，避免将碎石上附着的砂、石粉、灰尘等细颗粒物带入，影响垫层的透水性。

2）碎石摊铺　碎石需采用机械＋人工的方式分层摊铺，100mm一层。铺完最底下一层后铺盲管，盲管铺设完毕后再摊铺中层和上层碎石。

3）盲管制作　盲管采用管径为DN100的PVC打孔波纹管。现场由施工人员用手持式切割机在盲管侧面和顶面顺着波纹方向打条形孔，盲管开孔均匀，孔长约10mm。底部不打孔，便于雨水运输排入集水池。打完孔后用透水土工布绑扎结实待用。

4）盲管安装　盲管位于碎石层中。将加工完成的透水盲管按设计要求或5m的间距铺设，末端位于集水模块上。铺设坡度平顺，与承接管道顺接。盲管接口全部用透水土工布包裹。

（5）透水混凝土配比、浇筑与养护

透水混凝土基层位于碎石垫层之上，透水面层之下，为200mm厚大孔无砂混凝土，强度等级为C20。

1）透水混凝土配合比　以425水泥为例的透水混凝土配合比如下表所列：

混凝土强度	水泥/kg	石子/kg	添加剂/kg	水/kg
C20	358	1650	15	137

一般比较常用的粗骨料级配包括 19～4.75mm、9.5～2.36mm 以及 9.5～1.18mm，单一骨料尺寸在 25mm 左右。

2）投料与搅拌

① 投料必须严格按配合比进行，不得错投、误投。第一次投料必须过磅，随后可在投料容器中做记号，按标准参照投料。

② 投料顺序。先投 1/2 石子，再投水泥、添加剂，然后投放剩余 1/2 石子。保证水泥、添加剂放置在石子中间位置。

③ 搅拌方法。先在空机中放 20% 的水，空机搅拌，再提升料斗进料。在搅拌中分多次加水，直至水灰比达到要求。搅拌完的混凝土用手能攥成团，手松开后，手表面吸附浆体较少为佳。

④ 搅拌时间。从投料到出料，一般情况下，350 型搅拌机为 4min，500 型强制式搅拌机为 3.5min。

⑤ 成品料运输。对于透水混凝土来说，浇筑的时候不能用泵送。搅拌好的成品料出机后应及时运到施工现场，10min 以内运到现场施工为宜。如遇气温高于 30℃ 时。混凝土必须采取覆盖保持水分，防止水分蒸发，影响施工质量。透水混凝土施工规程规定，透水混凝土出机至工作面运输时间不宜超过 30min。

3）摊铺　浇筑透水混凝土之前，要保持地基、碎石层湿润（不要有积水），确保路面不能过早硬化。透水混凝土摊铺施工中应优先确定胀缝位置，规定尺寸、做好标记、按照要求留置、松铺摊平后用低频平板夯夯实，夯实后表面应符合设计高程，以保证面层的施工厚度，要求平整、密实。留置的胀缝应采用聚氨酯类或氯丁橡胶类的回弹性好的柔性材料。尽量避免雨天施工，施工中遇到阵雨时，应立即用塑料布覆盖尚未硬化的混凝土路面。

4）养护　透水混凝土成型后的养护工作，是透水混凝土施工的重要环节，由于透水混凝土内添加了有机胶结材料，混凝土的早期强度增长较快，摊铺完成后需及时养护。我们采取的方法是透水土工布全覆盖保护，即基层周边的透水土工布要大于基层 50cm 以上，透水土工布的搭接宽度满足 20cm 以上，并在覆盖好的透水土工布上洒水湿润，使透水土工布均匀的覆盖在基层上。做到密闭完好，不留缝隙。而且透水土工布不能有损害现象，局部损坏直接导致养护漏缺，会产生掉子现象，透水混凝土的养护周期为 2 周，每天浇水养护必须保证 2 次以上，不可缺少。而且在铺透水面层之前，最好一直保持硬化养护。

5）产品保护　透水混凝土在施工和养护过程中，必须注重成品保护，具体做法是在成型后的路面周围设置围挡，布置彩旗，做明显标志，并安排专人值守，对产品进行有效的保护。一般推荐硬化后 7d 之内不要踩踏。

（6）透水面层铺砌

透水面层的透水系数需大于 0.1mm/s，保证在 1mm/s 的降雨情况下随降随渗，地面不产生积水。

铺装面层大量采用兼具增渗和过滤功能的可渗透路面砖。可渗透路面砖是由特殊级配的骨料、胶凝材料、水及增强剂拌制成混合料，经特定工艺制成的混凝土制品，其中含有很大比例的连通孔隙。为满足城区雨洪的控制和利用，可渗透路面砖的强度均大于 30MPa。常用的有混凝土透水砖、风积沙透水砖、青砖、露骨料透水混凝土、木塑地面、嵌草石板路等。一般不将砌石、渗水沥青、透水混凝土地面等作为地面入渗来考虑，因在使用过程中不断积累的矿物质及有机物会显著降低其透水性。黏结找平层采用 1∶4 水泥砂浆等透水材料，使其既透水又能保证透水面层的稳固性。

（7）特殊路牙砌筑

海绵型生态停车场的路牙采取高路牙石与平路牙石交替连接的形式，这样便于雨水从平路牙石处流入生态草沟进行净化和收集。

（8）生态草沟建造

1）草沟结构　生态草沟结构由下至上分别是透水土工布、300mm 碎石包裹 100mm 透水盲管、透水土工布、生物过滤介质、植物及配套的溢流井。

2）砌筑溢流井　生态草沟内溢流口采用国标砖砌平箅式雨水口，详见国标 06MS201-8，增设落底 0.3m。施工中溢流口需遮挡，防泥砂进入。

3）沟底盲管和碎石层　300mm 碎石分层回填，包裹 100mm 透水盲管。盲管上打孔并用透水土工布包裹。该结构层可以保证下渗雨水的及时排出，避免植物长期受淹。

图 6-1-4　重要节点施工图片

4）过滤介质配制与回填

① 过滤介质配制。生态草沟的功能决定过滤介质既要透水性好又能提供植物生长所需的营养，所以要既能透水、保水又能提供必要的养分。原有的土壤肯定不符合要求，我们需要进行过滤介质的改良和配制，配制比为：40%砂，30%表土，30%腐殖质。为保证确保植物长势，在施工初期适量使用商品有机肥料，商品有机肥标准：总养分含量（氮＋五氧化二

磷＋氧化钾，以干基计,%）≥5，有机质含量（以干基计,%）≥45，推荐 pH5.5～7.0。种植土下渗速率为 100～120mm/h（1.67～2mm/min），孔隙度为 0.17～0.23，推荐 0.2。

② 过滤介质回填。过滤介质配制完成后利用自动装卸汽车结合人工的方式进行回填。回填过滤介质时要做好已完工的透水铺装的成品保护，避免过滤介质堵塞透水铺装。

5）植物选择与种植　生态草沟的植物要选择耐旱、耐水淹、耐贫瘠的植物品种。盛夏种植要对植物进行遮阳，施工后要做好养护。

图 6-1-5　海绵型生态停车场施工完成图

1.3.3　后期养护管理

（1）透水铺装后期养护管理

透水铺装后期会由于灰尘、垃圾等颗粒物堵塞孔隙，造成透水性的下降。需根据堵塞情况，定期用高压水枪冲洗。透水铺装的渗透性虽然会慢慢降低，但是在长期内还能保持较高的渗透性能，就算出现堵塞，表面渗透率也会超过每小时 2.5cm 以上，大多数情况下，这种渗透率已经足够能疏通暴雨径流。

（2）生态草沟后期养护管理

生态草沟后期养护管理见表 6-1-1。

表6-1-1　后期养护时间与措施表

项目	措施	时间（建议）				
		每月	每3～6月	每6～12月	每24～36月	每36～60月
植物	除杂草和垃圾，替换枯萎、死亡植物	√				
	植物病虫害防治		√			
	修剪、整理、疏枝			√		
	无降雨期间浇水养护	√				
	冬季落叶清理/堆肥			√		
入流口	侧石开口处植物高度不超过平侧石10cm，不能阻碍雨水流入			√		
	侧石开口处泥砂清理，不淤积		√			
溢流口	检查堵塞、清理淤积垃圾（塑料包装、纸、废旧电池等）		√			
	检查溢流口完整性及周边冲刷程度检查、维护		√			
	溢流口封盖系统完好性检查、维修		√			

项目	措施	时间（建议）				
		每月	每 3～6 月	每 6～12 月	每 24～36 月	每 36～60 月
过滤介质	预处理设施（如有）淤积清理		√			
	疏松过滤介质表层土壤，保证孔隙度			√		
	沉积物厚度超过 10cm，需要清理积累沉积物，检查过滤介质积水和堵塞情况，过滤层更新				√	
	模拟降雨试验，检查管道出水量					√

1.4 总结与展望

海绵型生态停车场虽然仅是一个小的末端 LID 设施，却集"渗、滞、蓄、净、用、排"几大功能于一体，充分体现了海绵城市的建设理念。海绵城市建设的目的不在于轰轰烈烈上马多少个大项目，需要的就是分布于城市各个角落的成千上万个小小的、低成本的末端处理设施，从源头来处理雨水，一改以前的"快排"模式，让城市雨水造福于城市，造福于市民[5～6]。

目前海绵城市的建设还存在宣传不到位、老百姓不理解，不尊重城市水文现状、盲目上马很多大项目，规划设计不合理，夸大海绵城市作用、投资过热等问题。后期还需要政府部门、金融机构、规划设计院所、工程企业及社会各界学者专家充分讨论、科学决策、通力合作，才能打造好我们的海绵城市。

致谢

感谢江苏山水集团领导对此次海绵试点项目建设的高度重视和大力支持，感谢镇江市给排水管理处、镇江市规划设计院、镇江市海绵城市建设技术中心对该项目建设的悉心指导。

参 考 文 献

[1] 仇保兴. 海绵城市（LID）的内涵、途径与展望 [J]. 建设科技，2015（7）：11-18.

[2] 中华人民共和国住房和城乡建设部. 海绵城市建设技术指南——低影响开发雨水系统构建（试行）[M]. 北京：中国建筑工业出版社，2015.

[3] 莫琳，俞孔坚. 构建城市绿色海绵——生态雨洪调蓄系统规划研究 [J]. 城市发展研究，2012，19（5）：136-140.

[4] 车武，李俊奇. 从第十届国际雨水利用大会看城市雨水利用的现状与趋势 [J]. 给水排水，2002，28（3）：12-14.

[5] 于国荣，杨宇栋，城市内涝地区改造对策研究——以常州为例 [J]. 江苏城市规划，2014（2）：33-36.

[6] 王沛永，张媛. 城市绿地中雨水资源利用的途径与方法 [J]. 中国园林，2005：75 81.

⊙ 作者介绍

崔荣兵[1*]，曹丽娜[2]，陈卫连[1]

1. 江苏山水环境建设集团股份有限公司，E-mail：cuirb0427@163.com；

2. 江苏农林职业技术学院

2

基于LID的绿色公路建设初探及案例分析

摘要： 随着都市与经济的持续快速发展，都市环境除生活舒适度及生态环境的劣化外，更面临洪涝、非点源污染、持续干旱等问题。低影响开发技术即随着这些问题而生，成为实现都市永续发展的暴雨管理技术手段之一。台湾省台中生活圈 2 号线高架桥道路工程运用低影响开发技术，将桥面雨水导入入渗池、雨水收集系统及生态池等 LID 设施，是目前台湾省少数采用多项 LID 设施进行径流削减以及雨水回收再利用的设计。本文通过对该项目进行现场调研与记录分析，总结分析该高架桥项目的规划设计方法，为我国其他城市基于低影响技术的绿色公路设计提供可借鉴的成功经验和参考价值。

2.1 背景

随着都市与经济的持续快速发展，都市环境除生活舒适度及生态环境的劣化外，更面临洪涝、非点源污染、持续干旱等问题。低影响开发（low impact development，LID）技术即随着这些问题而生，成为实现都市永续发展的暴雨管理技术手段之一。LID 常见技术包括绿色屋顶、透水性铺面、雨水储存系统、植物滞留槽、植物草沟及自然排水系统等。

台湾省台中生活圈 2 号线高架桥道路工程运用低影响开发技术，将桥面雨水导入入渗池、入渗沟、雨水收集系统及生态池等 LID 设施，经过滤再利用后回灌于桥面分割岛植栽，提高公路径流削减效益。该工程项目是目前台湾少数采用多项 LID 设施进行径流削减以及雨水回收再利用的设计。该绿色高架桥工程是低影响开发原理运用的最佳范例之一，颠覆"以排为主"的传统的城市道路雨水管理理念，通过生态化的渗、滞、蓄、净、用、排等多种技术，充分体现了简单、节约成本以及创新的景观设计方法解决问题的价值。

2.2 相关概念

2.2.1 低影响开发

低影响开发（LID）技术是美国东部马里兰州的 Prince George's County 和西北方的西雅图市、波特兰市同时提出的一种暴雨管理技术，目前在美国已有非常多的实际执行案例。其原理是透过在地的、分散的、小规模的源头控制机制和设计技术，来达到对暴雨所产生的径流和污染的控制，使开发地区的水文循环尽量接近于开发前自然水文循环，因此，LID技术为一改善水质、分散或降低径流的方法。

常见的LID技术包括绿色屋顶、透水性铺面、雨水贮存系统、植物滞留槽、植物草沟及自然排水系统等。其水文功能除可降低都市中的不透水面积，并因利用土壤和植被的蓄存、入渗、过滤和蒸发等功能而减少地表径流，进而降低洪峰及增加集流时间；同时，透过植物、土壤及土中微生物的过滤、吸附等物理、化学及生物反应，对于暴雨初期非点源污染最为严重的径流水质改善有极佳的效果，从而减轻下游区排水及河川生态环境的压力。因此，LID措施不仅可减少暴雨带来的都市洪灾和水质污染，同时具有生态、社会和经济的效益，如缓和都市热岛效应，节省能源，提供都市动物栖息地，并为居民创造出舒适的都市生活环境和空间。

2.2.2 绿色公路

绿色公路的提出源自于绿色建造，绿色建造（green construction）在国外被称之为可持续建造（sustainable construction），此概念是由可持续发展思想所衍生出来的。在公路规划、设计、施工和运营全生命期各个建设和管理环节都应用了绿色的理念，则该公路称为绿色公路（green highway）。其规划设计遵循低碳原则，采用绿色技术和环保措施以改善环境效益[1]。

近年来，绿色公路建设不断研究探索新材料、新工艺、新方法等措施，例如我国广西柳南高速公路工程使采用了全生命周期的设计、施工、运营创新技术，分析探索了基于全生命周期的设计、施工及养护管理思路；广东省广佛肇高速公路肇庆段工程也将全新"BOT＋EPC"模式运用于建设之中，在这种新模式下，总承包商既是投资方又是施工方，这种双重身份打破了以往管理模式中各参建方管理分离的现状；而基于低影响开发理念的绿色公路亦是运用新理念作为指导，颠覆"以排为主"的传统的城市道路雨水管理理念，通过生态化的渗、滞、蓄、净、用、排等多种技术，将城市雨洪管理与传统公路设计相结合的生态道路。低影响开发是绿色公路建设的必然选择，亦是未来都市公路的发展方向[2~9]。绿色公路常用设计手法见表6-2-1。

表6-2-1　绿色公路常用设计手法

方法	具体内容	建设意义
采用绿色能源	太阳能、废弃生物质等	在公路沿线设置太阳能路灯，节能又环保；充分利用生物质转化为混合燃料，提高热利用效率
利用新材料	SCC自充填混凝土、多孔隙沥青混凝土等	使用耐力强、承载力高、透水性好的建造材料，既可节能减碳又可保护环境及生态
新材料的利用	规划生态池、生物廊道等	考虑弥补建造后附近绿地减少，原有生物栖息地不足之情形
水收集再利用	雨水、生活污水等	收集、过滤、贮存雨水，用于生态补水、景观补水、绿化用水、洗车用水和道路冲洗等
设置LID设施	生态草沟、植物滞留槽等	渗透与贮存雨水等，减少场地的地表径流，降低城市洪涝灾害
更新规划理念	合理选线、环境选线、地形选线等	设计不似以往采用最直接、最经济的直线距离，而是综合考虑对周遭生态环境的影响，减小对自然的影响程度
不同建造工法	钢及预力混合结构等	采用新的减少交通冲击轻量化的结构，设计简单经济

2.3   台中高架桥项目概述

2.3.1   项目背景

越来越多的高架桥被兴建以解决城市交通拥堵问题，随之增多的高架桥下空间作为一种特殊的城市道路，污染重、噪声大、光照差等因素导致该类空间常常被凌乱的杂草丛所占据，并未得到真正的利用。随着城市洪涝灾害日益严重，各类城市道路都在为解决该问题扮演着自己的新角色，绿色屋顶、生态草沟、雨水花园等 LID 设施相继出现，高架桥道路也正成为降低城市径流，减缓城市洪涝的重要部分。台湾台中生活圈 2 号线高架桥道路工程便是成功运用低影响开发技术，利用多项 LID 设施以削减城市径流，并将雨水收集再利用的成功案例之一。

2.3.2   项目概况

台中生活圈 2 号线环中路高架桥工程属台中生活圈道路之一环，位于台中市东北角，横跨台中市及台中县潭子乡。工程西起中清路东侧，即自中彰快速公路（中清路地下道）终点起东沿台中市 80m 外环道，至台中县潭子乡台 3 省道止（见图 6-2-1）。该道路原为宽 80m、两侧各有行人道宽 4m、车道宽 21m、中央绿地宽 30m 的道路，为适应未来交通量需求，整建为两侧行人道（含绿带）宽 8m、侧车道宽 15.2m、中间高架段宽 33.6m，桥下并设双向平面道路。台中环中路高架桥总工程经费约为 12 亿元，其中约 1000 万经费用于施作 LID 设施。

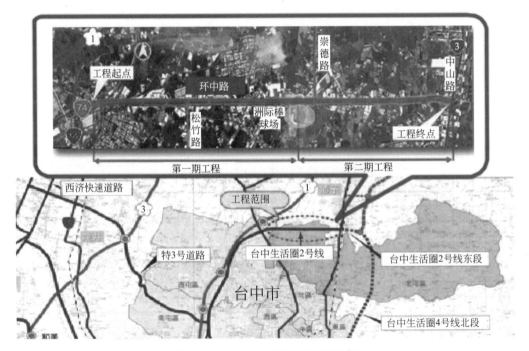

图 6-2-1   台中环中路高架桥区位图

主线高架桥于跨越崇德路口设置钢及预力混合桥梁之新技术，工程全线设置自行车道可以连接附近绿色运输系统，另导入"绿色内涵"及"生态保水"等生态工法概念，包括高架道路中央分隔岛的绿化、高架桥下的生态池、保水池及规划垂直绿化墙面，并采用 LED 节能灯具之路灯照明节能设计，以节能减碳材料及增加植树绿覆盖率等措施，建造兼具节能减碳及绿化美化功能的道路，打造了舒适与进步的大台中都会道路系统。

2.3.3 基于 LID 的创新设计

（1）采用 4 种 LID 设施

台中环中路高架桥全长共 4.7km，全程设置的 LID 设施主要为 4 种，分别为入渗池、入渗沟、生态池与雨水收集系统。其中入渗池、入渗沟属入渗型设施，起引导、排放与浅渗雨水之用；生态池、雨水收集系统属储存型设施，起滞留、收集及过滤雨水之用。全线共计有入渗池 16 处、入渗沟 6170m、雨水收集系统 3 处及生态池 7 处，其相关设置位置如图 6-2-2 所示，相关设施尺寸如表 6-2-2 所列。LID 设施现场照片如图 6-2-3 所示。

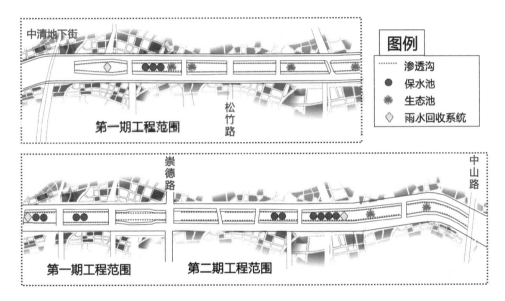

图 6-2-2　LID 设施相关位置

表6-2-2　LID 设施相关尺寸

每单元设施名称		长 /m	宽 /m	深 /m	直径 /m	面积 /hm²	说　明
入渗型设施	入渗池	35	18	0.35	—	0.063	16 处
	入渗沟	1	1	0.6	—	依现场长度换算	6170m，每间隔 5m 就有 1 处可入渗
贮存型设施	生态池	40	24	0.35	—	0.096	7 处
	雨水收集系统	3	—	—	1.1	0.002	1 处 24 座提供 192m³ 容量，本工程共 3 处

（2）雨水回收再利用后回灌桥面

高架桥雨水回收系统总体结构主要为：桥面雨水及污水经由落水管导入桥下雨水回收槽，引入雨水过滤设备后进行过滤及贮存，而后再经管道传递供桥面滴灌使用，该工程全线共设 3 处雨水回收设备，均匀分布于整个高架桥沿线。另外，当日常雨水不足时，雨水回收槽将降至低水位，会开启自来水供应桥面滴灌水；而当雨水过多时，雨水则会溢流至入渗沟及生态池暂置，进一步沉淀渗透（图 6-2-4）。该设计手法有效利用雨水并节省养护成本，用于回灌绿带的各类水资源再利用可达约 3000t。

图 6-2-3　LID 设施现场照片

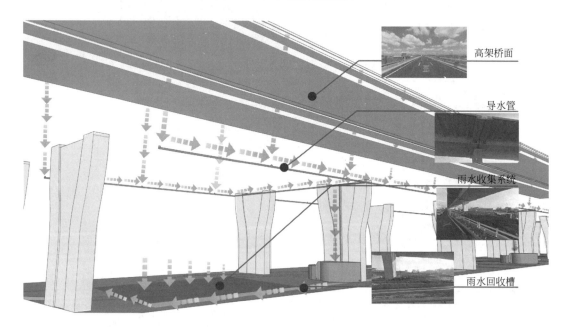

图 6-2-4　雨水回收系统

（3）桥下生态小空间

该高架桥工程因属东西向之交通动线系统，全线有众多南北向之灌溉水路流经该工程，桥下两侧线性绿色空间及原土层空间亦可配合既有水路系统营造水岸的环境，所以结合台中市现有水路线路分布，工程引用灌溉水源规划设置 2 处生态池及 7 处入渗池，将基地南北向之都市廊道空间与工程所形塑之绿带环境做适度的串联，通过耐阴抗性较强的绿色植物与生态池结合形成几处环境优美的桥下绿色小空间，配以入渗沟及雨水回收系统，形成一套完整的 LID 结构（图 6-2-5），使得原本冰冷落寞的桥下灰空间重新获得活力的同时，又为减少城市径流与节约水资源贡献一份力。

图 6-2-5　桥下生态池及鸟瞰全景图

2.3.4　其他设计亮点

2.3.4.1　强调公众参与性

工程项目建设初期便鼓励周围社区的居民参与投票及讨论，桥下绿带、生态池甚至植物选择等均考虑了当地居民的意见。居民根据自己的日常生活与经验，为项目建设的各方面提出相关意见作为参考，加强民众的参与感，会使当地民众产生共同分担责任的意识。

2.3.4.2　采用新材料

该工程将多种新材料纳入建设之中，如 SCC 自充填混凝土、多孔隙沥青混凝土等，这些建设材料皆为台湾少见使用之材料，对台湾内工程技术之发展有显著之效益。

2.3.4.3　创新设计结构

高架桥位于崇德路口部分的桥体采用钢及预力混合桥梁，属于路口桥梁跨径加大，并能减少交通冲击轻量化的结构设计，另外，外观造型简洁，具结构力学之美。桥面设置宽约 1m 之植栽绿带，并纳入整体排水及滴灌之系统规划，每日灌溉采用高压滴灌系统，每日分区供水两次，每次 30min。

2.3.4.4　减噪设计

桥面设置缓冲绿带，可阻隔各类噪声；主要通过该高架道路采用连续桥梁系统以减少伸缩缝数量，并采用低振动噪音之齿型伸缩缝，且于伸缩缝处设置伸缩缝隔声设施；另外，高架桥采用多孔隙沥青铺面，可减轻车行噪声振动。

2.3.5　项目采用 LID 设施后效益分析

该工程项目 LID 设施建置后并无检测计划，无法得知设施成效。因此，2015 年林镇洋、王佳伟、陈羿秋与陈正惠等采用模式工具（Storm Water Management Model，SWMM）以及环保署公告的保水量计算公式，评估了此绿色公路径流削减效益，量化此绿色公路的预期成效。他们将研究分为两部分进行评估：第一部分应用 SWMM 模式中的 LID 模组，评估绿色公路 LID 设施对地表径流量的削减效益；第二部分利用环保署之 BMPs 指引公布的各类保水设计之控制体积公式计算保水效益。两种工具有其不同特性，SWMM 模式可进行连续模拟，得到长时间（例如以年为单位）的保水效益，而 BMPs 指引中仅计算设施提供的滞留体积。研究结果是两者结合，从不同角度量化保水效益。

SWMM 模式模拟显示设置 LID 设施后，年径流削减可达 43.5%～54.5%。个别设施的径流削减率由高至低为：入渗池、入渗沟、雨水收集系统以及生态池。环保署计算方式结果：全部 LID 设施可提供 5365m³ 的保水体积，为规定基准保水量（2850m³）的 1.9 倍。此案例使用 1% 的总工程经费施作 LID 设施，达到约 50% 的年径流削减量，证实 LID 为经济有效的方式[4]。

2.4　结论与建议

2.4.1　将 LID 设施真正纳入到实际公路建设中

基于 LID 理念绿色公路的建设主要以节约能源、降低对生态的影响为基础。台中环中路高架桥工程全线以 LID 理念作为原则，将入渗池、入渗沟、生态池及雨水收集系统四种 LID 设施纳入规划建设当中，形成一套完整的桥下雨水回收再利用系统再回灌至桥面，是低影响开发理念在公路领域的具体体现。而我国的绿色公路及高架桥的建设仍然处于理论阶段，虽然近年来相关规划设计理论及概念规划渐多，但实际工程项目建设中由于各方原因，真正在公路建设中使用 LID 设施的寥寥无几，项目大多纸上谈兵，并未像台中环中路高架桥工程将 LID 理念真正融入到了实际建设中。

2.4.2　LID 设施建设后的效益测量

绿色公路中 LID 设施建置后，相关后续评估或检测其量化实际效益亦非常重要，实际效益的结果除可了解相关设施功能外，更重要的是作为未来相关案例设计的参考。该工程项目建成后并无检测计划，无法得知设施成效，因此，作为该案例的不足与经验，我国后续基于低影响开发理念的绿色公路建设应该注意相关设施的实际效益测量，为未来从事该类项目的设计人员或决策单位提供参考依据。

2.4.3　绿色公路的建设亦强调"景观性"

台湾台中市环中路高架桥不仅是一条绿色公路，更是一条景观大道。桥面种植绿带，桥下宜建置入渗池、生态池与各类植物，并将雨水收集与景观营造相互结合，形成了一系列低养护、低消耗却景观效果良好的绿色线性空间，成为未来绿色公路建设的较佳范例之一。

2.4.4　强调公众的参与性与深入的场地调查

无论项目小至社区街道改造或大至城市建设，台湾地区一直强调公众的参与性，基本上每个项目的设计师都会与当地居民进行深入的交流，听取民众意见。该高架桥工程建设之初便通过展览、投票及发送问卷等一系列措施，充分了解了民众对此项目的期望与意见，进一步改善项目规划设计。另外，大陆地区地质及人文条件与台湾地区有所差异，不同的场地亦适合不同的 LID 设施，设计师应通过多次走访现场进行细致的调研记录，了解场地是否满足 LID 设施的建设以及场地适合何种 LID 设施的施作，因地制宜才是最终的解决途径。

致谢

感谢各位老师对此论文的指导，感谢研究期间林如玉等对我的帮助。

参 考 文 献

[1] 秦晓春，沈毅，邵社刚，等. 低碳理念下绿色公路建设关键技术与应用的探讨 [J]. 公路交通科技：应用技术版，2010，(10)：308-310.

[2] 郭晓江. BOT＋EPC模式下公路工程监理职能的转变 [J]. 科技创新导报，2015，(7)：184-185.

[3] Rossman L A. Storm Water Management Model User's Manual，Vesion 5. 0 [Z]，U. S. Environmental Protection Agency，U. S. 2010.

[4] 林镇洋，王佳伟，陈羿秋，等. 绿色公路径流抑制设施功能评估 [J]. 中国土木水利工程学刊，2015，(2)：105-111.

[5] 张善峰，宋绍杭，王剑云. 低影响开发城市雨水问题解决的景观学方法 [J]. 城乡规划. 园林景观，2012，05 (12)：85-87.

[6] 罗根传，黄伟宏. 基于全寿命周期的绿色公路规划及实践——以广西柳南高速为例. [J] 交通安全与环保，2015 (6)：31-36.

[7] Azizian Mohammad F，Nelson Peter O. Environmental impact of highway construction and repair materials on surface and ground waters：Case study. Crumb rubber asphalt concrete. Waste Management，2003，23：719-728.

[8] 王水浪，包志毅，吴晓. 城市雨水的可持续管理——波特兰绿色街道的设计及其启示 [J]. 山东林业科技，2009，(2)：68-71.

[9] 夏欣. 绿色街道——城市街道景观设计的创新与实践 [J]. 风景园林规划与设计，2008，(7)：366-371.

⊙ 作者介绍

李菁[1]*，林如玉[1]

1. 华中科技大学，E-mail：516445254@qq.com

3

湿陷性黄土地区城市道路下凹绿地渗水模拟与影响分析

摘要： 我国西北地区土质多黄土，其中部分为受压受湿后危害性较大的湿陷性黄土，故而基于"海绵城市"理念的雨水利用措施在西北湿陷性黄土地区应用时，尤其是对实施雨水利用措施后的城市道路，存在对其下部土层破坏的风险。本文应用美国农业部盐土实验室研发的 HYDRUS 软件，结合湿陷性黄土地区的土壤特性，基于西安市 10 年的分钟自记降雨量资料，对西北地区设置下凹绿地的典型道路结构及其下部土层横断面进行含水量变化轨迹的模拟。结果表明，选择在下凹绿地的压实起始点向内伸出 300mm，以 z 轴为轴顺时针旋转 60°左右的土工布对道路下部土层含水量的影响相对最安全，同时选择下凹深度为 6～8cm 的土层可最大化的收集雨水，而不至于使道路下方黄土产生湿陷。在不同的降雨条件下该下凹绿地均有较好的表现。

3.1 引言

对水循环过程中大气降雨进行利用是如今解决城市水资源匮乏的方式之一，"海绵城市"吸、蓄、渗、净的理念应运而生，然而我国西北地区土质多黄土，其中部分为受压受湿后危害性较大的湿陷性黄土，Amir 等[1]通过常规三轴实验设备证明黄土的水力机械性能受荷载净应力和吸应力水平的影响。王铁行等[2]对连续降雨条件下黄土路基水分场进行数值分析模拟，比较初始含水量为 18％的不同密实度的黄土路基在连续降雨条件下的含水量大于24％的湿软区分布，得出密实度越小，湿软区越大，雨水入渗水分迁移越快。对于非饱和土壤的水分入渗在农业灌溉[3～5]、地下渗滤[6]、不同土壤结构[7,8]的研究，国内外较多应用美国农业部盐土实验室研发的模拟水、热、溶质在土壤饱和-非饱和区域运移的 HYDRUS软件。而在黄土地区入渗模拟多为对梯田坡地[9,10]进行研究。对降雨在湿陷性黄土地区非饱和土壤中垂直和水平入渗特征的研究并未涉及，而这对探究雨水利用在该地区的可实施性具有十分重要的意义。

本文以位于湿陷性黄土地区的西安市路基压实黄土及原状黄土的土壤组成为实验依据，应用 HYDRUS-2D 软件，根据西安市 10 年的分钟自记降雨量资料，分析道路绿地在不同防水层设计模式、不同下凹深度等方案下，降雨强度的差异对道路下凹绿地积蓄、下渗雨量情况的影响，以及对邻近下凹绿地的道路下部土层含水量变化轨迹的影响。结合城市典型道路下凹绿地、西安市降雨情况以及湿陷性黄土地区现状，对西安及西北黄土地区开展"海绵城市"提出因地制宜的新型道路绿化结构。

3.2 模型建立

HYDRUS-2D 软件对饱和-非饱和土壤水分运动是基于 Richards 方程新型描述的，其采用伽辽金（Galerkin）线状有限元法对该方程进行数值求解，并综合水循环过程中的降雨灌溉、蒸发蒸腾、植物吸收、土壤水分运移、地下水位变化等，依据土壤水力特征方程，设定初始条件、边界条件，可对土壤水分循环的实时情况进行有效模拟。

3.2.1 水分运动基本方程

考虑雨水渗入下凹绿地后，纵向断面中水平（x 轴）、垂直（z 轴）方向的二维饱和-非饱和入渗问题，根据达西定律和质量守恒定律，假设土壤为各向同性的均质多孔介质，忽略温度、土壤水分滞后效应及土壤气相对土壤水分的影响，故以含水量为变量的土壤水分运动控制方程 Richards 方程[11]如下：

$$\frac{\partial \theta}{\partial t} = \frac{\partial \left[D(\theta) \frac{\partial \theta}{\partial z} \right]}{\partial x} + \frac{\partial \left[D(\theta) \frac{\partial \theta}{\partial z} \right]}{\partial z} - \frac{\partial K(\theta)}{\partial z} \tag{6-3-1}$$

式中，θ 为土壤体积含水量，cm^3/cm^3；$D(\theta)$ 为土壤水扩散率，cm^3/cm^3；$K(\theta)$ 为非饱和土壤导水率，cm/min；t 为时间，min；x、z 分别为水平、垂直方向坐标，cm。

3.2.2 土壤水分特征方程

土壤水分特征参数选择 Van-Genuchten（V-G）模型[12]描述，其为 Mualem 于 1976 年提出的，是在统计孔径分布模型的基础上发展而来的，表达不考虑植物情况下土壤水分入渗规律，其方程为：

$$\theta = \begin{cases} \theta_r + \dfrac{\theta_s - \theta_r}{(1 + |\alpha h|^n)^m} & (h < 0) \\ \theta_s & (h \geqslant 0) \end{cases} \tag{6-3-2}$$

$$K(h) = K_s S_e^l \left[1 - \left(1 - S_e^{\frac{1}{m}} \right)^m \right]^2 \tag{6-3-3}$$

$$S_e = \frac{\theta - \theta_r}{\theta_s - \theta_r} \tag{6-3-4}$$

$$m = 1 - \frac{1}{n}, \ n > 1 \tag{6-3-5}$$

式中，θ_r 为土壤剩余含水量，cm^3/cm^3；θ_s 为土壤饱和含水量，cm^3/cm^3；K_s 为土壤饱和导水率，cm/min；S_e 为土壤有效含水量，cm^3/cm^3；h 为土壤吸力，cm；α 为与进气相关的经验系数，cm^{-1}；m、n 为形状系数；l 为孔隙连通参数，通常取均值 0.5。

3.2.3 定解条件

雨水进入下凹绿地入渗属于面源入渗，根据其结构特点，设置原始土壤水分运动模拟区域概化如图 6-3-1 所示。其中区域 $BEDFGHJK$ 为原状湿陷性黄土，区域 $CDEB$ 及 $LJHI$ 为道路压实路基即压实湿陷性黄土，区域 $ABKM$ 设定为渗透性较好的原状湿陷性掺 10%

砂。设定路面结构不渗水，选取下凹绿地入渗面为零基准面，中心为坐标原点 O，$ABCF\text{-}GILM$ 为数值模拟区域，以下凹绿地下渗面 AM 为 x 轴描述道路纵剖面水平方向，z 轴描述道路纵剖面垂直方向，向上为正。

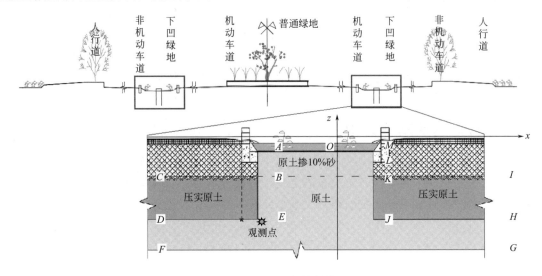

图 6-3-1　下凹绿地结构

3.2.3.1　初始条件

求解土壤水分运动方程的初始条件为：

$$\theta(x,z,t)=\begin{cases}\theta_{01}(x,z,0)x,z\in\Omega_{BCDEB}\bigcup\Omega_{HILJH}\\\theta_{02}(x,z,0)x,z\in\Omega_{AEDFGIMA}\end{cases}\tag{6-3-6}$$

式中，θ_{01} 和 θ_{02} 分别为对应的压实原土和原土的初始含水量；x，z 即初始含水量所在的坐标点，初始含水量的值是依据田间实测值并进行区域概化，以取样点的实测值概化整个区域初始含水量。

区域尺寸由设计尺寸定，由于模拟时长较长，因此对区域土壤水分动态初始条件以点及面的概化对于长历时动态模拟结果的影响是可忽略的。

3.2.3.2　边界条件

1）上边界条件　由于模型模拟区域上边界为下凹绿地入渗面 AM，选取大气边界条件（atmospheric boundary）。

2）左右边界条件　侧边界 CF、IG 因模拟区域较大，水分运动达不到侧边界，而侧边界 AE、MJ 不透水，故设定为零通量边界（No Flux）。

3）下边界条件　由于西安市地下水位较深（通常在 $8\sim20\mathrm{m}$[13]），故下边界条件设定为自由排水边界（free drainage）。

3.3　材料与方法

3.3.1　土壤数据采集

土壤水分特征参数利用 HYDRUS-2D 软件自带神经网络模块内嵌 ROSSTA 软件[14]进

行预测，可依据所测土壤粒径分布及土壤容重确定。原状湿陷性黄土可直接采集测定，压实黄土根据《城市道路路基设计规范》（CJJ 194—2013）对压实度的规定，将原状湿陷性黄土压实并测定原土压实后的实测干密度与标准击实验所得的最大干密度之比，确定压实度不小于 93％的为所需压实黄土。

土壤粒径分布由现场取得土壤带回，经风干碾碎后，由 200 目筛网过滤，利用 LS230/SVM＋型激光粒度分布测定仪测定。土壤容重（bulk density）用环刀法[15]测定，用容积为 100cm³ 的环刀取原状湿陷性黄土及压实黄土土壤，将已称重环刀带至田间采样，整平采样点土面后，将环刀刀口端平稳压入土壤，填满后，取出充满土壤的环刀，使环刀内土壤体积恰为环刀的容积，立即称重，称取环刀内湿土重，采用烘干法测土壤含水量，并称取烘干后的干土重，计算土壤容重。土壤颗粒组成见表 6-3-1。

表6-3-1　土壤颗粒组成　　　　　　　　　　　　　　　　　　　%

分层	区域	容重 / （g/cm³）	砂粒 ＞0.05mm	粉粒 0.005～0.05mm	黏粒 ＜0.005mm
1	原土	1.24	2.6	66.4	31.0
2	压实原土	1.78			
3	原土掺10％砂	1.22	11.3	60.5	28.2

依据美国土壤质地分类三角坐标图（American sort standard of soil texture triangle coordinate graphs），湿陷性黄土的类别为黏质粉土。由 HYDRUS-2D 软件预测土壤水分特征参数如表 6-3-2 所列。

表6-3-2　土壤水分特征参数

分层	剩余含水量 θ_r/（cm³/cm³）	饱和含水量 θ_s/（cm³/cm³）	经验系数 α/（cm）	经验系数 n	饱和导水率 k_s/（cm/h）	孔隙系数 l
1	0.0907	0.5058	0.0078	1.525	0.80375	0.5
2	0.0716	0.3657	0.0092	1.3931	0.0554167	0.5
3	0.0858	0.4889	0.0068	1.572	1.19625	0.5

3.3.2　下凹绿地水量平衡分析

降雨过程中，下凹绿地及其周围环境进行的降雨、汇流、蓄集、溢出排放、下渗、蒸发形成小水循环系统（图 6-3-2），假定超出凹地蓄集量的雨水通过雨水管溢出排放，根据水量平衡原理，一定时段内，下凹绿地的水量平衡关系如下：

$$Q+U_1=S+E+U_2+P \qquad (6-3-7)$$

式中，Q 为时段内道路汇集雨水进入下凹绿地的径流量，m³；U_1 为时段开始时下凹绿地蓄水量，m³；S 为时段内下凹绿地雨水下渗量，m³；E 为时段内下凹绿地内雨水蒸发量，m³；U_2 为时段结束时下凹绿地始蓄水量，m³；P 为时段内下凹绿地雨水溢出排放量，m³。

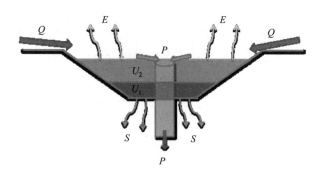

入市政管线

图 6-3-2　下凹绿地水量平衡

3.3.3　下凹绿地防水结构设定

传统下凹绿地选择直接下渗或下方由穿孔排水管收集储存,可应用于普通土壤地区,然而湿陷性黄土地区土壤受含水量及上部荷载作用,会出现湿陷坍塌、结构破坏的问题,故需考虑雨水经凹地下渗后水分如何规避道路结构下方敏感地区,选择在道路结构中适当位置设置土工布防水,将图 6-3-1 中,选择在节点 B、L 处设置向内伸出 300mm,以 z 轴为轴,逆时针旋转 α 角度分别为 30°、45°、60°、90°的土工布,如图 6-3-3 所示。

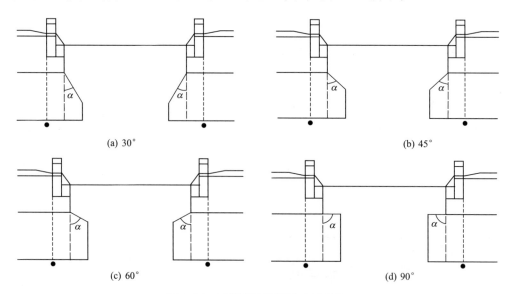

(a) 30°　　　　　　　　　　　　　　　　　　(b) 45°

(c) 60°　　　　　　　　　　　　　　　　　　(d) 90°

图 6-3-3　下凹绿地不同防水层结构

3.3.4　降雨情景选择

本文根据西安市境内气象站肖家村气象站 2005~2014 年的分钟自记降雨量资料进行统计,年均降雨量为 522.58mm,在所选十年降雨信息中选择一场最大的降雨情况对下凹绿地进行分析。综合西安市降雨实测资料,选择 2007 年 8 月 9 日 22:23 起的一场十年最大降雨,其中降雨量 76.9mm,降雨历时 19.2h。该场降雨主要集中于前 1.5h,降雨量达 34.5mm(图 6-3-4)。依据下凹绿地水量平衡关系进行分析,不同深度的下凹绿地均在 2h 之内积满,在 8~9.5h 无降雨阶段,下凹绿地滞留积水深度下降,随着降雨的开始,下凹绿地积水逐渐积满，随着降雨的结束，由于下凹绿地积水下渗，随之积水深度下降（图 6-3-5）。

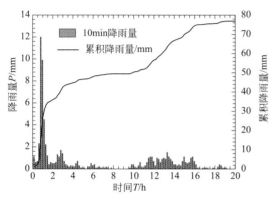

图 6-3-4　10min 降雨量分布及累计降雨量变化

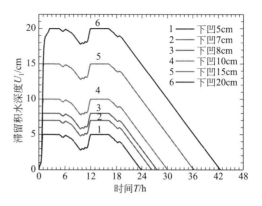

图 6-3-5　不同下凹深度下凹绿地滞留积水深度变化

3.4　模拟结果与分析

将土壤水力参数、降雨数据和概化的初始含水量代入模型，结合上、下边界条件设置，代入不同设计条件，得出土壤水基质势、土壤含水量等分布情况，本文重点关注观测点处含水量变化。

3.4.1　相同降雨条件下下凹绿地不同防水结构效果比较

设置如图 6-3-3 所示的不同下凹绿地土工布结构，将 2007 年 8 月 9 日降雨输入，选择下凹深度 7cm，对下凹绿地结构中车行道下方观测点处含水量变化进行比较。因为观测点只能选择在有限元点处，设置不同土工布角度时的有限元分割差异，故所选择的观测点位置存在微小差别，但对变化区域和含水量变化趋势无影响。由于土壤下渗过程相比降雨过程具有滞后性，除无土工布的情况，观测点处含水量上升起始点大约在降雨过程 300h（12.5d）后，开始显著上升。随着时间推移，积水逐渐下渗入观测点，同时伴随大气蒸发、植物蒸腾作用，上升趋势趋于平缓。定义含水量大于 $0.21cm^3/cm^3$ 时湿陷情况易发生，而当土工布旋转角度大于 45° 时，观测点含水量符合要求，而从图 6-3-6 的趋势看，600h（25d）后（假定除起始时间的一次降雨之后无再次降雨）仍略有上升，故旋转大于 60° 更为安全。有研究表明，当旋转角度选择为 90° 时，由于直角的存在易将一部分水滞留于土工布上部，不易使雨水向下流动，故设置在与 z 轴夹角为 60° 和 90° 的土工布可达到所需求的作用效果的情况下，选择与 z 轴夹角为 60° 左右时效率更高。

3.4.2　相同降雨条件下相同防水结构不同下凹深度下凹绿地效果比较

依据上述验证选择设置与 z 轴夹角为 60° 的土工布，对不同下凹深度的下凹绿地进行模拟，首先分别比较无下凹绿地及下凹深度为 0cm、5cm、10cm、15cm 的备选下凹绿地，由于下凹 10cm、15cm 时观测点含水量较大，故将细分下凹 6cm、7cm、8cm。由图 6-3-7 可以看出，由于土壤下渗过程相比降雨过程具有滞后性，随着下凹深度的增大，积水压力大，观测点含水量升高的斜率越大，且快速上升的时间越早，下凹 15cm 时，阶段大约在降雨过程起始 180h（7.5d）后开始显著上升。随后下凹深度减少为 10cm、8cm、7cm、6cm、5cm 的下凹绿地观测点逐步受到影响，无下凹条件下雨水无法下渗至观测点。由含水量变化图可以看出，下凹深度不应超过 10cm，而选择下凹深度小于 5cm 的蓄水量太小，对雨水的利用效果太低，故选择下凹深度在 6～8cm 为宜，即可最大限度地利用雨水。

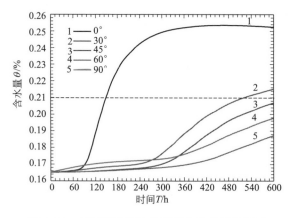 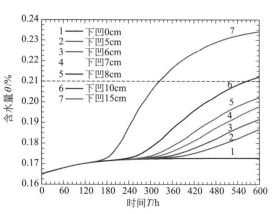

图 6-3-6　不同防水结构的观测点含水量变化图　　图 6-3-7　不同下凹深度的观测点含水量变化图

3.5　结论

　　针对我国西北地区黄土土质，尤其是受压受湿后危害性较大的湿陷性黄土，依照"海绵城市"理念的雨水利用措施在西北湿陷性黄土地区应用时，存在对其下部土层破坏的风险，尤其是对实施雨水利用措施后的城市道路。应用美国农业部盐土实验室研发的 HYDRUS-2D/3D 软件，结合湿陷性黄土地区的土壤特性，分析西安市十年的分钟自记降雨量资料，对西北地区设置下凹绿地的典型道路结构及其下部土层横断面进行含水量变化轨迹模拟。模拟结果显示，选择在下凹绿地的压实起始点向内伸出 300mm，以 z 轴为轴顺时针旋转 60°左右的下凹绿地，使道路下部土层的含水量在相对最安全的范围，选择下凹深度为 6～8cm 的土层可最大化的收集雨水的同时，保证道路下部土层含水量也在安全范围内。本研究还将对降雨长周期进行模拟，以确保其可靠性。

致谢

　　感谢西北水资源与环境生态教育部重点实验室提供 LS230/SVM＋型激光粒度分布测定仪。

参 考 文 献

[1]　Amir Akbari Garakani S. Mohsen Haeri，Ali Khosravi，Ghassem Habibagahi. Hydro-mechanical behavior of undisturbed collapsible loessial soils under different stress state conditions [J]. Engineering Geology，2015，195：28-41.

[2]　王铁行，岳彩坤，鲁洁，刘丽萍. 连续降雨条件下黄土路基水分场数值分析 [J]. 西安建筑科技大学学报（自然科学版），2007，05：593-597.

[3]　Li Y，Šimůnek J，Jing L，et al. Evaluation of water movement and water losses in a direct-seeded-rice field experiment using Hydrus-1D [J]. Agricultural Water Management，2014，142（C）：38-46.

［4］ Bah A R，Kravchuk O，Kirchhof G. Sensitivity of drainage to rainfall，vegetation and soil characteristics ［J］. Computers and electronics in agriculture，2009，68（1）：1-8.

［5］ Fuerhacker M，Haile T M，Monai B，et al. Performance of a filtration system equipped with filter media for parking lot runoff treatment ［J］. Desalination，2011，275（1 - 3）：118-125.

［6］ 张永锋. 黄土区地下渗滤系统试验与模拟研究 ［D］. 西安：西安理工大学，2007.

［7］ 苏静. 黄土高原半干旱地区坡面产流入渗作用机制的模拟研究 ［D］. 西安：西安建筑科技大学，2008.

［8］ 孙建伟. 邯郸市雨水利用及入渗补给地下水的研究 ［D］. 邯郸：河北工程大学，2007.

［9］ Lü H，Zhu Y，Skaggs T H，et al. Comparison of measured and simulated water storage in dryland terraces of the Loess Plateau，China ［J］. Agricultural Water Management，2009，96（2）：299-306.

［10］ 韩芳芳，刘秀花，马成玉. 不同降雨历时梯田和坡耕地的土壤水分入渗特征 ［J］. 干旱地区农业研究，2012，04：14-19，31.

［11］ Kandelous M M，Šimůnek J. Numerical simulations of water movement in a subsurface drip irrigation system under field and laboratory conditions using HYDRUS-2D ［J］. Agricultural Water Management，2010，97（7）：1070-1076.

［12］ van Genuchten M T. A closed-form equation for predicting the hydraulic conductivity of unsaturated soils ［J］. Soil Science Society of America Journal，1980，44（44）：892-898.

［13］ 孙建中. 黄土学 ［M］. 西安：西安地图出版社，2005.

［14］ Schaap M G，Leij F J. Improved prediction of unsaturated hydraulic conductivity with the Mualem-van Genuchten model ［J］. Soil Science Society of America Journal，2000，64（3）：843-851.

［15］ 中国科学院南京土壤研究所. 土壤物理性质测定法 ［M］. 北京：科学出版社，1978：11-13.

⊙ 作者介绍

高源原[1]，卢金锁[1]*

[1]. 西安建筑科技大学环境与市政工程学院，E-mail：lujinsuo@163.com

4

海绵型公园规划设计方法研究

摘要：本文结合城市公园的设计过程，提出海绵型公园的定义，通过主动贯彻 LID 的设计理念，以协助解决城市开发造成的雨水问题。笔者在设计过程中主要应用以下方法：一是综合考虑公园类型、公园和周边地块的关系，以及公园水体在整体水系结构的作用，优化竖向设计和水位控制方案；二是将雨洪蓄渗工程融合到公园绿地、建筑、道路、水景观、排水系统、植物配置的设计中，同时避免破坏原有的景观和使用效果；三是在根据当地工程地质和气候条件、挑选合适 LID 技术的基础上，结合总体布局，有意识地对不同的 LID 技术进行组合。具体实践表明：相较传统公园，海绵型公园将 LID 技术与景观设计技术进行较好的融合，既解决了公园周边地块雨水排放和径流污染的问题，又表现出独特的景观效果，具有更好的经济效益、生态效益、社会效益等多重效益。

4.1 引言

传统公园的设计关注最大限度地提高自身的景观效果，因此，较少考虑与周边建设用地的竖向设计以及与周边水系、道路、市政设施等的结合，不太注重对自身雨水径流的收集利用以及为周边区域提供雨水滞留、缓释的空间。随着城市化的快速发展和生态问题的日益突出，尤其是近年来城市水困境日益严峻，人们已经逐渐认识到雨洪利用的重要性及其社会、经济和环境效益。海绵城市建设作为新兴的雨洪管理理论，能够有效地进行雨水利用，从径流源头上控制雨水污染，缓解城市洪涝灾害，节约城市给水排水系统投资，改善城市水环境，提高城市建设的环境、生态和社会效益，有效推动我国城市的可持续发展[1]。

近年来，我国在雨水利用方面的研究取得了相当大的进展，成功案例已经有很多，其中也不乏在公园设计中的应用，例如哈尔滨群力公园、北京奥林匹克公园。但是大多数公园项目在设计时缺乏对海绵城市建设理念的深入，仅在设计末期针对开发造成的雨水问题，去找措施、找对策、找方法，往往导致两种结果：一是很难达到理想的水量、水质控制目标；二是后期强行加入的低影响开发雨水设施与原有景观效果格格不入。因此，只有在公园规划、设计和管理等的各个阶段，主动贯彻海绵城市的建设理念，充分运用海绵城市建设的理念和技术，充分发挥公园"渗、滞、蓄、净、用、排"方面的作用，才能够在最大程度上减少土地开发对自然水文造成的负面影响，才能够最大化地发挥公园的效益[2~6]。

笔者在参与江苏多个公园的设计的过程中，认识到海绵城市建设对城市公园绿地的要求不同于其他城市建设用地，有着更高的要求——更强调充分发挥城市园林绿地的生态基础设施作用，更强调城市绿地在消纳、处理雨水过程中的区域性作用和系统性作用。强调城市公园绿地要结合周边水系、道路、市政设施等，统筹开展竖向设计，在消纳自身雨水径流的同时，要尽可能为周边区域提供雨水滞留、缓释空间。在这个基础上，笔者提出了海绵型公园的设计流程：一是综合考虑城市公园的类型、公园和周边地块的关系，以及公园水体在整体水系结构的作用，在竖向设计和水位控制上予以综合考虑；二是通过整合相关专业，将雨洪蓄渗工程融合到公园绿地、建筑、道路、水景观、排水系统、植物配置等方面的设计中，同时避免破坏原有的景观和使用效果；三是在根据当地工程地质和气候条件、挑选合适 LID 技术的基础上，结合公园总体用地布局，有意识地对不同的 LID 技术进行组合。将自然途径与人工措施相结合，利用 LID 技术减轻城市的内涝危害的同时，最大限度地实现雨水的积存、渗透和净化，并将收集的雨水作为景观湖的重要补给水源和周边小区的公共用水，促进雨水资源的利用和生态环境保护。以下是笔者的一些思考和总结，希望对同类项目有参考作用。

4.2　海绵型公园的定义和内涵

诚然，多数公园的主体就是绿地和水系，天然就可以积蓄和调节雨水径流，但是公园的类型多样，表现的目的不同，设计的理念存在差异，并不是所有的公园都可以称为"海绵型公园"。所谓"海绵型公园"，应当在建设城市海绵体的贡献上超过一般的公园绿地和一般的城市绿地；首先，海绵型公园的平均地面高程一般要低于周边地面，或者在公园水体竖向设计上予以针对性考虑，满足消纳自身雨水径流的同时，可以为周边区域提供雨水滞留、缓释的空间。其次，公园作为城市文化的重要载体和市民游憩的重要空间，对景观功能有着非常重要的要求。目前部分海绵城市实践走的一个明显误区就是过于强调绿地对雨水的吸纳和调蓄，反而忽视园林绿地原有的功能，反而造成绿地逐渐退化、植物品种单一、景观效果丧失；诸多专家也批评此类片面理解海绵城市建设要求导致的教条化倾向，强调绝不能以牺牲一个行业来拯救另一个行业。"海绵型公园"在增加雨水滞留、释缓功能的同时，要尽量保证原有的景观功能不缺失，设计标准不降低，园林品质有新意。各类公园都有自己的主体功能，在"海绵型公园"的设计中可以增加功能，但没有必要消除或者弱化其原有功能。最后，海绵效果不是凭空出来的，相关技术都是一些微观技术，需要在设计时细心的构造，才能发挥很好的效果，而且很多海绵技术需要组合才能发挥最大的效益（如有的技术滞留和调蓄效果较好，有的技术下渗效果较好，有的技术净化效果突出）；公园的绿地和水域面积较大，一方面是可以成规模地布置各种技术，另一方面可以进行工艺的组合，从而发挥最佳效益。

由于现行公园规划设计体系中各个单元相对独立，在解决雨水问题时标准又不统一，再加上海绵型公园建设的理念和技术在我国还相对薄弱，没有完善的规范标准，导致在公园规划设计过程中关于雨水系统的设计和实施存在一定的问题，并且缺少相关专业（规划专业、景观专业、给排水专业、道路专业、园林专业等）的配合，使规划方案不尽理想。因此，对海绵型公园设计技术应用展开研究，具有十分重要的现实意义。

综上所述，海绵型公园规划设计的主要内容，就是在综合考虑目前公园建设需求的基础上，基于海绵城市的理念，力图全面系统地构建海绵型公园设计的流程，包括设计目标制订、场地条件分析、场地土地利用规划、场地景观要素设计、雨水系统总体设计、植物配置设计等。

（1）海绵型公园设计目标研究

公园可以分为植物园、动物园、文化公园、体育公园以及郊野公园等多种类型，除受当地的地质气候条件影响外，各类公园都有着各自的主题和特点，承担着不同的功能，因此需设定不同的设计目标。

（2）海绵型公园设计技术研究

海绵型公园设计包括以下几个方面。

1）海绵型公园水系和场地竖向设计　海绵型公园建设的首要目标是对雨水进行源头管理，采取恰当的土地利用形式、密度等去适应现有地形及自然排水系统，以避免和减少对自然水文循环的影响。

2）海绵型公园建筑设计　一是推荐建筑采用群集发展模式，以保护公园水文及生态敏感区域，从场地中释放出更多的透水地表，减少了不透水表面和场地产流量；二是建筑布置避免对湿地、水体造成破坏；三是结合绿色建筑设计理念，通过绿色屋顶和蓄水设施对雨水进行蓄积和利用。

3）海绵型公园道路设计　通过优化设计，缩短路网总长度，减少道路宽度，道路采用透水铺装等，以达到有效减少场地不透水面的目的。

4）海绵型公园绿地设计　绿地是布置雨水设施的主要场所，绝大部分低影响雨水设施，如雨水花园、绿色屋顶、下凹式绿地、植被浅沟、雨水塘、雨水湿地等，都与绿地密不可分。低影响开发技术应与绿地设计相结合以创造出多功能的场地景观，使各景观要素不但具有美学功能，更具有削减雨水径流，净化水质，改善水循环和生态环境，提高综合效益等多种功能。

5）海绵型公园水景观设计　公园水景观和雨水管理的关键结合点主要是以下几个方面：水源保障（雨水资源利用）、水质保障（雨水径流污染控制）和水体构建（景观、规模、结构、生态系统等）。处理好以上几方面的规划和技术问题常常是实现公园水景观可持续运行的前提和保证。

6）海绵型公园铺装设计　对于人行道、广场、停车场以及车流量较少的道路，应积极采用透水铺装，其主要有两种形式：一种是材料本身具有透水性能，如透水沥青、透水混凝土、透水砖等；另一种是采用透水的制作与铺装形式，如嵌草砖、碎石卵石铺装等。

7）海绵型公园雨水排水系统设计　在场地条件允许的情况下，尽量采用小成本、分散式、低成本的技术措施，以减少后期雨水管网的规模，达到既节省投资又保证排水效果的功能。

8）海绵型公园植物配置设计　海绵型公园的特殊性对部分植物配置有着较高的要求，除了满足一般的景观要求以外，还需满足低影响开发雨水系统的要求。因为无论是低影响开发，绿色雨水基础设施还是各类"海绵"技术，一般都不可能单独发挥作用，所有这些雨水设施都需要与植物相结合。适宜的植物选择和科学的种植设计是"海绵"技术及设施能够长期、有效地发挥其功能的关键。从自然、生态的角度来说，植物在雨水的滞留、渗透和污染物吸收等过程中发挥着至关重要的作用；从美学的角度来说，丰富的植物群落和多样生境更能凸显自然野趣。

对海绵型公园来说，植物选择与种植的目标是构建可持续的植物群落和丰富多样的植物生境，整体必须符合生态和审美的双重要求，植物的选择一般也必须遵循共同的基本原则，例如：优先选择适生植物和乡土植物，选择耐污染、抗性强的植物，选择多年生植物以及群落性植物配置等。

4.3 海绵型公园的建设目标和建设思路

4.3.1 建设目标

和一般的海绵型项目一样，海绵型公园建设目标体系也主要包括水生态、水环境、水安全、水资源四大目标体系。其中，水生态主要是采用海绵城市建设理念，通过低影响开发进行源头减排，控制径流总量，维持当地的自然水文循环；水环境主要是通过低影响开发设施控制初期雨水污染，改善地表水环境；水安全包括低影响开发削减径流峰值、雨水管网设计及排涝系统设计；水资源主要是通过雨水收集利用设施促进雨水资源化利用，减少新鲜水消耗。

但是，需要强调的是：如果只针对公园本身制订相关目标是没有意义或者意义不大的，因为公园本身就是天然的海绵体；应将公园及其服务区域（即其汇水范围）作为一个整体共同考虑，才能充分体现海绵城市建设的系统性和目标制订的科学性。这实际上是对建设目标的外延。

（1）水安全目标外延

公园服务区域雨水就近排入公园水体，实现公园及其服务区域内涝防治标准达到 30 年一遇。

（2）水生态目标外延

实现公园及其服务区域径流总量控制目标达到 75％以上。

（3）水环境目标外延

主动利用公园内的规模化布置的植被缓冲带、湿塘、湿地对公园服务区域的地面径流进行处理；实现公园及其服务区域地表径流污染消减达到 50％以上。

（4）水资源目标外延

公园内及其周边地块市政道路浇洒、园林绿化用水主要采用公园水体；实现公园及其服务区域雨水资源利用率达到 10％以上。

4.3.2 建设策略

4.3.2.1 突出生态自然与系统设计的总体要求

通过总体水系规划，系统分析了基地周边区域的水系布局、防洪排涝规划、水文地质及周边用地规划等基础条件，明确了基地内部水系与外部水系的联系通道和排水方向，进而确定了园区内部水体水位控制和常水位控制标高，为下一步园区竖向设计和水系整理提供了先决条件。

在此基础上，规划提出了海绵型公园建设的技术路线和系统框架，提出了园林绿地中海绵技术应用的独特景观呈现和海绵技术设计理念、方法集中展示的设计目标。

4.3.2.2 突出海绵技术的系统实践与展示

根据基地条件，结合海绵型公园的设计目标，规划提出以年径流总量控制率作为首要控制目标，并综合考虑径流污染、峰值控制目标和雨水资源化利用，在消纳和净化自身雨水径流的同时，为周边区域提供雨水调蓄和滞留空间。

强调根据园区基地实际场地和空间，通过海绵技术适宜性分析，依据园区实际需求因地制宜地选择适宜性高的海绵技术进行系统性展示与示范。在园区建设过程中按不同海绵体要素——绿地、水体、道路铺装、建筑等进行分类应用，通过滞蓄渗透、受纳转输、过滤净化及雨水综合利用等多种技术实践，实现园博园良性水文循环，提高对径流雨水的渗透、调蓄、净化、利用和排放能力，强化和放大公园绿地的"海绵"功能。

4.3.2.3 突出海绵技术的科学分析与系统总结

为更好地对已应用的海绵技术进行改进和完善，提高可推广性，在海绵技术的系统应用后还应建立健全相关设施的维护管理制度和操作规程，配备专职管理人员和相应的监测手段。同时定期对设施的效果进行检测、科学分析与评估，确保设施的功能得以正常发挥。另外，还应加强相应技术措施及设施数据库的监理与信息技术应用，通过数字化信息技术手段，为今后类似项目提供科学指导和支撑。最后，应注重海绵技术实施过程及后期实施效果的影像资料的收集和整理，作为前后效果评估的参考，同时也可作为海绵技术科学普及与教育实践的重要资料。

4.3.3 技术路线

根据森林公园的现状情况和建设需求，结合海绵型公园的设计理念，分析得出森林公园海绵化改造的设计目标。在此基础上综合考虑技术经济性、技术先进性、技术适宜性等要素，进行海绵城市建设规划设计，最后通过数值计算法及软件模拟法进行效果评估及效益评价。

技术路线如图 6-4-1 所示。

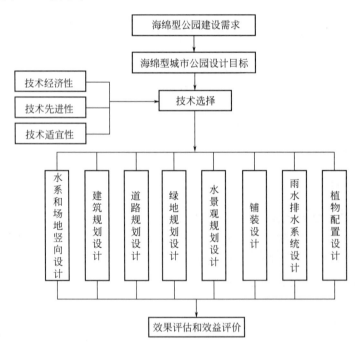

图 6-4-1　海绵型公园设计技术路线

4.3.4 途径和方法

设计途径主要包括海绵型公园水系及场地竖向设计、海绵型公园建筑设计、道路规划设计、海绵型公园绿地设计、海绵型公园水景观设计、海绵型公园广场设计、海绵型公园植物配置设计等。设计方法主要是利用透水路面、透水铺装、下沉式绿地、植被缓冲带、植草沟、雨水花园、绿色屋顶、水体、雨水湿地、湿塘等海绵技术，充分发挥对雨水的"渗、滞、蓄、净、用、排"功能，在淮安市海绵城市建设方面起到引领示范作用。海绵型公园设计框架见图6-4-2。

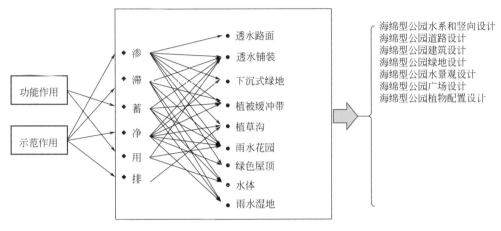

图 6-4-2　海绵型公园设计框架

4.3.5　应用案例

下面以笔者设计的淮安生态新城森林公园海绵化改造工程为例，说明海绵型公园的设计思路。

4.3.6　基本情况

淮安生态新城位于淮安主城区和古城区之间，是具有淮安特色、满足特大城市功能要素需求的现代化行政中心、商务中心、体育中心、文化中心、旅游中心等综合功能完善的新城区。森林公园则处于生态新城的核心区，景观特色突出，地理位置优越（图6-4-3）。

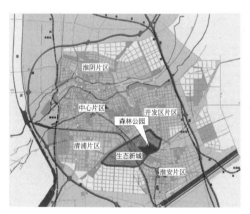

图 6-4-3　项目位置

公园规划自里运河和乌沙干渠引水，通过大寨河（菱陵抽水站）排水；目前实际既从里运河抽水，也向里运河排水（图6-4-4）。

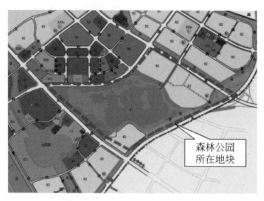
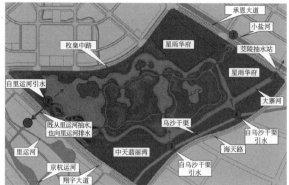

图 6-4-4 公园和周边用地

4.3.7 建设需求

4.3.7.1 雨水滞留和调蓄的需求

根据现状情况，周边用地雨水一般不排入公园内部水体，而是直接排入周边水体。公园内部水体巨大的体量未得到充分利用，造成"雨大时排不走，雨少时无利用"的局面。

（1）项目范围以外的区域

现状主要建成区位于枚皋路以北，该区域主要通过枚皋路雨水主干管和景会路雨水主干管自东向西排入小盐河，以及通过承恩大道雨水主干管自北向南排入乌纱干渠。

（2）项目范围内部的区域

项目范围内除森林公园外，还有 3 个小区，分别是位于东南角的中天翡丽湾小区、位于东北角的建华观园小区和位于西北角的星雨华府小区。根据现状情况，中天翡丽湾小区约有50％区域的雨水直接排入公园水体；星雨华府小区除少部分区域直接排入公园水体外，其余均向东排入承恩大道雨水主干管或向北排入枚皋路雨水主干管，再通过枚皋路雨水主干管排入小盐河；建华观园小区除少部分区域直接排入公园水体外，其余均向东排入承恩大道雨水主干管，最终排入小盐河（图 6-4-5）。

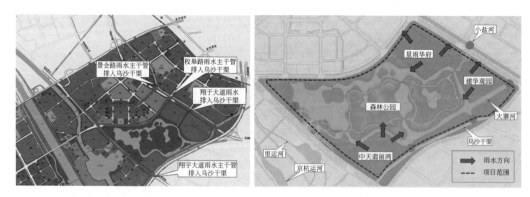

图 6-4-5 公园周边区域排水

4.3.7.2 面源污染消减

根据规划，公园水体将承接南侧中天翡丽湾小区的绝大部分雨水以及北侧星雨华府小区和建华观园小区的少量雨水，但均未规划雨洪面源污染处理设施。同时，周边地块在建设过程中形成若干垃圾堆置点，也对公园水体水质造成了一定的不利影响。而目前公园水体滨岸带植被和水生植被体系相对简单，污染降解能力有限，随着周边居住小区的投入使用，可以预见公园水体承接的污染负荷将大幅增加，有必要通过生态修复、低影响开发等海绵城市建设措施提高污染去除能力，保障公园水质安全。

4.3.7.3 公园品质提升的需求

目前，公园内部的排水设施主要以硬化设施为主，仅在局部建设少量植草沟和碎石滤沟用于排水，硬质排水设施的景观效果差而且存在局部排水不畅的地区。同时，占公园1/3面积比重的水体中，现状的水生植被景观也相对稀少和单调。这些问题在很大程度上影响了公园品质，有必要通过系统性的海绵化改造，实现排水的生态化和景观质量的综合提升。

4.3.7.4 公园和周边区域绿化用水

目前，公园和周边区域绿化用水均直接抽取河水，但公园内部水体水面不能自然维持，需要通过泵站从里运河抽取。

4.3.8 技术方案

淮安生态新城森林公园海绵化改造方案分为两个部分：大海绵方案和小海绵方案。

4.3.8.1 大海绵技术方案（公园外部地块技术方案）

大海绵方案，顾名思义就是把森林公园当成一个天然的海绵体，为了充分利用这个海绵体的功能，需要对周边的径流输送方向进行调整，将原来不引入森林公园的雨水导入森林公园，以实现利用森林公园为周边区域承担雨水调蓄和利用功能的目的（图6-4-6、图6-4-7）。

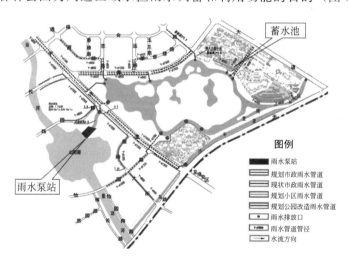

图6-4-6 公园周边区域排水优化

（1）道路雨水管网改造

对枚皋路、凤里路和翔宇大道等雨水管进行局部改造，将长雨水管截断，分段导入公园水体。

（2）小区雨水管网改造

1）星雨华府　将小区西南角两条$d500mm$雨水管接到新建的$d800mm$雨水管上，接入蓄水池，蓄水池设溢流管，通过雨水排放口排入水体。蓄水池容积为$150m^3$，采用蓄水模块，在模块前设置检查井以去除初期雨水的污染。

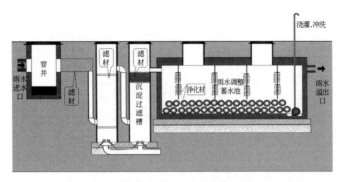

图 6-4-7　雨水口专用设施

2）建华观园　通过新建的雨水排放口将小区西南角 d500mm 的雨水管连到小区南边的公园水体。

3）中天翡丽湾　将小区西北角雨水排放口位置稍作移动，接入新建的湿塘中，更好地消减径流污染；原规划确定的另外两个排入公园内部水体的排放口不变。

（3）雨水排放口设计

在地块和道路的雨水排水口处设置雨水专用处理设施，截留地面径流污染。

4.3.8.2　小海绵技术方案（公园内部地块技术方案）

小海绵方案，则是利用森林公园内部广大的绿地和起伏多变的地形，布局合适的低影响开发雨水设施，少利用甚至尽量不用灰色基础设施，达到对公园自身产生的雨水径流自然渗透、自然积存、自然净化的目的，同时，积累的设计、建设、管理、维护经验，将为淮安市推进海绵城市良性建设打下良好的基础。

小海绵方案的关键是选择合适的 LID 技术。LID 技术的选择秉承"四多四少"的原则。

① 仿自然原则：多利用现状地形和自然条件，少干扰周边生态环境和采用工程措施。

② 低成本原则：在同等或相近生态效益的情况下，多用廉价技术，少用昂贵技术。

③ 可持续原则：多用容易维护管理的技术，少用难以维护管理的技术。

④ 就地原则：多用适用本地植被的技术，少用需引进外来物种的技术。

另外，LID 技术的选择也受设计目标、场地条件以及对于经济性、景观性以及维护管理方面的要求等因素的影响。

（1）设计目标

本项目中森林公园海绵改造的目标，除了解决公园及周边面临的城市内涝和水环境污染等现实问题外，还包括生态理念和技术的示范展示功能。因此，本项目中应用的海绵技术，除了主要运用以解决实际问题为目的的实用型技术外，既具有较好的雨水调蓄和径流污染削减能力，还需能够与园林绿地结合形成独特景观，并将尽可能多地运用与相对不实用的技术进行小规模的技术展示和示范。

（2）场地条件

场地的气候、水文、地质、土壤、地下水、坡度等条件，会在很大程度上影响海绵技术的适用性。本项目场地气候湿润，夏季炎热多雨，湿式滞留设施不太合适，可能会滋生蚊虫；场地土壤主要为黏土，土壤渗透性较差，土壤的渗透性能影响有下渗功能的 LID 技术设施，必要时需要换土；场地的地下水位较高，将成为阻碍雨水入渗的重要原因；场地大部分地区地势平坦，坡度大于 5% 的局部洼地不适合使用下渗沟和植草沟。

（3）经济性、景观性、维护管理要求

从经济性、景观性和维护管理要求等因素考虑，项目中大规模应用的海绵技术应满足建设成本相对较低、景观效果相对好、维护管理相对简单等要求。

规划公园内部共有约40处进行海绵化改造，共使用15种海绵技术（包括5个透水铺装小类）。其中下沉式绿地、植草沟和透水沥青路面、浅滩湿地、生态浮岛和滞留湾等适用技术规模均较大，在整个公园广泛分布。雨水花园、生态树池、雨水罐、湿塘、透水混凝土和透水砖铺装等展示技术集中分布于公园入口、管理用房周边等地点（图6-4-8）。

图6-4-8　低影响开发设施布局

另外，通过多种技术的叠加使用，充分发挥设施的综合效益，如图6-4-9所示。

4.3.9　效果评估

淮安生态新城森林公园在海绵化改造的过程中，深入贯彻以自然循环为基础的自然渗透、雨水净化和蓄积水源的海绵城市理念，采用自然生态的手段维持和恢复场地的自然水文循环，控制场地开发强度，将低影响雨水设施与地形、水体、建筑、道路、绿地植被等自然景观相结合，将雨洪蓄渗工程融合在公园绿地景观设计中，以代替传统的雨水排水管网；既减少了场地开发、雨水管理等的成本，又实现了对场地生态环境的保护，同时将LID技术与景观设计技术进行较好的融合，既解决了公园周边地块雨水排放和径流污染的问题，又表现出独特的景观效果，具有非常好的经济效益、生态效益、社会效益等多重效益。

4.3.9.1　经济和社会效益

构建海绵型公园有以下几方面的经济效益和社会效益。

① 提高公园的功能性，充分利用景观区域进行雨水资源的保护，削减自身雨水径流，并为周边区域调蓄雨水，减少洪涝带来的损失。

② 可以在一定程度上解决建设内部水资源利用不合理等问题，减少对外来水源的依赖程度。

③ 可以减少甚至消除因径流污染而造成的社会损失。

④ 通过充分利用雨水资源，降低了园林绿化的养护成本。

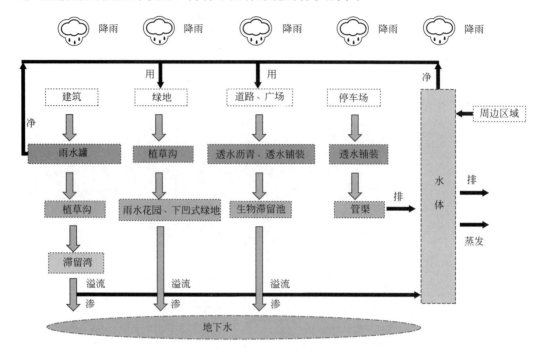

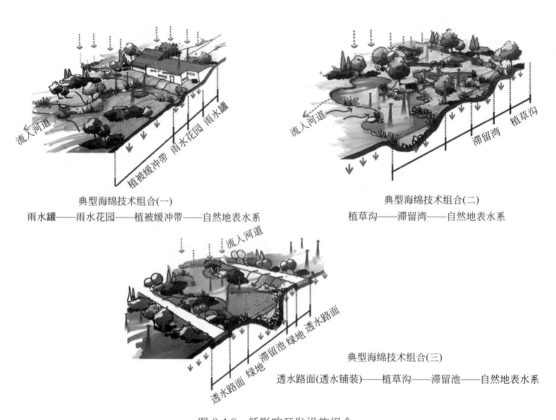

典型海绵技术组合(一)

雨水罐——雨水花园——植被缓冲带——自然地表水系

典型海绵技术组合(二)

植草沟——滞留湾——自然地表水系

典型海绵技术组合(三)

透水路面(透水铺装)——植草沟——滞留池——自然地表水系

图 6-4-9　低影响开发设施组合

（1）径流总量控制和雨水径流调蓄

公园总面积约128hm²，其中水面约40hm²；随着公园周边地块市政雨水管网的改造，枚皋路以北、翔宇大道以西的大片用地（约139.6hm²）纳入公园水体的汇水范围（见书后彩图6-4-10）。

结论1：森林公园进行海绵化改造后，其内部水体最多能为周边地区提供32.64万立方米的调蓄容积；充分利用该调蓄容积后，不但可以让森林公园及周边纳入其汇水范围地块实现80%的径流总量控制目标，而且可以承接以上范围内30年一遇最大2h降雨产生的所有地面径流量，并仍有富余。

（2）消减径流峰值，提高排涝标准

通过Infoworks ICM软件建模对森林公园周边街区现状受淹情况进行分析；基于分析结果提出部分路段雨水管网的改造方案，以及LID设施的布局方案，并通过Infoworks ICM软件建模分析规划方案下森林公园周边街区的受淹情况（见书后彩图6-4-11）。

结论2：经过分段改造排水口，枚皋路、翔宇大道各段管道汇水范围大幅度减小，径流峰值消减率50%～85%以上。以枚皋路三段管道为例，在遭遇30年一遇最大2h降雨情况时，径流峰值削减率分别为28.6%、46.2%和63.6%（图6-4-12）。

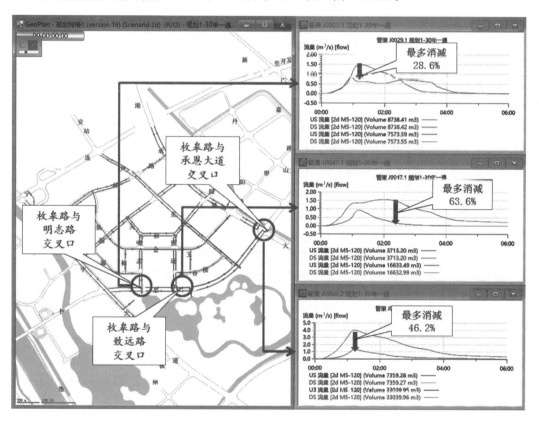

图6-4-12　30年一遇降雨径流峰值控制模拟结果

（3）径流污染消减和雨水资源利用

结论3：淮安市多年平均降水量约为958.8mm，雨水中COD平均浓度按200mg/L考虑，示范项目总面积287hm²，则年降水中含SS约550t。根据模拟计算，通过湿地、湿塘和雨水口专用处理设施，公园及其服务区域内的SS削减量达到54.5%以上，即SS削减量为 300t/年。

结论 4：根据计算，公园水体积蓄的雨水（约 $1.5 \times 10^6 \, \mathrm{m}^3/\mathrm{a}$）足以满足公园及其服务区域内所有园林绿化用水，可以大大减少对市政自来水的取用。作为主要服务队形的星雨华府、中天翡丽湾、建华观园等 3 个小区，按地块面积和单位面积平均用水量计算，总用水量约 $9.8 \times 10^5 \, \mathrm{m}^2$，其中园林绿化用水约 $1.2 \times 10^5 \, \mathrm{m}^2$，该部分用水全部采用公园水体作为水源，则雨水资源化利用量可达到总用水量的 12.2%。

4.3.9.2　生态效益

构建海绵型公园有以下几方面的生态效益。

① 可通过增加透水面积、绿化植草面积、渗透管沟、洼地、渗水井等技术措施，增加雨水入渗量，有效回补地下水。

② 可节约优质水资源，缓解水资源供需矛盾，为城市提供大量环境景观用水，重建水生态环境，进一步削减污染物排放量，改善水体环境。

③ 在不破坏自然环境的条件下，维持原场地的自然水文，调节场地微气候，提高生物多样性。

4.3.9.3　景观效益

建设海绵型公园可以提高场地用地规划的兼容性，并通过独特的景观设计和植物配置增加新的视觉景观享受，使其在四季都能表现出良好的观赏效果。

4.4　结论和建议

综上所述，通过对海绵型公园和传统公园进行了比较，得出了海绵型公园的以下优势。

① 一是海绵型公园在满足消纳自身雨水径流的同时，可以为周边区域提供雨水滞留、缓释的空间，同时，积蓄的雨水还可以提供公园浇洒、冲洗的水源。

② 海绵型公园在强调绿地对雨水的吸纳和调蓄的同时，确保原有的景观功能不缺失，设计标准不降低，园林品质有新意；三是 LID 设施布置充分利用了公园绿地和水体面积较大的优势，能够发挥规模效益和最佳效益。

随着国家和地方政策的强力推动，海绵城市建设已迎来高潮。虽然目前国内在这一领域已有不少理论探索和实践积累，但有关海绵城市建设特别是海绵型公园绿地的具体做法仍然存在争议；目前广泛取得的共识是：要促进海绵城市建设的健康发展，必须强调园林技术和海绵技术的融合。城市绿地系统是城市的主要海绵体之一，是海绵城市建设非常重要的依托对象；而公园是城市中最重要的海绵节点，在未来的城市建设中会得到进一步的关注。笔者在参与公园的设计过程中，主动贯彻海绵城市的建设理念，充分发挥公园在建设城市海绵体方面的作用，把雨水工程和城市生态环境及其他社会功能良好地结合在一起，希望能给类似的公园规划设计提供一些启发和参考。

参 考 文 献

[1]　海绵城市建设技术指南——低影响开发雨水系统构建. 住房和城乡建设部，2014.

[2]　Ahiablame L M, Engel B A, Chaubey I. Effectiveness of low impact development practices: literature review and suggestions for future research [J]. Water, Air, & Soil Pollution, 2012, 223 (7): 4253-4273.

[3]　James M B, Dymond R L. Bioretention hydrologic performance in an urban storm water network [J]. Journal of

Hydrologic Engineering，2011，17（3）：431-436.

［4］　Franklin J C. Improving urban watershed health through suburban infill design and development ［D］. Virginia：VT，2011.

［5］　栾春凤，申潇潇 . 基于低影响开发的郑州大学新校区雨水利用设施规划初探 ［J］. 园林与生态工程，2015，12（6）：483-487.

［6］　柳骅 . 低影响开发在城市滨水景观设计中的应用解析 ［J］. 生态经济，2014，30（11）：192-195.

◉ 作者介绍
陈凌[1*]，陶亮[1]
[1]. 江苏省城市规划设计研究院，E-mail：51400082@qq.com

5

基于沈阳东湖湿地公园案例分析的城市绿色海绵系统构建策略探究

摘要： 作为构建海绵城市的重要组成部分，城市水系承担着防洪排涝、水源涵养、景观营造等多方面的功能，但目前却普遍面临着缺水和污染的双重困境。本文通过借鉴国内外最新的雨洪管理理念和技术，转变依赖大规模工程措施和异地借水的传统思路，以沈阳市东湖湿地公园为例，借助 ARCGIS 水文分析，结合水位、库容、污染等现状特征，利用 LID 等技术措施来探索东湖作为沈阳城市"绿色海绵系统"的构建策略。

5.1 研究背景

5.1.1 城市水系生存危机问题日益严重

我国城市水资源严重短缺，城市水系普遍面临着缺水干涸的困境。在过去 50 年的时间里，中国已减少了约 1000 个内陆湖泊，全国平均每年消亡的天然湖泊达到了 20 个。北京在新中国成立后的 50 年当中，包括永定河在内的 21 条主要河流都全部断流，二十余处城市湖泊遭到掩盖[1]，仅在 20 世纪 60~70 年代，就有 8 个湖泊共 33.4hm² 的湿地由于缺水干涸而被填埋[2]。

我国城市水系不仅缺水，同时也面临着水质污染的严重问题。城市快速无序的发展，大量的工业废水、生活污水和固体废弃物等投入到河流湖泊中，导致城市水系遭到严重污染，水体富营养化等情况不断加剧。在过去的 30 年里，我国污染的水系面积已从最初的 135km²激增 14000km²。北京、上海、南昌、黄石等因水而闻名的城市也面临着城市水系污染、水质恶化等问题。许多城市水系基本上丧失了其水文和生态功能，成为单纯的景观观赏水体。

同时，城市还面临着频发的洪涝灾害，时常进入"看海"模式。据统计，2011 年，全国 31 个省市均遭受了不同程度的洪涝灾害，其中受淹城市达到 136 个，北京、武汉、南京等大城市都遭到了严重的内涝，由此导致了城市的基本功能瘫痪，给人民的财产和生命安全带来了巨大的威胁。

5.1.2 海绵城市建设成为主流

一方面是水系面临着污染和缺水的双重困境，另一方面是洪水频发、内涝严重，这种矛盾始终困扰着当前中国城市的建设与发展。为了摆脱城市雨洪管理困境，"海绵城市"建设思想应运而生，早在2003年，北京大学俞孔坚教授等在其《城市景观之路：与市长们的交流》一书中就将河流、自然湿地等比喻成"海绵"来增强城市对于洪涝灾害的调蓄能力[3]，随后十年间，董淑秋、韩志刚、刘波、林炳章、任心欣、王云才等多名专家学者将"海绵城市"理论进行了实践和宣传[4]。"海绵城市"相关概念成为我国城市建设行业内的热点话题和思想。

在2013年12月召开的中央城镇化工作会议上，习近平总书记提出建设自然积存、自然渗透、自然净化的"海绵城市"。2014年2月，住建部发布的《住房和城乡建设部城市建设司2014年工作要点》中明确要求加快研究海绵型城市建设的政策措施。2014年10月，住建部正式发布了《海绵城市建设技术指南——低影响开发雨水系统构建》，对海绵城市建设进行了较为系统的技术指导。2014年12月，财政部、住房和城乡建设部、水利部联合组织开展海绵城市试点建设示范工作，并于2015年4月选出济南、迁安等第一批试点城市，海绵城市开始如火如荼的在全国范围内展开，各个省市都相继开展了海绵城市专项规划和地方标准图集。为了加快推进海绵城市建设，保障城市生态安全，2015年10月，国务院办公厅印发了《关于推进海绵城市建设的指导意见》（国办发〔2015〕75号），对各省市海绵城市建设提出了基本要求与建议。由此，"海绵城市"建设在中央政府的关注和推动下得到了快速的推广和发展。

"海绵城市"指的是城市能够像海绵一样，在适应环境变化和应对自然灾害等方面具有良好的"弹性"，下雨时吸水、蓄水、渗水、净水，需要时将蓄存的水"释放"并加以利用[5]。这个概念中包含了三个关键含义：第一，"弹性"，海绵城市强调的是一个具有"弹性"的城市格局，即城市能够适应自然环境的不断变化和洪涝灾害的不断侵袭；第二，"稳定"，海绵城市要求城市开发前后的水文特征基本不变，既包括了径流和峰值总量的基本稳定不变，也包括了水质指标的稳定不变；第三，"利用"，海绵城市指出要对雨水资源进行合理的存储利用，这体现了对于雨水资源的价值观改变，雨水被视为重要的战略资源得到有效的利用。

由上文可见，相对于传统依靠灰色基础设施的单一雨洪管理思路，海绵城市由于其对城市水生态环境可持续管理的思想和综合的生态技术手段得到了专家学者和政府的重视和推广，海绵城市建设成为当今和未来中国城市建设的主流。

5.1.3 绿色基础设施是构建海绵城市的重要途径和方法

绿色基础设施（green infrastructure）是与灰色基础设施相对应而言的，其是在城市快速发展过程中对自然生态系统产生严重破坏，而现有的基础设施无法很好地解决这种矛盾的大背景下产生的。绿色基础设施最早于1984年作为生态城市规划的5个原则之一被提出来[6]，并于1999年5月在《可持续发展的美国——争取21世纪繁荣、机遇和健康环境的共识》中被确定为美国社区永续发展的重要战略之一[7]。由此引发了美国等众多西方国家学术界的深入研究和探讨，并在近十几年内逐渐成为国际规划设计界的研究热点和主要方向之一。目前国内外对于绿色基础设施尚未形成统一的定义，但是目前得到普遍认可的是美国保护基金会和美国农林管理局于1999年提出来的定义，即绿色基础设施是国家的自然生命支持系统，是一个包含水道、湿地、森林、公园、绿道等多种生境类型，保护自然生态过程、空气和水资源，提高社区居民生态质量，由荒野和多个开放空间组成的相互连接的"网络"[8]。

根据上述定义和国内外相关研究，可以发现绿色基础设施具有以下 3 个方面的特点。

① 绿色基础设施是一个城市生命支持系统。不同于传统灰色基础设施仅仅为人服务的观点，绿色基础设施更加关注于对城市生态系统的支持和保护作用，维护整个区域的生态系统价值和功能。

② 绿色基础设施是一个多尺度系统。相比于生态城市、绿色城市、景观都市主义等人居可持续建设理论，绿色基础设施的研究更针对场地的具体问题[9]，因此，绿色基础设施在多层尺度空间内都有相应的理论和实践。在区域和城市层面，绿色基础设施主要包含国家公园、风景名胜区、大型河道、绿色廊道等。在城市层面，绿色基础设施主要包含城市公园、滨水空间、慢性步道、墓地、农田等等。在社区层面，绿色基础设施主要包含社区花园、生态滞留池、人工湿地、屋顶花园、绿色街道等等。多种尺度的绿色基础设施相互契合，共同构成了绿色基础设施系统。

③ 绿色基础设施是一个由多个绿色基础设施节点和廊道相互连接的生态网络系统。"网络"是绿色生态基础设施的一个关键要点，同一尺度的绿色基础设施相互连接是构成更大尺度的绿色基础设施的前提。单一绿色基础设施所能发挥的生态效益和功能是有限的，多个绿色基础设施节点通过多功能廊道相互连接，形成绿色生态网络才能够最大限度地发挥其生态功能和效益。

绿色海绵本质上是绿色基础设施的一种，在满足基本生态服务功能的基础上，其更侧重于对城市雨洪安全的管理和保护。通过对于雨雪水的渗透、调蓄和净化，一方面回补地下水，缓解城市缺水困境。另一方面形成适应性景观，增强城市对于洪水、内涝等自然灾害的适应性。还能通过调蓄雨洪水来打造和恢复城市湿地景观，营造具有多种功能的生态基础服务设施。因此，"绿色海绵"能够很好地满足当前海绵城市的建设和发展需求，成了建设海绵城市的重要途径。

5.2 沈阳东湖湿地公园现状研究

5.2.1 东湖湿地公园是沈阳市东北部地区唯一的防洪屏障

沈阳东湖湿地公园位于沈阳市东北部，地处浑河冲积平原，紧邻辉山、棋盘山等长白山余脉，距离沈阳市中心约 11km，规划面积约为 110hm²，其中水域面积约为 38hm²。沈阳东湖湿地公园主体水域为 1958 年建造的辉山水库，其控制上游流域面积为 7.4km²，初始设计库容为 $1.2 \times 10^6 \text{m}^3$，属于小I型水库，主要建筑物设计洪水标准为 10 年一遇，校核洪水标准为 50 年一遇。辉山水库位于辉山明渠中部，上接来自东北部山区的径流，下入北运河和新开河。结合沈阳市土地利用现状图和区域地形图可以看出，辉山水库是沈阳市东北区域内唯一的水库，由于沈阳市地势东北高西南低的特点，使其成为控制沈阳东北部山洪危害的重要的生态屏障，既保护了下游 7200 余名居民、2400 余间房屋，又保护了沈吉铁路、东陵路、榆林大街等重要交通要道，同时也对下游农田起到了调蓄灌溉的作用。因此，东湖湿地公园在沈阳市雨洪安全格局中是极其重要的组成部分，承担着不可替代的作用（图 6-5-1、书后彩图 6-5-2）。

5.2.2 沈阳东湖湿地公园现状问题

近年来，随着大东区城镇建设的快速发展，对东湖湿地公园及其周边生态环境造成了严重的破坏，导致以辉山水库为中心的东湖湿地公园水资源系统受到了严重影响，出现了以下

图 6-5-1　东湖地理位置图

辽宁省　　　　　　沈阳市　　　　　　大东区

3 个方面的问题。

5.2.2.1　水体空间被侵占，区域雨洪调蓄能力严重缩小

通过现场实地调研，发现主体水域被建筑垃圾、小型工厂、大型停车场占据了大量的空间，导致水库蓄洪能力被压缩。根据辽宁江河水利水电新技术设计研究院 2013 年调查数据显示，辉山水库库容仅为 $87.94 \times 10^4 m^3$，已经不能达到小 I 型水库工程规模的规定，而且目前大坝背水坡凹凸不平，堆积土体稳定性较差，因此，为了安全起见，水库常年水位保持在 68.5m 以下，枯水季水位保持在 67.8m，库区实际可蓄水量仅为 $14.37 \times 10^4 m^3$，远远低于周边每年 $50 \times 10^4 m^3$ 的汇水量，基本丧失了对周边区域的雨洪水进行调蓄的能力（图 6-5-3、图 6-5-4）。

图 6-5-3　现状照片一

图 6-5-4　现状照片二

5.2.2.2　汇水通道被切断，泄洪通道淤积严重

随着沈阳市的快速扩张，东湖湿地公园周边进行了大量的道路、村镇、工业厂房建设，导致农村内大部分溪流消失或者缩小，成为零散分布的坑塘水渠，原有河流水网遭到破坏，呈现出退化趋势。将规划范围内的 DEM 图进行径流模拟，并与现状建筑分布进行叠加，发现东湖湿地公园的汇水通道上建有众多房屋，导致上游汇水区与水库之间的汇水通道被切断，区域汇水能力下降。此外，东湖湿地公园下游泄洪通道淤积严重，水渠外形已不可见，护坡被建筑垃圾覆盖，阻断了水库与下游水体的联系，使得东湖湿地公园成为孤立的水体（见书后彩图 6-5-5）。

5.2.2.3　水体污染严重，生态系统受到威胁

东湖湿地公园紧邻榆林堡和后榆林堡两个大型村镇，村镇内居民点产生的生产和生活废水和垃圾、农业生产的化肥、工业园区内企业的生产污水以及垃圾冲刷产生的径流成为区域水资源的主要污染源，根据谢东青等人的研究，每年流入水库的污染量约为 COD_{Cr} 400t、总氮 6200t、总磷 700t、污水 $1.2 \times 10^6 t$、粪尿 4700t、固废 200t[10]，由此导致东湖湿地公园的水质已为劣 V 类，水质状况为重度污染，处于中富营养化水平，在监测的 15 个指标中，

有一半以上的指标达不到国家Ⅲ类水质标准要求,主要污染指标 TP、TN 和 TSS,分别超出国家Ⅲ类地表水标准的 14.2 倍、5.85 倍和 2.72 倍[11],区域水资源环境处于极其恶化的状态。水质恶化造成的直接后果就是各种生物生存环境的恶化,导致湿地植物、鱼类以及各种鸟类数量大大减少,区域生态系统面临着崩溃的困境(图 6-5-6、图 6-5-7)。

图 6-5-6　现状污染照片一

图 6-5-7　现状污染照片二

5.2.3　沈阳东湖湿地公园现状雨洪分析

5.2.3.1　雨水径流分析

采用 30m 精度 ASTER GDEM 数据作为研究沈阳市大东区区域地形的基础数据,导入 ARCGIS 中形成原始 DEM 图,结合 Google Earth 等软件对原始 DEM 图进行细化修正。基于修正后的 DEM 数据,利用 ArcGIS 水文分析工具提取出区域内的径流路线,并根据径流路线、流向来确定东湖的汇水区域面积,约为 1230.53hm² (图 6-5-8、图 6-5-9)。

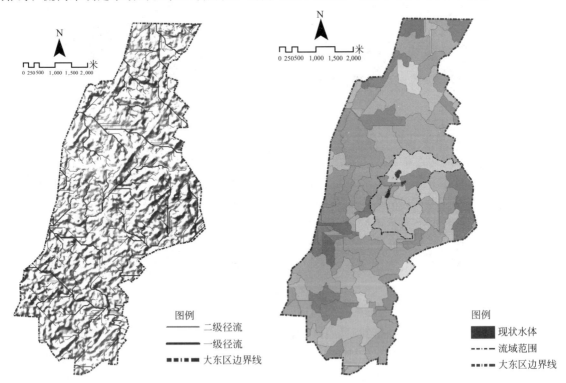

图 6-5-8　沈阳市大东区径流分析图　　　　图 6-5-9　沈阳市大东区汇水区域划分图

同时查阅沈阳市 1951~2000 年间的历年降雨量,并进行加权平均,得出沈阳市多年平均降雨量为716.6mm。结合汇水面积数据，采用推理公式法来计算东湖湿地公园的年汇水水量。

$$V_1 = \phi F \alpha \beta (H \times 10^{-3}) \tag{6-5-1}$$

式中，V_1 为汇水水量，m^3/a；H 为多年平均降雨量，mm；ϕ 为径流系数；F 为汇水面积，m^2；α 为季节折减系数，取值为0.85；β 为初期雨水弃流系数，取值为0.87[12]。其中，径流系数为汇水区域内的综合径流系数，即将汇水区域内的各种土地利用类型进行概化分类后进行加权平均，最后得到的东湖流域范围内的综合径流系数为0.4。将上述数值代入式中进行计算，最终得出东湖湿地公园年均雨水收集水量为 $1.733 \times 10^6 m^3$，远大于现状库容量 $87.94 \times 10^4 m^3$，急需要进行整治修理，增加蓄水容量。

5.2.3.2 洪水淹没分析

根据数理统计法得出的沈阳市暴雨强度公式，计算出东湖湿地公园地区10年一遇、20年一遇、50年一遇的暴雨强度，结合汇水区域面积，最终得出不同年份暴雨径流量，并与现状实际可蓄水量进行比较，见表6-5-1。

表6-5-1 暴雨径流量计算表（根据沈阳市市政工程设计研究所采用数理统计法公式计算）

级别	暴雨强度 /[L/(s·hm²)]	面积 /hm²	降雨历时 /min	径流量 /10^4 m³	实际可蓄水量 /10^4 m³	溢出水量 /10^4 m³
10年一遇	134.77	1230.53	60	20.9	14.83	6.1
20年一遇	152.42	1230.53	60	23.6	14.83	8.8
50年一遇	175.75	1230.53	60	27.2	14.83	12.4

将比较结果通过ARCGIS水文模拟呈现出来，可以看出在50年一遇的暴雨情况下，规划范围内大部分地区处于淹没状态，在20年一遇的状态下，南部地区淹没范围较大，而在10年一遇状态下，基本将现状水系、现状低洼区域及其周边30m内的区域淹没，这对未来东湖湿地公园的规划设计提供了很好的参考价值（图6-5-10～图6-5-12）。

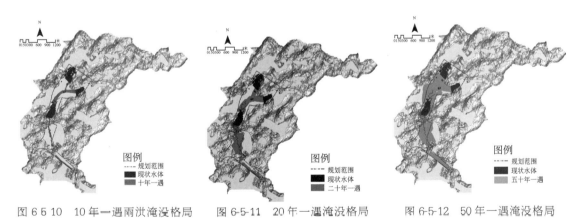

图6-5-10 10年一遇雨洪淹没格局　　图6-5-11 20年一遇淹没格局　　图6-5-12 50年一遇淹没格局

5.3 沈阳东湖湿地公园绿色海绵系统规划设计

5.3.1 规划理念概述

东湖湿地公园"绿色海绵"系统规划的着眼点不仅仅局限于场地规划范围，而是要从整个东湖流域着眼，系统性恢复和重建流域范围内的绿色基础设施网络是东湖湿地公园未来发展的关键和立足点。通过源头净化、廊道恢复、空间联系等措施，结合东湖流域范围内的发展规划和建设，以绿色基础设施网络系统建设为基本原则，利用现有的村塘、沟渠、林地、农田等资源，构建以"绿色海绵细胞"为点，以雨水径流廊道为线，以雨洪区域为面的"绿色海绵系统"。该系统具有雨水收集、水质处理、区域性雨洪调蓄等主要功能，兼顾景观安全、生态涵养、休闲游憩等功能。

5.3.2　绿色海绵系统构建策略

东湖"绿色海绵系统"规划主要由以下3种不同尺度的系统构成：宏观尺度上，与区域雨洪安全格局相一致的三层绿色网络系统。根据区域雨洪安全格局分析，依据淹没范围和时间，可以将东湖绿色海绵系统规划为3个层次，即为常年有水区域、洪水淹没区域和流域集水区域，每个层次所对应的规划策略也不尽相同。中观尺度上，在各层绿色网络系统中，建立与区域径流通道相呼应的多层级绿色廊道。绿色廊道是"绿色海绵细胞"与东湖主体水域的传输系统，是一个含有多种类型和多个等级的复合型廊道，不仅具有传输雨水径流的功能，同时还具有丰富生境、改善环境的作用。绿色廊道与"绿色海绵细胞"相互连接耦合构成了东湖绿色海绵系统网络，有效地增强了区域系统的安全度，降低了系统的风险[13]。微观尺度上，多样化的"绿色海绵细胞"成为东湖绿色海绵系统的基本结构单元，广泛存在于各层次绿色网络系统中，具有多种尺度和不同类型，能够实现水质净化、雨洪调蓄等功能。东湖区域内的"绿色海绵细胞"主要包括现状周边村镇坑塘、洼地、林地、河漫滩以及在规划设计的坑塘湿地、雨水花园、绿色屋顶、生物滞留池、河滩湿地、入口湿地等多种类型。"绿色海绵细胞"通过绿色廊道相互连接，构成多层绿色网络，各层次绿色网络系统相互嵌套耦合，最终构建起东湖地区的"绿色海绵系统"，维护东湖地区水生态系统安全健康的发展。

5.3.2.1　宏观尺度上的绿色海绵系统构建策略

常年有水区域位于湿地公园内部，根据前期雨水汇流分析可以得出现状库容无法有效容纳周边地区汇水水量，因此，对于常年有水区域，主要规划策略为扩大水面面积，增加库容容积。经过模拟计算，东湖湿地公园应增加库容容积为 $85.39 \times 10^4 \mathrm{m}^3$，增加水面面积为 $42.7 \times 10^4 \mathrm{m}^2$（图 6-5-13、图 6-5-14）。

洪水淹没区域通过模拟可以发现，50年一遇及其以下的洪水淹没范围基本处于场地规划红线范围内，因此，规划策略主要有以下3个。

1）调蓄洪水，维护场地区域雨洪安全　拆除任何阻断地表汇流的建筑和人工设施，保护径流通道，在淹没范围内不设置任何永久性建筑和构筑物，并在常水位与洪水位之间的区域设置小型湿地，起到调蓄与净化作用，最终打造水安全景观。

2）净化水质，保障水体质量　在东湖主要进水口附近设置多级人工湿地，包括表流湿地、潜流湿地、多层耦合湿地等多种类型，同时，在东湖四周主要径流汇水点处设置小型表流湿地，通过植物的多层净化最终使得东湖水质由原来的劣Ⅴ类水达到Ⅲ类水标准。

3）打造季节性景观，形成漂浮公园　通过水文模拟可以发现，东湖湿地公园80%的区域处于50年一遇的洪水淹没范围内，因此，改变传统规划思路，将公园内部区域根据是否淹没、淹没时间、淹没深度三个主要方面塑造出多样化的季节性景观，使得公园在丰水季、枯水季形成不同的景观特色，犹如一个漂浮在水中的公园一样，具有很强的水适应性（图 6-5-15～图 6-5-19）。

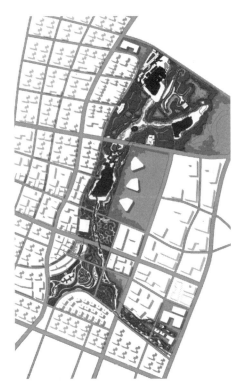

图 6-5-13　现状水域分布图

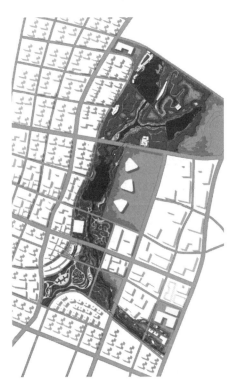

图 6-5-14　常年有水区域规划图

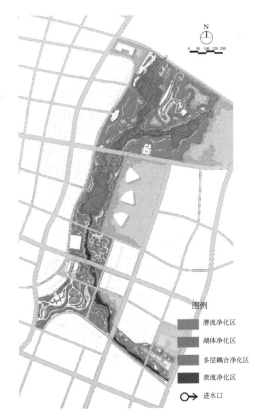

图例

潜流净化区

湖体净化区

多层耦合净化区

表流净化区

进水口

图 6-5-15　东湖公园湿地净化分区图

图 6-5-16 表流湿地净化区节点平面图

图 6-5-17 湖体净化区平面图

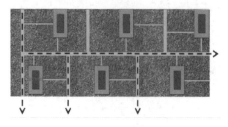

图 6-5-18 潜流湿地净化区平面图

图 6-5-19 多层耦合净化区平面图

在东湖湿地公园流域集水区范围内，参照《沈阳市大东区分区规划 2010-2030》，根据场地未来建设性质不同，结合植草沟、下凹式绿地、雨水花园、雨水塘、湿地节点等一系列LID 设施的设置来形成一套完整的雨水收集利用网络，建立东湖与周边地区的水文联系。通过系统性的雨水收集处理，既能有效地控制雨水径流污染、缓解城市内涝，同时也能为东湖水体、周边景观绿化、地下水源提供补给，以达到综合利用雨水资源和改善生态环境的目的（图 6-5-20、图 6-5-21）。

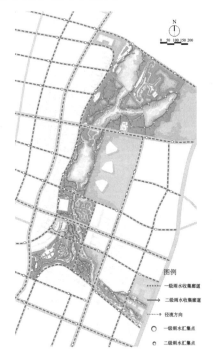

图 6-5-20 东湖区域雨水收集系统分布图

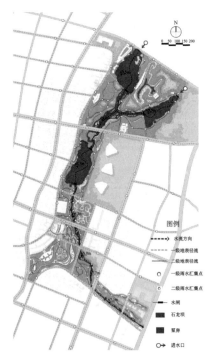

图 6-5-21 东湖湿地公园内部雨水调蓄系统

5.3.2.2 中观尺度上的绿色海绵系统构建策略

以"水"为核心的多层级、多类型的生态廊道是东湖区域绿色海绵系统在中观尺度上的重要构成，其将雨水径流廊道、游憩步行廊道、生物迁徙廊道进行了耦合提升，形成了一个集雨洪调蓄、生态保护和休闲游憩为一体的生态廊道（图 6-5-22）。

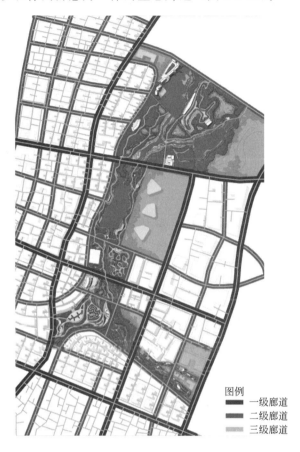

图 6-5-22 东湖区域生态廊道分布平面图

廊道的基本类型设计和规划主要依托东湖周边区域的城市主干道、次干道、溪流、泄洪渠、灌溉渠、植草沟、农田林带等等，根据廊道的功能、位置以及宽度将生态廊道划分为三级廊道，每种廊道的类型及其特点如表 6-5-2 所列。

表6-5-2 沈阳东湖区域生态廊道类型与功能

廊道级别	廊道类型	宽度	构成要素	功能
一级廊道	道路型生态廊道	50～100m	城市主干道、次干道	结合道路交通系统为周边居民生活及东湖湿地公园的保护发展提供带状休憩空间；完善流域雨水调蓄系统；通过生态廊道的建设一方面降低人类活动对生物栖息的影响，另一方面强化廊道与其他生态要素之间的联系；为物种迁徙、栖息提供必要条件
	河流型生态廊道	50～100m	泄洪渠、河流	完善流域雨水调蓄系统；为物种迁徙及栖息提供条件；通过生态廊道的建设强化与其他生态要素之间的联系，同时降低东湖周边区域农业生产、农村生活污染对水体水质的影响

廊道级别	廊道类型	宽度	构成要素	功能
二级廊道	溪流型生态廊道	20～50m	溪流、灌溉渠	完善流域雨水调蓄系统；为物种迁徙及栖息提供条件；降低东湖周边区域农业生产、农村生活污染对水体水质的影响；调蓄区域内部各部分的水量变化，保证径流水质及水量；丰富生境类型，满足多种生物的生存需求
	农田林带型生态廊道	20～50m	农田林带、乡间道路	完善流域雨水调蓄系统组成；为物种迁徙及栖息提供条件；防风固沙，降低强风和雨水对土壤的侵蚀
三级廊道	雨水调蓄型廊道	≤20m	植草沟、雨水收集渠、现状坑塘等	LID 相关基础设施，连接"绿色海绵细胞"；完善流域雨水调蓄系统；为物种迁徙及栖息提供条件

1）一级廊道 主要包括道路型生态廊道和河流型生态廊道两种类型，其侧重于整体生态功能的构建与完善，宽度控制在 50～100m 范围内，廊道内部有雨水调蓄设施和丰富的空间形态，为多种生物提供了安全舒适的迁徙和栖息环境。同时，廊道在靠近水体、丰富自然环境区域设置了休憩空间，为城市居民和游客提供了适宜的生态环境（图 6-5-23）。

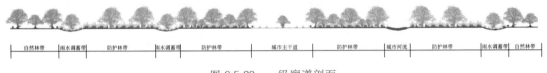

| 自然林带 | 雨水调蓄带 | 防护林带 | 雨水调蓄带 | 防护林带 | 城市主干道 | 防护林带 | 城市河流 | 防护林带 | 雨水调蓄带 | 自然林带 |

图 6-5-23 一级廊道剖面

2）二级廊道 主要以溪流型生态廊道和农田林带型生态廊道两种类型为主，其主要侧重于强化多级廊道之间的生态联系，宽度控制在 20～50m 范围内，廊道内部主要以小型溪流、农田灌溉渠、乡间道路为主要依托，构建包含自然景观、乡土景观、人文景观等多种类型的生态廊道系统，在调蓄雨水的同时降低东湖周边区域农业生产、农村生活污染对水体水质的影响（图 6-5-24）。

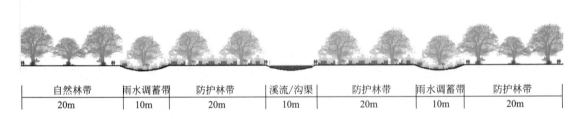

自然林带	雨水调蓄带	防护林带	溪流/沟渠	防护林带	雨水调蓄带	防护林带
20m	10m	20m	10m	20m	10m	20m

图 6-5-24 二级廊道剖面

3）三级廊道 主要以植草沟等 LID 措施、雨水收集渠和现状坑塘为主，作为雨水调蓄系统的主要入口，其主要功能是保证雨水能够顺利输送到上级廊道中，为东湖湿地的水质改善和水量保持提供了可靠的支撑（图 6-5-25、图 6-5-26）。

5.3.2.3 微观尺度绿色海绵系统构建策略

东湖湿地公园绿色海绵系统在微观尺度上主要以大小不一，多种类型的"绿色海绵细胞"为主要组成部分。"绿色海绵细胞"落实到具体的实际应用中，根据不同的土地利用类型，可以划分为建筑、广场、绿地和道路四种基本类型，并针对每一种类型的特点打造不同的雨水收集模式。通过三级绿色廊道将这四种类型的海绵细胞进行整合，形成东湖区域内基本的雨水收集与利用绿色海绵综合体，各个绿色海绵综合体通过一二级绿色廊道相互连接构成多层次绿色网络，各层次绿色网络相互嵌套耦合，最终形成东湖湿地公园的绿色海绵系统（图 6-5-27）。

图 6-5-25　三级廊道剖面

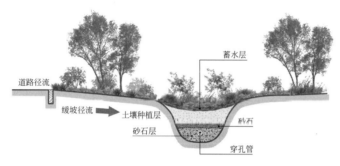

图 6-5-26　植草沟节点剖面

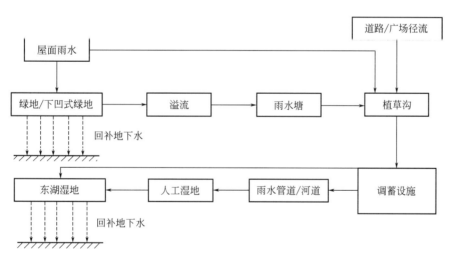

图 6-5-27　绿色海绵综合体构建

5.4　结论与讨论

在科学合理的水文分析基础上，通过规划 3 种尺度上的雨洪调蓄系统和绿色生态基础设施建设，构建城市绿色海绵系统，实现东湖湿地公园对区域雨水径流的有效减速和消纳，这不仅使得周边城市地区能够避免多发的洪涝灾害，而且有效地补充了东湖水量，缓解了缺水现状，实现东湖绿色海绵系统在防洪排涝、生态涵养和景观营造等方面的效益，最终将东湖湿地公园构建成为沈阳市生态安全中不可或缺的城市绿色海绵系统。

参 考 文 献

[1]　白鹤群. 北京消失的湖泊 [J]. 地图，2006 (3)：50-55.

[2]　李春晖，郑小康，牛少凤，等. 城市湿地保护与修复研究进展 [J]. 地理科学进展，2009 (2)：271-279.

[3]　俞孔坚，李迪华，袁弘，等. "海绵城市" 理论与实践 [J]. 城市规划，2015 (6)：26-36.

[4]　董淑秋，韩志刚. 基于 "生态海绵城市" 构建的雨水利用规划研究 [J]. 城市发展研究，2011，18 (12)：37-41.

[5]　北京建筑大学. 海绵城市建设技术指南：低影响开发雨水系统构建：试行. 北京：中国建筑工业出版社，2015.

[6]　刘海龙，李迪华，韩西丽. 生态基础设施概念及其研究进展综述 [J]. 城市规划，2005，29 (9)：70-75.

[7]　裴丹. 绿色基础设施构建方法研究述评 [J]. 城市规划，2012 (5)：84-90.

[8]　Benedict M A，McMahon E T. Green Infrastructure：Smart Conservation for the 21st Century. Washington DC：Sprawl Watch Clearinghouse，Monograph Series，2000.

[9]　刘滨谊，张德顺，刘晖，等. 城市绿色基础设施的研究与实践 [J]. 中国园林，2013 (3)：6-10.

[10]　谢东青，姜春红，林静雯，吴丹，等. 沈阳辉山水库流域环境污染现状调查及综合整治 [J]. 沈阳大学学报：自然科学版，2014，(6)：437-441.

[11]　谢东青，姜春红，林静雯，等. 沈阳辉山水库水质污染现状分析及评价 [J]. 环境保护科学，2014 (5)：41-44.

[12]　李俊奇，李宝宏，张洁等. 住区雨水利用与景观水体水质保障工程设计 [J]. 中国给水排水，2006 (24)：57-60.

[13]　王云才，崔莹，彭震伟. 快速城市化地区 "绿色海绵" 雨洪调蓄与水处理系统规划研究——以辽宁康平卧龙湖生态保护区为例 [J]. 风景园林，2013 (2)：60-67.

⊙ 作者介绍

谭琪[1*]，周浩[1]，陆君[1]

1. 北京京林联合景观规划设计院有限公司，E-mail：394948676@qq.com

6

基于唐山南湖生态城规划设计案例分析的采煤沉陷区与城市空间融合方法探索

摘要： 本研究依托遥感与地理信息系统平台，在综合多学科专家探讨的基础上分析了唐山南湖采煤沉陷区：a. 地质沉陷灾害风险预判；b. 沉陷区污染源干扰强度与改造方向；c. 煤矸石垃圾山体围封技术与工程；d. 河道污染治理与水系贯通方法；e. 城市生态安全格局空间管制；f. 城市建设适宜性区划；g. 节能环保技术在特殊场地的应用，为确定该类区域城市用地的利用方向、生态保护与建设提供了技术方法与科学依据。

6.1 引言

城市生态基底的健康与稳定是城市空间持续发展的生态保障[1]。而以煤炭开采为特征的资源型城市中的采煤沉陷区，由于其上土壤污染、水质污染、地质风险等环境问题成为城市规划中的"禁区"。本文拟以中国唐山南湖生态城中央公园规划为例探索采煤沉陷区与城市空间有机融合的实践途径。

6.2 场地现状

唐山是一座经历过苦难的城市，1976 年的大地震使唐山成为一片废墟，30 多年的工业发展使唐山重新站起，但其衍生的工业及城市污染使南湖地区成为不断沉降、杂草丛生的垃圾场。唐山南湖生态城中央公园项目景观设计范围 21km²，原为全市采煤塌陷区中对城市影响最大的一处。市区排放的雨水、污水、各种垃圾以及电厂的粉煤灰等都汇聚于此，再加上先前煤矸石堆放、淋溶以及外界污染引入，50 多米高、4.5×10^6 m³ 的巨型垃圾山令人望而却步……南湖成为典型的"城市棕地"。

2008 年，唐山市提出"打造南湖生态城"的战略构想，整合唐山市区南部的采煤塌陷地及周边近 91km² 的土地，将原有的垃圾堆放场及其周边用地改造成生态、宜居、安全的城市活力核（图 6-6-1～图 6-6-3）。

唐山南湖地区地下多为煤田，历经百余年的开采，形成了大面积的煤炭采空区。1976年唐山发生里氏 7.8 级地震，地下采空区大量塌陷，并导致地表多处沉降，南湖地区的地质灾害隐患更为复杂。截至 2006 年，南湖因煤炭开采所导致的地表下沉已多达 28km²。地震后，本着"先生产、后生活"的原则，唐山开始了灾后重建。由于南湖地表在地震时出现大面积沉降，出于安全考虑，南湖在震后仅用于填埋城市垃圾和废墟。30多年来，唐山从废墟中崛起，成为环渤海经济中心，而南湖却一直作为唐山城市生活垃圾、建筑垃圾、工业废料的堆积场和生活污水的排放地，阻碍了城市活动的向南延伸。

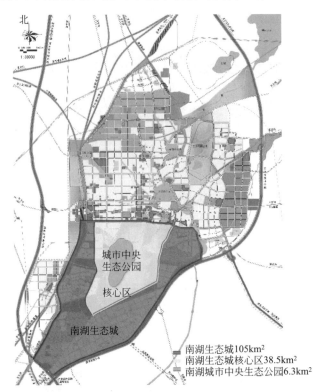

图 6-6-1　唐山南湖生态城中央公园用地位置

图 6-6-2　唐山南湖生态城中央公园场地历史照片（一）

图 6-6-3　唐山南湖生态城中央公园场地历史照片（二）

6.3　规划思路与方法

　　唐山南湖生态城中央公园场地原为唐山主城区中的采煤沉陷区，采煤沉陷地上的土壤、水质污染及地质沉陷风险在该场地上均有代表性。该地区是唐山城市的一块弃地，且对周边人类活动造成严重干扰。在客观认识该采煤沉陷地块的存在历史、污染现状及潜在地质风险的基础上，该中央公园景观设计分析了该迹地的生态演替规律与周边人类活动需求、城市历史积淀的关联，将原为城市负担的废弃土地转化成为新的城市资产，营造出兼顾生态安全与人文需求的公园绿地空间[2]，使之成为当地城市发展的经济引擎。

　　唐山南湖这片废弃地，一是它还在沉降，二是垃圾堆场，在这种限制下做一处生态乐园、节点、广场设计，或是廊道做得够不够漂亮是次要的，首先需要摸清的是场地的地质稳定性、生态基底状况及建设力度的适宜性，在这些对环境问题的判断和处理的基础上，再谈规划和设计的美观实用[3]，所以在设计方案的具体实施中整合了地质、煤炭、水利、规划、建筑、生态等多学科的场地分析研究成果，包括采煤沉陷危险、地震风险评价、扩湖工程安全性等场地信息，为南湖中央公园的景观设计提供了科学依据。在设计中还包括改造污染源、垃圾山体有效围封、河道污染治理与水系贯通。设计中对于节能环保技术的应用包括太阳能、生物能、风能等可再生能源利用的先进技术及设施，方案尽可能节约资源、保护环境，实现人与自然和谐发展（图 6-6-4）。

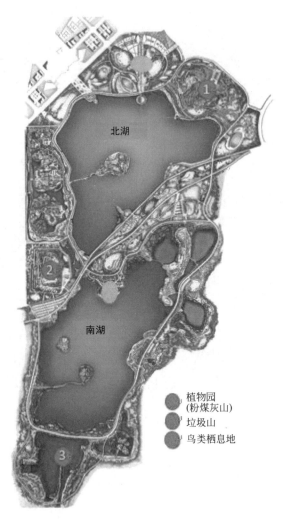

北湖

南湖

● 植物园
  (粉煤灰山)
● 垃圾山
● 鸟类栖息地

图 6-6-4　唐山南湖中央公园总平面图

6.4　低影响工程与技术应用

6.4.1　粉煤灰治理

设计方案利用该场地上的粉煤灰生产粉煤灰砖、粉煤灰水泥、粉煤灰加气混凝土及用作地基材料来堆叠地形等。设计将规划区域内清理出的表层土壤转至粉煤灰场并覆土，以改善其表层土质。在该场地中的植物设计中保留现状长势良好的植被，播种野生花卉，栽植耐贫瘠和抗污染的地被植物。改造前：废弃地 22km², 生活、建筑垃圾 $8.0 \times 10^6 m^3$, 粉煤灰 $8.0 \times 10^6 m^3$, 煤矸石 $4.0 \times 10^6 m^3$, 违章建筑 $60 \times 10^4 m^3$, 各种养殖棚舍 25 处。改造后可用植树土地面积为 205hm², 可完成植树 30.3 万株，且其中还蕴含 1100 亿元的土地增值潜力（图 6-6-5）。

6.4.2　垃圾山改造

垃圾山位于规划区域西侧中部，承担唐山市中心区的生活和商业垃圾处理，总填埋量约

为 $4.5×10^6$ t，垃圾堆放高度达 50 多米。如今垃圾山的山体已经被整体封闭，覆盖土壤、栽种树木、营造景观，绿化面积达 $1.3×10^5$ m²。"凤凰台"是改造于原来 50m 高的垃圾山的景观山，寓意着被誉为凤凰城的唐山在经历过第一次地震的涅槃后又将经历从资源型城市向生态城的第二次涅槃。垃圾山体的改造措施包括：将垃圾集中堆叠，修整成山体；对山体进行封场覆盖；增加废液收集与处理系统，增加废气收集与处理系统，增加地表水收集导排系统及增加监测井等（图 6-6-6、图 6-6-7）。

图 6-6-5　唐山南湖粉煤灰治理

(a) 改造前

(b) 改造后

图 6-6-6　垃圾山改造前后实景

图 6-6-7 唐山南湖生态城垃圾山改造覆膜及护坡技术

6.4.3 鸟类生境营建

在南湖地区南部，通过保留湖中树岛，人工营建乔木—灌丛—草本群落，通过水生生境、湿地生境、陆生生境等的组合，为湖区鸟类提供休憩场所（图 6-6-8）。

图 6-6-8 唐山南湖生态城中央公园南部鸟类生境远眺

6.4.4 地面沉降应对生态技术

中央公园设计采用枝桠沉床技术，利用场地内现有材料，将区域内清理的干枯、废弃树木及枝杈等自然材料进行编织、捆扎，形成富有柔韧性的枝桠沉床护岸，使河床得到长久覆盖和固定，并能为昆虫及小型水生生物创造栖息环境。

采用短木桩处理软弱地基：用以处理承载力较低、压缩性较大的粉煤灰、淤泥、杂质土地基，提高软弱地基的强度，保证地基稳定性，减少基础沉降。

采用格宾石笼护砌驳岸：针对变形及坍塌，使用石笼砌筑挡墙或护坡，防止因地基沉降、变形而引起的开裂等，具有良好的延展性和柔韧性，可用以防止水土流失，保持边坡稳定（图 6-6-9）。

采用轻质木构建筑：限于中央公园地基承载力及建筑耐久性要求，同时考虑到园区中国传统文化特色、不同结构体系和材料对资源、能源的耗用量以及对园区环境影响的差异等因素，特选取木结构建造园区建筑（图 6-6-10）。

图 6-6-9　唐山南湖生态城中央公园地面沉降应对技术

图 6-6-10　唐山南湖生态城中央公园的木结构建筑实景

如何将城市棕地转化为城市空间中的有用元素，甚至融合为城市发展的核心带动元素，是其未来城市发展面临的瓶颈。本研究探讨了兼顾城市生态安全与人文需求的采煤沉陷区在城市空间中的低碳融合，且在实践中使其从原有的城市废弃地转变为了宜居、安全的城市活力区，以期此研究为其他煤炭资源型城市的采煤沉陷区的再利用提供参考与借鉴。

致谢

感谢北京清华同衡规划设计研究院有限公司风景园林中心及院内总规中心、详规中心等一系列兄弟单位对唐山南湖生态城中央公园规划设计的协作与支持。

参 考 文 献

[1] 王如松，李锋，韩宝龙，等. 城市复合生态及生态空间管理 [J]. 生态学报，2014，34（1）：1-11.

[2] 吴良镛. 人居环境科学导论 [M]. 北京：中国建筑工业出版社，2009.

[3] Robertson D P, Hull R B. Which Nature? A Case Study of Whitetop Mountain [J]. Landscape Journal，2001（2）：176-185.

⊙ 作者介绍

吕晓芳[1]*

[1]. 北京清华同衡规划设计研究院有限公司，E-mail： lvxf_landscape@sina.com

7

LID技术在生态校园改造中的应用案例研究

摘要： 在当前的大学校园里，由于地表不透水硬化地面面积的增加，影响了校园原有的水文循环，改变了校园区域的雨水径流条件，水资源无法高效的循环利用，导致大量流失，并造成校园内涝灾害频发，严重影响了在校师生的生命财产安全。本文从生态校园的由来、概念及发展进行了论述，从生态文明的角度研究 LID 低影响开发技术在生态校园建设中的应用，为生态校园建设提供必要的科学依据和理论指导。

7.1 生态校园与 LID 概念简介

7.1.1 生态校园介绍

随着社会经济的发展与教育的普及，教育越来越受到人们的重视，作为主要的教育场所校园，其生态环境和人文环境的建设也成为学校的名片。生态校园是运用生态学的基本原理与方法规划、设计、建设、管理及运行的人与自然关系和谐，各物种布局、结构合理且环境质量优良，物质、能量、信息高效利用且对环境友好的集学习、工作、生活、休闲功能于一体的人工生态系统[1]。随着建设生态文明社会以及生态规划的理念逐步应用到城市建设中来，学校用地作为城市用地的一部分，建设生态校园具有普遍性，是建设城市生态文明不可或缺的一部分。同时，学校作为教书育人的重要场所，更具有其特殊意义，建设生态校园对于学生的素质教育，德智体美劳全面发展有着重要的教育意义。因此，创建生态校园有着巨大的社会效益和生态效益。

7.1.2 LID 概念简述

低影响开发即 LID 英文的全称是 low impact development，是 20 世纪 90 年代末发展起来的暴雨管理和面源污染处理技术，旨在通过分散的、小规模的源头控制来达到对暴雨所产生的径流和污染的控制，使开发地区尽量接近于自然的水文循环[2]。

LID 低影响开发是一种可轻松实现城市雨水收集利用的生态技术体系，其关键在于原位收集、自然净化、就近利用或回补地下水。

7.1.3 生态校园建设应用 LID 技术的意义

近些年，越来越多的在新闻上看到某城市、某校园被淹，一场大雨袭来，学校平坦的操场就成了海洋。可见学校的生态环境也不是多种几棵树、多植几块草皮就可以的，而应更加细致化地去处理整个校园的生态系统。

通过在校园生态改造中应用 LID 技术原理，提高自然水资源水的利用效率，影响校园的人文艺术、自然环境以及空间组织，具有很高的社会生态效益；同时，校园内生活用水与景观用水的需求都是非常大的，通过提高水的利用效率，建立雨水储蓄系统，节约用水，同样具有很高的经济效益。

7.2 江西师范大学瑶湖校区雨水径流现状分析

江西师范大学位于江西省会南昌，瑶湖校区位于美丽的瑶湖湖畔，景色优美，绿地面积大，校区四周没有围墙，而是别具一格的以水环绕，生态环境优越。但是，每逢暴雨，学校道路积水、内涝严重。

7.2.1 地表水现状

江西师范大学瑶湖校区内地表水主要是四面环绕的护校河、静湖、镜湖和校园东南角的生态湿地，水量充沛，现状的主要功能为景观功能，也起到了蓄水和排水的作用。两个人工湖的水更新较慢，护校河与生态湿地的水更新是较快的。一到雨季，水位上涨较快，水量来源多为雨水管排入（图 6-7-1）。

图 6-7-1 人工湖

7.2.2 排水系统现状

排水现状主要通过管道排水，雨污分流，学校自建有小型污水处理站，污水经处理后排入护校河。现状没有雨水收集系统，建筑屋面通过落水管直接排到草地或道路上，经雨水口排水，即快排模式。大雨过后，道路低洼段积水严重，一遇暴雨，雨水管负载不了，加之落叶等堵塞，内涝严重，雨水口经常出现倒灌现象（图 6-7-2）。

7.2.3 道路与绿地系统现状

校区内道路与绿地的关系皆为传统的绿地要比道路的标高更高的模式，导致道路、停车场、广场上的雨水只能通过雨水口排放，广场、停车场大都为不透水的硬质铺装，难以自然下渗。学校绿地面积非常大，但是绿地的功能仅仅是景观功能，绿地下渗的水也仅仅为绿地本身的雨水，甚至于出现绿地里的水渗入道路上，造成道路积水（图 6-7-3）。

图 6-7-2　建筑与道路排水现状

图 6-7-3　现状道路与绿地关系

7.2.4　现状总结

江西师范大学瑶湖校区有着许多校园内的共性，绿地面积广而使用的功能单一，没有构成一整个大环境的生态系统。排水多为快排模式，一旦降雨量大于排放量就出现内涝现象，造成师生学习、生活的不便。校园内的水系功能也比较单一，没有充分挖掘其作用。大面积的硬质铺装也导致了雨水难以下渗，更加重了内涝现象。建筑物雨水排水不经过收集和利用，造成大量水资源的浪费。这些种种都与生态校园背道而驰。

7.3　江西师范大学瑶湖校区生态改造的 LID 应用目标

总体目标为通过渗、蓄、滞、净、用等多种途径收集利用雨水，以实现生态校园低影响开发雨水系统的可持续运行，促进校园生态文明的建设。

7.3.1　渗——改造自然渗透系统

针对目前校园内内涝与积水问题，增强绿地的自然渗透功能。保障校园内雨水源头的控制，减少地面径流。改造现在的绿地高于道路的现状，建立下凹式的绿地，便于硬质铺装上的雨水流入自然地面然后下渗补充地下水。

改造现有的部分广场、停车场的硬质铺装，改铺透水材料，例如草砖、鹅卵石、碎石等，增加渗透性，可有效削减地面径流，减轻市政排水的压力，同时又可以净化雨水，补充地下水。构建植草沟系统，该系统沿道路布置，设置于道路一侧或两侧的绿化带上。植被草沟用以收集街道和屋顶的雨水，并进行蓄存、入渗和过滤。雨水流经植被草沟时，经沉淀、过滤、吸附及生物降解等多重作用，可去除其中的部分污染物。植被草沟采用孔口道牙收集道路雨水径流，道路一般坡向绿化带，以便雨水能够迅速流入植被草沟。根据区域雨水径流量的大小，植被草沟的深度和宽度可以变化。植被草沟中一般设有溢流口，超渗雨水可通过溢流口排入市政排水管网或雨水调蓄设施[3]。

江西师范大学瑶湖校区内绿地面积非常大，充分开发绿地的下渗功能，能够消化自然下渗的雨水很多，能够改变经常内涝和积水的现状。

7.3.2 蓄——建立雨水收集利用系统

建立雨水蓄水系统，主要目的是为了增加雨水的利用率，节约用水。校园内的屋面面积是比较大的，传统的屋面排水直接经过雨水管排入地面，并未充分对其利用，而建筑内使用的水却是由市政管网接入，这是对水资源的浪费。

目前学校内主要是通过人工湖和护校河进行蓄水，但是除了人工湖湖水会用来浇灌绿地外，很多都是蓄而不用，并没有达到重复利用的目的，且汇水面积不大。

建立雨水收集系统，就是将屋面雨水接入挖好的蓄水池中，蓄水池再接入屋顶或地面的水箱进行利用，可用作生活用水和景观用水，不仅有着良好的经济效益，还可减少地面径流，减少内涝积水的发生概率，更对学生有着教育意义，也进一步为生态校园做出贡献。

7.3.3 滞——缓和雨水峰期

低影响开发雨水滞留技术一般采用生物滞留，在地势较低的区域，通过土壤、植物和微生物滞留设施，一般称作雨水花园、生物滞留带、高位花坛、生物树池等，生物滞留设施应该因地制宜，根据污染大小、坡度的不同相应设置。主要通过将雨水暂时贮存在其内部空隙，而后慢慢渗入到周围土壤，以达到削减地表雨水洪峰流量的目的，同时可净化雨水，改善雨水水质。

在校园内设置雨水花园，主要的结构包括滤带、洼地和溢流设施等。雨水花园建设成本低，易于实施，与风景园林相结合[4]，在花池内种植亲水生物，在滞留雨水的同时，应能提供相应的景观价值。瑶湖校区内绿地面积广阔，微地形较为丰富，建筑物之间也留有一定的面积适合建设雨水花园，缓解校园内内涝情况的同时也丰富着校园内的生态系统。

7.3.4 净——净化雨水水质

校区东南角有一处生态湿地，但是并没有充分发挥作用，水生植物主要以荷花为主，净化作用不高。且湿地与护校河的关系是相交关系，护校河的水并没有进入到湿地内进行沉淀净化，且这个生态湿地的服务范围是比较小的。校内其他两个人工湖缺少流动的空间和水生植物，生态湿地的功能并没有得到充分运用和体现。

可以考虑改造两个人工湖成雨水湿地，利用物理、水生植物和微生物对收集到的雨水进行净化。雨水湿地由进水口、前置塘、沼泽区、出水池、溢流出水口、护坡及驳岸、维护通道等构成，还可以增强景观性功能。学校有足够的空间设置雨水湿地，雨水湿地可以有效地削减污染物，并且有一定的峰值流量的控制效果。

7.3.5 用——雨水利用

建设生态校园需要做到与自然和谐相处，通过对雨水的利用，节约水资源，提高水的利用率，通过之前的一些蓄水滞水技术，减少地表径流，减轻甚至消除内涝的影响，同时还能利用雨水来维护生态环境，构建整个校园的生态系统。

收集雨水后可以用于生活用水，例如教学楼内的冲洗用水、景观维护用水，对水的重复利用，有利于构建生态校园。

7.4 结语

当前生态文明建设已经成为时代的主题，生态校园的建设是生态城市建设的一部分，同时，由于校园的特殊性，建设生态校园具有重要的意义。目前中国仍然有大量的高校新校区在规划和建设当中，生态校园的改造更是前景广阔，在生态校园的改造及建设中，我们还有很多的问题有待发现和解决，我们应增进高校之间的交流，相互借鉴，达成共识，积极促进生态校园的建设。而低影响开发对于校园生态环境的建设有着良好的推动作用，也是解决目前城市和校园内涝的有效途径。

同时，校园作为一部分的城市用地，建设校园内的海绵系统也是海绵城市建设的一部分，也体现了海绵城市建设的宗旨，控制了城市径流的雨水源头。因此，在生态校园的建设中运用低影响开发技术是对社会负责任的一种体现，具有良好的推广意义。

参 考 文 献

[1] 杜惟玮，张宏伟，钟定胜. 生态校园建设的现状与发展趋势 [J]. 四川环境，2005，24（3）：30-34.
[2] 王建龙，车伍，易红星. 低影响开发与绿色建筑的雨水控制利用 [C]. //第五届国际智能、绿色建筑与建筑节能大会论文集. 2009，（3）.
[3] 胡爱兵，丁年，任心欣. 低影响开发原理、应用和实例简介//多元与包容——2012中国城市规划年会论文集 [C]，2012，（09）.
[4] 王红武，毛云峰，高原，樊金红，张善发，马鲁铭. 低影响开发（LID）的工程措施及其效果 [J]. 环境科学与技术，2012，35（10）：99-103.

⊙ 作者介绍
孙海兰[1*]，陈小波[2]，丁锋玲[1]，刘振东[1]
[1]. 江西师范大学城市建设学院，E-mail：835647841@qq.com
[2]. 江西师大城市规划设计研究院

8

低影响开发技术在新校区规划中的应用

摘要： 近年来，随着我国高校规模的迅速扩张，各高校迎来了新校区建设的高潮，打造生态校园成为一种新趋势。然而，新校区的选址多在未开发地块，基础设施建设不够完善，如何在市政基础设施缺失的情况下寻找适宜的开发策略成为新校区建设首要解决的问题。本文以河北联合大学新校区为例，通过对校园及周边场地分析，统筹"蓄"、"滞"、"渗"、"净"、"用"、"排"等多种生态化技术，对校园雨水进行综合回用。通过建设校园景观湖实现雨水调蓄，实现对雨水的收集；通过打造分散式的生态集雨区，实现雨水的净化、滞留，打造局部的生态景观；环校采用低成本的植草沟，实现防洪排涝和生态涵养功能；通过规划自然与人工湿地净化，补充校园景观用水，多余雨水排入校外人工河。通过以上低影响开发技术手段，将水系连接成网络，打造集雨、景观、生态示范的多重空间，为新校区建设与可持续发展提供启发与借鉴。

8.1　引言

低影响开发（low impact development，LID）理念起源于美国，是通过模拟自然水文机制原理，采用源头控制理念实现雨水控制与利用的雨水管理策略。作为传统雨洪管理模式的替代技术，LID倡导从雨水径流源头控制，通过分散、多样、小规模的技术措施，保持和恢复区域的自然水文功能，达到维护水生态平衡和节约自然资源的目的。

20世纪80年代末期，低影响开发理念率先出现在美国马里兰州乔治王子郡[1]，初期的低影响开发技术仅有生物滞留（bioretention）技术，且只运用于水资源环境保护中。随着LID在全美的推广应用，一些州政府陆续编制了适合本地区发展的LID指导文件。随后LID开发理念的内涵逐步扩展，不仅用于新城规划，也用于旧城改造和城市资源保护。目前，LID技术在美国和欧洲已进入系统化、法规化的应用阶段，该理念的有效性及实用性使其在世界范围内的雨洪管理中得到广泛应用。

城市化进程的加快对我国城市的可持续发展提出了新的要求。以末端治理为主的传统雨洪管理技术已经不能满足我国城市可持续发展的要求。随着海绵城市建设的推进，LID技术在海绵试点城市已经推行应用。

自20世纪90年代以来，国内许多大学进行了合并并建设了大批新校区。这些新校区具有占地面积广、开放空间面积大、绿地比例高、污染源少等优点，非常易于收集净化雨水，具有巨大的雨水利用潜力。但新校区一般选址在郊区，周边基础设施配套不够完善，排水压力较大。用水方面，校园需水量巨大，仅是灌溉及景观补水就需要大量的水资源，日常饮用及冲厕需水量也较大，通过收集雨水可有效缓解校园供水压力。面对此种情况，如何在不大兴土木修建地下排水管网、尽量减少投资的前提下，从规划源头寻求适宜的开发策略，将低影响开发的措施引入校园雨水利用，解决校园用水排水问题成为重点。

纵观国内外，不少大学都开展了雨洪控制利用规划和示范项目建设，无论是新校区建设还是老校区改造，大多是通过屋顶花园、透水地面、下凹式绿地、生态排水明沟（植草沟/砾石沟）及下沉广场等措施调蓄雨水[2]，进行校园景观打造。低影响开发理念在校园建设中正如火如荼地进行。

在校园建设初期，通过将绿色基础设施与校园开放空间、道路、建筑和水景观进行整体性规划设计，能够在保障校园各项基本功能的基础上，大幅减少雨水设施的占地面积和成本，提高雨水系统的总体效益，从整体上打造安全第一、生态和谐、充满活力的滨水空间。滨海校园有独特的自然肌理，土壤盐碱化严重。规划需遵从本地生态系统的自然特征，改良盐碱化土壤，增强生物多样性；同时加强雨水收集利用和防渗，维持淡水水质。

8.2　河北联合大学 LID 设计

8.2.1　基地概况

河北联合大学新校区位于唐山湾生态城北部，占地 $3\mathrm{km}^2$、建筑面积达 $1.0\times10^6\,\mathrm{m}^2$，用地范围内为填海造陆区。土壤质地为重壤土和黏土，属滨海以氯化物为主的盐渍土。曹妃甸地区基本是滦河水系形成的冲积平原和滨海平原，流经该地区的自然河流及主要人工排水渠道共 13 条。用地周边设置青龙湖湿地、东湖景观带、沿河景观带、内湖景观带，形成完整的水系景观网络（图 6-8-1）。

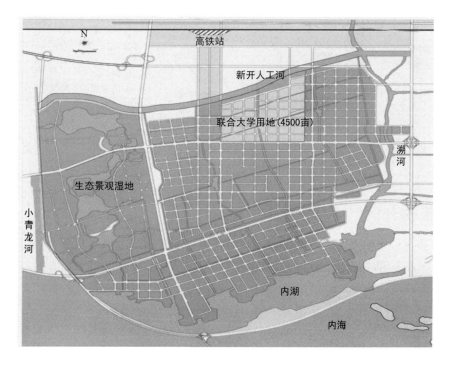

图 6-8-1　基地概况

8.2.2　规划布局

设计依托现有规划条件，结合校园总体布局，将"绿色、生态"理念贯穿于方案始终，以绿为底，搭建校园绿色框架，构筑绿色廊道向中心辐射，形成整体绿化骨架。集合考虑周边水系网络的完整性，对现有自然资源进行整理，从生态、景观、组团、排雨等方面考虑进行水系布局，形成湿地—中心湖—雨水花园—植草沟多功能、多层次、多形态的校园水系格局[3～11]（图 6-8-2）。

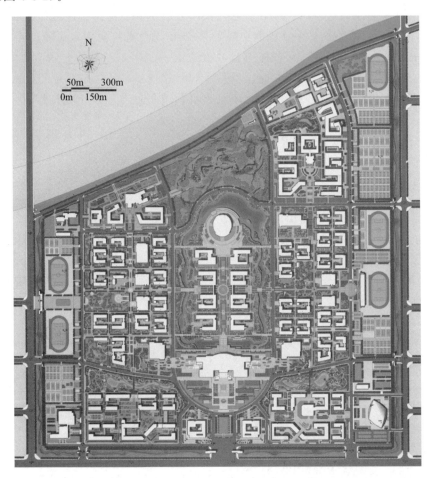

图 6-8-2　规划布局

8.2.3　汇水分区

河北联合大学"弹性"的雨洪管理系统的构建以分区而治、内外联合为主要特点，即根据新校区整体布局和功能组团的规划，将校园分为三个子流域分区，分别为外环排雨区、中环集雨区和中心岛区。每个分区因地制宜地规划设计了不同的雨水管理系统，系统间配合协作，从而实现校区水安全与水利用的双赢（图 6-8-3）。

在外环排雨区，沿河区域不设置雨水管道，依靠合理规划的场地竖向形成坡面漫流，雨水或直接下渗涵养地下水，流入外环植草沟。外环自然排雨区的规划以"水安全"为重点，由于雨水径流通过植草沟直接排向校园外部人工河道，有效减少了新校区的产流面积，特别是在暴雨季节，有效减轻了校园防洪排涝压力。

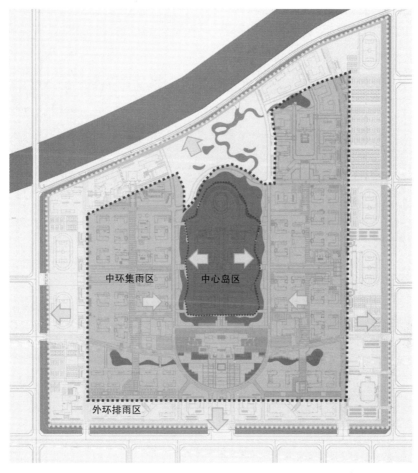

图 6-8-3　汇水分区

中环集雨区为外环自然排雨区以内、中心岛以外的区域（不包含校内水系），教师教学办公、学生活动住宿均较为集中，因此，区域内硬质化率高。区内以管道收集雨水为主，辅以绿色基础设施鼓励径流下渗。从管道而来的雨水定期经由泵站提升，用以补充景观用水。该区实现了传统雨水管道收集方式与雨水资源有效利用的有机融合。

中心岛区被校区内环水系包围，整个校园的景观主轴贯穿于此，区内集合了同心礼堂、时代广场、公共教学中心等诸多代表性建筑，是景观风貌的集中展示区。通过交通管制、环境管理使得收集到的雨水面污染小，雨水水质较好，经生态水岸植物生态净化流入中心景观湖，构建审美与功能相融合的生态化雨洪管控系统。

8.2.4　LID 功能阐释

规划以《海绵城市建设技术指南》中提出的"滞"、"渗"、"蓄"、"净"、"用"、"排"等多种技术对校园的水系整体进行规划设计，充分发挥雨水的生态效应，提高对径流雨水的渗透、调蓄、净化、利用和排放能力，实现校园雨水的综合利用。通过建设校园景观湖实现雨水调蓄，同时展现学校公共形象，平日作为学生休闲活动的主要场所，是具有活力的滨水带，实现了雨水的充分利用；通过打造分散式的生态集雨区，实现雨水滞留收集，净化地表径流污染，打造局部的生态景观，调节小气候；环校采用低成本的植草沟，实现防洪排涝和生态涵养功能；通过规划自然与人工湿地净化，补充校园景观用水，多余雨水排入校外人工河。通过以上手法，将水系连接成网络，打造集雨、景观、生态示范的多重空间（图 6-8-4）。

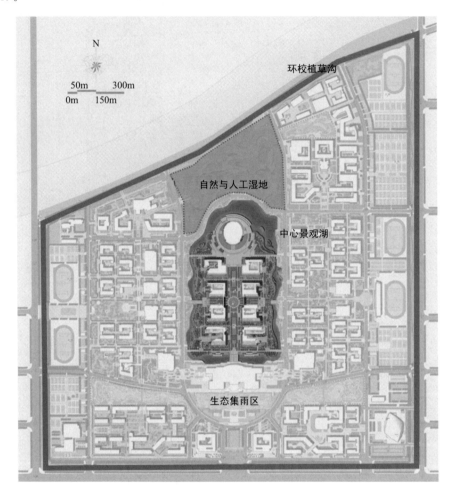

图 6-8-4　LID 设施布局

8.2.4.1　"蓄" ＋ "用"——中心景观湖

中心景观湖设计围绕着"上善若水"和"智者乐水"的文化寓意，打造一个舒适的学习游憩空间，水面与周围的桥、亭、植物景观合起来构成了一个宜人的环境。校区所在地地下水含盐度高，为保证水生动植物及水岸景观植物正常生长，中心水体需采用膨润土防水毯进行防渗处理。常水位保持 1.4～1.5m，靠近河岸区域保持 0.4～0.9m，贮存的雨水可以直接用于校园绿化、消防、厕所冲洗、绿地灌溉等方面。

8.2.4.2　"滞" ＋ "净"——生态集雨区

生态集雨区利用植物和洼地滞留雨水，并利用土壤和微生物的过滤、降解作用去除雨水中的污染物质，达到水量和水质双重调控的目的。生物滞留技术是一种典型的分散式的 LID 雨水控制利用措施，其占地面积小，可以在调控径流水量和改善水质的同时美化环境。

校园生态集雨区设计三处，起到分散集雨的作用，同时作为校园景观提供游憩场所。雨季最高水位 0.5m，平日以自然式坡地为主。

8.2.4.3 "渗"＋"排"＋"净"——植草沟

环校植草沟具有代替雨水口和雨水管网进行道路雨水的收集和输送的功能，减轻校园排水压力，同时能够净化雨水中的污染物，对于 SS、COD 和重金属都有较好的去除效果，可以滞留雨水中 93％的 SS。污染物在植草沟中的去除主要是通过过滤沉淀作用，当坡度较缓时，植草坡效果更好。

新校区外雨水管网不完善，土壤盐分较高，若设计为护校河或雨水管网成本过高。为了尽可能减少场地的人工化，最大化节约成本，设计宽度 50m 的植草沟承担校园雨季排洪的作用。土壤中的盐分不可能从根本上消除，设计遵循"盐随水来，盐随水去"的水盐运移规律，绿化带中部水系收集雨水及浇灌排盐后的景观水，中部 30m 为原生植被，以芦苇、碱蓬为主，两侧 10m 左右的绿化带植物种植主要起视线隔离和景观美化作用。场地标高在满足种植土厚度及排盐管敷设深度要求的基础上，保持集雨区池底与绿地地面高差控制在 2.0m 左右，雨季最高水位 0.5m，平日以自然式坡地为主。同时，绿地还适当做微地形以利于排水和收集雨水，实现了利用自然降水排水洗盐的目标。

8.2.4.4 "净"——自然与人工湿地

利用人工湿地、人工湿地岛屿和生物养护技术结合的方式，建立一个相对完整的水生态系统。人工湿地按水流在其中的流动方式可分为 3 种类型。

① 表流式人工湿地（FWS）。

② 水平潜流型人工湿地（SFF-CW）。

③ 垂直流型人工湿地（VF-CW）。

本校区人工湿地考虑到生态环境、净化效果、投资管理等因素，建议采用水平潜流型，填料深度 0.6～0.8m。利用雨水泵站中的集水池设置格栅、初沉池，对来水水质进行预处理，可将湿地景观和功能结合，形成人工湿地和天然湿地和谐统一的整体系统。规划校园水系经"中心水体—循环管道—泵站—人工湿地—中心水体"的方式进行循环，变死水为活水，优化水质，消除内源污染。

根据水岸的不同形式，从岸边至水面，依次布置湿生-水生植物，形成水生河漫滩湿地植物格局，对水体进行生态净化。适地适种，选择景观效果好、耐污能力强、净化能力强的植物。填料的选择要有一定的吸附性能和离子交换性能，粒径不宜过大或过小，利于生物膜形成与更新并且价廉易得。

8.3　总结

通过在校园内布置景观湖、生态集雨区、人工湿地、植草沟等 LID 设施，最大程度减少场地开发对环境的冲击，最大化利用雨水，保证校园水安全，同时营造了更多的生态休闲场所，具有广泛的经济效益、社会效益、生态效益[12]。考虑到滨海地区土壤盐碱的特性，在规划设计时需要考虑土壤排盐、种植耐盐碱植物等手段弱化场地劣势，形成区域特色景观。

参 考 文 献

[1] 栾春凤，申潇潇. 基于低影响开发的郑州大学新校区雨水利用设施规划初探 [J]. 现代园林，2015，12（6）：

483-487.

[2]　郝钰，曹磊，李彧. 绿色校园景观中的低影响开发设计 [J]. 建筑科技，2014，（9）：114-117.

[3]　王红武，毛云峰，高原，等. 低影响开发的工程措施及其效果 [J]. 环境科学与技术，2012，35（10）：99-103.

[4]　王建龙，车伍，易红星. 低影响开发与绿色建筑的雨水控制利用 [J]. 工业建筑，2009，03：123-125，102.

[5]　徐涛. 城市低影响开发技术及其效应研究 [D]. 西安：长安大学，2014.

[6]　戚海军. 低影响开发雨水管理措施的设计及效能模拟研究 [D]. 北京：北京建筑大学，2013.

[7]　Vicars G J，Williams H F L. Impact of urbanization on storm response of White Rock Creek，Dallas，TX [J]. Environ Geol，2006，51：1263-1269.

[8]　李迪华，张坤. 低影响发展模式——可持续城市规划、景观设计与市政工程途径 [J]. 江苏城市规划，2009，（8）：256-259.

[9]　李俊奇，车伍. 城市雨水问题与可持续发展对策 [J]. 城市环境与城市生态，2005，18（4）：115-118.

[10]　Elliott A H，Trowsdale S A. A review of models for low impact urban storm water drainage. Environmental Modelling & Software，2007，22（3）：394-405.

[11]　车伍，张伟，王建龙，等. 低影响开发与绿色雨水基础设施——解决城市严重雨洪问题措施 [J]. 建设科技，2010，（21）：189-194.

[12]　户园凌. 低影响开发雨水系统综合效益的分析研究 [D]. 北京：北京建筑工程学院，2012.

⊙ 作者介绍

李莹[1]，　王卫红[1]*

[1]. 天津大学城市规划设计研究院，E-mail：924108476@qq.com

9

LID策略在西北半干旱地区城市附属绿地更新规划设计方法中的研究

摘要：西北半干旱地区城市绿地建设在面临脆弱生态环境制约压力的同时，也带来了创造更优于自然本底生境条件的契机。LID 策略应对西北地域自然气候条件，雨洪管理措施与景观规划设计的内容和成果结合，满足游憩和空间审美，改良、改善植物等立地条件，营造城市绿地更优的多样的生境，为城市生物多样性创造条件。城市附属绿地本研究选取大学校园绿地，作为城市附属绿地的典型案例。从场地背景生境条件的特征分析与类型概括出发，更新规划设计中建立生境营造的基础、目标和方向，通过景观规划设计的方法和途径实现。基于对城市建成环境中附属绿地的场地生境条件日照生境条件的分析认知方法，概括为"场地阳生"和"建筑阴生"两种基本类型的基础，探讨并实践以这两种场地的背景生境条件为出发点，通过结合雨洪管理的花园设计方法，达到人工干预下场地新的雨水生境营造的目标和方法。研究选择西安典型的大学校园绿地的更新规划设计为案例，并选择校园内 2 处场地上的花园设计和实施过程实践，总结了实验"阴生生境雨水花园绿地"和"阳生生境雨水花园绿地"的营造途径的结论：以日照分析、风环境模拟分析、土壤渗透率、场地水文过程的生境单因子调查、模拟，形成生境条件的综合分析结论为基础，判断 LID 设施的布置位置，以及场地生境营造的目标方向，场地设计通过布局、地形、铺地等要素设计，本土植物群落种植设计，施工图与施工质量控制，后期养护和维护的实验，实践适应场地条件的雨洪管理与 LID 策略。

9.1 引言

中国西北地区的城市化过程同时也是新的城市生境环境的营建过程。尤其是城市绿地的营造过程，是在日照、降雨、温度等自然条件基础上，依赖地形、人工水系、植物，以及建筑、道路铺地、基础设施等在场地的空间布局与协同组织，创造更优于自然本底的场地尺度的生境条件的营造过程——城市绿地生境营造。生境营造是实现城市化生态过程中生态设计的目标、方法和技术手段，是"人工干预、自然形成"物种群落栖息场所，同时需要满足城市中人的游憩活动和审美需求[1~3]。

当 LID 策略的雨洪管理措施与景观规划设计的内容和成果结合，才能被城市绿地所承担的生活、游憩和审美要求所接受。在西北地区，结合 LID 的景观规划设计内容和过程，如何应对旱期长、季节性降雨量差异大、城市绿地恶劣的土壤条件、植物萧条期长等地域自然气候条件是主要问题；同时，城市附属绿地是绿地类型中分布范围最为广泛的一种类型。城市附属绿地的生境营造，与城市绿地系统的生境条件乃至整个城市的生境条件有最为密切的关系，也同时是受到城市人们日常生活最为频繁的使用和最为密切的关注的绿地类型[4~6]。

城市绿地生境的营造，受城市绿地所处场地的背景基础条件的影响。即"设计的生境"需要建立在对场地的"背景生境条件"的充分认知的基础上。当生境营造的目标与方法，与雨洪管理措施结合，受场地已有条件中的自然条件，即所形成的日照、水文（包括雨水、浇灌补给水等）条件、土壤条件、风环境等的影响，在设定合理的绿地的规划设计目标中，成为综合评价的重要因素[7~9]。

9.2 西北城市附属绿地生境类型划分与结合 LID 策略的生境营造典型案例选择——大学校园绿地

9.2.1 附属绿地生境营造对城市绿地系统生境生态的作用

附属绿地是城市绿地系统的重要组成部分，是城市绿地中分布最为广泛的类型。附属绿地涉及城市建设用地九大类中的八大类，且多数城市附属绿地总面积占到城市绿地总面积的 30%～60%，大大超过公园绿地的面积比例。相关研究和统计数据表明，相对其他类型绿地，多数城市附属绿地在城市分布的绿地斑块数量上占有绝对优势。附属绿地空间分布广泛，尺度较小，与人们的日常生活空间密切关联。且附属绿地的管理较精细，养护水平较高，植物种类的多寡和生长受到人们的密切关注。附属绿地的生境营造对改善城市中人们日常活动休憩场所的小气候环境具有直接见效的重要作用。同时，对生态观念的教育意义也非常重要。

对附属绿地的规划设计目标的衡量和评价的标准，仍主要在数量的指数上。简单的绿地率和绿化覆盖率的指标，已难以满足对城市绿地后续发展、管理以及持续设计的质量目标，和城市绿地在城市生态与游憩功能中的动态发展的要求。

城市绿地的生态设计的策略和方法更侧重城市的宏观和中观结构，强调城市、区域、片区等尺度范围内的格局、分布和结构，而对附属绿地类型所包含的场地尺度的生态设计的规划与设计缺少明确的思路、方法、目标、途径以及指导原则；目前国家海绵城市建设仍是政策和理念层次的指导原则，同时提出了指标性的要求：城市 70%的降雨就地消纳和利用，到 2020 年，城市建成区 20% 以上的面积达到海绵城市目标要求。附属绿地作为城市下垫面中分布广泛的"海绵"的"孔隙"，虽孔隙面积小，但分布密度大，分布广泛。在雨水流程环节中，位于城市硬质铺地上的雨水的源头滞留在就近的附属绿地。

附属绿地中由建筑、构筑物的布局和已有的成熟高大乔木所形成的光线条件，以及建筑的排水方向和方式等场地生境条件，依据建筑环境中生境条件形成的主次关系，以及绿地在设计和建设中对生境因子的控制的程度，划分场地生境条件"主导影响因子"——日照，确定"场地阳生"与"建筑阴生"两大基本生境类型。进一步与场地设计中的"次要影响因子"——水文结合形成阳生湿地、阳生旱地、阴生湿地、阴生旱地的基本城市环境中的生境营造类型，为人工种植和自生植物群落形成多样的生境条件（表 6-9-1、图 6-9-1）。

表6-9-1 　城市绿地生境的影响因子分析

影响因子	分类	向	栏
光	建筑阴影 植物阴影	日照时数 乔木、灌木	冬至、夏至、秋分 常绿、落叶
水	水源	建筑落水管、空调排水管；给水；无给水	
地形	洼地 平地 凸地	湿润、汇集雨水 适中 干燥	
绿地形态	带状绿地 点状绿地 块状绿地	宽度 0.5～15m^2，长度无限制 0.5～15m^2 15m^2 以上	

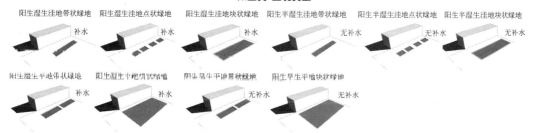

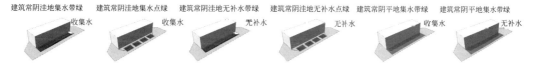

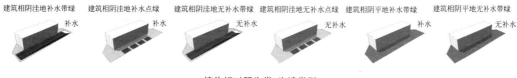

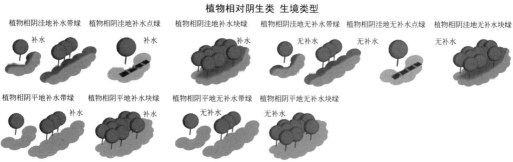

图 6-9-1　附属绿地背景生境影响因子识别与类型划分研究

（思路：刘晖、李莉华、徐鼎黄；绘图：吴小辉）

9.2.2 附属绿地背景生境条件研究——校园绿地的场地生境类型划分

大学校园比较于城市中心区，其建筑密度低、绿地率大；比较于城市公园，人的聚集生活相对集中。西安市中心城区内的大学校园经历了自20世纪50年代以来的逐步建设与发展过程，比较于城市其他用地单元，校园内的建设量和速度始终处于适中的程度（相比较于新区的）。校园中自50~60年代始建的多层建筑多数被保留，部分高大乔木也已生长30年以上。校园绿地空间中的生态环境趋于相对稳定。

本研究选择位于西安核心城区的西安建筑科技大学雁塔校区校园为典型案例研究对象，对城市绿地生境类型及其设计方法进行研究。

该校园总面积33.5hm²；校园北、西、南三侧边界分别临城市主干道及次干道，东侧临居住组团（见书后彩图6-9-2）。

9.2.3 基于场地背景生境条件类型研究结合LID策略的附属绿地景观设计方法实验实践

对西北地区旱期长、暴雨频率低、冬季植物萧条等自然气候条件的研究结论，结合城市绿地，尤其是附属绿地的功能与分布特点分析，总结出结合LID策略的附属绿地设计的2项基本观点：a. 在西北地区，LID策略与技术措施需要与城市附属绿地的设计相结合，才能从城市雨水产生的源头进行控制；b. 对于干旱的西北地区而言，附属绿地的LID策略并不以城市防洪为出发点，而是以城市雨水在城市绿地土壤中的有效持水为主要目标，同时从源头减少雨水内涝压力。即将雨水作为绿地的水源资源，以绿地土壤的合理安全方式存储。绿色基础设施与灰色基础设施同时应对自然气候条件的弹性。更长远和更综合的目标，是为城市植物、动物等的生物多样性创造多样的生境条件。

城市附属绿地的设计在满足城市绿地的游憩活动和人的审美需要的同时，成为城市安全、有效的涵养雨水的方式。在城市绿地的更新规划和场地生态设计过程中，对场地已有的日照、水文、土壤条件的定量调查分析和定性类型研究，成为判断利用雨水改善改造场地生境条件的方向依据。

本研究选择该校园内两处场地，分别代表绿地场地类型中典型的"建筑阴生生境"和"场地阳生生境"条件。西建大校园东楼北侧绿地，是校园绿地典型的"建筑阴生"生境条件类型。南门口东侧的绿地代表典型的"场地阳生"生境条件。实验实践研究背景生境条件分析基础，结合LID目标的生境营造目标的绿地设计方法。

9.3 基于"建筑阴生"背景生境类型研究的附属绿地LID策略下景观设计的生境营造途径实验

西建大东楼北侧场地，东、南、西三面为建筑边界，东边界为一层建筑，西、南边界为四层建筑。场地东西向长度为18.3m，南北向长度24m，面积440m²。该场地作为花园的设计与建造过程，是基于场地生境条件分析研究基础上，创造生境多样化营造，同时满足人们对该空间的活动需求和基本视觉需要。生境营造的设计途径以对场地生境条件的分析研究作为设计基本条件（图6-9-3）。

图 6-9-3　建筑阴生花园——建大东楼花园建设前场地 2003 年 4 月（摄影：刘晖、李莉华）

9.3.1　"建筑阴生"场地生境背景条件研究

对场地主导生境条件的分析包括：a. 场地日照条件；b. 场地水文条件；c. 场地土壤条件。

9.3.1.1　场地日照条件

场地能够获得的日照条件，主要由周边建筑的阴影和场地内高大乔木的落影同时段叠加形成。与建筑的阴影相比，各种类的高大乔木叶幕的枝叶疏密程度对光线都有一定的透射，是相对阴影。通过对用地周边建筑的落影在场地内的范围在春分、夏至日等计算，划定出日照时长变化的梯度范围：全阳、3/4 日照等区域，将建筑阴影转化为场地可获得日照条件的梯度变化范围。成龄乔木影响的日照是相对阴影。场地内现有的成龄乔木，分枝点高于 3m 以上的共有 3 株，根据其高度和分枝点分别按正圆台、倒圆台等概括树冠形态，计算阴影范围、强度和时长。将建筑阴影与乔木落影在基地内的同时间段叠加，按时长划分出全阳、3/4 日照，1/2 日照，1/4 日照，0 日照 5 个日照条件区域（图 6-9-4、图 6-9-5）。

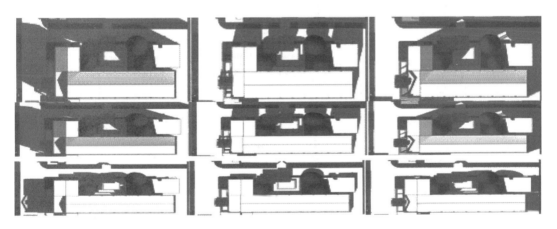

图 6-9-4　东楼花园场地周边建筑及高大乔木阴影叠加分析图

春分、夏至、秋分、冬至日 8：30、12：00、15：30 建筑落影范围

9.3.1.2　场地水文条件

对场地水文条件的研究包括：a. 场地中可能的水源条件；b. 各水源条件水量的分项计算。场地中可能的水源条件，除常规给水源，将周边建筑的屋顶面及场地周边的道路、铺地

等硬质底面作为场地设计中可供收集利用雨水的水源。

对西北地区城市，降水量全年的季节性分布差异大，采取计算峰值雨水量的方法计算水量。按西安市 20 年重现期降雨历时 60min 的降雨强度 0.741mm/min 和屋顶的径流系数，与可汇集面积计算可供收集的总雨水量的理论值，减去场地内下渗和蒸发量，作为水源收集雨水的理论总量；东楼生境花园雨水汇流面积主要包括两部分：东楼建筑屋顶汇流面积为 210m²，北侧道路铺装汇流面积为 710m²。按照径流峰值系数计算峰值雨水量，得到丰水期可收集最大雨水量理论值为 556m³，最小雨水量为 30m³（图 6-9-6）。

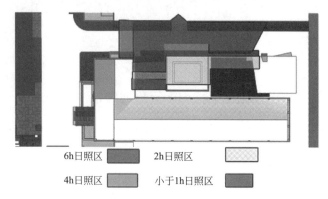

6h日照区　　　2h日照区

4h日照区　　　小于1h日照区

图 6-9-5　东楼花园场地日照条件梯度分布图（设计：李莉华，绘图：胡涛）

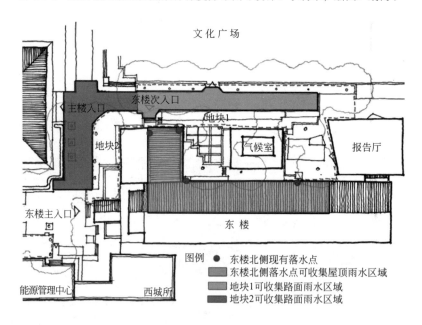

图例　　● 东楼北侧现有落水点

　　　东楼北侧落水点可收集屋顶雨水区域

　　　地块1可收集路面雨水区域

　　　地块2可收集路面雨水区域

图 6-9-6　东楼花园场地周边可收集利用雨水的屋面和铺装覆盖范围

9.3.1.3　场地土壤条件调查测试

场地内土壤条件的微差，主要受到主导的日照范围和时长影响土壤水分蒸发量大小，导致土壤含水量的差异。选择土壤的湿润度作为关键参数，与日照时长的梯度对应。场地土壤中的水分条件形成"相对湿生"和"相对旱生"。将场地内乔木阴影与土壤湿度的关系比较，这一判断由场地土壤湿度测试验证：6 个土壤测试点，对应日照时长由长到短排序：4 号点区域、3 号点区域、1 号点区域、6 号点区域、5 号点区域、2 号点区域（图 6-9-7）。

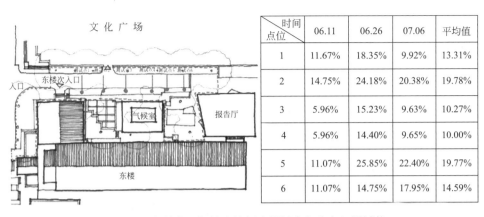

时间 点位	06.11	06.26	07.06	平均值
1	11.67%	18.35%	9.92%	13.31%
2	14.75%	24.18%	20.38%	19.78%
3	5.96%	15.23%	9.63%	10.27%
4	5.96%	14.40%	9.65%	10.00%
5	11.07%	25.85%	22.40%	19.77%
6	11.07%	14.75%	17.95%	14.59%

图 6-9-7 东楼花园场地土壤湿度测试点位分布与测试值

（测试及整理：胡涛、秦嘉奇；指导：李莉华）

9.3.2 "建筑阴生场地"背景的 LID 策略雨水生境花园设计

9.3.2.1 平面布局

方案布局在满足功能和流线需求的前提下，将铺装场地和道路小体量构筑集中布置在场地内日照时长为 0 日照和 1/4～1/2 日照梯度内；将日照较长区域尽可能留给园艺花卉种植区域，同时也是视线焦点区域；挖渠形成的土方集中在南侧，抬高地形，靠近建筑北立面的位置，沿建筑长轴方向形成微地形的脊线；做雨水收集池与导流渠，收集两处落水管的落水，形成雨水汇集沉积池，积满后溢流至外围绿地；汇集沉积池布局在用地北侧日照长度较长区域；为延长雨水和浇灌水流经的路线长度，水渠呈折线型布局（图 6-9-8）。

图 6-9-8 东楼花园场地布局

（设计与施工：刘晖 李莉华，摄影：徐鼎黄、李莉华；绘图：夏颖、李刚）

9.3.2.2 场地地形与水文设计

在该花园的方案设计中，实践了场地地形设计与水文设计的计算方法、设计内容、布局方法，具体包括：a. 划分场地内及周边的雨水单元，计算最小和最大雨水量；b. 雨水水文过程设计，主要包括源头汇聚点布置、引流输送过程的方式与路径设计、蓄积与渗透区域峰值时的溢流 3 个环节的设计（图 6-9-9）。

将场地西南角的地形抬高；挖渠形成的土方集中在南侧，抬高地形，靠近建筑北立面的位置，形成沿建筑开间方向；做雨水收集池与导流渠，收集两处落水管的落水，形成雨水沉积池，积满后溢流至北侧种植带；满蓄雨水量为 5m³，雨水收集仅占到周边环境中可供收集的雨水量最大峰值的 1/90。旱季要以人工给水补充浇灌补给园艺植物生长需水。

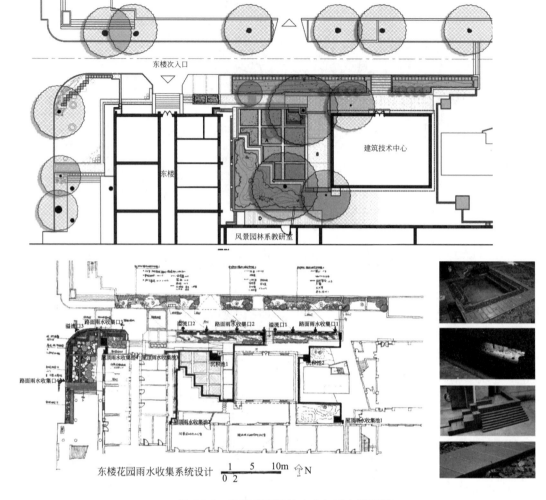

图 6-9-9　东楼花园场地水文与雨水链设计

（设计：刘晖、李莉华；绘图：李莉华；摄影：徐鼎黄）

9.3.2.3　种植设计：园艺植物群落（分布、种类）

生境花园的种植设计和实施，以及后期的园艺维护，考虑 2 种方式人工种植：表现稳定的植物种类和园艺演替的植物种类。稳定的植物种类由体量较大的乔木、灌木和宿根花卉组成，主要为满足花园的空间和视线的需要；园艺演替的植物种类主要由草本植物构成，生长周期为 1 年，主要是花色的季节变化以及植物细节特征的展示，为自生植物群落、种类观测。第 3 种是自生植物群落种类的自然选择分布与传播方式，更具有生境指示意义（表 6-9-2、表 6-9-3）。

表6-9-2　花园园艺演替种植群落种类与生长情况

类型	序号	种类名称	拉丁文	场地内生长周期	繁盛期
园艺演替	1	紫茉莉	*Mirabilis jalapa* L	5～11 月	7～9 月
	2	菖蒲	*Acorus calamus* L.	5～11 月	6～9 月
	3	香蒲	*Typha orientalis* presl	4～9 月	5～8 月
	4	铜钱草	*Hydrocotyle vulgaris*	3～8 月	4～7 月

类型	序号	种类名称	拉丁文	场地内生长周期	繁盛期
植物群落	5	德国鸢尾	*Iris germanica* L.	4～9月	5～7月
	6	薄荷	*Mentha haplocalyx* Briq.	7～10月	8～9月
	7	水葱	*Scirpus validus* Vahl	5～10月	6～9月
	8	八角金盘	*Fatsia japonica* Decne.Planch.	常年	4～10月
	9	玉簪	*Hosta plantaginea* Aschers.	6～11月	7～9月
	10	春杜鹃	*Rhododendron praevernum* Hutch.	3～7月	4～5月
	11	夏杜鹃	*Rhododendron annae* Franch.	4～8月	5～6月
	12	萱草	*Hemerocallis fulva*（L.）L.	4～8月	5～6月
	13	棣棠	*Kerria japonica*（L.）DC.	4～8月	5～6月

表6-9-3 自生植物演替种植群落种类与生长情况

类型	序号	种类名称	拉丁文	场地内生长周期	繁盛期
自生演替植物群落	1	酸模草	*Rumexacetosa* Linn	4～9月	5～7月
	2	酸模叶蓼	*Polygonum lapathifolium* L	6～10月	7～8月
	3	葎草	*Humulus scandens*（Lour.）Merr.	7～10月	8～9月
	4	莎草	*Cyperus difformis* L.	6～10月	7～8月
	5	藨草	*Scirpus triqueter* L	5～10月	6～8月
	6	车前草	*Plantago depressa* Willd	5～10月	5～8月
	7	蒲公英	*Taraxacum mongolicum* Hand.-Mazz.	3～10月	4～7月
	8	狗尾草	*Setaria viridis*（L.）Beauv.	4～11月	5～9月
	9	益母草	*Leonurus artemisia*（Laur.）S. Y. Hu F	5～11月	5～9月

9.4 建筑阴生雨水花园建成后测评

阴生生境花园建成后，与校园内相似生境条件的建筑阴影区绿地对比其生境条件进行测试，包括土壤水分条件对比、物种多样性比较、人的关注方式和建成维护费用4个方面。

9.4.1 土壤水分条件对比测试

对东楼花园和西楼北绿地的生境条件进行测试，根据移动气象站对东楼生境花园和西楼北绿地两处生境因子中的土壤含水量和温度的测量结果发现，正常天气条件下，东楼生境花园中土壤的含水量基本是西楼北绿地的2倍。环境温度也都略低于西楼北绿地的环境温度0.2～3℉。只有在下雨天气中西楼绿地的土壤含水量的值高于东楼花园的土壤含水量，这从另一方面说明西楼绿地的排水功能低于东楼生境花园，而西楼绿地的表层土壤水分蒸发速率高于东楼生境花园。

9.4.2 物种多样性（植物、动物）比较

将东楼花园场地内3种类型植物群落的数量、生长状况、种源及演替方式与西楼北绿地进行比较，人工种植植物对生境的适应程度通过观测记录相似面积内人工种植植物群落的生

长特性，判断生境适应性。如八角金盘、芭蕉、矢竹等生长良好。东楼花园鸟类、昆虫栖息与活动记录见表6-9-4。

表6-9-4 东楼花园鸟类、昆虫栖息与活动记录

类别	种类	与花园的关联方式	数量	活动频率
鸟类	灰喜鹊	喝水点 食源构成 飞停点	10～20只/d	无风无雨日每天
	麻雀	喝水点 食源构成 飞停点	10只/d	无风无雨日每天
昆虫	钉螺	栖息	5～10只/m²	全部栖息地
	蜘蛛	栖息	2～3只/m²	全部栖息地
	蟾蜍	觅食	1～3只	部分栖息地
	蚯蚓	栖息	1～3只/m²	全部栖息地
	蜗牛	栖息	1～3只/m²	全部栖息地

9.4.3 关注程度与方式

对比相似条件的西楼北侧绿地，人的行为观察记录结果发现，人们在该绿地旁属于必要性经过，单一园艺植物季相往往并不会吸引人关注；东楼花园中的植物以群落的状态，在一年中不断变化，吸引路过或少量穿过的人驻足欣赏；周边住区的小学生在周末时间出现在花园中的频率较校园其他绿地高。东楼生境花园还吸引了数名退休教师自发成为园艺志愿者。

9.4.4 灌溉需水量与维护管理费用

东楼生境花园在建成后的维护管理中，植物仅在7月15日～8月15日的夏季高温期间需要对园艺品种灌溉，人工种植的稳定的植物种类，如八角金盘、竹类和枇杷等，不需要补充灌溉即可安全过冬过夏。花园园艺品种需水量统计为 $0.5m^3/m^2$，按 $32m^2$ 计算浇灌需水量为 $16m^3$，比较校园其他绿地及西安城市绿地养护费用的统计平均值，其中水量与人工维护费用合计 $7元/m^2$。花园的维护费用比城市中等养护水平的绿地节约费用约 60%。

9.5 "场地阳生"雨水花园的生境营造设计途径

阳生雨水生境花园的设计实验场地位于西安建筑科技大学校园本部北院南门里东侧，占地面积 $829.15m^2$。场地东南边界为一层、二层建筑，对场地的光线等影响忽略。场地内现有11棵乔木。

9.5.1 阳生场地生境条件研究

9.5.1.1 土壤

基地土壤条件为现存绿化种植土（属原状黄土-湿陷性黄土），渗透系数为 $10^{-6}m/s$[4]。另外，场地东侧曾作为构筑物搭建夯实，植物基本不能生长。根据西北地景研究所流动气象站观测报告数据，基地土壤平均湿度为 15% 以上。

9.5.1.2 场地水文条件

根据西安市市区降雨量分布图，基地现状绿地面积为829.15m²，因此，基地自身所能收集的自然雨水降水量最大一月为63m³，最小一月为6.8m³。基地每年可能的水量补给远远不够每年的水量消耗。生境花园在设计中需设置人工给水点，需收集建筑屋顶雨水加以滞留利用，设置落水管收集槽进入雨水收集池，需做防渗处理。

9.5.1.3 场地日照条件

将基地划分为东西两部分，东部位于二层建筑北面，场地内部无乔木，场地北侧有一排法桐树，树冠高度15m；西部位于建筑西北面，场地西南角有大棵雪松，西边有两棵法桐，场地靠西区域较阴，靠东区域光照条件十分充足（图6-9-10）。

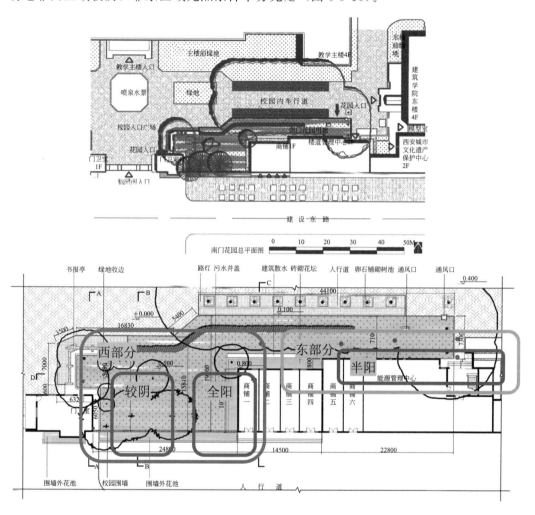

图6-9-10 阳生生境花园场地现状总平面图（绘图：王晓利）

9.5.2 阳生生境花园景观设计方案

9.5.2.1 场地布局

在场地"全阳"区域设计台地旱生花园，形成花园干区土壤，主要种植旱生、沙生植物，布局目标是以该类植物的鲜艳花色结合形态，表达生境特点，形成花园视觉核心；在场地"半阳"区域将屋顶雨水收集引入，形成土壤的润区，种植适应的植物群组；在场地"较阴"的东西两侧布局入口铺装场地，作为交流、等待、休憩等的活动空间（见图6-9-11）。

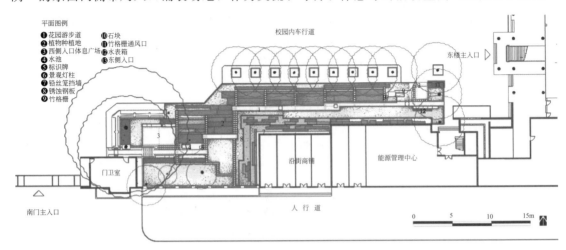

图6-9-11　阳生雨水生境花园——南门花园总平面图

（设计：刘晖、盛梅；绘图：李刚）

9.5.2.2　场地水文与地形竖向及土壤条件设计

将650m² 的建筑屋顶雨水，经过3处落水管的收集，引入旱生沙土花池；花池溢流，经过绿地渗透后的径流，引入10m² 生态滞留池，在峰值降雨时生态滞留池的溢流入北侧植草沟，自东向西，最终排入场地西北角铺装的原有雨水收集篦、井，进入校园雨水管网；地形竖向设计，为满足雨水链设计的引、滞的道路铺地、绿地坡度要求，对场地表层土壤进行换土，结合雨水生境的干、润、湿3种程度，更换不同质地的土壤或底层，如砂土、砾石、壤土、轻质腐植土等，创造植物群落生长的多种土壤生境。

9.5.2.3　群落种植设计

对光线的适应和土壤水分条件的组织形成场地生境微差；实验选择适生乡土草本植物种类组合和种植布局。已实验了2种组合布局方式：单一种的野生乡土草本植物以相对规整的"团块式"布局；多种乡土草本植物以群落式布局。达到简化人工管理，同时达到全年较长的视觉效果。观测种植群落的形态及演替过程（图6-9-12、图6-9-13）。

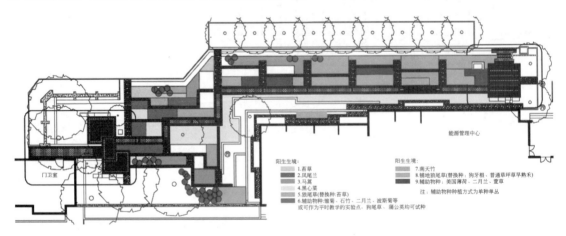

图6-9-12　南门花园植物群落设计布局（设计：刘晖、盛梅；绘图：王晓利、鲍璇）

图 6-9-13　南门花园植物群落种植实况记录（摄影：李仓栓，刘晖，李莉华）

9.6　结语

城市建成环境中，生境营造是实现生态环境改善的重要途径与方法。根据建筑所影响的场地日照条件作为主导因子，以土壤水文条件为次要因子划分外部空间中场地的生境类型。建筑轮廓为长矩形的多层建筑北侧区域内所形成的阴影条件，同时，因为人的活动干预较少，代表了一种典型的场地尺度的生境条件类型，概括为多层长矩形建筑的阴生生境条件。

城市绿地生境，以植物、动物等栖息地的生境营造为目标，通过场地设计实现 LID 策略，并改善生态环境改善的重要途径与方法。在场地分析方法中，以场地背景生境条件的分析作为设计思路的基础的分析方法，具体包括：日照条件作为主导因子，以土壤水文条件为次要因子，充分调查场地的背景生境条件和潜力特征，作为生境营造的背景和基础条件。"场地阳生"生境是城市中光照充沛的场地条件，"建筑阴生"生境是城市中建筑阴影范围较大的场地条件。

在这两种不同初始生境条件的雨水花园设计中，以创造场地的土壤水文条件的多样性，优化场地整体生境条件为目标，通过花园设计的平面布局，创造要素条件的设计方法，建成后形成的不同立地条件，对校园绿地中存在的生态链起到"点源"的作用。生境花园设计应遵循的程序、方法、原则和过程如下。

① 在建筑阴影条件下，对日照、场地水文、风、土壤湿度、蒸发条件等生境条件的分析方法与结论作为依据，花园设计的平面布局、场地水文的雨水链设计、地形要素方法设计创造多样的土壤湿度条件，形成相对阴湿、相对阴旱的土壤环境，为稳定的人工种植植物群

落、演替的人工种植植物群落和自生植物群落3种植物群落的生长提供多样的条件。

② 生境花园的维护费用比同规模同条件绿地减少60%。

③ 通过生境花园设计的途径，绿地成为校园绿地生境单元群中的点源型斑块，为城市留鸟和指示性昆虫提供停留点和栖息地。

④ 通过建立标识等解说人工自然，成为自然课堂，吸引人们增加驻足时长和关注频率，提高人们对生态设计的接受和生态美学的鉴赏程度。

注：本研究以对场地背景生境条件的特征分析与类型概括为出发点，更新规划设计中建立生境营造的目标方向，通过景观规划设计的方法和途径实现。探讨并实验实践2种场地的背景生境条件下，通过结合雨洪管理的花园设计方法，达到人工干预下场地新的雨水生境营造的目标和方法。对城市建成环境中附属绿地的场地生境条件日照生境条件的分析认知方法，概括为"场地阳生"和"建筑阴生"两种基本类型的基础。研究选择西安典型的大学校园绿地的更新规划设计为案例，并选择校园内2处场地上的花园设计和实施过程实践。总结了实验"阴生生境雨水花园绿地"和"阳生生境雨水花园绿地"的营造途径的结论：以土壤渗透率调查为基础，通过场地布局、地形、铺地、本土植物群落种植等要素设计途径实现，以施工图与施工质量、后期养护和维护控制。

参 考 文 献

[1] 刘晖，李莉华，董芦笛，等. 生境花园：风景园林设计基础中的实践教学 [J]. 中国园林，2015，31 (5)：12-16.

[2] 杨建辉. 陕北丘陵沟壑区雨水利用场地类型及建设模式 [J]. 中国园林，2015，31 (11)：59-64.

[3] 董芦笛，樊亚妮，李冬至，等. 西安城市街道单拱封闭型林荫空间夏季小气候测试分析 [J]. 中国园林，2016，32 (1)：10-17.

[4] 刘晖，董芦笛. 脆弱生态环境压力与人居建设疏解途径——基于风景园林学学科的思考 [J]. 中国园林，2011，27 (6)：7-11.

[5] 韩西丽，李迪华. 城市残存近自然生境研究进展 [J]. 自然资源学报，2009，(4)：561-566.

[6] 刘晖，杨建辉，岳邦瑞，宋功明. 景观设计 [M]. 北京：中国建筑工业出版社，2013.

[7] 刘晖，董芦笛，刘洪莉. 生态环境营造与景观设计 [J]. 城市建筑，2007，(5)：11-13.

[8] Church S P, Church S P. Exploring Green Streets and rain gardens as instances of small scale nature and environmental learning tools [J]. Landscape & Urban Planning，2015，134：229-240.

[9] Goddard M A, Dougill A J, Benton T G. Why garden for wildlife? Social and ecological drivers, motivations and barriers for biodiversity management in residential landscapes [J]. Ecological Economics，2014，86 (1)：258 - 273.

◉ 作者介绍

李莉华[1*]，刘晖[1]

[1.] 西安建筑科技大学，E-mail：snowllh@sohu.com

10

低影响开发技术在新城区小流域范围内的实际应用及其环境效应

摘要： 为缓解新城区建设过程中产生的径流污染问题，并对城市开发过程中产生的面源污染问题进行防治，在新城区重要景观小流域中设计了基于低影响开发技术的组合工艺。组合工艺包括高效吸附净化带、地下潜流阻隔墙和原位净化蓄水回用停车位。在长时间运行过程中，以上 3 项工艺对径流中 TSS、COD、TP、DTP、TN、NH_3-N、NO_3^--N 和 NO_2^--N 的平均去除率分别达 89.9%、58.5%、80.9%、51.0%、54.8%、77.6%、46.5%、74.0%；92%、70%、90.9%、70.3%、57.7%、93.1%、91.6%；89.3%、66.4%、83.3%、55.3%、43.6%、86.8%、28.5%、75.8%。在实际应用中，工艺占地面积 280m^2，处理径流面积为 1160m^2，通过计算得到在小流域周围推广建设组合工艺后，整个系统每年对 TSS、COD、TP、DTP、TN、NH_3-N、NO_3^--N 和 NO_2^--N 的总去除量分别能够达到 12567kg、2442kg、25kg、4kg、177kg、59kg、105kg、17kg。试验表明，该组合工艺能够在一定程度上对新城区小流域面积内的径流污染进行控制。

10.1 引言

低影响开发技术自提出以来，已经得到了较为广泛的应用。其中所提到的单独系统均在研究中显示了较好的效果。当在一个地域范围内综合使用低影响开发设计理念和工程措施，其对整个流域的污染控制将会产生更为广泛、更系统性的影响。从最初的区域规划到设计、施工都将低影响理念贯彻始终，对一个区域乃至一个城市的径流管理都能够取得比传统发展模式更好的效果。Dietz 和 Clausen 为了考察 LID 模式对小范围流域的影响[1]，对两个面积分别为 2.0hm² 和 1.7hm² 的居住社区进行了长期的径流量和径流污染物的监测。其中面积为 2.0hm² 的社区是用传统建设模式建造的，道路为不透水沥青道路，屋顶径流直接进入草坪，道路径流通过管网系统排放；面积为 1.7hm² 的居住社区使用 LID 概念建造，将道路改为透水沥青铺装道路，在公共绿地中设置了雨水滞留池用来储存雨水，对屋顶径流则采用了雨水花园的技术进行原位过滤排放。监测结果表明，在使用传统模式建造的居住社区流域出口，所排放出的氮、磷均出现急剧增长，TN 和 TP 年排放量分别达到 10kg/hm² 和 1kg/hm²，与其他传统开发形式的小区一致。而使用了 LID 理念建造的居住社区，雨水径流量和污染物排放量和开发前基本一致。这项研究充分表明，在流域尺度采用低影响开发技术可以大大降低城市开发对径流排放所造成的影响。本文的主要目的就是考察分散式的低影响开发技术在新城区小流域范围内的实际应用及其环境效应。

10.2 材料与方法

10.2.1 试验系统

工程地点位于某快速发展西城区的绿地内，道路雨水高效吸附净化带位于绿地东侧边缘，主要收集的径流为道路雨水。地下潜流渗滤反应阻隔墙位于绿地内部，主要收集的径流为园区内部道路雨水。原位净化蓄水回用停车位位于绿地南侧，主要收集的径流为停车场表面雨水。

(1) 高效吸附净化带

道路雨水高效吸附净化带系统主要由高效截污型雨水篦和吸附带主体组成。其中，高效截污型雨水篦的结构如图6-10-1所示，雨水篦由不锈钢制成，可以直接放入路边现有的水泥雨水篦中。其整体共分为两层，上层为截留区，主要截留径流中所携带的树叶、塑料袋等较大的杂物；下层为沉淀区，主要利用沉淀来去除径流中相对密度较大的颗粒物，雨水中的粗砂能沉积到套网的下部，而清水则通过套网中的孔洞溢流进入雨水井，并通过雨水管道流入雨水高吸附净化带进行进一步处理。当拦截网筐中污物过多，过流能力降低时，可定期将拦截网筐取出，将其中的污物清理，使得系统一直能够有效运行。高效吸附净化带主体利用了道路两旁原有的下沉式植草沟，将植草沟中的原土置换成具有更高污染物去除性能的沸石和活性炭，以达到去除道路径流污染物的目的。吸附带从上层到下层依次是原有透水方孔砖、砂土、活性炭-沸石混合填料，并由鹅卵石支撑。吸附带剖面填料种类和填料层厚度见图6-10-2，活性炭-沸石的比值为2：1。

当降雨导致径流产生时，携带着路面污染物的雨水流进装有高效截污型雨水篦的径流收集系统中，经高效截污型雨水篦后，通过雨水收集管进入高效吸附净化带表面，并从高效吸附净化带表面下渗，通过由沸石、活性炭组成的填料层，达到底部鹅卵石组成的收集系统，在收集系统中，得到处理的径流直接被排出系统，就近进入湖泊。根据试验得到系统中填料层的渗透系数为200mm/h，径流在系统垂直方向上的停留时间约为2h。

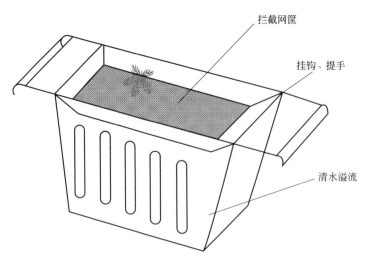

拦截网筐

挂钩、提手

清水溢流

图6-10-1 高效截污型雨水篦

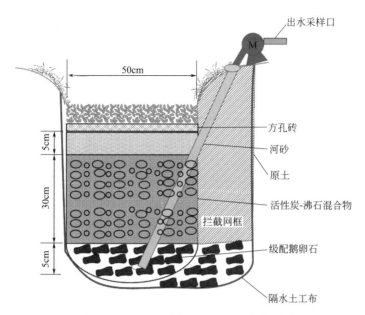

图 6-10-2　道路雨水高效吸附净化带剖面图

道路雨水高效吸附净化带整体长度为 100m，为了减少高效吸附净化带开挖和填料成本，对开挖深度进行了调整。整个系统开挖宽度约 50cm，填料深度共 40cm，其中砂土层 5cm，活性炭-沸石层 30cm，鹅卵石层为 5cm。

（2）地下潜流渗滤反应阻隔墙

试验区内绿地面积较大，具有较好的径流促渗功能，但是由于绿地养护需要对其进行施肥，绿地又紧挨着城市水体，如果任由径流通过绿地直接排放进入水体将会造成富营养化等问题。因此，利用其周边的绿地设计了地下潜流渗滤反应阻隔墙，来达到阻隔绿地径流直接就近进入水体而造成污染的目的。阻隔柱每根长 0.6m，直径 100mm，外围为网状结构（材料为细孔铁丝网），内部混合填充活性炭、沸石等高效吸附载体，阻隔柱结构如图 6-10-3 所示。整体的阻隔墙采取离散式阻隔柱的方式设计，阻隔柱在靠近水体的岸边呈两排埋设，柱和柱之间左右间隔为 1m，前后间隔为 0.5m（实际施工中根据植被情况可有所调整，不影响植被生长和地面景观）。

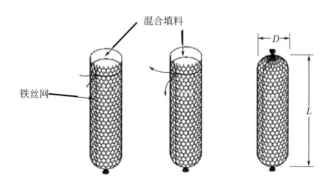

图 6-10-3　地下潜流渗滤反应阻隔柱

当径流产生后，沿道路坡度进入侧边的绿地，由于绿地采取了促渗措施，大量雨水会变成地下潜流，最终与地下水、地表水汇合。由于道路径流中所含污染物较多，并且绿地受大气污染沉降、绿地施肥等过程的影响，地下潜流中会携带氮、磷、微量有机物等污染物，排入水体后会造成受纳水体的污染。而埋设在岸边的地下潜流渗滤反应阻隔墙则能够有效吸附其中的污染物，阻隔污染物进入水体。

（3）原位净化蓄水回用停车位

本试验共进行了2个停车位的改造，改造后的停车位平面见图6-10-4，每个停车位的长和宽分别为6m和3m，生态停车位底部经过净化的雨水通过两个停车位之间的透水管渠，导入位于侧边埋于绿地下的蓄水箱。蓄水箱是利用塑料模块材料的组合式水箱，可根据储水需要灵活选择模块容积，本试验中的水箱有效容积为$3.8m^3$。储水方块安装方便，承载力大，不滋生蚊蝇及藻类。改造后的停车位剖面见图6-10-5，停车位顶部为透水性能良好的砂砖，下部依次为填料过滤层、支撑层和导流层。停车位施工时总开挖高度为0.6m。

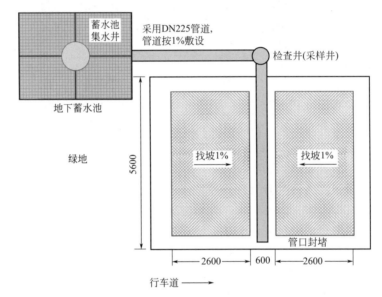

图 6-10-4　原位净化蓄水回用停车位平面图

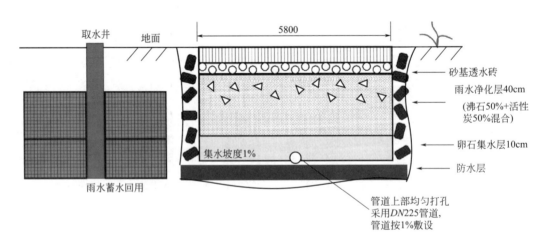

图 6-10-5　原位净化蓄水回用停车位剖面图

径流产生后，通过停车位表面的透水砖渗透进入系统，通过填料过滤层后得到净化，并随停车位底部的雨水收集管渠和绿地下的管道进入地下蓄水箱。蓄水箱中得到净化的雨水可被用作绿化浇灌、景观用水补充和洗车用水等回用水。在试验过程中，为了防止蓄水箱中的雨水放置太久而变质，每次降雨过后天气晴好时，工作人员都会利用水泵将其中的雨水抽出浇灌停车位旁边的绿地。

10.2.2　采样点的设置和采样方法

对高效吸附净化带系统，采样点的位置设在整个净化带的下游出水口附近，由于该系统主要污染的去除途径为渗滤，因此，在设计的时候就将采样管（直径为100mm的PE管）埋在作为出水收集系统的鹅卵石层下。同时，为了隔绝地下水对采样点的影响，在采样点下方放置了防渗膜，保证检测数据的准确性。采样时将采样用橡皮管放入采样管中，将鹅卵石层中的出水利用针筒吸上来倒入采样瓶中，并在24h内进行检测。

对地下潜流渗滤反应阻隔墙系统，采样点的位置设置在阻隔墙的下游，更为靠近水体的岸边，同样在设计的时候就将采样管埋在阻隔墙的下游土壤中，并在其下方设置了用来收集渗流的鹅卵石层和隔绝地下水影响的防渗膜，同样利用橡皮管从采样管中吸水的方式进行出水采集，并在24h内进行检测。

对原位净化蓄水回用停车位系统主要考察的有两个方面的指标。第一个方面是系统对径流污染物的去除效率，因此，需要对停车位的出水进行监测，监测点选在停车位出水口至蓄水箱所用管道的检查井中。采样时，将采样瓶用绳子拴住，伸入检查井底部采样，每次所采水样在24h内进行检测。第二个方面要考察的指标是储存在蓄水箱中径流水质的稳定性，确保在后期回用时蓄水箱中的雨水不会腐坏。在设计时，为了方便蓄水箱中的采样和回用，在蓄水箱中央设置了一个雨水回用井，在需要时将回用井打开，直接用水泵将回用雨水抽上来，进行采样和回用。

10.2.3　分析测试方法

试验检测水质指标包括 TSS、TP、$NO_3^- \text{-}N$、$NH_3\text{-}N$、COD 等。TSS 采用重量法，TP 采用钼锑钪分光光度法，TN 用过硫酸钾氧化紫外分光光度法，$NH_3\text{-}N$ 采用纳氏试剂法，$NO_3^- \text{-}N$ 采用紫外分光光度法。COD 使用哈希 DR2800 便携式分光光度计和哈希试剂，采用消解-比色法进行。

10.3　结果与分析

10.3.1　高效吸附净化带运行效果

为了能够评估长时间运行后高效吸附净化带的运行效果，对14场径流和系统监测结果进行了统计，得到径流污染物 EMC 平均值和系统平均出水水质，结果如表 6-10-1 所列，系统对污染浓度的去除率按下式计算：

$$\eta = \frac{\text{EMC} - C_t}{\text{EMC}} \times 100\%$$ （6-10-1）

式中，C_t 为高效吸附净化带出水污染物浓度，mg/L。

由表 6-10-1 可知，道路径流污染物浓度较高，尤其是 TN，其径流 EMC 平均值已超过了地表水环境质量标准Ⅴ类水的限值，为劣Ⅴ类水。在增加了高效吸附净化带措施后，所测的 14 场径流出水都达到了地表水Ⅴ类水的标准，有 50％的降雨径流出水达到了地表水Ⅲ类水的标准，有效控制了污染物向水体的排放。系统整体出水水质均值除 TN 外，也都达到了地表水Ⅲ类水的标准。系统对所测 14 场径流的 TSS、COD、TP、DTP、TN、NH$_3$-N、NO$_3^-$-N 和 NO$_2^-$-N 的平均去除率分别达到了 89.9％、58.5％、80.9％、51.0％、57.5％、80.4％、46.5％和 74.0％。

表6-10-1 系统长时间运行对污染物浓度的削减效果

项目	TSS	COD	TP	DTP	TN	NH$_3$-N	NO$_3^-$-N	NO$_2^-$-N
径流 EMC/(mg/L)	112.4	33.5	0.25	0.055	2.61	0.608	1.816	0.183
标准差/(mg/L)	52.3	18.4	0.40	0.076	1.55	0.984	0.920	0.116
出水水质/(mg/L)	11.4	13.9	0.05	0.027	1.11	0.119	0.972	0.048
标准差/(mg/L)	9.0	10.2	0.07	0.053	0.66	0.270	0.524	0.037
系统去除率/%	89.9	58.5	80.9	51.0	57.5	80.4	46.5	74.0

计算 14 场降雨的污染物产生总量均值、系统去除量均值和污染物负荷，结果如表 6-10-2 所列，其计算公式如下所示：

污染物产生总量： $$M = Q \times EMC \tag{6-10-2}$$

系统去除量： $$M_t = Q(EMC - C_t) \tag{6-10-3}$$

排入水体总量： $$M_{排} = M - M_t \tag{6-10-4}$$

污染物产生负荷： $$q = M/A \tag{6-10-5}$$

污染物去除负荷： $$q_t = M_t/A \tag{6-10-6}$$

系统进水负荷： $$q_{系统} = M/A_{系统} \tag{6-10-7}$$

系统去除负荷： $$q_t = M_t/A_{系统} \tag{6-10-8}$$

式中，Q 为由自动流量器监测的径流量，L；A 为道路汇流面积，m^2；$A_{系统}$ 为高效吸附净化带系统表面积，m^2。在本试验中，道路汇流面积为 400m^2，系统表面积为 50m^2。结合试验路段的面积参数，利用上文的公式，计算出 2013～2014 年中每场降雨所带来的 TSS、COD、TP、DTP、TN、NH$_3$-N、NO$_3^-$-N 和 NO$_2^-$-N 的平均污染负荷分别为 2538mg/m^2、756mg/m^2、5.6mg/m^2、1.2mg/m^2、58.9mg/m^2、13.7mg/m^2、41.0mg/m^2 和 4.1mg/m^2。从图 6-10-6 中可以看出，其中大部分都被系统去除，仅有小部分排入水体。但从总体上看，系统对 TSS、TP、NH$_3$-N 和 NO$_2^-$-N 的去除总量贡献较大，对 COD、TN 和 NO$_3^-$-N 的去除总量贡献较小。系统的 TSS、COD、TP、DTP、TN、NH$_3$-N、NO$_3^-$-N 和 NO$_2^-$-N 的进水负荷分别达到 20308mg/m^2、6051mg/m^2、44.5mg/m^2、9.9mg/m^2、471.1mg/m^2、109.9mg/m^2、328.2mg/m^2 和 33.1mg/m^2。

表6-10-2 系统长时间运行对污染物总量的削减效果

项目	TSS	COD	TP	DTP	TN	NH$_3$-N	NO$_3^-$-N	NO$_2^-$-N
污染物产生总量/g	1015	303	2.2	0.5	23.6	5.5	16.4	1.7
系统去除量/g	913	177	1.8	0.3	13.5	4.4	7.6	1.2
排入水体总量/g	103	126	0.4	0.2	10.0	1.1	8.8	0.4
污染物产生负荷/(mg/m^2)	2538	756	5.6	1.2	58.9	13.7	41.0	4.1
污染物去除负荷/(mg/m^2)	2282	442	4.5	0.6	33.9	11.0	19.1	3.1

项目	TSS	COD	TP	DTP	TN	NH$_3$-N	NO$_3^-$-N	NO$_2^-$-N
系统进水负荷/(mg/m²)	20308	6051	44.5	9.9	471.1	109.9	328.2	33.1
系统去除负荷/(mg/m²)	18255	3539	36.0	5.0	270.9	88.3	152.6	24.5

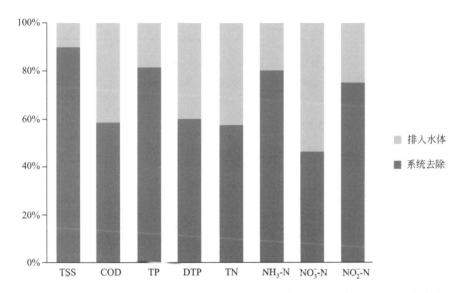

图 6-10-6　长时间运行情况下高效吸附净化带系统对雨水径流中污染物总量的去除效果

10.3.2　地下潜流阻隔墙对道路径流去除效果

为了对比缓释碳源木屑加入量对系统去除率的影响，建设时分别设计了两种填料的配比比例，填料柱 1 中沸石、活性炭和木屑的比例为 1∶1∶2，填料柱 2 中沸石、活性炭和木屑的比例为 1∶1∶1。实际应用时，填料的装填工作都在工厂内加工完毕，直接将填料柱搬运至施工现场，在靠河岸的绿地上进行打桩将填料柱埋在地下。系统 1 总长 60m，其中埋设的为 120 根填料柱 1，系统 2 紧挨系统 1，总长也为 60m，其中埋设的为 120 根填料柱 2。两个系统并联运行，总共覆盖了 120m 长的河岸带。

地下潜流阻隔墙于 2014 年 4 月完工，并于 2014/5/10、2014/7/1 和 2014/9/29 这 3 场降雨后，对阻隔墙的进水和出水进行了监测，结果如表 6-10-3 所示。地下潜流阻隔墙所处理的径流主要来自于绿地内道路，在到达位于岸边的阻隔墙之前，还漫流过路边的绿地。经过所设计的地下潜流阻隔墙后，两个系统的出水浓度没有出现预期的差别，对 TSS、COD、TP、TN、NH$_3$-N、NO$_3^-$-N 和 NO$_2^-$-N 的去除率分别能够达到 92%、70%、90.9%、70.3%、57.7%、93.1%、91.6% 和 90%、70%、91.2%、71.8%、58.8%、92.9%、90.7%，说明两者木屑量的不同对系统去除率的影响不大。与高效吸附净化带相比，该系统对 COD、TP、TN 和 NO$_3^-$-N 的去除率都有了较大的提高，但对 NH$_3$-N 的去除率相对较低。与高效吸附净化带不同的是，地下潜流阻隔墙中的填料中除高效吸附性填料活性炭和沸石外，还添加了铁屑和木屑，铁屑能够通过化学还原作用去除径流中的磷，木屑则能够作为缓释碳源，促进土壤中反硝化反应的发生，降低 NO$_3^-$-N 的浓度，也间歇提高了系统对 TN 的去除率。为了节约成本，地下潜流阻隔墙被设计为非连续性的填料柱，这使得阻隔墙的吸附性能减弱，与高效吸附净化带相比，对 NH$_3$-N 的去除率有较大的降低。

项目	TSS	COD	TP	TN	NH₃-N	NO₃⁻-N	NO₂⁻-N
径流水质/（mg/L）	206	73	1.370	2.220	1.258	0.293	0.132
系统 1 出水/（mg/L）	17	22	0.125	0.659	0.532	0.020	0.011
系统 2 出水/（mg/L）	21	22	0.121	0.626	0.518	0.021	0.012
系统 1 去除率/%	92	70	90.9	70.3	57.7	93.1	91.6
系统 2 去除率/%	90	70	91.2	71.8	58.8	92.9	90.7

表6-10-3 地下潜流阻隔墙对污染物浓度的削减效果

表 6-10-4 中统计了 3 场降雨的污染物产生总量均值、系统去除量均值和污染物负荷，计算公式见式（6-10-2）～式（6-10-6）。系统和对 TSS、COD、TP、TN、NH₃-N、NO₃⁻-N 和 NO₂⁻-N 的总去除量分别达到了 4082g、1112g、27.2g、34.4g、16g、6g 和 2.6g，在较大程度上减少了随径流排入水体的污染物总量，如图 6-10-7 所示。

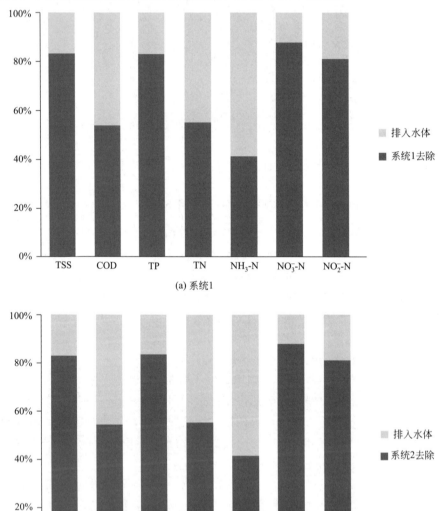

(a) 系统1

(b) 系统2

图 6-10-7 长时间运行情况下系统对污染物总量的去除效果

表6-10-4　地下潜流阻隔墙对污染物总量的削减效果

项目	TSS	COD	TP	TN	NH$_3$-N	NO$_3^-$-N	NO$_2^-$-N
每个系统汇水面积内污染物产生总量/g	2244	795	14.9	24.2	13.7	3.2	1.4
系统1去除量/g	2063	553	13.6	17.0	7.9	3.0	1.3
系统2去除量/g	2019	559	13.6	17.4	8.1	3.0	1.3
排入水体总量/g	406	478	2.7	14.0	11.4	0.4	0.3
污染物产生负荷/（mg/m^2）	787	279	5.2	8.5	4.8	1.1	0.5
污染物去除负荷/（mg/m^2）	716	195	4.8	6.0	2.8	1.0	0.5

10.3.3　原位净化蓄水回用停车位运行效果

原位净化蓄水回用停车位在运行的一年间状态良好，透水砖没有堵塞和凹陷的现象发生，系统长时间运行后对14场降雨径流EMC和系统出水水质进行了统计，求出平均出水水质和系统去除率，结果如表6-10-5所列。原位净化蓄水回用停车位系统对所测14场径流的TSS、COD、TP、DTP、TN、NH$_3$-N、NO$_3^-$-N和NO$_2^-$-N的平均去除率分别达到了89.3%、66.4%、83.3%、55.3%、43.6%、86.8%、28.5%和75.8%。与高效吸附净化带相比，停车位系统对COD和NH$_3$-N的去除效果较好，对TN和NO$_3^-$-N的去除效果略差。

在本试验中，系统的汇水面积即为系统表面积和周围人行道路，为40m^2。结合试验路段的面积参数，利用上文的公式，计算出2013～2014年中每场降雨中系统去除的TSS、COD、TP、DTP、TN、NH$_3$-N、NO$_3^-$-N和NO$_2^-$-N的污染物总量均值分别为33300g、7380g、68g、10.02g、378g、175g、172g、46g（表6-10-6）。从图6-10-8中可以看出，其中TSS、TP、NH$_3$-N和NO$_2^-$-N大部分都被系统去除，仅有小部分排入水体，但系统对TN和NO$_3^-$-N的去除效果较差。

与高效吸附净化带和地下潜流阻隔墙相比，原位净化蓄水回用停车位系统对污染物的去除总量较小，这是由于停车位汇水面积较小，仅能够收集自身表面雨水，如果在停车位设计时，能够由自然坡度引入附近的道路雨水，那么停车位对径流污染削减的贡献将会更大。

表6-10-5　系统长时间运行对污染物浓度的削减效果

项目	TSS	COD	TP	DTP	TN	NH$_3$-N	NO$_3^-$-N	NO$_2^-$-N
径流EMC/（mg/L）	112.4	33.5	0.25	0.055	2.61	0.608	1.816	0.183
标准差/（mg/L）	52.3	18.4	0.40	0.076	1.55	0.984	0.920	0.116
出水水质/（mg/L）	12.1	11.3	0.04	0.024	1.47	0.080	1.299	0.044
标准差/（mg/L）	9.8	7.5	0.06	0.047	0.70	0.102	0.650	0.025
系统去除率/%	89.3	66.4	83.3	55.3	43.6	86.8	28.5	75.8

表6-10-6　系统长时间运行对污染物总量的削减效果

项目	TSS	COD	TP	DTP	TN	NH$_3$-N	NO$_3^-$-N	NO$_2^-$-N
污染物产生总量/g	37307	11115	82	18.12	866	202	603	61
系统去除量/g	33300	7380	68	10.02	378	175	172	46
排入水体总量/g	4008	3735	14	8.10	488	27	431	15
污染物产生负荷/（mg/m^2）	933	278	2	0.45	22	5	15	2
污染物去除负荷/（mg/m^2）	832	185	2	0.25	9	4	4	1

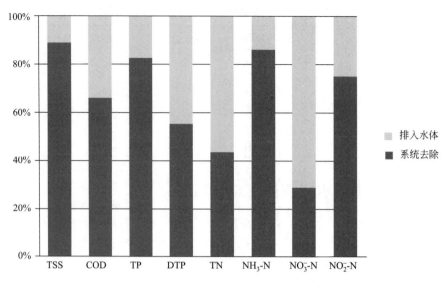

图 6-10-8　长时间运行情况下系统对污染物负荷的去除效果

10.3.4　汇水范围内径流污染总量估算

上文分析了高效吸附净化带 2013～2014 年间对 14 场降雨和地下潜流阻隔墙对 2014 年春夏 3 场降雨的平均径流去除效果，结果证明对汇流面积内的径流都有较高的去除率。由于外界条件的限制，这两项径流处理设施仅能够涵盖绿地内部的一部分面积。若假设该园区周边道路的植草沟和岸边绿地都分别改造成高效吸附净化带和地下潜流阻隔墙，则其汇水面积将分别达到 10170m² 和 442000m²，结合资料该市平均年均降雨量为 1143mm，绿地和道路径流系数分别按 0.2 和 0.9 计算，得到高效吸附净化带和地下潜流阻隔墙对绿地内部径流污染削减结果分别如表 6-10-7 和表 6-10-8 所列。

表6-10-7　高效吸附净化带径流污染削减结果

项目	TSS	COD	TP	DTP	TN	NH₃-N	NO₃⁻-N	NO₂⁻-N
污染物产生总量/kg	1174	350	2.6	0.6	27.2	6.4	19.0	1.9
系统去除量/kg	1056	205	2.1	0.3	14.9	4.9	8.8	1.4
排入水体总量/kg	119	145	0.5	0.3	12.3	1.4	10.2	0.5

表6-10-8　地下潜流阻隔墙径流污染削减结果

项目	TSS	COD	TP	DTP	TN	NH₃-N	NO₃⁻-N	NO₂⁻-N
污染物产生总量/kg	12530	3733	27	6.1	291	68	203	20
系统去除量/kg	11263	2183	22	3.1	159	53	94	15
排入水体总量/kg	1266	1550	5	3.0	132	15	108	5

高效吸附净化带和地下潜流阻隔墙对 TSS、COD、TP、TN、NH₃-N、NO₃⁻-N 和 NO₂⁻-N 的总去除量分别达到了 1056kg、205kg、2.1kg、0.3kg、14.9kg、4.9kg、8.8kg、1.4kg 和 11263kg、2183kg、22kg、3.1kg、159kg、53kg、94kg、15kg。如果将这两项径流污染削减措施推广扩大到更大范围，对污染物的去除总量将相当可观。

本试验仅对绿地停车位中的两个进行了改造，总面积为 40m²，若假设该园区内部的停车位都改造成原位净化蓄水回用停车位，则其汇水面积将达到 2400m^2，停车位径流系数分别按 0.9 计算，得到停车位系统对尚贤河公园内部径流污染削减结果如表 6-10-9 所列。系统对 TSS、COD、TP、TN、NH$_3$-N、NO$_3^-$-N 和 NO$_2^-$-N 的总去除量将达到 247629g、54354g、503g、74g、2664g、1280g、1945g、343g。

表6-10-9 原位净化蓄水回用停车位对尚贤河公园径流污染削减结果

项目	TSS	COD	TP	DTP	TN	NH$_3$-N	NO$_3^-$-N	NO$_2^-$-N
污染物产生总量/g	277432	82658	608	135	6437	1501	4484	452
系统去除量/g	247629	54354	503	74	2664	1280	1945	343
排入水体总量/g	29803	28304	105	61	3773	220	2539	109

10.4 讨论

在对系统出水进行了长期的监测和比较后，得到以下结论。

① 高效吸附净化带具有较好的径流污染削减效果，在长期运行过程中对 TSS、COD、TP、DTP、TN、NH$_3$-N、NO$_3^-$-N 和 NO$_2^-$-N 的平均去除率分别达到了 89.9%、58.5%、80.9%、51.0%、54.8%、77.6%、46.5%和 74.0%，有效减少了通过道路径流进入水体的污染物总量。

② 地下潜流阻隔墙系统具有较好的径流污染削减效果，改变填料柱中木屑的配比对系统去除率的影响较小，两个系统对 TSS、COD、TP、TN、NH$_3$-N、NO$_3^-$-N 和 NO$_2^-$-N 的去除率分别能够达到 92%、70%、90.9%、70.3%、57.7%、93.1%、91.6% 和 90%、70%、91.2%、71.8%、58.8%、92.9%、90.7%。与高效吸附净化带相比，系统对 TN 和 NO$_3^-$-N 的去除率有较大提高。

③ 原位净化蓄水回用停车位系统具有较好的径流污染削减效果，其在长期运行过程中对 TSS、COD、TP、DTP、TN、NH$_3$-N、NO$_3^-$-N 和 NO$_2^-$-N 的平均去除率分别达到了 89.3%、66.4%、83.3%、55.3%、43.6%、86.8%、28.5%和 75.8%，有效减少了通过停车位表面径流进入水体的污染物总量。

④ 计算表明，在绿地周边道路均使用高效吸附净化带系统，在内部道路和绿地使用地下潜流阻隔墙系统，并将绿地内部停车位均改造成原位净化蓄水回用停车位后，这 3 个径流污染削减系统每年对 TSS、COD、TP、TN、NH$_3$-N、NO$_3^-$-N 和 NO$_2^-$-N 的总去除量分别能够达到 1056kg、205kg、2.1kg、0.3kg、14.9kg、4.9kg、8.8kg、1.4kg；11263kg、2183kg、22kg、3.1kg、159kg、53kg、94kg、15kg 和 247629g、54354g、503g、74g、2664g、1280g、1945g 和 343g。

参 考 文 献

[1] Dietz ME, Clausen JC. Stormwater runoff and export changes with development in a traditional and low impact subdivision [J]. Journal of Environment Manage, 2008, 87 (4): 560-566.

◉ 作者介绍
王晓璐[1]，左剑恶[1]*，干里里[1]
1. 清华大学环境学院，E-mail: jiane.zuo@tsinghua.edu.cn

11

基于LID的居住区雨水利用景观化案例研究

摘要： 台湾地区终年多雨且雨水收集不易，城市局部内涝、缺水、交通阻塞等问题严重，因此，生态式雨水利用设施得到了广泛的推广，在景观整合上也取得一定成效。本文对台湾地区北部社区内具有代表性的雨水利用景观进行实地考察，概括出其在雨水利用景观化中存在娱乐性、教育性、创新性、参与性、艺术性等特点。希望此能为祖国大陆居住区内雨水利用的景观化提供可借鉴的经验，缓解居住区用水需求增加与供水紧缺间的现实矛盾。

11.1 背景

人多水少、水资源时空分布不均是我国的基本国情水情[1]。面对当前城市水资源短缺、水污染严重、城市化引发的城市水文特征变化等问题，人们开始把注意力转向城市雨水生态管理层面。2014年，我国部分城市已经成功申报为国家"海绵城市"试点城市，这是城市在雨水管理道路上迈出的关键性一步。

居住区作为低影响开发雨水系统实施尺度中重要的一环，在城区中占相当大的比例，具有建筑集中、汇水面积大、雨水径流污染较轻、易于规划等特点，并且是城市排水系统的起点，在某种程度上将为城市雨水管理的总体绩效发挥决定性的作用[2]。因此，在整个城市的雨水利用中，居住区雨水利用必须常抓不懈。其次，居住区作为城市居民日常生活的重要场所，其规划、设计、建设水平均对民生有强烈且直接的影响，随着我国经济水平的提高以及人们理念的更新，居民对居住区经济性、功能性、艺术性及生态性等多方面均提出了更高的要求。故而在居住区雨水管理过程中实现雨水利用与景观设计之间的整合将会为居住区带来巨大的生态效益及环境美学价值，是满足居民需求的重要途径之一。

11.2 相关概念

11.2.1 低影响开发

低影响开发（low impact development，LID）强调通过小范围、分布式、低成本且具有景观功能的雨水措施来控制源头径流总量和污染物以达到对原有生态环境最低程度的破坏，保证场地尽可能的维持原有的水文状态，是一种以尊重自然为原则的创新型雨水管理方法[3]。

雨水管理景观设施是低影响开发规划设计与实施的基本单元[4]。低影响开发倡导在雨水径流源头处布置一系列小规模的绿色雨水管理景观设施，以景观学方法尊重、利用场地原有的自然水文条件或模拟、恢复场地开发前的原始自然水文循环过程。让自然做功，利用植物、土壤等自然元素所具有的吸收、渗透、过滤、缓存（阻滞、滞留）雨水以及水分蒸发与蒸腾功能捕捉雨水，实现对雨水的管理。其重点是减少城市在开发过程中对自然环境的破坏，并且主要通过控制居民的行为以及场地来解决。

11.2.2　雨水利用

雨水利用是雨水控制与利用（rainwater control and utilization）的简称，狭义的雨水利用是指对城市汇水面上的径流进行收集处理后的利用，广义的雨水利用是指采取各种措施对雨水资源的保护和利用，既包括对雨水径流的收集利用，还包括人工、自然水体以及湿地等对雨水径流的调蓄、净化以及各种渗透设施的应用[5]。本文中认为居住区雨水利用不仅包括雨水的直接收集利用，还包括雨水储存后对景观及建设用水的水源补给，雨水经吸收、渗透后对地下水的补足，雨水滞留、蒸发后对居住区小气候的改善等。

11.2.3　雨水利用景观化

居住区雨水利用景观化实际上是依照景观设计的形式法则，将雨水利用设施、过程与景观美学进行整合，首先，通过景观设施收集居住区路面、广场、绿地表面、各类建筑顶面等处的雨水，其次，将其滞留在景观中，再经过蒸发、渗透、净化等处理，最终补足地下水和环境建设用水。此做法不仅实现了雨水就地资源化，并且还改善了居住区小气候，另外，结合居住区的特殊性营造具有地域特色的雨水景观可丰富居住区的景观环境。

雨水利用景观化的方法可从雨水利用设施、雨水利用过程两方面入手：雨水利用设施的景观化是指雨水设施与建筑、植被、小品、水景观等景观要素进行整合，使得雨水利用设施本身也成为造景的主要要素之一；雨水利用过程的景观化是指在雨水渗透、滞留、运输和贮存的过程实现其景观营造作用，使营造的景观系统具有雨水利用的生态功能，或者说是赋予雨水利用过程以景观美学价值[6]。

11.3　台湾北部社区内雨水利用景观化研究

台湾地区年平均降雨量高达 2500mm 以上，是全球平均降雨量的 2.6 倍，照理说应该不会有无水可用的危机。但 80% 的降雨量集中于 5～10 月的梅雨季节及台风季节，时空分布不均，加上地势陡峭，80% 以上的降雨全都流进大海，雨水收集不易。据统计，台湾地区北部地区降雨量达到 78.85mm/h，因此，人们开始把注意力放在雨水收集与利用上，尤其是推行"社区营造"、"低碳社区"、"生态社区"计划以来，雨水收集、利用以及雨水利用景观化在社区得到了大力的推广，并落实到家家户户。

本文选取台湾地区北部社区中常见的具有代表性的雨水利用景观设施：建筑雨水利用景观设施（绿屋顶、建筑绿墙、雨扑满）和地表径流利用景观设施（渗透性铺砖、雨水积砖、雨水花园）进行分析，总结发现其不仅存在景观上的美学特征，还具有创新性、娱乐性、参与性、教育性、全民参与以及 DIY 等特点。

11.3.1 建筑雨水利用设施景观化

建筑雨水利用设施主要包括屋面径流的滞留、过滤、渗透设施，径流运输设施，运输设施末端的雨水收纳设施，在台湾地区北部社区中建筑雨水利用设施景观化的主要形式为绿屋顶、建筑绿墙、雨扑满（雨水钵、雨水桶、雨水槽、雨水箱等）。

11.3.1.1 创意绿屋顶

锦安里青田街一处日式宿舍大门上设置有绿色屋顶以及雨水回收装置，雨水经过绿屋顶的过滤后存储于雨水桶中。其创新之处是将雨水收集桶隐藏在大门旁的墙体里，避免了其对周围景观的影响，并透过巧思在墙体的两端各加装水龙头，供住户以及路过居民共享，并在墙面上贴有雨水回收流程解说牌，抛砖引玉，诱发公众仿效与学习，产生的公共效益超过积雨量多寡的计算意义（见图 6-11-1）。另外，自台湾地区推动"一区一生态公园"、"一区一菜园"以来，锦安里居民开始在屋顶农园上下功夫，利用屋顶这个公共空间种植花草兼蔬菜、瓜果，蔬菜瓜果利用屋顶上冷气回收塔中的水以及花草过滤后的雨水来浇灌，形成良好的雨水利用系统。屋顶农园除过滤渗透雨水、降低室内温度之外，还成为居民休息、交流的场所，并逐渐形成农艺班，成为小区服务及回馈的重要一环。

11.3.1.2 环保建筑绿墙

信义区智慧里以 204 个宝特瓶、铁丝网以及废弃帆布制作成一面环保绿墙，利用这些装入发泡炼石及蔬菜的宝特瓶净化雨水再导入鱼池，鱼池内则是养殖吴郭鱼，透过带有鱼排泄物的池水浇灌蔬菜，蔬菜净化的水质再重新流回鱼池，如此形成良性循环。"鱼菜共生"农场环保的同时又赋予其景观美化功能（见图 6-11-1）。

图 6-11-1 创意绿屋顶以及环保建筑绿墙

11.3.1.3 雨扑满

在台湾地区，小型的雨水贮槽称为"雨扑满"，雨扑满就是将水收集，重新再利用，以供不时之需，由于其与存钱的"扑满"意义相同，所以命名为"雨扑满"。根据雨扑满的摆放位置分为屋顶设置、地面设置、地下设置、建筑内设置。通过雨扑满贮存雨水来浇花、冲洗厕所等，不仅可以减少自来水的用量，更能培养我们珍惜资源、爱护大地的意识。

（1）艺术性

雨扑满作为简单的雨水收集设施，尤其是暴露在地面上的雨扑满与周边的环境格格不入，破坏了环境整体的景观效果，若再多点巧思，雨扑满也能成为一种装置艺术。例如台北丽水街 38 号台铁老宿舍在更新中营造的流水墙，利用雨扑满以及水泵形成循环流水景观，雨水从陶瓮中自然涌出并沿墙体上的水沟流入墙下的水池中，潺潺的流水声更增添了老建筑的神秘感。基隆文安里在建筑前设置雨水钵与景观水池，屋顶的雨水直接从排水管排到雨水钵，水太多时溢流到景观水池中，最后透过排水孔流到水沟，雨水钵种植水生植物、耐水湿的地被植物、花，还养小金鱼以及蝌蚪，引来小朋友玩耍，此做法承接屋面流下来的小流量雨水，既实现了雨水径流的收集，又可作为建筑周边环境的一部分，具有一定的观赏娱乐效果（见图 6-11-2）。

通过雨扑满本身的艺术化处理来达到与周围景观的整合是社区中常见的手法，社区中此类做法还有利用废弃油桶制作的金字塔雨扑满、集体彩绘的雨扑满、古典风的庭院式雨扑满等多种形式。其次，将雨水桶进行隐藏处理，将其藏在建筑及构筑物内部、树丛中、角落里、两墙壁之间等不容易发现的位置也是实现其与周围景观整合的手法之一。例如基隆市仁爱区书院小区有一个可爱的地标，是电信业者原本闲置下来的海狮宝宝电话亭，小区将它美化后用来装饰小区，由于其坐落在山上，存在被风吹走的危险，每次狂风暴雨来临之前，居民都会把它移到安全的场所以防患未然，通过最后的努力又将它进一步改造为狮球岭雨扑满，在肚子的空间装上水桶用来收集雨水，并安装水龙头供社区居民及前来的游客使用。其做法一方面避免了地标被风吹走的危险，另一方面又直接承接天上水，做到雨水的收集利用，最后成功地将美观性不佳的收集桶隐藏在海狮宝宝肚中实现了艺术与功能的统一（见图6-11-2）。有的居民还将植物盆栽直接吊在树干、树枝、篱笆、路灯、屋檐等高的设施上，直接承接天上水，实现对雨水的利用。

图 6-11-2　艺术性的雨扑满

（2）娱乐性

雨扑满创意设计大赛中吕秀雪的作品"水竹琴"脱颖而出并付诸实施，水竹琴利用自然素材竹子搭建而成，一是取其节节高升的寓意，二是模仿风琴工作原理，利用雨后竹筒高低不同的设计敲出曼妙音乐。桃园县筑梦家园社区中雨水回收创意设施"乐活弹珠台"受到小朋友及年轻人的喜爱，其是结合娱乐游戏设计而成的一个弹珠台造型的集雨棚，可玩耍、集水、种树等，集教育、生态、娱乐、艺术于一体（见图6-11-3）。

（3）DIY

台北罗斯福路锦安里中，灿伯的家是雨水回收 DIY 的好范例，花费少的成本，将塑胶管道切割出一条细缝，之后安装在波浪状屋顶的尾端，利用本身的斜度与雨水的重力，将雨

图 6-11-3　娱乐性的雨扑满

水收集滞留在塑料凹槽中,以随手可得的宝特瓶来控制前 5min 酸性较高的雨水,轻松将雨水贮存在大水桶中,简单方便,该方案展示了雨水回收在社区中落实的可及性,人人都可以自己动手做。

基隆冬天多雨,安乐区长乐里长戴胜雄将"龙腾大地"社区中闲置的 60t 贮水槽改造成"雨扑满"雨水收集系统,管线延伸到社区各处,可用来浇花、清洗,另外还设计了景观生态水池,不仅可以滞留雨水,而且可以养殖锦鲤,整片山坡地经众人努力维护营造,生机盎然,社区里还定期举办环境改造以及节能减排讲座,不仅成为民众散步休闲的好去处,也成为推动环境教育的良好场所(图 6-11-4)。

图 6-11-4　DIY 雨扑满与生态池

11.3.2　地表径流利用设施景观化

11.3.2.1　参与性的罗斯福路雨水花园

(1)项目简介

罗斯福路雨水花园基地原为面积 410m² 的日式老旧房舍,位于台北罗斯福路 3 段,周边为居住区,因常年无人居住而年久失修,屋顶坍塌,影响市容。2010 年拆除其中低度利用、颓败的角落,保留基地原有植物及部分建筑材料,融合旧与新的元素设计成雨水花园(见图 6-11-5)。

绿地建设经过了拆除、再生、传承的过程,每个过程都包含了不一样的意义。旧屋本可一夕摧毁,但考虑旧屋的历史与再利用价值,最后决定号召市民共同参与接力,以集体记忆的方式见证老屋的拆除与再生。拆除过程中,由老师傅将屋瓦一片片卸下,再以人力接龙的方式把瓦片送到另一处安放,最终作为雨水花园的材料。其中还举办了小学生"瓦—明信片"活动,达到传承教育的目的。再生过程中变废为宝,利用社区内废弃的油铁桶做成金字塔状的雨扑满,通过天沟把屋顶的雨水接到桶中,雨水桶顶部预留溢水孔,防止油桶撑破肚皮,雨水装满雨扑满会产生喷水景观并流入雨水花园中,增加了趣味性。将废弃的瓦片用作雨水花园波浪形的收边，地表径流雨水可通过瓦片间的空隙流进雨水花园，且曲折蜿蜒的边界也延长了雨水暂存的时间。将旧建筑敲下的碎水泥做成休息的座椅；旧木材做成行人休憩的景观廊架；枯树干做成的解说牌，更具自然气息；斑驳的水泥墙面脱落露出窑烧的红砖，别有一番古朴怀旧的味道；园中的运动器械及涂鸦墙也满足了大众的娱乐健身需求（图6-11-6、图6-11-7）。

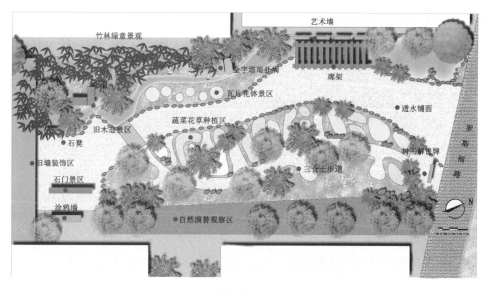

图 6-11-5　罗斯福路雨水花园平面图

图 6-11-6　罗斯福路雨水花园效果图

对路过的行人来说，这个角落有构树、榕树、石凳……也就是在鳞次栉比的高楼之间有了一个驻足小歇的绿点；而这块土地会呼吸，会涵养水，益显珍贵。

（2）效益分析

1）美观效益　替代旧房屋的是清新自然的雨水花园，美化了街道风貌，为来往的行人注入一股沁凉绿意。

2）经济效益　雨扑满装满时能蓄3t的水量，可以提供小区居民浇花种菜2个星期，雨

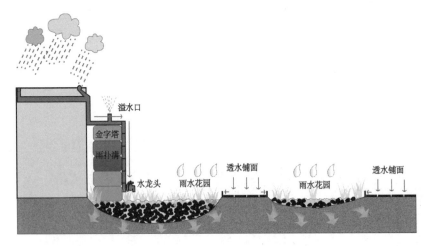

图 6-11-7 罗斯福路雨水花园结构

水花园对雨水进行截留、净化、贮存、渗透，减轻了市政排水管道的压力。

3）体验与传承效益 "百人接力传瓦片"以及"瓦—明信片"活动增添了市民对土地、水资源以及人文历史的认识和情感，活动后，罗斯福路上其他雨水景观也接二连三地冒出新芽，并传承着共同的目标与理念，成为居民学习效仿的范例。

11.3.2.2 教育性的油杉社区雨水公园

（1）项目简介

此公园是雨水回收示范公园，坐落于台北市大安区油杉社区，是基于低影响开发（LID）理念而设计的。公园具贮留暴雨、洪水的功能，并将所收集到的雨水充分再利用，达到都市防灾及环境教育的目的。

此雨水公园总面积不足 $300m^2$ ，却包括透水砖基地、雨水花园基地、雨水积砖（地下雨扑满）基地三部分（见图 6-11-8）。

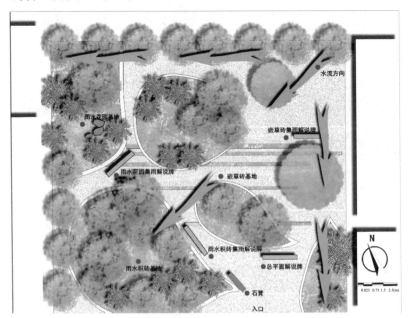

图 6-11-8 油杉社区雨水园平面图

1）透水砖基地　步道的环保透水砖具有高渗透力，雨水或喷灌水可以快速地渗透到土壤中，减少地表径流的直接排放，不但可以保留雨水，也能发挥滞洪的功能，减少都市水灾的发生，很值得推广。很多地方，环保透水砖其实早已经广泛运用在人行道，但是大部分的工程却因为要避免车辆碾压而在透水砖下面铺设混凝土层，完全阻隔雨水的渗透，变成无用的表面工程。

2）雨水花园基地　雨水花园使用四种蓄积雨水的工法，将雨水截留、净化、渗透、储存，减少表面径流的排放，暂时保留在土壤中，再慢慢地渗透回馈到土地里，同时具有美化景观的功能。

3）雨水积砖（地下雨扑满）基地　"地下雨扑满"是以"雨水积砖"连接成为地下的蓄水池，雨水积砖下面及周围用透水的不织布作为阻隔，雨水只是暂时蓄积保存，将会逐渐渗透进入土壤中。

从形态布局上来看，公园由四个雨点形状的绿地以及透水路面组成，并设计有自己的微地形，东北高西北低，暴雨来临时雨水从高处流到低处，并在低洼处缓存下渗，其做法一方面实现了有效的雨水收集，另一方面也防止了雨量过大而导致透水砖铺面的积水现象。

（2）效益分析

此公园最大的特点就是示范的作用明显，公园虽小但雨水收集方式全面，且有详细的施工解说牌以及雨水收集原理解说牌。另外，公园中每一棵植物都有自己的"名片"，名片详细介绍了植物的生态习性等。简单美观的解说牌使行走的路人对雨水花园、雨水积砖、透水砖的集雨过程有了一个更深刻的认识，真正达到示范的作用。其次，在雨水积砖基地上还设有水压帮浦（水泵），给公园带来雨水浇灌的同时也给社区居民尤其是儿童带来不一样的体验。

11.4　后期维护管理

在宣传方面台湾地区积极举办"雨水不乱排"、"跟着瓦片去散步"、"创意雨扑满"等活动，加大居民对雨水回收的意识，如"跟着瓦片去散步"活动召集对透水保水、绿廊有兴趣的居民以随性、机动性高的方式在讲师的带领下探索存在于小巷中的雨水回收创意设施，透过各种方式，灌输居民正确的观念，期盼能借由生活中的小细节，达到省水、节流、环保、美观的效果。

在后期维护管理方面台湾地区成立雨水收集论坛、收集各种系统，以供参考咨询；培训雨水系统推广解说员，成立各县市天水队，承办全民雨水回收实做课程，持续进行用水效益评估，作为推广的依据，允许社区居民自愿认养雨水利用设施等做法达到社区中雨水利用设施景观化的可持续发展。

11.5　建议

11.5.1　与居住区水文、人文、地质相结合

首先，在调查研究居住区水文与地质情况的基础上，探讨在景观层面优化雨水管理设施的可能性。其次，结合居住区的人文特点、地域特点以及用户群体的审美取向特点进行雨水

管理设施的景观化，突出景观的地域特色，使雨水管理设施在实现自身功能性的同时，具备更高的艺术性、教育性、娱乐性、创新性和可见性，并由此带来更好的辨识度以及宣传教育作用，以提升雨水景观为居住区带来的附加价值。

11.5.2　多专业的融合

在我国，低影响开发仍旧处于初步探索阶段，尤其是在居住区这一环中，迫切需要景观、市政、建筑、园艺、环境、水文等多专业人员的多视角研究与推动，实现单体建筑、绿地植物、居住区道路、广场以及艺术小品等设施与雨水景观的融合以达到雨水生态管理以及雨水利用景观化的多样性，更高层次的促进雨水利用的进一步发展，最大程度的保证其效率并控制其成本。

11.5.3　公众参与以及后期维护管理的必要性

公众的参与以及后期的维护管理是整个项目可持续发展的关键，尤其是在使用人群广泛的居住区内，多数使用者会与居住区环境发生持续的互动关系。研究如何普及生态工程技术，倡导生态环保知识理念，带动居民自主参与管理的积极性对雨水利用设施的实施、运行以及景观化有积极的推动作用。还要制订相关的管理制度，形成一个能为大家所共同遵守的行为准则尤为重要。

致谢

感谢李景奇老师对此论文的指导，感谢台湾地区调研期间当地居民的热心讲解。

参 考 文 献

[1] 王浩，王建华. 中国水资源与可持续发展 [J]. 中国科学院院刊，2012，27（3）：353-358.

[2] 李海燕，车伍，董蕾. 北京城市住区雨水利用适用技术选择 [J]. 建筑科学，2009，25（12）：7-11.

[3] 张善峰，宋绍杭，王剑云. 低影响开发城市雨水问题解决的景观学方法 [J]. 城乡规划. 园林景观，2012，05（12）：85-87.

[4] 车伍，李俊奇. 城市雨水利用技术与管理 [M]. 北京：中国建筑工业出版社，2006：8.

[5] 卢欣. 居住区雨水利用景观化研究——以武汉为例 [D]. 武汉：华中农业大学，2015：12-15.

[6] 吴金和. 污水下水道系统水资源回收与再利用研究——以彰化县二林镇污水下水道系统放流水为例 [D]. 台湾：中兴大学，2006：1-5.

◉ 作者介绍

张迎霞[1*]，李景奇[1]

[1.] 华中科技大学，E-mail：1191842762@qq.com

12

存量建筑屋顶绿化建设的技术难点与解决途径

摘要: 屋顶绿化是LID重要的源头控制技术。近年我国有关屋顶绿化的法规标准从建设倡议趋向于量化规定。近期实施的《上海市绿化条例修正案（草案）》明确规定，新建公共建筑高度不超过50m的平屋顶，屋顶绿化面积不得低于建筑占地面积的30%；中心城内既有公共建筑进行改建、扩建的，也按照上述要求实施立体绿化。但在城市中占比更大的存量建筑推广建设屋顶绿化，还面临结构安装、维护管理等难题。而仅靠增量建筑的屋顶绿化，难以充分发挥屋顶绿化的种种生态效益。本文针对存量建筑屋顶绿化的建设要求，从构造、基质、植物、能效、持水性等方面对国内外屋顶绿化的研究进行综述，指出关键的技术难点并探讨解决途径。

12.1 引言

屋顶绿化、透水铺装以及雨洪湿地都是LID的重要技术[1,2]。屋顶绿化在削减雨水峰值和污染控制方面具有重要作用[2,3]。但是，中国屋顶绿化的相关政策及研究仍存在较大的局限性。如近期实施的《上海市绿化条例修正案（草案）》，虽然较之前的版本增加了对屋顶绿化的量化要求，但仍然只强调了新建及改建建筑的建设要求。《上海市城市总体规划（2015-2040）纲要概要》提出，到2040年上海市建设用地总规模将实现"负增长"，总量控制在3200km² 以内。而2014年年末，上海建设用地就已达到了2915km²，占2040年规划建设用地总量的91.1%。而在大量的存量建筑中，只有不到1%的节能建筑[4]，这就凸显出存量房建设屋顶绿化的巨大空间和潜力。

屋顶绿化一般分为密集型屋顶绿化（intensive green roof，我国称为花园式屋顶绿化）和拓展型屋顶绿化（extensive green roof，我国称为简单式屋顶绿化）2种。前者选择小型乔木、低矮灌木和草坪、地被植物进行植物配置，设置园路、座椅和园林小品等供人游憩，后者则利用草坪、地被植物进行简单的屋顶绿化，不提供游览和休憩活动空间。根据我国的建筑设计规范，屋面永久荷载按实计算，不上人屋面的活荷载标准值为0.5kN/m²，约合51.02kg/m²。因此，对于大量在建造时未做屋顶绿化设计的存量建筑而言，只能选择简单式屋顶绿化。

但目前国内在屋顶绿化构造技术方面尚缺少系统的研究及详细的实践导则[5]，尤其是对于简单式屋顶绿化缺少建造及构造技术方面的指导。在上海地区，要在大量的存量建筑中大规模推广屋顶绿化，目前还存在技术瓶颈。如何能在满足屋顶承重限制的同时进行屋顶绿化建设，并能最大化屋顶绿化的生态和经济效益，亟需深入探讨。因此，本文综述了现有的简单型屋顶绿化的构造技术研究，分析其对于存量建筑的应用前景，并提出应对建造难题可能的解决途径。

12.2 文献综述

屋顶绿化的研究主要集中在屋顶绿化设计和建造需要考虑的两个方面：一是承重、防水、灌溉这些外在因素；二是种植基质、植物等生长因子[6]。除此以外，还有大量研究关注屋顶绿化的节能及暴雨管理能力。

12.2.1 构造

简单式屋顶绿化的基本构造包括植物层、基质层、阻根层、排水层、保护及储水层和作为隔离和防水层的建筑屋顶[7]。卡森（Carson）列举了 3 类最经常使用的简单式屋顶绿化的建造方式[7]。

① 内置式屋顶绿化，一般在建筑建造时留出屋顶绿化的场地，置土并进行植物栽种。

② 地毯式屋顶绿化，特点是装配简单，通常将成熟的绿色"地毯"直接于建筑屋面铺设。

③ 模块式种植槽屋顶绿化，通常由批量的模块式种植槽在屋顶铺设出屋顶绿化。

模块式和地毯式屋顶绿化相比于内置式屋顶绿化安装简单，拼装图案更加多元，适应性强[8]。

屋顶绿化构造最首要的问题是保证安全。卡斯尔顿（Castleton）等建议在建造屋顶绿化之前先进行下部结构的调查，以明确屋顶的承重能力[9]。一般简单式屋顶绿化饱水重量在 $49 \sim 98 kg/m^2$ 的范围[10]，勉强可符合国内对不上人屋顶的承重限制。其中，模块式种植槽屋顶绿化可以通过控制槽内基质的厚度及配比，使屋顶绿化的重量更轻；并且，这种屋顶绿化方式还具有易于拼装的特点，可以视屋面承重情况灵活布置屋顶绿化。

坡屋顶的屋顶绿化有更多的技术要求。随着屋顶坡度的增加，屋顶绿化的剪切力会变大，种植基质也更容易受侵蚀。《种植屋面工程技术规程》(JGJ 155—2013) 中建议，屋面坡度大于 20°时，需要增加防滑构件，如挡条或屋檐构件。坡度超过 30°时，尽管建造技术上可行，但后期管理和维护的难度太高，因此不建议建屋顶绿化。另外，坡屋顶上的植物选择需要根据屋面朝向，选择喜光或喜阴的植物[11]。

12.2.2 基质和植物

简单式屋顶绿化使用的种植基质通常密度低、渗透性佳、不紧实、持水性高并含充气孔隙度[12,13]。棕色屋顶是简单式屋顶绿化的一种，种植基质一般利用当地的回收材料，主要生态效益是促进城市环境中的生物多样性。贝茨（Bates）等通过实验测试不同比例回收材料制成的种植基质的表现，发现含有较高比例碎砖的种植基质的棕色屋顶，植物多样性越好[14]。同时，基质在长期过程中还需为植物生长提供充足的营养。

简单式屋顶绿化的植物一般喜阳，有较强的耐旱、耐高温性能，水和营养的需求较小，且一般为低穿刺型浅根性植物[5,6]。这些植物病虫害较少、维护要求低、生长缓慢，以适应屋顶较严酷的环境。屋顶绿化植物研究集中在景天及草本地被植物对屋顶环境的适应性。想要构建长期稳定的屋顶绿化系统，植物选择必须考虑当地环境[15]。佛甲草和垂盆草是长江三角洲地区屋顶绿化的适宜品种[16]。单一品种的屋顶绿化易引起病虫害，因此，景天科植物以外，对适应屋顶环境的更大范围内的植物筛选尤其重要[17]。

屋顶绿化种植基质的厚度对植物生长和存活率有较大的影响[18]。基质层越厚，能够支持的植物多样性越高。屋顶绿化的建造中，基质层的厚度会控制在一定范围，以满足屋面的承重限制，然而，这同时也限制了屋顶绿化植物的选择。基质厚度和材料配比也会影响种植屋面的热力性能表现[19]。屋顶绿化的持水性能也与基质厚度和植物选择相关，屋顶绿化滞蓄的雨水 77%～98% 由种植基质吸收，2%～23% 由植物吸收[20]。简单式屋顶绿化的基质厚度一般建议在 75～100mm[21]。

12.2.3 能效

屋顶绿化通过增加荫蔽、加强隔热和植物的蒸腾作用，可以节约建筑能源使用，效益显著[22~25]。区域规模的屋顶绿化比社区规模的降温效果更明显[26]。在城市中进行大规模的屋顶绿化建设，能够减缓城市热岛效应[27]，进而改善区域气候[28]。

屋顶绿化植物和种植基质分别会对屋顶绿化的热性能产生影响。植物的品种和多样性、种植形态、植物覆盖率、叶面积以及植物的光合作用、呼吸作用、蒸腾作用等生物过程都是影响屋顶绿化热性能的重要参数[29]。种植基质的厚度和成分对屋顶绿化热性能也有较大影响[30]。

外界因素如气候和屋顶状况同样会影响屋顶绿化对室内温度的改善作用[18,30]。屋顶绿化通常只在原屋顶没有隔离层的情况下，能够起到为建筑隔热的作用[29,31]。在典型的地中海气候条件下，屋顶绿化的隔热性能表现最佳[27]。而在其他气候条件下，屋顶绿化对于建筑隔热的作用，尤其是对有隔热层的存量建筑的环境改善作用，仍有待研究。

12.2.4 持水性

屋顶绿化有助于削减降雨峰值，滞留雨水中的小型颗粒物、腐植质及有机物[13,32,33]。大规模的屋顶绿化具有延缓降雨峰值，减少径流总量，避免城市洪涝的显著作用[34,35]。

屋顶绿化的持水性能与太阳辐射、风速、气温、降雨等环境状况有关[36]，也和种植基质的成分组成和厚度、植物的种类和覆盖率，以及维护方案等建造细节有关[32,37,38]。屋顶绿化对峰值较为滞后的降雨的滞蓄效果最佳[2]，降雨的间隔时间也会影响屋顶绿化的雨水滞蓄表现[39]。禾本科植物在削减径流方面表现最佳，阔叶草类表现次之，景天类较弱[40]。植物的生长系数，如高度、直径以及嫩芽和须根的生物量对减少径流也有重要影响[40]。李（Lee）等的研究表明，降雨强度在 20mm/h 时，简单式屋顶绿化的雨水滞蓄表现最佳，滞蓄作用随降雨强度的增加而减弱[41]。

屋顶绿化能够沉积雨水中的污染物，这些沉积物在强降雨时易被冲出[42,43]。首次降雨后，屋顶绿化径流中的硝酸盐、总悬浮物及含沙量都有明显的下降[32]。屋顶绿化对雨水水质的净化则主要经由植物和种植基质实现[44]。种植基质能够吸收多种金属离子，如 Zn、Pb[13,43]，其中，基质的不同成分对金属离子的吸附作用不同[44]。但种植基质及缓释肥料中的 N、P 等也会随雨水流出，进而可能会影响径流质量[38,45]。因此，屋顶绿化虽然对部分污染物有净化作用，但并不是雨水收集的最佳选择[46]。

12.3　建设技术难点及解决途径讨论

存量建筑屋顶绿化建设的技术难点主要体现在构造创新、基质优化、植物选择及成本控制 4 个方面。

12.3.1　构造创新

存量建筑屋顶绿化的构造需综合考虑各类屋面的荷载要求，满足原建筑屋面的结构承重，保证安全性。此外，屋顶绿化的装配不能损坏建筑屋面原本的构造，如屋面防水层、隔离层等，并应尽可能减小对原建筑屋面的影响。对形式多样的存量建筑进行大规模的屋顶绿化推广，还要求屋顶绿化的建设方式有较大的灵活性，以适应不同类型、不同形态的存量建筑屋顶。

模块式屋顶绿化能够方便做到对屋顶绿化重量的控制，且具有较大的灵活性，能够适应各种屋顶形态。其装配过程简单快捷，是较为适合存量建筑屋顶绿化的建设方式。但是，现有的模块式屋顶绿化的安装技术仍不可避免地会对现有建筑的屋面构造产生破坏。尤其是在坡屋顶上构建屋顶绿化时，为防止种植槽的滑动，一般选择在屋面预埋构件，会破坏原屋面的防水层；且固定了种植槽位置，后期难以调整。因此，必须尝试不同类型的材料及装配方式，在增加构造的灵活性的同时尽可能减轻整体重量。而新材料的选择则需要经过实际实验操作及长期的观察，确保新构造的可行性和稳定性。

12.3.2　基质优化

存量建筑屋顶绿化的基质优化面临两大矛盾：基质厚度限制与屋顶生态系统构建的矛盾以及植物生长对基质中营养物质的需求与屋顶绿化作为雨水净化手段的矛盾。这两个矛盾分别关系到基质的厚度和成分组成。存量建筑屋顶绿化基质优化的前提是满足基质厚度和成分组成的最低要求，即厚度不超过屋面承重限制，成分组成能够满足植物的存活。进一步的优化需要更多的实验来确定最优状态下的种植基质的各项参数的范围值。

12.3.3　植物选择

简单式屋顶绿化的植物选择大部分仍是景天类植物。但单一的品种易诱发病虫害，同时容易产生审美疲劳。存量建筑屋顶绿化的植物选择可以尝试筛选、运用乡土草本植物，吸引鸟类、昆虫等，构建本土的完整的屋顶生态系统。乡土植物的筛选同样需要大量的实验和长期的观察。

12.3.4　成本控制

存量建筑屋顶绿化大规模的推广必须控制其建设和维护的成本。在屋顶绿化技术研究和实践均居世界领先地位的德国，80% 的屋顶绿化是简单式屋顶绿化[47]，德国景观发展和研究协会（FLL）的"屋顶绿化指南"在设计、材料选择、植物选种、建造技术、后期维护等各个方面对屋顶绿化的建设有严格的技术规范。但是，德国技术并不适用于中国现状，原因之一在于德国技术的成本高，在中国难以推广。屋顶绿化的建设和维护成本可以从几个方面进行控制：a. 优化材料选择，减少材料成本；b. 简化安装过程，减少人力成本；c. 搭配植物品种，减少维护成本；d. 在以上基础上形成的屋顶绿化建造技术体系，适应于大规模的屋顶绿化建设。

12.4 结论

屋顶绿化是行之有效的 LID 技术手段，而其效益的发挥需要大规模的推广建设。存量建筑占比大，形式多样，应是屋顶绿化推广的主要对象。但存量建筑屋顶绿化建设还存在许多的技术瓶颈，既要照顾建筑自身结构，又要尽可能地提升屋顶绿化的生态效益、美学效果，需要在既有的屋顶绿化建设技术的基础上进行一系列创新和实验探索。

参 考 文 献

[1] Montalto F，Behr C，Alfredo K，Wolf M，Arye M，Walsh M. Rapid Assessment of the Cost-Effectiveness of Low Impact Development for CSO Control [J]. Landscape and Urban Planning，2007，82（3）：117-131.

[2] Qin H P，Li Z X，Fu G T. The Effects of Low Impact Development on Urban Flooding Under Different Rainfall Characteristics [J]. Journal of Environmental Management，2013，129：577-585.

[3] Getter K L，Rowe D B，Andresen J A. Quantifying the Effect of Slope on Extensive Green Roof Stormwater Retention [J]. Ecological Engineering，2007，31（4）：225-231.

[4] 赵东来，胡春雨，柏德胜，李武峰. 我国建筑节能技术现状与发展趋势 [J]. 建筑节能，2015，03：116-121.

[5] Xiao M，Lin Y，Han J，Zhang G. A Review of Green Roof Research and Development in China [J]. Renewable & Sustainable Energy Reviews，2014，40：633-648.

[6] Edmund C Snodgrass，Linda McIntyre. The Green Roof Manual：A Professional Guide to Design，Installation，and Maintenance [M]. Portland：Timber Press Inc，2010：51-87.

[7] Carson T，Marasco D，Culligan P，McGillis W. Hydrological Performance of Extensive Green Roofs in New York City：Observations and Multi-Year Modeling of Three Full-Scale Systems [J]. Environmental Research Letters，2013，8（2）：279-288.

[8] 李晓东. 武汉市斜坡屋顶绿化现状、特点及施工 [J]. 中国建筑防水，2012，11：16-18，29.

[9] Castleton H F，Stovin V，Beck S B M，Davison J B. Green Roofs：Building Energy Savings and the Potential for Retrofit [J]. Energy & Buildings，2010，42（10）：1582-1591.

[10] Wark C，Wark W. Green Roof Specifications and Standards [J]. The Construction Specifier，2003，56（8）：1-12.

[11] 马秀英，唐鸣放. 坡屋顶绿化的设计与技术 [J]. 西部人居环境学刊，2014，01：108-112.

[12] Getter K L，Rowe D B. The Role of Extensive Green Roofs in Sustainable Development [J]. Hortscience A Publication of the American Society for Horticultural Science，2006，41（5）：1276-1285.

[13] Vijayaraghavan K，Joshi U M. Application of Seaweed as Substrate Additive in Green Roofs：Enhancement of Water Retention and Sorption Capacity [J]. Landscape and Urban Planning，2015，143：25-32.

[14] Bates A，Sadler J，Greswell R，Mackay R. Effects of Recycled Aggregate Growth Substrate on Green Roof Vegetation Development：A Six-Year Experiment [J]. Landscape and Urban Planning，2015，135：22-31.

[15] Dvorak B，Volder A. Green Roof Vegetation for North American Ecoregions：A Literature Review [J]. Landscape and Urban Planning，2010，96（4）：197-213.

[16] 黄卫昌，秦俊，胡永红，赵玉婷. 屋顶绿化植物的选择——景天类植物在上海地区的应用 [J]. 安徽农业科学，2005，33（6）：1041-1043.

[17] 胡玉咏. 草坪式屋顶绿化植物筛选与草坪常绿技术的研究 [D]. 上海：上海交通大学，2009.

[18] Brown C，Lundholm J. Microclimate and Substrate Depth Influence Green Roof Plant Community Dynamics [J]. Landscape and Urban Planning，2015，143：134-142.

[19] Pérez G，Vila A，Solé C，Coma J，Castell A，Cabeza L F. The Thermal Behaviour of Extensive Green Roofs Under Low Plant Coverage Conditions [J]. Energy Efficiency，2015，8（5）：881-894.

[20] Fang C F. Rainwater Retention Capacity of Green Roofs in Subtropical Monsoonal Climatic Regions：A Case Study of Taiwan [J]. Design and Nature V：Comparing Design in Nature with Science and Engineering，2010，138：

239-249.

[21] Miller C. Role of Green Roofs in Managing Thermal Energy [J]. 2008，http：www. roofmeadow. com/technical/ publications. Php.

[22] Saadatian O，Sopian K，Salleh E，Lim C，Riffat S，Saadatian E，Sulaiman M. A Review of Energy Aspects of Green Roofs [J]. Renewable & Sustainable Energy Reviews，2013，23：155-168.

[23] He H，Jim C. Simulation of Thermodynamic Transmission in Green Roof Ecosystem [J]. Ecological Modelling，2010，221（24）：2949-2958.

[24] Ouldboukhitine S，Belarbi R，Djedjig R. Characterization of Green Roof Components：Measurements of Thermal and Hydrological Properties [J]. Building a nd Environment，2012，56：78-85.

[25] Jim C Y，Tsang S W. Ecological Energetics of Tropical Intensive Green Roof [J]. Energy & Buildings，2011，43（10）：2696-2704.

[26] Peng L，Jim C. Economic Evaluation of Green-Roof Environmental Benefits in the Context of Climate Change：The Case of Hong Kong [J]. Urban Forestry & Urban Greening，2015，14（3）：554-561.

[27] Gagliano A，Detommaso M，Nocera F，Evola G. A Multi-criteria Methodology for Comparing the Energy and Environmental Behavior of Cool，Green and Traditional Roofs [J]. Building and Environment，2015，90：71-81.

[28] 肖荣波，欧阳志云，李伟峰，张兆明，Tarver Jr Gregory，王效科，苗鸿. 城市热岛的生态环境效应 [J]. 生态学报，2005，08：2055-2060.

[29] Raji B，Tenpierik M，van den Dobbelsteen A. The Impact of Greening Systems on Building Energy Performance：A Literature Review [J]. Renewable & Sustainable Energy Reviews，2015，45：610-623.

[30] Peng L，Jim C. Seasonal and Diurnal Thermal Performance of a Subtropical Extensive Green Roof：The Impacts of Background Weather Parameters [J]. Sustainability，2015，7（8）：11098-11113.

[31] Coma J，Perez G，Sole C，Castell A，Cabeza L. Thermal Assessment of Extensive Green Roofs as Passive Tool for Energy Savings in Buildings [J]. Renewable Energy，2016，85：1106-1115.

[32] Morgan S，Celik S，Retzlaff W. Green Roof Storm-water Runoff Quantity and Quality [J]. Journal of Environmental Engineering-Asce，2013，139（4）：471-478.

[33] Burszta-Adamiak E，Mrowiec M. Modelling of Green Roofs' Hydrologic Performance Using EPA's SWMM [J]. Water Science and Technology，2013，68（1）：36-42.

[34] Versini P A，Ramier D，Berthier E，de Gouvello B. Assessment of the Hydrological Impacts of Green Roof：From Building Scale to Basin Scale [J]. Journal of Hydrology，2015，524：562-575.

[35] Tassi R，Lorenzini F，Allasia D G. Tool to Address Green Roof Widespread Implementation Effect in Flood Characteristics for Water Management Planning [J]. Changes in Flood Risk and Perception in Catchments and Cities，2015，370：217-222.

[36] Wong G K L，Jim C Y. Identifying Keystone Meteorological Factors of Green-Roof Stormwater Retention to Inform Design and Planning [J]. Landscape and Urban Planning，2015，143：173-182.

[37] Rosatto H，Moyano G，Cazorla L，Laureda D，Meyer M，Gamboa P，Bargiela M，Caso C，Villalba G，Barrera D，Pruzzo L，Plaza L，Oliveri A，Waslavsky A，Hashimoto P，Kohan D." Extensive" Green Roof Systems，Efficiency in the Retention Capacity Rainwater of the Vegetation Implanted [J]. Revista De La Facultad De Ciencias Agrarias，2015，47（2）：123-134.

[38] Li Y L，Babcock R W. Green Roofs against Pollution and Climate Change：A Review [J]. Agronomy for Sustainable Development，2014，34（4）：695-705.

[39] Tang Q L，Qin H P，Tang N，Song B M. A HYDRUS-1D Based Evaluation of the Effects of Green Roof Designs on Runoff Control//Paper presented at the Proceedings of the 35th Iahr World Congress [C]. 2013，Vols I And Ii：3703-3710.

[40] Nagase A，Dunnett N. Amount of Water Runoff from Different Vegetation Types on Extensive Green Roofs：Effects of Plant Species，Diversity and Plant Structure [J]. Landscape and Urban Planning，2012，104（3-4）：356-363.

[41] Lee J Y，Moon H J，Kim T I，Kim H W，Han M Y. Quantitative Analysis on the Urban Flood Mitigation Effect

by the Extensive Green Roof System [J]. Environmental Pollution，2013，181：257-261.

[42] Palla A，Gnecco I，Lanza L G. Hydrologic Restoration in the Urban Environment Using Green Roofs [J]. Water，2010，2（2）：140-154.

[43] Gregoire B G，Clausen J C. Effect of a Modular Extensive Green Roof on Stormwater Runoff and Water Quality. Ecological Engineering，2011，37（6）：963-969.

[44] Schwager J，Schaal L，Simonnot M，Claverie R，Ruban V，Morel J. Emission of Trace Elements and Retention of Cu and Zn by Mineral and Organic Materials Used in Green Roofs [J]. Journal of Soils and Sediments，2015，15：1789-1801.

[45] Toland D，Haggard B，Boyer M. Evaluation of Nutrient Concentrations in Runoff Water from Green Roofs，Conventional Roofs，and Urban Streams. Transactions of the Asabe，2012，55：99-106.

[46] Zhang Q，Wang X，Hou P，Wan W，Li R，Ren Y，Ouyang Z. Quality and Seasonal Variation of Rainwater Harvested from Concrete，Asphalt，Ceramic Tile and Green Roofs in Chongqing，China [J]. Journal of Environmental Management，2014，132，178-187.

[47] Philippi P. How to Get Cost Reduction in Green Roof Construction//Fourth Annual Greening Rooftops for Sustainable Communities Conference，Awards and Trade Show. 2006 Conference Proceedings [C]，2006.

⊙ 作者介绍
骆天庆[1]*，苏怡柠[1]
1. 同济大学建筑与城市规划学院，E-mail：luotq@tongji.edu.cn

13

"海绵型"城市绿地系统构建方法探讨

摘要：从城市绿地系统构建角度，基于当前海绵城市建设背景，以海绵城市建设理念对城市绿地的规划导向、功能需求、空间布局整合等方面的影响为切入点，通过针对规划编制与实施路径的研究，探讨城市绿地系统构建要点以及构建过程当中应对现有主要问题和矛盾的合理途径。着重探讨了构建的目标体系、阶段方法、技术要求、主要难点，以及在实践中提高构建科学性、可操作性的方向与相关建议。

13.1 引言

理想的海绵城市本质上是一种基于对城市范围内所有人工建设活动与自然基底关系统筹的精明建设与精细化管理，以达到恢复自然水循环、建立城市与自然系统耦合和协调发展的综合目标。在这个过程中，城市绿地作为重要空间载体与灰色基础设施形成联动。一方面，城市绿地是海绵城市建设必备的统筹要素，另一方面，城市绿地不能独立承担一个城市的海绵职能。构建"海绵型"城市绿地系统，是打造人水和谐的城市绿色开敞空间与生态环境，也是生态修复与低影响开发在城市绿地建设中具体应用的重要目标之一，即通过各个尺度层面绿地空间的保护与建设，协调绿地与周边用地的竖向关系、给排水管网联系、水体净化效应等要素，综合城市建设区域的低影响开发理念，最终实现绿地的水环境综合调节潜力[1]。

13.2 海绵城市建设与城市绿地系统的耦合

顶层设计框架下，海绵城市建设工作推进迅速，已经逐步建立清晰而明确的技术路线。宏观规划层面，海绵城市建设强调恢复自然水文循环过程、循水之迹的价值取向，综合用地布局与城市竖向体系形成合理的空间框架，并配合灰色基础设施进行调蓄，明确海绵型功能节点的选择与功能定位，形成自然与人工镶嵌叠合的新水文循环作用体系。针对绿地空间载体而言，这使得在传统绿地系统构建的基础框架上对绿地系统目标体系、空间布局方式、建设引导与实施管理等角度均提出了更为复合的要求。建设实施层面，结合城市现状水文特性与需求，海绵城市建设要求因地制宜地选择适宜的海绵型工法对现有空间载体进行整合与重构，一方面通过恢复城市自然水系、连通绿廊空间、调整灰色基础设施布局等措施优化水文循环格局，满足径流控制需求，强化拦截净污能力，增强城市生态承载力，另一方面，主要依托现状城市绿地的改扩建及新建城市绿地的机遇，结合下沉式绿地、雨水花园、透水铺装等多种海绵技术措施强化城市绿地节点的海绵专项功能[2]。

13.3 "海绵型"城市绿地系统构建的要点

13.3.1 目标体系

13.3.1.1 总体目标

打造与城市综合开发用地环境耦合后，能够有效承载调蓄自然水文循环格局，满足休闲游憩活动需求，实现调节微气候等综合生态效益，展现城市景观特色并提升环境品质的城市绿地空间载体。要实现上述目标，最终呈现的必将是一个布局均衡、满足多元目标博弈的动态平衡体系。

13.3.1.2 分项目标与指标

经过多年的推动与探索，城市绿地系统已经形成一系列定性与定量相结合的目标与指标评价体系，并依托于此极大程度地推动了我国城乡园林绿化建设工作的进程，取得卓越成效。在此基础上，"海绵型"城市绿地系统将着重增加径流控制指标、污染去除率、雨水资源回收利用率等一系列重要的水文相关指标。不同于传统绿地系统相对一致的目标与指标体系，由于各个城市所处地域条件及水文条件的区别，各城市对于改善海绵功能有着不同的需求，对于不同指标的重要性有所偏重，因此，"海绵型"城市绿地系统的指标体系制订不宜进行一刀切的限定，而应坚持因地制宜的原则，推动整体水文环境的可持续优化与发展。

13.3.2 方法与技术要求

在传统城市绿地系统规划本已多学科融合的基础上，"海绵型"城市绿地系统引入了对水文循环流程的信息收集、过程跟踪、影响预判以及应急预案的需求，强化了水环境相关专业在城市绿地系统规划中的影响力，同时对现行各个阶段城市规划工作以及实施进程提出了诸多挑战。

13.3.2.1 现状研判

与传统城市绿地系统规划所需要的主要基础资料相比，"海绵型"城市绿地系统将新增对城市降雨特征、城市范围各区域土壤条件、地表水水文基础条件与水质、水体面源污染、主要水体污染源、地下水地质基础条件、现状城市给排水等灰色市政基础设施、城市范围开发建设区域竖向条件、现有绿地分布与植被构成、城市综合汇水特征等相关基础资料的调研需求[3]，在此基础上才能有效进行对现状城市绿地分布及其海绵功能的正确评估，并应该针对城市自身条件制订相对应的海绵功能改善目标，从而以问题为起点、以目标为导向才能深入探寻改善的策略与途径。

13.3.2.2 方案决策

对于建成区外围的绿色空间，强化对自然水文循环流程的保护与恢复，最大限度地保护原有的河流、湖泊、湿地、坑塘、沟渠等水生态敏感区，在有条件的情况下恢复符合自然水文形成的河道与水面，加强绿地空间之间的连通性，留有足够的涵养水源，维持城市开发前的自然水文特征，并且对传统粗放式城市建设模式下已经受到破坏的水体和其他自然环境，运用生态的手段进行恢复和修复，并维持一定比例的生态空间。结合面源污染分布特征强化自然水系的截污防护与净化功能，充分考虑未来城市拓展将对外围生态缓冲空间带来的压力，预留生态屏障。

对于城市新区建设用地范围，绿地系统规划在绿地空间布局决策等前端就面对嵌入海绵城市建设理念的机遇与需求，通过统筹建设区域的竖向体系、规划排水等灰色基础设施布局、综合地表水环境等基础条件，结合传统绿地服务与景观功能多元目标之间进行博弈，对绿地空间布局的决策增加了海绵城市需求因子将带来更复杂的系统性评价需求。在此基础上，将能够承载相应海绵专项功能的绿地优先设置在水文循环的重要节点，如城市大型综合公园及拥有较多景观水面接触面的景观绿地，可结合水文循环过程对提升海绵功能的需求进行针对性的布点，并通过控制引导绿地的下沉式绿地率、下沉式绿地深度、透水铺装率、雨水回收设施容量、各类污染物去除能力等措施，对绿地提升海绵专项职能的潜力进行量化评估[4]。

对于已经建成的区域或者进行局部改建的城市区域，绿地空间格局前期均已明确，可调整的余地有限，绿地系统发挥海绵专项职能的方式，针对各类绿地的环境属性与周边场地的竖向体系、灰色基础设施布局等环境属性进行针对性的功能提升。例如，针对点状公园应强化其雨水调节与收集利用的功能，并应尽可能收集调控周边硬质场地的地表径流；针对带状公园、道路附属绿地以及防护绿地等线性为主的绿地空间，应强化绿化场所对雨水截污净化、控制径流污染以及引导径流流向就近汇入自然水体等方面的设计。影响指标设置的属性主要包括：新建或改造绿地所对应的实施难度，周边场所整体竖向条件，所处场地对径流调蓄功能的需求大小，周边面源污染分布条件等。通过针对各类绿地自身条件与属性进行差别化设计，有目的地强化专项职能，从而实现绿地系统海绵功能的潜力挖掘。

13.3.2.3 实现途径

规划管控与实施引导上，基于城市绿地系统规划的技术与管理体制基础，结合市、镇、乡各级绿地系统规划，在满足绿地生态、景观、游憩等基本功能的前提下，合理地预留空间，为丰富生物种类创造条件，对绿地自身及周边硬质化区域的雨水径流进行渗透、调蓄、净化，与城市雨水管渠系统相衔接[5]。强化在总规层面设定清晰的海绵功能提升目标与构建方向、明确"海绵型"绿地空间的布局结构与近远期实施途径，并重点对接城市地块控规编制，分解和细化城市总体规划及相关专项规划提出的低影响开发控制目标及要求，提出各地块的低影响开发控制指标，并纳入地块规划设计要点。通过明确划定地块边界、提出海绵指标引导与控制体系，并从管理的角度予以推进和落实。

绿地建设实施方面，应积极探索海绵型工法的适宜性与合理性，通过低影响开发的控制指标协调管理新建社区的建设取向，提升海绵功能，因地制宜，以可持续发展为基本原则，有条件的环境下主动尝试，不断在实践层面跟踪、修正海绵型绿地系统的建设理论。通过归纳总结提升海绵功能的目标导向下分别适宜应用于建筑、场地、道路、水体等载体的工程建设与改造技术，以推广在更广泛已建设区域海绵城市理念的贯彻与落实。综合而言，"海绵型"城市绿地系统的建设过程应充分满足规划优先、协调并进的策略与原则，坚持有计划、有针对性的提升城市绿地系统与海绵城市建设的结合度，尤其应强调根据具体城市，乃至具体地块的环境属性差异进行海绵功能评估，最终经过多元博弈的决策提出实施方案，从而以点带面的推进实践探索，才能避免实施与推进过程中以偏概全、一拥而上的无序局面（图 6-13-1）。

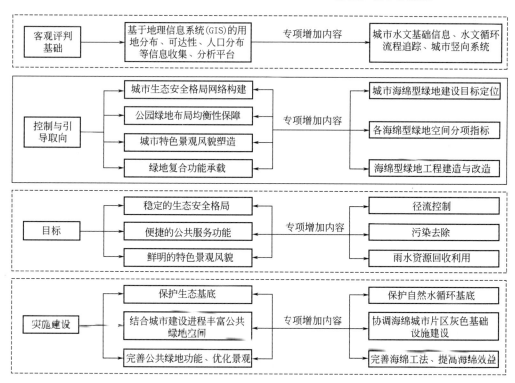

传统城市绿地系统 ———— 专项规划 ————→ "海绵型"城市绿地系统

图 6-13-1　海绵型城市绿地系统构建技术框架

13.4　"海绵型"城市绿地系统构建实践的经验、方向与建议

13.4.1　江苏实践与经验

　　秉持先行先试的积极态度，江苏对于海绵城市的实践探索一直走在全国前列，在强调海绵城市系统建设的同时，注重从绿地系统专项领域开展实践工作，从省级、市县等不同层面明确了推进海绵型公园绿地建设的内容，强调城市公园绿地要结合周边水系、道路、市政设施等，统筹开展竖向设计，在消纳自身雨水径流的同时，要尽可能为周边区域提供雨水滞留、缓释空间。试点城市方面，镇江市依托全面而详实的海绵城市构建思路，并推进了一系列取得初步成效的措施，开拓性地提出了诸多协调城市灰色基础设施与绿地空间之间联动关系的举措，使得镇江市区绿地空间的海绵专项功能得到系统性的提升；优秀做法方面，昆山市率先进行了水系、绿地、资源、环境等专项规划的"多规合一"，根据城市自然地理风貌将"海绵型"城市建设理念引入城市绿地建设，通过对水、路、绿"三网一体"的生态建设，持续推进"海绵型"绿地项目建设，并从多个角度进行了海绵工法实践探索，如在城市中环上建设了全国首例高架雨水处理系统等，有效改善了城市综合水环境，缓解了市政排水压力，凭借诸多成绩，昆山市入围第一批国家生态园林城市名单，苏州等市也开展绿地系统海绵专项规划指导海绵城市绿地建设；示范项目方面，在苏州举办的第九届江苏省园艺博览会博览园建设项目中，全面贯彻"海绵型"公园绿地的生态修复与低影响开发理念，打造了

江苏首个城市级综合性"海绵公园"，在增加绿化场所雨水滞留、缓释以及截污净化功能的同时，保证了公园主体功能、景观效果的协调，做到了环境美观、标准不降低、园林品质有新意；同时，通过不同类型海绵型园林绿地的建设技术的展示，强化园林绿地中"海绵"技术的应用和示范。此外，江苏还开展了一系列海绵型城市绿地建设项目，均突出了发挥园林绿地的自然积存、自然渗透和自然净化作用，强调兼顾节约型园林绿地建设的总体要求，做到了因地制宜，突出技术的适宜性和针对性，实施效果较好。

13.4.2 难点、方向与建议

趋势上，城市绿地系统构建模式必然向海绵城市兼容的建设模式转变，江苏从海绵城市建设试点城市、试点项目以及示范工程等层次都进行了有益的尝试与探索，取得显著成果的同时也呈现出目前构建海绵型城市绿地系统从顶层设计的标准体系、现行城市规划体系以及专业规划技术手段等层面存在的较多有待完善的矛盾与难点。这说明海绵型城市绿地系统的构建必将存在一个长期而艰巨的适应与调整过程，现在仍存在巨大疑惑的诸多问题将随着规划研究工作的探索得到解答，并且从完善管理体系、提升管理水平等方面都迫切需要建立系统的工作计划，才能适应海绵型绿地系统构建的基本需求。

13.4.2.1 提高规划设计的科学性

1）规范标准有待完善 当前我国海绵型绿地系统规划尚未形成明确的控制指标体系，由于不同城市之间自然水文条件、城市现状建设条件、资金保障力度都普遍存在较大区别，因此，很难形成统一适用的海绵型绿地系统评价标准。在目前城市建成区绿地布局基本趋于稳定的情况下，也难以形成合理的量化指标体系。因此，海绵型绿地系统的构建还处于因地制宜进行局部优化与探索的阶段，不适合大面积铺开进行推广。

2）规划体系有待衔接 当下，我国大部分城市都普遍缺乏对人工建设行为以及规划的信息化管理，尤其是跨行业跨部门的相关建设规划尚未完成综合信息平台的搭建，多规融合也正处于进程之中。导致城市人为建设信息的碎片化，例如场地及道路竖向设计、道路及所属市政基础设施配置、与之相联系的水利设施建设情况等都散落在城市规划的各个专项之中，彼此目前缺乏有效呼应，同时，规划信息存在深度不一、表达有差异、逻辑不连续等现象。这使得海绵型绿地系统构建的关键环节，即依托水文流向以辅助推导合理的海绵型绿地空间布局、评估绿地海绵专项功能与能力，以及针对性进行建设引导与控制等过程缺乏足够的基础资料支撑与规划联动机制。在这样的条件下，如果抛开人工建设载体谈自然水文循环，那就偏离了构建综合目标导向海绵型绿地系统的初衷。

3）技术手段有待加强 现行海绵城市建设量化评价等规划技术大部分源于雨洪管理与低影响开发专业方向，在此基础上进行的水文流向模拟模型普遍适用于基于灰色给排水基础设施体系的模拟计算，尚未能形成满足复杂地貌条件下绿地与周边环境能进行综合模拟的模型，增加的诸多因子与庞大的数据量从采集到推演都增加了计算的可变性，不能满足构建客观合理的海绵型绿地系统的需求。

13.4.2.2 提高建设管理的可操作性

1）跨部门协作机制有待改善 海绵型绿地系统的构建不仅仅是某一个专业部门的职责，必须结合风景园林、城市规划、建筑、道路交通、给排水等多个相关部门协作形成一个完善的支撑体系，统一在整体价值取向下，摒弃各个部门的单独归口管理方式，这对城市建设的智慧化与信息化程度提出了极高的要求。在现行管理体制下，要实现这样实时联动、互相耦合、高度精细化的管理效果，还存在诸多困难。

2）监测评估机制需要实践检验　住房和城乡建设部印发的《海绵城市建设绩效评价与考核办法（试行）》对海绵城市考核提出了水生态、水环境、水资源、水安全的考核要求，并针对城市绿地等因子提出了一系列考核指标，进一步明确了海绵城市建设的方向与途径，但针对绿地系统海绵专项功能的管理监测评估机制仍然缺失，将给具体建设与后续运营过程中的规范化带来巨大影响，不利于实现顶层设计的海绵城市建设意图。

13.5　结语

随着国家和地方政策的强力推动，海绵城市建设已迎来高潮。顺应公众对于生态保护、气候变化、节能降耗等热点问题的关注，城市绿地系统肩负着对接、挖掘绿地专项潜力、积极推动海绵城市理念落实的历史使命[6]。城市绿地系统是城市主要的海绵体，也是海绵城市建设非常重要的依托对象，对建设人水和谐、生态宜居的城市环境发挥着重要作用。寻求海绵城市建设与城市绿地系统建设的结合点，应当从目标定位、技术方法、构建途径与实施策略等角度与海绵城市的建设要求深度对接，才能进一步提升城市绿地建设的海绵效应和城市绿地系统的生态服务功能。目前国内在这一领域已有不少理论探索和实践积累，但关于海绵型城市绿地系统构建的具体做法仍然存在一定争议，或不够成熟、科学、合理。因此，构建海绵型城市绿地系统依然需要管理部门、规划学界、业界的共同努力和实践探索。

参 考 文 献

[1]　胡楠，李雄，戈晓宇. 因水而变——从城市绿地系统视角谈对海绵城市体系的理性认知 [J]. 中国园林，2015，31（6）：21-25.
[2]　刘小钊，陶亮，陈凌，洪凯. "海绵公园"规划设计实践——以第九届江苏省园艺博览会博览园为例 [J]. 江苏建设，2016，4（13）：64-73.
[3]　车生泉. 海绵城市理论与技术发展沿革及构建途径 [J]. 中国园林，2015，（6）.
[4]　车伍，吕放放，李俊奇，等. 发达国家典型雨洪管理体系及启示 [J]. 中国给水排水，2009，25（20）：12-17.
[5]　托尼黄，王健斌. 生态型景观，水敏型城市设计和绿色基础设施 [J]. 中国园林，2014，（4）：20-24.
[6]　刘小钊，张彧. 基于"海绵城市"理念的城市绿地系统构建 [J]. 江苏建设，2016，4（13）：38-43.

◉ 作者介绍

刘小钊[1*]，张彧[1]，黄一鸣[1]

1. 江苏省城市规划设计研究院，E-mail：178027811@qq.com

第七篇
海绵城市建设和管理策略

1

西部山地新城海绵城市建设指标及其分解研究

摘要：以改善水环境质量、提高雨水综合利用率为最终目的，针对山地新城水环境敏感度高、水资源短缺等特点，结合其地理位置、降水、蒸发、下垫面及地下水分布等特征，以需求为导向，确定海绵城市建设目标，在综合分析海绵城市建设低影响开发措施特点的基础上，确定山地新城海绵城市建设的适用措施，以滞留塘、雨水湿地、植被缓冲带等措施进行径流污染控制，以自然或人工雨水存储设施进行雨水的收集利用，从而为水环境敏感和水资源短缺城市的海绵城市建设提供示范。

1.1 研究目的

传统城市建设方式带来了诸多问题，例如：城市内河被不同程度的侵占，导致城市生态环境受到严重破坏；雨污分流不彻底，初期雨水得不到有效控制，导致大量污染物进入河道，地表水污染情况加剧；极端暴雨频发，地表径流增加，排水管网设计标准较低，导致城市内涝问题突出；水资源开发过度，部分河流下游出现断流，水面率不断下降，且地下水严重超采的问题也日益加剧，北方许多地下水降落漏斗区，面临着地下水资源枯竭的严重危机[1]。

为实现城市发展和环境资源协调，国家提出建设具有自然积存、自然渗透、自然净化功能的海绵城市的理念。海绵城市建设理念，首次出现在 2014 年 10 月住房与城乡建设部出台的《海绵城市建设技术指南》，提出海绵城市建设——即构建低影响开发的雨水系统基本原则，将雨水短暂地存储起来，缓慢下渗或汇集到生态水系系统，在减轻城市排水负担的同时，有效提高原有市政排水设施抵御暴雨的能力，补充涵养地下水，恢复城市地表的天然水系环境。并以此作为今后我国城市建设的主要方向[2,3]。

为探索城市建设发展的新思路，本文将针对西部某一待开发山地新城，以城市建设和生态保护为核心，转变城市发展理念，从保护城市生态环境、削减城市径流污染负荷、缓解城市内涝、节约水资源 4 个方面构建"海绵城市系统"，基于模型分析等方法分解海绵城市建设管控指标，细化海绵城市规划设计要点，构建一整套流域范围内的海绵城市管控体系，供各级城市规划及相关专业规划编制时参考，并为区域下一步建设项目可研、初设提供依据，为区域土地出让提供管控指标。

1.2 研究方法

1.2.1 区域概述

研究区域城市规划用地面积 43.3km²，是城市近期开发建设重点区域。该区域地形为山地，地势整体上西北高、东南低，区域内高程介于 1200～1260m。场地用地以相对高差 30m 以下为主，局部相对高差为 30～50m，偶有 50m 以上的独立孤峰。片区内土地坡度主要集中在 10°以内，占片区总土地面积的 77.5%，21.0% 的土地坡度在 10°～25°之间，仅有 1.5% 的土地坡度在 25°以上。区内土壤主要有黄壤、黄棕壤、石灰土、紫色土和冲击土。地下水水位区域内地下水位分布不均。浅埋藏区主要分布于谷地和洼地中，水位埋深 0～10m；中等埋藏区分布较广，主要为残丘、垄岗谷地和河流上游地段；较深埋藏区位于缓丘山地以及河间地块较拱突地带，地下水埋深大于 50m（图 7-1-1）。

目前，区域内以农林用地为主，占比约 92.9%，城乡居民点建设用地占比 4.0%。未来规划用地包括居住用地、公共管理与公共服务用地、商业服务业设施用地、工业用地、物流仓储用地、道路与交通设施用地、公用设施用地和绿地与广场用地八类，其中居住用地占 26%，绿地广场占 22%（图 7-1-2，表 7-1-1）。

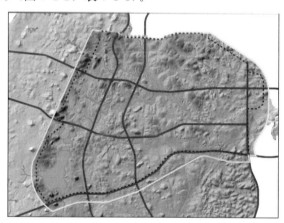

图 7-1-1 研究区域 DEM 图

图 7-1-2 研究区域土地利用规划图

序号	用地性质	用地代号	面积/hm²	比例/%
	表7-1-1 研究区域土地利用规划数据			
1	居住用地	R	880.5	26.0
2	公共管理与公共服务用地	A	227.4	6.7
3	商业服务业设施用地	B	251.5	7.4
4	工业用地	M	248.5	7.3
5	物流仓储用地	W	88.5	2.6
6	道路与交通设施用地	S	917.6	27.1
7	公用设施用地	U	25.5	0.8
8	绿地与广场用地	G	751.8	22.2
9	总计		3391.4	100.0

1.2.2 模型构建

基于区域基础地形数据（1∶500）和土地利用现状数据，构建区域现状产汇流模型，旨在结合区域开发建设前的地表类型、土壤性质、植被覆盖率、地形地貌等因素，综合分析确定本底径流外排量。基于区域竖向规划、雨水管网规划及用地布局规划，构建区域传统开发模式下的产汇流模型及管网模型，分析区域按照现有规划建设后在不同降雨情景下的径流产流情况，识别区域径流产流量较大、污染负荷较高和内涝风险较高区域。

模型降雨事件分别采用了人工合成降雨和实测降雨数据。其中人工合成降雨选用区域所在城市最新修编的暴雨强度公式，采用芝加哥降雨过程线法，生成0.3年、1年、2年、3年、5年一遇短历时（降雨2h）降雨，30年一遇长历时（降雨24h），雨峰系数 r 为0.2的降雨历时曲线。实测降雨数据和蒸发数据采用雨量站提供的近30年（1984～2014年）降雨和蒸发的实测数据，并选择接近30年降雨、蒸发数据平均值，具有典型性和代表性的1992年日降雨数据和日蒸发数据作为标准年输入模型，1992年降雨量为1128mm，蒸发量为1185mm。

本文采用的模型工具为SWMM（Storm Water Management Model），是一种用于模拟城市雨洪过程和水质的综合性数据模型，在我国排涝规划、排水规划、雨洪管理方面得到广泛应用[4~9]。本文主要应用该模型对研究区域内的现状及未来降雨径流进行模拟，比较城市开发前后的径流总量、径流污染变化，为城市开发建设过程中相关指标控制提供依据。

1.3 研究结果

1.3.1 问题分析

研究区域位于城市饮用水水源地上游，水生态环境高度敏感，而现状河流纳污能力有限，远低于未来面源污染产生量，根据模型评估结果，在传统开发模式下，区域年SS、COD、NH₃-N、TN、TP总负荷量分别达3450.00t、2162.47t、51.09t、68.51t、11.31t，因此，须严格控制初期雨水径流污染，保障饮用水水源地的水环境安全；区域内喀斯特岩溶发育强烈，存在工程性缺水，同时，随着区域开发建设预测最高日需水量约为$12.7 \times 10^4 \mathrm{m}^3$，会出现一定程度的资源性缺水，因此，如何保护和节约水资源将成为区域面临的重大问题。此外，根据模型评估结果可知，区域内内涝中风险区面积约$2.09 \mathrm{km}^2$，占总面积的 4.52%，积水深度可达 20cm 以上，内涝高风险区面积约 0.85km²，占比 1.84%，积水深度可达 40cm 以上，如何预防城市内涝将会成为城市开发建设中重点考虑的问题。

1.3.2　总体目标确定

以上述各类问题为导向，针对未来城市开发建设的需求，结合研究区域实际情况，本文依据住房城乡建设办公厅《关于印发海绵城市建设绩效评价与考核办法（试行）的通知》的要求，采用模型分析等手段设计了一套完整的涉及水生态、水环境、水资源、水安全 4 个方面的指标，作为未来城市区域规划设计、建设项目管控的依据。

（1）年径流总量控制率确定

首先，依据住房城乡建设部发布的《海绵城市建设技术指南》，确定研究区域属于Ⅲ区（75%≤α≤85%），初步确定年径流总量控制率为 75%≤α≤85%。其次，通过现状模型模拟评估可知，该区域在未开发现状下自然调蓄功能较好，有极大的下渗和存蓄能力，现状年综合径流外排率约为 20%。最后，基于低影响开发城市开发后径流量接近于开发前径流量的理念，确定研究区域年径流总量控制率宜取 80%。同时，选取距离研究区最近的气象站 1984～2014 年 30 年日降雨（不包括降雪）资料，经统计计算 80% 年径流总量控制率对应的设计降雨量为 27.3mm（图 7-1-3）。

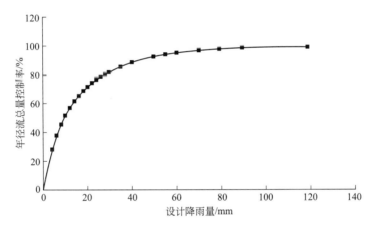

图 7-1-3　年径流总量控制率与设计降雨量曲线

（2）面源污染控制率确定

面源污染控制也是海绵城市系统的控制目标，本规划中面源污染控制指标的确定主要是通过对研究区内水体的水环境容量进行估算，并结合在传统开发模式下的污染负荷评估结果估算而得。

根据研究区在城市传统开发模型模拟结果分析可知，在传统开发模式下，标准年降雨事件下区域年 SS、COD、NH₃-N、TN、TP 总负荷量分别达 3450.00t、2162.47t、51.09t、68.51t、11.31t。结果表明，规划区未来的径流污染负荷较高，水环境压力较大。同时按照地表水Ⅲ类水质标准对区域水环境容量分河段进行估算。对比不同河段的水环境容量及相应的面源污染负荷，基于低影响开发核心理念，即城市开发建设后径流量不超过开发前，维持场地开发前后水文特征不变，通过分析计算，研究区内需通过海绵城市建设每年削减 TSS、COD、TP、NH₃-N、TN 分别为 1817.16t、986.26t、4.36t、12.57t、19.99t，分别占污染物总量的 53%、46%、39%、25%、29%（书后彩图 7-1-4）。

同时，为消除点源污染对地表水水质的影响，区域内排水体制采用雨污分流制，污水收集、处理率均达到100%，区域内产生的污水全部排入污水厂进行统一集中处理。

（3）雨水资源利用率确定

研究区规划收集区域内建设用地（除公共绿地）雨水用于浇洒绿地，雨水直接利用量共计 $3.7036\times10^6\,m^3/a$。按照年平均降雨量 1106mm 计算，研究区域内雨水资源化利用率约为 8%。

（4）内涝防治标准确定

根据《室外排水设计规范》（GB 50014—2012）（2014 版），确定该区域内涝防治标准为50年一遇，一般地段雨水管、渠设计重现期为2年，部分重点地段重现期为5年，立交桥设计重现期为10年。城市防洪标准为100年一遇。

1.3.3　分区指标确定

（1）年径流总量控制率

基于研究区内的水系规划、土地利用类型、雨水排水方向等，将区域划分为10个独立的排水分区，针对不同片区，根据其规划用地情况，实施不同的区域管控指标，其中1号、2号、3号、6号、10号分区年径流总量控制率目标均为80%，4号、8号分区年径流总量控制率目标低于80%，5号、7号、9号分区年径流总量控制率目标高于80%。根据面积加权平均计算，整个研究区域年径流总量控制率可达80%，年径流控制总量需达 $2.27121\times10^7\,m^3$（表7-1-2）。

表7-1-2　各排水分区年径流总量控制目标

排水分区	面积/hm²	年径流总量控制率	年径流削减量/10⁴m³
1	318	80%	194.24
2	361	80%	197.09
3	566	80%	308.99
4	149	70%	73.10
5	603	81%	322.95
6	412	80%	252.85
7	486	85%	175.89
8	469	78%	260.75
9	630	82%	326.38
10	333	80%	158.97
合计	4330	80%	2271.21

（2）面源污染去除率

1号、8号、10号分区的面源污染去除率（以 TSS 计）高于80%，6号、9号分区介于50%～80%之间，2号、3号、4号、5号、7号分区的面源污染去除率（以 TSS 计）低于50%。根据面积加权平均计算，整个研究区域面源污染去除率可达53%，年面源污染削减量可达到 1817.17t（表7-1-3）。

表7-1-3　各排水分区年径流污染控制目标

排水分区	TSS		COD		NH$_3$-N		TP	
	削减量/(t/a)	去除率	削减量/(t/a)	去除率	削减量/(t/a)	去除率	削减量/(t/a)	去除率
1	242.18	87%	145.42	84%	2.72	66%	0.63	69%
2	138.37	45%	55.95	29%	—	—	—	—
3	233.68	49%	106.22	36%	—	—	1.06	69%
4	56.34	38%	15.70	18%	—	—	0.33	64%
5	—	—	—	—	—	—	—	—
6	188.07	52%	89.31	39%	—	—	—	—
7	—	—	—	—	—	—	—	—
8	335.93	89%	201.99	86%	4.03	72%	0.92	75%
9	399.09	78%	230.93	72%	2.93	39%	0.78	46%
10	223.52	93%	140.73	92%	2.89	82%	0.63	83%
合计	1817.17	53%	986.26	46%	12.57	25%	4.36	39%

注："—"表示无需削减。

（3）雨水资源利用率

各管控分区内雨水利用方式以及雨水直接利用量如表 7-1-4 所列。其中 3 号、4 号以及 10 号分区内地下水水位较深，为 15～30m，局部地区超过 50m，规划区域内以雨水入渗和蓄存利用为主，雨水蓄集利用量分别为每年 $48.53 \times 10^4 m^3$、$21.19 \times 10^4 m^3$、$52.36 \times 10^4 m^3$。其余分区内均存在地下水水位较浅区域，针对这些区域以雨水蓄存利用为主，雨水利用量共计 $248.28 \times 10^4 m^3$。整个研究区域雨水直接利用量共计 $370.36 \times 10^4 m^3/a$，按照年降雨量 1106mm 计算，雨水资源利用率约为 8%（表 7-1-4）。

表7-1-4　各排水分区雨水资源利用率目标

排水分区	雨水直接利用量/($10^4 m^3/a$)	雨水资源利用率
1	31.26	9%
2	51.20	13%
3	48.53	8%
4	21.19	13%
5	33.92	5%
6	37.48	8%
7	18.3	3%
8	29.24	6%
9	46.88	7%
10	52.36	14%
总计	370.36	8%

1.3.4　地块指标分解

根据上述分区指标，本文进一步针对研究区内所有地块（541 个），包括居住 75 个，商业 120 个，公共管理与公共服务 44 个，工业用地 36 个，物流仓储 13 个，公用设施 4 个，道路与交通设施地 7 个，绿地与广场 242 个。通过蒙特卡洛随机采样法，对各个地块的各类低影响开发设施的建设比例、开发强度进行计算评估，分析总体计算结果是否达到控制目标，并筛选出满足控制目标的有效方案集，通过人工筛选比较，选择优选方案，输出各个地块的措施控制参数，指导各个地块的低影响开发措施布局。当通过模拟计算无法筛选到有效方案时，需要对控制目标或各类措施的参数设置范围进行调整计算。通过对上百万个措施组合方案的计算机模拟，选取最优方案，以实现总体目标[10]。

按照上述步骤，将各管控分区需要削减的量、污染负荷量以及雨水资源利用量进行分解，将控制目标落实到各分区内每一地块、每一条道路的海绵城市建设指标中，包括：年径流总量控制率、面源污染去除率（以SS计）、雨水资源利用率，并以此作为地块出让时的强制性指标。以各地块的面源污染去除率（以SS计）为例，见书后彩图7-1-5和彩图7-1-6。

1.3.5　措施适用性分析

本文通过分析研究区突出问题、地形特征、土壤条件、地下水水位等，结合国内外已有低影响开发应用的经验，初步选择并确定适合于该区域的低影响开发措施。

① 区域处于水源保护区的上游，属于水环境敏感区域，对河湖水质要求极高，在选择低影响开发措施时，应考虑发挥自然生态，包括人工净化湿地、生态河道、自然湿地等建设方案，对进入水体前的污染物进行净化，削减污染，以提高水源的安全保障能力。区域属于喀斯特地形，工程性缺水严重，故应考虑选择蓄水功能较强的低影响开发措施，如雨水罐、蓄水池、雨水湿地等，充分收集利用雨水，实现雨水资源化利用。

② 区域内土壤类型主要为C-D，土壤覆盖层主要为红黏土，渗透系数较低，透水性较差，故限制采用入渗沟和入渗池等措施。

③ 区域内建筑屋顶大多为斜屋顶，而绿色屋顶仅适用于坡度小于15°的坡屋顶建筑。故绿色屋顶并不适合在该区域内大范围推广。

④ 区域内具有大量的残丘、垄岗谷地，这些地区地下水位较深，空间条件较好，自然坡度主要集中在10％以下，适合采用生物滞留设施；对地形坡度小于5％的区域，则适合采用植被过滤带或植草沟等措施；对于地形坡度较大（小于15％），且空间条件较好的区域可采用雨水湿地系统或者湿塘系统处理雨水后排入受纳水体车田河及其支流，以保障其水质不受影响。

综上所述，初步确定研究区内海绵城市建设中所推荐采用的低影响开发措施主要包括：以湿塘、雨水湿地、植被缓冲带为主的具有雨水调蓄和净化功能的技术，以雨水罐、蓄水池为主的存储技术，以透水铺装＋生物滞留联合应用为主的渗透技术，以植草沟为主的转输技术。此外，鉴于研究区域内雨水水土流失严重，雨水中泥砂较多，选择应用沉淀池、前置塘等对进入径流的雨水进行预处理。

1.4　结论

基于研究区域现状，结合模型评估结果，识别出区域问题，并以问题为导向，针对需求，从水生态、水环境、水安全、水资源4个方面制订海绵城市建设目标及目标实现的指标体系，通过指标体系构建，引导区域内各项海绵城市工程建设，使海绵城市建设有据可依。同时，在综合分析海绵城市建设低影响开发措施特点的基础上，确定山地新城海绵城市建设的适用措施，以滞留塘、雨水湿地、植被缓冲带等措施进行径流污染控制，以自然或人工雨水存储设施进行雨水的收集利用，从而为水环境敏感和水资源短缺城市的海绵城市建设提供示范。

参 考 文 献

[1] 俞孔坚，李迪华."海绵城市"理论与实践 [J].城市规划，2015，39（6）：26-36.

[2] 中华人民共和国住房和城乡建设部组织编制.海绵城市建设技术指南——低影响开发雨水系统构建（试行）[M].北京：中国建筑工业出版社，2015.

[3] 莫琳，俞孔坚.构建城市绿色海绵——生态雨水调蓄系统规划研究 [J].城市发展研究，2012（5）：4-8.

[4] 董欣，陈吉宁.SWMM 模型在城市排水系统规划中的应用 [J].给水排水，2006，32（5）：106-109.

[5] 徐凯歆.排水防涝规划中的应用研究 [D].长沙：湖南大学，2014.

[6] 王永，郝新宇.SWMM 在山区城市排水规划中的应用 [J].中国给水排水，2012，28（18）：80-86.

[7] 李彦伟，尤学一.基于 SWMM 模型的雨水管网优化 [J].中国给水排水，2010，26（23）：40-43.

[8] Lin S S, Liao Y P, Hsieh S H, et al. A pattern-oriented approach to development of a real-time storm sewer simulation system with an SWMM model [J]. Journal of Hydroinformatics，2010，12（4）：408-423.

[9] Lee S B, Yoon C G, Jung K W, et al. Comparative evaluation of runoff and water quality using HSPF and SWMM. [J]. Water Science & Technology，2010，62（6）：1401-1409.

[10] 陈小龙，赵冬泉.海绵城市规划系统的开发与应用 [J].中国给水排水，2015，31（19）：121-125.

⊙ 作者介绍

刘小梅[1*]，云海兰[1]，吴思远[1]，国小伟[1]，王建富[1]，郭凤[1]

[1.] 北京清控人居环境研究院有限公司，E-mail：liuxmjob@gmail.com

2

海绵城市构建中的低影响开发技术分类及应用策略

摘要：基于海绵城市理念对新型排水系统的要求，总结了低影响开发理念的内涵和实现方法。结合国内外研究与工程实践，提出以前端滞留、末端滞留、颗粒截留的应用特点对多种低影响开发技术进行分类和关键特点分析。凭借现有资料以及实验和工程经验，分析了各类工程措施的应用环境、成本、维护、削减效果等。海绵城市建设中的低影响技术的应用，不仅需要考虑单独一项技术对径流削减、污染控制、生态改善的叠加，还要针对两种或多种低影响技术的组合功效，或者低影响技术与城市原有灰色设施的相互结合开展研究。

2.1 引言

在城市化发展不断加速进程中，国内许多城市都面临着巨大的环境压力，内涝频发、水系生态恶化、生态环境恶化等诸多问题对城市建设发展提出了更高的要求。2013 年 12 月 12 日，习近平总书记在中央城镇化工作会议上提出：建设自然积存、自然渗透、自然净化的"海绵城市"。2014 年 11 月 2 日，住建部在《住房和建设部城市建设司 2014 工作要点》中提出"海绵型城市"的概念，同年 10 月又发布了《海绵城市建设技术指南——低影响开发雨水系统构建（试用）》（以下简称《指南》），对各地开展海绵城市的建设工作提供了指导。但关于如何设计规划和建设实施，各地根据实际情况也有不同的理解。

海绵城市的建设，与传统粗放式的开发建设方式相比，更注重顺应自然、与自然水生态和谐共处的可持续发展方式[1]。从雨洪管理的角度讲，就是采用低影响开发的理念，优先通过绿色雨水基础设施，并结合灰色雨水基础设施，统筹应用"滞、蓄、渗、净、用、排"等手段，使开发后的区域尽量接近自然水文循环。

建成海绵城市，不仅需要在规划设计过程中转变观念，优化空间布局，完成对河流、湖泊、湿地、绿地等的保护，还需要搭配合理的低影响技术措施，在小范围内实现径流量和污染物控制[2]。目前，下凹式绿地、透水铺装、储水罐等低影响措施已经在全国范围内得到广泛认同；带有过滤装置的人工湿地、树池和雨水管过滤器随着海绵城市试点的进行，也在逐步推广；现阶段利用较少的颗粒物截留类技术在国外已有较为广泛的应用，经过改良和本土化，在今后的一段时间将会在国内海绵城市建设中起到重要作用。

2.2 低影响开发技术分类

2.2.1 前端生态滞留技术

前端生态滞留技术主要包括绿色屋顶、人工湿地和树型过滤器等。这类技术主要结合生态景观，应用于雨水的暂时收纳和处理过程，往往处于成套低影响技术的前端，既可达到洪峰削减的作用，同时根据需要，也可完成简单的或者较深度的水质处理。

2.2.1.1 绿色屋顶

绿色屋顶是一种与建筑物相结合的低影响技术，可以应用在各种建筑物屋顶，还包括呈水平或倾斜的构筑物的顶端。其基本结构包括植被、培养基质、排水板和防护层[3]。根据实际需要，可增加蓄水装置，也可增加多个过滤层来确保水质（图 7-2-1）。

绿色屋顶的植被选取较为重要，要因地制宜，往往选取本土生长的植物，搭配一些常见的绿化植物，包括乔木、灌木或低矮的草坪，不宜选取根部入侵性较强的植物。同时，由于屋顶的特殊条件，强风、土壤层厚度有限，需要选择生存能力较强，且根系较浅的植物[4]。为控制径流、提高水质，应选取施肥量小、蓄水能力强、耗水量低的植物。土壤层基质的深度需要根据屋顶荷载、

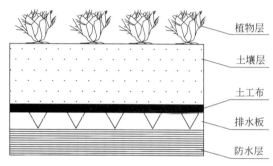

图 7-2-1 绿色屋顶结构图

防水、坡度、空间条件等进行设计，既有稳固和养护植物的功能，又对下渗的雨水起到净化作用，具体可参考《种植屋面工程技术规程》（JGJ 155）。排水板在绿色屋顶中，主要承担蓄排水的功能，主要通过表面排布的凹槽和排水孔，既能实现部分蓄水，供给植物生长，又能将多余的雨水下渗外排，实际应用中的排水板还需要满足壁厚均匀、抗压、柔韧性好、耐腐蚀、耐根穿刺等复杂环境的需要。

绿色屋顶作为低影响技术，主要有 2 个方面的作用。

1）削减径流洪峰及总量 通过土壤吸收和排水板的蓄存作用，能够滞留大量的屋面降雨。由于种植植物和介质层的差异，不同地区的绿色屋顶实际作用存在较大差异，综合考量，绿色屋顶在夏天可以滞留 70%～90% 的降雨，冬季可以滞留 25%～40% 的降雨[5]。

2）提高径流水质 屋顶绿化首先延缓了屋顶材料的老化，材料分解产生的污染物也减少；而且屋顶土壤层的截留作用，使降雨冲刷下的污染物不易混入径流，改善了屋顶初期的冲刷效应；土壤中的植物根系和微生物还有吸收降解污染物质的能力，综合作用下，能够减小径流污染负荷。

但由于施肥、土壤等因素，绿色屋顶排水中磷的含量会略高于降雨中[6]，这也需要进一步对植物选择和养护进行深入研究。

2.2.1.2 模块化人工湿地 & 树型过滤器

模块化人工湿地与树型过滤器，是成模块化的生态滞留设施，是通过蓄存渗透以及植物、土壤和微生物的净化作用来削减径流污染和洪峰的设施。基本结构包括预处理单元、湿地单元、排放单元，根据实际需要，还可增加或去掉内部过滤单元，方便运输与维护（图 7-2-2）。

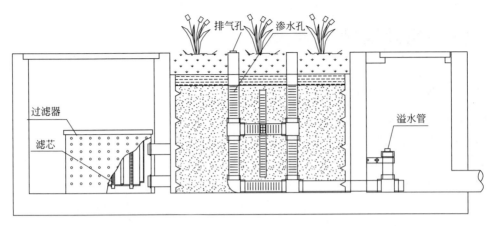

图 7-2-2　模块化人工湿地结构图

模块化人工湿地结构如图 7-2-2 所示，前端预处理单元，可以安置在路边或者其他汇水点，通过侧面或顶部开口，收集径流雨水，依靠过滤器的作用，去除径流中的可沉降物质，滤芯则通过包裹吸附填料，达到对有机物或油污等主要污染物的去除。湿地模块表面种植与景观相协调的植物，起到美化效果，同时，土壤内部根系与微生物综合作用，减小径流污染负荷；内部预埋中空穿孔管，湿地模块中的雨水经过多层过滤，最终经穿孔管进入排放单元。排放单元设置溢流口，既保证湿地模块植物所需的存水，又能及时排出短时间内的大量进水。出水单元可结合现有排水系统，也可结合存蓄设施，实现雨水回用。树型过滤器结构与模块化人工湿地类似，在湿地模块中种植相宜的树木，通过树池格栅加固。

模块化人工湿地与树型过滤器继承了生态滞留设施蓄渗、净化径流水质的作用，并且相比传统的生态滞留设施，增加了预处理与深度处理功能，方便安装运送以及后期维护，成为未来的一种发展趋势。提高两种湿地单元的净化效果，需要对滤芯填料进行更全面的研究。填料搭配或改性等方面研究的发展，会使预处理单元更加高效耐用。

2.2.2　透水铺装

透水铺装根据材料不同，分为渗透砖铺装、透水混凝土铺装、透水沥青铺装和孔砖。目前在国内广泛应用的主要为渗透砖铺装和孔砖，透水沥青和透水混凝土在国外已经得到广泛应用，起到了很好的径流削减的作用。

渗透砖铺装所用的砖包括自透水砖和间隙透水砖[7]。自透水砖主要通过在烧制或者压制过程的控制条件，改变砖体内部成型结构，实现内部透水的效果；间隙透水砖的结构与普通路面砖较为相似，主要利用两块或多块砖之间的空隙达成透水效果。间隙透水砖常在底部设计排水沟槽，用于雨水径流的下渗和转移外排，自透水砖可根据铺设路面基质的透水性能，如土地透水能力有限时，应在透水砖的底部设置排水管或排水板[8]。孔砖和网格砖通常在空隙部位种植草皮，或用砾石和砂土等填充，增强观赏性。

透水铺装的应用须符合《透水砖路面技术规程》（CJJ/T 188）、《透水水泥混凝土路面技术规程》（CJJ/T 135）和《透水沥青路面技术规程》（CJJ/T 190）的规定。不同类型的透水铺装都具有削减径流峰值流量、雨水净化和补充地下水的作用。Hunt 等[9]等对有雨水收集管的自透水砖铺装路面和不透水的沥青路面在降雨量为 32.8mm 时对径流量的研究表明，普通沥青路面对暴雨径流量的平均削减率为 34.7%，自透水砖铺装路面则可以达到 98.2%。

Brattebo[6]等的研究表明，渗透性路面外排径流中 Cu、Pb 和 Zn 的去除率达到 81% 以上，明显高于沥青路面。但对 N 和 P 的去除效果却不是很理想，原因可能是材料中释放 P 和 N。因此，对于渗透砖材料和成型过程的工艺，还需进一步研究提高。

相比传统路面，透水铺装可能存在强度和稳定性的内在风险。实际应用中，表面和空隙中的颗粒物将会影响透水铺装的渗透效果，因此，需要采用因地制宜的设计和施工方式，并在工程结束后定期清扫和维护。

2.2.3 末端生态滞留技术

末端生态滞留技术主要包括雨水花园、植草沟和下凹式绿地等。这类技术利用较浅的低洼区域种植植物，通过植物、土壤的作用来对一定汇水面的雨水进行滞留、净化、渗透以及排放。往往处于成套低影响技术的末端，可贮存或回用一定量的雨水，也具备较高的生态价值。

2.2.3.1 雨水花园

雨水花园一般建在地势较低的区域，结合自然土壤、人工填料与植物、微生物相互联系，形成一个小型的生态系统。通过渗滤、截留和吸附作用净化、消纳小面积汇流的径流雨水，达到削峰减量、保护水质的目的（图 7-2-3）。

雨水花园的主要结构包括洼地、填料和溢流设施等。根据与周边建筑的间距和相关要求，可做防渗或不防渗处理。整个雨水花园向中心凹陷一定角度，形成一个内部空间，暂时存储暴雨，并通过填料的层层渗透作用，达到净化水质的作用。雨水花园表层为种植土层，为景观植物和微生物生长的基质，一般选用渗透系数较大的砂质土壤，土层厚度根据所选植物确定。由于较为特殊的功能和工程结构，生物滞留设施的设计渗透时间一般不大于 48h，需要选择既可耐短期水淹、又有一定抗旱能力的植物[10]。同时，根据种植区域的淹水情况，选择不同耐水、耐旱特征的植物。种

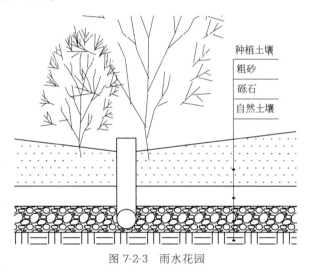

种植土壤
粗砂
砾石
自然土壤

图 7-2-3　雨水花园

植层下方多为人工填料层，选取渗透性较强的粗砂等同类型填充，厚度因地制宜。底层为粗砾石层，并在其中埋设穿孔管，使经过层层渗滤的雨水由穿孔管收集进入外排，根据需要，穿孔管顶端可连接低于路面的溢流管，用于预防紧急的暴雨状况。

国外雨水花园设计中，确定雨水花园面积的方法主要有 6 种[11]：a. 根据水质处理目标确定容积；b. 根据合理的径流洪峰削减量确定容积；c. 根据不透水地区的汇水面积确定容积；d. 根据负荷率确定容积；e. 根据 RECARGA 模型确定容积；f. 基于达西定律的渗滤法。

根据李俊奇等对雨水花园的研究显示，雨水花园对 TSS、色度和浊度有明显的去除效果（>90%），对 COD 和 TN 有一定的去除效果，但对 $NO_3^- $-N 和 TP 的去除率较低且不稳定。由于不同种类的植物对营养物质的最佳吸收条件有所不同，所以研究雨水花园最优植物配置仍具有重要意义。

2.2.3.2 植草沟 & 下凹式绿地

植草沟和下凹式绿地是指种植植被的景观性地表沟渠排水系统，利用重力自流的方式，收集、输送、排放径流雨水，同时，由于植被截留和土壤过滤的作用，兼具雨水净化的效果。前部可连接人工湿地等预处理设施，将雨水径流传输至景观水体或雨水管网等排放系统，起到调蓄洪峰的作用（图 7-2-4）。

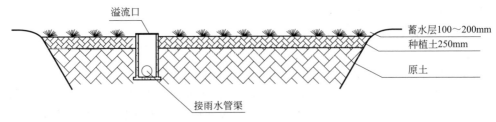

图 7-2-4　下凹式绿地结构图

植草沟断面一般采用倒置梯形或三角形，具备一定的边坡坡度。坡度较大时，具备较强的雨水滞留能力，当坡度较缓时，具备较强的径流污染去除效果，实际设计中，边坡坡度（垂直∶水平）不宜大于 1∶3。植草沟顶层为种植植被和种植土层，植被需要选择抗雨水冲刷、抗周期性旱涝、根系发达且高度在 $75\sim150\text{mm}$ 之间的草本植物，以达到污染净化、加固土壤、延缓径流的作用[4]；植草沟中部为砾石层，主要起稳固种植层和渗滤作用，增强了雨水的输送、过滤、渗透和滞留能力；底部依靠粗砂层支撑穿孔排水管，收集渗滤后的雨水，外排至排水系统，穿孔管顶部设置低于坡顶的溢流管道，具有应急和增强内部排水的作用。

植草沟和下凹式绿地一般用于城市和小区道路的两侧，广场、停车场等不透水地面的周边，大面积绿地内等。具有较低的建设和维护费用，可在径流量较小、人口密度较低的地区代替雨水管渠，完成输送功能的同时又能满足雨水净化要求。研究表明，植草沟的过滤沉淀作用，对于 SS、COD 和重金属都有较好的去除效果，可以滞留雨水中 93% 的 SS[12]。Deletic[13] 的研究发现，TN 和 TP 的去除率都能达到 60%，相对较为密集的植物分布具有更好的效果。植草沟潮湿、易滋生蚊蝇的特点，在设计规划中应该需要充分考虑。

2.2.4　颗粒物截留技术

颗粒物截留技术种类较多，根据截留原理可分为过滤截留式和水力分离式。固体颗粒物截留器和建筑排水管过滤器，主要利用格栅或者填料相配合的方式在雨水输送的过程中或者外排之前，去除跟随径流的漂浮垃圾和悬浮物。旋流分离器基于离心沉降的原理，使大部分颗粒物沉降在分离器内部，达到净化外排的作用。

2.2.4.1　固体颗粒物截留器

固体颗粒物截留器外部池体常与道路旁或小区内的排水管相连接，起暂时存储雨水和截留污染物的作用，截留后的雨水可进入市政管网或排河。其核心部分是池体内安装的带孔的或格栅状的单面开口圆筒，根据制作材料和去除效率的需要确定格栅或开孔的尺寸，能够 100% 截留尺寸大于设定孔径的垃圾和颗粒物，包括漂浮物、树叶、罐子、烟头、小石块等。过滤圆筒表面需设置检查窗口，方便定期清理截留的垃圾（图 7-2-5）。

2.2.4.2　建筑排水管过滤器

建筑排水管过滤器主要连接在建筑雨落管上，用于去除屋顶雨水中的飘尘等颗粒物。过滤器进水端和出水端的连接环分别与建筑物的排水管连通，形成雨水排放管在线过滤系统。雨水沿建筑物的排放管流入过滤器，或经过布水盘可以均匀分布于过滤器的管壁与滤芯之间。雨水首先经过不锈钢细格栅，较大的垃圾和颗粒物即可被截流；再经滤芯中的吸附填料，细小的颗粒物和重金属、碳氢化合物等通过过滤与吸附作用得到去除，处理后的雨水通过滤芯内管上的出水孔流出。在滤芯与布水盘之间还设有溢流口，避免雨量较大时排水不通畅（图7-2-6）。

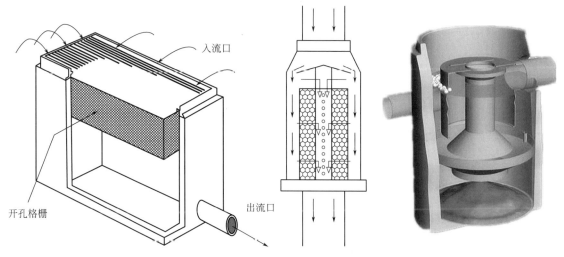

图7-2-5　固体颗粒物截留器　　　　图7-2-6　排水管过滤器与旋流分离器

2.2.4.3　旋流分离器

旋流分离器常与道路、广场或小区内的排水管连接，出水部分可连入市政管网，或进入雨水存储罐，将旋流分离后的雨水收集回用。旋流器以上部切向的方式进水，进水管需要有一段倾斜，保证进水流速，使进水在内部形成旋流增强颗粒物的沉降过程。旋流器内芯和沉降物收集装置有多种设计方式，图7-2-6中采用倒置漏斗的方式收集稳定沉积物，筒状内芯通过溢流的方式排水。根据设计需要，旋流器目前池容量可达到30m³，具备较强的雨水滞留功能，不仅可以去除颗粒物、漂浮物和垃圾，对油污也有较好的去除效果[14]。

除了上述三种，颗粒物截留技术还有多种类型，这类技术都以水力和过滤方式为主，对雨水中的悬浮物以及漂浮垃圾都有较强的去除效果。由于雨水中大量的污染物都集中在悬浮颗粒物上，因此，颗粒物截留技术对于雨水水质净化具有重要作用。固体颗粒物截留器适用于大型排水管管段，结构简单牢固，对影响感官的可见垃圾效果更为明显，因此，广泛应用于排河管的截留，由于孔径限制无法进行更深度的净化。建筑排水管过滤器可广泛应用于建筑落水管，配合填料吸附作用，TSS去除率达93%以上，吸附性填料去除重金属（Pb、Cu、Zn）80%以上。水力旋流分离器的研究国外开展较早，随着设备不断地改良，新型的旋流分离器兼具雨水蓄存和水质净化的双重功效，目前国内研究集中在对流态的分析研究，微调进水管倾角和内部漏斗的斜面倾角，以达到最大的颗粒物截留效果。

2.3　低影响开发系统应用策略

低影响开发的理念和技术，在海绵城市构建设想提出之前就已有较长一段时间的发展，国外的许多成熟的低影响技术手段，已经在城市生态环境改善、雨洪管理等方面起到重要作用。引进而来的低影响技术，经过了国内研究和从业人员的发展和优化，已经逐渐发展成为一系列符合我国实际、具有本土化特色的技术。但要在海绵城市的建设中，完成新型雨水系统的建设要求、缓解城市内涝、削减径流污染负荷、改善生态环境，还需要开发成系统的低影响开发技术，并进行相应的研究和评价。

成系统的低影响开发技术，不仅需要考虑单独一项技术对径流削减、污染控制、生态改善的叠加，还要针对两种或多种低影响技术的组合功效，或者低影响技术与城市原有灰色设施的相互结合开展研究。如从降雨产生到雨水径流的滞留蓄存、净化回用、收集外排的整个过程所应用技术的结合方式，径流控制与水质控制实现的最优方法，使多种技术的结合既能满足控制要求，又能减少能源消耗，美化景观。

参 考 文 献

[1] 仇保兴.海绵城市（LID）的内涵、途径与展望 [J].给水排水，2015（3）：11-18.

[2] 车生泉，谢长坤，陈丹，等.海绵城市理论与技术发展沿革及构建途径 [J].中国园林，2015，31（6）：11-15.

[3] 许道坤，吕伟娅.屋顶绿化技术在低影响开发中的作用 [J].给水排水，2012，38（1）：145-148.

[4] 王佳，王思思，车伍.低影响开发与绿色雨水基础设施的植物选择与设计 [J].中国给水排水，2012，28（21）：45-47.

[5] 刘保莉，曹文志.可持续雨洪管理新策略——低影响开发雨洪管理 [J].太原师范学院学报（自然科学版），2009，8（2）：111-115.

[6] Brattebo B O，Booth D B. Long-term stormwater quantity and quality performance of permeable pavement systems. [J]. Water Research，2003，37（18）：4369-4376.

[7] 王武祥.透水性路面与透水性混凝土路面砖 [J].建筑砌块与砌块建筑，2005，（2）：35-38.

[8] 张巨松，张添华，赵雅静，等.透水路面设计的几个问题 [J].北方交通，2007，（1）：1-4.

[9] Hunt W F，Collins K A，Hathaway J M. Hydrologic and Water Quality Evaluation of Four Permeable Pavements in North Carolina，USA [A]. 9th International Conference on Concrete Block Paving. Buenos Aires，Argentina，2009.

[10] 王佳，王思思，车伍，李俊奇.雨水花园植物的选择与设计 [J].北方园艺，2012，19：77-81.

[11] Roy-Piorier A，Champagne P，Filion Y. Review of bioretention system research and design：past，present and future [J]. Journal of Hydrologic Engineering，2010，136（9）：878-889.

[12] Berndtsson J C. Green roof performance towards management of runoff water quantity and quality：a review [J]. Ecological Engineering，2010，36（4）：351-360.

[13] Deletic A，Fletcher T D. Performance of grass filters used for stormwater treatment-a field and modelling study [J]. J Hydrology，2006，317（3-4）：261-275.

[14] Phipps D A，Alkhaddar R M，Dodd J，et al. Experimental investigation into solids re-entrainment in hydrodynamic vortex separators [C] // Novatech：International Conference on Sustainable Techniques and Strategies in Urban Water Management. 2004.

⊙ 作者介绍

时雨[1]，郭天鹏[2]，汪诚文[1]*，张顺利[2]，刘君凤[2]，樊婷婷[2]，龚希博[2]

1. 清华大学环境学院，E-mail：wangcw@tsinghua.edu.cn

2. 苏州清泽环境技术有限公司

3

中国南北地区LID应用的研究与探索

摘要： 2014 年，在借鉴国际上低影响开发建设模式成功经验的基础上，具有中国特色的"海绵城市"概念问世，通过竞争性评审，有 16 个城市已经成为海绵城市建设试点，探索城市建设的新模式。但是由于我国是世界上气候类型最多的国家之一，自南而北有热带季风气候、亚热带季风气候、温带季风气候，不同地区由于气候地理条件不同，南北方气候的巨大差异导致 LID 在应用方面也会有巨大的差异。但是目前我们对 LID 的实践处在探索阶段，导致了很多气候相差很大的试点城市在实施海绵化改造项目过程中出现了很多问题，例如海绵化改造后景观品质降低、建成后效果并不理想等。因此，本文通过对我国不同的气候条件下的城市中实施的一些成功的雨水管理案例进行深入的分析和研究，探索我国南北方地区 LID 应用的差异，对我国海绵城市建设提供一定的建议。

3.1 低影响开发的认识及研究

随着城市化进程的加快，城市长期高强度的开发扩张带来的自然排蓄系统、水文循环的破坏和水污染已经成为影响人居环境建设和社会可持续发展的关键性问题，国际上许多国家，尤其是美国、澳大利亚、德国、日本、英国等，针对这些问题，都根据自己国家的国情有一些相关的探究和实践，并取得一些成熟的经验。至今，在国际上具有一定代表性和影响力的现代雨洪管理体系有英国的可持续城市排水系统（SUDS）、澳大利亚的水敏感性城市设计（WSUD）及美国的最佳管理措施（BMPs）、低影响开发（LID）等[1]，每种理论体系都有自己的特点：SUDS 是立足于排水系统本身，通过对排水系统的改造从而减少城市内涝发生的可能性，同时提高雨水等地表水的利用率，减少河流污染；WSUD 则是与城市规划、景观设计、景观生态等专业及理论相结合突出顶层设计和综合规划的一种理念，在城市设计初期就将雨洪管理体系与城市设施建设结合起来，最大可能地减小城市建设对自然水文循环系统的干预，保持良好的城市生态环境；BMPs、LID 是由美国在不同历史时期提出的雨洪管理策略，最初的 BMPs 以控制非点源污染为主要目标，主要通过雨水塘、雨水湿地、渗透池等末端措施来控制径流污染，经过一系列的改进和发展，到 20 世纪 90 年代，美国率先借鉴 BMPs 理论，在马里兰乔治王子县首先提出并运用 LID 雨洪管理模式，之后于美国推广使用，同时，低影响开发在国际上也引起了很多相关学者专家的注意，被广泛借鉴和应用。近年来，从各个体系的发展及应用可以看到，随着各国对现代雨洪管理理解的加深和各国频频展开的对雨洪管理理论体系的交流，各国的体系在很多方面开始趋同，例如在强调源头控制、绿色、生态、多目标、多尺度、保护良性水文循环等方面，各国的体系基本都达成了一致。各国雨洪管理体系发展的殊途同归绝非偶然，是基于各自在认识问题本质并寻求科学的解决途径时相互借鉴形成的一种默契及一致性[2]。

LID 的理念是模拟自然水循环，通过分散、微管理的方式从雨水径流的源头进行管理，采用简单、非结构式小尺度的方法解决城市降雨的问题，并和城市基础设施、城市景观相结合，将运行费用和对现有自然环境的破坏降到最低[3]。低影响开发技术措施主要由保护性设计和雨水设计策略等构成：保护性设计策略主要运用于城市设计初期，在宏观层面上通过对城市自然资源进行保护和对开放空间、绿地、硬质路面合理规划达到雨水管理的目的；雨水设计有一套完整的设施体系组成，这套设施体系模拟了自然界雨水循环过程，循环的每个阶段都对应有一定的设施，设施体系包括渗透体系、存储体系、运输体系以及过滤体系[4]。

1）渗透体系　绿色街道、渗透铺装、渗透池、生物滞留设施、干井、渗井等设施。

2）存储体系　储水池、雨水桶、绿色屋顶、调节池、下凹式绿地、小型蓄水池等。

3）运输体系　植草型沟渠、植草洼地、植被草沟等。

4）过滤体系　人工湿地、植被过滤带、植被滤槽、雨水花园。

而很多设施之间并无明确的划分界线，在不同的生境环境下设施可以根据需要转化或者组合，也可以结合具体环境进行再创造。LID 策略适用于城市发展的各个阶段：在城市发展的初始阶段，我们可以将此策略与早期的城市规划相结合，尊重和保护城市原有的自然、生态等本底，使城市通过对开放空间、不透水铺装面积、生态绿地、绿色基础设施的布置等综合设计 LID 体系；对于已建成的城市，重要的 LID 策略主要通过绿色屋顶的建设、具有渗透功能的绿色街道的改造、城市绿地下渗、存储功能的改造等低影响开发技术解决高度开发城市的内涝、缺水等问题。

3.2　我国雨洪管理面临的现状及挑战

近几年来，随着城市化进程的加快以及气候变化和生态环境等的污染，我国的很多大城市面临的城市内涝、径流污染、地下水位下降和水资源缺少的问题越来越严重。引起这些问题的主要原因归咎于传统城市工程管道式灰色排水基础设施、防洪规划和排水工程规划的落后，水资源的不合理开发以及水资源利用意识的薄弱[5]。城市中的不透水表面不断增加，导致城市在遭遇暴雨时，庞大的排水管网无法及时排出，加大了洪涝灾害的风险，同时，雨水直接进入排水管道排走，导致雨水资源大量流失，地下水得不到补充乃至城市所在的自然水文循环遭到破坏。2012 年 7 月 21 日，北京暴雨肆虐，全市受灾人口达 190 万人，其中 79 人遇难，经济损失约 116 亿元。但与此同时，我国也是一个水资源缺乏的国家，干旱和半干旱地区面积占到了国土面积的近 60%[6]。所以，我们迫切需要创建一种既可以解决城市内涝和缺水问题，又可以改善城市生态环境的新型体系。

我国对这个新型体系的探索经历了漫长的时期，我国真正意义上的城市雨洪管理体系开始于 20 世纪 80 年代，发展于 90 年代[7]。经过几十年的发展，2014 年 10 月，住房城乡建设部编制了《海绵城市建设技术指南——低影响开发雨水系统构建（施行）》，提出了海绵城市的概念，2014 年年底至 2015 年年初全国推选产生第一批 16 个海绵试点城市，至此我国雨洪管理事业如火如荼地展开。

但是我国幅员辽阔，全国降雨量气候分布差异较大，主要表现为南方的雨水资源丰富，北方较为短缺。年降雨量呈自沿海向内地、自东南向西北递减的特点，东南沿海的广东、广西东部、福建、江西和浙江大部分以及台湾等地区年降水量为1500～2000mm；长江中下游地区为1000～1600mm；淮河、秦岭一带和辽东半岛年降水量为800～1000mm；黄河中下游、渭河、海河流域以及大兴安岭以东大部分地区为500～700mm；黄河上、下游及东北大兴安岭以西地区为200～400mm；西北内陆地区年降水量为100～200mm，新疆塔里木盆地、吐鲁番盆地和柴达木盆地不足50mm，盆地中心不足20mm，而且夏季降雨占全年降雨的大部分。同时，受东南季风和西南季风的控制，我国对于不同季节的降雨量年际变化很大，年内季节分布很不均匀，每年6～9月的降雨占全年总降雨量的60%～80%，干旱缺水的北方甚至能占到90%以上，这些多变的气候环境给我国的海绵城市建设带来了一定的挑战。本文将在以秦岭-淮河划分的南北方各自选取海绵城市建设相对先进的两个城市：北方有西安、北京，南方有上海、深圳作为代表，分别选取这四个城市中具有代表性的项目作为研究对象，通过对这些示范性项目进行深入研究和比较，对比在不同降雨、气候条件下对LID措施选择和应用效果的影响，总结这些影响，以期在未来的海绵城市建设中能起到一定的指导作用（图7-3-1）。

图7-3-1　沣西新城集水绿化隔离带

3.3　北方地区城市海绵城市的建设项目研究

3.3.1　陕西

陕西地处我国西北地区，属大陆季风性气候，四季干．湿．冷．暖分明，夏季高温，冬季寒冷，全年降水较少，气候干旱，年平均降水量600mm，属于严重资源型缺水地区。夏季降雨量占全年降雨量的55.3%以上，冬季仅占全年降雨量的5%～8%，且夏季降水多以暴雨形式出现，易造成洪、涝和水土流失等自然灾害，对排水防涝基础设施建设、雨洪调蓄和应急管理能力需求强烈。

以陕西沣西新城试点海绵城市项目为例进行介绍。

沣西新城位于陕西西安、咸阳两市之间，渭河和沣河两河之畔，属关中平原。面对西北城市频发的逢雨必涝、旱涝急转的情况，沣西新城在城市规划层面和具体操作层面都运用了海绵城市的理念，他们提出以生态溶解城市的理念，规划并建设了长 6.8km 的斜向绿廊、1km² 的中央公园、宽 180m 的环形绿廊和星罗棋布的社区绿地，形成自然河流景观带、生态绿廊、城市绿环、社区公园和道路绿地带 4 个层次的开放空间，保护了原有的自然水文、生态环境，并且新增加了各种形式的绿地，为海绵城市提供空间基础和生态本底[8]。在具体操作层面上，根据城区内不同功能区划，陕西沣西新城的雨水综合利用技术从以下 4 个层次入手。a. 小区内部选用雨水花园和下凹式绿地汇聚并吸收雨水，经过植物和土壤的综合作用来净化雨水，净化后的雨水一部分渗入地下补充地下水，富余的雨水溢流至下沉广场补充景观水体或进入雨水收集池进行净化、滞蓄，雨水花园和下凹式绿地的植物选择耐寒、耐旱、耐涝品种；沿小区道路设置生态滤沟将路面雨水收集、过滤、净化后排入雨水花园。b. 市政道路通过纵向下凹式绿地对雨水进行侧面收集、下渗，间隔一定距离设置由卵石、炉渣、砂子构成的简易蓄水装置，存蓄的水就近用于市政道路绿地浇灌，多余的雨水则通过高于绿地的雨水篦子流入附近的速渗井或调蓄池。c. 城市绿地、广场等公共空间的雨水，首先被植被和土壤充分吸收，富余雨水流向低洼区域，汇集到由黄砂构成的速渗井，回补地下水。在城市的管理过程中，由于西北地区生态环境比较脆弱，因此不宜进行大范围的变动，因此，充分利用原有地形优势，通过局部地形改变设置的线性植草沟、生态湿地、自然洼地等使雨水汇流、净化、下渗和收集回用。d. 通过地表水沟、溢流管、市政设施收集的雨水形成区域性雨水汇集区，这些区域兼具防洪防涝以及缓解城市缺水的功能，成为解决城市雨洪管理的综合性枢纽目标，同时，这些区汇集的雨水经过过滤、净化后作为景观用水或者绿地浇灌用水。

总之，沣西新城的海绵城市建设归结起来就是：a. 在规划层面上最大限度地保护了当地的自然地理、水文条件；b. 依托原有水文在建筑小区、市镇道路、城市广场和绿地、中央雨洪调蓄枢纽 4 个层面对地表径流进行局部收集。雨水收集四级系统的高明之处在于能够根据下垫面和区域功能的不同而针对性地选择不同的雨水收集利用方式和体系，这些不同的收集体系组成一个大的体系，解决了城市内涝和缺水的问题[9]（图 7-3-1、图 7-3-2）。

图 7-3-2　沣西新城雨水花园

3.3.2　北京

北京属于典型的暖温带半湿润大陆性季风气候，春秋短促，夏季高温多雨，冬季干燥寒冷，年降雨量在 500mm 左右，全年降雨约 76％集中在 6～8 月，并常以暴雨的形式出现，造成频繁的严重的城市内涝。同时，大量雨水通过排水系统直接排走，得不到充分利用，所以北京是一个典型的旱涝并存的城市。由于缺水形势严峻，北京城市雨水利用的研究和应用都发展得非常迅速。

3.3.2.1　北京奥林匹克公园中区雨洪利用设计

北京奥林匹克森林公园设计过程中考虑了水资源循环利用，结合国际上一些先进的雨水管理理念和策略，把雨洪控制与利用纳入到实际的设计中，一方面提高了雨水资源的利用率，在一定程度上缓解了北京水资源缺乏与奥林匹克公园需水的供需矛盾，另一方面，也减轻奥林匹克森林公园及周边的防洪和排水压力，同时，将雨洪利用工程与公园景观完美结合，为雨水管理体系与绿色基础的结合提供了一个成功的典范，对我国建设海绵城市的实现具有现实意义。

奥林匹克森林公园的雨洪利用理念是"下渗为主，适当回收；先下渗净化再回收利用"，具体的实施策略如下。a. 区域内的广场、非机动车道及轻型车道，这些区域内雨水较干净，将这些区域中的局部铺装做成透水的沟槽收集雨水，沟槽由透水砖和透水垫层铺装而成，其下埋设透水管，雨水可以经过垫层的净化后缓慢渗入土壤，多余的入渗雨水通过地下埋设的收集管道后引入专门的蓄水池存蓄，用于其他绿地灌溉[10]。b. 市镇交通道路两侧采用透水铺装地面，机动车道路由于承重负荷要求为不透水硬化路面，在两侧设置环保型雨水口，因机动车道雨水径流水质较差，需要将机动车道内的初期雨水和较大的污染物拦截后排入下游管道内，和水质较好的雨水分开。c. 下沉花园部分地下水位比较高，绿地雨水不宜全部下渗，因此，在下沉花园下埋设全透性排水管，将下渗雨水引入蓄水设施收集回用，同时，下沉花园在降雨时期也能起到调蓄的作用。d. 绿地部分主要以雨水下渗为主，通过绿地中地形的变化，将绿地全部采用下凹式绿地或带增渗设施的下凹式绿地进行雨洪利用。当雨水较大时，从绿地流下的雨水先经过滤沟过滤后再流入水系，保证了收集雨水的清洁度。e. 龙形水系通过生态驳岸涵养、渗滤、净化收集的雨水，在降雨时也能起到一定的调蓄作用，在雨水收集体系中充当着巨型的地上蓄水池的作用[11]（图 7-3-3）。

3.3.2.2　北京市亦庄经济技术开发区南拓区的雨洪管理系统规划

北京亦庄经济技术开发区南拓片区是待开发的新城区，场地主要为分散的乡村地带，地势低洼，有大面积农田和数条河流沟渠分布，该地区地下水可供给量远小于需求量。设计师结合该场地的自然水文条件，结合现状的集水区分布，设计了三级雨洪管理系统。一级系统由现状场地内的沟渠构成，这些沟渠总长约 30km，部分为干渠，对这些干渠进行微小的调整之后，这些沟渠便成为富有当地特色的多功能海绵设施，降雨时这些干渠用作雨水传输，将地表径流输送至低洼蓄洪池、河流或者其他沟渠；当降雨强度比较大时可用作蓄洪池，最大限度地保留了当地的地理历史特征，形成了独特的景观。二级系统内"绿色海绵"的构造主题为湿地池塘，这些湿塘多为原场地中的下凹式绿地，在海绵体系中起到存储和净化雨水的作用，同时，海绵化后的湿塘也具有一定的景观和生态教育的功能。三级系统是整个"绿色海绵"的核心，三级管理区对应的是城市街区地块，将雨水收集体系与马路绿化隔离带、渗透铺装、绿色屋顶、雨水管道等城市基础设施相结合，形成收集、渗透、净化雨水的海绵设施体系。三级雨洪管理体系从不同尺度和不同区域特征上实现了雨水就地滞渗和水量分担消耗，体现了雨洪管理的源头、分级管理理念[12]。

图 7-3-3 奥林匹克森林公园下沉花园

3.3.2.3 北方地区雨洪管理小结

从前边列举出的陕西沣西新城建设和北京奥林匹克森林公园、北京市亦庄经济技术开发区南拓区海绵化建设项目提出的基于不同尺度下成熟的雨洪管理策略，可以看到低影响开发策略对我国海绵城市建设具有积极的指导作用，以上几个项目的雨洪管理策略都抓住了低影响开发保护并模拟自然水文循环，通过分散、微管理的方式处理或利用雨水的本质，从不同层级、不同尺度上解决了雨水管理问题。但是从部分陕西沣西新城雨水花园、下凹式绿地、道路隔离绿化带等建成实景图来看景观效果并不是很理想。北京奥林匹克森林公园海绵设施的景观效果尚可，但是每年的维护费用非常昂贵，且需要大量的外界补水。造成这样的现状的结果是显而易见的：美国马里兰州属于温带大陆性气候，冬季温和，夏季湿热，年平均降水量为 1100mm，同时，该区域自然基底比较好，马里兰州陆地面积的 1/2 属大西洋海岸平原，森林及疏林占周围面积的 40%。与此同时，我国北方处于干旱半干旱气候区，夏季高温多雨，冬季寒冷干燥，平均降雨量少于 800mm，生态环境较为脆弱、恶劣和敏感，降雨量较少且水资源十分匮乏，降雨时空分布极不均衡。因此，目前常见的基于马里兰州开发的低影响开发的雨水利用技术措施并不能完全适应我国北方地区的场地特点。同时，我国的雨洪管理还处在初步阶段，对这一体系的应用有些僵化，对雨水设施只是一味地模仿，这些是导致我国海绵城市建设实施以后景观效果不理想的最主要的原因。因此，本人针对北方地区的海绵城市建设的实施，简单提出以下建议。

1) 北方地区一年四季大部分时段处于干旱少雨的状态，并且蒸发量很大，这对植物的生长非常不利，不仅维护费用比较昂贵，并且浇灌也需要耗费大量的水资源。然而，目前低影响开发的一些设施，例如雨水花园、下凹式绿地、植草沟、生态湿塘等需要有一定的绿地面积和水资源的供给，这两者之间形成了巨大的矛盾。所以我们需要结合本地的气候、自然环境对这些设施的形式做一些创造性的改动以解决这个矛盾，以下是一个在干旱半干旱环境下运用低影响开发的成功案例——亚利桑那州大学理工院校园设计项目，场地位于美国亚利桑那州，亚利桑那州位于美国西南部内陆，亚热带大陆性干旱、半干旱气候，年降水量一般少于 250mm。面临这样严重缺水的局面，亚利桑那州结合低影响开发策略，根据自身的降雨、水文状况自主研发了一套雨水收集指导手册，有效地利用了雨水，缓解了旱情。亚利桑那州大学理工院校园设计项目曾获 2012 年美国景观师协会专业奖，在这个项目中，绿地占校园面积的比例较小，而且一般被放置在校园中比较核心的位置，并大量运用沙漠乔木、小灌木、仙人掌等耐旱植物，它们经过搭配被妥当的布置成一个个各具特色的微下沉花园（图7-3-4），不仅能满足观赏要求，同时也可以下渗雨水，涵养水源。为了防止蒸发，花园土壤表面覆盖着一层细细的砂砾或有机物。植草沟表面覆盖着卵石、砂砾并种植耐旱耐涝植物，一年四季都能呈现生机勃勃的丰富的景观，同时，它们能够收集并传输雨水、直流满足灌溉需求。道路采用可渗水式，减少雨水径流冲刷流失，蓄水池作为景观的一部分，与周边的环境协调美观（图 7-3-5）。

图 7-3-4　亚利桑那州大学校园下沉花园

图 7-3-5　亚利桑那州大学校园集水花园

2）植物种植的方式的建议。根据王秀英、曹文洪等的研究[13]，同样面积的林地与草地相比，林木所需要的灌溉水量仅为草地的 1/10～1/3，入渗率却是草地的 3～5 倍。高大乔木不但其水资源利用效率高，而且其增湿降温效果比灌木强几倍至几十倍[13]。因此，干旱地区不宜种植大面积的草坪，在有限水资源的条件下，适度的乡土耐旱乔灌草搭配的植物群落能产生更大的绿化面积和更丰富的景观效果，例如，乔木可选择白蜡、杨树、榆树，灌木可选择沙棘、白刺、柽柳等。因此，西北地区在进行海绵城市建设时，以绿地作为雨水渗透下垫面的一些设施，比如，雨水花园、下凹式绿地、植草沟等可以考虑耐旱耐涝的植物群落的搭配。

3.4 南方地区城市海绵城市的建设项目研究

3.4.1 上海

上海位于我国南北沿岸中心点，长江和黄浦江入海汇合处，河湖众多、水网密布，境内水域面积 697km²，相当于全市总面积的 11%。同时，上海为亚热带海洋性季风气候，冬无严寒，年平均气温 16℃，年降雨量约为 1200mm，雨量充沛，但一年中 60% 的雨量集中在 5～9 月的汛期，汛期有冬春之交大型连阴雨雪天气、梅雨、秋雨三个雨期，6 月平均降雨量最大，容易形成地表径流，但是从另一个方面来说，上海市可利用的雨水资源较为丰富。

上海世博园世博中心雨洪管理体系

2010 年上海世博会在世博园的建设过程中，探索性地尝试了国际上先进的雨水资源管理理念对城市雨水径流进行管理和合理利用。经研究表明，上海市属于低土壤入渗率、高地下水位的区域，这给该区域内促进绿地雨水下渗的应用带来不利的影响。因此，上海的雨水系统以下渗为主要侧重点[14]。因此，世博园新建了各种类型的渗透设施，让雨水或者地表水回灌地下。世博园内的雨水下渗技术主要分为分散渗透技术和集中回灌技术两类，分散式回灌采用的措施很多，结合不同的场地和下垫面主要有透水铺装、多空嵌草砖、碎石地面、透水性混凝土地面、下凹式绿地、渗透管沟等。集中式的回灌根据不同水层的丰欠状况，选取合适位置开凿渗透井，将经过处理的水直接补充地下水。在硬质透水铺装建设时，采用浅层渗蓄技术，不改变原有土地的使用功能，充分利人行道、绿化或广场的浅层地下作为雨水短暂储存和渗透设施，当暴雨来临时，相对干净的雨水通过初期弃流和简单预处理后，通过管道或沟渠的方式导流进入高孔隙材料空间内短暂存储，暴雨过后雨水继续下渗，能够起到调峰的作用。

除了回灌地下水外，上海世博园的一部分水经过净化后用来补充公园中景观水体用水、浇灌绿地用水，另外，黄浦江的世博园段建造了滨江湿地亲水平台，收集的达标的雨水可以排放到湿地进行净化然后补充江水。

3.4.2 深圳市

深圳属于亚热带向热带过渡型海洋气候，长夏短冬、夏无酷暑、冬无严寒、风情宜人、降水丰富，平均年降水量可达到 1924mm，降雨分布极不均匀，主要集中于每年的 4～9 月。深圳市作为我国改革开放的最前沿城市，其快速的城市化进程致使城市生态环境等问题更加突出，如洪涝灾害频发、面源污染加剧等[13]。

以深圳光明新区项目为例进行介绍。

深圳市在 2004 年就开始积极引进低影响开发理念，积极探索在城市发展转型和南方独特气候条件下的城市规划建设新模式[14]，以《深圳市雨洪利用系统布局规划》为基础，任心欣、俞邵斌代表的深圳市规划和国土资源委员推动创建光明新区，使之成为我国低影响开发雨水综合利用示范项目。前边已提到过，深圳市降雨量丰富，生态本底比较好，加之新区局部建设再生水系统，综合考虑光明新区绿地面积、降雨特征及其他因素后，确定光明新区雨洪利用的策略是：总体以入渗回补地下水，径流地表滞渗为主，收集回用为辅[15]。光明新区雨水管理体系的主要建设措施如下：a. 在新区内雨洪管理体系的建设中，设计师因地制宜，在新区内较大范围的绿地中尝试了各种雨水入渗设施，如下凹式绿地、生物滞留池、植草渠道、入渗井、入渗沟、入渗管以及透水铺装地面等；b. 由于绿地本身具有的地表径流渗滞能力有限，通过对新区现有河道、湖泊进行整治，将超过设计重现期的雨水径流集中引入自然河道或湖泊，有效防止了洪涝灾害的发生，同时在新区的自然河道、湖泊中新建雨水生态塘或雨水湿地，使排入其中的雨水得以净化；c. 对于回收利用的雨水可考虑与再生水联合使用。

3.4.3　南方地区雨洪管理小结

南方地区雨水资源比较丰富、四季气候宜人、生态本底比较好，海绵化面对的主要问题是城市防涝、降低径流面源污染和雨水利用的问题，而南方城市一般地下水位相对比较高，并且区域内河湖分布比较多，因此，南方在进行海绵城市建设时需要考虑多种渗透设施体系和净化设施体系与城市绿地、城市河道等城市水资源、户外开放空间等的景观化结合，设施的选择范围和尺度变化较大。建议除了综合考虑城市雨洪管理体系在城市排水系统中的重要作用之外，还对设施进行兼具景观、休憩、储蓄雨水功能的规划，使其具有经济、社会、美学、生态功能，使它成为受人们欢迎的绿色生态，增加区域的活力。

3.5　南北方海绵城市建设的一些总结

3.5.1　南北方雨洪管理体系需要综合系统性的设计

我国的雨洪调蓄研究和实践还处于起步阶段，我们缺乏从复杂科学和城市系统的角度去看待雨洪管理与城市以及自然基底之间的关系，因此，雨洪管理体系从理论到实践均需要从顶层设计做起。很多海绵城市的实践多限于城市对雨洪调蓄的小尺度应用，并且以工程设施的探讨为主，其景观效果长久以来并未得到重视。与此同时，宏观尺度雨洪管理规划也缺乏雨洪管理、水质保护和景观综合效应的研究与应用，对雨水的概念大多限于储存、利用、导排等方面，尚未成体系地综合海绵城市对水、生态环境乃至城市建设的作用[16]。海绵设施的建设过程应综合多个专业的知识，与城市历史文化、生态安全格局、整体景观风貌相结合，从较为宏观的城市尺度整体性和多目标地解决雨水问题，从而摆脱单一工程化的视角，探索更为生态、符合生态环境保护及低碳生态城市发展趋势并且具有当地特色的景观设计途径。

3.5.2　南北方海绵城市建设的侧重点针对性不一样

不同地区由于气候、生态环境、社会经济条件不一样，面临的主要问题也不一样，所以上至大的宏观的策略，下至细节设计的针对性都不一样，在项目建设时需要从自身的实际情况出发，借鉴已有的成功案例，尝试和探索可实施的方法，而不是机械照抄国外的理论体系或者《指南》的内容。

从以上处于我国南北方4个不同降雨城市不同示范性项目的简单分析，我们可以看到，我国的雨洪调蓄研究和实践还处在初步实践和探索阶段，尽管最近海绵城市建设的热潮为行业带来了重大机遇与挑战，更面临着诸多有待探讨的现实问题。为了能够减少实践过程中出现的失误，我们在吸取国外先进的建设经验的基础上，更要从我国实践案例中积累经验、研究探索、不断创新，找到符合我国现实情况的雨水管理体系。应该研发适用于不同气候条件、城乡梯度和功能类型的场地中的雨水低影响开发的技术体系和模式，并出台地区海绵城市建设技术导则与评价体系[17]。

致谢

在这里感谢北京林业大学能够提供这样一个平台，培养了我的科学素养；感谢中国城市规划院水务研究所在去年提供的关于海绵城市建设项目的实习，让我有机会参加实际项目，此文的初衷便是由实际项目建设中遇到的问题反思然后查阅资料、研究而来。感谢张晋石老师耐心的阅读、修改，提出很多宝贵意见。感谢我的朋友、亲人在文章写作时提供的支持，最后感谢举办方能提供这样一个交流学习的平台。

参 考 文 献

[1] 车伍，吕放放，李俊奇，等. 发达国家典型雨洪管理体系及启示 [J]. 中国给水排水，2009，25（20）：12-17.
[2] 车伍，闫攀，赵杨，等. 发达国家典型雨洪管理体系及启示 [J]. 中国给水排水，2014，30（8）：45-51.
[3] 魏晓妹，孙艳伟，等. 低影响发展的雨洪资源调控措施研究现状与展望 [J]. 水科学进展，2011，（02）：287-293.
[4] 李强. 低影响开发理论与方法评述 [J]. 低碳生态城市，2013，城市发展研究卷（6）：45-51.
[5] 李帅. 基于雨水就地处理的场地规划研究——以北京居住区为例 [D]. 北京：北方工业大学，2012.
[6] 王立杰. 旱区城市绿化带与雨洪利用技术研究 [D]. 西安：西安理工大学，2007.
[7] 姜丽宁. 基于绿色基础设施理论的城市雨洪管理研究 [D]. 临安：浙江农林大学，2013.
[8] 西咸新区沣西新城——海绵城市 [EB/OL]. http://www.fcfx.gov.cn/fxzw/.
[9] 西部网 [EB/OL]. http://news.cnwest.com/content/2015-01/23/content_12086949.htm.
[10] 裴利计，胡浩云，张学英，李磊明. 北京奥林匹克森林公园中心区雨洪综合利用技术体系综述 [J]. 水科学与工程技术，2011，（3）：4-7.
[11] 赵生成. 奥林匹克公园中区雨洪利用设计 [J]. 北京水务，2006（5）：50-60.
[12] 李静毅，杨志峰，王利强. 上海世博园区雨水利用的研究及设计思路 [J]. 水处理技术，2006，33（6）：81-84.
[13] 胡爱兵，任心欣，俞绍武，丁年. 深圳市创建低影响开发雨水综合利用示范项目 [J]. 中国给排水，2010，26（20）：69-72.
[14] 吴丹洁，詹圣泽，李友华，涂满章，等. 中国特色海绵城市的新兴趋势与实践研究 [J]. 中国软科学，2015（1）：79-97.
[15] 丁年，胡爱兵，任心欣. 深圳市低冲击开发模式应用现状及展望 [J]. 给水排水，2012，138（11）：141-144.
[16] 车生泉，谢长坤，陈丹，于冰沁. 海绵城市理论与技术发展沿革及构建途径 [J]. SpongeCity，2015：11-15.
[17] 徐振强. 中国特色海绵城市政策沿革与地方实践 [J]. 宏观视野，2011：49-54.

⊙ 作者介绍

徐慧[1]*，张晋石[1]

1. 北京林业大学，E-mail：xuhui1a@163.com

4

安徽省海绵城市建设问题及路径探索

摘要：2014 年以来安徽省全面启动海绵城市建设，在全国率先印发《关于开展海绵城市建设的指导意见》，并且组织制定有关海绵城市规划建设的地方标准。作为安徽省海绵城市标准的制定者之一，文章结合安徽省的地域特色和实际情况，对安徽省海绵城市建设工作从标准的制定到具体操作实施中的问题进行总结和反思。一方面，根据安徽省地形地貌和历史条件将省域分为淮北平原区、江淮丘陵区、沿江圩区、皖南山区、皖西山区五大特色区，并进行特色区域条件分析。另一方面，针对安徽省海绵城市建设过程中遇到的南北差异、建设投资、新老城区建设、统筹协调、技术支撑五大方面问题进行深入研究。最后提出推进安徽省海绵城市建设的相关思路要求。

4.1 前言

自从人类开始在平地定居以来，每次大的洪水、内涝都给居民带来无尽的伤害，人民觉得它们是灾害。如何处理好城市、人与水之间的关系，是建设"海绵城市"的本质，"海绵城市"建设其实就是处理人与自然相处的问题。在安徽，海绵这种"水城共融共生"设计理念早已被先贤们运用于徽州古村落的水系规划中。徽州古村落水系规划受风水学影响，强调因地制宜地利用和改造自然地形地势，合理地解决引水、排水、泄洪、防火和灌溉的多种需要，正暗含了"海绵城市"建设的理念。徽州古村落水系主要由溪河、渠圳、堨坝、湖沼构成。溪河多为天然水体，是村落的主要给水水源和排水受纳体；渠圳承担着村落中给水与排水通道的作用，水圳位于街巷一侧，沿街建有多处下渠台阶供村民取水洗涤，民居大多引圳入宅内。堨坝做阻水灌溉、调节水位之用，既能保证村内给排水系统的正常运转，同时，当遇到暴雨洪灾的时候，通过调节碣坝的阀门，人为地控制给水水量，又能保证排水渠道的畅通。湖沼往往位于村落的水口，起到蓄积调蓄水量的作用，水口林木也能涵养水源。溪河、渠圳、堨坝、湖沼构成的水系，在解决徽州古村落给排水问题的同时，也为村落创造出宜人的小气候环境，营造出优美的景观氛围。"青山云外深，白屋烟中出。双溪左右环，群木高下密。曲径如弯弓，连强若比邻"的美景，不仅得益于徽州良好的山水本底，也得益于徽州村落规划建设者的高瞻远瞩，徽州古村落水系规划中蕴含的智慧，更值得我们后人研究和发掘。

2015 年，安徽省全面启动海绵城市建设，在全国率先印发《关于开展海绵城市建设的指导意见》，组织制定有关海绵城市规划建设的地方标准。目前，池州市作为全国首批海绵城市建设试点市，已在城市水环境、园林绿地、道路交通、建筑小区以及保障体系等方面取得进展。合肥、亳州、蚌埠、滁州、芜湖、宣城、铜陵、安庆、黄山等9个省试点城市及芜湖县、南陵县、泾县、潜山县、全椒县、宿松县等6个试点项目先行先试，省财政统筹安排1.04亿元专项补助资金，确保试点顺利推进。

4.2 安徽省海绵城市建设的重点问题

4.2.1 安徽省海绵城市建设条件分析

根据安徽省地形地貌和历史条件，安徽省分为淮北平原、江淮丘陵区、沿江圩区、皖南山区、皖西山区，分别对这几个区域进行条件分析。

（1）淮北平原

平均降雨量＜1000mm，城市用水水源以地下水为主，地表径流量较小，水资源短缺，地下水超采，城市内部及周边水体污染较严重。低影响开发雨水设施系统的设计主要侧重于对水质的改善和补充地下水，即侧重遵循"净"、"渗"、"蓄"。

（2）江淮丘陵区、沿江圩区

平均降雨量＞1000mm，城市用水水源以地表水为主，地表水资源较丰富，城市周边水体水质较好，局部有污染。侧重于内涝与径流污染防治、径流峰值控制、水质保护等方面。低影响开发雨水设施系统的设计主要侧重于渗透滞留、调蓄削峰、保护水质和雨水的综合利用，即侧重遵循"渗"、"滞"、"蓄"、"净"和"用"。

（3）皖南山区、皖西山区

平均降雨量＞1000mm，城市用水水源以地表水为主，地表水资源较丰富，城市周边水体水质良好，局部有轻度污染。皖南山区城市的特点是水土流失严重、滑坡山洪、生态敏感度高。低影响开发雨水设施系统的设计主要侧重于洪水滞蓄、减小地块开发对水文循环的破坏，即侧重于遵循"滞"、"渗"和"排"。

4.2.2 海绵城市建设难点解析

安徽省海绵城市建设过程中经常遇到以下5个问题。

4.2.2.1 南北差异问题

（1）南部城市

内涝防治和水质保护是重点。内涝防治就是要通过源头减排、过程控制，延缓径流、降低径流峰值流量，达到"用空间换时间"的效果。比如在道路等硬化地面区域，要铺设透水铺装，并在下层敷设一定厚度的砾石层，作为雨水存续空间，宜2d内通过下渗和蒸发排空，消纳自身径流。水多≠水好，水质保护就是要充分发挥海绵体源头削减径流污染的作用，尤其是初期雨水的径流污染问题。

（2）北部城市

该地区雨量小、确实干旱、难以形成产汇流的地方，不必勉强建雨水收集利用设施，应重点强化生态绿地等"海绵体"建设，涵养水资源。同时，缺水地区不应盲目营造"大水面"，应顺应自然，充分利用旱溪（雨季集水，旱季是干塘或沼泽）等自然调蓄设施。地下水超采地区，更应该强化降雨对地下水的补给，逐步恢复自然水生态循环，而不是铺设防渗膜，将水存起来，这种存起来的水是没有生态效应的。

4.2.2.2 建设投资问题

传统建设模式就是建设宽马路、大广场等，在硬质铺装过后再建设大排水管道等设施，造成投资及运行维护费用都高。海绵城市建设重在理念和方式的转变，是更多地利用自然力量吸水、净水、排水，即通过自然和人工设施的结合，降低人工系统建设，减少传统建设规模，降低运行维护要求，达到雨水资源利用、城市面源污染防治、暴雨内涝缓解等综合效益的提升。

4.2.2.3 新老城区建设差异问题

（1）新区的海绵城市建设

应以目标为导向。现状制约条件较少，可以按照海绵城市建设的理想目标，制订海绵城市规划建设指标体系，将海绵城市建设的理念和目标要求系统地纳入规划。将雨水年径流总量控制率作为刚性约束指标，并建立区域雨水排放管理制度。

（2）老城区的海绵城市建设

应以问题为导向。应从经济承受能力、轻重缓急、资金利用效率、建设时序和社会影响等方面综合评估，避免不分轻重地全面开建[1]。对老城区要避免盲目全面翻挖，应以解决城市内涝、雨水收集利用、黑臭水体治理为突破口，结合城镇棚户区和城乡危房改造、老旧小区有机更新等工作同步推进，逐步消除老城区常见的"一雨就涝、污水横流"的顽疾。

4.2.2.4 统筹协调问题

1）从下垫面上　海绵城市建设涉及场地开发、小区、道路、园林绿化、水系等，是一个有机的整体，水在这个系统中受到各种因素的影响，要想解决好水的来去问题，就必须系统考虑，不能"就水论水"。

2）从规划设计上　现有城市规划体系中需要系统性、综合性地体现和落实海绵城市规划建设的理念、原则、方法以及技术措施，可确保在具体落实时将年径流总量控制率等刚性指标层层传递到建设项目。

3）从建设环节上　海绵城市建设涉及规划、设计、建设、运营、维护等，是一个闭合的系统，必须建立规划、建设、管理的协调反馈机制，不能割裂，"各管一段"。

4）从行政管理上　应当避免规划建设管理的碎片化、条块化。让规划局＋建设局＋市政局＋房管局＋园林局＋水务局＋城管局＋土地局＋环保局形成合力。

4.2.2.5 技术支撑不足

首先，海绵城市建设综合性强、创新性强，单一的设计院所还没有跟上新的理念要求，准备不足。

其次，技术标准体系尚未形成，各专业间缺乏相互融合，特别是专业间已有的标准互不协调。

最后，应用产品尚未形成规模化，都需要在未来逐步完善。

4.3　安徽省海绵城市建设与管理路径

4.3.1　建设路径

4.3.1.1 转变建设理念

我国正处在城镇化快速发展时期，城市建设取得显著成就，同时也存在开发强度高、硬质铺装多等问题，改变了城市原有自然生态本底和水文特征。发达国家也曾出现过类似情况，通过及时调整城市规划建设理念，实施低影响开发模式，有效解决了上述问题。在接下来的城镇化建设过程中，我们要积极推行低影响开发建设理念，改善人居环境。

4.3.1.2 明确建设思路

（1）源头减排

从容易产流的源头入手，通过控制开发强度，建设绿色屋顶、透水铺装、雨水收集利用设施等，促进雨水下渗，将尽可能多的降雨留在本地，使其不形成径流。即使降雨强度过大形成径流，也要延缓径流汇集时间，实现对城市径流的控制，达到缓排、少排的目的。

（2）过程控制

通过对原有地形的合理保护和利用，加上科学的竖向设计，辅以雨水湿地、雨水调节池、渗沟、渗渠、渗井等设施的建设，在雨水径流汇集和传输过程中，有效削峰、错峰，减缓排水设施的压力。

（3）系统治理

国办发［2015］75号文件《国务院办公厅关于推进海绵城市建设的指导意见》中提到加大对"山水林田湖"等天然"海绵体"的保护力度，积极推广人工"海绵体"的建设。发挥园林绿地等透水地面的下渗缓排作用，也要发挥河湖水系的蓄滞调节等功能。既要重视绿色屋顶、透水铺装、下沉式绿地等"绿色"基础设施的建设，也要重视城市排水管网、泵站等"灰色"设施的建设，实现"小雨不积水，大雨不内涝"的目标。

4.3.1.3 强化规划引领

海绵城市在我国还是比较新的概念，大力推进海绵城市建设，要规划先行。要将海绵城

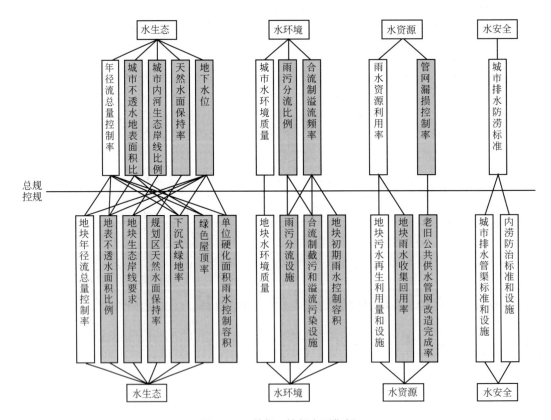

图 7-4-1　总规、控规主要指标

市建设理念和要求系统地融入城市总体规划、控制性详细规划和修建性详细规划[2]。为了更好地指导全省的海绵城市规划，我省也在全国率先编制了安徽省海绵城市规划技术导则，指导各层级规划的编制。具体来说，在城市总体规划的编制中，要确定海绵城市建设的目标和指标，选择城市建设用地要避开河湖、坑塘、沟渠和一些低洼地；在城市控制性详细规划的编制中，要将海绵城市的建设指标尤其是年径流总量控制率落实到具体地块。在城市修建性详细规划的编制中，落实具体的设施及相关技术要求，将海绵城市的建设技术和方法体现在场地规划设计、工程规划设计、经济技术论证等方面，指导地块开发建设[2]（总规、控规主要指标见图 7-4-1）。

4.3.1.4 制定标准体系

我国建设海绵城市起步晚，基础性的标准技术文件较为缺失，标准院结合我国各地发展现状和我国现有标准体系，依据《海绵城市建设技术指南》和海绵城市相关标准规范，参考国外先进发展经验，构建了"海绵城市建设标准设计体系"（具体详见图 7-4-2）。中华人民共和国住房和城乡建设部发建质函［2016］18 号《海绵城市建设国家建筑标准设计体系》中指出，体系主要包括新建、扩建和改建的海绵型建筑与小区、海绵型道路与广场、海绵型公园绿地、城市水系中与保护生态环境相关的技术及相关基础设施的建设。

除此之外，住建部也正在编制海绵城市建设实施手册，用以指导具体项目的施工、验收及运行管理。安徽省各相关机构需要尽快熟悉和掌握这些相关的标准体系，并结合工作实际灵活运用。

4.3.1.5 抓好建设内容

1）推广海绵型建筑与小区　因地制宜采取屋顶绿化、雨水调蓄与收集利用、微地形景观水体、透水铺装等措施，提高建筑与小区的雨水积存和蓄滞能力[1]。

2）推进海绵型道路与广场建设　改变雨水快排、直排的传统做法，增强道路绿化带尤其是道路红线外围较宽的绿化带对雨水的消纳功能，在非机动车道、人行道、停车场、广场等扩大使用透水铺装，推行道路与广场雨水的收集、净化和利用，减轻对市政排水系统的压力，有效控制径流污染。

3）加快排水与调蓄设施建设　大力推进城市排水防涝设施的达标建设，加快改造和消除城市易涝点，控制初期雨水径流污染，排入自然水体的雨水须经过岸线净化；加快建设和改造沿岸截流干管，控制渗漏和合流制污水溢流污染。结合雨水利用、排水防涝、黑臭水体治理等要求，科学布局建设"绿色"与"灰色"雨水调蓄设施。

4）推广海绵型公园和绿地　通过建设雨水花园、人工湿地、多功能调蓄水体或多功能蓄渗绿地等措施，增强公园和绿地系统的城市"海绵体"功能，消纳自身雨水，并为蓄滞周边区域雨水提供空间[3]。

5）加强水系保护与生态修复　加强对城市坑塘、河湖、湿地等水体自然形态的保护和恢复，恢复和保护河湖水系的自然连通，构建城市良性水循环系统，逐步改善水环境质量。加强河道系统整治，因势利导改造渠化河道，重塑健康自然的弯曲河岸线[4]。

4.3.2 管理路径

4.3.2.1 创新运作模式

海绵城市建设是建设行业前所未有的挑战，包括投资量大、技术的系统关联性多且复杂、多头管理、回报机制不明等等，单单靠政府单方面投入是不太现实的，运用市场化的方

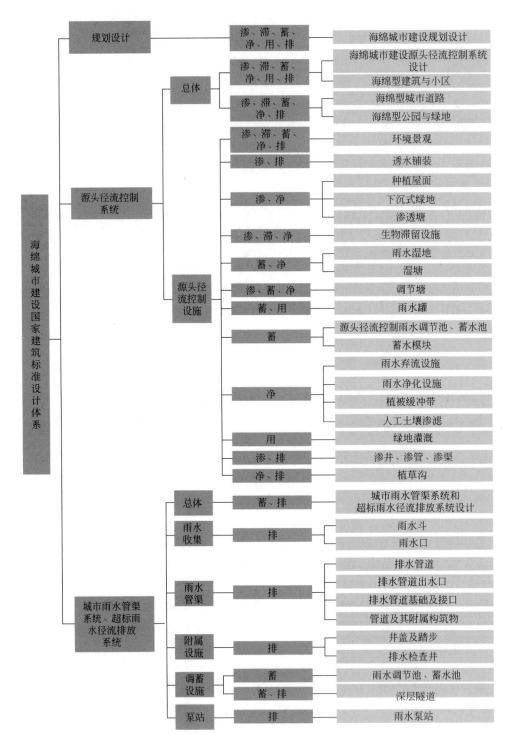

图 7-4-2　海绵城市建设标准设计体系

式来调动更广泛的社会资本来参与到海绵城市的建设中来是必须要走的创新模式。

国务院办公厅《关于推进海绵城市建设的指导意见》中也明确指出，要区别海绵城市建设项目的经营性与非经营性属性，建立政府与社会资本风险分担、收益共享的合作机制，采取明晰经营性收益权、政府购买服务、财政补贴等多种形式，鼓励社会资本参与海绵城市投资建设和运营管理。强化合同管理，严格绩效考核并按效付费。鼓励有实力的科研设计单位、施工企业、制造企业与金融资本相结合，组建具备综合业务能力的企业集团或联合体，采用总承包等方式统筹组织实施海绵城市建设相关项目，发挥整体效益。

早期对于单个或试点项目，可以通过设计施工一体化（EPC）的方式进行招标，明确责任，优化协作。考虑到项目实施的连片效应以及便于后期的验收考核，多采用小流域分区内各类关联项目按照 PPP 模式综合打包的方式进行招标，这样在发挥整体效益的同时，尽量在内部实现收益平衡。这样的海绵城市建设项目的核心特点在于非经营性，无现金流，专业跨度大且分散。所以项目投融资过程中常采用项目打包形式进行投融资。一种是整体作为一个 PPP 项目打包，并对相关资源捆绑回报，如土地或旅游资源等。另一种为单个项目或项目组合采取政府购买服务的方式，根据海绵城市项目具体考核指标要求，创新政府的支付方式[5]。

4.3.2.2　统筹协调工作

① 总体来说，需要建立统筹城市规划建设管理、地上地下相协调的管理体制。

② 从规划设计上要将各层级的规划指标逐级落实，统筹协调好上下层级规划、平行规划之间的协调工作。

③ 从建设环节上必须建立规划、建设、后期维护管理的协调反馈机制，明确各阶段的责任内容。

① 从行政管理上应当避免规划建设管理的碎片化、条块化，让各相关部门形成合力。

4.3.2.3　建立绩效机制

考核指标是政府未来对项目付费及验收考核的一个重要依据。住建部从水生态、水环境、水资源、水安全等六个方面提出了 18 项绩效考核要求，其中约束性指标 13 项，鼓励性指标 5 项。在目前的情况下，各地市（尤其是试点城市）需要在此框架下，重点强化规划及制度方面的指标考核，后期可结合各自城市的特征选择合适的指标体系，避免形成为了考核而考核。

4.3.2.4　完善法规制度

① 规划管控：完善土地出让、"一书两证"相关内容。

② 建设管控：协调与施工图审查、开工许可、竣工验收等环节的衔接。

通过地方立法方式，将各规划管控制度、激励考核机制、收费办法、行政许可、投融资措施等成熟的制度措施法制化。

4.4　海绵城市建设目标与意义

4.4.1　目标

国务院办公厅的指导意见已经明确了建设的目标，通过海绵城市建设，综合采取"渗、滞、蓄、净、用、排"等措施，最大限度地减少城市开发建设对生态环境的影响，将 70% 的降雨就地消纳和利用。到 2020 年，城市建成区 20% 以上的面积达到目标要求；到 2030 年，城市建成区 80% 以上的面积达到目标要求。

4.4.2　意义

海绵城市建设本质就是通过控制雨水径流，恢复城市原始的水文生态特征，使其地表径流尽可能达到开发前的自然状态，即恢复"海绵体"，从而实现修复水生态、改善水环境、涵养水资源、提高水安全等目标。通过人工和自然的结合、生态措施和工程措施的结合、地上和地下的结合，既解决城市内涝问题、水体黑臭的问题，又可以调节微气候、改善人居环境。

参 考 文 献

[1] 翟立. 转变城市发展理念 综合破解"水"问题 [N]. 中国建设报, 2015-10-22.

[2] 熊娟. 城乡统筹背景下的重庆市城乡规划编制体系研究 [D]. 重庆: 重庆大学, 2010.

[3] 罗攀攀. 基于河流生态功能保护与恢复的空间规划对策研究 [D]. 重庆: 重庆大学, 2014.

[4] 杨小玲. 南通水利现代化规划及相关问题研究 [D]. 扬州: 扬州大学, 2013.

[5] 李静静. 多元融资在我国保障性住房建设中的运用研究 [D]. 南京: 东南大学, 2012.

⊙ 作者介绍

卫超[1]*，彭宜君[1]

[1]. 安徽省海绵城市建设研究中心，E-mail: 23053882@qq.com

5

海绵城市建设PPP模式风险控制中政府作用的探讨

摘要： 由于海绵城市项目投资额巨大、建设周期长、政府财政负担重、运营管理复杂等特点，如何改善投融资环境，减少投资风险，已经成为相关政府部门和企业单位关注的课题。PPP 项目融资模式能吸引大量的私有资本，分担一定时期内项目的建设和运营风险，改善了投融资环境，其中政府对 PPP 模式的成败起关键作用。本文从政府作为合作者、监督者、管理者等方面的角色，对政府在 PPP 模式中的定位做深入的探讨，对我国海绵城市建设具有一定的指导意义。

5.1 引言

公私合作模式（public-private partnership，PPP 模式），即公共部门与私人企业合作模式，是让私人部门参与基础设施项目、提供公共服务的一种模式。在投资上政府负责公益性部分的投资，社会投资者负责盈利性投资并负责运营管理，建立适度竞争机制，合作双方共担风险、共享利益，为公众提供最优质的公共产品服务[1]。公私合作不仅仅是政府主导的城镇化利用民间融资的一种融资行为，更重要的是利用私营资本的逐利性、流动性提升政府城镇化项目的投融资运作效率，它扩大了项目资金来源，提高了运行效率，在重大基础设施建设方面得到了政府部门的支持、鼓励和推广。

海绵城市是指通过加强城市规划建设管理，充分发挥建筑、道路和绿地、水系等生态系统对雨水的吸纳、蓄渗和缓释作用，有效控制雨水径流，实现自然积存、自然渗透、自然净化的城市发展方式。我国海绵城市下达建设目标要求高，所需资金量巨大，资金压力大。根据三部委《关于开展中央财政支持海绵城市建设试点工作的通知》，中央财政鼓励海绵城市采用 PPP 模式，对海绵城市建设试点中采用 PPP 模式达到一定比例的，将按补助基数奖励 10%。

由于海绵城市项目投资大、工期长、收益低、不确定的因素多，项目的风险控制问题成为 PPP 模式能否成功应用于海绵城市项目最为关键的问题。目前，我国海绵城市 PPP 模式的应用还处于逐渐探索的阶段，政府在风险控制方面的职能和作用还没有一个具体、系统的定位。

基于此，本文从 PPP 模式下政府风险控制出发，结合实例总结、研究目前我国海绵城市项目公私合作模式中政府风险控制作用方面应着重注意的问题，提出相应建议、措施，为我国海绵城市 PPP 模式的应用和发展提供参考。

5.2 海绵城市 PPP 模式风险控制过程

海绵城市 PPP 项目风险控制是指 PPP 项目的各参与方通过计划、组织、协调和控制等管理活动来防止损失的发生、减少损失发生的可能性以及削弱损失的大小和影响程度，同时创造条件、促使有利结果出现和扩大，以获取最大利益的过程[2]。

政府作为 PPP 项目中的主要出资方和政策制定方，在风险控制中应合理把握双方风险分担的尺度，把控风险控制的整个流程。

5.2.1 风险分担原则

PPP 模式的初衷就是以合理的代价把一些原来全部由政府部门承担的风险转移给私人部门，实现政府风险的分散化。在实现公共部门风险转移的同时，私人部门也可以获得相应的收益，实现真正的双赢。

由于海绵城市项目前期盈利不明显且部分项目几乎不盈利的特殊性，私人部门或是参与的积极性并不太高，或是寄望政府承担所有风险并给予私人部门各种政策保障。同时，目前政府部门认识海绵城市 PPP 项目时也同样存在着一定的误解：以为采用 PPP 模式就是要把尽量多的风险转移给工程企业；以为承担较多的风险就可以获得较多的回报，从而把承担风险看成是获得高额回报的机会。

事实上，无论是工程企业还是公共部门，承担其无法承担的风险时，都会缺乏控制能力。这些错误的理解将影响风险分配项目的公正性和合理性，影响项目的进展。政府和企业只有达到最优、最合理的公平风险分配时才可能降低成本，提高效率。

政府在风险控制中应遵循以下基本原则。

① PPP 模式应当共担风险，共享利益，不能把风险全部转移给另一方。

② PPP 模式风险应优先分配给风险承担能力强的一方，能最好地评估该风险或者控制该风险。

③ PPP 模式风险可在以上基础上优先分配给与风险相关的费用最低并且能够产生最大的项目效益的一方承担。

5.2.2 风险控制过程

政府因其承担风险及控制风险的能力，在风险控制中具有重要的作用和影响。从项目的建立到责任主体的确立，政府需要根据具体的项目甄别选择合适的合作伙伴，作为合适的风险承担伙伴。政府及其合作伙伴的合作关系一旦建立，就应当在项目的确立、规划设计、招标投标、建设运营乃至项目移交阶段共同参与、共担风险。各个阶段的风险因素按照风险分担原则以一定的比例分配给公共部门或者私人部门或者二者共担；面对私人部门独担风险的情况，在出标人风险出价或者项目管理维护中出现风险时，为保障私人部门的合理利益，可由公共部门审核后共同协商是否重新分配风险。

如图 7-5-1 所示，风险控制贯穿 PPP 项目的各个阶段，政府在各个阶段的职能和作用也各不相同。在项目建立初期，政府是最核心的责任主体，负责包括资本介入、项目分包等各个项目的选择和分配；在项目规划设计进展阶段，政府是政策的制定者和方案的审查者，既要支持鼓励项目又要严格把控其间的漏洞和风险；在项目建设运营阶段，政府是监督者，负责整个过程的工程质量督查和校验；在项目移交阶段，政府又回到最初的责任主体，按照个体情况重新分配和承担相应的风险和责任。

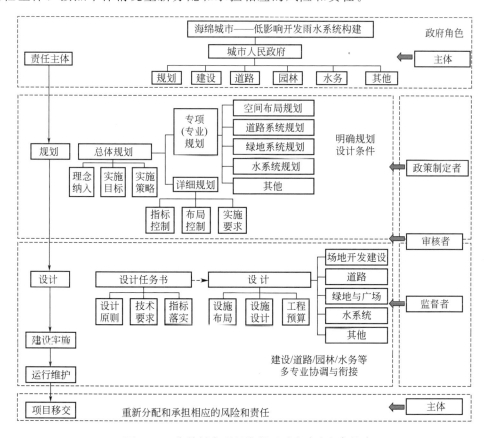

图 7-5-1　海绵城市项目流程及对应政府角色转变

5.3　海绵城市 PPP 模式政府风险控制策略

结合政府在海绵城市 PPP 项目风险控制过程中的任务和角色转变，探讨政府在风险控制方面的具体作用体现及控制措施，主要包含以下几个方面。

5.3.1　建立广泛的融资渠道，因地制宜设置社会资本准入条件

海绵城市巨额资金投入增强了政府部门公私合作的意向，也吸引了包括投资、建设、设计、金融类等各路社会资本。由于海绵城市建设所需的地质、地理、环境等方面的要求，适于建设的地方往往是一些经济不太发达的小城镇，无论是在技术上还是管理上都欠缺经验，项目成熟度非常低；同时，海绵城市建设涉及的行业包括市政工程、房屋建筑工程、道路桥梁、水利工程、园林绿化等，涉及的工作内容涵盖勘察、设计、投资、建设、运营维护等，工程主体多，内容繁杂。在一些城市，特别是县级城市，地方政府所掌握的技术资源非常有限，面对如此复杂的工程，往往无从下手。这就要求政府拓宽融资渠道，引入具备多方面综合能力的社会资本，实现投资主体多元化，投资形式多样化，使更多的社会闲置资金流向风险投资领域。政府引入的社会资本可以根据当地建设情况，合理调配资金、技术、运营管理

经验等多方面社会资本的比例，了解自己缺什么、需要什么，因地制宜设置社会资本准入条件。鼓励强强联合的方式参与，由具备不同优势的社会资本组成联合体，共同参与海绵城市建设，最大限度地降低投资建设的风险。

5.3.2　建立公平有效的引导机制，协同参与方交流合作

海绵城市涉及的投资、设计、建设、运维等方面的主体多，且相互之间工作、利益等交织关系错综复杂，尤其需要一个统筹综合的部门进行风险的总体控制、引导和协调。从项目招投标阶段起，政府与私人部门就建立起平等的合作关系。政府作为投资主体和公众利益的代表者，有必要担当起相应的引导作用。

一方面，在资本筹措的引导上，由于现阶段人们的风险意识仍比较差，承受风险的能力较低，政府必须率先面对风险，保证风险投资必须有可靠的风险资本来源保障其正常运作，以增强私营企业或个人对风险投资的信心，也使风险资本数量达到必要的规模。

另一方面，政府引导作用表现在对风险资本投向的引导上。以政府资金为重要主体的风险投资，在运作中会密切配合国家的产业政策，体现广大群众的意志，进而引导着全社会风险资本的运用。

再者，海绵城市的建设尤其是试点项目的建设，对工期及工程质量要求非常严格，项目建设质量的好坏关系着整体效果。海绵城市是通过一系列的工程建设实现的，每一个工程细节都关系着整体效果的成败。因此，政府在风险引导上需要考虑不同参与方的综合利益和诉求，综合考虑不同参与方的不同情况，在制度执行的选择上可以考虑差别化对待，在风险分担机制执行中选择更有利于项目参与方接受的措施。

同时，还应加强项目各参与方之间的沟通交流。因为海绵城市 PPP 项目的风险控制本身具有复杂性，而且是建立在项目各参与方合作基础上的，因此，无论是对风险的控制还是对分担方法的确定，甚至包括在执行中的种种建议都需要项目各参与方加强沟通交流，相互合作，互相促进。只有这样，项目风险分担机制的运行才能保证透明、公正。

5.3.3　改善风险投资运作环境，解决风险投资退出问题

在项目建设运营中政府需完善风险投资体系，建立健全风险投资运作有效机制方面的作用和职能。由于海绵城市项目的各参与方都不同程度地面临着运营、管理风险，而且就目前的情况而言，海绵城市近期盈利的可能性非常小，面临的挑战更大。就政府而言，应当选择对海绵城市规划建设领域比较熟悉，并且具有良好的资信和管理经验的参与方进行合作，尽可能地减少风险发生的可能。同时，海绵城市 PPP 项目是关系到国计民生的大型项目，政府应尽可能减少项目由于市场风险而蒙受损失。一般来说，政府将在可能程度上，应考虑保障合作方的利益，通过特许协议减少合作方由市场需求风险导致的运营困难；通过延长特许期等方式补偿项目公司由于金融风险等造成的损失。此外，PPP 项目中，所有的参与方都或多或少会受到政治风险和不可抗力风险的影响。面对政治风险和不可抗力风险，大多数参与者除了通过保险公司转移以外，大多数还是要通过合同转让给政府的。对政府而言，首先，要保持政权和体制的相对稳定性，避免改革的冒进性。其次，要保持政治、经济政策的稳定性和连续性，落实科学发展观和可持续发展。再次，要在特许协议中做好相关项目的政策补偿、保证或是购买政策保险。

在项目移交等阶段涉及风险投资的退出问题，这主要依赖于政府部门的规划和建设状况。政府要完善风险投资资金退出渠道，使风险投资资金能正常有序地退出。在完善风险投资退出渠道上，政府要注重发挥好服务和监督的职能，既要积极主动地为投资者提供有力的帮助和支持，又要分清权责，在风险投资出现不可预料情况的时候保护好自身的权利，维护群众的利益。风险投资资金顺畅有序地退出，可以形成投资—回收—再投资的良性循环的良好投资环境，有利于更广、更持续地建设、发展海绵城市。这点可以借鉴轨道交通等方面的案例。值得注意的是，政府还应当协调城市特许经营条例对风险资金退出的规定，对特许协议退出条件和奖惩措施做出明确规定，这样有利于激发投资者的投资热情，促进城市轨道交通产业的盈利回报。

5.3.4 建立有效监督机制，加强政府部门风险投资服务

政府部门是风险投资运作外在约束机制的实现主体，现阶段风险投资运作中政府应发挥其监督职能。一方面是为了保证项目按计划进行融资，如期建设，项目产品的顺利出售，最终完成项目目标。另一方面，可以降低项目风险，保证资金的有效使用，如期偿还债务，避免不必要的经济损失，同时也可以防止因项目产品价格过高等问题而产生的民怨，最终实现政府、公司、公众多赢的局面。

政府对风险投资的服务体现在项目投资、建运移交等各个阶段。由于风险投资在运作过程中都会形成一个包括风险投资公司、中介机构、投资对象等在内的网络，它们相互之间进行资金、技术、信息、管理等方面的交流与合作，而这些方面目前在我国都将会不同程度地与政府各部门发生广泛的联系，因此，风险投资运作离不开政府各部门的服务。为了提供更好的服务，建议政府把专业人才的培养与引进作为推动风险投资业发展的一个重要举措来抓。一方面，可以通过采取各种得力措施培养精通金融、投资、企业管理和专业技术的复合型人才；另一方面，可以创造优惠条件吸引国外优秀人员来华工作。在人才培育方面，可采取政府出资，聘请国外专业风险投资专家介绍经验措施，甚至可以将风险投资从业人员送到国外进行企业培训。

5.4 小结

风险控制贯穿海绵城市 PPP 项目实施的各个阶段，政府在风险控制中既要做加法也得做减法。一方面，政府要加强监管、主动引导，积极探索有利于资本运作的环境和措施，积极引导社会资本协同融合和相互促进；另一方面，政府要学会放手，学会简政放权让利，相信社会资本的创造力，相信社会资本和政府一样有担当和风险判断的能力，充分释放和激发社会资本的活力和动力。近期海绵城市建设项目逐渐增多，海绵城市公私合营模式也在逐渐地发展，在此基础上政府积极进行实践，在实践中发现和解决问题，通过试点掌握一整套行之有效的具体操作办法，以点带面，全面提高此模式在我国基础设施建设中的作用，增加应用范围和加快应用速度，实现更优更好的社会效益和经济效益。

参 考 文 献

[1] 王灏. 城市轨道交通投融资问题研究 [M]. 北京：中国金融出版社，2006.
[2] 陈有兰. 基于 PPP 融资模式的城市基础设施项目风险管理研究 [D]. 长沙：中南大学，2006.

⊙ 作者介绍

郑晓莉[1]，辛涛[2]*

[1]. 北京市城市规划设计研究院

[2]. 北京交通大学，E-mail：xt1010@163.com

6

基于PPP的海绵城市投融资模式创新与关键要点

摘要：以 LID 为核心技术的海绵城市建设投资大、周期长、风险多，仅仅依靠政府作为投资和建设主体，显然难以承受。立足海绵城市的项目属性和需求分析，结合 PPP 模式的模式特征和内在机理，通过引入 EIU 的 PPP 适宜性评价体系，对海绵城市采用 PPP 模式的环境和能力进行定性评估，通过法律法规体系、制度框架、运营成熟度、投资环境、融资机制和行业调节等六大因素的分析，表明海绵城市适宜采用 PPP 模式，进而设计了海绵城市 PPP 模式的一般实施框架。通过对海绵城市国家试点城市的 PPP 案例分析，识别了海绵城市 PPP 模式的关键实施要点，包括 PPP 实施范围、运作方式、回报机制、推进机制和潜在社会资本等，并提出了针对性的应对措施。上述研究成果对进一步推广海绵城市 PPP 模式具有较强的参考借鉴作用。

6.1 引言

国务院办公厅《关于推进海绵城市建设的指导意见》（国办发〔2015〕75 号）定义海绵城市为"通过加强城市规划建设管理，充分发挥建筑、道路和绿地、水系等生态系统对雨水的吸纳、蓄渗和缓释作用，有效控制雨水径流，实现自然积存、自然渗透、自然净化的城市发展方式"。海绵城市实质上是城市发展理念的转变，即让城市回归自然，实现城市与自然环境的和谐发展[1]。海绵城市是基于中国当前城市发展中水生态破坏、水环境污染、水资源短缺和城市内涝严重等问题提出的针对性解决方案和发展理念[2]。通过海绵城市的建设，有助于贯彻新型城镇化和水安全战略，有效防治城市内涝，保障城市生态安全，促进人与自然和谐发展。

海绵城市建设意义重大，国家高度重视和积极推广，全国各地积极贯彻和试点落实。国家明确提出到 2020 年，城市建成区 20% 以上的面积达到要求；到 2030 年，城市建成区 80% 以上的面积达到要求。2015 年国家确定了首批 16 个海绵城市试点城市，起到了积极的试点示范作用。海绵城市建设综合采取"渗、滞、蓄、净、用、排"等措施，涉及河道整治、管网建设、雨水收集利用、污水处理等内容，建设投资较大，建设成本为 1.6 亿～1.8 亿元/km²[3]，以试点城市要求的不少于 15km² 计算，每个城市海绵城市建设投资起码在 24 亿元以上。中国当前经济下行趋势显著，财政收支失衡突出，很多城市财政资金投入有限，仅仅依靠中央财政专项补贴和地方政府财政投入来支撑海绵城市建设显然是难以实现的。因此，通过 PPP（Public Private Partnership）模式吸引社会资本广泛参与海绵城市建设是切实可行和迫在眉睫的路径。

PPP 模式作为近几十年流行的一种基础设施投融资创新模式，在国内外的基础设施和公共服务领域得到了广泛的应用，积累了丰富的经验和最佳实践案例[4]。但对于海绵城市而言，如何立足海绵城市的产业特征、实际需求和试点经验总结，设计合理可行的 PPP 模式方案，是值得重视和深入研究的方向。本文在试点城市实地调研、理论分析和参考借鉴其他领域 PPP 应用经验的基础上，构建海绵城市 PPP 模式框架，梳理和探讨海绵城市 PPP 模式中的关键实施要点和难点，为海绵城市 PPP 的推广提供指导和参考。

6.2　海绵城市 PPP 模式框架

6.2.1　海绵城市 PPP 适宜性评价

经济学人智库（EIU，Economist Intelligence Unit）曾经提出了一个国家推行 PPP 模式的适宜性评价指标，主要指标包括：a. 法律法规体系；b. 制度框架；c. 运营成熟度；d. 投资环境；e. 基础设施资金的融资机制；f. 地区调节因子等[5]。EIU 建立了一套评分标准，来对亚太地区国家的 PPP 适宜性进行打分，例如 2014 年，中国得分 55.9 分，在亚太地区国家中排名第 8，属于新兴等级（共分为成熟、发达、新兴、初级等四个等级）。本文借鉴了 EIU 的适宜性评价指标和思路对中国海绵城市采用 PPP 模式的适宜性进行定性评估，为了与海绵城市更契合，将最后一项地区调节改成行业调节。

6.2.1.1　法律法规体系

中国的法制不健全，尤其是 PPP 相关法律法规缺失、层级较低、权威性不够，一直被认为是制约中国 PPP 发展的重要原因[6]。在中国过去 30 年的 PPP 发展历程中，关于 PPP 的法律法规主要以各部门的规章为主，比如住建部（原建设部）2004 年出台的《市政公用事业特许经营管理办法》。2014 年以来的新一轮 PPP 热潮中，与过去最大的不同就是政府对法律法规的高度重视，虽然法律层面的 PPP 法和特许经营法尚处于征求意见阶段，但各相关部门密集出台了数十个鼓励 PPP 发展的政策法规，基本明确了 PPP 的操作流程、职能划分、编制指引等，为 PPP 的规范化实施提供了保障。

在海绵城市建设领域，先后颁布了《关于推进海绵城市建设的指导意见》（国办发〔2015〕75 号）、《水利部关于推进海绵城市建设水利工作的指导意见》、《关于开展中央财政支持海绵城市建设试点工作的通知》等多项指导政策以及《海绵城市建设技术指南》、《海绵城市建设绩效评价与考核指标（试行）》等技术指南。这些政策文件明确提出了积极推广 PPP 模式，吸引社会资本广泛参与海绵城市建设，为海绵城市 PPP 模式的发展提供了政策窗口。

6.2.1.2　制度框架

中国在国家层面仍未建立一个统一的一站式 PPP 项目主管机构，财政部虽然成立了 PPP 中心，但对其他部委并无话语权，在部际协调和 PPP 项目推进上存在先天不足。在地方层面的 PPP 机构设置相对要更丰富和突出，很多地方政府成立了主管领导负责的 PPP 领导小组，在财政局和发改委都设置了 PPP 主管机构，职权相对明确和统一。但地方 PPP 机构最大的不足在于专业能力，受制于人才和经验的缺失，地方政府普遍对 PPP 缺乏正确的认知和合理的运作，导致 PPP 在规范操作和项目落地上效果不佳。

在以往的 PPP 实践中，由于国家层面对 PPP 运作流程并无统一的明确规定，各地更多的基于一种约定俗成的经验做法和项目实践形成的路径依赖。2014 年以来，财政部的《政府和社会资本合作模式操作指南》、《政府和社会资本合作项目财政承受能力论证指引》、《PPP 物有所值评价指引（试行）》先后颁布实施，为 PPP 的实施明确了规范的运作流程和编制指引，尤其是构建了五个流程、十九个步骤的操作流程和与国际接轨的物有所值评价制度，对推广 PPP 具有重要意义。海绵城市目前主要由住建部、财政部、水利部等部门联合推进，一方面，海绵城市 PPP 的运作要遵循财政部 PPP 指南的规定；另一方面，也有助于各部门分工协作，进一步提升对海绵城市 PPP 模式全生命的监管。

6.2.1.3 运营成熟度

PPP 并不是一个新事物，从 20 世纪 80 年代的沙角 B 电厂 BOT 项目算起，PPP 在中国已经有超过 30 年的发展历程，在交通、水务、市政、能源电力等基础设施领域应用了数千个 PPP 项目[7]。2014 年以来，在国家的推动下，PPP 更是获得了广泛的推广应用，据财政部 PPP 综合信息平台项目库的统计，截至 2016 年 3 月 31 日，全国入库项目 7721 个，总投资 87802.47 亿元，以执行阶段项目数与准备、采购、执行等 3 个阶段项目数总和的比值计，入库项目的落地率为 21.7%。尤其是财政部先后公布两批共 236 个示范项目。中国 PPP 项目在实施中基本采取政府采购的方式，尤其以竞争性磋商和公开招标最为常见，这也保证了 PPP 项目的公开公平公正和竞争性。因此，虽然 PPP 项目的落地率不高，许多项目还存在运作不规范等问题，但表明中国在 PPP 模式推广实施方面积累了丰富的经验，PPP 运作成熟度不断提升。相对于其他领域，海绵城市 PPP 应用处于起步阶段，但 2015 年和 2016 年先后公布了两批 30 个试点城市，全部采用了 PPP 模式，尤其是第一批海绵城市试点城市推行 PPP 模式已经有一年，积累了一定的经验，为后续的推广工作奠定了基础。

6.2.1.4 投资环境

中国的 PPP 是一个行政主导发展的过程，政府的意愿起到了主导作用，这一方面有助于 PPP 模式的快速和大范围推广实施，另外一方面，过强的行政介入容易侵蚀市场的决定作用，扭曲合理的供需关系和市场机制。在中国的城镇化进程中，需要大量的资金，以往主要通过地方政府融资平台和土地财政的途径解决[8]。但随着政府债务隐患的加重，国家发布了《国务院关于加强地方政府性债务管理的意见》，对地方政府融资平台进行了清理和限制，地方政府举债融资机制仅限于政府举债、PPP 和规范的或有债务。PPP 既获得了前所未有的重视和发展机遇，也被赋予了过度的职责。

海绵城市建设专业性较强，虽然海绵城市的理念和技术在国外已有多年实践[9]，但仍然是一个处于发展态势的模式，具有较强的创新空间，对潜在投资人或参与人的要求较高。投资人不仅要有雄厚的资金实力和融资能力，相应的建设能力和系统集成能力，还要有技术和管理创新能力。

6.2.1.5 融资机制

海绵城市 PPP 模式的资金来源主要包括中央财政专项补贴、地方补贴、社会资本投入和市场化融资，尤其是国家试点城市的巨额中央财政补贴有力地支持了海绵城市的顺利推进，但如果全国推广海绵城市，显然中央财政是难以承受的。因此，国家政策也明确鼓励金融机构提供中长期信贷和积极开展购买服务协议预期收益等担保创新类贷款业务，支持符合条件的企业发行企业债券、公司债券、资产支持证券和项目收益票据等。

海绵城市 PPP 模式中项目公司的收益以政府付费为主，这就决定了当地政府的财政能力和信用状况是海绵城市未来收益是否稳定可靠的主要因素。鉴于中国经济下行的中长期趋势和东西部经济发展分异的空间格局，中西部地区海绵城市以政府资金为主要来源的收益机制较难被资本市场认可，在融资上会存在一定的困难。

6.2.1.6 行业调节

海绵城市属于基础设施和公共服务领域，公益性强，集成优势明显，综合效益显著。海绵城市通过改变传统的快排式城市建设理念和模式，综合利用"渗、滞、蓄、净、用、排"的技术，统筹解决城市内涝、雨水资源化利用、黑臭水体治理、水生态系统修复等诸多城市生态难题，具有重要的现实意义[10]。

国外的海绵城市实践涌现了 PPP 模式的成果案例，再结合中国其他领域 PPP 应用的成败经验，为中国海绵城市 PPP 模式的实施奠定了初步基础。但 PPP 也不是万能的，切忌一刀切，应当鼓励根据项目属性和空间特性，并行采用传统建设模式和 PPP 模式。同时也要看到海绵城市是一个系统工程，涉及工程技术、规划、景观园林、建设、运营、投融资、法律、设备等诸多领域和专业[11]。海绵城市 PPP 应当统一规划、分步推进、标杆示范、鼓励创新，不断总结经验、深化认识，最终实现 PPP 的全生命期的物有所值。

6.2.2 海绵城市 PPP 的一般架构

根据海绵城市的特征，PPP 的一般架构如下：海绵城市 PPP 项目可具体采用 BOT ＋ ROT 模式，即新建项目采用 BOT "建设—运营—移交"模式，改造项目采用 ROT "改造—运营—移交"模式。地方政府指定有关职能部门或事业单位作为实施机构，具体负责 PPP 项目的识别、准备、采购、执行与移交等工作，实施机构通过公开、公平、公正的采购方式选择社会资本，社会资本可由联合体组成，鼓励符合要求且有经验有实力的建设单位采取各种方式参与 PPP 项目，中标的社会资本在当地成立项目公司，政府可委托下属国有公司代表政府出资，但不能控股，即政府出资比例不得超过 50％，实施机构与项目签订 PPP 项目合同，负责 PPP 合作期内海绵城市项目的融资、建设、运营维护，期满后无偿移交给政府。海绵城市 PPP 模式架构如图 7-6-1 所示。

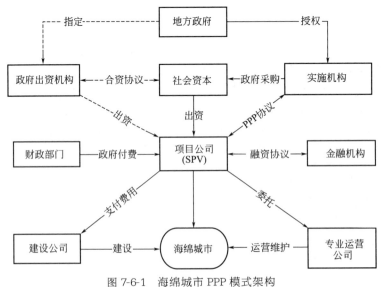

图 7-6-1　海绵城市 PPP 模式架构

6.3 济南海绵城市 PPP 案例

6.3.1 案例概况

济南是山东省会，国家历史文化名城，也是国家首批海绵城市试点城市，中心城区总面积 $1022km^2$，多年平均降雨量 665mm。济南地形复杂多样，水文地质特殊，历史上因境内泉水众多，被称为"泉城"，素有"四面荷花三面柳，一城山色半城湖"的美誉。但近几十年来，随着城镇化的无序推进和生态意识的淡薄，导致了泉水枯竭、内涝多发、水源不足、水质污染等问题，亟需整治。针对目前的发展困境，以问题为导向，济南市积极探索通过海绵城市建设，强化雨水径流源头减排和综合利用，提高区域水资源综合保障水平和城市防洪排涝能力，实现城市人居环境质量提升，促进社会经济与资源环境的协调可持续发展。

6.3.2 总体框架

济南市海绵城市试点区域总面积 $39km^2$（见书后彩图 7-6-2），由新老城区组成，总共44 个项目，总投资 76.11 亿元。通过水生态工程、水安全工程、水资源工程、水环境工程等工程措施，实现年径流总量控制率 75%，雨水资源利用率不低于 12%，河道水质达到Ⅳ类水质等目标。

济南市海绵城市试点项目中根据"流域打包、就近整合"的原则，选择了三个汇水片区采用 PPP 模式运作，即十六里河领域、兴济河领域和玉绣河流域，总投资 38.5 亿元，占试点建设项目总投资的 51.3%。济南市海绵城市 PPP 的具体运作模式如下：济南市政府授权市政公用局为实施机构，全权负责项目的实施，通过公开招标方式选择社会资本，由资产运营公司代表政府与社会资本共同出资成立项目公司负责项目的融资、建设、运营维护，期满无偿移交给政府（见图 7-6-3）。

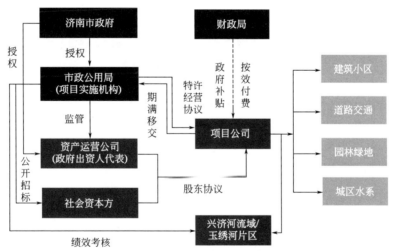

图 7-6-3　济南市海绵城市 PPP 结构

6.3.3 实施要点

济南海绵城市 PPP 实施中的关键要点如下。

（1）流域打包

由于海绵城市项目众多，属性复杂，为了取得连片效应、避免碎片化和形成整体优势，济南市海绵城市 PPP 立足地理条件，按照汇水分区整合划分，每个汇水分区均包括新建工程和存量工程，涵盖流域内道路、污水处理、水系、小区、园林等各类项目，采用总承包方式，统筹规划、项目全生命周期环节，选择一个具备投资、融资、建设、运营维护的社会资本统一负责设计、投融资、建设、运营维护等工作，发挥整体效益。

（2）项目公司组建

济南海绵城市 PPP 项目公司由济南市政府授权济南市政公用资产管理运营有限公司作为政府出资机构与社会资本共同组建，其中社会资本出资 90%，政府出资机构出资 10%。政府股份不参与分红，但对项目公司具有监督权，对涉及重大公共安全、公共利益的事项具有一票否决权。

（3）回报机制

根据海绵城市的特征属性和政策环境，济南海绵城市 PPP 中项目公司的收益来源主要包括政府基础设施建设资金、经营性项目收费（如污水处理费）和经营性资源收入（如停车场、广告）等。

（4）付费机制

济南海绵城市 PPP 为政府可行性缺口补贴模式，采用了与绩效考核挂钩的按效付费机制，考核指标包括总体目标和单体目标两个层级，总体目标包含流域内最终水质、水量控制等指标；单体目标包含道路、桥梁、河道、排水、园林绿化等专业指标。由政府部门组成的考核小组进行打分，根据考核结果按年度付费。

（5）社会资本选择标准

济南海绵城市 PPP 在社会选择标准上着重从实施方案（包括建设管理方案、运营维护方案和移交方案等）、类似项目业绩、商务方案（包括项目公司设立、融资方案、财务模型、合同文件等）、报价（在限定的政府付费和项目内部收益率上限的基础上竞争报价）等四个方面设置评审标准和办法，考察社会资本的综合情况，选择最适合的社会资本与政府进行合作。

6.4 海绵城市 PPP 模式的关键要点

通过文献调研、案例分析，并结合对有关专家的访谈，可以看出海绵城市 PPP 模式的关键实施要点包括如下内容。

6.4.1 PPP 实施范围

国家鼓励在海绵城市建设中推广应用 PPP 模式，但 PPP 模式并不是海绵城市的唯一选择。事实上，国外的经验表明，在基础设施和公共服务中，PPP 模式的投资占公共投资的比例仅在 3%～15% 之间[12]，政府传统的 DBB 模式仍然占据主流。PPP 并非是万能的灵丹妙药，有其局限性和严格的适用范围[13]。在海绵城市建设中采用 PPP 模式的范围和比例是一个值得重视和研究的问题，各地不应该设置统一的比例和限制，而是应当根据各地海绵城市的实际情况进行选择。一般而言，海绵城市主要包括建筑与小区、道路与广场、绿地与公园、水系以及其他设施（如供水厂、污水处理厂）等。在选择 PPP 模式的范围时，应重点考虑：a. 坚持贯彻"以地方和社会投入为主，中央投入为辅"，通过 PPP 模式吸引社会资本广泛参与海绵城市建设；b. 尽量按汇水区整体采用 PPP 模式，避免碎片化，每个片区尽可能涵盖道路、公园、绿地、河道等不同类型项目，通过流域单元内所有项目的整合发挥整体优势和连片效应；c. 项目选择上尽可能捆绑经营性项目（如污水处理厂、停车场等），增加收益，减少政府财政投入。

6.4.2　运作方式

PPP 是一系列模式的总称，包括了 BOT\TOT\BOOT\PFI 等数十种变形模式[14]。财政部文件明确认可的包括 OM（委托运营）\MC（管理合同）\BOT（建设—运营—移交）\BOO（建设—拥有—运营）\TOT（转让—运营—移交）\ROT（改建—运营—移交）等六种具体运作方式。不同的运作方式针对不同的项目，比如存量项目比较适合采用 TOT 或 ROT 方式，而增量项目适合 BOT\BOO 方式。海绵城市项目众多，且属性复杂，既有存量改造项目，也有新建项目，因此，在具体运作方式的设计上，可采用组合的方式，即一个海绵城市 PPP 项目包里面采用两种或以上的运作方式，如 BOT＋ROT。

PPP 属于项目融资，即通过在当地成立项目公司（Special Purpose Vehicle，SPV），以项目公司为主体进行融资、建设与运营维护，这样可以实现有限追索和风险隔离[15]。政府与社会资本共同出资成立项目公司，是近几年全世界 PPP 应用形成的共识和普遍做法[16]。在海绵城市 PPP 模式中，政府应当授权出资代表在项目公司中代表政府入股，但不控股，且不享受分红，不干涉项目公司的日常运营管理，但享有重大决策的否决权，从而加强监管，维护公共利益。

国际上，PPP 合作期的最优设置一直是个研究热点[17~19]。PPP 模式的合作期限并无明确的限制，实际案例中最长的可达到 99 年，目前中国政策规定了 PPP 合作期最长不能超过30 年，最短不能低于 10 年。海绵城市 PPP 模式中，考虑到海绵城市回报机制主要是政府付费或可行性缺口补贴模式，对政府财政中长期支出压力较大，风险因素较多，因此 PPP 合作期不宜过长。

6.4.3　回报机制

海绵城市项目基本以非经营性项目为主，即缺乏直接收益，虽然通过捆绑部分经营性项目可以获取一定的长期收益，但收入远不足以涵盖成本，因此仍然需要政府支付大量的费用。政府的付费可以依据项目设施的可用性、产品或服务的使用量以及质量，分为"可用性付费"和"运营维护绩效付费"两部分。可用性付费是指政府依据项目公司所提供的项目设施是否符合合同约定的标准和要求来支付费用；运营维护绩效付费是指政府依据运营期间项目公司所提供的运营维护质量支付费用。

为了鼓励创新、提升服务和降低成本，海绵城市 PPP 模式中，政府应当采用按效付费的模式向项目公司支付费用。以项目产出说明为基础构建绩效考核指标体系，将绩效考核与费用支付挂钩，根据考核结果进行奖励或惩罚。

6.4.4　推进机制

海绵城市建设主要集中于人口密集、产业集中、空间局促的城市市区，无论是项目的新建还是改造，都不可避免地给居民的日常生活带来一定的影响，尤其是旧有小区和市政道路的改造，公众反对成为最主要的风险，严重影响了海绵城市的顺利推进。此外，海绵城市的部分工作与其他工程存在较高的重叠，比如雨污处理与地下综合管廊建设，如果单独建设，很容易造成重复建设和资源的浪费。而且海绵城市建设投资大，需要通过集成开发有效形成规模效益和降低成本。

因此，海绵城市PPP模式中，社会资本应当充分发挥其技术优势和专业经验，以市场机制为基础，形成纵向和横向协同发展、系统建设的推进机制。即纵向上打造海绵城市产业链，积极研究和推广新材料、新技术、新工艺等，通过海绵城市建设带动相关产业的跃升；横向上，要积极推动海绵城市与棚户区改造、地下综合管廊建设、城市更新、智慧城市等的有机融合，统一规划、建设、管理，实现集成效益。

6.4.5　潜在社会资本

海绵城市建设投资大、风险多、专业性强，采用PPP模式，潜在的适合的社会资本较少，因此，社会资本的资格和选择方式极为重要。一般而言，PPP项目中，社会资本的资格是个综合条件体系，但最重要的两个指标就是融资能力和经验业绩。社会资本的融资能力决定了能否为PPP项目获取低成本、多元化、周期契合的资金，从而有效降低项目成本，保障PPP项目的成功实施。而社会资本在海绵城市融资、建设和运营维护方面的业绩和经验，直接决定了社会资本是否有能力完成全生命期内海绵城市的建设与运营。为了形成集合优势，提升竞争性，海绵城市PPP项目可以鼓励联合体投标，让不同专业的社会资本充分利用各自在生产、技术和（或）资金等方面的优势互补开展合作。

通过公开公平公正的竞争方式选择社会资本，有助于降低成本，提升效率，维护公共利益，实现物有所值[20]。中国现有的采购方式主要包括公开招标、邀请招标、竞争性谈判、竞争性磋商和单一来源采购。海绵城市PPP项目实施机构应根据项目的边界条件状况、技术工艺特点、进度要求等，并结合不同采购方式的特点，选择适当的采购方式。

6.5　结论与讨论

海绵城市是针对城市发展过程中水生态破坏、水环境污染、水资源短缺和城市内涝严重等问题提出的针对性解决方案和发展理念。海绵城市具有投资大、项目多、风险多、专业性强、涉及面广等特点，通过PPP模式引入实力雄厚的社会资本，有助于弥补政府财政投入不足，加快推进海绵城市建设，合理分担风险、提高效率和质量，促进政府职能转变。通过引入简化的EIU国家PPP适宜性评价体系对海绵城市采用PPP模式的环境和能力进行定性评估，通过法律法规体系、制度框架、运营成熟度、投资环境、融资机制和行业调节等六大因素的分析，表明海绵城市适宜采用PPP模式，进而设计了海绵城市PPP模式的一般实施框架。通过对两个海绵城市国家试点城市的PPP案例分析，识别了海绵城市PPP模式的关键实施要点，包括PPP实施范围、运作方式、回报机制、推进机制和潜在社会资本等，并提出了针对性的应对措施。上述研究成果对进一步推广海绵城市PPP模式具有较强的参考借鉴作用。

　　海绵城市是国家重点推广的城市基础设施建设领域，结合国家鼓励和推广 PPP 模式的契机，构建创新型投融资模式是支撑海绵城市可持续发展的关键因素。在实践的基础上，通过持续的经验总结，打造可复制可推广的海绵城市 PPP 模式是一个时期内海绵城市建设和研究的重要方向。本文基于现有的案例和理论基础，形成了初步成果，但还有更多的精细化的内容需要深入研究，如海绵城市 PPP 的风险识别与合理分担机制，海绵城市 PPP 多元主体参与的多层次监管机制，海绵城市 PPP 模式实施效果评估等。

参 考 文 献

[1] 仇保兴. 海绵城市（LID）的内涵、途径与展望 [J]. 给水排水，2015，(3)：1-7.

[2] 俞孔坚，李迪华，袁弘，等. "海绵城市"理论与实践 [J]. 城市规划，2015，39 (6)：26-36.

[3] 纪睿坤. 国务院力推海绵城市：每平方公里投资过亿 [N]. 21 世纪经济报道，2015-10-01.

[4] 王守清，柯永建. 中国的 BOT/PPP 实践和经验 [J]. 投资北京，2008，(10)：82-83.

[5] Economist Intelligence Unit. Evaluating the environment for public-private partnerships in Asia-Pacific：The 2011 Infrascope：Asian Development Bank [R]. 2014.

[6] 王守清，张博. 构建中国的 PPP 法律和制度体系迫在眉睫 [J]. 济邦通讯，2013，40 (10)：13-17.

[7] 王守清，梁伟. 第 17 章 BOT/PPP 项目融资理论与实践 [M] //中国双法项目管理研究委员会. 中国现代项目管理发展报告. 北京：电子工业出版社，2011：306-349.

[8] 财政部财政科学研究所课题组. 城镇化进程中的地方政府融资研究 [J]. 经济研究参考，2013，(13)：3-25.

[9] 王虹，丁留谦，程晓陶，等. 美国城市雨洪管理水文控制指标体系及其借鉴意义 [J]. 水利学报，2015，(11)：1261-1271.

[10] 牟伍，赵杨，李俊奇. 海绵城市建设热潮下的冷思考 [J]. 南方建筑，2015，(4)：104-108.

[11] 吴丹洁，詹圣泽，李友华，等. 中国特色海绵城市的新兴趋势与实践研究 [J]. 中国软科学，2016，(1)：79-97.

[12] 李洁，刘小平. 知己知彼——国外 PPP 发展现状及对中国的借鉴 [R]. 北京：联合资信评估有限公司，2015.

[13] Ke Yongjian. Is public-private partnership a panacea for infrastructure development The case of Beijing National Stadium [J]. International Journal of Construction Management，2014，14 (2)：90-100.

[14] 王守清，柯永建. 特许经营项目融资（BOT、PFI 和 PPP）[M]. 北京：清华大学出版社，2008.

[15] 王守清. BOT 知识连载之三 项目融资的一种方式——BOT [J]. 项目管理技术，2003，(6)：45-48.

[16] 邱闯. PF2：英国 PPP 的新模式 [J]. 中国投资，2015，(3)：65-66.

[17] Zhang Xueqing. Web-based concession period analysis system [J]. Expert Systems with Applications，2011.

[18] Carbonara Nunzia，Costantino Nicola，Pellegrino Roberta. Concession period for PPPs：A win-win model for a fair risk sharing [J]. international Journal of Project Management，2014，32 (7)：1223-1232.

[19] Ng S Thomas，Xie Jingzhu，Cheung Yau Kai，et al. A simulation model for optimizing the concession period of public-private partnerships schemes [J]. International Journal of Project Management，2007，25 (8)：791-798.

[20] 谭敬慧. PPP 项目社会投资人选择的法律分析 [J]. 招标采购管理，2015，(5)：62-63.

⊙ 作者介绍

欧阳如琳[1]，程哲[2*]，蔡文婷[3]，温婷[3]，刘昌明[4]

1. 水利部综合事业局

2. 奕略咨询（北京）有限公司，E-mail：cz1251@163.com

3. 住建部城乡规划管理中心

4. 中国科学院地理科学与资源研究所

7

海绵城市建设中黑臭水体治理的应用实例

摘要：我国城市水环境目前面临着逢雨必涝、雨停即旱、径流污染等重大问题，迫切需要改善城市生态环境的新型雨洪管理体系，海绵城市概念在此背景下应运而生。文中阐述了海绵城市的提出背景，讨论了海绵城市建设与城市河流治理的关系；结合成都黄堰河月亮湾河道治理工程，详细说明了该黑臭水体治理项目在海绵城市建设中的创新型应用。

7.1 引言

近些年来，随着我国城镇化的快速发展，许多城市出现了严重的水问题，不同程度遭受洪水、海潮和内涝积水的威胁。由于城镇化过程中不透水面积的增加，透水的绿地面积萎缩，导致地表径流汇集速度加快，洪峰流量加大，出现时间提前，增强了洪水的灾害性，并常常引起城市排水系统的水力超载，导致城市内涝的发生，逢雨必涝已成为我国大部分城市的常态。根据 2015 年全国洪涝灾害情况通报，截至 2015 年 6 月 15 日统计，全国共有 27 座城市进水受淹，开启"看海"模式，水利工程水毁严重，水利设施经济损失约 57 亿元。不仅如此，我国城市的水污染状况也十分严峻。地表径流、污水偷排和自然功能的缺失已成为城市河湖污染的主要因素。据统计，全国 90％的城市河湖受到不同程度的污染，约一半城区的地下水污染比较严重[1]。城市水问题成为城市化发展的顽疾，急需解决，而雨水的资源化利用正好能缓解这一问题。所以，我们迫切需要创建一种既可解决城市旱涝和水污染问题，又能改善城市生态环境的新型雨洪管理体系。海绵城市建设战略在此背景下应运而生[2]。

海绵城市是指通过加强城市规划建设管理，充分发挥建筑物、道路和绿地、水系等生态系统对雨水的吸纳、蓄渗和缓释作用，有效控制雨水径流，实现自然积存、自然渗透、自然净化的城市发展方式。海绵城市在适应环境变化和应对雨水带来的自然灾害等方面具有良好的"弹性"，下雨时吸水、蓄水、渗水、净水，需要时将蓄存的水"释放"并加以利用。通过推进海绵城市建设，可提升城市雨洪管理能力，削减城市地表径流污染，促进雨水资源有效利用，进而不断完善城市功能，有效改善人居环境，逐步实现"小雨不积水、大雨不内涝、水体不黑臭、热岛有缓解"的最终目标。

7.2　海绵城市的背景及适用技术

7.2.1　海绵城市理论提出背景

2012 年 4 月，在《2012 低碳城市与区域发展科技论坛》中，首次提出海绵城市的概念。2013 年 12 月 12 日，习近平总书记在中央城镇化工作会议中提出"建设自然积存、自然渗透、自然净化的海绵城市"[3]。2014 年 11 月，住建部出台了《海绵城市建设技术指南》。同年 12 月，住建部、财政部、水利部三部委联合启动了全国首批海绵城市建设试点城市申报工作。2015 年 4 月，遂宁、重庆、西南地区等 16 个城市和地区正式成为首批海绵城市建设试点城市，国内掀起了海绵城市建设热潮，经过短期的海绵城市建设，部分建成区已初显成效，实现了一定程度的"渗、滞、蓄、净、用、排"六位一体的海绵体作用。由此可见，海绵城市建设成为城市发展与环境保护的必然趋势。

7.2.2　基于海绵城市建设适用技术

为了贯彻落实国务院办公厅《关于推进海绵城市建设的指导意见》（国办发［2015］75 号）精神，解决各地在推进海绵城市建设过程中对相关技术与产品的迫切需求问题，为海绵城市建设提供技术支撑，住房和城乡建设部科技发展促进中心组织开展了海绵城市建设（含黑臭水体治理、城市内涝防治）先进适用技术与产品的征集工作，经形式审查、组织专家分组评审、综合专家组复审和审定，2016 年 2 月完成了《海绵城市建设先进适用技术与产品目录（第一批）》（公示稿），共计 36 项，包括收集与渗透、调蓄、转输、截污净化、黑臭水体治理、设计与管理六类技术[4]。

本文将上述产品目录中的黑臭水体治理技术手段结合一个具体的工程实例来介绍超磁分离复合水体净化技术在海绵城市建设中的技术创新。该技术基于磁性物种与物化技术的耦合，与水体颗粒物相互作用，通过超磁分离进行固液分离净化水体。对分离后的水体进一步高效生化处理，达到深度净化，实现污水的达标排放。该技术具有出水水质优，占地面积小，使用灵活，耐有机负荷高，投资少等特点，磁种与泥渣分离后可循环使用。

7.3　黑臭水体治理工程创新型应用

7.3.1　成都黄堰河月亮湾河道治理工程

随着经济发展和人口增长，城市污水排放量和处理量日益增大，污水处理厂不能满足污水处理的需求，出现未经处理的污水只能溢流排入河道，造成下游河段污染。成都市中心城区现有九座污水处理厂，处理规模共计 $134 \times 10^4 \, \mathrm{m^3/d}$，实际处理污水量远超过设计水量，污水管网及厂站存在较严重的未处理污水溢流问题，对城市水环境造成较大的危害。位于武侯区太平寺文昌片区的成都第五污水处理厂拟进行扩能提标改造工程，但在改造期间未处理的溢流污水已成为黄堰河的主要污染源，为解决溢流污水对河道的污染，同时改善下游水系的生态环境，在黄堰河月亮湾段建设可移动式车载生活污水处理设施，将污水进行截污净化后达标排放。

成都黄堰河月亮湾河道治理工程建设规模为 $40000 m^3/d$，采用基于超磁分离的复合水体净化成套技术。主要内容有取水泵池、超磁分离水体净化设备、污泥池、曝气生物滤池等。

7.3.1.1 废水水质及处理工艺

（1）废水水质

黄堰河水体混入大量生活污水导致黑臭浑浊、感官效果恶劣，根据实测进水数据，确定本工程设计进水水质；出水水质氨氮去除率达 50％，总磷去除率达 55％，其余主要指标执行《城镇污水处理厂污染物排放标准》（GB 18918—2002）中的二级排放标准（表 7-7-1）。

表7-7-1 设计进出水水质

指标	COD_{Cr}	SS	NH_3-N	TP
进水水质/(mg/L)	250	180	40	4
出水水质/(mg/L)	100	30	15	1.8
去除率/%	60.0	83.3	50.0	55.0

（2）工艺流程

本工程采用移动超磁水体净化站（Mobile Ultra-magnetic，MUM）＋曝气生物滤池（BAF）组合工艺。溢流污水经过格栅除掉较大颗粒悬浮物及杂质后被提升至混凝系统中，通过投加磁种、混凝剂和助凝剂三种物质，在混凝系统的后段生成以磁种为"核"的悬浮物混合体，包含磁种的悬浮物（磁性絮团）流经超磁分离机，利用超磁分离机稀土永磁体产生的高强磁力实现磁性絮团与水的快速分离，被净化的水进入 BAF 处理单元，被吸附打捞出水体的磁性污泥进入磁分离磁鼓，通过磁分离磁鼓的高速分散装置进行磁种与污泥的分离，磁种被回收循环利用，剩余污泥从磁鼓底部经污泥泵加压送入污泥脱水装置进行脱水，脱水后含水率80％的泥饼外运处置。

污水经过移动超磁水体净化站短短 5min 削减 SS、色度、COD_{Cr}、NH_3-N、TP，明显改善水质，出水进入曝气生物滤池，该系统采用移动式可拆卸方式构造，具有高效去除 SS、COD_{Cr}、BOD_5、硝化、脱氮、除磷的作用。黄堰河月亮湾河道治理工程在传统的曝气生物滤池基础上，选用易于富集微生物的轻质陶粒滤料，大幅度提高滤料表面挂膜速度和生物浓度，充分强化了生物氧化和截留悬浮物能力，通过优化集成控制手段为微生物提供充足的溶解氧，加快反应效率和生物膜更新速度，使生物膜始终保持高活性状态，保证了稳定、高效的处理效果和优良的出水水质。

黄堰河超磁水体净化站工艺流程见图 7-7-1，设备见图 7-7-2。

7.3.1.2 运行效果

本工程采用移动超磁水体净化＋曝气生物滤池组合工艺，超磁分离水体净化工艺除去绝大部分的 SS、COD_{Cr}、TP 等污染物，再由曝气生物滤池进一步去除 TP、COD_{Cr}、NH_3-N 等。日常数据监测由通过中国合格评定国家认可委员会（China National Accreditation Service for Conformity Assessment，CNAS）的四川环能德美科技股份有限公司磁分离水处理检测中心进行。为了加强监管力度，维护数据的公平公正，不定期由取得中国计量认证（China Metrology Accreditation，CMA）合格证书的第三方检测机构到达工程现场随机取样监测，根据检测数据显示进水 SS＝150～200mg/L，出水 SS＝5～15mg/L，去除率稳定在90％以上；进水 TP＝3.5～5mg/L，出水 TP＝0.3～0.5mg/L，去除率稳定在90％以上；

进水 $COD_{Cr}=250\sim300mg/L$，出水 $COD_{Cr}=30\sim40mg/L$，去除率稳定在 85％以上；进水 $NH_3-N=35\sim40mg/L$，出水 $NH_3-N=10\sim15mg/L$，去除率稳定在 60％以上。黄堰河月亮湾河道治理工程从 2014 年 11 月调试至今系统稳定运行一年半时间，实现了物化与生物方法的完美结合，根治了水体黑臭现象，水质达标排放入河，断面水质考核优秀，全面推行河道水环境质量监测，通过水质监测和数据公开使得黑臭河道转变为清澈透明无色无味的活水。

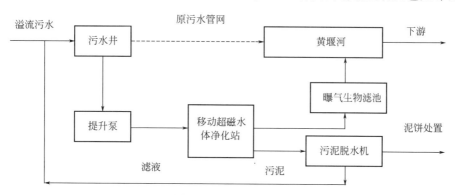

图 7-7-1　黄堰河超磁水体净化站工艺流程

(a)

(b)

图 7-7-2　黄堰河现场设备

7.3.2　黄堰河工程中的智慧运营技术

正如仇保兴博士在《海绵城市（LID）的内涵、途径与展望》文中结论所说，海绵城市

（低影响开发）规划与智慧水务是协调海绵城市各单元有效运行的两大系统工程。如果说海绵城市规划是"推"，海绵智慧则是"拉"，"一推一拉"能够将整个海绵系统有效地协调起来，既不产生浪费，也不至于出现信息孤岛。因此，"一推一拉"两大系统是非常重要的系统设计[5]。

成都黄堰河月亮湾河道治理工程率先迈向智慧水务，采用"智慧型河湖服务云"模式，见图7-7-3。通过以下方式逐步推进海绵城市（低影响开发）智慧化。

① 数据实时监测：通过数采仪、无线网络、水质水压表等在线监测设备实时感知各个污水处理站点的运行状态。

② 智能云端数据处理技术：将采集到的资料通过网络上传至"云端服务器"，经过分析处理发送至移动终端。

③ 移动管理模式：运营管理人员可利用移动终端随时随地的对分散在各个站点的设备进行监控和调整。

④ 降低运营成本：多个站点最少仅需1人即可做到正常运营管理。

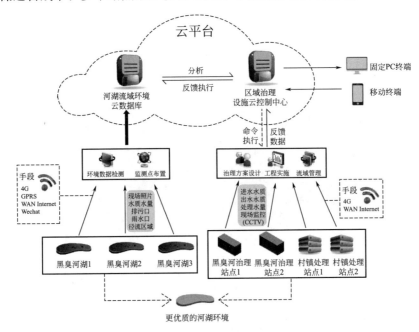

图 7-7-3　智慧型河湖服务云

"智慧型河湖服务云"是海绵城市（低影响开发）建设与国家正在开展的智慧城市建设试点工作的完美结合，实现黑臭河湖治理方案的智能化变革，保障数据可控、资源整合、效果导向，实现河湖水环境的监测、治理和长效维管。

7.4　结论

本文描述了海绵城市的提出背景，政府领导人对海绵城市的重视是加强环保事业规划建设的重大契机。围绕这一概念笔者结合《海绵城市建设先进适用技术与产品目录（第一批）》中的"基于超磁分离复合水体净化技术"为例，介绍了成都黄堰河黑臭水体治理工程在海绵城市建设中的创新性应用，为智慧化海绵城市建设愿景提供可靠的保障。城市诸多水问题产生的根本原因是水生态系统的失调，因此，水体净化技术设施不单需要解决水体本身，更重要的是通过长效运维方式以此完善整个功能体系。

参 考 文 献

［1］ 张旺，庞靖鹏. 海绵城市建设应作为新时期城市治水的重要内容［J］. 水利发展研究，2014，(9)：5 7.
［2］ 刘建，韩雨停，苏艳娇，吴凌壹. 中国华南地区低影响开发设施典型案例分析［J］. 景观设计学，2015，（4）：32-41.
［3］ 吴丹洁，詹圣泽，李友华，涂满章，郑建阳，郭英远，彭海阳. 中国特色海绵城市的新兴趋势与实践研究［J］. 中国软科学，2016，(1)：84-102.
［4］ 住房和城乡建设部科技发展促进中心. 海绵城市建设先进适用技术与产品目录（第一批）［S］.
［5］ 仇保兴. 海绵城市（LID）的内涵、途径与展望［J］. 给水排水，2015，51（3）：2-8.

⊙ 作者介绍

易洋[1*]，黄光华[1]，王哲晓[1]，王吉白[1]，龙伦明[1]，何嵩德[1]

1. 四川环能德美科技股份有限公司，E-mail：yiy@scimee.com

8

超磁分离技术在海绵城市初期雨水治理中的应用研究

摘要：城市初期雨水治理问题是海绵城市建设中一个值得关注的问题，针对目前国内的城市初期雨水治理现状，结合国内外先进的雨水治理技术，提出了以超磁分离水体净化技术为主导的初期雨水治理思路，以期在海绵城市规划、设计中提供更多的参考与建议。

8.1 引言

海绵城市建设中的一个重要内容是对城市雨水的资源化利用，城市雨水资源化利用的方式很多，既可以自然利用也可以人工利用。雨水的人工利用就是通过规划设计、建造集雨设施，先收集后利用。收集起来的雨水经加工处理后，既可以用来灌溉绿地、喷洒街区，也可以用于居民生活（冲洗厕所或净化处理后饮用），还可用于工商业用途（洗刷、冷却等），有的集雨池、湖还可以建设成为城市水景景观。近年来，城市初期雨水污染在国内外引起了广泛的关注，城市初期降雨给城市污水处理系统带来了巨大的压力，同时也给人们的日常生活用水带来极大的不便，更为甚者，城市初期降雨直接危害到人们的身体健康和生命安全。有关研究表明，近年来城市居民皮肤病患者数量上升趋势明显，这将进一步说明城市初期降雨的危害性[1~3]。

8.2 初期雨水污染特点

众所周知，降雨过程中雨水先经过大气，然后落入地面汇入江河湖海，因此，初期雨水污染物主要来自于大气和地面。一方面，由于大气中含有大量的酸性气体、汽车尾气、工业废气等，遇到降雨后这些有害物质就会溶解到雨中；另一方面，地面上的沥青混凝土道路、沥青油毛毡屋顶面、建筑物的铁锈等含有大量的有机物、重金属、悬浮物等污染物。这些污染物随着降雨时间的间隔、雨量的大小呈现雨水初期污染浓度特别大，而随着降雨增多浓度逐渐降低的特点。

徐海波等[4]通过对雨水中污染物浓度分布规律的研究，得出初期雨水中污染物含量较高，特别是初期 8~15mm 的降雨，日常降雨中均含有一定量的 TP、TN 及 COD，而 NH_3-

N 的含量则很少。车伍、刘燕等[5]对北京城区不同屋面和路面雨水径流的部分污染物进行了监测，表 7-8-1 和表 7-8-2 的监测结果表明，城区屋面、道路雨水径流污染与城市其他地区的面源污染特点一样，径流量随着降雨强度的变化而呈现快速正比例变化，在降雨初期，随着地表径流的产生及不断增大，径流中的污染物浓度快速增高，至地表径流开始急剧增大时，污染物浓度达到最大值，径流接近或者达到最大值时，污染物浓度开始或者已经显著下降，这一特性说明对城市初期雨水进行处理是十分必要的。

表7-8-1　北京城区建筑屋面雨水径流部分污染物质量浓度

监测项目	天然雨水	屋面雨水			路面雨水	
	平均值	平均值		变化系数	平均值	变化系数
		沥青油毡屋面	瓦屋面			
COD/(mg/L)	25~200	700	200	0.5~4	1220	0.5~3
SS/(mg/L)	<10	800	3.93	0.5~3	1934	0.5~3
合成洗涤剂/(mg/L)	—	3.93	—	0.5~2	3.5	0.5~2
NH₃-N/(mg/L)	—	—	—	—	7.9	0.8~1.5
Pb/(mg/L)	<0.05	0.69	0.23	0.5~2	0.3	0.2~2
Zn/(mg/L)	0.269	1.36	1.7	0.5~2	1.76	0.5~2
酚/(mg/L)	0.02	0.054	—	0.5~2	0.057	0.5~2
石油类/(mg/L)	—	8.03	—	0.4~2	65.3	0.1~2
TP/(mg/L)	—	4.1	—	0.8~1	5.6	0.5~2
TN/(mg/L)	—	9.8	—	0.8~4	13	0.5~5

表7-8-2　北京城区不同汇水面初期径流污染物平均浓度

监测项目	天然雨水	屋面雨水			路面雨水	
	平均值	平均值		变化系数	平均值	变化系数
		沥青油毡屋面	瓦屋面			
COD/(mg/L)	43	328	123	0.5~2	582	0.5~2
SS/(mg/L)	<8	136	136	0.5~2	734	0.5~2
NH₃-N/(mg/L)	—	—	—	—	2.4	0.5~1.5
Pb/(mg/L)	<0.05	0.09	0.08	0.5~1	0.1	0.4~2
Zn/(mg/L)	—	0.93	1.11	0.5~1	1.23	0.5~2
TP/(mg/L)	—	0.94	—	0.8~1	1.74	0.5~2
TN/(mg/L)	—	9.8	—	0.8~1.5	11.2	0.5~2

8.3　城市初期雨水地表径流污染治理对策

8.3.1　国内外初期雨水治理现状

城市雨水径流环境污染问题的研究始于 20 世纪 70 年代初期的美国，并于 80 年代初成立了国际雨水集流利用系统协会（IWRA）[1]。法国、德国、澳大利亚和日本等发达国家也根据本国雨水径流的实际情况开展了相关研究。例如，美国芝加哥市兴建了地下隧道蓄水系统，以解决城市防洪和雨水利用问题；英国伦敦泰晤士河水公司设计了世纪圆顶示范工程，在该建筑物内每天回收 $500m^3$ 水，用以冲洗该建筑内的厕所，其中的 $100m^3$ 为从屋顶收集的雨水；日本将滞洪和储存雨水的储蓄池建在地下，充分利用地下空间，对于地上的调洪池也可在雨季蓄洪，平时用作运动场。

我国在 20 世纪 80 年代初期在北京开展了对城市雨水径流非点源污染的研究，此后在其他大城市也相继开展，其中比较典型的是山东长岛县、大连獐子岛和浙江舟山市葫芦岛等雨水集流资源化工程。对北京市、西安市路面雨水径流的研究表明，城区雨水径流污染严重，主要为有机物和悬浮物固体污染，降雨初期路面径流 COD 质量浓度在 $143\sim835mg/L$ 之间，SS 质量浓度在 $242\sim1306mg/L$ 之间，受污染程度均超过城市生活污水[6]。

8.3.2 初期雨水治理技术

目前国外对初期雨水的污染问题十分重视，经过多年的摸索，美国和欧洲已经制订了一套雨水收集、处理和管理的完整方法。国内关于初期雨水的处理尚在摸索和尝试阶段。武汉东湖面源污染控制研究中试采用植草凹地或坡地等方法截流处理初期雨水取得明显效果，其中径流量减少 $50\%\sim70\%$，对 TN 和 TP 的去除率均为 $47.1\%\sim85.4\%$。国内其他单位也曾经尝试过初期雨水收集调蓄[7]，经过沉淀后排放的方法[8]，传统的雨水处理工艺流程如图 7-8-1所示。

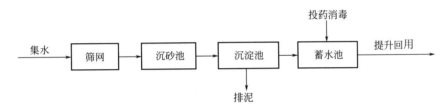

图 7-8-1　传统雨水收集处理工艺流程

实际上，目前我国多采取对初期雨水弃流的方式处置[9,10]。初期雨水携带大量污染物排入城市水系，造成严重污染，对城市水体造成冲击性影响，严重制约城市水环境质量的彻底改善，许多城市暴雨过后发生严重的水污染事件就是很好的例证。对于初期雨水的治理措施有引入现有污水处理厂进行处理，以及单独治理，其中包括人工湿地、土壤渗透、物化强化处理等措施，对于高浓度大水量的初期雨水采用物化强化的处理能够快速去除污染物，超磁分离技术是目前物化处理技术的一种新工艺、新技术，具有处理水量大、占地面积小、出水水质好、泥水分离速度快等诸多优点，可以用于城市初期雨水的处理。

8.3.3 超磁分离技术

超磁分离水体净化技术是将不带磁性的水体悬浮物赋予磁性，然后通过超磁分离机进行固液分离使水体得到净化。它能在 $3\sim5min$ 内去除水中的悬浮物，特别适合去除难沉降悬浮物，应用领域有油田采出水、矿井水、洗煤水、景观水以及市政污水的处理等。"超磁分离水体净化技术"在去除悬浮物的同时，还可去除水体中绝大部分的磷和部分 COD[11,12]。

超磁分离设备是由一组强磁力磁盘分离机械装置组成的废水净化处理系统。当流体流经磁盘组之间的流道时，流体中所含的磁性悬浮絮团受到强磁场力的作用，吸附在磁盘盘面上，随着磁盘的转动，逐渐从水体中分离出来。待悬浮物脱去大部分水分，运转到刮渣装置时，形成隔磁卸渣带，由刮渣刨轮机构刮入螺旋输送装置，产生的废渣自流进入磁分离磁鼓。处理后的废水从出水口流出，完成净化过程。被刮去渣的磁盘又重新转入水体，形成周而复始的超磁分离净化水体的全过程。

一个完整的超磁分离技术主要包含微磁絮凝、磁盘分离和磁种回收三大系统。其成套设备与普通的沉淀和过滤相比，具有无反冲洗、分离悬浮物效率高、工艺流程短、占地少、投资省、运行费用低等特点。磁分离成套设备主要包括混凝系统、超磁分离系统、磁种回收系统、药剂制备与投加装置四大部分。

超磁分离工艺流程如图 7-8-2 所示。

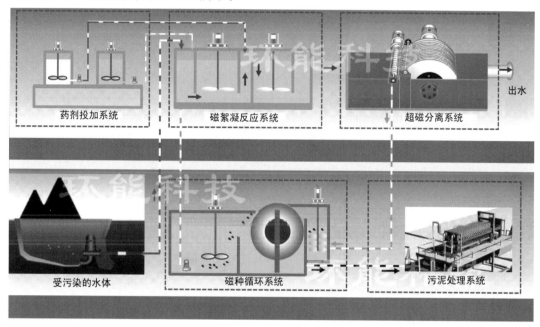

图 7-8-2　超磁分离工艺流程

8.3.4　超磁分离技术对初期雨水处理分析

8.3.4.1　初期雨水的试验

初期雨水（表 7-8-3）进行超磁分离磁絮凝药剂投加量梯度试验，结果如图 7-8-3 所示，可以看出，随着加药量的上升，总磷及浊度的去除率逐步提高，但当加药量＞30mg/L 后，去除率提高不明显，最佳加药量区间在 15～20mg/L 之间。

表7-8-3　成都市某路面 2015 年夏季初期雨水水质　　　　　　单位：mg/L

类型	COD_{Cr}	NH_3-H	TN	TP	SS	pH 值
初期雨水	229～650	2.35～4.65	2.6～8.4	0.8～2.5	250～2500	8.1～8.5

8.3.4.2　初期雨水治理的工艺流程

从地面收集的雨水通过雨水汇总管流向安全分流井然后汇入雨水蓄水系统中，起到暂时存储的作用，在雨水蓄水系统前端设置雨水格栅预处理系统，当雨水蓄水池达到一定液位时启动超磁分离净化系统，经过超磁分离系统快速处理后的水汇入到清水池中进行回用。具体处理工艺如图 7-8-4 所示。

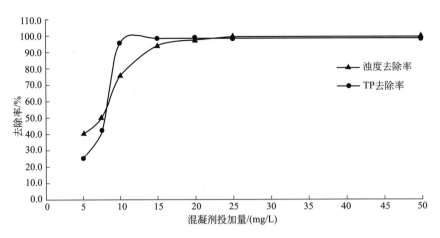

图 7-8-3 不同投加量下超磁分离设备对初期雨水的除浊除磷效果

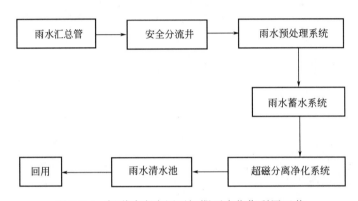

图 7-8-4 超磁分离应用于初期雨水收集利用工艺

8.3.4.3 处理效果及优点分析

超磁分离水体净化技术是一项新颖的、具有国内领先地位的自主知识产权技术。其成套设备与普通的沉淀和过滤相比，具有无反冲洗、分离悬浮物效率高、工艺流程短、占地少、投资省、运行费用低等特点。它不同于传统工艺依靠重力分离悬浮物，而是采用稀土永磁技术，变被动沉淀为主动的吸附打捞，使分离的效率提高。经过长期试验、大量的试验数据和工程实例表明该技术在初期雨水污染控制中具有以下优点。

1）停留时间短 超磁分离磁盘可产生大于重力 640 倍的磁力，瞬间（小于 0.1s）能吸住弱磁性物质，实现水体中污染物与水的快速分离，水质净化过程从反应到分离小于 4min，大大缩短了水处理时间和处理水停留时间。

2）处理水量大 超磁分离水体净化技术单台移动式设备可以达到 20000m³/d，单台或者多台组合可以满足污染控制需要。

3）占地面积小 停留时间的缩短，可大大缩小处理设备的容积，从而减小处理设施的占地面积。通常沉淀处理设施沉淀时间为 2h，当处理规模为 10000m³/d 时需配套 30 亩左右的建设用地，而超磁分离成套设备通过将各系统集成集装箱内，只需简单的场地平整和基础敷设就可投入生产，占地面积仅需 100m。

4）出水水质好 设备的处理出水 SS<10mg/L，总磷<0.05mg/L，处理后尾水可以作为生产用水和景观水体生态补水需要。

⑤ 运行费用低　对试验运行数据进行分析，初期雨水 SS 为 $100\sim1500\mathrm{mg/L}$ 时，直接运行费用$\leqslant0.3$元/t，具有较大的成本优势。

8.4　结语

① 初期雨水采取不弃流处理，直接进行超磁分离处理，可有效控制初期雨水对水环境的污染，超磁分离对初期雨水的浊度、SS、TP 的去除率均较高，可以达到 90% 以上。

② 随着我国水资源综合利用技术的发展及对不同种类水资源利用的重视，雨洪资源的利用将呈现快速增长的态势，超磁分离水体净化技术处理水量大，可应对雨洪的水量峰值，可快速有效地去除初期雨水中的主要污染物，且设备占地面积小，是配合海绵城市设施建设先进的初期雨水净化利用技术，未来市场应用空间广阔。

参 考 文 献

[1] 蒋海涛，丁丹丹，韩润平. 城市初期雨水径流治理现状及对策 [J]. 水资源保护，2009，(5)：33-36.

[2] 张敏. 浅议城市初期雨水处理的措施 [J]. 科学之友，2010，(9)：39-40.

[3] 高湘，王国栋，张明. 浅谈规划中的城市雨洪利用 [J]. 山西建筑，2008，34 (26)：180-182.

[4] 徐海波，尤爱菊，韩曾萃，吴淑琰，程南宁. 雨水中污染物浓度分布规律研究 [J]. 安徽农业科学，2011，39 (20)：12301-12306.

[5] 车伍，刘燕，李俊奇. 国内外城市雨水水质及污染控制 [J]. 城市雨水水质及污染控制，2003，29 (10)：38-42.

[6] CHE Wu，LIU Yan，LI Jun qi. Flush model of runoff on urban non point source pollutants and analysis//Water and Environmental Managrment Series. London：IWA Pubishing，2003.

[7] 刘应宗，李明，金宇澄. 城市排水规划中雨水资源化问题探讨 [J]. 中国给水排水，2003，19 (12)：97-98.

[8] 邓志光，吴宗义，蒋卫列. 城市初期雨水的处理技术路线初探 [J]. 中国给水排水，2009，25 (10)：47-49.

[9] 刘鹏，傅文华. 初期雨水要不要弃流的思考 [J]. 给水排水，2004，30 (12)：78-79.

[10] 程晓波. 上海市中心城区初期雨水污染治理策略与案例分析 [J]. 城市道桥与防洪，2012，(6)：169-171.

[11] 倪鸿，周勉，易洋. 矿井水处理新技术——ReCoMagTM 超磁分离水体净化系统 [C] // 全国采矿学术会议. 2009：789-792.

[12] 周建忠，靳去辉，罗本福，等. 超磁分离水体净化技术在北小河污水处理厂的应用 [J]. 中国给水排水，2012，28 (6)：78-81.

⊙ 作者介绍

黄光华[1*]，周文彬[1]，王哲晓[1]，王吉白[1]，易洋[1]，肖波[1]

[1]. 四川环能德美科技股份有限公司，E-mail：guanghua5381@163.com

9

美国城市降雨径流控制法律体系变迁及对我国的借鉴

摘要： 随着城市化的发展，城市洪涝和城市地表径流污染等城市水问题日益成为世界各国关注的重点。为减轻城市降雨径流对城市可持续发展带来的负面影响，随着城市下垫面的变化，城市降雨径流产生的城市洪涝、水环境污染、水资源短缺等问题日益受到重视[1,2]。针对这个问题，国外发达国家，尤其是美国，开展了大量的研究和实践，建立了相应的城市降雨径流控制法律法规体系。在各项法律条文的规定下，国家相关执行机构制订了一系列与城市降雨径流污染控制相关的执行计划，包括"国家污染物排放削减计划"中就针对降雨径流管理提出了相关措施，还有美国环保署（EPA）发布的"降雨径流管理计划"等。但是在城市水系统管理过程中，人们对降雨径流问题认识得相对较晚，针对城市降雨径流管理的相关法律法规也在不断完善中，即使在美国，也是仅在20世纪70年代后期才陆续开始城市降雨径流控制和管理，相关法律法规也在不断总结经验教训的过程中完善。在我国，随着城市化的快速发展，城市降雨径流带来的问题日益严重，相关研究和实践也日益增多[3,4]，也有一些文献从技术和管理体系等方面进行国内外的对比分析[5~9]，但是我国从国家层次上还没有针对城市降雨径流管理的法律法规。本文从法律法规及其演变进程的角度，分析美国关于降雨径流污染管理法律以及相关执行计划的发展过程以及各种限制，借鉴国外的经验与教训，为我国制定并推出相关法律奠定基础。

9.1 美国与降雨径流管理相关的国家法律的发展历程

美国 EPA 认为非点源污染是影响美国水体的最重要原因，并且由于城市径流污染与人类活动更为紧密相关而被视为非常重要的非点源污染源。在 EPA 公布的关于水体污染源的排名中，降雨径流以及雨水处理设施的污染排放被认为是第二大重要污染物[10]。从 1972 年美国通过《清洁水法》（Clean Water Act，CWA）以后，与降雨径流管理相关的法律法规经历了多次里程碑性的修订并一直处于逐渐完善的过程中。与此同时，除《清洁水法》外，美国国内还有其他国家层次的相关法律也提出对于降雨径流污染的控制以及管理要求，从而实现对于城市降雨径流更为全面的管理控制[11]。

9.1.1 清洁水法（CWA）

美国《联邦水污染控制法》（Federal Water Pollution Control Act，FWPCA）是保护地表水（如湖泊、河流和海洋）的主要联邦法律，该法最早于 1948 年颁布，并于 1965 年根据

《水质法案》进行修订。随着对于水污染问题认识的日益加强，美国国会于 1972 年对《联邦水污染控制法》做了大幅度修订和完善，这就是美国的《清洁水法》。《清洁水法》中第 402节提出了国家污染物排放削减制度（National Pollutant Discharge Elimination Systen，NP-DES），并授权美国 EPA 发布污染物排放许可证（Pollutant Discharge Permit）。该法在城市降雨径流污染控制方面具有重要地位，并在实施过程中经历了多次重要修订[12,13]。表 7-9-1 给出了 CWA 实施中逐步变革在时间轴上重要时间点的代表性事件。

表7-9-1 与城市降雨径流管理相关的 CWA 发展历程及代表性事件

时间	事件	具体内容
1972	通过《清洁水法》	提出了国家污染物排放削减制度（NPDES）；授权美国 EPA 发布污染物排放许可证
1977	国家资源保护委员会（NRDC）对美国 EPA 的公开诉讼	法庭判决 EPA 不能从污染源排放许可证清单中排除部分降雨径流污染源；要求 EPA 将降雨径流污染包括在国家污染物排放削减系统计划中，实施排放许可证
1987	《清洁水法》第 301 及 402 节修订	明确提出了城市降雨径流污染的管理；提出了在受污染水体的综合整治计划中要包括颁布城市以及工业区域的降雨径流许可项目；提出更严格的强制处罚规定；要求 EPA 在 1989 年之前针对人口大于 10 万的城市以及工业场地颁布和实施第一阶段降雨径流控制计划相关规定；要求 EPA 在 1992 年对于其他重要降雨径流污染源颁布和实施第二阶段降雨径流控制计划相关规定
1990	美国 EPA 颁布第一阶段降雨径流控制计划相关规定	对于大型以及中型城市的降雨径流控制提出许可证要求；基于标准工业分类编码，针对轻型、中型工业设施以及建筑面积大于 5 英亩的建设项目提出降雨径流控制许可要求
1995	NRDC 对 EPA 关于第二阶段降雨径流控制计划颁布期限的诉讼	EPA 由于提交该计划研究报告、最终文件以及相关规定的时间问题被 NRDC 起诉；EPA 被责令不晚于 1999 年公布降雨径流控制计划第二阶段的具体规定
1997～2001	有关最大日负荷计划（TMDL）的诉讼	法院要求美国 EPA 对于未执行该计划的各州建立最大日负荷计划；在降雨径流许可证制度中，应对降雨径流污染进行出流限制，TMDL 计划要为该污染源进行污染负荷分配
1999	美国 EPA 颁布第二阶段降雨径流控制计划相关规定	根据人口普查结果，对城市化地区提出降雨径流许可要求；对于建筑面积为 1～5 英亩的工业场地提出降雨径流排放许可要求。
2006～2008	《能源政策法案》第 323 节修订《清洁水法》相关内容	美国 EPA 于 2006 年提出修改《能源政策法案》第 323节（2005 年）对《清洁水法》修订内容，规定来源于油气开采、生产、处理、处置以及运输环节的降雨径流污染不属于国家污染物排放许可系统的降雨径流许可项目范畴；NRDC 提出反对并上诉法庭 2008 年，法院认为 EPA 不可以把含有沉淀物并违反水质标准要求的降雨径流污染排除于《清洁水法》规定之外，并要求 EPA 撤回 2006 年颁布的规定，恢复《能源政策法案》修订内容
2007	《能源独立和安全法》修订《清洁水法》	要求所有面积大于 5000ft^2 的由联邦政府开发以及再建的项目都需要在技术可行的范围内预先进行水文地理调查，并进行径流控制

9.1.2　有关降雨径流控制的其他国家法案及管理条例

美国最直接管理降雨径流污染的法律条文都来源于《清洁水法》（CWA），但其他相关国家法律条文对降雨径流污染管理也提出了要求。

例如，对于那些降雨径流中污染物浓度高，并极有可能影响濒危物种栖息地或饮用水源地的区域，美国联邦法律实施了非常严格的法律限制。例如，《濒危物种法》（Endangered Species Act）中规定，如果降雨径流可能影响濒危动物生存，则必须削减流经濒危动物生活区范围内的降雨径流污染物，保护濒危动物生存环境。此外，《饮用水安全法》（Safe Drinking Water Act）中规定，如果某地下水源为一个地区提供50％以上的饮用水，则可以被指定为"专有水源区"（sole source aquifer），需要对此类地下水水源进行严格保护，并执行严格监督以确保用水安全，其中的监督对象就包括区域内的降雨径流污染，并且对于可能下渗进入地下水的降雨径流提出更为严格的管理要求。还有一些环境敏感地区是受《饮用水安全法》以及《濒危物种法》共同保护的，此类区域的降雨径流管理项目要求更为严格。

《有毒物质控制法案》（Toxic Substances Control Act，TSCA）要求采取行动限制使用农药等化学物质，具体规定因各州或者产品的性质不同而各异。此外，法案提出"要求考虑农药化学品对降雨径流的影响，并决定是否需要针对农药化学品执行更严格要求"。在法案要求执行的农药登记计划中，美国 EPA 评价了农药化学品进入降雨径流并对水环境产生的负面影响，评估了农药给环境带来的高风险影响。根据《有毒物质控制法案》，EPA 对于大量农药都提出了使用限制，例如禁止空投农药、农药使用区域设置缓冲带或者减少施用量等措施。美国各州以及当地城市都执行了农药使用限制。

针对由于含有污染物的降雨径流以及其他污染连续排入城市水系而造成的河道底泥污染问题，《综合环境响应补偿与责任法》（Comprehensive Environmental Response，Compensation，and Liability Act，CERCLA）规定："无论污染物是否已经被其他物质覆盖，只要其仍旧释放或者可能释放有害物质，或者引起自然资源的损害，就属于法律管辖范围内。"城市降雨径流污染而导致的底泥污染就属于该法律的管辖范围，但美国国内仍旧有少数城市以及排水管理单位对于该法提出诉讼。

此外，在《海岸带管理法》及修正案、《食品安全法》、《总统水质动议法》、《洪水控制法》及修正案以及《联邦土地政策及管理法案》中也有相关条例关注城市降雨径流问题。

9.2　美国降雨径流管理计划

9.2.1　降雨径流管理计划

9.2.1.1　降雨径流管理计划发展背景[13]

在美国 EPA 提出国家降雨径流管理计划之前，美国国内有许多州，诸如佛罗里达州、华盛顿州、马里兰州、维斯康辛州、佛蒙特州等，以及一些城市，诸如奥斯汀市、德克萨斯市、波特兰市、俄勒冈市、比尔威市、华盛顿市都根据各自的具体情况制订了当地的降雨径流管理项目，旨在解决由于降雨径流的水质、水量问题而引起的受纳水体环境问题。比如，佛罗里达州从 20 世纪 70 年代便开始针对降雨径流进行长期监测，并要求所有降雨径流污染排放源都需要获得州污染排放许可证；华盛顿州的比尔威市在 1974 年出台了一项城市法规来应对降雨径流水质、水量平衡以及城市洪涝问题，其目的是为了在自然水体以及现有的排水系统之间建立一套合理的雨水管理体系。

美国 EPA 则于 1973 年开始着手就降雨径流问题拟定国家层次的法律法规。一开始，规定降雨径流如果未受工业或者商业活动影响，就不属于国家污染物排放削减计划许可证管理范围，但是如果该降雨径流被认为是地表水污染的重要原因，就必须获得排放许可证。EPA 认为降雨径流问题非常复杂，并且当时应该以城市污水排放许可证为首要任务，如果为所有的降雨径流污染发生单位逐一颁布许可证非常烦琐并且可操作性差，因此，当时决定对城市降雨径流污染源排放不实施许可证管理。

国家资源保护委员会（NRDC）对于 EPA 把降雨径流污染排放排除在国家污染物排放削减制度许可证之外这一事件提出异议，并向法院提出诉讼。最终，法院认定 EPA 没有权利把部分污染排放排除在国家污染物排放削减制度许可计划之外，但是也肯定了 EPA 规划的针对城市降雨径流管理的步骤。

随之，EPA 颁布了一项法规，对所有城市降雨径流污染排放建立完整的污染排放许可计划，逐步对城市分流制雨水排放、工业和商业区等污染物负荷大的降雨径流污染排放源发放许可证。并且修改了国家污染物排放削减计划中的相关规定，对降雨径流污染排放与工业废水排放执行相同的许可证申请管理。

对于上述国家污染物排放削减计划中的新规定，一些主要贸易集团、大型公司以及一些环保组织提出了疑问并在联邦法院提起诉讼，比如产业界认为 EPA 提出的污染物标准很高，很难达到要求，而一些环保组织表示对于降雨径流规定的反复修改或者延期执行都会使得降雨径流管理计划失败。就此，EPA 总结归纳各方意见和质疑于 1982 年 7 月做出回应，并同意对有关降雨径流管理的相关规章做出修改，以平衡环境问题、有限的环境资源与颁布独立许可证之间的各种限制因素。EPA 最终对降雨径流污染的定义为：输送含有处理废水、原材料、有毒物品、有害污染物或者油及油脂类物质的雨水径流，并且根据其可能产生的环境危害而把降雨径流污染源划分为不同等级进行管理。同时认为需要获取更多的降雨径流水质数据以更精确地评价降雨径流污染排放所带来的影响。

9.2.1.2 降雨径流管理计划要点

在 1987 年之后，美国国会提出要求关注由降雨径流污染而引起的水体污染，并要求美国 EPA 严格管理降雨径流污染清单中的各类污染。在《清洁水法》第 402（p）节（1987 年修订）中要求 EPA 管理部分降雨径流污染严重的场地，要求发放排放许可证并针对降雨径流污染排放制定颁布了相应的排放标准。其中，纳入管理的场地包括工业设施、大型建筑施工场地以及大型城市降雨径流系统等。在《清洁水法》第 402（p）节通过之后，要求美国 EPA 按两个阶段实行降雨径流管理计划（Stormwater Program），该计划内容详尽，包括了多种小型污染物排放源。降雨径流管理计划第一阶段的工作内容于 1990 年 11 月 16 日颁布。其中罗列了污染产生单位的清单，包括 11 种工业类型（包括石化、冶金、食品加工、制造业、能源相关行业等）、5 英亩及以上的建筑施工场地等，建设开发项目的开发商需要获得国家污染物排放削减许可，用以控制场地冲蚀、泥砂以及其他各类场地污染。许可证管理范围还包括服务规模为 10 万及以上人口的中型及大型雨水处理设施。

第二阶段降雨径流管理计划的主要工作于 1995 年完成，但由于各种原因，到 1999 年才发布并于 2003 年起实施。在第二阶段降雨径流管理项目中，对建设项目面积的要求变为 1～5 英亩；对城市分流制雨水系统许可证扩展到包括中、小型城市；对于工业项目没有新增工业类型，而且法规中还允许一些"例外"，例如如果可证明某工业场所的降雨径流未受到工业活动的影响，则可以不受法规管理。

此外，联邦政府还为各州的降雨径流污染控制计划以及实施提供基金支持，并要求各州需定期上缴州内受污染水体的清单，从而实施总量控制计划和评估最佳管理措施（BMPs）推行的效果。

降雨径流污染与污水相比，具有水质以及水量特征变化大的特点，并且与污染发生场地的关系密切。降雨径流管理计划考虑到这些特点，对于具体降雨径流污染排放源的具体控制措施不做全国统一的规定。对于污染发生地而言，美国 EPA 要求采用污染控制措施，也称最佳管理措施（Best Management Practices，BMPs）控制降雨径流污染。对于污染控制 BMPs 的选择，降雨径流排放管理计划要求先评估污染源的特征以及场地特点选择适合的 BMPs 设施类型，并且对于使用该类降雨径流污染控制设施提出具体要求及限制。由降雨径流污染排放单位制订降雨径流污染防治计划最终要由各州政府提出支持、修改或反对意见。

降雨径流管理计划也制订关于降雨径流污染源的监测要求，在第一阶段计划中规定，针对城市分流制排水系统（Municipal Separate Storm Sewer Systems，MS4s），需针对几场典型降雨事件监测降雨径流出水水质；对于其余工业活动相关的降雨径流排放，在一年内需搜集 4 次降雨径流样本并提交监测报告。由于降雨径流污染问题很复杂，监测污染源径流排放中所含各类污染物是不现实的，现有的监测需求也相对较为灵活。不过在国家降雨径流管理计划之外，各州以及当地政府可以针对降雨径流的监测提出更严格的监测要求并执行更严格的污染控制要求。

9.2.2　TMDL 执行计划中与降雨径流管理相关的内容

无论是对于点污染源还是降雨径流污染源，其排放标准的制订通常都只是基于污染处理技术的水平，并没有考虑受纳水体的接纳能力。即污染物排放标准并不足以保护水体水质不受污染。对于已经受到污染的水质，根据《清洁水法》，EPA 推出的最大日负荷（TMDL）计划，以根据受纳水体的水质保护目标，对污染源提出更高的控制要求[14]。

在 TMDL 计划中，EPA 要求各州提交水质不达标的水体清单，并针对水体情况确定允许排放污染物"最大日负荷"，进而确定需要削减的污染物量，其中包括点源以及非点源。

TMDL 计划从一开始便关注非点源污染，现在更日益关注城市降雨径流污染。如果确认水体污染负荷增加是由于降雨径流所造成的，就必须对降雨径流提出相应的排放许可指标。

TMDL 计划还为各州政府更加严格地控制降雨径流污染提供了一个新的机会。对于降雨径流污染的控制，如果国家 TMDL 计划允许某降雨径流排放进入受纳水体，但当地州政府认为该降雨径流是受纳水体水质恶化的原因时，可以要求其执行州 TMDL 计划，更严格地削减处理该污染。例如，在美国一起关于 TMDL 的诉讼就是解决国家 TMDL 计划与州 TMDL 计划执行标准不一致的问题，州 TMDL 计划对城市雨水系统提出更严格的要求，最终法院判决污染单位提出的现有降雨径流污染处理技术不能满足水体水质目标，州 TMDL 要求并不违反《清洁水法》以及国家 TMDL 的要求，污染单位必须执行州政府更为严格的排放标准[13]。

9.3 我国降雨径流管理法律法规现状与国外经验借鉴

9.3.1 我国降雨径流管理法律法规现状

我国现行法律体系中还没有专门针对降雨径流控制的法律法规，现有环境法律条款仍然主要针对来自点源的排放控制。现阶段，国家正逐渐重视农业环境保护并开始涉及农业非点源污染问题，国家《环境保护法》以及《农业法》为了防治土壤污染、土地沙化、盐渍化、沼泽化、地面沉降和防治植被退化、水土流失、水源枯竭等问题，已经对于农业非点源提出了相关控制条款。同时，2008 年修订的《水污染防治法》中第三条提到了"优先保护饮用水水源，严格控制工业污染、城镇生活污染，防治农业面源污染，积极推进生态治理工程建设"，但仅仅倡导的是"预防为主，防治结合"原则，实际上仍局限于对点源污染物排放的控制和治理上，还没有国家层次的内容具体、可操作性强的降雨径流管理计划。

随着城市扩张、大量雨水资源流失造成城区缺水，同时，由于降雨径流肆意排放又带来了城市水涝、地下水水位下降、城市水体污染和生态环境恶化等问题。从 20 世纪末我国城市雨水利用和径流污染控制已经在一些城市地区进行了小型、局部的非标准应用。针对城市雨水利用，根据《水法》、《防洪法》的有关法律法规，国家 2006 年发布了《建筑与小区雨水利用工程技术规范》（GB 50400—2006)[15]，指导和规范城市建筑和小区层次的雨水利用，实现雨水资源化，节约用水，减轻城市洪涝。同时，在国家推荐标准《绿色建筑评价标准》（GB/T 50378—2006）中也有明确的雨水利用条款[16]。随着对城市降雨径流控制研究的深入和对城市低影响开发（Low Impact Development，LID）的认可，在 2011 年修订的《室外排水设计规范》（GB 50014—2006)(2011 年版）中，引入了城市降雨径流控制 LID 的理念，不过还没有对城市降雨径流控制 LID 提出具体的要求和实施规范[17]。

我国一些省、市已经针对城市降雨径流管理和雨水利用开展了不少工作，也制定了一些加强城市降雨径流管理和非点源污染控制方面的地方行政法规。例如，北京市为了缓解市内水资源短缺问题、改善建设工程用地内生态环境并加强北京市建设工程用地内雨水资源利用，2003 年 3 月，北京市规划委员会和北京市水利局联合发布经市政府同意的"关于加强建设工程用地内雨水资源利用的暂行规定"。2009 年发布了北京市地方标准《城市雨水利用工程技术规程》（DB11/T 685—2009)[18]。深圳市在 2006 年 12 月 26 日市政府常务会议审议通过并以深府〔2006〕264 号文件公布了《深圳生态市建设规划》。该规划第三十九条明确规定：大力控制非点源污染。加强城市径流设计，收集处理城市初期雨水；开展流域污染物排放容量总量控制。又进一步分别于 2010 年和 2011 年发布了深圳经济特区技术规范《再生水、雨水利用水质规范》（SZJG 32—2010）和深圳市标准化指导性技术文件《雨水利用工程技术规范》（SZDB/Z 49—2011）。

综上所述，我国在城市降雨径流管理方面，虽然在国家层次的某些相关法律上有所提及，在城市雨水利用方面也颁布了相关技术规范，但是还没有系统的、可操作的国家层次的城市降雨径流管理的规范和法规，成为限制我国城市降雨径流管理的重要因素。

9.3.2 美国经验对我国降雨径流管理的借鉴

面对当前日益严重的由于城市降雨径流产生的城市洪涝、水污染、缺水等问题，我国应在进一步完善现有城市防洪、水污染控制和水资源合理利用等相关法律法规的基础上，结合城市降雨径流的自然特征和我国国情，总结我国在城市降雨径流控制方面的相关工作，借鉴发达国家的经验和教训，从城市建设角度出发，综合考虑防洪防涝、水环境保护、水资源合理利用，完善国家层次的相关法律，并制订具体的、可操作的降雨径流管理技术规范和管理法规。

根据国外经验，要有效管理和控制城市降雨径流污染，制定一系列限制性法规和规章是基础。在城市降雨径流控制立法方面，首先要明确其指导思想和基本原则，然后针对城市降雨径流洪涝和污染等问题产生的各个环节进行深入研究分析，研究和总结各种降雨径流控制与管理技术的特征和适用性，制订城市降雨径流控制适用技术实施规范。为了保障推荐的城市降雨径流控制适用技术的实施和水环境保护、城市防洪防涝、水资源合理利用目标的实现，要通过立法，利用国家法律对城市建设相关部门和企业提出强制的约束和要求；同时，还要由国家相关专业部门和地方政府分别从国家层次和地方层面，结合各自不同的特点和问题，制订和发布详细的城市降雨径流控制管理实施办法，发布推荐适用技术的技术规范。

从我国对点污染源控制的立法来看，采用的是以《水法》、《水污染防治法》等专项单独立法为主，以其他法律法规、部门规章中相关条款（例如《农业法》）的补充为辅的模式。美国关于城市降雨径流管理的立法，是将降雨径流管理计划以及相关许可证制度建立在《清洁水法》以及其修正案的基础上。综合我国的国情，建议在现有的水污染立法体系中，加入并且完善有关城市降雨径流污染控制的相关条款，对城市降雨径流污染的监测、控制标准、减排措施等做出具体、明确的规定；另外，完善并推出与城市降雨径流问题相关的法律法规，如《中华人民共和国防洪法》《城市规划法》等，使城市降雨径流管理法律法规体系更完整。

美国过去 30 年内在城市降雨径流管理法规方面的发展，有赖于美国各州对于降雨径流问题的意识以及先于联邦法律出台的一系列相关法律规章。因此，国内也应该鼓励城市化程度高或者是具有发展降雨径流管理需求的城市率先出台相关标准以及导则，从而有助于国家层面的法律更早面世。此外，在立法过程中也应该遵从"预防为主，从源头削减"、坚持流域综合治理、采用最新成果制订城市降雨径流控制标准以及行政机关和污染者共同承担防治义务的原则。

9.4 结语

美国在针对降雨径流管理的法律法规制定方面起步较早，在 30 多年的实施过程中也经历了数次修改以及变动，取得很好的效益，但由于降雨径流问题涉及面广、问题复杂，至今仍旧存在一些问题，美国联邦和州政府以及执行机构始终在对现行规章中所存在的问题进行修改补充。在我国，降雨径流问题在快速城市发展背景下，已经开始得到国内各专家、官员的重视，相关研究成为研究热点，但是国家层次系统、全面性的城市降雨径流管理的法律法规基本上还是空白，因此，有必要借鉴国外发达国家的成功经验和教训，并结合自身情况尽快填补并完善我国在降雨径流问题上的法律法规，逐步解决城市降雨径流问题。

参 考 文 献

[1] Field R，Pitt R E. Urban storm-induced discharge impacts：US Environmental Protection Agency research program

review [J]. Water Science and Technology，1990，22（10-11）：1-7.

[2] Tsihrintzis V A，Hamid R. Modeling and management of urban stormwater runoff quality：A Review [J]. Water Resources Management，1997，11：137-164.

[3] 王和意，刘敏，刘巧梅，等. 城市降雨径流非点源污染分析与研究进展 [J]. 城市环境与城市生态，2003，16（6）：283-285.

[4] 吴海瑾，翟国方. 我国城市雨洪管理及资源化利用研究 [J]. 现代城市研究，2012，（1）：23-28.

[5] 程江，徐启新，杨凯，等. 国外城市雨水资源利用管理体系的比较及启示 [J]. 中国给水排水，2007，23（12）：68-72.

[6] 王明远，黎颖露. 美国城市雨水污染法律对策及其对我国的启示 [J]. 中国人口. 资源与环境，2009，19（5）：136-142.

[7] 张丹明. 美国城市雨洪管理的演变及其对我国的启示 [J]. 国际城市规划，2010，25（6）：83-86.

[8] 汪诚文，郭天鹏. 雨水污染控制在美国的发展、实践及对中国的启示 [J]. 环境污染与防治，2011，33（10）：86-89，105.

[9] 杨劲松，彭湃，赵芳. 国内外城市雨水资源化利用与管理体系比较 [J]. 山西建筑，2012，38（11）：123-125.

[10] US Water Environment Federation，American Society of Civil Engineers [J]. Urban Runoff Quality Management. Alexandria，VA，1998.

[11] Debo Thomas N，Andrew J Reese. Stormwater Management [M]. 2nd ed. Baca Raton：Lewis Publishers，2002.

[12] USEPA. Preliminary Data Summary of Urban Stormwater Best Management Practices [S]. EPA-821-R-99-012. Washington DC，1999.

[13] Committee on Reducing Stormwater Discharge Contributions to Water Pollution，National Research Council. Urban Stormwater Management in the United States [M]. Washington，DC：National Academies Press，2009.

[14] USEPA. Guidance for water quality-based decisions：The TMDL process [S]. EPA 440/4-91-001. Washington DC，1991.

[15] 建筑与小区雨水利用工程技术规范（GB 50400—2006）[S].

[16] 绿色建筑评价标准（GB/T 50378—2006）[S].

[17] 室外排水设计规范（GB 50014—2006）[S].

[18] 城市雨水利用工程技术规程（DB11/T 685—2009）[S].

⊙ 作者介绍

姚海蓉[1]，鲁宇闻[1]，贾海峰[2]*，Yu Shaw Lei[3]

1. 中国农业大学工学院

2. 清华大学环境学院，E-mail：jhf@tsinghua.edu.cn

3. University of Virginia

2016 国际 LID 大会
城市低影响开发雨水管理——北京共识
2016 LID-China Conference
Low Impact Development for Urban Stormwater Management
The Beijing Consensus

1. 我们的最终目标是通过管理城市雨水径流，创建人与自然和谐的、可持续的宜居环境。

Our ultimate goal is to manage urban stormwater in such a way to create a living environment in which humanity and nature co-exist harmoniously and a sustainable condition is maintained.

2. 我们认为雨水是重要的水资源，应尽最大可能加以利用，尤其是在相对干旱的地区。我们认识到对于水资源利用而言，水量和水质均为限制性的因素，因此在管理雨水径流时应当量质并举。

We consider stormwater runoff as a water resource and its beneficial use should be maximized，especially in relatively dry areas. We recognize water quantity and quality are both limiting factors to water usage. Consequently，managing stormwater should emphasize both the quantity and the quality aspects.

3. 为了减少城市化带来的负面影响，应该最大程度地保护和恢复城市区域的自然水文过程。

To mitigate the negative impact of urbanization，efforts should be made to conserve/restore the natural hydrologic processes as much as possible.

4. 为了实现对城市雨水径流的量质控制，我们应当兼顾自然水文过程（如入渗、蒸发等）和人工强化工程措施（如低影响开发 LID 设施、绿色基础设施）的联合使用。

In controlling urban runoff quantity and quality，we should consider the combined use of both natural (such as infiltration，evapotranspiration，etc.) and engineered [such as low impact development (LID) or green infrastructure (GI) practices] processes and systems.

5. 我们认识到在极端暴雨情况下，绿色基础设施和灰色工程设施的统筹使用和相互耦合是必要的。

We realize under certain situations (e. g. extreme rainfall events)，the integration of green and gray infrastructures might be necessary.

6. 我们认为需要将城市土地用途管理与城市水管理规划联系起来，统筹解决城市水问题。有效而可持续的城市雨水径流管理需要强有力的法规制度作保障。

We recognize the need to link land uses with urban water management plans. An effective and sustainable urban stormwater management requires a solid regulatory framework.

7. 我们认识到，对于城市雨水径流管理设施的规划和设计，需要统筹分析城市汇水区内的各种自然、社会交互影响关系，并合理使用流域数字化水文分析模拟模型等工具。

We understand there may be consequences of urban runoff management planning and design，e. g.，upstream impacting downstream（connectivity）. A watershed-wide consideration is encouraged and tools for such analysis, e. g.，watershed hydrologic models, are needed.

8. 城市降雨径流管理需要多专业融合、多部门协作，需要政府、企业、社会长期全面的参与和支持。控制目标的设定和适用技术的选用要因地制宜，以实际问题为导向。

More often than not，the urban stormwater management may involve multiple jurisdictions and agencies. Therefore it is highly desirable that a strong collaboration exists among various relevant agencies，institutions，groups，etc.（stakeholders）on a continuing basis. Moreover，setting up goals and selecting appropriate techniques for achieving them should consider local and/or regional conditions.

9. 我们认识到构建城市低影响开发雨水管理系统需要长期的坚持和投入，应考虑政府和社会资本合作及其他经济有效的运作方式。同时要加强从规划、设计、施工、验收和运行维护的全生命周期管理。

We realize that urban runoff management requires a significant and long-term commitment and investment. Public-private partnerships and other cost-effective strategies should be considered. Also，life-cycle operation and management of practices，such as planning, design，construction，inspection/acceptance，etc. are needed.

10. 我们需要不断创新和锐意进取，我们也要致力于可持续地推动知识和经验的共享。

We need to make constant innovation and improvement. We will make great efforts to promote the sharing the knowledge and experiences on a continuous basis.

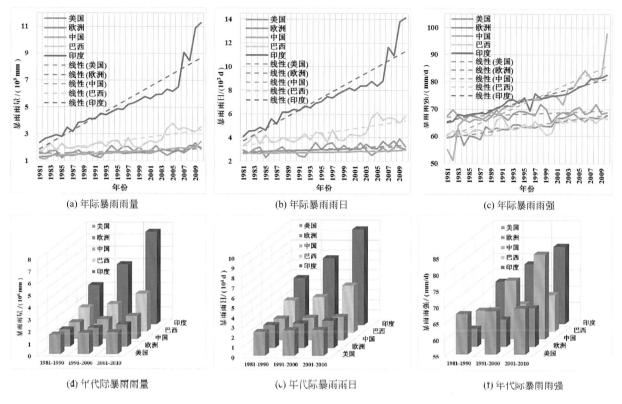

(a) 年际暴雨雨量	(b) 年际暴雨雨日	(c) 年际暴雨雨强
(d) 年代际暴雨雨量	(e) 年代际暴雨雨日	(f) 年代际暴雨雨强

图 1-1-1　美国、欧洲、中国、巴西、印度年际和年代际暴雨

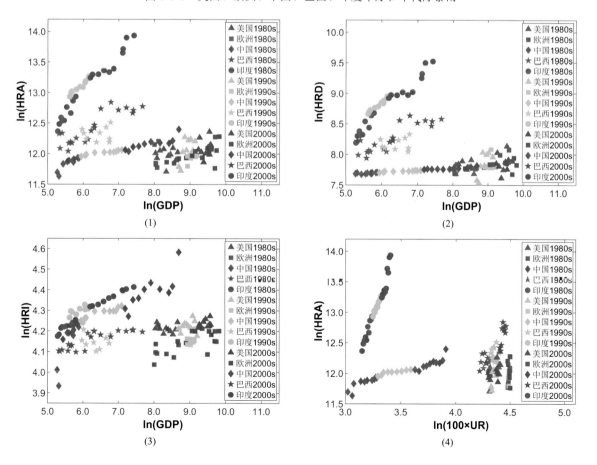

(1)

(2)

(3)

(4)

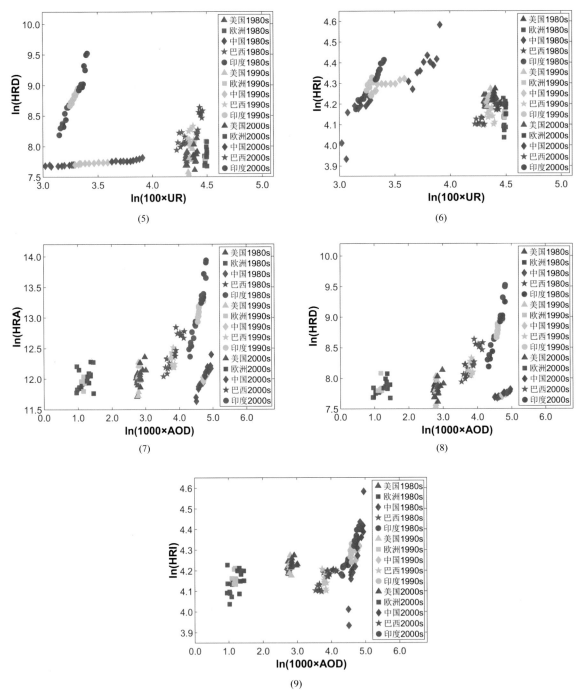

图 1-1-2　美国、欧洲、中国、巴西、印度年际 GDP、UR、AOD 与暴雨散点图

图例

🏠 绿屋顶　　　　🌳 植生滞留

▦ 透水铺装　　　　🪣 雨水桶

🪵 渗透沟

图 2-4-7　现状规划情景下的 LID BMPs 布局

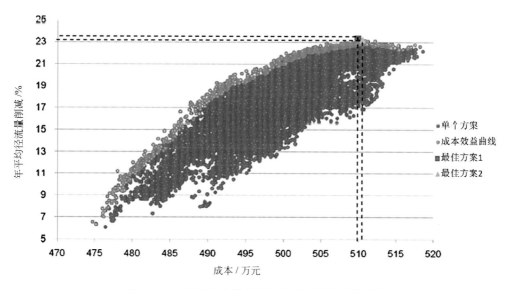

图 2-4-10　效益最大化目标下的成本效益优化结果

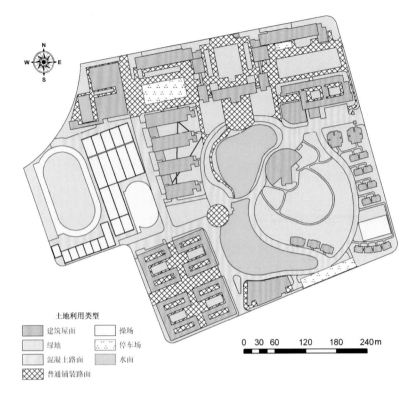

土地利用类型

- 建筑屋面
- 绿地
- 混凝土路面
- 普通铺装路面
- 操场
- 停车场
- 水面

0　30　60　　120　　180　　240m

图 2-4-11　研究区土地利用状况

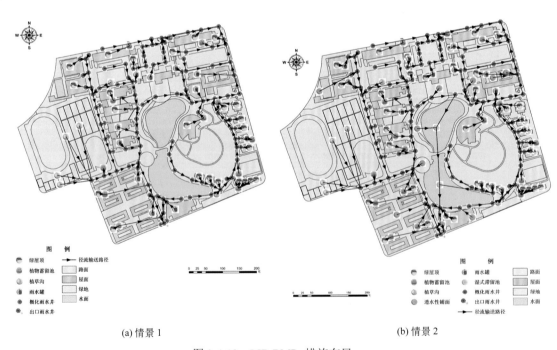

图例

- 绿屋顶
- 植物蓄留池
- 植草沟
- 雨水罐
- 概化雨水井
- 出口雨水井
- 径流输送路径
- 路面
- 屋面
- 绿地
- 水面

0　25　50　　100　　150　　200

图例

- 绿屋顶
- 植物蓄留池
- 植草沟
- 透水性铺面
- 雨水罐
- 湿式滞留池
- 概化雨水井
- 出口雨水井
- 径流输送路径
- 路面
- 屋面
- 绿地
- 水面

0　25　50　　100　　150　　200

(a) 情景1

(b) 情景2

图 2-4-12　LID BMPs 措施布局

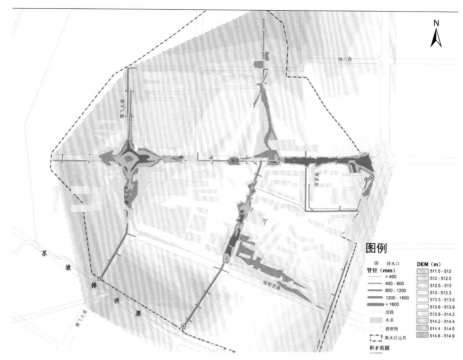

图 3-1-3　内涝模拟结果
（研究合作单位成都市市政工程设计研究院提供）

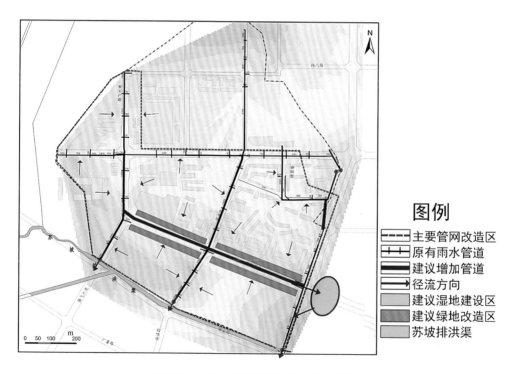

图 3-1-6　雨水管网和绿地协同优化示意

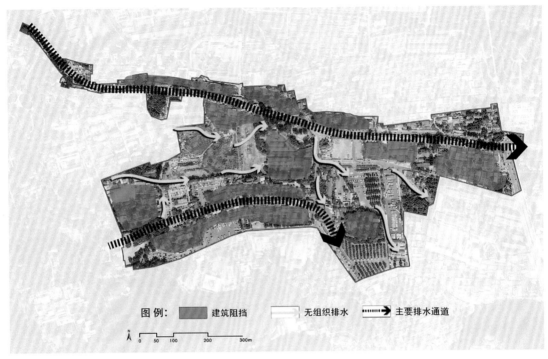

图例：　■ 建筑阻挡　　□ 无组织排水　　▶ 主要排水通道

图 3-2-2　研究区现状排水

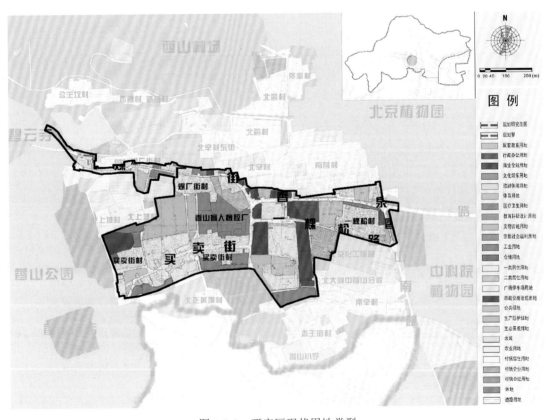

图 3-2-3　研究区现状用地类型

图例： ● 积水点 ▨ 西山大流域 ▨ 现状水域
〰 汇水线 ▨ 主汇水线流 ▨ 香泉环岛地区

图 3-2-4 大西山流域分析

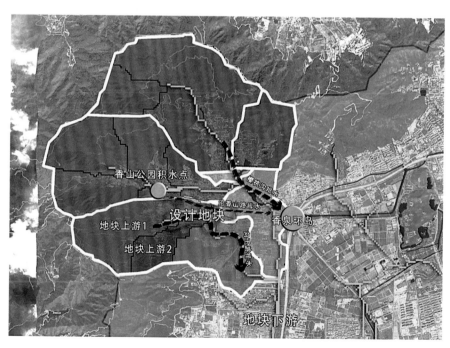

图例： ▨ 西山大流域范围 ▨ 香泉环岛地区流域 ● 积水点
▨ 主汇水线流域 ▨ 设计地块相关小流域 〰 汇水线

图 3-2-5 香山流域分析

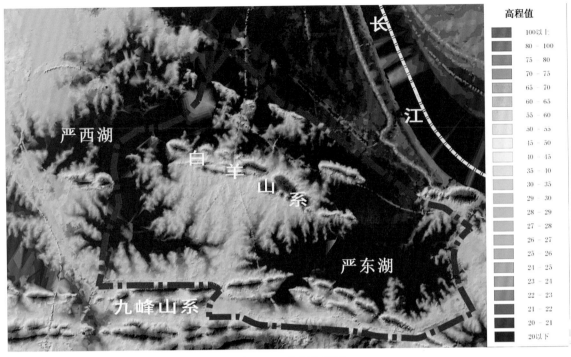

图 3-3-1　高程分析图

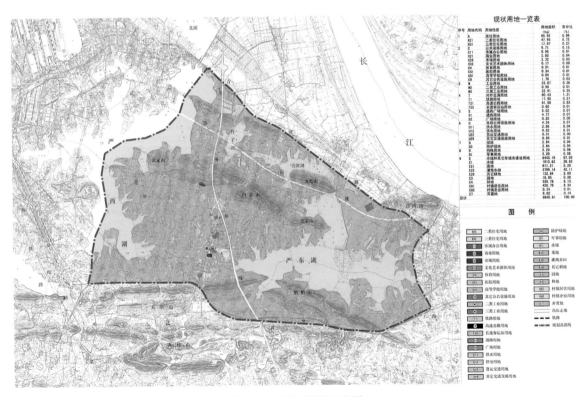

图 3-3-2　用地利用现状图

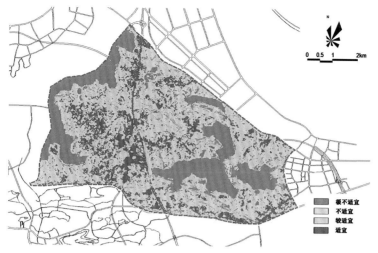

图 3-3-5　基于生态敏感性的建设适宜性分析

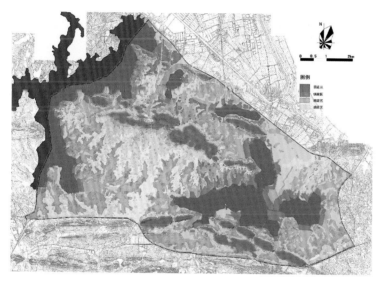

图 3-3-6　空间管制分区

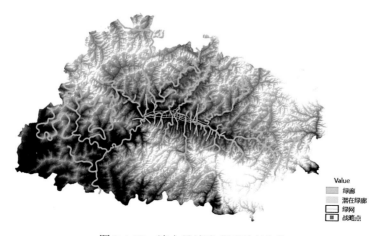

图 3-4-12　清水县城建成区现存泉井

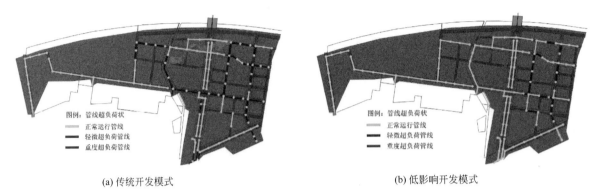

(a) 传统开发模式 (b) 低影响开发模式

图 3-5-13　10 年一遇降雨管道超负荷状态

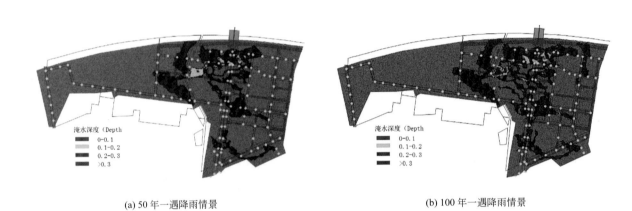

(a) 50 年一遇降雨情景 (b) 100 年一遇降雨情景

图 3-5-14　示范区传统开发模式下内涝风险图

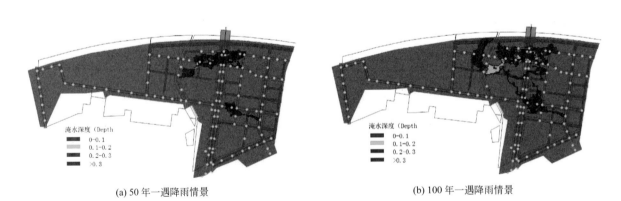

(a) 50 年一遇降雨情景 (b) 100 年一遇降雨情景

图 3-5-15　示范区低影响开发模式下内涝风险图

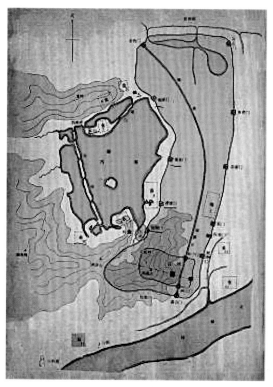

图 4-1-1 临安城与湖山关系示意

图 4-1-6 通往自然的轴线

网球中心

射箭场

曲棍球场

奥运村

国家会议中心

国家体育馆

（水立方）国家游泳中心

北五环路

仰山

奥海

奥林匹克森林公园

中轴线景观大道

龙形水系

国家体育场（鸟巢）

奥体中心体育场

图 4-1-7 奥林匹克公园实施总平面图

图 4-1-8　奥林匹克公园鸟瞰图

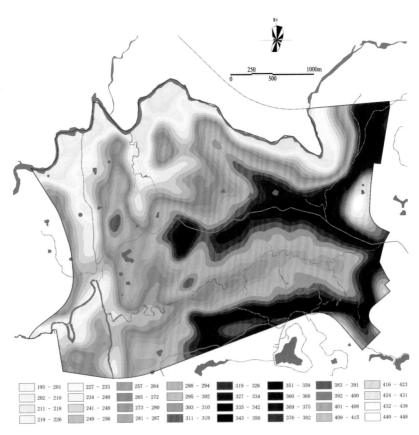

193 - 201	227 - 233	257 - 264	288 - 294	319 - 326	351 - 359	383 - 391	416 - 423
202 - 210	234 - 240	265 - 272	295 - 302	327 - 334	360 - 368	392 - 400	424 - 431
211 - 218	241 - 248	273 - 280	303 - 310	335 - 342	369 - 375	401 - 408	432 - 439
219 - 226	249 - 256	281 - 287	311 - 318	343 - 350	376 - 382	409 - 415	440 - 448

图 4-4-2　高程分析图

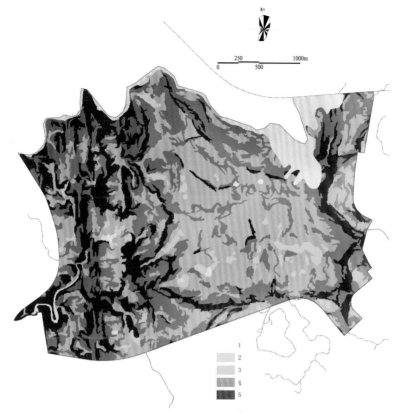

图 4-4-3　坡度分析图

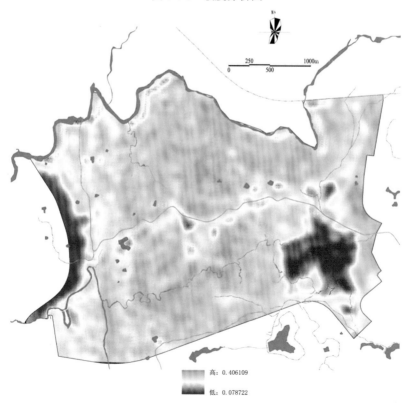

图 4-4-4　植被覆盖率图

图 4-4-5　林地水体分布图

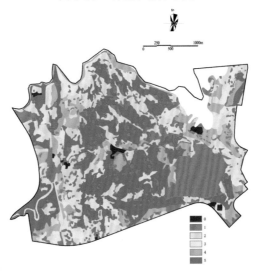

图 4-4-6　斑块要素评价图

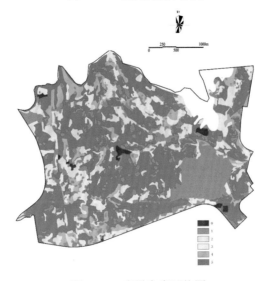

图 4-4-7　廊道宽度评价图

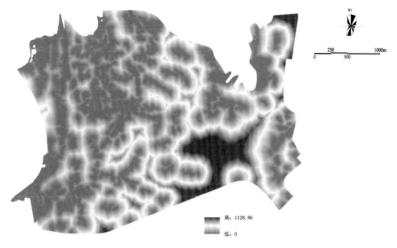

图 4-4-8　林地最小累计阻力模型

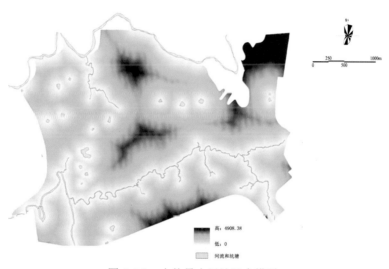

图 4-4-9　水体最小累计阻力模型

图 4-4-13　规划区现状下垫面　　　　　　图 4-4-14　各汇水分区综合径流系数

图 4-4-15　生态雨洪设施分布图

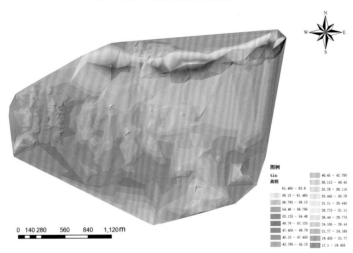

图 4-6-2　华中农业大学高程图

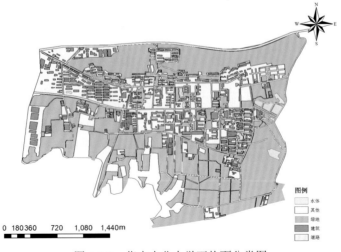

图 4-6-3　华中农业大学下垫面分类图

图 4-8-2 面源污染控制方案

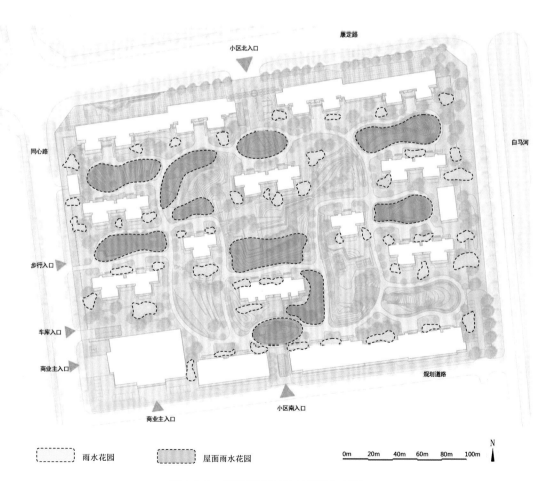

图 4-9-4 康定和园的雨水花园分布图

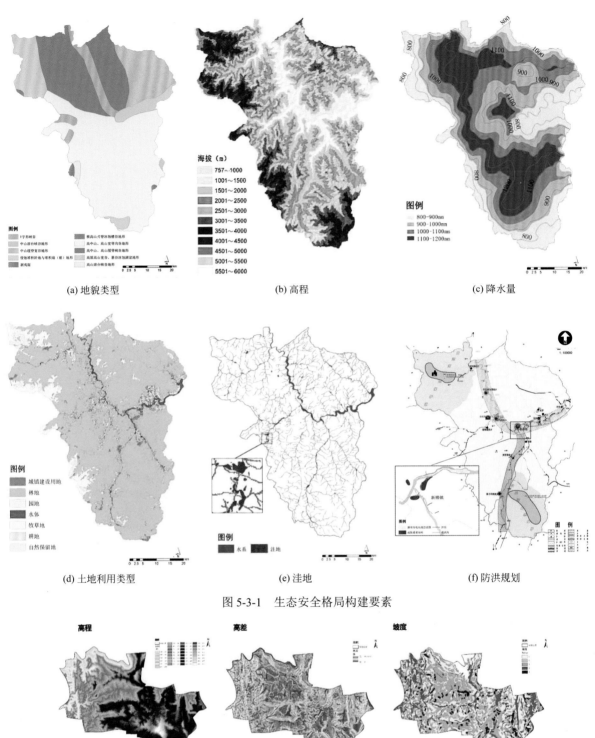

(a) 地貌类型 （b) 高程 （c) 降水量

(d) 土地利用类型 （e) 洼地 （f) 防洪规划

图 5-3-1 生态安全格局构建要素

高程 高差 坡度

植被覆盖 林相 开放水体

图 5-4-7 生态敏感性要素分析图

图例：
适宜建设区
较适宜建设区
缓冲建设区
较不适宜建设区
不适宜建设区

图 5-4-8　生态敏感性分析图

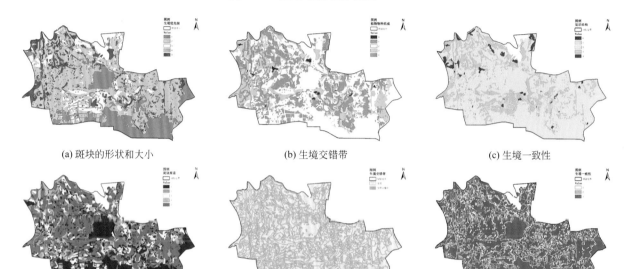

(a) 斑块的形状和大小　　　　　(b) 生境交错带　　　　　(c) 生境一致性

(d) 通过形状和大小评价斑块内部生境；岛屿生物地理学理论指出，特种多样性随着斑块面积的增加而增加。

(e) 评估交错地带的生态效益；斑块周界常具有较高的物种丰富度和初级生产力；斑块边缘具有过滤功能，可减缓外界对斑块的影响。

(f) 评价生境网络中各生境质量一致性，相邻生境质量相差大，则其一致性低。

图 5-4-9　生态效益要素分析图

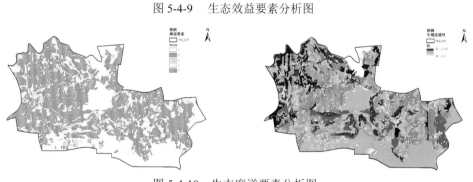

图 5-4-10　生态廊道要素分析图

图 5-4-11　最小阻力模型分析图

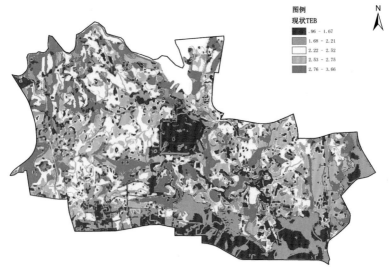

图 5-4-12　生态效益分析图

(a) 现状场地坡度分析

(b) 原规划方案初算值

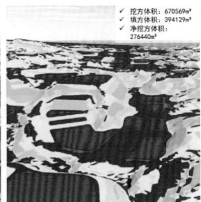

(c) 规划调整方案初算值

图 5-4-15　场地竖向土方分析图

综合效益评价

生态效益	■ Teb 2.59
场地竖向	■ 填挖方工程量减少约53%，减少工程造价约26.7亿元
雨水径流	■ 雨水净流控制率80% ■ 非传统水源利用率23%
节能减排	■ 年CO_2排放量降低约$25.3×10^4$ t, 25% ■ 年SO_2排放量降低约819t, 23% ■ 年NO_x排放量降低约710t, 22%

图 5-4-20　综合效益评价

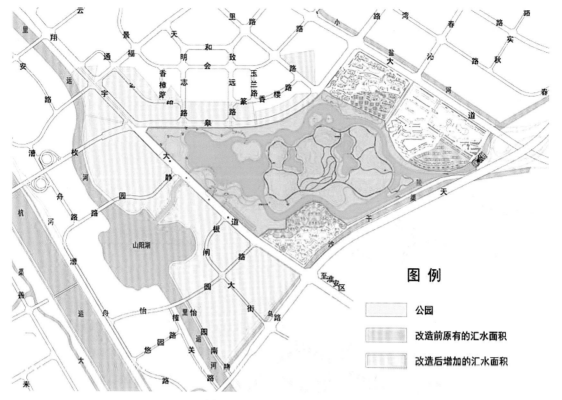

图例

公园

改造前原有的汇水面积

改造后增加的汇水面积

图 6-4-10 公园服务区域示意

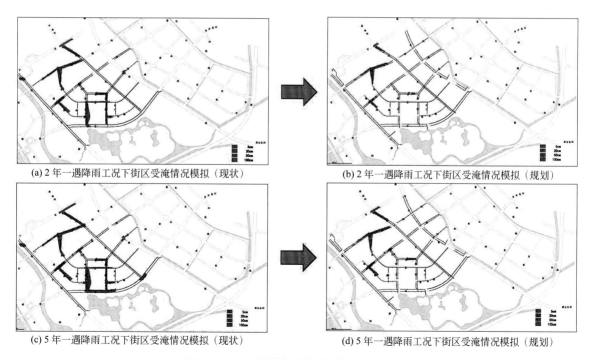

(a) 2 年一遇降雨工况下街区受淹情况模拟（现状）

(b) 2 年一遇降雨工况下街区受淹情况模拟（规划）

(c) 5 年一遇降雨工况下街区受淹情况模拟（现状）

(d) 5 年一遇降雨工况下街区受淹情况模拟（规划）

图 6-4-11 公园周边区域受淹情况优化示意

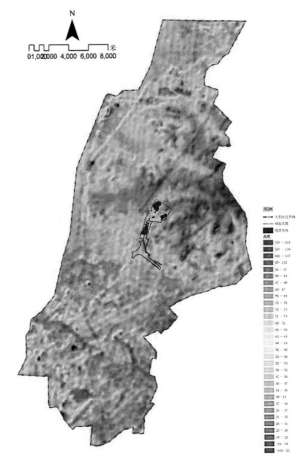

图 6-5-2　东湖区域地形图

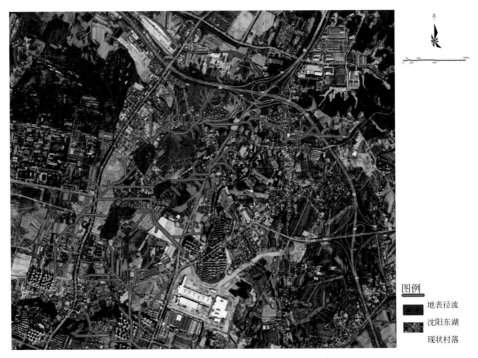

图 6-5-5　径流模拟与现状建筑叠加图

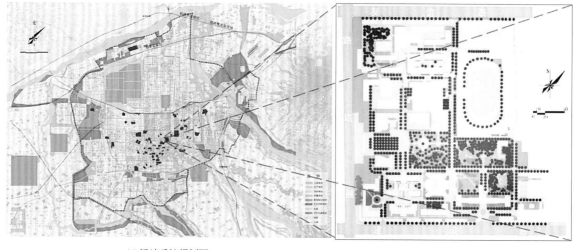

(a) 绿地系统规划图   (b) 平面图

图 6-9-2　西安建筑科技大学校园在西安绿地系统中的位置及校园绿地总平面图
（思路：刘晖、李莉华、徐鼎黄；绘图：西安建筑大学景观 09 级毕业设计生境小组；编辑：王晓利）

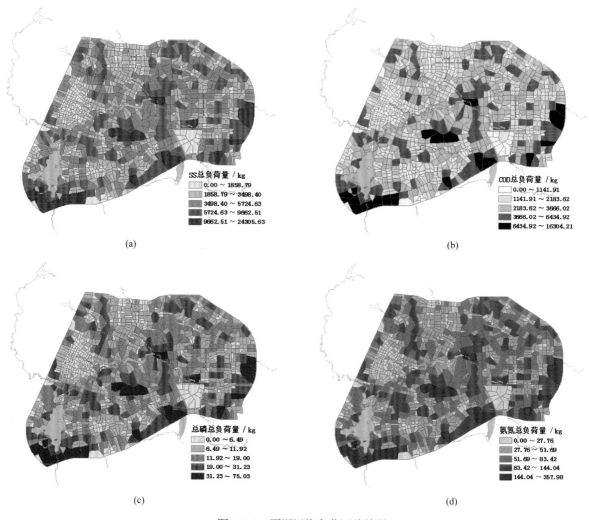

图 7-1-5　面源污染负荷评估结果

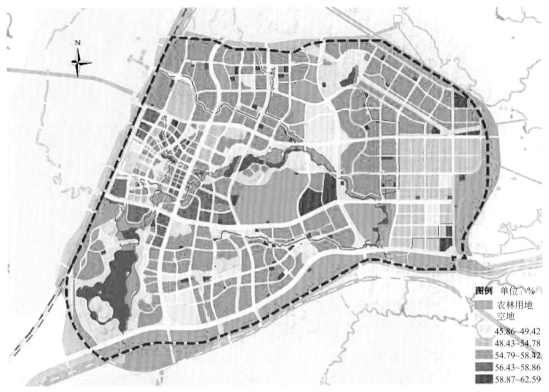

图例 单位:%
农林用地
空地
45.86~49.42
48.43~54.78
54.79~58.42
56.43~58.86
58.87~62.59

图 7-1-6 研究区域各地块面源污染去除率分布图

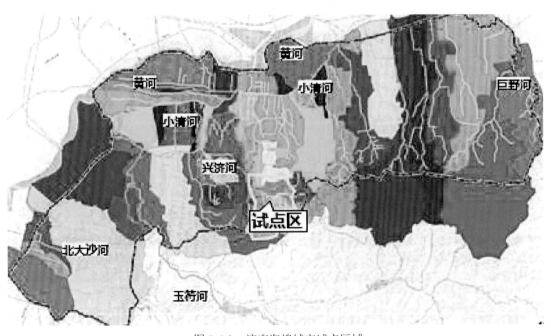

图 7-6-2 济南海绵城市试点区域